中央大学名誉教授　商学博士
富岡幸雄 著

検証 企業課税論

中央経済社

序

　我が国が，現在，緊要とされる課題は，安全保障に万全を期し遺憾なき対応をするとともに，経済活性化と財政健全化，それに国民福祉の適正化を図るための社会保障の充実である。いずれも至難のことであるが決して不可能なことではない。そのためには，企業活動の活発化を主体として国民の総力による勤勉さと英知の結集が求められるが，何といっても，国の姿のバックボーンである税制の歪みを是正し，公正な税制の構築を基盤とした税収調達力の涵養による財源確保が不可欠である。

　しかるに現行の我が国の税制は，庶民への負担が過重となる消費税にシフトし，メイン・タックスである所得課税が富裕層と巨大企業において空洞化し税制の公正性を著しく破壊するとともに巨額の財源を喪失し深刻な財政赤字の原因となり，財政破綻の危機に直面している。

　企業国家でありながら，その主力であるグローバル活動をして大きな稼ぎをしている巨大企業が国を捨て税源を海外に流出し，「国に税金を払っていない」存在となっている。

　もとよりグローバル経済のもと企業は国際競争力の確保が肝要であり，必要以上に過重な税負担を課すべきではないが，問題は日本経済の基盤となりリーダーとなるべき巨大企業の税負担が余りにも過小なことである。経済界は，これまで我が国の法人税が高すぎると主張してきてはいるが，高いのは法定税率であり，真の実効税負担を検証すると著しく低いのである。

　個別企業につきミクロ的に分析すると5％未満，10％未満の企業も多く，既に20％未満の企業が圧倒的に多いのである。

　有所得法人の全体につきマクロ的に分析すると総平均実効税負担は法定税率の60ポイント相当に過ぎず，法人企業の税負担が全体的にも極端に低いのである。

　しかも，特徴的なことは，企業の規模別に税負担の格差が著しく，企業の規模が大きくなるに従い実効税負担は低くなり，資本金100億円超の巨大企業は中小零細企業よりも，はるかに低いのである。現行の法人税の実効負担は負担能力に逆行する「逆累進構造」となっている。

　このように著しく歪んだ税制は，歪んだ政治によりもたらされている。政権与党が税制を利権化し，経済界と癒着，税制改正を政治資金の集金と選挙投票の集票の手段として，大企業支援の政略を行使している結果である。

本書は，このような異常な状況にある企業課税の深層を検証税務会計学的アプローチにより徹底的に検証分析して，企業課税の課税ベースが租税特別措置の政策減税による大企業優遇税制，タックス・ヘイブンによる海外逃避，各国間の税制格差と国際課税制度の欠陥，税務会計制度の欠陥の存在を要因とする不公正税制であるタックス・イロージョン，タックス・シェルター，タックス・ギャップにより歪んだ形で極端に縮小化されている実態を究明する。

願わしいことは，国民の英知と良識により，大企業への優先的支援に偏向している政治を改革し，公正にして健全な企業課税を再建し，多くの企業にそれ相当の「応分の負担」を求め安定的な恒久財源の源泉を発掘し，もって財政の破綻を回避し，格差の是正と貧困化社会への転落を阻止し，国と社会の崩壊を防止することに役立つことを念じている。

本書の構成は，第1部「大企業優遇税制の肥大化と暴走の検証」では，日本の法人税は決して高くなく，肥大化した大企業優遇税制により著しく低いことを実証分析により検証する。この実相を，有力企業で業績が良いのに「実効税負担率」が著しく低い個別企業の実名を公表し明らかにするとともに，全法人の企業規模の階層別に存在する税負担の格差状況を究明する。大企業の実際の税負担が著しく軽くなっている由来と事情を明らかにし，実効税負担分析，課税優遇で消えていく巨額な税金，租税特別措置による政策減税が巨大企業に集中している実態，巨額な課税優遇を受けている企業リストを公表するとともに，理不尽で不公正極まる危険な税制動向を批判し，企業課税再建の改革構想を提示する。

第2部「タックス・ヘイブンによる租税回避の検証」では，強欲資本主義が暴走しているグローバル化経済の闇の中核で悪魔の作用をしているタックス・ヘイブンに消えていく巨額な税金逃れの実態を総合的に検証する。多国籍企業の課税逃れの実像，タックス・ヘイブンにより失われている巨額な税金を究明する。そこでは英米こそが世界最大にして最強のタックス・ヘイブン国である真相をも明らかにする。タックス・ヘイブンによる税金逃れを退治するために発想の転換による改革へのチャレンジを提示する。

第3部「企業課税を崩壊させている政権政策の検証」では，企業課税を崩壊させている政権による政略を分析する。政権による官邸主導での政治政策の手段として税制を濫用し，政策手段の枯渇を糊塗している。このため苦しまぎれに企業課税の軽減を成長戦略の主役化し政策効果の検証もなく，「巨大企業が税金を払わないシステム」を作り上げている。政権の政治手法により税制は歪められズタ

ズタに破壊され，税制構造を改悪化し，租税の基本理念も尊厳も失われている。財政政策が国民経済に対して果たすべき役割を放棄しており，このままでは国の将来が危ういことを警告し，税制公正化の実現を目指す闘いを進める。

　政治の歪みにより現出している異常な税制の歪みを質し，経済的格差や貧困化のない公正で活力ある健全で明るく強い国家と，分断のない安寧で平静な社会を形成するための基盤としての真に公平・公正な税制の構築を願って，そのあるべき姿を問うていきたい。

2018 年 3 月 20 日

富 岡 幸 雄

目　次

序

第 1 部　大企業優遇税制の肥大化による暴走の検証：財政再建のための巨額な財源の発掘

序　章　法人税制の空洞化による財源喪失を検証・3

第 1 編　税金を払わない大企業の実態……………………………………11

第 1 章　有力企業で業績が良いのに「実効税負担率」が著しく低い企業の実名：軽い税金の実態についてのミクロ的分析・12

第 2 章　全法人の企業規模別実効税負担の格差状況の異常な実態：軽い税金の実態についてのマクロ的分析・22

第 3 章　大企業の実際の税負担が著しく軽くなっている由来：驚くべき課税逃れの実相とその要因・26

第 2 編　実効税負担分析のアプローチ……………………………………33

第 4 章　法人税の真の負担状況の実証分析による検証が不可欠：欠陥税制の核心を衝いた「的をはずさない」改革が緊要・34

第 5 章　実効税負担状況の分析でのミクロとマクロのアプローチ：「検証税務会計学」研究における分析方法論の展開・36

第 6 章　理論税務会計学研究を基盤とする検証税務会計学の進展：税制立案の基礎的前提となる検証データの提供・40

第 3 編　実効税負担の分析による検証……………………………………65

第 7 章　個別企業の実効税負担率の分析要領と計算構造：調査分析における諸基礎要因の概念と算定要領①・66

第 8 章　企業規模別総合平均実効税負担率の分析要領と計算構造：調査分析における諸基礎要因の概念と算定要領②・68

第 9 章　企業規模別の総合平均実効税負担状況の実態の格差分析：驚くべき低い実効税負担水準の全体像を図示・74

第 10 章　企業規模別の課税所得金額と法人税額の縮小化状況の実態の格差分析：課税所得金額の巨大な欠落状況の実像を図示・84

第4編　政策減税で消えていく巨額の税金 …………………………… 93

第11章　安倍政権で大企業優遇の租税特別措置による政策減税が倍増化：建前
として「整理縮減」を唱えながら逆に実施規模は急速に拡大・94

第12章　租税特別措置による政策減税の欺瞞ながら抑制整理への基調の変化
：整理縮小には本腰が入らず「見直し」は掛け声だけ・100

第13章　法人税関係租税特別措置の種類別適用額と減税相当額の年度比較
：大企業優遇税制の実態の深層を徹底分析・106

第5編　租税特別措置による政策減税の推移 ……………………………… 113

第14章　安倍政権により倍増している最大の不公平税制である政策減税の利用
実態の推移：巨大企業に集中化しながら累増している政策減税の実施状
況・114

第15章　法人税関係租税特別措置の種類別個別措置の年度比較：個別措置の
3か年間での適用細目を分析・119

第16章　種類別個別措置での減税相当額の年度別増減の比較：2014年度の対
2013年度と対2012年度・130

第6編　巨大企業に集中する政策減税の真相 …………………………… 143

第17章　巨大企業が破格の恩恵を受け税負担格差を招来する政策減税の利用実
態：企業規模別と1社当たり減税相当額・144

第18章　多額な政策減税の恩恵を集中的に享受している企業：政府は折角の企
業名を「匿名」にしている隠蔽体質を露呈・151

第19章　朝日新聞の報道は政策減税額を著しく過少に計測し全体像を国民に知らせ
ず誤解を招来：国会論議までをも誤らせた大新聞の報道姿勢に警告・159

第20章　最大の不公平税制である租税特別措置の抜本的改革への基本的提言：
「弱肉強食型」のアベノミクス税制の解体による税制公正化こそ急務・163

第7編　巨額の課税優遇企業の実名リスト ……………………………… 169

第21章　政策減税により巨大な恩恵を受けている企業の実名：優遇税制の恩恵
が特定の巨大企業に偏在・170

第22章　課税上優遇されている受取配当収益の多い企業の実名：巨大企業の税
負担を軽くし見逃されている巨額の財源・180

第23章　課税上優遇されてきた受取配当収益の課税是正：株式保有の実態に対
応してより一段の課税強化が緊要・189

第8編　理不尽で不公正極まる危険な税制動向 ………………………… 195

第24章　安倍政権は法人税減税を断行してきたが実際は既に極小の税負担

目　次 ◆ *III*

　　　　：財界は厚かましくも更なる法人税減税を要請・196

　第25章　巨額の消費税収は国民福祉でなく企業減税の穴埋めに消失：消費税の
　　　　　再増税ではなく大企業からの増収が本筋・201

　第26章　アベノミクスの失政を糊塗する「財源なき無定見な減税」で一挙に引
　　　　　き下げられた法人税率：首相官邸と財界の共謀的主導による法人税率の
　　　　　大幅な引き下げの強行・205

　第27章　グローバル大企業の税負担の軽減を策す「政治権力追随型」の政府税
　　　　　調の意見：驚くべき「法人税終焉論」まで公言・211

第9編　企業課税再建の改革構想提案‥‥‥‥‥‥‥‥‥‥‥‥‥‥‥‥‥ **217**

　第28章　「法人税減税」ではなく「法人税再建」こそが急務：税制公正化で信
　　　　　頼される政治の確立と健全な「企業貢献国家」の構築・218

　第29章　公正な法人税制の再構築への改革提案：タックス・イロージョンによ
　　　　　る課税ベースの欠落の是正が本命・221

　第30章　欠陥法人税制の是正による推定増収想定額での財源発掘：巨額な増収
　　　　　想定額の財源発掘状況を図示・231

第2部　タックス・ヘイブンによる租税回避の検証：グローバル経済の闇に逃げていく税金

　序　章　タックス・ヘイブンに逃げていく税金を検証・239

第1編　「パナマ文書」と「パラダイス文書」の衝撃‥‥‥‥‥‥‥‥‥ **245**

　第1章　隠蔽された腐敗と犯罪の闇を暴いた「パナマ文書」の衝撃：グローバ
　　　　　ル経済の見えざる中核のメカニズムの開帳・246

　第2章　闇の社会を照らし出した「パナマ文書」の正体と流出経緯：機密漏洩
　　　　　の史上最大のリークで激震が世界に波紋・249

　第3章　「パラダイス文書」で各国の政府高官や大企業のタックス・ヘイブンへ
　　　　　の関与が暴露：一段と大きく暴かれた世界の指導層の闇・253

　第4章　指導者や富める者が税を逃れ続けるなら国家と社会の健全性を破壊：
　　　　　違法でないことが問題でモラルや公正は壊滅・262

第2編　タックス・ヘイブンの真の正体‥‥‥‥‥‥‥‥‥‥‥‥‥‥‥ **267**

　第5章　タックス・ヘイブンとは何か，その意味内容とメカニズム：グローバ
　　　　　ル化経済を動かす闇の中核のネットワーク・268

　第6章　カメレオンの色のように変化するタックス・ヘイブンの正体：その国の

立法政策により合法にも非合法にもなる・280

第7章　強欲資本主義が横行するグローバル経済の闇の中核での悪魔の作用
：「タックス・ヘイブン化現象」にみる富と権力の暴走・286

第3編　多国籍企業の課税逃れの真相 …………………………………… 291

第8章　国家主権とグローバル大企業の果てしなき宿命の闘い：国の存続を脅か
す「根なし草」化した多国籍企業・292

第9章　多国籍企業の租税回避のテクニック：国境を越えた巧みな課税逃れ・
301

第10章　超富裕層の租税回避のテクニック：枠組みの複雑化を狙う「行き過ぎ
た節税」・324

第4編　失われた世界中の巨額な税金 …………………………………… 329

第11章　タックス・ヘイブンにある裏金脈で失われた世界中の税金：保管され
ている巨額資産と超富裕層の課税逃れ額・330

第12章　タックス・ヘイブンにより失われている税金の算定に挑戦する世界の
専門家の所説：複雑で巧妙な手法を展開・332

第13章　課税逃れで失われた世界中の税金の推計についての所説：パラン，
マーフィー，シャヴァニューとズックマンによる試算・342

第5編　イギリスこそ世界最大のタックス・ヘイブン ……………… 353

第14章　泥棒の親分達が泥棒を捕える話をしているOECD/G20：タックス・ヘ
イブン退治ができるか疑わしい情勢・354

第15章　イギリスは世界に点在するタックス・ヘイブン系列の総元締：海賊の
国グレイトブリテンの世界での猛威の遺産・359

第16章　タックス・ヘイブン国イギリスの「魅力的税制」構築の動向：持株会
社の立地場所として魅力を際立たせる税制・365

第6編　アメリカこそ世界最強のタックス・ヘイブン ……………… 369

第17章　アメリカこそ世界最大にして最強のタックス・ヘイブン国：覇権大国
アメリカのダーティーな内実の姿の断面・370

第18章　アメリカは租税回避行為と秘密保持で最も進んだ強引な国：多国籍企
業やメガリッチにとりアメリカこそ天国・375

第19章　自国の利益だけを確保する身勝手な国アメリカの横暴：自国の国内法
の「域外適用」を求める傲慢さ・378

第7編　課税逃れへの取締り規制措置の探求 ………………………… 383

第20章　いかにしてタックス・ヘイブンに逃れていく税金を捉えるか：無国籍

目　次　◆　V

化企業の暴走による租税回避の危機・384

第 21 章　国際的な課税逃れへの国際的な協調的対応：OECD の BEPS プロジェクトのアクションプラン・391

第 22 章　タックス・ヘイブン規制税制の改革の方向：段階的に補充整備されてきている経緯・397

第 8 編　新 CFC 税制の構造とその論点 ……………………………………… 405

第 23 章　タックス・ヘイブンによる課税逃れの新しい規制：追いつけない規制税制は改正で複雑化と混迷化・406

第 24 章　CFC 税制の見直しの総括と不徹底性についての懸念：タックス・ヘイブン濫用の規制として未だ不十分・422

第 25 章　CFC 税制の最新改正の考え方と論点の吟味：改正の発想と焦点は妥当であるか・424

第 9 編　タックス・ヘイブン規制の革新的改革 ……………………………… 433

第 26 章　タックス・ヘイブン進出企業の凄まじい実態：課税逃れへの追及が十分になされていないのではないか・434

第 27 章　巨大企業の国際的租税スキームの情報収集の模索：課税逃れのテクニックの秘密情報の獲得が有用・440

第 28 章　タックス・ヘイブンによる課税逃れ規制の改革提案：進出企業状況報告制度と国際租税スキーム開示申告制度の創設・449

第 29 章　グローバル大企業の暴走を克服し租税国家の復権への果敢な挑戦：グローバル vs. ナショナルの文化の衝突を克服して調和の論理を求めるための英知の発揮を・459

第 3 部　企業課税を崩壊させている政権政策の検証：税制構造の大衆収奪化への改悪の根源

序　章　税制構造を改悪化している政治手法の検証・465

第 1 編　企業課税を崩壊に導く税財政政策 ………………………………… 475

第 1 章　更なる法人税減税を要求する財界の強欲な横暴：総選挙で圧勝した安倍政権と財界の共同謀略・476

第 2 章　「生産性革命」の政策手段としての法人税減税の政治的濫用：税制を利権化し政権浮揚の目玉政策として活用・483

第 3 章　企業減税には経済成長への期待は不可能：専門家の意見を無視した税

VI

制改悪の弊害・494

第2編　巨大企業が税金を払わない税制を構築…………………………… 505

第4章　巨大企業が税金を払わない税制構造を策定している税財政政策：極悪
　　　　非道な「弱肉強食」型税制への偏向・506

第5章　官邸主導で独断的に進められてきた法人税減税：政府税調はもとより
　　　　財務省や自民税調をも無視・515

第6章　改革の本筋を外し場当たり的な大企業減税の代替財源探し：新たな課
　　　　税ベースを求め税制混迷を増幅・520

第3編　消費税増税と法人税減税のセット論の誤謬…………………… 531

第7章　混迷を深めながら大企業減税にシフトする改革論議の深層：減税の代
　　　　替財源探しに四苦八苦する迷走・532

第8章　消費税増税と法人税減税のセット論の欺瞞的謀略：租税体系構造の根
　　　　幹を歪める危険な動向・556

第9章　法人税減税は経済活性化に役立たずセット論は重大な誤り：消費税減
　　　　税と法人税「増収」のセット策が賢明・565

第4編　税制を極悪化する政権の政策運営……………………………… 567

第10章　格差社会への転落を招く安倍政権の税財政政策：成長志向から「安定
　　　　　社会」への価値転換が緊要・568

第11章　政策の行き詰まりを偽装する新アベノミクスの幻想：破綻の危機に直
　　　　　面しており政策運営は正念場・584

第12章　大企業の収益拡大頼りの成長戦略は破綻：掛け声どおりに進まないア
　　　　　ベノミクス・591

第5編　世界税金戦争で危機にある企業課税…………………………… 597

第13章　燃え上がる世界税金戦争の炎：「企業と国家」の闘いと「国家と国家」
　　　　　の税の奪い合い・598

第14章　トランプ大統領の登場で激化する世界税金戦争：アメリカの「タック
　　　　　ス・ヘイブン化」宣言・607

第15章　ハイブリッドでマトリックス的な世界税金戦争の基本構図：現在の世
　　　　　界が直面している深刻で複雑な難題・616

第16章　経済侵略戦争の武器としての「法人税率引き下げ競争」で企業課税の
　　　　　空洞化：政府が企業と一体となった反グローバリズムの「新重商主義」
　　　　　的動向が進行・631

第6編 税制公正化を目指す闘いのすすめ······················· 635

第17章 国家秩序と安寧社会を破壊するグローバル企業の暴走:豊かな大企業・
経営者と貧困化している勤労者・庶民・636

第18章 国の運命を危うくするマスメディアの扇動:かつては戦争を，今は企
業減税と庶民増税を煽ってきたマスコミの罪状・643

第19章 消費税減税と企業課税の増収の断行が急務:消費税再増税と法人税減
税は誤った政策・659

あとがき·· 669
索　引·· 677

第1部

大企業優遇税制の肥大化による暴走の検証
財政再建のための巨額な財源の発掘

序　章　法人税制の空洞化による財源喪失を検証

第1編　税金を払わない大企業の実態

第2編　実効税負担分析のアプローチ

第3編　実効税負担の分析による検証

第4編　政策減税で消えていく巨額の税金

第5編　租税特別措置による政策減税の推移

第6編　巨大企業に集中する政策減税の真相

第7編　巨額の課税優遇企業の実名リスト

第8編　理不尽で不公正極まる危険な税制動向

第9編　企業課税再建の改革構想提案

序章　法人税制の空洞化による財源喪失を検証

1

　成長志向の法人税改革を進め「稼ぐ力のある企業の税負担を軽減」し，グローバル企業が経営をしやすい環境を造ることにシフトしている政権与党の大企業擁護の経済政策により，法人税制の混迷化と空洞化は一段と深まっている。税務会計学は，政治権力のアカウンタビリティを検証する政治会計学の最先端として研究を進展させ学的研究成果を発揮し「闘う体制」を強化して，その使命を達成しなければならない。

　この税務会計学の研究の新しい地平における進展である実証研究としての「税制検証論」（検証税務会計学）が，いまやマクロとミクロの複眼的な方法論により雄大に進展している。

　マクロ的アプローチにより「巨大企業の階層の法人税平均実効税負担率が極小の事実」，ミクロ的アプローチにより「業績が良いのに実効税負担率が著しく低い大企業の実名リストの摘出」が検証されている。

　国を捨て無国籍化して「国に税金を払わない存在」となっている巨大企業の減税要求の実現のために，庶民いじめの消費税増税や業況低迷に苦しむ中小企業への新規増税を代替財源とする理不尽さが極まる税制構造の改悪化が通れば，不公正な格差社会は一段と深刻化し日本の将来は危うくなる。

　法人税制は，非常にテクニカルで課税逃れが容易であるので，国家財政におけるその地位は低下しているとの敗退論やデジタル経済の進展を理由とする限界論が台頭しているが，企業国家である日本では，「稼ぎ頭」である法人企業への所得課税は基本的なメイン・タックスであり最大の財源である。

2

　2017年衆議院総選挙は，無定見な野党の分裂と拙劣な選挙戦術により政権与党の自由民主党が想像外の圧勝をした。経団連は産業界を代表して，投開票の翌日の10月23日，早々に「国民の負託を受けた安定的な政権基盤を得た安倍政権は，自信を持って改革に取り組んでもらいたい」と激励した。

　そして，「政策評価」を公表し，法人税改革では，2014（平成26）年度までに34.62％まで引き下げられてきていた法定総合税率を2015（平成27）年度に32.11％に，2016（平成28）年度には一挙に29.97％に引き下げ，2018（平成30）

年度には29.74%まで先行して引き下げ，産業界の長年の要望であった「20%台」を実現したことを実績にあげ「与党の政策は成果をあげており高く評価できる」とした。

経団連は，これとともに全会員企業（現在は約1,300社）に，与党自民党に対する政治献金を呼びかけ，これとの見返りに，あつかましくも，これまで控えていた更なる法人税率の引き下げを言い出し，「25%まで引き下げる」ことを要求した。

これまで経団連などの要請で安倍政権は，法人企業の所得課税の税率を下げ続けてきた。政府は，財界に対し内部留保を賃上げや設備投資に回すよう求めてきたが，企業側の反応は鈍く，2016（平成28）年度における内部留保にあたる利益剰余金は前年より28兆円増の406兆円に膨らみ，5年連続で過去最高となっている。

同時に経団連は，2019（平成31）年10月に消費税率を10%に引き上げることと，社会保障の抑制による歳出改革の徹底をも提案し，政権は「国民の痛みを伴う改革にも取り組んでもらいたい」とも言い放っている。消費税増税と社会保障の抑制で法人税減税の財源を確保しようとし，その「ツケ」を国民に押しつけようとしている。

これに対し，安倍晋三首相は，10月26日の経済財政諮問会議で，「賃上げは企業の社会的要請だ。3%の賃上げが実現するよう期待する」と述べ，2018年の春闘での賃上げを産業界に要請した。そして，賃上げの裾野拡大に向け政府も環境を整えるとし，平成30年度税制改正で法人税の法定総合税率をさらに引き下げる方向での姿勢を示した。現在29.74%まで下げられている税率を段階的に最大で「3%程度下げ27%台前半」にする案などを検討し始めていた。

政治献金の効能か，空前の内部留保にもかかわらず，法人企業の減税は，まだこれからも続こうとしている。しかも，その代償は，一般の国民に回されていくのである。

3

経済界や大企業，マスコミ，経済産業省等は，日本の法人税は高いと声高に宣伝しているが，私のこれまでの研究で明確になったことは，高いのは「法定総合税率」（statutory tax rate）であり，「実効税負担率」（effective tax rate）は，極めて低いのである。

有所得の全法人をトータルにならしたマクロ的に分析してみると，総合平均実

効税負担率（2014 年 3 月期・外国税額を含む）は「22.72％」であり，法定税率の 6 割弱の 59.77 ポイント相当に過ぎず，既に今回の経団連のあつかましい要求よりも，はるかに低いのである。

特に，注目すべきは，巨大企業の実効税負担が極めて低いことである。資本金 100 億円超の巨大企業の総合平均実効税負担率は実に 17.29％（2014 年 3 月期・外国税額を含む）という驚くべき低い税負担水準になっている。

これでも日本の法人税は高いと言えるのか。既に低すぎるくらい低いのであり，政府当局や政治家は現実をよく認識し真剣に考えるべきである。

表面的な法定税率と経済的実質的な実効税負担率の間には著しい開差が存するのである。いずれの企業も，現実に行われておらず，その法定税率どおり税金を払っていない名目的で「架空の高い法定税率」を振りまわすのではなく，検証税務会計学が立証した実際の「真実の実効税負担率」の実態を直視して，経団連の尻馬に乗って国民を欺瞞し，一段と法人税制の空洞化を増幅するような有害な法人税減税は速やかに中止すべきである。

4

日本の法人税制における実効税負担状況の著しい特徴は，巨大企業・大企業・中堅企業・中小企業・小規模企業というような企業規模の階層間に著しい格差が存在していることである。

注目すべきは，資本金 100 億円超の巨大企業と，巨大企業が該当することが多いと思われる連結法人の総合平均実効税負担率が著しく低いことである。

連結法人は，外国税額を含めても僅かに「10.94％」（2014 年 3 月期）で法定総合税率の 3 割弱の 28.78 ポイント相当と驚くべき低水準である。資本金 100 億円超の巨大企業は外国税額を含めても「20.28％」で法定総合税率の 53.35 ポイント相当にすぎない。

これに対し，総合平均実効税負担率が最も高いのは，資本金 1 億円超で 5 億円以下の中堅企業の階層である。外国税額を含めて「35.75％」（2014 年 3 月期）である。

資本金 1 億円以下の法人には中小企業に対する軽減税率があるので，低くなければならないのであるが，実際は資本金 1 億円以下で「29.90％」，資本金 5,000 万円以下で「30.60％」，資本金 1,000 万円以下で「25.60％」（いずれも 2014 年 3 月期・外国税額を含む）である。

問題なのは，資本金 100 億円超の巨大企業と連結法人の総合平均実効税負担が

企業規模別に区分した全ての階層のなかで最も低いことである。巨大企業（20.28％）は，最高レベルの中堅企業（35.75％）の実に半分近くの56.72ポイント相当のように低くなっており，小規模企業（25.60％）よりも，はるかに低く，その79.21ポイント相当にとどまっている。

　日本の法人税の実効税負担の構造は，中堅中小企業が最も高く，それより順次，企業の規模が大きくなるに従い低くなり，巨大企業の実効税負担が最も軽く，しかも極端に低水準である「極小の税負担」となっており逆傾斜であり，まさに「逆累進構造」である。

5

　日本の経済界をリードする名だたる有力企業で業績が良く大稼ぎをしながら「実効税負担率」が著しく低く軽い税負担しかしていないことも明らかになっている。

　法人税の実際の負担状況が，どのようになっているかにつき，その真相を明らかにするためには，全有所得法人をトータルにみたマクロ的分析による平均値の検証にとどまらないで，ミクロ的に個々の企業が実際にいかなる税負担になっているかを具体的に分析し検証する必要がある。

　巨大な持株会社には，実効税負担率が1％にも達しない企業が4社もあるが，持株会社は収益構造が異なるから別に考えてもよいが，これとは別に実効税負担率が1％に達しない事業会社が1社ある。

　実効税負担率が3％から4％の企業が3社あるが，全てが事業会社であり，8％から9％が2社あるが，これも全て事業会社である。

　実効税負担率が11％から14％までの企業が8社あり，このうち持株会社が4社で，事業会社が4社である。

　実効税負担率が15％から19％までの企業が11社あるが，持株会社は1社で，他は全てが事業会社である。

　このように，業績が良いのに「実効税負担率」が著しく低く，調査対象事業年度（2015年3月期）の法定総合税率が35.64％であるにもかかわらず，10％台以下の著名企業が33社もあることが明らかになり，その企業の実名を税引前当期純利益の金額と法人税等の納付額，それによる個別の実効税負担率とともに公表している。

　次いで，実効税負担が20％台前半である20％から25％までの企業が19社あり，このうち持株会社は1社で，他は全て事業会社である。20％台後半である26％

から29％までの企業が12社あり，このうち持株会社は4社で，他の8社は事業会社である。

最後に，実効税負担率が30％の企業が3社あり，全てが事業会社である。

6

法人税の実効税負担が著しく低くなっている原因は，課税ベースがタックス・イロージョン，タックス・シェルター，タックス・ギャップによる歪みと，さらに，租税特別措置による優遇税制により縮小化されているからである。

有所得申告法人の全体をトータルでみた場合，2014年3月期の企業利益相当額は62兆5,309億円であるが，実にその20.37ポイント相当の12兆7,384億円が欠落して課税所得の金額が縮小化されて49兆7,925億円となっている。

注目すべきは，この課税所得金額の縮小状況を企業規模別にみると縮小率が40.19％（2014年3月期）と抜群に高く，縮小額も5兆7,429億円にも及んでいるのが連結法人である。次いで，目立っているのが縮小率が21.88％で，縮小額が4兆1,756億円に達している資本金100億円超の巨大企業である。

これに反し，課税所得金額の縮小率が最も低いのは資本金1億円超5億円以下の中堅企業であり，縮小率は3.95％で縮小額は1,615億円にとどまっている。

課税所得の浸蝕化による縮小化現象は，日本の法人税制に存在している最大の欠陥である。税制改革の議論において，いつもその対象となっているのは，表面的な法定税率の高低についてであるが，法人税制のような所得課税においては，税率の適用対象となる課税ベースである課税所得の捉え方こそが最大に重要な課題である。

7

租税特別措置は，一般に租税の公平性の原則や租税の中立性を阻害し，租税の基本理念を破壊し，国民に税制の尊厳に対する疑念を誘発し納税モラルに悪影響を及ぼしている。特に，租税特別措置による政策減税は，これを決定する政治家と執行の衝にあたる官僚には最大の権限となり，業界の既得権化し，政官業の癒着の権化となる。

政策減税は，一般減税と異なる傾斜減税であり「隠れた補助金」として，特定産業や特定業種の大企業に集中的に異常に巨額な恩恵を与える特権的優遇税制化し，課税の空洞化を招来し国の財源を喪失せしめている。

さらに，租税特別措置は，税法規定を複雑膨大化せしめて，まさに日本税制の

伏魔殿化し税制を厚いベールに隠し，ますます混迷化している。

　安倍政権は，大企業の法人税減税をアベノミクスの成長戦略の柱とし，税制を利権化し，集票と集金の手段化している。このため安倍政権となり政策税制による減税相当額は，民主党政権の最後の1兆3,218億円（2012年度）の2倍を超える2兆6,745億円の巨額に急増している。

　しかも，その適用状況を企業規模別にみると，減税の恩恵は，資本金100億円超の巨大企業と連結法人の1,776社に集中し，50.7％の7,698億円を占めている。政策減税適用のトップ企業は，1社で1,242億円の巨額な減税である。

8

　巨額の課税上の優遇を受けている企業は，特権的優遇税制化している租税特別措置による政策減税の恩恵を集中的に享受している企業群である。

　政策税制とともに，課税上優遇されている受取配当収益の多い企業が税負担を軽くする恩恵に浴している。内国法人が受け入れる剰余金の配当等のうち，これまで一般株式等に係る配当金等の50％相当と，連結法人株式等および関係法人株式等に係る配当等の全額が課税対象から除外されてきた。

　これでは，あまりにも大きな欠陥税制であり，平成27年度税制改正で，企業支配株式と資産運用株式を区別する発想のもと部分的な改善があったが未だ大きな企業優遇税制として存在しており，さらなる改革を要する。

　課税上優遇されている受取配当収益の多い企業の2008年3月期以後，7事業年度について調査し，その合計が1,000億円以上の71社をリストアップした。

　受取配当収益が3兆円を超える企業が2社，2兆円を超える企業が3社，1兆円を超える企業が9社もある。さらに，5,000万円を超える企業が7社，4,000万円を超える企業が6社，3,000万円を超える企業が9社，1,000万円を超える企業は28社に達している。

9

　現行の法人税制には多くの欠陥があり，実効税負担率が法定税率より著しく低くなっていることは歴然たる事実である。世上，一般に取り挙げられている法定税率は欠陥税制の存在で名目化し，真実の税負担である実効税負担率との間には大きな開差が存在する。

　マクロ的分析であるが，両者の間に存する開差を是正し，全ての企業が法定税率どおり納税した場合を想定し，開差の是正による増収想定額を試算すると9兆

4,065億円が見込まれる。これだけ巨額の財源が喪失しているのである。

この法人税制の欠陥是正による推定増収額を企業規模別にみると，連結法人の3兆8,858億円と資本金100億円超の巨大法人の3兆1,967億円が断然突出している。大規模企業の税負担にこそ大きな欠落があり，速やかなる是正が求められる。

10

このため本書の第1部では，税金を払わない大企業の実態を，ミクロ的分析として日本の有力企業で業績が良いのに実効税負担が著しく低い企業の実名を挙げて企業業績と納税状況を検証し，マクロ的分析として全法人の企業規模別の実効税負担の格差状況を検証している。何故に大企業の実効税負担が軽くなっているかの由来と原因についても解明している（第1編）。基礎的考察として，実効税負担の分析についてのアプローチの方法論を鮮明にする（第2編）とともに，実効税負担分析の分析要領と計算構造を個別企業別と企業規模別に詳細に展開している（第3編）。

大企業の実効税負担を低くしている元凶である租税特別措置による政策減税につき分析し，安倍政権による大企業優遇政策の拡大路線の急進行の実態を検証している（第4編）。租税特別措置につき種類別の個別措置の年度比較をし（第5編），さらに，巨大企業が破格の恩恵を受けている利用実態を検証している。最大の不公正税制である租税特別措置についての抜本的改革のための基本的提言についても論及している（第6編）。

巨額な課税優遇を受けている企業の実名リストを公開し，優遇税制の恩恵が特定の巨大企業に偏在している実態を検証している。政策減税による傾斜的優遇税制の恩恵を享受している企業と課税上優遇されている受取配当収益の多い企業の実態につき集中的に検証している（第7編）。

安倍政権は，法人税率の引き下げによる企業減税を断行してきたが大企業の実際の税負担は既に極小である。しかもそれは，アベノミクスの失政を糊塗する「財源なき無定見な減税」である。問題なのは，これまで巨額な税収をあげてきた庶民いじめの酷税である消費税が国民の福祉に回らないで法人税減税の代替財源として，その穴埋めに使われてきたことである。理不尽で不公正極まる危険な税制動向に対して警告をしている（第8編）。

最後に，崩壊の危機にある企業課税の改革構想を提示し，タックス・イロージョンによる課税ベースの是正が本命であり，「法人税減税」ではなく，「法人税再建」

こそが急務であることを主張している。欠陥法人税制の是正による推定増収想定額での財源発掘を計数により明らかにする（第9編）。

　税制公正化で信頼される政治の確立により最大のメイン・タックスである企業課税において巨大企業がその稼ぎである利潤獲得力にふさわしい，それ相応の「まともな税金」を納め，国民経済と国家財政に寄与する健全な「企業貢献国家」の構築が不可欠である。

　企業が健全な経営マインドに立ち帰り，その経済力をもって国民経済と国家財政に大きく貢献することにより，国の安全保障と国民福祉の充実のための恒常的にして安定した財源を確保し，異常に拡大している経済的格差と社会的格差を是正し，貧困化社会への転落をくい止め，国の発展と社会の安寧を確保することが願わしい。

第1編

税金を払わない大企業の実態

第1章　有力企業で業績が良いのに「実効税負担率」が著しく低い企業の実名：軽い税金の実態についてのミクロ的分析

1　日本の経済界をリードする名だたる有力企業で大稼ぎをしながら軽い税負担しかしていない企業の実名リスト

2　個別企業の「実効税負担率」の試算：財務会計の世界と税務の世界は異なる

3　税金を払っていない巨大企業の態様と実相：「実効税負担率」が著しく低い企業の分析

第2章　全法人の企業規模別実効税負担の格差状況の異常な実態：軽い税金の実態についてのマクロ的分析

1　巨大企業の実効税負担率は最低の9.07％で最高は中堅企業の38.03％という大きい格差

2　日本の法人税は高くなく巨大企業優遇で中堅中小企業冷遇の「逆累進構造」が特徴

第3章　大企業の実際の税負担が著しく軽くなっている由来：驚くべき課税逃れの実相とその要因

1　企業課税における実効税負担が低いのは課税ベースが浸蝕化により縮小化していることが原因：タックス・イロージョンとタックス・シェルターとタックス・ギャップによる課税の空洞化が致命傷

2　62兆5,309億円の企業利益に対し，課税所得は49兆7,925億円で20.37％相当も課税対象から欠落：課税所得の縮小率が40.19％と抜群に高いのは巨大法人が多い連結法人

3　巨大企業の税負担を低くしている税制上の欠陥や課税逃れを可能としている税法の隙間を活用する企業の対税行動：課税ベースの縮小化を生ずる諸要因とその多様な現象

4　課税ベースが正常な姿からかけ離れ変貌現象による「妖怪化」：歪んで変型し「お化け」のような姿になっている

第 | 1 | 章

有力企業で業績が良いのに「実効税負担率」が著しく低い企業の実名

―軽い税金の実態についてのミクロ的分析―

1 日本の経済界をリードする名だたる有力企業で大稼ぎをしながら軽い税負担しかしていない企業の実名リスト

　国にとって稼ぎ頭であり，大儲けをして巨額の利益を計上している巨大企業がグローバル経済のもと無国籍化して，大企業優遇税制はもとより，国際間の税制格差と税制の欠陥や抜け穴を巧みに活用し，多様なタックス・プランニングのスキームを駆使して節税をし，時には地球的スケールでの課税逃れをしている。かようにして巨大企業は，自己の税引後の経営純利益の極大化に狂奔している。

　ボーダレスに国境を越え，ヒト・モノ・カネ・情報が自由に往来し，世界経済の成長と繁栄をもたらすはずのグローバリゼーションは，多国籍企業などグローバル大企業には強欲資本主義の経営哲学によるオペレーションでの巨大な利益を蓄積させている。

　これに反し，世界経済には，構造的な景気低迷と需要減退をもたらし，経済成長は鈍化し，貿易は停滞し，生産性は伸び悩み，経済格差と貧困を蔓延させている。このため，「働く貧困」と「貧困高齢者」が急増し，中間層は衰退により貧困層への転落を招き，「社会の貧困化」が進行している。

　日本のグローバル大企業は，安倍政権による「企業が最も活動しやすい状況」を作る経済政策と，「大企業が税金を払わない税制」を作っている税制政策により，その儲けにふさわしい「まとも」な税金を払わないで，国を捨て根なし草化し「国に税金を払わない存在」の集団となっている。

　そこで，まずは，著者が検証分析した「2015年3月期の業績が良いのに実効税負担が著しく低い大企業67社」のリストを公開することにする。

　法人企業の所得に対する課税である企業課税の税法で定められている税率である「法定税率」は，国税の法人税と，地方税の法人住民税，法人事業税の3税を合計した税率（正確には「法定総合税率」というべきである）は，「35.64％」（2015

年3月期）である。にもかかわらず，多くの企業が実際に納めている税金は驚くほど低いのである。

個別の企業が計上している企業純利益の金額に対する，現実に納税している税額の割合である「実効税負担率」は非常に低く，1％にも達しない極端に低い極小負担の企業が5社あり，1％台の企業が4社，3％から9％台までの企業が5社もある。

2桁である11％台から15％台の企業が10社，16％台から19％台の企業が9社で，10％台の著名な企業が19社も存在する。20％台から25％台の企業が19社，26％台から29％台の企業が12社という状態である。比較的多くの法人税を払っている著名な企業でも20％台が大部分である（［図表1-1-1］を参照）。

これは，個別の企業の実際の税負担状況を検証するミクロ的分析である。リストに掲載されている企業は，全て，税引前純利益が1期で600億円以上の日本経済をけん引する巨大企業ばかりであるが，「実効税負担率」が30.29％（法定総合税率35.64％の85％相当）未満の企業である。

2　個別企業の「実効税負担率」の試算：財務会計の世界と税務の世界は異なる

巨大企業が，いかに軽い税負担しかしていないかの実態を個々の個別企業別に検証したこのミクロ的分析は，公開されている「有価証券報告書」や「企業・IR情報」，新聞に掲載されたデータと必要に応じて企業への直接取材を行って，多くの資料を収集し精査・分析し，個別企業の「実効税負担率」を試算した。

この調査は，あくまで，個別の企業が現実に，どのような申告をし，実際に，いくら納税したかに基づいて試算したのである。

企業ごとに，「事業会社」と「持株会社」とを区別した。両者は企業の目的と組織が異なるとともに，企業の収益構造が異なるからである。

さらに，企業の納税制度として，「連結納税制度」を適用している会社と，適用していない会社があり，このリストでは，企業が選択している納税制度の区別を，それぞれ「連（連結納税制度適用会社）」と「単（単体納税制度適用会社）」で表示している。

グループ経営が多いが，法人企業である会社は，会社法によってグループを構成する個別の会社が，それぞれ別人格である。

企業の一般会計である財務会計はグループを一体とした連結会計（連結財務諸表制度）が一般化しているが，法人税法は会社法を基礎に構成されている。した

がって，納税主体は個々の会社で，納税単位は各会社別であることが建前である。

　財務会計は連結が原則であるが，税務は単体が原則である。特例として，持株100％の子会社に限定して連結納税申告を企業の選択により所定の手続を経て認めているのが現状である。

　連結納税申告制度は，企業集団の一体性に着目し，集団内の個々の法人の損益を集約することによって，企業集団をあたかも一つの事業体（single entity）として捉えて課税する仕組みである。

　企業の経営形態として，分社化を選ぶか社内部門での経営を選ぶかの選択に関して，連結納税制度では，親子間，グループ間の損益は通算され，内部取引による損益は繰り延べられるから税負担は軽減されるが，税制が企業の経営形態に対し中立的になる。

　子会社に赤字が出た場合は，グループ全体の利益から相殺され課税対象が減額される。

　また，リストにある「税引前純利益」は，企業の利益額であり，「法人税等」は，法人企業の所得課税である法人３税の「実際に支払った納税額」である。

　企業の財務会計では，税効果会計により，当期税引前純利益に対応する正常な税金費用を計上するため，法人税額に税効果調整額をプラスしたものを「調整後法人税額」としている。しかし，それは，実際には払っていない税額である。まけてもらった税額や，課税を繰り延べられた税額相当額を「調整」し加えている。

　税務の世界と財務会計の世界は別物であり，「実効税負担率」の算定においては，財務会計上の税効果会計による「税効果会計調整額」は「法人税等」の額に含めてはいけないのである。

第1章　有力企業で業績が良いのに「実効税負担率」が著しく低い企業の実名　◆　15

（図表1-1-1）業績が良いのに「実効税負担率」が著しく低い主な大企業リスト
　　　　　　（最新事業年度分）
　　　　　　―2015年3月期の法定総合税率35.64％の時期―

| 社　名 | 区　　分 | | | 2015年3月期 | | |
	企業種別の区分	甲告方式の区分	決算期の区分	税引前純利益（百万円）	法人税等（百万円）	実効税負担率（％）
1　三井住友FG	持	単	3	485,974	3	0.0006
2　大塚HD	持	単	12	80,651	6	0.0074
3　みずほFG	持	単	3	349,442	325	0.0930
4　東京海上HD	持	単	3	142,345	610	0.4285
5　第一三共	事	単	3	357,069	2,130	0.5965
6　三菱地所	事	単	3	68,665	701	1.02
7　リクルートHD	持	単	3	74,692	1,227	1.64
8　東京電力	事	単	3	434,247	7,233	1.66
9　住友電気工業	事	単	3	102,294	1,803	1.76
10　新生銀行	事	連	3	72,760	2,450	3.36
11　新日鐵住金	事	単	3	255,662	9,000	3.52
12　東北電力	事	単	3	108,876	4,810	4.41
13　日本航空	事	連	3	169,901	14,656	8.62
14　ルネサスエレクトロニクス	事	連	3	94,100	8,725	9.27
15　ふくおかFG	持	連	3	61,400	7,255	11.81
16　中部電力	事	単	3	65,154	7,740	11.87
17　大和証券グループ本社	持	連	3	181,916	21,716	11.93
18　デンソー	事	単	3	267,219	34,551	12.92
19　三菱自動車工業	事	連	3	129,504	17,179	13.26
20　オリックス	持	連	3	344,017	47,719	13.87
21　りそなHD	持	連	3	326,251	45,417	13.92
22　マツダ	事	連	3	209,335	29,379	14.03
23　JFEHD	持	連	3	226,692	34,936	15.41
24　ダイキン工業	事	単	3	76,357	11,923	15.61
25　東京エレクトロン	事	連	3	86,827	14,726	16.96
26　日本電産	事	連	3	107,371	18,330	17.07
27　富士通	事	連	3	198,864	34,812	17.50
28　セイコーエプソン	事	連	3	132,536	23,216	17.51
29　京セラ	事	単	3	82,004	14,455	17.62
30　小松製作所	事	単	3	166,535	29,895	17.95
31　三菱電機	事	連	3	322,968	60,183	18.63
32　豊田自動織機	事	単	3	98,728	19,080	19.32

16 ◆ 第1編 税金を払わない大企業の実態

33	オムロン	事	連	3	87,388	16,955	19.40
34	伊藤忠商事	事	連	3	418,515	84,129	20.10
35	電通	事	単	3	88,424	17,969	20.32
36	富士フイルム HD	持	連	3	197,102	41,565	21.08
37	日立金属	事	連	3	86,391	18,574	21.49
38	コニカミノルタ	事	連	3	65,491	14,465	22.08
39	大和ハウス工業	事	単	3	154,006	35,200	22.85
40	いすゞ自動車	事	単	3	78,131	17,891	22.89
41	三菱商事	事	連	3	574,722	131,645	22.90
42	日本精工	事	連	3	87,976	20,340	23.11
43	神戸製鋼所	事	連	3	104,325	24,135	23.13
44	本田技研工業	事	連	3	806,237	186,724	23.15
45	パナソニック	事	単	3	64,323	15,108	23.48
46	三井住友銀行	事	単	3	947,648	224,845	23.72
47	味の素	事	連	3	79,049	18,932	23.94
48	NOK	事	連	3	78,689	19,071	24.23
49	クボタ	事	連	3	92,768	22,531	24.28
50	三井不動産	事	単	3	104,370	25,800	24.71
51	TDK	事	連	3	74,517	18,729	25.13
52	大阪瓦斯	事	単	3	98,632	25,000	25.34
53	三菱 UFJFG	持	連	3	1,614,757	421,941	26.13
54	リコー	事	連	3	112,297	29,749	26.19
55	東京瓦斯	事	単	3	145,742	39,033	26.78
56	エーザイ	事	連	3	62,298	16,885	27.10
57	野村 HD	持	連	3	346,759	94,291	27.19
58	横浜銀行	事	単	3	103,057	28,570	27.72
59	日立製作所	事	連	3	518,994	144,281	27.80
60	旭化成	持	連	3	158,440	44,059	27.80
61	川崎重工業	事	連	3	84,288	23,563	27.95
62	セコム	事	単	3	80,437	22,816	28.36
63	日野自動車	事	単	3	103,233	29,782	28.84
64	T & DHD	持	連	3	148,281	44,147	29.77
65	静岡銀行	事	単	3	66,149	19,853	30.01
66	東日本旅客鉄道	事	単	3	265,196	80,239	30.25
67	日東電工	事	単	3	61,052	18,473	30.25

（注）

1. 本表は，「実効税負担率」が著しく低い業績良好な主要な巨大企業の実態につき試算した調査結果を表示している。

2. 本表は，最新事業年度の「税引前純利益」が600億円以上，かつ，「実効税負担率」が30.29％（法定総合税率35.64％の85％相当）未満の企業につき試算した結果を表示している。

第1章　有力企業で業績が良いのに「実効税負担率」が著しく低い企業の実名　◆　*17*

３．持株会社の社名の略称
　①HD（ホールディングス）
　②FG（フィナンシャル・グループまたはファイナンシャルグループ）
４．「区分」欄の略称
　①企業種別の区分　「事」＝事業会社　　　　　　　「持」＝持株会社
　②申告方式の区分　「連」＝連結納税制度適用会社　「単」＝単体納税制度を適用していない
　　　　　　　　　　　　　　　　　　　　　　　　　　　　　　会社
５．本表は，当該企業が実際に選択した「申告方式」により現実に納付している実際の法人税・
　事業税・住民税の合計額（「法人税等」という）に基づいて試算している。したがって，グルー
　プ経営において親会社（持株会社）が傘下の連結子会社を含めた連結納税申告制度を選択し
　ているときは，これら子会社分を合算した納税額が計算されるが，親会社が単体納税申告制
　度によっているときは親会社の納税額にはグループ傘下の子会社分は含まれない。
６．「実効税負担率」は，％の小数第２位未満を切り捨てている。

3　税金を払っていない巨大企業の態様と実相
―「実効税負担率」が著しく低い企業の分析―

　個々の企業で「実効税負担率の低い巨大企業67社（2015年3月期）」のうち，
1位から35位までは，次のようである。

　このリストでは，企業ごとに「事（事業会社）」と「持（持株会社）」を区別す
るとともに，企業の納税方式として「連（連結申告制度）」を適用している会社と，
適用しないで「単（単体申告制度）」によっている会社とを区別している。

　実効税負担率の表示に続くカッコ内は，「税引前純利益」→「実際に支払った
法人税等」を意味している。

⑴　実効税負担率が１％にも達していない企業
　1位　三井住友フィナンシャル・グループ（持・単）
　　0.0006％（4,859億7,400万円→300万円）
　2位　大塚ホールディングス（持・単）
　　0.0074％（806億5,100万円→600万円）
　3位　みずほフィナンシャル・グループ（持・単）
　　0.0930％（3,494億4,200万円→3億2,500万円）
　4位　東京海上ホールディングス（持・単）
　　0.4285％（1,423億4,500万円→6億1,000万円）
　5位　第一三共（事・単）
　　0.5965％（3,570億6,900万円→21億1,300万円）

実効税負担率の低い1位から4位までは持株会社で，しかも連結申告制度を適用しないで親会社が単独で申告する単体申告制度によっているケースである。

持株会社は，コンツェルンの親会社として，従属会社の統一的管理運営を行うことを目的として従属会社の株式または持分を有している会社をいい，自らは事業経営を行わないことを建前としている。

我が国では，旧商法時代は法律上禁止されていたが，会社法の制定により本格的に解禁され，多くのグループ経営において普遍化している。

持株会社には本来の役割である従属会社の管理運営に専念している「純粋持株会社」と，従属会社の管理運営とともに自らも事業経営を遂行している事業兼業の持株会社である「事業持株会社」がある。

純粋持株会社の実効税負担率が著しく低く親会社単独では殆ど法人税を払っていないのは，現行の税制に持株比率100％の完全子会社と持株比率25％以上（改正前）の関連会社の株式からの受取配当金については全額を課税対象から除外し益金不算入とする法人間配当無税の制度があるからである。

これは，持株会社である親会社が子会社から受け入れる株式配当金は，子会社で法人税を課税済みであるから，いわゆる二重課税を排除する趣旨によるものとされている。

⑵ 実効税負担率の1％台の企業

6位 三菱地所（事・単）
 1.02％（686億6,500万円→7億100万円）
7位 リクルートホールディングス（持・単）
 1.64％（746億9,200万円→12億2,700万円）
8位 東京電力（事・単）
 1.66％（4,342億4,700万円→72億3,300万円）
9位 住友電気工業（事・単）
 1.76％（1,022億9,400万円→18億300万円）

7位のリクルートホールディングスは，持株会社でグループの子会社を含めない単体申告をしている。その他の3社は，事業会社で単体申告をしている企業である。

3社とも事業会社にしては，あまりにも低過ぎる税負担率である。事業会社で税引前純利益が大きいのに法人税等が著しく少なく実効税負担率が著しく低いの

は，例えば過去の欠損金である赤字を翌期以降の黒字と相殺して課税対象を減少させる欠損金の繰越控除の制度が適用されているためである。それにしてもあまりにも低い税負担である。

(3)　実効税負担率が3％～4％台の企業

10位　新生銀行（事・連）
　3.36％（727億6,000万円→24億5,000万円）
11位　新日鐵住金（事・単）
　3.52％（2,556億6,200万円→90億0000万円）
12位　東北電力（事・単）
　4.41％（1,088億7,600万円→48億1,000万円）

　10位の新生銀行は，事業会社で，全株保有の完全子会社をも合算して親子会社間の損益通算が認められる連結納税申告をしている。他の2社は，巨大企業であるが単体申告によっている例である。

(4)　実効税負担率が8％～9％台の企業

13位　日本航空（事・連）
　8.62％（1,699億100万円→146億5,600万円）
14位　ルネサスエレクトロニクス（事・連）
　9.27％（941億円→87億2,500万円）

　2社とも事業会社で連結納税申告をしている企業である。

(5)　実効税負担率が11％～14％台の企業

15位　ふくおかフィナンシャル・グループ（持・連）
　11.81％（614億4,000億円→72億5,500万円）
16位　中部電力（事・単）
　11.87％（651億5,400億円→77億4,000万円）
17位　大和証券グループ本社（持・連）
　11.93％（1,819億1,600万円→217億1,600万円）
18位　デンソー（事・単）
　12.92％（2,672億1,900万円→345億5,100万円）

19 位　三菱自動車工業（事・連）
　　13.26%（1,295 億 400 万円→ 171 億 7,900 万円）
20 位　オリックス（持・連）
　　13.87%（3,440 億 170 万円→ 477 億 1,900 万円）
21 位　りそなホールディングス（持・連）
　　13.92%（3,262 億 5,100 万円→ 454 億 1,700 万円）
22 位　マツダ（事・連）
　　14.03%（2,093 億 3,500 万円→ 293 億 7,900 万円）

　以上が実効税負担率が 2 桁で 10% 台の前半部分の企業である。
　15 位のふくおかフィナンシャルグループ，17 位の大和証券グループ本社，20
位のオリックス，21 位のりそなホールディングスは，持株会社で連結納税申告
をしている企業である。
　16 位の中部電力，18 位のデンソーは，事業会社で単体申告をしている企業で
ある。
　19 位の三菱自動車工業，22 位のマツダは，事業会社で連結納税申告をしてい
る企業である。

⑹　実効税負担率が 15%〜 17% 台の企業

23 位　JFE ホールディングス（持・連）
　　15.41%（2,266 億 9,200 万円→ 349 億 3,600 万円）
24 位　ダイキン工業（事・単）
　　15.61%（763 億 5,700 万円→ 119 億 2,300 万円）
25 位　東京エレクトロン（事・連）
　　16.96%（868 億 2,700 万円→ 147 億 2,600 万円）
26 位　日本電産（事・連）
　　17.07%（1,073 億 7,100 万円→ 183 億 3,000 万円）
27 位　富士通（事・連）
　　17.50%（1,988 億 6,400 万円→ 348 億 1,200 万円）
28 位　セイコーエプソン（事・連）
　　17.51%（1,325 億 3,600 万円→ 232 億 1,600 万円）
29 位　京セラ（事・単）
　　17.62%（820 億 400 万円→ 144 億 5,500 万円）

30 位　小松製作所（事・単）

　17.95％（1,665 億 3,500 万円→ 298 億 9,500 万円）

　以上が実効税負担率が 2 桁の 10％台の中盤の企業である。

　23 位の JFE ホールディングスは，持株会社で連結納税申告をしている企業である。

　24 位のダイキン工業，29 位の京セラ，30 位の小松製作所は事業会社で単体申告をしている企業である。

　25 位の東京エレクトロン，26 位の日本電産，27 位の富士通，28 位のセイコーエプソンは，事業会社で連結納税申告をしている企業である。

⑺　実効税負担率が 18％〜 20％台の企業

31 位　三菱電機（事・連）

　18.63％（3,229 億 6,800 万円→ 601 億 8,300 万円）

32 位　豊田自動織機（事・単）

　19.32％（987 億 2,800 万円→ 190 億 800 万円）

33 位　オムロン（事・連）

　19.40％（873 億 8,800 万円→ 169 億 5,500 万円）

34 位　伊藤忠商事（事・連）

　20.10％（4,185 億 1,500 万円→ 841 億 2,900 万円）

35 位　電通（事・単）

　20.32％（884 億 2,400 万円→ 179 億 6,900 万円）

　以上が実効税負担率が 2 桁の 10％台の後半の企業である。

　31 位の三菱電機，33 位のオムロン，34 位の伊藤忠商事は，事業会社で連結納税申告をしている企業である。

　32 位の豊田自動織機，35 位の電通は，事業会社で単体申告をしている企業である。

第|2|章

全法人の企業規模別実効税負担の
格差状況の異常な実態
―軽い税金の実態についてのマクロ的分析―

1 巨大企業の実効税負担率は最低の9.07％で最高は中堅企業の38.03％という大きい格差

日本の法人税制における実効税負担状況の著しい特徴は，巨大企業，大企業，中堅企業，中小企業，小規模企業というような企業規模の階層間に著しい格差が存在していることである。

資本金階級別に区分して，企業の階層別にみた法人所得に対する国税・地方税の合計税額の総合平均実効税負担率をグラフが明示している（[**図表1-1-2**]を参照）。

これは，大企業が軽い税負担しかしていない実態を明らかにするとともに，企業規模別に大きな税負担の格差が存在している実態についての総括的なマクロ的分析である。

注目すべきは，資本金100億円超の巨大企業と巨大企業が該当することが多いと思われる連結法人の総合平均実効税負担率が著しく低いことである。

連結法人の総合平均実効税負担率は「9.07％」で，外国税額を含めても「10.94％」（2013年度分）と極めて低い。

資本金100億円超の巨大企業は，外国税額を含めても僅かに「20.28％（2013年度分）」であり，法定総合税率38.01％の半分を少し越える53.35ポイント相当に過ぎない超低レベルである。このためグラフの富士山型の姿で巨大企業は右側の崖の下の深い谷底に沈んでいる。

これに対し，総合平均実効税負担率が最も高いのは，資本金1億円超で5億円以下の中堅企業の階層である。グラフにおいては，突出した富士山の山頂に位置し，外国税額を含めて35.75％（2013年度分）である。

法人税の法定基本税率が25.5％（この調査時である2012年〜2013年度の適用税率）であるのに対し，資本金1億円以下の法人には中小企業に対する軽減税率

第2章　全法人の企業規模別実効税負担の格差状況の異常な実態　◆　23

（年所得800万円以下の部分15％）があるので，低くなければならないのであるが，実際は資本金1億円以下で29.90％，資本金5,000万円以下で30.60％，資本金1,000万円以下で25.60％（いずれも2013年度の外国税額を含む）である。

　問題なのは，資本金100億円超の巨大企業の総合平均実効税負担率（20.28％，2013年度分，外国税額を含む）が企業規模別に区分した全ての階層の中で最も低く，最高レベルの資本金1億円超5億円以下の階層（35.75％）の実に半分近くの56.72ポイント相当のように低くなっていることである。しかも巨大企業の総合平均実効税負担率は，資本金1,000万円以下の小規模企業（25.60％）よりもはるかに低く，その79.21ポイント相当にとどまっている。

〔図表1－1－2〕企業規模別の法人所得総合平均実効税負担率のグラフ
　　　　　　　―法人税・法人住民税および法人事業税の総合平均実効税負担率の年度比較
　　　　　　　を図解している―
　　　　　　（2013年3月期〜2014年3月期の法定総合税率38.01％の時期）

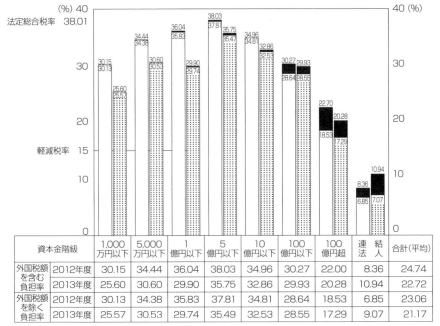

〔備考〕(1)　〔上段〕外国税額：■
　　　(2)　〔下段〕外国税額を除く法人所得総合平均実効税負担率：□（2012年度），▦（2013年度）

(注)
1. 本図は，法人税・法人住民税および法人事業税を含む法人所得給合平均実効税負担率（以下「総合平均実効税負担率」という）を，企業規模別に区分し，外国税額を含めた場合と外国税額を除いた場合の双方のケースにつき，2012年度と2013年度の年度比較を図示している。
2. 企業規模別区分は，便宜上，資本金の大きさにより判定をすることとし，資本金階級別区分によっている。
3. 総合平均実効税負担率のグラフの図表の棒グラフの先端の上段・下段の％は，次のようである。
   (1) 上段は，外国税額を含む総合平均実効税負担率である。
   (2) 下段は，外国税額を除く総合平均実効税負担率である。
4. 外国税額を含む総合平均実効税負担率の2012年度と2013年度との増減差（％）の主なものは次のようである。
   (1) 総合平均実効税負担率が減少した階層　①資本金1億円以下36.04％から29.90％へマイナス6.14％，②1,000万円以下30.15％から25.60％へマイナス4.55％，③5,000万円以下34.44％から30.60％へマイナス3.84％，それぞれ下がっている。
   (2) 総合平均実効税負担率が増加した階層　連結法人が，8.36％から10.94％へ2.58％増加している。
(出所)　国税庁企画室編『税務統計から見た法人企業の実態（会社標本調査）』（2012年度分・2013年度分）および2014年2月，2015年2月内閣が国会に提出した『租税特別措置の適用実態調査の結果に関する報告書』（2012年度分・2013年度分）に基づいているが，これに，所定の諸要素を加味し総合的に検討することにより作図している。

2　日本の法人税は高くなく巨大企業優遇で中堅中小企業冷遇の「逆累進構造」が特徴

　日本の法人税の実効負担の構造は，中堅企業が最も高く，それより順次に企業の規模が大きくなるに従い低くなり，中堅企業は中小企業よりも，大企業は中堅企業よりも，そして，資本金100億円超の巨大企業は大企業よりも税負担が軽くなっていることである。特に，巨大企業の実効税負担が最も軽く，しかも極端に低水準である「極小の税負担」となっている。企業規模の大きさからみれば，実効税負担水準の構造は，まさに「逆傾斜」である。

　高いと声高に喧伝されている日本の法人税を，ほぼ法定税率どおりに払っているのはグローバル展開をしている巨大企業ではなく，黒字を出している中堅企業なのである。中規模企業の負担が高いことも是正を必要とする課題である。

　税金を払っていない巨大企業の実像は，私の著書『税金を払わない巨大企業』（文藝春秋）で天下に明らかにしているが，大儲けをしている巨大企業がグローバル化し，無国籍化して税制の欠陥や抜け穴を巧みに利用し，行き過ぎた節税をし，時には地球的スケールでの不当な課税逃れをしている。そのうえ，租税特別措置などによる優遇税制の恩恵が巨大企業にシフトしているのである。

巨大企業が，その儲けにふさわしい「まともな税金」を払うよう，法人税制の仕組みや欠陥を速やかに是正し，崩壊している法人税制を再建し，税制を公正化しながら国家財政の収入である税源を確保することが急務である。

第|3|章

大企業の実際の税負担が著しく軽くなっている由来
—驚くべき課税逃れの実相とその要因—

1　企業課税における実効税負担が低いのは課税ベースが浸蝕化により縮小化していることが原因
—タックス・イロージョンとタックス・シェルターとタックス・ギャップによる課税の空洞化が致命傷—

　企業課税において実効税負担が低く，法定総合税率との間に著しい開差があるのは，課税ベースが歪んでおり縮小化しているからである。

　課税ベース歪みとは，タックス・イロージョンによる課税ベースの浸蝕化現象により，本来は課税対象となる所得であるべきものが改変されて課税所得の範囲から脱落せしめられていることをいう。

　ここでいう，「タックス・イロージョン」（tax erosion）とは，現行税制において，課税の対象となる所得として現実に法規上で定められている実定法上の課税所得概念〔課税所得の現実の姿である実定法概念〕が歪められており，それを，理論的に組成された本来の「あるべき」課税対象として考えられる当為的な課税所得概念〔課税所得の理想の姿としての本来的概念〕と比較する時，課税所得となるべきものが改変＝脱落・削除・変容させられてしまって，実際に課税対象とされないで，課税ベースが浸蝕され縮小化されていることをいう。要するに，課税ベースとなっている現実の課税所得が虫食いになり，削られて，本来の姿より小さくなってしまっている現象をいうのである。

　企業課税は，まさに巨大な不公正税制であり，その元凶は，タックス・イロージョン＝「課税の浸蝕化」が進行していると同時に，タックス・シェルター（tax shelter）＝「課税の隠れ場」が点在していることである。

　現行の法人税制では，租税特別措置によるものとは別に，期間損益計算の変則的弾力化，減価償却資産の資産計上基準の緩和化など税制簡素化の名のもとに現出したもののほか，企業の自主的経理尊重の名のもとに税務会計の変則的な弾力

化・自由化が行われ課税ベースが縮小化しているのである。

これら税務会計のメカニズムとこれを活用するテクニックにより本来的には課税所得となるべきものが課税所得とされないで，いわゆる「課税所得の浸蝕化」であるタックス・イロージョン現象が著しく進行し，課税ベースが不当に縮小化している。このため租税負担の公平性が阻害され，租税負担能力に応じた公正な課税所得の把握が妨げられている。

しかも，これらのタックス・イロージョンは，複雑な税務会計システムのメカニズムの中に埋没してしまい，企業の公表する財務報告書からはほとんど把握できていない。

そればかりか，これらの現象は税務統計上も全く明らかにされていないという点に著しい特徴があり，しかも，これを利用できる大企業や特定業種の企業と，そうでない企業との間に潜在的な不公平を生み出しており極めて重大な問題である。結果的には，表に出てこない「隠れ企業減税」のからくりとなっている。

さらには，経済のグローバル化を背景として，課税ベースの浸蝕化は有害な租税競争やトリーティ・ショッピング（条約漁り）により急速に拡大している。

その上，デジタル経済の進展で情報通信革命による経済の電子化や金融取引技術の発達による課税逃れ金融商品の造出，多様な事業体の活用，私法上の形成可能性を濫用する法技術を駆使した狡猾なスキームを仕組んだタックス・プランニングが開発され，新手の税逃れの手法が横行し目に余る惨状を呈している。

いずれにしても，これら課税ベースの縮小化が，法人税率を必要以上に高めており，企業の活力を阻害し，海外逃避を招来し，産業の空洞化問題を引き起こしている。

2 62兆5,309億円の企業利益に対し課税所得は49兆7,925億円で20.37％相当も課税対象から欠落
─課税所得の縮小率が40.19％と抜群に高いのは巨大法人が多い連結法人─

2013年度の企業利益相当額は，62兆5,309億円であるが，実にその20.37％相当の12兆7,384億円が欠落して課税所得金額は縮小化されて49兆7,925億円となっている。

この課税所得金額の縮小化状況を企業の規模別にみると，課税所得金額の縮小率が40.19％（2013年度）と抜群に高く，縮小額も5兆7,429億円にも及んでいるのが連結法人である。

次いで、目立っているのが資本金100億円超の巨大企業であり、縮小率は21.88％で、縮小額は4兆1,756億円の巨額に及んでいる（[図表1-1-3]参照）。

課税ベースが税制上の欠陥により歪められ空洞化しているのが現在の日本の法人課税の実態であり、表面的な法定税率と実効税負担率との間に大きな開差が生じている。実際の税負担は税法が定めている法定税率よりも著しく低くなっており、納税額を縮減し財源喪失を招き財政赤字の原因となっている。

[図表1-1-3] 企業規模別の課税所得金額の縮小化状況のグラフ
—連結法人と巨大企業が課税ベースを大幅に縮小化している—

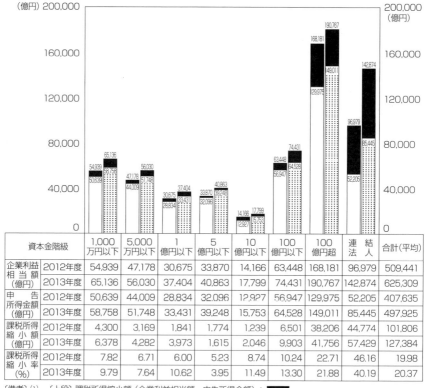

資本金階級		1,000万円以下	5,000万円以下	1億円以下	5億円以下	10億円以下	100億円以下	100億円超	連結法人	合計（平均）
企業利益相当額（億円）	2012年度	54,939	47,178	30,675	33,870	14,166	63,448	168,181	96,979	509,441
	2013年度	65,136	56,030	37,404	40,863	17,799	74,431	190,767	142,874	625,309
申告所得金額（億円）	2012年度	50,639	44,009	28,834	32,096	12,927	56,947	129,975	52,205	407,635
	2013年度	58,758	51,748	33,431	39,248	15,753	64,528	149,011	85,445	497,925
課税所得縮小額（億円）	2012年度	4,300	3,169	1,841	1,774	1,239	6,501	38,206	44,774	101,806
	2013年度	6,378	4,282	3,973	1,615	2,046	9,903	41,756	57,429	127,384
課税所得縮小率（％）	2012年度	7.82	6.71	6.00	5.23	8.74	10.24	22.71	46.16	19.98
	2013年度	9.79	7.64	10.62	3.95	11.49	13.30	21.88	40.19	20.37

〔備考〕(1) 〔上段〕課税所得縮小額（企業利益相当額－申告所得金額）：
(2) 〔下段〕申告所得金額： □（2012年度），▦（2013年度）

（注）
1. 本図は、企業利益相当額と申告所得金額との差異である課税所得の縮小額を企業規模別に区分し、2012年度と2013年度の年度対比をして、課税所得縮小額の状況を図解している。

2．「企業利益相当額に対する課税所得縮小率」は，次の算式により算出している。

$$企業利益相当額 - 申告所得金額 = \frac{企業利益相当額に対}{する課税所得縮小額}$$

$$\frac{企業利益相当額に対}{する課税所得縮小率} = \frac{\frac{企業利益相当額に対}{する課税所得縮小額}}{企業利益相当額}$$

3．「企業規模別の課税所得の縮小状況のグラフ」の表示
  (1)　棒グラフの上段の数値は，企業利益相当額である。
  (2)　棒グラフの下段の数値は，申告所得金額である。
  (3)　(1)企業利益相当額から(2)申告所得金額を控除した差額（黒色）は，「課税所得縮小額」
    である。
（出所）　本図は，国税庁長官官房企画課『税務統計から見た法人企業の実態（会社標本調査)』
    (2012，2013年度分）および租特透明化法による『租税特別措置の適用実態調査の結
    果に関する報告書』(2012，2013年度分）に基づいているが，これに，所定の諸要素
    を加味し総合的に検討することにより作表している。

3　巨大企業の税負担を低くしている税制上の欠陥や課税逃れを可能とし
ている税法の隙間を活用する企業の対税行動
―課税ベースの縮小化を生ずる諸要因とその多様な現象―

　巨大企業は，どのようにして法人税の納税額を少なくしているのであるか。そ
れは課税ベースである課税所得をできるだけ小さくすることにより行われてい
る。課税ベースの縮小化が税負担を軽減する手法である。

　企業課税において課税ベースである課税所得金額を浸蝕化し縮小化している主
要な要因は，税制の欠陥による収益の課税除外，複雑な税務会計の仕組みに内在
している経理自由による弾力性の活用，損金控除の拡大，租税特別措置による政
策減税の優遇税制による課税の空洞化，国際間の税制格差による課税の抜け穴の
利用，タックス・ヘイブンの存在など後述するように極めて多様である。

4　課税ベースが正常な姿からかけ離れ変貌現象による「妖怪化」
―歪んで変型し「お化け」のような姿になっている―

　課税ベースは歪んで見るも無残な姿になり，変型してあたかも「妖怪化」して
いる。

　課税所得の「妖怪化」とは，課税ベースが歪められ「お化け」のように異様な
姿になっている現象をいう。これを学問的に整序して説明すると「課税ベースの
変貌現象」と呼称することになる。

　つまり，「課税ベースの変貌現象」とは，課税ベースの歪みをいうのであるが，

これには，正反対の現象である(1)「浸蝕化現象」と，(2)「拡張化現象」という2つの全く方向を異にするものが包摂されている。

　前者の「課税ベースの浸蝕化現象」は，タックス・イロージョンと呼ばれており，例えば，租税特別措置による租税減免措置をはじめ，法人間配当無税による受取配当金の課税除外，税務会計制度の変則的弾力化のための資産計上基準の緩和化と費用認識のルーズ化による損金の拡大計上，外国税額控除制度の欠陥の活用による税額控除額の拡大化，さらに，タックス・ヘイブン濫用の規制漏れ，トランスファー・プライシング操作に対する規制の不徹底，外国事業体への課税の不十分性など，国境を越える課税逃れによる税源の海外逃避を横行させている国際課税の空洞化などが，その例として挙げられる。

　後者の「課税ベースの拡張化現象」は，当然に損金または必要経費として認められるべきものが税法上認められていなかったり，課税対象とすることが適当でないものが税法上課税されることになってしまっている現象をいう。その例としては，引当金の廃止・制限，減損会計への否定的対応のほか，真実の所得者でないものに肩代わり課税，利益享受者への代替課税を意図する交際費課税，使途秘匿金課税等が挙げられる。

　法人税率の引き下げの代替財源探しに狂奔して，過去の赤字を翌年以降の黒字と相殺して課税対象を減少させる繰越控除を制限する措置が濫用されている。しかし，過去の損失を補填しない限り，原理的には所得は生じないのであるから，間違った財源漁りである。これも歪んだ形での課税ベースの拡張化の事例である。

　このために，〔当為〕（Sollen）としての「あるべき」課税ベースの概念（課税所得の本来的概念）を「正常な課税ベース」とし，これをマンマルイ円形＝「正常満月型」で示すならば，現行税法の規定に基づいて執行されている〔存在〕（Sein）としての「現実」の課税ベース概念（課税所得の実定法的概念）は，「歪められた課税ベース」であり，これは，ユガンダ変形＝「変形三日月型」で示すことができる。

　このように歪められている課税所得の実相を図示すると［**図表 1-1-4**］のようである。

〔図表1-1-4〕課税ベースの変貌現象により歪められている課税所得の実相
　　　　　　―虫食いだらけに削られて無惨な姿になっている―

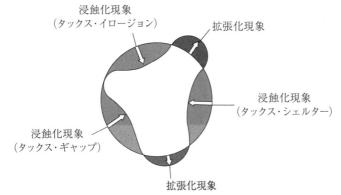

第2編

実効税負担分析のアプローチ

第4章　法人税の真の負担状況の実証分析による検証が不可欠：欠陥税制の核心を衝いた「的をはずさない」改革が緊要

1　日本の法人税は高いと言われているが，それは誤りで，実際は極端に低い

2　「法人実効税率」という用語の誤った使い方が混乱を招いている

3　高いのは「法定税率」であり，大企業の「実効税負担率」は驚くほど軽いのが実態

4　法人税の真の負担状況に関する専門技術的実証分析による検証が必要

第5章　実効税負担状況の分析でのミクロとマクロのアプローチ：「検証税務会計学」研究における分析方法論の展開

1　企業規模別の法人所得総合平均実効税負担状況のマクロ的分析による検証

2　個別企業の実名を挙げて異常に低い税負担の実際を暴露して大きなインパクトを与えたミクロ的アプローチによる検証の成果

3　全法人企業をトータルに捉えて総括的に分析し総合税負担が非常に軽くなっている全体像を鮮明にするマクロ的アプローチによる検証

第6章　理論税務会計学研究を基盤とする検証税務会計学の進展：税制立案の基礎的前提となる検証データの提供

1　税務会計とは何か，税務会計学の研究対象の明確化：税務会計の意義

2　税務会計の研究部門と分野

3　税務会計の機能：税務会計のはたらき

4　税務会計の現実的な役割：そのプラクティカルな使命

5　学問研究としての税務会計学とはどのような学問か：租税の会計学研究の有用性

6　税務会計学の定義づけと研究方法の特徴：学問研究方法の特質

7　税務会計学の研究領域と研究体系

8　税務会計学の学問的使命：公正な税制の決め手となる課税ベースの本質と計測のあり方を明示

9　理論税務会計学における税務会計原則論の形成：税務会計原理論の中心課題

10　現実の税制の実態の姿を検証し不公正の真相を明らかにし税制改正立案の前提条件となるデータを提供する検証税務会計学

11　政治会計学の最先端として政治権力に対するアカウンタビリティを検証する闘う税務会計学の進展と存在意義

第|4|章

法人税の真の負担状況の実証分析による検証が不可欠
―欠陥税制の核心を衝いた「的をはずさない」改革が緊要―

1　日本の法人税は高いと言われているが，それは誤りで，実際は極端に低い

　政府税調をはじめ関係機関で行われ，マスコミで報じられている法人税改革は，日本の法人税率が諸外国に比較して高いという認識を大前提として出発し，何としても税率を引き下げようとしてきた。しかし，これは重大な誤りであることを，まずもって指摘しておきたい。

　関係者により議論されていることは，問題の核心を衝いておらず，「的はずれ」のことが多い。

2　「法人実効税率」という用語の誤った使い方が混乱を招いている

　まず，法人税の「実効税率」という用語の使い方に誤りがある。税率引下げの対象となる税率は，税法上において定められている税率のことであるから，正しくは「法定税率」であり，私は「法定総合税率」という言葉を用いることとしている。

　一般に，「実効税率」（effective tax rates）というのは，個別の企業が現実に稼得した「企業純利益」（business net profits）に対する実際の納税額の負担割合のことであり，私は「実効税負担率」と呼称することにしている。

　法人税の表面的な「法定総合税率」のことを多くの場合に「法人税の実効税率」などと言うのは，マスコミによる誤用から始まったことであり，政府当局者まで誤用しているが，困った現象であり事態を混乱させている。

3　高いのは「法定税率」であり，大企業の「実効税負担率」は驚くほど軽いのが実態

　日本においては税法に規定されている表面的な「法定総合税率」が高いのであ

り，真実な経済的な意味での「実効税負担率」は極めて低いのが現実である。

財界や大企業は「日本の法人税率は先進国の中では極めて高い」と被害者意識をむき出しにし，政府税調までもがこれに同調して，法人税の法定総合税率「34.62%」を「数年以内に20%台まで下げる」と政府に要求し2016年度の税制改正で実現させることに成功している。しかし，実際には，大企業は計上している利益のわりには極めて軽い税金しか払っていないのである。

特に，グローバル巨大企業の地球的スケールでの課税逃れ現象は目に余る。これに反し，中堅企業や中小企業は限りなく法定税率に近い税負担を課されているのが現状である。

4　法人税の真の負担状況に関する専門技術的実証分析による検証が必要

これまで行われてきている議論は，「法人税負担の真の実態」を論理的かつ専門技術的に十分に分析したものではないのではないか。

まともな法人税改革をするためには，真の実効税負担がどうであるか，その実相についての実際的分析を前提とすることが何よりも大事なことである。法律に書かれている姿と，現実に行われている真の姿との間には著しいキャップが存在している。

実証分析においては，マクロ的な統計数値による概括的な総体的な観察とともに，ミクロ的に個別企業別の実際の税負担状況を分析し，その実相を明確にすることにより，現行の法人税制のどこに真に改革すべき問題点があるかが判明するのである。

このため本書では，現行の日本の法人税制に，いかなる欠陥が存在するかを鮮明にするために「崩壊の危険」に瀕している法人税制の実態を検証した結果を集中的に記述する。

第|5|章

実効税負担状況の分析でのミクロと
マクロのアプローチ
―「検証税務会計学」研究における分析方法論の展開―

1 企業規模別の法人所得総合平均実効税負担状況のマクロ的分析による検証

　日本の産業界を代表する有力な主要企業のうち，しかも業績が良いのに「実効税負担率」が著しく低い企業についての調査結果を，個別企業の実名を挙げて「国に税金を払わない大企業リスト」として公開した[1]。

　これは，法人税の負担状況の実態についての検証のミクロ的アプローチによる分析である。

　本書においては，これとは別に全法人企業をトータルに捉えて，法人企業の所得課税における国税・地方税の合計について，法定総合税率に対する実効税負担状況の実態を企業規模別に区分してみることで，階層別の平均実効税負担状況がどうなっているかをマクロ的に分析した検証結果をみることにする。

　法人企業に対する真の税負担の状況がどうなっているかは，法定税率だけをみても正確にはわからない。法人企業が実際に負担する税額は，課税ベースである課税所得金額に税率を乗ずることにより算出される。しかし，現在の日本の企業，特に大企業においては，課税ベースである課税所得金額が，実際にはタックス・イロージョン（課税の浸蝕化）やタックス・シェルター（課税の隠れ場），タックス・ギャップ（税務執行の不徹底）により縮小化されている。

　さらに，政策税制などによる多くの税額控除の措置もあり，実際の納税額は大きく軽減されている。

　その上，グローバルにビジネスを展開する多国籍化した巨大企業が各国間の税制の格差やタックス・ヘイブン（租税回避地）などを利用したり，国際課税の仕

---

1)　富岡幸雄「税金を払わない大企業リストの公表―法人税制改革の方向を誤るな」『商学論纂』（中央大学商学研究会）第 56 巻第 3・4 合併号，2014 年 11 月 10 日発行，285 ～ 296 頁）。

組みにおける欠陥や抜け穴を利用して世界的スケールで課税逃れをし，税源を海外に流出させて日本における税負担を免れている。

　特に，近年の多国籍企業の行き過ぎた節税策として，特許やブランドなどの知的財産権を税率の低い国や地域に設立した子会社に移し，子会社がロイヤリティー（権利使用料）を得ることで，利益を付け替えて法人税率の高い親会社から子会社に所得を移すことで税負担を逃れる手法などにより納税額を軽減している。これらの手法による課税逃れは，世界的規模で年30兆円に近いという試算があるほどである。

　このようにして，これまで私が多くの機会に詳しく明示してきたように，日本の法人税制で，高いのは「法定総合税率」であり，大企業が現実に納税している実際の税額に基づき算出した「実効税負担率」は，驚くほど低いのである。

　このような日本の法人税制の真実の負担状況の実態を，その深層にまで踏み込んで精細に検証するためには，ミクロとマクロのアプローチによりダイナミックに分析することが必要である。このため，税務会計学の新しい研究領域の進展である実証研究としての「検証税務会計学」（税務検証論）においては，ミクロとマクロの方法論によって精細に分析していくことが必要である。

2　個別企業の実名を挙げて異常に低い税負担の実際を暴露して大きなインパクトを与えたミクロ的アプローチによる検証の成果

　法人税の実効負担状況の検証におけるミクロ的アプローチは，個々の企業が実際に納税している納税額が，現実に，どれほどの税負担になっているかについて経済的な意味での「実効税負担率」を明らかにしている。

　実効税負担率とは，個別の企業の利潤に対する実際の納税額の負担割合であり，「税引前利益」を分母に，「法人税等納付額（法人税，住民税および事業税の合計）」を分子にとって，法人所得課税の実際の総合税負担率を算出したものである。

　経済界や大企業，マスコミは，こぞって「日本の法人税は高い」と，声高に大合唱しているが，高いのは表面的な法定総合税率であって，現実に個別の企業が納税している実際の税負担は驚くほど低いのが実態である。

　しかも，これまでの調査でわかったことは，実効税負担率の低い企業としてリストアップされているのは，世界に名だたる超大型の有名企業ばかりである。日本経済の要にいるような巨大企業が支払っている税額の実効税負担率は，税法で定められている法定総合税率をはるかに下回っており，「巨大企業の実効税負担は極小」という異常な現象が明確になっている。

38 ◆ 第2編 実効税負担分析のアプローチ

　このミクロ的アプローチによる分析は，あくまで個別の企業について，その実名を挙げて特定の事業年度における現実の納税額について実効税負担率を分析し具体的な数値により表示して検証したものである。

　この分析手法は，統計的数値による概括的にして平均的な数値による抽象的な検証ではなく，現在，日本経済において大きく活躍している著名な個別企業についての個々の事実についての分析であるから極めてリアリティに富んだ検証である。

　されど，これは税制研究においても，禁じ手である。一般に社会的名声を重んじる大企業にとって，どちらかといえば，あまり知られたくない納税状況を，しかも「業績が良いのに」まではよいが，「実効税負担率が著しく低い企業」であることまで断定されて，税引前利益に対しての法人税等の納税額を具体的に開示し，法定総合税率よりも非常に低い実効税負担率まで明示されることは，愉快でないことは確かである。

　しかし，私のこの調査は，あくまで企業の公開情報である有価証券報告書等のデータに依拠し，しかも精細なる検証税務会計学的手法により分析した現象であり何びとも疑うことのできない真実の「事実」についての検証結果であるから，訴訟により私を名誉毀損で訴えることはできない。

　先に刊行した『税金を払わない巨大企業』[2]が世間に大きなインパクトを与え，それなりの影響を与えることができたのは，この「検証税務会計学」におけるミクロ的アプローチによる検証成果の威力である。

　この小さな著書について，「国民全員で考えたい，あるべき税制の姿とは」と題した「日本経済新聞」は，「名だたる大企業が，いかに少ない税金しか払っていないか，なぜそんな節税が可能なのかが具体的に書かれており，非常に興味深い。」と記述している[3]。

　これに続き，「初めて暴かれた『避税』の凄まじい実態」の見出しのもと，「産経新聞」は，「企業名を挙げて徹底検証」とし，タックス・ヘイブンを使った「迂回」の手口，課税されない巨額な「受取配当金」，「外国子会社配当益金不算入制度」の利用，「租税特別措置」という名の大企業優遇，「グローバル税金戦争」のはじまり，と詳しく説明し「消費税増税より，大企業に有利な法人税制をただせ」と記述している[4]。

---

2)　富岡幸雄著『税金を払わない巨大企業』（文春新書）文藝春秋，2014年9月。

3)　「日本経済新聞」2014年10月21日，夕刊。

4)　「産経新聞」2014年11月21日。

第5章　実効税負担状況の分析でのミクロとマクロのアプローチ　◆　39

　このようにミクロ的アプローチによる分析手法による検証は，強烈な威力を発揮し，租税の科学的研究，ひいては，社会科学の研究領域に新たなる地平を開拓したものと，いささか自負するものであるが，特定の個別企業に対する分析であるだけに限界もある。これを補完するのがマクロ的アプローチによる分析である。

3　全法人企業をトータルに捉えて総括的に分析し総合税負担が非常に軽くなっている全体像を鮮明にするマクロ的アプローチによる検証

　法人税制における実効税負担状況についてのマクロ的アプローチは，日本全体の法人企業のうち赤字決算で欠損申告をしている法人を除いた有所得申告の全法人企業をトータルに一括して捉えて，法人企業の所得課税における国税・地方税の合計について税法規定上定められている表面的な法定総合税率に対する実効税負担状況の実態を，総括的に分析するものである。

　ミクロ的アプローチが特定の個別企業を抽出して，個々の企業を分析の対象とするものであるのに対し，このマクロ的分析は有所得申告の全法人企業を全体的に捉えて分析するものであるから，あくまで総括的にして平均的数値として表現されるが，日本全体における法人企業の税負担状況を余すところなく反映しているところに特徴がある。

　企業規模別に区分してみた階層別の総合平均実効税負担状況が，どうなっているのかの全体的分析，課税所得と法人税額の縮小状況の分析，不公正税制の格差是正による推定増収想定額の分析等が，このマクロ的アプローチによる分析によって検証される。

第 | 6 | 章

理論税務会計学研究を基盤とする検証税務会計学の進展

—税制立案の基礎的前提となる検証データの提供—

1 税務会計とは何か，税務会計学の研究対象の明確化—税務会計の意義

現在，税務会計学には，理論税務会計学と検証税務会計学が存在するが，まず，この学問の研究対象となる税務会計とは何か，を明らかにする。

(1) 税務会計の定義づけ

税務会計（tax accounting）は，課税の基準となる課税所得の計算や課税価額の評価など課税ベース（課税標準）の決定を目的とする会計である。会計的測定方法によって確定される課税標準を算定把握するために財務的情報の測定と伝達を果たす租税目的の会計が，税務会計なのである。

(2) 税務会計の概念形成

税務会計は，租税という要因によってもたらされる会計現象である。それは，納税主体としての個別経済の会計現象ではあるが，租税負担の社会的配分関係を通じて，総合経済・国民経済とも関連をもった会計現象である。

さらに，税務会計は，租税負担の配分基準となる課税標準の算定を使命とし，会計の社会公共的機能が，より一段と高い次元において発揮されるべき会計の分野である。

2 税務会計の研究部門と分野

(1) これまでの多くの状況

ところで，我が国において，これまで多くの場合に，「税務会計」というときは，しばしば，所得課税における課税標準である「課税所得金額」の計算に関する会計を意味し，特に，法人税を問題の中心として取り扱う傾向にあったといえる。

⑵ 本来の税務会計の部門別構成

しかし，本来の税務会計には，さらに，相続税や贈与税，固定資産税などのような財産課税における課税標準である「課税財産」についての「課税価額」の評価を課題とする「財産税務会計」の部門がある。

また，消費税や個別間接税のような消費課税における課税標準である「課税消費」についての「課税価額」の測定を課題とする「消費税務会計」の部門も存するのであり，これらの部門においても，会計の役割を活用することが求められている。

このような税務会計の部門別体系を図示すると，[図表1-2-1]のようである。

(図表1-2-1) 税務会計の部門別体系
―課税ベースの類型別区分―

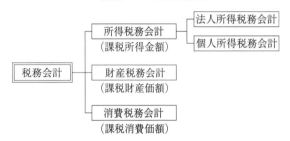

3 税務会計の機能―税務会計のはたらき―

税務会計は，どのような機能を果たしているのか。その社会的な役立ちは何か，を明らかにする。

⑴ 租税負担の配分基準を提供する機能

税務会計は，租税負担の配分基準となる課税標準の算定把握を機能とする租税目的のための会計である。このために一国の税制が真の意味において公正にして妥当なものであるかどうかは，その税制のもとにおける税務会計システムの実際が公正に形成され適切に運営されているかどうかにより決定されることになる。

⑵ 租税秩序の形成要因としての機能

税務会計は，特定の納税者である個別の国民や企業の課税標準の算定を，単に当該特定の国民や企業の個別的な立場から当該納税者のためにのみ行うものであってはならない。租税負担能力に適合した税の公正な負担と，所得や富の適正

な社会的配分に関わる問題領域においては，会計の果たすべき社会的役割の発揚が望まれている。税務会計は，租税をめぐる動的社会秩序の形成要因として機能すべきものである。

⑶　税務会計の利害調整機能

　税務会計には，課税所得金額，課税財産価額および課税消費価額といった課税標準の算定に関する会計的測定および伝達を通じて，公正な課税の実現に資する租税負担の配分基準を提供し，次のような利害調整の機能を有効に発揮することが期待されている。

①　課税権者である国・地方公共団体と，納税者としての国民・企業との間における租税負担能力の計測をめぐる利害の調整

②　納税者としての国民・企業相互の間における租税負担の配分をめぐる利害の調整

③　個別企業の経営成果・利潤について財政を媒介として国家運営のための財源となるとともに，公正なる社会的配分をめぐる利害の調整

4　税務会計の現実的な役割—そのプラクティカルな使命—
⑴　租税の基本理念と本源的生命の点検

　租税は，納税者の負担能力に応じて適正に，しかも，同一条件にある納税者には同一に課されるべきであり，納税者間に公平にその負担が配分されなければならない。租税負担能力に適応し，かつ，公正な租税負担の配分をなすべきことは，租税の基本理念であり，まさに，租税の生命である。

　税務会計分野の形成は，課税ベースの概念構成と計測における妥当性を専門的技術的な究明を通じて，租税の基本理念と本源的生命が，よりよく生かされているか否かの検証と吟味にあたり有用な役割を果たすことになる。

⑵　課税ベースが税制の公正さの核心

　租税がこのようなその基本理念にマッチして公正に運営されるためには，どのような税目を選定し，どの程度の税率を設定するかということも重要であるが，現実的な意味において最も大切なことは，課税の基準となる課税ベースである課税標準としての「課税所得金額」や「課税財産価額」，さらに「課税消費価額」の計算や評価，測定が，どのような仕組みにより，いかに行われているか，その課税標準の算定と把握が，果たして適正にして妥当なものであるか否か，という

ことにかかっている。

このために，一国の税制が真の意味において公正にして妥当なものであるかどうかは，現実的にはその税制のもとにおける税務会計システムが公正に形成され，しかも，適切に運営されているかどうか，ということに大きく依存しているのである。

5 学問研究としての税務会計学とはどのような学問か
―租税の会計学研究の有用性―

次いで，税務会計の研究対象とする税務会計学とは，どのような学問か，何故に，そのような学問が必要となるのか，について明らかにする。

(1) これまでの租税の学的研究

租税のあり方を研究する学問として最も古くから財政学がある。財政学の租税論は，国や地方公共団体の財源調達という徴税者の視点から研究し，租税原則論と租税政策論を構築してきている。

税法学は，租税問題の法学的研究であり，租税立法のあり方と，租税法の解釈と適用についての法理を研究している。

しかし，租税は納税主体（国民・企業）が納付するものであるから，この問題については，納税主体としての個別経済との関連および個別経済的観点からも研究することが必要である。

(2) 会計学的アプローチによる新しい租税研究

もともと，租税は，給付能力ないし支払能力に基づいて負担することを建前とするものである。一般に，この租税給付能力は，租税負担の配分基準の尺度としての所得（課税所得）や，財産（課税財産），さらに消費（課税消費）などの大きさを貨幣的に測定することにより表される。したがって，これらの計算過程または評価過程における専門的・技術的な諸問題を解明し，その計算または評価の仕方と，さらに，そのあり方を理論的・体系的に研究することが不可欠である。

このような研究対象としての租税問題の性格から明らかなように，課税標準の計算または評価についての税法の諸規定をどのように形成（立法）し，さらに，いかに運用（執行）するかは，単なる財政学的な論理，経済学的な論理あるいは法学的な論理だけでは十分に解明でき難いのである。このため，広く会計学的な思考やアプローチに基づき，会計学的な論理を駆使してプラクティカルに租税問題を分析し，追究し，アタックすることが必要となるのである。

44 ◆ 第2編 実効税負担分析のアプローチ

⑶ 複雑膨大な課税所得の計算規定の体系的解明

　今日の税法における課税所得の計算は，複雑な経済社会を背景とし，各階層にわたる納税者やそこに展開される企業のさまざまな経営活動を対象にしている。したがって，その計算は，極めて複雑な内容をもち，計算規定もまた膨大になるのは，けだし当然のことであろう。

　このような状況にあって，課税所得の計算についての税務会計規定を的確に理解し認識するためには，租税関係法令や取扱通達の個々の条項や，個々の事例を断片的に理解したり，単に計算技術的な解釈論の展開にとどまっていたのでは十分でない。課税所得の計算のプロセスにおける課税的事実の認識の仕方や，計測についての基本的な考え方を学問研究に裏付けられた基礎的，理論的，体系的なアプローチにより究明しなければならない。

⑷ 課税所得の計算のあるべき姿の探究

　このような研究を通じて税務会計における「あるべき」課税所得の計算体系を根本的に究明し，税務会計における独自の計算思考（税務会計的思考）を探求し，さらに，税務会計理論を構築する基礎的な前提となる理念（後述する「税務会計公準」のこと）と，税務会計における「あるべき」計算についての基本原理（後述する「税務会計原則」のこと）を鮮明にすることが必要となる。

6　税務会計学の定義づけと研究方法の特徴—学問研究方法の特質—
⑴ 税務会計学の定義づけ

　税務会計学（Science of Tax Accounting）は，「税務会計」を研究対象とし，租税を会計学的に科学する学問である。この税務会計学の特徴は，租税秩序の確立を通じ社会秩序の形成に，新たにして大きな貢献を果たし得る豊かな可能性をもつ研究領域である。

　税務会計学は，租税現象を個別経済との関連を中心に，さらに，また，個別経済的立場を視角として，会計学的アプローチにより研究する広義の会計学の領域における一部分学科としての特殊会計学（特殊会計科学）ないし特殊経営科学である。

⑵ 税務会計学の研究方法の特徴

　税務会計学は，公正な税制を構築するために不可欠な課税ベースの本質と計測に関し，専門技術的に精緻に研究する社会公共性の強いダイナミックにしてフ

レッシュで，非常にプラクティカルな学問である。

税務会計学は，政府という徴税者の立場ではなく，納税者である国民・企業の視点に立脚し，抽象的観念的な経済論や，法的形式論理の考究にとどまることなく，「租税法に盛られるべき内容」について，会計学的アプローチにより幅広い見地から実質的に経済的観点から専門技術的な計測技法による精細な研究をしているのが特徴である。

(3) 税務会計学の学問的特質

税務会計学は，税法と会計学および経営学との境界領域に成立した新しい学問体系である。それは，企業会計学，法律学，財政学，経営学，統計学等を隣接関連科学領域として展開し進展しようとしている非常に新しい学問的領域の部門である。

それは，伝統的会計学（財務会計論・管理会計論），法学（民商法学・会社法学・税法学），公共経済学・財政学（租税原則論・租税政策論），経営学（経営管理論・経営計画論），経済学（理論経済学・政治経済学・国民所得論・経済政策論），統計学，行政学，政治学，社会学，地政学，歴史学，心理学などを隣接関連科学領域として，これらのボーダー・ラインに生成し形成され，そこに研究領域を求めて展開し進展しつつある学問領域である。

(4) 税務会計学の研究主題

この税務会計学は，租税現象を会計現象，経営現象，社会現象として分析研究することによって，納税主体である個別経済の租税給付能力の具体的な測定基準を明確にし，租税負担の公正な配分秩序を形成し，個別経済と国民経済との利害の調和をはかることを研究の主題としている。

一方，税務会計学は，実践的には，実社会において個々の企業の経営経済に重要な影響を与える租税現象を，個別経済的経営事象として捉え，その対応戦略を策定することを研究の主題とする学科である。

7 税務会計学の研究領域と研究体系

(1) 税務会計学の3つの研究領域

税務会計学の研究領域には，原理論的にしてアカデミックな純理論的研究を展開する「税務会計原理論」の領域と，一方，実践科学的には，企業経営管理における有用な役割を果たすタックス・マネジメントの研究を推進する実学としての

「税務経営管理論」(「税務管理論」ともいう) の領域が存する。
　さらに、それらとともに、これら2つの研究領域に考察の前提を提供することを機能としながら、税法および税務会計制度の基礎的理解と解明を担当する「税務会計解明論」の領域がある。

(2) 税務会計学の研究体系

　税務会計学の3つの研究領域と、それぞれの課題につき、以下に説明するが、この税務会計学の研究体系を構成する研究領域を要約して示すと、〔図表1-2-2〕のようである。

〔図表1-2-2〕 理論税務会計学の研究体系と研究領域
　　　　　　―「ハード」と「ソフト」を包摂した体系―

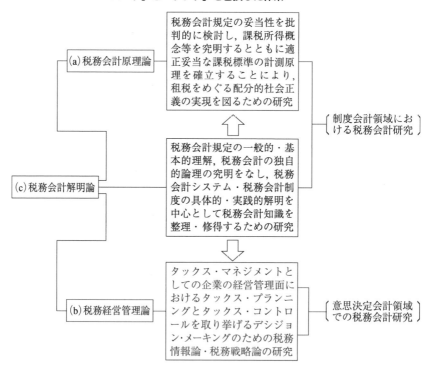

第6章　理論税務会計学研究を基盤とする検証税務会計学の進展 ◆ *47*

8　税務会計学の学問的使命
—公正な税制の決め手となる課税ベースの本質と計測のあり方を明示—
⑴　税制公正化に新しい光を投ずる税務会計学
　税務会計学は，公正な税制を構築するために不可欠な課税ベースの本質と計測に関し，専門技術的に精緻に分析研究し，本筋となる考え方を体系的に提示し，「税制公正化への魂の覚醒」を蘇らせる新しい科学的照明の光を投ずる知的武器となる社会公共的性格の強いダイナミックにしてフレッシュで，非常にプラクティカルな学問領域である。

　それは，気高く誇り豊かであり，「志」のある学問である。

⑵　税務会計学の学的研究の作用と機能
　税務会計学を独自の学問として研究することの役立ちと，その作用を説明すると，次のようである。

　①　公正な税制を構築するためには，課税の基準である課税ベースを租税理念と租税論理に即して適正妥当なものにしなければならない。このため課税ベースの正しいあり方につき，本格的に追究する学問研究が求められていること。

　②　課税ベースの本質と，その本来的なあり方に即して計測する技術的手法の開発に関し，新しい科学的照明の光を投ずる知的体系を形成する英知を蓄積すること。

　③　この税務会計学の研究についての独自の方法論と，独創的に理論構築した概念論と原理論の真髄の全容を形成し，学問的体系の確立とその完成を志向していること。

　④　税務会計学の原理論を構築するにとどまらず，その原理論の学問的成果の応用的活用を実証的に検証し，研究の実際面における役立ちを論証していること。

　⑤　税制は国のバックボーンであり，国の姿とありようを決定する。税務会計学原理が税制の生命部分の公正化に寄与することにより，税制改革のメルクマールとなる学問的指針を鮮明にし具体的に提供していること。

⑶　担税力の指標となる課税ベースの公正化は税制の急所
　課税ベースは，担税力の測定指標となるものであるから，税制の急所であり中核部分である。したがって，公正な税制を構築するためには，課税ベースが租税

理念に適合するよう正常な姿によって形成されているかどうかが決め手であり重要である。

税務会計学は，この課税ベースの本質の究明と，その計測に関し，会計学的方法論により専門技術的に独自の手法と分析技法を駆使して検証する知的体系としての機能を発揮することを強調している。

⑷　改革で求められるのは，理念としての「あるべき」課税所得の究明

混迷している法人税制において基本的に求められることは，「理念としてあるべき」課税所得とは何か，その計測は，いかにあるべきか，について原理・原則に照応し，これに準拠して考究することである。

税務会計学的研究は，課税所得とは何か，という課税所得の概念構成と，その課税所得は，どのようにして算定すべきか，という課税所得の計測原理の指標を確立し，租税正義の実現を具体化し，専門技術的特色を活かし，公正な法人税制の構築に寄与することを使命としている。

⑸　独創的に理論構築した学的体系

税務会計学が，独立の学問として成立するための基礎となる「税務会計学方法論」，課税所得とは何か，その本質を究明する「課税所得概念論」，課税所得は，どのように計算されるか，についての測定原理であり，税務会計における行為規範となる思考の体系である「税務会計原則論」など，独創的に理論構築した壮大なる研究成果を提示している。

これら一連の体系化された論理構造により，税務会計学の原理論（税務会計原理学）は，確固とした理論基盤として確立することになる。

⑹　原理論的研究成果の税制改革での応用的展開

税務会計学研究の応用と拡大として，課税所得の歪みを追究する「課税所得変貌論」，税制の公正化を提案する「不公正税制是正論」，不公正税制の是正を実行すれば，いくらの税収増が期待できるか，についてのシミュレーションである「不公正是正の増収試算論」を展開する。

日本税制の惨状は，たび重なる改悪により欠陥が増幅されて，堕落し混迷し不公正税制が，ますます拡大化しつつある。税務会計学の原理論研究は，この現行の欠陥税制を厳しく批判し，是正策を提示している。

第6章　理論税務会計学研究を基盤とする検証税務会計学の進展　◆　*49*

⑺　税制改善のための研究課題の革新的進展

　税務会計学研究のさらなる応用と拡大として，「法人税改革で残されている不公正税制」の実態の究明と，これに対する改善提案，発想の転換による企業の経営実態にマッチした「大小企業区分税制の構想」の提示，経済国際化の進展に対応する「国際税務会計学の構築」による国際課税の調整への貢献，租税研究の総合的革新を目指す「総合租税学の建設」についての雄大な構想への挑戦をしてきている。

　そこにおけるフィロソフィーは，租税正義の実現のための限りなき闘いであり，公正な国家のあり方と平安な社会の建設を視点とする「日本改革」である。まさに，それは，政治権力に対しアカウンタビリティを要求する新しいパラダイムを形成し，動的社会秩序の形成を志向する「社会公正達成の総合科学」の新しい世紀を展望する「ロマンチック・サイエンス」へのチャレンジである。

9　理論税務会計学における税務会計原則論の形成
—税務会計原理論の中心課題—

　税務会計の中核的部門として位置づけられている所得税務会計の研究において最も重要なことは，租税負担能力の測定尺度としての「所得」，つまり課税所得とは何か，を明らかにすること（課税所得概念の解明—課税所得概念論），および課税所得は，いかなる計測原理により算定把握されるべきか，を明らかにすること（税務会計原則の解明—税務会計原則論）である。これらを追究し，解明し，展開することが，税務会計学における原理論的研究である税務会計原理論の中心的課題にほかならない。

　理論税務会計学の原理論的研究においては，「税務会計公準」（税務会計の基礎概念ないし基礎的前提）を解明し，これを明確に位置づけ，その上に一般原則および個別原則からなる狭義の「税務会計原則」を形成して体系化することにより，税務会計の特質ないし独自の論理（税務会計特有の会計論理—税務会計理論）を租税目的のための会計としての目的理念に照応しながら，組織的に体系づけることが重要な課題である。

⑴　理論税務会計学における税務会計理論の基本構造

　税務会計を支える理論的構造は，これを原理的にみるときは，段階的な構造として組み立てられ，「下部構造」＝税務会計公準，「中間構造」＝税務会計原則（税務会計一般原則と税務会計個別原則），および「上部構造」＝税務会計手続の3

〔図表1-2-3〕 税務会計理論の基本構造のイメージ
　　　　　　—重層的理論構造—

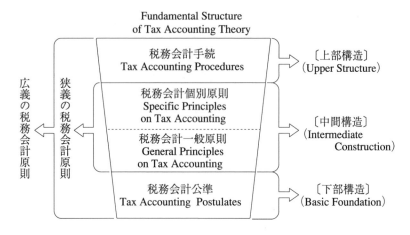

つの部分から成り立っている。
　この税務会計理論の基本構造のイメージを図示すると，〔図表1-2-3〕のようになる。
　この税務会計理論の基本構造を形づくる3つの段階的部分は，以下のようである。
　① 税務会計理論の下部構造……税務会計公準
　これは，税務会計における課税所得の概念構成ならびにその計測原理の形成と体系的な確立にあたり，その概念的基盤ないし基礎的前提となるものである。それは税務会計の基本的な目的ないし目標，基本的な要請ないし命題および，その基底をなすフレームワークを明示する。
　② 税務会計理論の中間構造……税務会計原則（狭義）
　これは，税務会計公準に立脚し，あるいはその影響のもとで，課税所得の計測に関する行為規範または行動指針を示す税務会計的思考を体系的に表現したものである。それは，基本的・普遍的な税務会計思考の論理体系である「税務会計一般原則」と，この一般原則のそれぞれの具体的な内容を構成する税務会計思考の体系である「税務会計個別原則」とからなる。
　③ 税務会計理論の上部構造……税務会計手続
　これは，上記の税務会計個別原則に立脚して形成される，税務会計における具

第6章　理論税務会計学研究を基盤とする検証税務会計学の進展 ◆ *51*

体的な手法，技術または手順であり，課税所得の計算に関する実践的な手続の体
系である。

⑵　税務会計公準の意義と体系的構成

　税務会計公準（Tax Accounting Postulates）は，税務会計における課税所得
の概念構成ならびに課税所得の計測についての特有な会計思考の体系の確立にあ
たり，その基礎的な前提となる理論的基盤であり，税務会計理論の構造的基礎を
なすものである。

　それは，あたかも企業会計の領域において，企業の財務会計の理論形成上，特
に企業会計の諸原則の成立のための基礎的前提として「企業会計公準」の存在が
指摘されるのと同じように，税務会計の理論体系の形成にあたり，特に税務会計
原則（狭義）の形成のために，その根本的な基盤となる基礎的前提である。

　税務会計公準は，多面的な内容をもって形成されるが，これを論理的に構成す
るためには，それぞれの性格に従い，次の3つのグループに区分して立体的に形
成するのが適当である。

　これら3つの公準グループは，それぞれ次のような税務会計公準によって形成
される。すなわち，1)「要請的公準」として，①租税負担公平の公準と，②租税
負担能力の公準，次いで，2)「機構的公準」として，①租税運営配慮の公準と，
②会計制度依存の公準，さらに，3)「税制的公準」として，①納税主体設定の公
準と，②公共政策配慮の公準が挙げられる。

1)　要請的公準（要請的税務会計公準）

　①　租税負担公平の公準　　租税は，納税者の負担能力に応じて公正に負担
　　すべきであるとする租税負担公平の租税原理に基づき，納税者間に公正に
　　負担が配分されなければならない。このために，課税所得は，租税負担の
　　公正な配分を実現するための基準を提供するものであることを要する。他
　　の納税者との関係を無視し，単に個々の納税者の立場からするその利害に
　　偏向した所得計算は許されない。

　②　租税負担能力の公準　　所得に対する租税は，納税者の租税負担能力に
　　応じて適正に負担せしめるべきである。このために，課税物件たる所得で
　　ある課税所得は，担税力ないし応能負担力を示す租税負担能力ある課税可
　　能所得でなければならない。租税負担能力ある課税可能所得とは，納税手
　　段である資金面を考慮し資金的な裏付けのある租税支払能力のある所得で

あり，所得の発生実態や態様からして納税適状にある租税負担力のある所得を意味するのである。

2) 機構的公準（機構的税務会計公準）

① 租税運営配慮の公準　租税は，納税者の便宜を図るとともに，税務行政上の容易性と効率性をも考慮しながら課税されるべきである。このために，課税所得の計算に関しては，つとめて計算手続の煩雑化を避け，可及的に簡便性を重んじ，簡易化の実現を期するとともに，事実認定に関し納税者と税務行政機関との間における判断の相違の介在を最大限に回避し企業の納税上の便宜と税務行政上の円滑化を図るために計算の明確性を重んじ客観性を確保することが必要である。

② 会計制度依存の公準　所得に対する租税は，その運営において，社会的制度としての企業会計制度に制度的に依存しながら，租税の理念を達成すべきであり，このために一般に公正妥当と認められる財務会計の原則および基準に準拠して計算された企業利益を基礎として，これから誘導的に課税所得の計算把握をなすことを建前とすべきである。税務会計においても，実践的には，一般に公正妥当と認められ確立された財務会計上の諸原則および諸基準に従う適正な企業経理は尊重すべきであり，そこにおける企業利益を課税所得の計算の基礎として第一義的な前提とすることを基調とすることが適当である。しかし，租税目的の会計の理念と確立された財務会計の諸原則および諸基準との間に妥当性ある論拠に基づく差異が明確である限りにおいて，その差異の存在は維持されなければならない。

3) 税制的公準（税制的税務会計公準）

① 納税主体設定の公準　所得に対する租税は，所得を実質的に稼得する主体たる者を納税主体として課税関係を形成せしめるべきである。このため課税所得概念の構成および課税所得の計測は，その基礎的前提としての納税主体の設定を背景としてなされることとなる。財務会計における会計主体は，財務会計理論の基礎的構造を支えるものとみられ，その会計計算がどのような目的のためになされ，誰にその計算結果を報告しなければならないかという観点から理論構築をしている。税務会計においても，所得課税の納税主体は，誰であるかという納税主体の設定を基礎的前提として課税所得の算定把握がなされる。

第6章　理論税務会計学研究を基盤とする検証税務会計学の進展　◆　*53*

② **公共政策配慮の公準**　　現代社会の租税には，その歳入調達機能のほか
に，国民経済の成長と安定，完全雇用，公正な所得再配分などの経済的効
果を的確に発揮するために機能する経済政策的役割と，さらに，社会的に
好ましい活動を行うことについて刺激を提供し，一方，社会的に好ましく
ない活動を阻止せしめるための社会政策的役割が期待されている。課税所
得の決定においては，租税のもつ経済的機能および社会的機能の見地から，
いわゆる経済的配慮および社会的配慮がなされ，公共政策的配慮の思考が
介入し，このことが事実上，課税所得概念を現実的に変容せしめているの
である。
　これは，税務会計における課税所得の概念構成ならびに課税所得の計測原理の
構造形成と体系的な確立にあたり，その基礎的前提となる税務会計公準の多面性
を示すとともに，それぞれの税務会計公準の特性に応じて類型化したものである。

(3)　税務会計原則の意義と体系的構成

　税務会計原則（Tax Accounting Principles）は，税務会計公準に立脚し，税務
会計における特有な会計論理としての税務会計的思考を論理的に整序した体系で
ある。税務会計的思考は，税務会計独自の理論体系である税務会計論理の内容を
構成し，財務会計情報を基礎的データとして，その上に展開する租税目的のため
の会計にみられる税務会計特有の計算思考である。
　税務会計学的研究において，「税務会計原則」というときは，現行の実定租税
法に準拠して課税所得の算定把握を行う「現実としての税務会計」である"実在
的税務会計"における体系ではなく，これを背景としながらも，そこにおける不
合理性や不適正な問題点等を是正し，改善ないし改革して「あるべき」姿を想定
する，「理想としての税務会計」である"理念的税務会計"における当為的内容
を体系化することを意図している。
　税務会計原則は，税務会計公準を基本的な基盤として，それに立脚して税務会
計における課税所得の計測についての行為規範または行動指針たるべきものを体
系的に示すものである。
　理念的税務会計である「あるべき」税務会計における特有な会計的思考の論理
的体系である税務会計原則は，税務会計公準を基礎的な前提として形成される9
つの一般原則と，各一般原則の具体的な構成内容としての24の個別原則から成
立する。

54 ◆ 第2編 実効税負担分析のアプローチ

① 実質課税主義の原則

税務会計上の実質課税主義の原則（the Principle of the Doctrine of Substantial Taxing in Tax Accounting）は，納税者の実質的担税力に即して公平な課税を実現するため，課税所得の帰属者の決定および課税所得の概念構成ならびに計測にあたっては，表見的事実にとらわれずに，課税要件事実の経済的実質に即応して行うべきことを要請する原則である。

租税においては，経済的実質に即応した実質課税の実現を理念とし，事態の実体ないし実質，すなわち経済的実質に即して判断すべきであり，表面の仮装的事実を否定して背後に存する経済的実質に即して課税をなすべきであるとし，または，行為の形式よりは実質，その法的評価よりは実現された経済的結果を重視しなければならないとする原則である。

この税務会計上の実質課税主義の原則の内容は，(i)実質所得者課税の原則，(ii)所得実質把握の原則，および，(iii)租税回避否認の原則の3つの個別原則から成るものといえる。

② 計算恣意排除の原則

税務会計上の計算恣意排除の原則（the Principle of Restricting Arbitrary Computation in Tax Accounting）は，課税所得の概念構成および計測にあたり，納税者間における租税負担の公平性を保持するため，個別納税者の過度の主観的判断の介入による恣意的な計算を排除し，計算の適正性を確保することを要請する原則である。

納税者間における課税所得の計算の公平性を維持するため，財務会計において認められている会計方法の採用，適用，変更等に特定の制約を加えることによって，課税所得の概念構成および計測において企業の恣意的な会計方法の介入を排除すべきであるとする原則である。

この税務会計上の計算恣意排除の原則の内容は(i)継続性強調の原則，(ii)首尾一貫性強調の原則，および，(iii)重要性判断抑制の原則の3つの個別原則から成るものといえる。

③ 損金控除規制の原則

税務会計上の損金控除規制の原則（the Principle of Controlling Allowable Deduction in Tax Accounting）は，課税所得の概念構成および計測にあたり，納税者間における租税負担の公平性を保持するため，事業経費として控除し得られる損金許容の要件を規制するとともに，控除し得られる控除許容損金についての損金許容限度額および引当損金許容額を規制し，計算の適正性を確保す

第6章　理論税務会計学研究を基盤とする検証税務会計学の進展　◆　*55*

ることを要請する原則である。

　納税者間における租税負担の公平性を維持するため，課税所得の計算過程における消極的因子である損金についての控除容認の認定基準を設定することにより，事業経費の控除容認の要件を形成するとともに，控除し得られる控除許容損金額の期間的計上の最高限度額を規制し，控除することが許容される引当金許容額の計算的規制をなす原則である。

　この損金控除規制の原則の内容は，(i)事業経費損金控除要件の原則，(ii)控除許容損金額規制の原則および，(iii)引当損金許容額規制の原則の3つの個別原則から成るものといえる。

④　負担態力主義の原則

　税務会計上の負担能力主義の原則（the Principle of the Ability-to-Bear-Tax-Doctrine in Tax Accounting）は，課税所得の概念構成および計測にあたり，納税者の担税力ないし応能負担力を示す租税負担能力に応じて納税適状にある適正なる所得を把握すべきであるとし，所得の発生原因と実態，その性格や形成の態様および資金的な裏づけなどを考慮して，租税支払能力（ability to pay tax）および租税負担力（ability to bear tax）を配慮することを要請する原則である。

　この負担能力主義の原則の内容は，(i)租税支払能力配慮の原則，および，(ii)租税負担力配慮の原則の2つの個別原則をもって構成される。

⑤　資本剰余除外の原則

　税務会計上の資本剰余除外の原則（the Principle of Excluding Capital Surplus in Tax Accounting）は，課税所得の概念構成および計測にあたり，資本および資本剰余を分離区別して租税負担能力ある所得を把握すべきであり，このために資本剰余項目は，課税すべからざる剰余であるから課税対象から除外することを要請し，資本剰余賦課項目は，非控除とすべきであるとする原則である。

　この資本剰余課税除外の原則は，(i)資本剰余課税除外の原則，および，(ii)資本剰余賦課非控除の原則の2つの個別原則をもって，その内容が構成される。

⑥　計算明確性の原則

　税務会計上の計算明確性の原則（the Principle of Certainty for Computation Bases in Tax Accounting）は，課税所得の概念構成および計測にあたり，つとめて客観性を確保し，事実認定に関して，納税者国民と租税行政府である税務行政機関との間における判断の相違の介在をつとめて回避し，納税者の便宜

を図るとともに，税務行政上の容易性と円滑化を図るために，個別納税者の主観的な判断のみに委ねることなく，より客観的にして明確な基準に従って行わなければならないとする原則である。

この税務会計上の計算明確性の原則は，(i)法的基準援用の原則，(ii)形式基準援用の原則，および，(iii)特定事実基準援用の原則の3つの個別原則をもって構成される。

⑦ 計算簡便性の原則

税務会計上の計算簡便性の原則（the Principle of Conveience for Computation in Tax Accounting）は，課税所得の概念構成および計測にあたり，納税者の便宜を図るとともに，税務行政上の容易性と効率性をも考慮する租税運営配慮の理念に従い，納税負担の公平性および負担能力性を著しく阻害しない限りにおいて，納税者にとり所得計算の技術的な手続があまりに複雑にならないよう税制の簡素化を図る見地から，計算の経済性を配慮し，また計算の弾力化を配慮し，可及的に簡便化を期することを要請する原則である。

この税務会計上の計算簡便性の原則は，(i)計算経済性配慮の原則，および(ii)計算弾力性配慮の原則の2つの個別原則から構成される。

⑧ 企業自主計算の原則

税務会計上の企業自主計算の原則（the Principle of the Doctrine of Independence on Business Accounts in Tax Accounting）は，課税所得の概念構成および計測にあたり，会計制度依存の見地から，租税目的の会計の理念を害さない限り，企業経理に何らの規制を加えることなく，干渉してはならないとし，企業の個別的事情に適応せしめるために会計方法の採用に選択性を許容し，企業経理の自主性を認めることとし，この選択適用の余地が許容されている会計的事実については，企業の確定決算における記載額を基礎として所得計算を要求するとともに，他方，税務会計独自の損益については，企業の公表財務諸表制度における報告機能を阻害することを避けしめながら，課税所得金額の計測のための機能を的確に発揮するために税務財務諸表制度の独立性を要求することを内容とし，企業の自主的経理の尊重を建前とすべきであるとする原則である。

この税務会計上の企業自主計算の原則は，(i)企業経理非拘束の原則，(ii)会計方法選択適用の原則，(iii)確定決算基準性の原則，(iv)税務財務諸表独立の原則の4つの個別原則をもって構成される。

⑨ 公共政策配慮の原則

税務会計上の公共政策配慮の原則（the Principle of Concern for Public Policy in Tax Accounting）は，課税所得の概念構成および計測にあたり，租税のもつ経済的機能および社会的機能の見地から，経済的配慮および社会的配慮をなし，特定の所得を課税除外とし，ある種の収益を課税益金から除外したり，ある種の費用につき特別に損金控除性を許容し，あるいは逆に損金控除性を否定し，または制限しようとする原則である。

この税務会計上の公共政策配慮の原則は，(i)経済政策配慮の原則，(ii)社会政策配慮の原則の2つの個別原則をもって構成される。

この税務会計原則の体系的構造を税務会計公準と関連づけて図示すると，［図表1-2-4］のとおりである。

58 ◆ 第2編 実効税負担分析のアプローチ

〔図表1-2-4〕税務会計原則の構成と体系の全体像
―課題ベースの計測ルール―

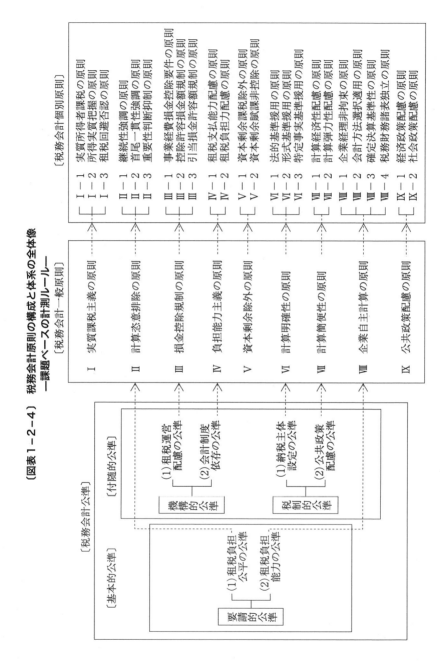

10 現実の税制の実態の姿を検証し不公正の真相を明らかにし税制改正立案の前提条件となるデータを提供する検証税務会計学

(1) 検証税務会計学の生成の背景

立法府である国会で制定され，行政府である政府税務当局により施行されている税制の実態が果たしてどのような現実の姿となっているかを明らかにすることは有用である。

政府により毎年度ごとに行われている税制改正は，税制をより良いものに改善することを目指して行われているが，行われている税制の実態をどれほど把握したうえで立法されているのであろうか。

税制では，税法の条文で書かれている法の姿と，現実に行われている税制施行の実態とは，大きくかけ離れギャップがあることが多いのである。

税制改正で税法を改変しようとするときは，まずもって，その前提として，行われている税制の実際の姿を実証的に分析し，その実相を認識することが不可欠なことである。

ここに，理論税務会計学の研究により構築された税制改革のメルクマールとなる税務会計学原理を指標として税制の実態の現状分析をし，その実相を具体的に提示し税制改革の立案にデータを提供する検証税務会計学の研究が有用となる。

この検証税務会計学は，課税ベース変貌論をスタートとして，不公正税制是正論と不公正税制増収試算論へと展開する。

(2) 課税ベース変貌論

検証税務会計学において，「課税所得の変貌現象」と称することは，現行税法における課税所得の実定法的概念に変容（歪曲現象）が生ぜしめられており，それが，論理的に組成された課税所得の本来的概念に照らす時は，(1)課税対象となるべきものが改変されて，課税ベースに含まれずに脱落していること（＝課税ベースの浸蝕化現象），また，これとは逆に，(2)本来は課税対象とすべきでないものが課税ベースに含められてしまっていること（＝課税ベースの拡張化現象）を意味している。

つまり，「課税ベースの変貌現象」は，課税ベースの歪みをいうのであるが，これには，正反対の現象である(1)「浸蝕化現象」と，(2)「拡張化現象」という2つの全く方向を異にするものが包摂されているわけである。

このために，〔当為〕(Sollen) としての「あるべき」課税ベース概念（課税所得の本来的概念）を「正常な課税ベース」とし，これをマンマルイ円形＝「正常

満月型」で示すならば．現行税法の規定に基づいている〔存在〕（Sein）としての「現実」の課税ベース概念（課税所得の実定法的概念）は，「歪められた課税ベース」であり，これは，ユガンダ変形＝「変形三日月型」で示すことができる。

⑶　不公正税制是正論

　経済社会が複雑になればなるほど，税においても公共政策への配慮は，ますます，必要である。しかし，これは税をして非中立的なものとし，経済の撹乱要因となることを知るべきである。

　世の人々，あらゆる利害者集団，特に産楽界・経済界は，税制に向かい，時々の政策的措置の導入を求めてくる。しかし，ひとたび政策的措置が導入されると，それは制度的に固定化してしまい定着する。やがて，それが時代の変化によって，不適合なものとなっても，既に現実化した制度やシステムは動かし難くなり，その改革を妨げる。

　ましてや，人々は実際の制度に沿って行動しているので，多くの場合に，現存の制度を維持することに加担する傾向になりやすい。

　税制は，かようにして集積された時代遅れの尾骶骨的な堆積物の壮大な集大成であり，政官業癒着の構造的結晶物であり，歪みの"かたまり"である。

　世の中の全ての制度は，たとえ，それがどんな良くない制度であっても，それから利益を得ている者がある。そこで，その制度を改革しようとすると，その者達は既得権益の維持のために政治家や権力者を使って反対することが多い。不公正税制で得をしている既得権者は，それが是正されると既得権益を失うことになるから，その是正に対しては巨大な力をもって頑強に抵抗し，あらゆる手段をもって，その検益を護ろうとする。これら既得権者や，その代弁者・擁護集団と，われわれは血みどろの激しい闘いをしなければならない。ねばり強い信念と英知，それに，たじろがない勇気と行動力がなければ，不公正税制の是正などは到底できるものではない。

　何よりも，業界や支持者とのしがらみから不公正税制の是正に意欲を示すことができない政治家と，法律の条項に盛られたものが最高の善であり権威であると信じ，不公正税制の存在を認めることは，彼らの体面にかかわると思っている大蔵官僚（現財務官僚）の構造的体質が障害となっている。

　因習と妥協に傾きやすい日本の社会構造を反映してか，現在の日本にはいろいろな分野において巨大な不公正が存在し，それが厳然として定着してしまっている。これを是正するためには，国民は，まずもって，その実態を知り，その不公

正な事実に対し怒らなければならない。日本という国を，真の意味において良い国にしたいという希望と意欲，期待と情熱がなければ怒りは湧いてこない。

税のあり方は国の進路を決め，社会の仕組みを変え，国民の精神構造まで変革する。国のバックボーンである税制を公正にしなければ，競争原理が働くダイナミズムに溢れた活力ある公正な社会を築き上げることはできない。

いまこそ，「税の公正化」に向けての果敢な挑戦が必要である。そのために強く求められているのは，政治家や国民の英知と良識，公正と正義を貫徹する勇気とエネルギーであり，世論の盛り上がりである。

政治の民主主義と表裏一体の関係にある「税の公正化」が，広く“経済民主主義”を強化するための推進力となることを願うものである。

(4)　不公正是正の増収試算論

日本の税金は，国民所得に対する税の負担率からみても，諸外国に比べて決して高くはない。しかし税に対する国民の不満は諸外国よりも大きい。なぜなのか。国民の公共精神の衰退，エゴの表れという側面はあるだろう。しかし根本的な問題は，現在の税制の歪みがあまりに甚だしく，税のとられ方に対し不審の念がぬぐえないということなのであろう。租税負担能力が人並み以上にある筈の大企業や資産家層は，きちんと税を納めているのだろうか。

このように国民が敏感に感受する税制の不公正さは，現実的に存在するのである。決して幻想ではない。その不公正税制の元凶の原理的な観点からの指摘が必要なのである。税制の歪みの最も重要な要因であり，不公正税制の真の病源はタックス・エロージョン（課税の浸蝕化）と，タックス・シェルター（課税の隠れ場），それにタックス・ギャップ（税務行政の不適正）が存在していることである。

不公正是正の増収試算論は，現行税制の実相に存在する限りなき不公正を是正した場合において，国や地方の財政が新規に獲得できる「増収想定額」を試算するアプローチである。

この不公正税制の欠陥是正による増収額を試算して不公正税制の実相を計数的に発表することは至難な作業であるが，税制公正化の闘いにおいては強力な武器となる。

(5)　理論税務会計学と検証税務会計学の構造的な関連

税制改革のメルクマールとなる税務会計学原理を構築した理論税務会計学と，現実の税制の実態の実証分析をマクロとミクロのアプローチで展開する検証税務

〔図表1-2-5〕 理論税務会計学と検証税務会計学の構造的関連
　　　　　　　—税制改革の学問的指針を基盤とする実証分析—

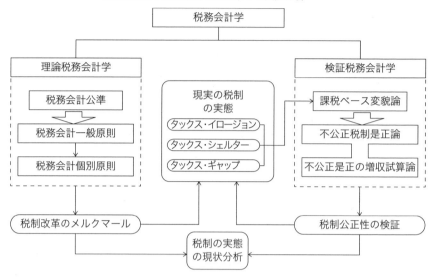

会計学との構造的関連を示すと［図表1-2-5］のようである。

11　政治会計学の最先端として政治権力に対するアカウンタビリティを検証する闘う税務会計学の進展と存在意義

　既に古くから形成されてきている「理論税務会計学」に，新たに「検証税務会計学」を生成させ研究方法を飛躍的に充実させていることは，税務会計学の科学性を高め21世紀中葉において社会公共的機能をより高次元で発展する「新しい税務会計学」の展開として税務会計学研究に新しい地平を切り開こうとチャレンジすることである。まさに，このことは，「闘う税務会計学」の社会経済的次元における拡大的展開である。

　税務会計学，総合租税学は，ひとえに社会科学の典型的な学問領域であり，社会の不公正と闘い，政治権力に対してアカウンタビリティ（accountability）を検証する新しいパラダイムを形成することが使命である。

　それは，強大な権力と対決する険しくも厳しい学問であり，まさに「闘う総合的社会科学」である。しかし，それは，ロマンに溢れた楽しい研究であり，いわば，ロマンチック・サイエンスともいうべき21世紀の最先端科学である。

これら学問の役割は，現存する日本税制の惨状と，さらなる改悪への危険性，日本財政の深刻な状況のもとで，財政破綻による日本経済の崩壊を誘発する危険性をも内蔵した理不尽なる大増税攻勢を予見しつつ，税制公正化により，公正と正義が実現する日本社会の健全化のために限りなき闘いにチャレンジすることである。

第 3 編

実効税負担の分析による検証

第 7 章　個別企業の実効税負担率の分析要領と計算構造：調査分析における諸基礎要因の概念と算定要領①

　1　個別企業の「実効税負担率」のミクロ的分析による調査

　2　個別企業の実効税負担率の調査分析の要領と特徴

第 8 章　企業規模別総合平均実効税負担率の分析要領と計算構造：調査分析における諸基礎要因の概念と算定要領②

　1　法人税平均実効税負担率の概念と算定

　2　法人所得総合平均実効税負担率の概念と算定

　3　企業利益相当額の概念と算定

　4　法人税額相当額の概念と算定

第 9 章　企業規模別の総合平均実効税負担状況の実態の格差分析：驚くべき低い実効税負担水準の全体像を図示

　1　企業規模別の法人所得総合平均実効税率のマクロ的分析

　2　全法人企業をトータルにみた総合平均実効税負担状況は法定総合税率の 65% から 55% 相当の低水準

　3　企業規模別にみた総合平均実効税負担状況は階層間に著しい格差があり最低は巨大企業の 20.28% で最高は中堅企業の 35.75% という大きい開差

　4　企業規模別の総合平均実効税負担状況の実態と基礎数値の開示

第 10 章　企業規模別の課税所得金額と法人税額の縮小化状況の実態の格差分析：課税所得金額の巨大な欠落状況の実像を図示

　1　企業利益相当額 62 兆 5,309 億円の 20.37% 相当の 12 兆 7,384 億円が欠落している課税所得金額の縮小化の現状

　2　課税所得金額の縮小率が圧倒的に高いのは 40.19% にも達している連結法人と 21.88% の巨大企業であるが中堅中小企業は低率で推移

　3　課税所得金額の縮小額は圧倒的に大きいのが 5 兆 7,429 億円の連結法人と 4 兆 1,756 億円の巨大企業

　4　算出税額 12 兆 3,740 億円の 22.97% 相当の 2 兆 8,427 億円が欠落している法人税額の縮小化状況

　5　課税所得金額と法人税額の縮小化現象の実態と算定基礎数値の開示

第|7|章

個別企業の実効税負担率の分析要領と計算構造

─調査分析における諸基礎要因の概念と算定要領①─

1 個別企業の「実効税負担率」のミクロ的分析による調査

　財界やマスコミでは,「日本の法人税は高い」と大合唱しているので，日本の産業界を代表する有力な主要企業のうち好業績の企業について調査してみた。

　その結果は，本書の冒頭に掲げた［**図表１−１−１**］が示すように多くの驚くべき実態が判明している。

2 個別企業の実効税負担率の調査分析の要領と特徴

⑴ 実効税負担率の概念

　企業の所得に対する税金の負担状況は，税制上，法律により定められている法定税率とは別に，個別企業が現実に稼得した企業利潤に対する実際の納税額の負担割合である「実効税負担率」によってよくわかる。実効税負担率は，企業の所得課税の経済的な意味での実際の負担状況を示すものであり，個別企業の税負担の高低を表象する指標である。

⑵ 調査の目的と狙い

　この調査は，業績は良好ではあるが，「実効税負担率」が著しく低い主要な巨大企業につき，その実態を調査し試算した結果を示している。

⑶ 図表の構成

　第１章で掲げた［**図表１−１−１**］は，企業種別の区分である事業会社・持株会社，申告方式の区分である連結納税申告・単体納税申告の適用区分を表示しながら，全ての企業について「実効税負担率」の低い順に配列している。

(4) 実効税負担率の計算要素

① 法人税等

「実効税負担率」の算出にあたり，法人税等の納付額は原則として有価証券報告書等において「法人税等調整額」あるいは「繰延税額」等として表示されている数値を加味しないで，法人税法等に従って算定された税額である「法人税，住民税および事業税」（法人税等還付税額，過年度法人税等を含む），つまり「法人税等」によるものとして試算している。

② 税引前純利益

「税引前純利益」は，個別企業の企業純利益を想定し有価証券報告書に表示されている「税引前当期純利益」または「税金等調整前当期純利益」等の数値により試算している。

③ 実効税負担率の算出

「実効税負担率」は，次の計算式により算出している。

$$\frac{法人税等}{税引前純利益}=実効税負担率$$

(5) 申告方式の区分

この調査は，企業の真実に近い税負担状況を検証するものであるから，グループの企業を合体することなく，単独で申告する単体納税申告か，所定のグループを統合して申告する連結納税申告かを区別することが重要である。

法人税制においては，個別企業が個々に申告する単体納税申告方式によることも，所定のグループ企業全体が連結して申告する連結納税申告方式によることも選択的に認められているため，あくまでも当該法人が選択している申告方式によるものとしている。

したがって，コンツェルンの親会社である持株会社がグループに属する従属会社である子会社を合算して申告する連結納税申告方式を適用しないで自社だけで申告する単体納税方式によっているときは，その事実に従い親会社だけの納税額のみが調査の対象となる。グループに属する子会社は各々別個に申告をしているのであるから，グループに属する企業の個別の納税額を合算して分析することはしないのである。

第│8│章

企業規模別総合平均実効税負担率の分析要領と計算構造
—調査分析における諸基礎要因の概念と算定要領②—

1 法人税平均実効税負担率の概念と算定

(1) 法人税平均実効税負担率の意義と概念

　企業規模別にみた階層別の実効税負担率の平均値を「法人税平均実効税負担率」と定義して表示する。

　実効税負担率は，税法に規定されている表面的な税率である「法定税率」とは別に捉える経済的な意味での実際上の税負担率である。

　階層別に区分して表示された法人税実効税負担率は，企業の規模別の区分の間に存する税負担の格差を判断する指標となる。

　この調査における「法人税平均実効税負担率」は，企業規模別に区分した「企業利益相当額」に対する「法人税額相当額」(国税のみ)の割合である。

　この「法人税平均実効税負担率」の算定における分母である「企業利益相当額」は，企業の稼得した本来の企業利潤を想定し，税務会計計算における加算項目および減算項目による税務調整を加味する前の「純粋の企業利潤相当額」を想定している。

　分子である「法人税額相当額」は，法人企業が現実に納付した実際の法人税額を算出する必要があるから，算定法人税額に所要な調整を加味することにより求められる。

(2) 法人税平均実効税負担率の算定構造

　法人税平均実効税負担率は，次の計算式により算出される。

$$\text{法人税平均実効税負担率} = \frac{\text{法人税額相当額（国税のみ）}}{\text{企業利益相当額}}$$

2 法人所得総合平均実効税負担率の概念と算定

⑴ 法人所得総合平均実効税負担率の意義と概念

この調査における「法人所得総合平均実効税負担率」は，前述の「法人税平均実効税負担率」が国税である法人税のみについて取り上げているのに対し，法人所得に対する地方税をも含めた法人税・法人住民税および法人事業税の全部について算定した総合実効税負担である。

企業としては，その稼得した企業利益に対して課税される税負担は国税と地方税の全てについての総合税負担により勘案されなければならない。

したがって，法人税制における実効税負担状況の検証は，国税・地方税の全てを総合した数値による分析が適当である。

⑵ 法人所得総合平均実効税負担率の算定構造

法人所得総合平均実効税負担率は，次の算式により算出される。

$$
\text{法人所得総合平均実効税負担率} = \text{法人税平均実効税負担率} \times \frac{\text{法人所得法定総合税率（38.01％）}}{\text{法人税の法定税率（25.5％）}}
$$

3 企業利益相当額の概念と算定

⑴ 企業利益相当額の意義と概念

実効税負担率の算定における分母の数値である「企業利益相当額」は，企業が業績として稼得した利潤である経営成果を想定しているが，マクロ的アプローチにより企業利益金額の全体を統計的に把握するためには，一定の仮説が必要となり，それによって算定された数値を示す概念である。

① 税務上において法人税の課税標準となる所得金額（課税所得金額）は，企業が会社法の規定に従って計算した当期純利益の金額に，所定の税務上の調整計算（決算調整および申告調整）を加味して算出する。

② 企業利益と課税所得との相違は，次のような理由によるものである。

　(イ) 利益計算における財務会計上の収益・損費と，所得計算における税務上の益金・損金の概念の不一致

　(ロ) 資本概念について財務会計と法人税法の不一致

　(ハ) 法人税制における租税特別措置による政策的な税制措置の加味

③ 本来，企業利益は財務会計上のデータによるものを用いることがふさわしいが，異なる資料を用いることにより比較可能性に難点が生ずることを避けるた

70 ◆ 第3編 実効税負担の分析による検証

め，本調査においては，税務統計上のデータのうち，国税庁の「税務統計から見た法人企業の実態（会社標本調査）」を用いて，企業利益相当額を推定計算することにした。

④ このため，企業利益相当額は，本来の純粋な企業利潤を想定するものであるが，税務統計上の「申告所得金額」から推定するために，税務調整計算における減算部分を「加算項目」とし，また，税務調整計算における加算部分を「減算項目」として逆算することにより算出することとしている。

⑤ したがって，「企業利益相当額」は，法人税制における実効税負担状況の分析において想定額として用いられている概念である。本来は個別企業の企業純利益を全法人について総括的に統計的に集計して把握した合計額であるが，調査におけるデータ活用上の理由により造成された概念である。このため「企業利益」と言わずに，あえて，「企業利益相当額」と呼称している。

(2) 企業利益相当額の算定構造

企業利益相当額は，次の算式により計算される。

$$
\text{企業利益相当額} = \text{申告所得金額} + \begin{matrix}\text{税務調整計算にお}\\\text{ける減算部分の逆}\\\text{算による加算項目}\end{matrix} - \begin{matrix}\text{税務調整計算におけ}\\\text{る加算部分の逆算}\\\text{による減算項目}\end{matrix}
$$

① 申告所得金額

申告所得金額とは，法人が税務署に提出した法人税の確定申告書，連結確定申告書等に記載された所得（欠損）金額または連結所得（欠損）金額であり，国税庁の「会社標本調査」に依拠し算出している。

② 加算項目

企業利益相当額の算出のプロセスにおける「加算項目」は，次のようである。
これは，企業利益ではあるが，課税除外益金あるいは控除許容損金として課税対象から除外されるため「申告所得金額」から減算されているので，ここでは逆算して元の企業利益相当額に戻すために加算している。

　(イ) 受取配当等益金不算入額

　(ロ) 外国子会社受取配当益金不算入額

　(ハ) 租税特別措置の特例

　　(イ) 特別償却限度額

　　(ロ) 準備金のうち損金算入限度額

　　(ハ) 協同組合・中小企業等貸倒引当金繰入限度額

第8章　企業規模別総合平均実効税負担率の分析要領と計算構造　◆　*71*

　　㈁　土地税制による損金不算入額

　　㈆　損害保険会社の受取配当金益金不算入額

　　㈬　その他の特別措置による損金不算入額

③　減産項目

　企業利益相当額の算出における「減算項目」は，次のようである。

　㈤　所得税額控除

　㈥　外国税額控除

　㈧　寄附金の損金不算入額

　㈁　交際費の損金不算入額

(3)　本調査の企業利益相当額の推定計算方法の説明の図示

　この調査において算定した「企業利益相当額」の推定計算方法の仕組みを図示すると，次の［図表1-3-1］のようである。

〔図表１−３−１〕　企業利益相当額の推定計算方法メカニズムの図示

—申告所得金額から税務調整項目を逆算して推定—

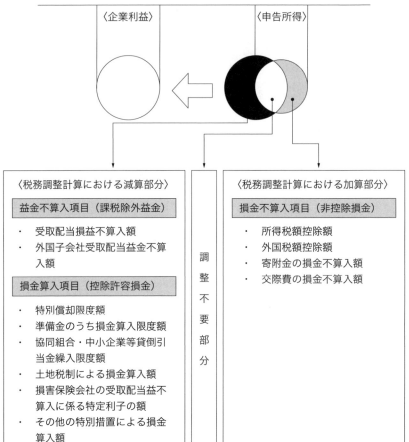

（注）　本調査においては，上図の流れとは逆に，「申告所得金額」から「企業利益相当額」を推定計算しているために，上記の税務調整計算における減算部分は「加算項目」として，また，税務調整計算における加算部分は「減算項目」として扱い逆算計算することにより求められる。

$$\text{企業利益相当額} = \text{申告所得金額} + \begin{matrix}\text{税務調整計算に}\\\text{おける減算部分}\\\text{（加算）}\end{matrix} - \begin{matrix}\text{税務調整計算に}\\\text{おける加算部分}\\\text{（減算）}\end{matrix}$$

4 法人税額相当額の概念と算定

⑴ 法人税額相当額の意義と概念

実効税負担率の算定における分子の数値である「法人税額相当額」は，法人企業が現実に納付した実際の法人税額を想定しているので，「算出税額」に「留保利益」を加算し，「控除税額」を減算する所要の調整計算を加味して算定された数値を示す概念である。

法人税相当額は，外国税額を除くか，含むかにより，2つの概念に区分される。

⑵ 法人税額相当額の算出構造

法人税額相当額は，次の算式により算出される。

法人税額相当額＝算出税額＋留保利益－控除税額

① 算出税額

算出税額とは，法人が税務署に提出した法人税の確定申告書，連結納税申告所等に記載された申告税額であり，国税庁の「会社標本調査」に依拠している。

② 控除税額

法人税額相当額の算定における「控除税額」は，次のようである。

(イ) 所得税額

(ロ) 外国税額

(ハ) 租税特別措置の特例

　　(イ) 租税特別措置による税額控除額

　　(ロ) 軽減税率適用による減税額

第 | 9 | 章

企業規模別の総合平均実効税負担状況の実態の格差分析
―驚くべき低い実効税負担水準の全体像を図示―

1 企業規模別の法人所得総合平均実効税率のマクロ的分析

　日本の法人税は高すぎると称し，経済界は政府に圧力をかけて法人税率の引き下げを画策してきた。確かに，現行の法人税制における法定総合税率をみる限り，先進国に比べてもやや高率であり，特にアジアの諸国に比べて，かなり高率になっている。

　ところが，現在の日本の法人税の実態は，企業が実際に納税している法人税相当額の企業利益相当額に対する割合である「実効税負担率」を全法人企業についてトータルにみた「法人所得総合平均実効税率」の平均値は22.72％（外国税額を含む2013年度分）であり，法定総合税率の実に半分近くの59.77ポイント相当のように著しく低いのである。高いのは，表面的な「法定税率」であり，真実の経済的な意味での「実効税負担率」でみるときは驚くほど軽いのである。

　しかも，全体を平均的に分析してみると企業の規模により著しく格差が存在し，日本の法人税の負担構造の現状は，「巨大企業が極小の税負担」で，「中堅中小企業が極大の税負担」となっており，企業の規模別の視点からみれば，企業の階層で規模が大きい方に軽く，小さい方に重いという「逆累進構造」となっている。

2 全法人企業をトータルにみた総合平均実効税負担状況は法定総合税率の65％から55％相当の低水準

　企業が一定の利益を稼得するために必要な資本の比率は企業規模とは関係ないため，法人税は一律25.5％（2013年度）で，地方税を含めた法人3税の合計での法定総合税率は38.01％の比例税である。このため実際の税負担は，この法定標準税率と一般的には一致しなければならないはずである。

　ところが，この調査で明らかになったのは，「法人所得総合平均実効税負担率」は，有所得申告の全法人企業を対象として全体をならして一本化しての合計につ

第9章 企業規模別の総合平均実効税負担状況の実態の格差分析 ◆ 75

〔図表1-3-2〕 全法人企業の総合平均実効税負担状況の総括
—法定税率の半分に近い低負担が実態—

区分 年度	外国税額を含むかど うか	法人所得総合平均実 効税負担率	法定総合税率38.01% に対する割合
2012年度	外国税額を含む	24.74%	65.08ポイント
	外国税額を除く	23.06%	60.66ポイント
2013年度	外国税額を含む	22.72%	59.77ポイント
	外国税額を除く	21.17%	55.69ポイント

いてみるときは，［図表1-3-2］のように21.17％から24.74％というように著
しく低いことである。これは当時の法定総合税率（38.01％）の55.69ポイントか
ら65.08ポイント相当の低水準である。

　経済界は政府に対し，可及的速やかに法人3税の総合税負担を20％台（29％
以下）にすることを強く求めてきており，安倍政権はこれに答えて平成27年度
と28年度の改正で法人税率を一挙に20％台に引き下げたのであるが，法人税率
の引き下げを実施する前のこの調査時点において，実効税負担率は，全法人企業
の全体をトータルにみた全国平均で既に25％を大きく割っており，財界が要求
しているレベルを大きく下回っているのである。

3　企業規模別にみた総合平均実効税負担状況は階層間に著しい格差があり最低は巨大企業の20.28％で最高は中堅企業の35.75％という大きい開差

　日本の法人税制における実効税負担状況の著しい特徴は，巨大企業，大企業，
中堅企業，中小企業，小規模企業というような企業規模の階層間に著しい格差が
存在していることである。

　資本金階級別に区分して企業の階層別にみた法人所得に対する国税・地方税の
合計税額の総合平均実効税負担率のグラフがこのことを明示している（［図表1
-3-3］参照）。

　注目すべきは，資本金100億円超の巨大企業と超大企業が該当することが多い
と思われる連結法人の総合平均実効税負担率が著しく低いことである。資本金
100億円超の巨大企業は，外国税額を含めても僅かに20.28％（2013年度分）で
あり，法定総合税率38.01％の半分を少し超える53.35ポイント相当に過ぎない
超低レベルである。このため，［図表1-3-3］のグラフの富士山型の風景で巨

大企業は右側の崖の下の深い谷底に沈んでいる。

これに対し，総合平均実効税負担率が最も高いのは，資本金1億円超で5億円以下の中堅企業の階層である。グラフにおいては，突出した富士山の山頂に位置し，外国税額を含めて35.75％（2013年度分）である。

法人税の法定基本税率が25.5％（この調査時である2012〜2013年度の適用税率）であるのに対し，資本金1億円以下の法人には中小企業に対する軽減税率（年所得800万円以下の部分15％）があるので，低くなければならないのであるが，実際は資本金1億円以下で29.90％，資本金5,000万円以下で30.60％，資本金1,000万円以下で25.60％（いずれも2013年度分，外国税額を含む）である。

問題なのは，資本金100億円超の巨大企業の総合平均実効税負担率（20.28％，2013年度分，外国税額を含む）が企業規模別に区分した全ての階層の中で最も低く，最高レベルの資本金1億円超5億円以下の階層（35.75％）の実に半分近くの56.72ポイント相当のように低くなっていることである。しかも，巨大企業の総合平均実効税負担率は，資本金1,000万円以下の小規模企業（25.60％）よりもはるかに低く，その79.21ポイント相当にとどまっている。

日本の法人税の実効税負担の構造は，中堅中小企業が最も高く，それより順次に企業の規模が大きくなるに従い低くなり，中堅企業は中小企業よりも，大企業は中堅企業よりも，そして資本金100億円超の巨大企業は大企業よりも税負担が軽くなっていることである。特に，巨大企業の実効税負担が最も軽く，しかも極端に低水準である「極小の負担」となっている。

企業規模の大きさからみれば，実効税負担の状況は，まさに「逆傾斜」である。高いと声高に喧伝されている日本の法人税を，ほぼ法定税率どおり払っているのはグローバル展開をしている巨大企業ではなく，黒字を出している中堅中小企業なのである。中規模企業の負担が高いことも是正を必要とする。

税金を払っていない巨大企業の実像は，私の著書『税金を払わない巨大企業』（文藝春秋）で明らかにしているが，大儲けをしている巨大企業がグローバル化し，無国籍化して税制の欠陥や抜け穴を巧みに利用し，行き過ぎた節税をし，時には地球的スケールで課税逃れをしている。その上，租税特別措置などによる優遇税制の恩恵が巨大企業にシフトしているのである。

巨大企業が，その儲けにふさわしいまともな税金を払うよう，法人税制の仕組みや欠陥を速やかに是正し，法人税制を再建することが急務である。

第9章　企業規模別の総合平均実効税負担状況の実態の格差分析 ◆ 77

4　企業規模別の総合平均実効税負担状況の実態と基礎数値の開示

　企業規模別の総合平均実効税負担状況の格差分析の総括の第1グループは，次のようである。
　(1)　企業規模別の法人所得総合平均実効税負担率のグラフ
　(2)　企業規模別の法人所得総合平均実効税負担率の算定根拠の年度比較のグラフ
　(3)　企業規模別の法人所得総合平均実効税負担率算定の基礎数値
　これらは，［図表1－3－3］と［図表1－3－4］および［図表1－3－5］に示している。

〔図表1－3－3〕　企業規模別の法人所得総合平均実効税負担率のグラフ
　　　　　　　―法人税・法人住民税および法人事業税の総合平均実効税負担率の年度比較―
　　　　　　　（2013年3月期～2014年3月期の法定総合税率38.01％の時期）

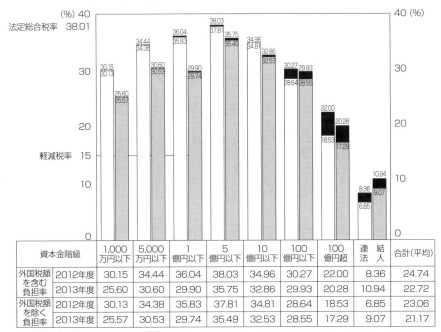

資本金階級		1,000万円以下	5,000万円以下	1億円以下	5億円以下	10億円以下	100億円以下	100億円超	連結法人	合計(平均)
外国税額を含む負担率	2012年度	30.15	34.44	36.04	38.03	34.96	30.27	22.00	8.36	24.74
	2013年度	25.60	30.60	29.90	35.75	32.86	29.93	20.28	10.94	22.72
外国税額を除く負担率	2012年度	30.13	34.38	35.83	37.81	34.81	28.64	18.53	6.85	23.06
	2013年度	25.57	30.53	29.74	35.49	32.53	28.55	17.29	9.07	21.17

〔備考〕(1)　〔上段〕外国税額：■■■
　　　　(2)　〔下段〕外国税額を除く法人所得総合平均実効税負担率：□ (2012年度)，▨ (2013年度)

78 ◆ 第３編　実効税負担の分析による検証

（注）

１．本図は，法人税・法人住民税および法人事業税を含む法人所得総合平均実効税負担率（以下「総合平均実効税負担率」という）を，企業規模別に区分し，外国税額を含めた場合と外国税額を除いた場合の双方のケースにつき，2012年度と2013年度の年度比較を図示している。

２．企業規模別区分は，便宜上，資本金の大きさにより判定をすることとし，資本金階級別区分によっている。

３．総合平均実効税負担率のグラフの図表の棒グラフの先端の上段・下段の％は，次のようである。

　(1)　上段は，外国税額を含む総合平均実効税負担率である。

　　　企業規模別にみて総合平均実効税負担率の著しく低い階層は，2012年度では，①連結法人が8.36％，②資本金100億円超も22.00％である。2013年度では，①連結法人が10.94％，②資本金100億円超も20.28％となっており，巨大企業の総合平均実効税負担率が，全ての規模の階層よりも著しく低く，特に，資本金1,000万円以下の小規模企業の2012年度の総合平均実効税負担率が30.15％，2013年度の25.60％をはるかに下回っていることがわかる。

　　　一方，高負担の階層は，2012年度では，①資本金５億円以下が38.03％，②１億円以下も36.04％であり，2013年度では，①資本金５億円以下が35.75％，②10億円以下も32.86％である。

　(2)　下段は，外国税額を除く総合平均実効税負担率である。

　　　上記(1)と同様に，連結法人および資本金100億円超の総合平均実効税負担率が，全ての規模の階層よりも著しく下回っていることを明らかにしている。

４．外国税額を含む総合平均実効税負担率の2012年度と2013年度との増減差（％）の主なものは次のようである。

　(1)　総合平均実効税負担率が減少した階層　①資本金１億円以下36.04％から29.90％へマイナス6.14％，②1,000万円以下30.15％から25.60％へマイナス4.55％，③5,000万円以下34.44％から30.60％へマイナス3.84％，それぞれ下がっている。

　(2)　総合平均実効税負担率が増加した階層，連結法人が，8.36％から10.94％へ2.58％増加している。

５．総合平均実効税負担率の算定数値は，［図表１－３－５］に表示している。

（出所）　国税庁企画室編『税務統計から見た法人企業の実態（会社標本調査）』（2012年度分・2013年度分）および2014年2月，2015年2月内閣が国会に提出した『租税特別措置の適用実態調査の結果に関する報告書』（2012年度分・2013年度分）に基づいているが，これに，所定の諸要素を加味し総合的に検討することにより作図している。

〔図表１−３−４〕 企業規模別の法人所得総合平均実効税負担率の算定根拠の年度比較のグラフ
　　　　　　　—企業利益相当額・法人所得総合平均実効税負担額・法人所得総合平均実効税
　　　　　　　負担率の年度比較を分析している—
　　　　　　（2013年３月期〜2014年３月期の法定総合税率38.01％の時期）

(1) 企業規模別の法人所得総合平均実効税負担率の年度比較のグラフ

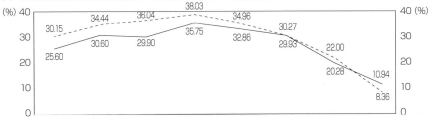

(2) 企業規模別の外国税額を含む法人所得総合平均実効税負担額の年度比較のグラフ

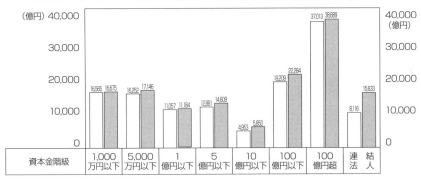

（次頁につづく）

80 ◆ 第3編 実効税負担の分析による検証

(3) 企業規模別の企業利益相当額の年度比較のグラフ

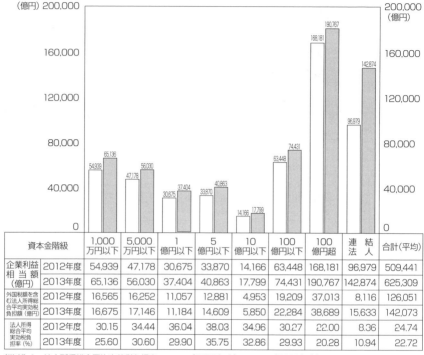

〔備考〕1 法人所得総合平均実効税負担率： ------ (2012年度), ――― (2013年度)
2 外国税額を含む法人所得総合平均実効税負担額：□ (2012年度), ▨ (2013年度)
3 企業利益相当額：□ (2012年度), ▨ (2013年度)

(注)
1．本図は，法人税・法人住民税および法人事業税を含む法人所得総合平均実効税負担率（以下「総合平均実効税負担率」という）の算定根拠となる基礎数値を，企業規模別に区分し，外国税額を含めた場合のケースにつき，2012年度と2013年度の年度比較を図示している。
2．次の3つのグラフにより図示している。
　(1) 企業規模別の法人所得総合平均実効税負担率の年度比較のグラフ
　(2) 企業規模別の外国税額を含む法人所得総合平均実効税負担額の年度比較のグラフ
　(3) 企業規模別の企業利益相当額の年度比較のグラフ
3．「企業規模別の法人所得総合平均実効税負担率の年度比較のグラフ」
　「総合平均実効税負担率」は，次の算式により算定される。

$$\text{法人所得総合平均実効税負担率} = \frac{\text{法人所得総合平均実効税負担額}}{\text{企業利益相当額}}$$

4．「企業規模別の外国税額を含む法人所得総合平均実効税負担額の年度比較のグラフ」
　「法人所得総合平均実効税負担額」は，総合平均実効税負担率の上記3の算式における

分子を構成している。
5．「企業規模別の企業利益相当額の年度比較のグラフ」
　　「企業利益相当額」は，総合平均実効税負担率の上記３の算式における分母を構成している。
6．これらのグラフからみると，資本金100億円超の企業と連結法人は，企業利益相当額が圧倒的に多いにもかかわらず，総合平均実効税負担率が著しく低いことが明確に描き出されている。
7．本図の算定数値は，〔図表１−３−５〕に表示している。
（出所）　本図は，国税庁長官官房企画課『税務統計から見た法人企業の実態（会社標本調査）』（2011，2012，2013年度分）および租特透明化法による『租税特別措置の適用実態調査の結果に関する報告書』（2013年度分）に基づいているが，これに，所定の諸要素を加味し総合的に検討することにより作表している。

〔図表１−３−５〕　企業規模別の法人所得総合平均実効税負担率算定の基礎数値
**　　　　　　　　　—法人所得に対する国税・地方税合計の実効税負担状況を年度比較により分析している—**

資本金階級別	年度別	企業利益相当額の計算			法人税額相当額		法人税平均実効税負担率		法人所得総合平均実効税負担額		法人所得総合平均実効税負担率	
		申告所得金額	税務調整逆算金額	企業利益相当額	外国税額を除く	外国税額を含む	外国税額を除く	外国税額を含む	外国税額を除く	外国税額を含む	外国税額を除く	外国税額を含む
		A1	A2	A3 (A1+A2)	B1	B2	C1 (B1/A3)	C2 (B2/A3)	D1 (B1×38.01/25.5)	D2 (B2×38.01/25.5)	E1 (D1/A3)	E2 (D2/A3)
		(億円)	(億円)	(億円)	(億円)	(億円)	(%)	(%)	(億円)	(億円)	(%)	(%)
1,000万円以下	2012	50,639	4,300	54,939	11,105	11,113	20.21	20.22	16,554	16,565	30.13	30.15
	2013	58,758	6,378	65,136	11,174	11,187	17.15	17.17	16,656	16,675	25.57	25.60
5,000万円以下	2012	44,009	3,169	47,178	10,883	10,903	23.06	23.11	16,222	16,252	34.38	34.44
	2013	51,748	4,282	56,030	11,477	11,502	20.48	20.52	17,108	17,146	30.53	30.60
1億円以下	2012	28,834	1,841	30,675	7,375	7,418	24.04	24.18	10,993	11,057	35.83	36.04
	2013	33,431	3,973	37,404	7,464	7,503	19.95	20.05	11,126	11,184	29.74	29.90
5億円以下	2012	32,096	1,774	33,870	8,591	8,641	25.36	25.51	12,806	12,881	37.81	38.03
	2013	39,248	1,615	40,863	9,730	9,800	23.81	23.98	14,504	14,609	35.49	35.75
10億円以下	2012	12,927	1,239	14,166	3,308	3,323	23.35	23.45	4,932	4,953	34.81	34.96
	2013	15,753	2,046	17,799	3,885	3,925	21.82	22.05	5,791	5,850	32.53	32.86
100億円以下	2012	56,947	6,501	63,448	12,192	12,887	19.21	20.31	18,174	19,209	28.64	30.27
	2013	64,528	9,903	74,431	14,260	14,950	19.15	20.08	21,257	22,284	28.55	29.93
100億円超	2012	12,995	38,206	168,181	20,914	24,831	12.43	14.76	31,174	37,013	18.53	22.00
	2013	149,011	41,756	190,767	22,130	25,955	11.60	13.60	32,987	38,639	17.29	20.28
連結法人	2012	52,205	44,774	96,979	4,459	5,445	4.59	5.61	6,647	8,116	6.85	8.36
	2013	85,445	57,429	142,874	8,696	10,487	6.08	7.34	12,963	15,633	9.07	10.94
合計（平均）	2012	407,635	101,806	509,441	78,831	84,564	15.47	16.59	117,505	126,051	23.06	24.74
	2013	497,925	127,384	625,309	88,821	95,313	14.20	15.24	132,395	142,073	21.17	22.72

（注）

1．本表は，［図表１-３-３］および［図表１-３-４］の作図の基礎となる数値を示すもので，総合平均実効税負担率の算定根拠となる基礎数値について，企業規模別に区分し，外国税額を含めた場合と外国税額を除いた場合の双方のケースにつき，2012年度と2013年度を対比して表示している。

　　このため，「企業利益相当額の計算」，「法人税額相当額」，「法人税平均実効税負担率」，「法人所得総合平均実効税負担額」，「法人所得総合平均実効税負担率」を表示している。

2．「企業利益相当額の計算」

　　「企業利益相当額」（A3）は，企業の経営成果である企業の純利益相当額を想定するものであるから，「申告所得金額」（A1）から企業利益相当額を推計するために「税務調整逆算金額」（A2）を加算・減算して算出している。

　(1)　「申告所得金額」（A1）は，『会社標本調査』（2012年度分・2013年度分）に基づいている。

　(2)　「税務調整逆算金額」（A2）は，申告所得金額から企業利益相当額を想定するために，税務会計上の調整計算における減算部分を『加算項目』として，また，調整計算における加算部分を『減算項目』として逆算することにより算出する金額である。

　(3)　「企業利益相当額」（A3）は，「申告所得金額」（A1）に「税務調整逆算金額」（A2）を加算した数値である。

3．「法人税額相当額」

　(1)　「法人税額相当額」は，法人企業が実際に納付する法人税額を算出するべきものであるから，必要な調整計算を行うこととしており，「算出税額」に「留保税額」を加算し，「控除税額」を減算して算出している。

　(2)　「法人税額相当額」は，外国税額を除いた場合（B1）と外国税額を含めた場合（B2）の双方のケースについて，区分して表示している。

4．「法人税平均実効税負担額」

　　「法人税平均実効税負担率」（C1，C2）は，次の算式により算出している。

$$\text{外国税額を除く法人税平均実効負担率（C1）} = \frac{\text{外国税額を除く法人税額相当額（B1）}}{\text{企業利益相当額（A3）}}$$

$$\text{外国税額を含む法人税平均実効負担率（C2）} = \frac{\text{外国税額を含む法人税額相当額（B2）}}{\text{企業利益相当額（A3）}}$$

5．「法人所得総合平均実効税負担額」

　　「法人所得総合平均実効税負担額」（D1，D2）は，次の算式により算出している。

$$\text{外国税額を除く法人所得総合平均実効負担額（D1）} = \text{外国税額を除く法人税額相当額（B1）} \times \frac{\text{法人所得総合法定税率（38.01％）}}{\text{法人税の法定税率（25.5％）}}$$

$$\text{外国税額を含む法人所得総合平均実効負担額（D2）} = \text{外国税額を含む法人税額相当額（B2）} \times \frac{\text{法人所得総合法定税率（38.01％）}}{\text{法人税の法定税率（25.5％）}}$$

6．「法人所得総合平均実効税負担率」

　　「法人所得総合平均実効税負担率」（E1，E2）は，次の算式により算出している。

$$\text{外国税額を除く法人所得総合平均実効負担率（E1）} = \frac{\text{外国税額を除く法人所得総合平均実効負担額（D1）}}{\text{企業利益相当額（A3）}}$$

$$\frac{外国税額を含む法人所得}{総合平均実効負担率（E2）} = \frac{外国税額を含む法人所得総合平均実効負担額（D2）}{企業利益相当額（A3）}$$

7．端数処理
 (1) 企業利益相当額，法人税額相当額，法人所得総合税負担額相当額の億円未満は，切り捨てて表示している。
 (2) 法人所得総合平均実効税負担率の％の小数第2位未満の端数は，切り捨てて表示している。
（出所） 国税庁企画室編『税務統計から見た法人企業の実態（会社標本調査)』（2012年度分・2013年度分）および2014年2月，2015年2月内閣が国会に提出した『租税特別措置の適用実態調査の結果に関する報告書』(2012年度分・2013年度分）に基づいているが，これに所定の諸要素を加味し総合的に検討することにより作図している。

第|10|章

企業規模別の課税所得金額と法人税額の縮小化状況の実態の格差分析

―課税所得金額の巨大な欠落状況の実像を図示―

1 企業利益相当額 62 兆 5,309 億円の 20.37％相当の 12 兆 7,384 億円が欠落している課税所得金額の縮小化の現状

課税所得は企業利益から誘導して計算されるが、現状においてはタックス・イロージョン、タックス・シェルター、タックス・ギャップによる歪み、さらに租税特別措置による優遇税制などにより著しく縮小化されている。

この調査により判明したことは、2013 年度の企業利益相当額は 62 兆 5,309 億円であるが、実にその 20.37％相当の 12 兆 7,384 億円が欠落して課税所得金額は縮小化されて 49 兆 7,925 億円となっている。前年の 2012 年度においても企業利益相当額は 50 兆 9,441 億円であったが、その 19.98％相当の 10 兆 1,806 億円が欠落して課税所得金額は縮小化されて 40 兆 7,635 億円となっている。

ここで、注目すべきは、この課税所得金額の縮小化状況を企業規模別にみたときに、縮小率が 40.19％（2013 年度）と抜群に高く、縮小額も最大の 5 兆 7,429 億円にも達しているのが連結法人である。次いで、目立っているのが、縮小率は 21.88％であるが、縮小額が 4 兆 1,756 億円に達している資本金 100 億円超の巨大企業である。

企業利益相当額に対する課税所得金額の縮小化による減少は、巨大企業と巨大企業が主力として構成されていると思われる連結法人について極めて顕著であることが明らかになっている。

2 課税所得金額の縮小率が圧倒的に高いのは 40.19％にも達している連結法人と 21.88％の巨大企業であるが中堅中小企業は低率で推移

企業規模別の企業利益相当額に対する課税所得金額の縮小化現象をまず、「縮小率」でみるときは、[図表 1 - 3 - 6] のグラフが示すように、資本金 1 億円超 5 億円以下の中堅企業の 3.95％を谷底に、右側になだらかに上昇し、資本金 5 億

円超 10 億円以下の中堅企業の 11.49%, 次いで資本金 10 億円超 100 億円以下の大企業の 13.30%, さらに急上昇して資本金 100 億円超の巨大企業の 21.88%, 最後にトップは連結法人の 40.19% が頂上に位置している。

資本金 5,000 万円超 1 億円以下の中堅中小企業は 10.62%, 資本金 1,000 万円超 5,000 万円以下の中小企業が 7.64%, 資本金 1,000 万円以下の小規模企業は 9.79% であり, これらの規模の企業の階層間においては, あまりに開差がなく比較的に低率のレベルにおいて推移している。

3　課税所得金額の縮小額は圧倒的に大きいのが 5 兆 7,429 億円の連結法人と 4 兆 1,756 億円の巨大企業

企業規模別の企業利益に対する課税所得の縮小化状況を, 次いで「縮小額」でみると, [図表 1−3−6] のグラフの中央から左側にみるように資本金 1 億円超 5 億円以下の中堅中小企業の縮小額が, 1,615 億円と最低であるが, 資本金 5 億円超 10 億円以下の中堅企業の 2,046 億円, 逆に左側の企業規模が小さい方に移り, 資本金 5,000 万円超 1 億円以下の中堅中小企業が 3,973 億円, 資本金 1,000 万円超 5,000 万円以下の中小企業が 4,282 億円, 最後に資本金 1,000 万円以下の小規模企業が 6.378 億円と, なだらかではあるが左肩上がりになっている。

これに対し, [図表 1−3−6] のグラフの右側は, 資本金 10 億円超 100 億円以下の大企業の縮小額の 9,903 億円を登り口にし, 一挙に突出しているのが資本金 100 億円超の巨大企業であり, 縮小額が 4 兆 1,756 億円の巨額に達している。特に, 注目すべきは, 連結法人が最大の縮小額 5 兆 7,429 億円となっていることである。

課税所得の縮小化現象は, 日本の法人税制に存在している最大の欠陥である。税制改革の論議において, いつもその対象となっているのは表面的な法定税率の高低についての議論である。法人税制のような所得課税においては, 税率の適用対象となる課税ベースである課税所得の捉え方こそが最大に重要な問題である。

公正な法人税制を構築するためには, 現実に存在する課税所得の真の実像をミクロとマクロの両面から徹底的な分析による検証が行われ, その縮小化状況, さらに, その変貌現象を徹底的に解明することが不可欠な前提である。

この意味において, この調査における課税所得金額の縮小化状況に関する検証は, これからの税制改革のあり方における基本的な方向性を明示しているといえるだろう。

86 ◆ 第3編　実効税負担の分析による検証

4　算出税額12兆3,740億円の22.97%相当の2兆8,427億円が欠落している法人税額の縮小化状況

　実効税負担率の算定における分母である企業利益相当額の縮小化状況については前述のようであるが，分子である法人税額相当額についても縮小化現象がある。

　2013年度の算出税額は12兆3,740億円であるが，その22.97%相当の2兆8,427億円が縮小化して法人税相当額は9兆5,313億円となっている。前年の2012年度においても算定税額10兆7,275億円であったが，その21.17%相当の2兆2,711億円が縮小化し法人税相当額は8兆4,564億円となっている。

　法人税額の縮小化現象が連結法人をトップに巨大企業に集中している実態は，企業利益相当額の縮小化状況と同様な傾向がある。特徴的なことは，［図表1－3－7］のグラフが示すように，資本金1億円超5億円以下の中堅企業を谷底にして，右側に急勾配に上昇していることである。

　法人税額の縮小率は，資本金1億円超5億円以下の中堅中小企業（2.07%）を最低とし，資本金5億円超10億円以下の中堅企業（2.29%），次いで，資本金10億円超100億円以下の大企業（9.07%）へと上昇し，さらに，資本金100億円超の巨大企業（31.69%）が企業規模別では頂点に達している。巨大企業は連結法人とともに圧倒的に大きな法人税額の縮小化額（巨大企業が1兆2,042億円，連結法人が1兆1,298億円）を示している。

5　課税所得金額と法人税額の縮小化現象の実態と算定基礎数値の開示

　企業規模別の総合平均実効税負担状況の格差分析の総括の第2グループである課税所得金額と法人税額の縮小化現象の実態とその算定の基礎数値は，次のようである。

　(1)　企業規模別の企業利益相当額に対する課税所得金額の縮小化状況のグラフ

　(2)　企業規模別の算出税額に対する法人税額の縮小化状況のグラフ

　(3)　企業規模別の法人税課税所得金額・法人税額の縮小化状況の基礎数値

　これらを［図表1－3－6］と［図表1－3－7］および［図表1－3－8］に示している。

第10章 企業規模別の課税所得金額と法人税額の縮小化状況の実態の格差分析 ◆ 87

〔図表1-3-6〕 企業規模別の企業利益相当額に対する課税所得金額の縮小化状況のグラフ
　　　　　　―連結法人と巨大企業が課税所得を大幅に縮小している―
　　　　　　（2013年3月期～2014年3月期の法定総合税率38.01％の時期）

(1) 企業規模別の企業利益相当額に対する課税所得金額の縮小率のグラフ

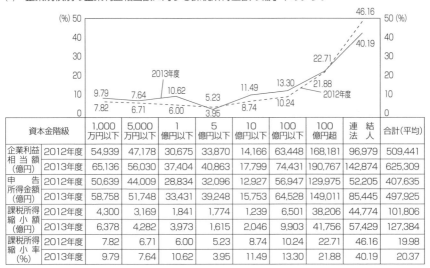

〔備考〕 企業規模別の企業利益相当額に対する課税所得金額の
　　　　縮小率のグラフ： ……（2012年度），――（2013年度）

（次頁につづく）

(2) 企業規模別の企業利益相当額に対する課税所得金額の縮小額のグラフ

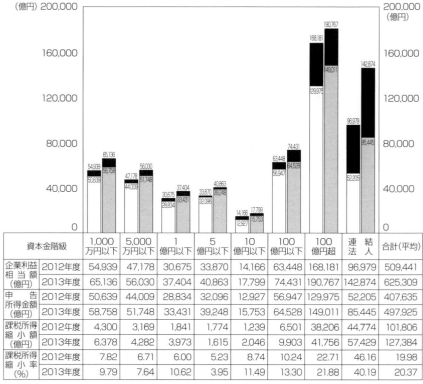

資本金階級		1,000万円以下	5,000万円以下	1億円以下	5億円以下	10億円以下	100億円以下	100億円超	連結法人	合計(平均)
企業利益相当額(億円)	2012年度	54,939	47,178	30,675	33,870	14,166	63,448	168,181	96,979	509,441
	2013年度	65,136	56,030	37,404	40,863	17,799	74,431	190,767	142,874	625,309
申告所得金額(億円)	2012年度	50,639	44,009	28,834	32,096	12,927	56,947	129,975	52,205	407,635
	2013年度	58,758	51,748	33,431	39,248	15,753	64,528	149,011	85,445	497,925
課税所得縮小額(億円)	2012年度	4,300	3,169	1,841	1,774	1,239	6,501	38,206	44,774	101,806
	2013年度	6,378	4,282	3,973	1,615	2,046	9,903	41,756	57,429	127,384
課税所得縮小率(%)	2012年度	7.82	6.71	6.00	5.23	8.74	10.24	22.71	46.16	19.98
	2013年度	9.79	7.64	10.62	3.95	11.49	13.30	21.88	40.19	20.37

〔備考〕企業規模別の企業利益相当額に対する課税所得金額の縮小額のグラフ
① 〔上段〕課税所得縮小額（企業利益相当額－申告所得金額）：■
② 〔下段〕申告所得金額：□（2012年度），▨（2013年度）

(注)
1. 本図は，企業利益相当額と申告所得金額との差異である課税所得金額の縮小額を企業規模別に区分し，2012年度と2013年度の年度対比をして，課税所得縮小額および縮小率の状況を図解している。
2. 「(1) 企業規模別の企業利益相当額に対する課税所得金額の縮小率のグラフ」
「企業利益相当額に対する課税所得金額の縮小率」は，次の算式により算出している。
企業利益相当額－申告所得金額＝企業利益相当額に対する課税所得金額の縮小額

$$\text{企業利益相当額に対する課税所得縮小率} = \frac{\text{企業利益相当額に対する課税所得金額の縮小額}}{\text{企業利益相当額}}$$

3. 「(2) 企業規模別の企業利益相当額に対する課税所得金額の縮小額のグラフ」
   (1) 棒グラフの上段の数値は，企業利益相当額である。
   (2) 棒グラフの下段の数値は，申告所得金額である。

(3) (1)企業利益相当額から(2)申告所得金額を控除した差額（黒色）は，「課税所得縮小額」である。
(出所) 本図は，国税庁長官官房企画課『税務統計から見た法人企業の実態（会社標本調査）』（2012, 2013 年度分）および租特透明化法による『租税特別措置の適用実態調査の結果に関する報告書』（2012, 2013 年度分）に基づいているが，これに，所定の諸要素を加味し総合的に検討することにより作表している。

〔図表１-３-７〕 企業規模別の算出税額に対する法人税額の縮小化状況のグラフ
―連結法人と巨大企業が法人税額を大幅に縮小している―
（2013 年３月期～ 2014 年３月期の法定総合税率 38.01％の時期）

(1) 企業規模別の算出税額に対する法人税額の縮小率のグラフ

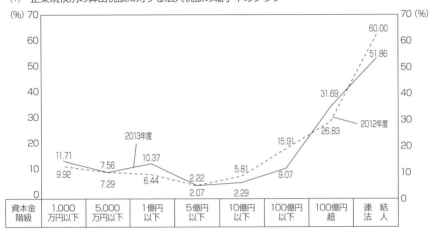

（次頁につづく）

90 ◆ 第3編　実効税負担の分析による検証

(2) 企業規模別の算出税額に対する法人税額の縮小額のグラフ

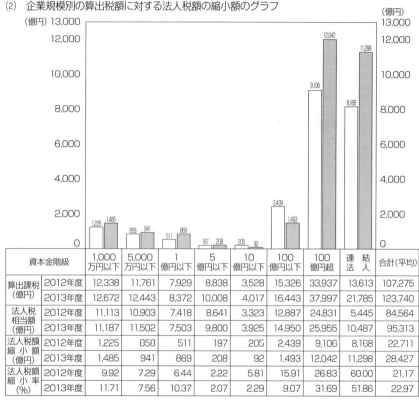

〔備考〕(1)　法人税額縮小率：------ (2012年度), ―― (2013年度)
　　　(2)　法人税額縮小額：□ (2012年度), ▨ (2013年度)

(注)
1．本図は，算出税額と法人税額相当額との差異である法人税額の縮小額を企業規模別に区分し，2012年度と2013年度の年度対比をして，法人税額縮小額と法人税額の縮小率の状況を図解している。
2．「(1)　企業規模別の算出税額に対する法人税額の縮小率のグラフ」
　「算出税額に対する法人税額の縮小率」は，次の算式により算出している。
　算出税額－法人税額相当額＝算出税額に対する法人税額の縮小額

$$\frac{算出税額に対する}{法人税額縮小率} = \frac{算出税額に対する法人税額の縮小額}{算出税額}$$

3．「(2)　企業規模別の算出税額に対する法人税額の縮小額のグラフ」
　「算出税額に対する法人税額の縮小額」は，算出税額から法人税額相当額を控除した差額であり，企業規模別に棒グラフで図示している。
(出所)　本図は，国税庁長官官房企画課『税務統計から見た法人企業の実態（会社標本調査）』

第 10 章　企業規模別の課税所得金額と法人税額の縮小化状況の実態の格差分析　◆　*91*

（2012，2013 年度分）および租特透明化法による『租税特別措置の適用実態調査の結果に関する報告書』（2012，2013 年度分）に基づいているが，これに，所定の諸要素を加味し総合的に検討することにより作表している。

〔図表１－３－８〕　企業規模別の法人税課税所得金額・法人税額の縮小化状況の基礎数値
　　　　　　　　　　—法人税収の欠落を招来している要因を分析している—

資本金階級別	年度別	課税所得金額の縮小化状況				法人税額の縮小化状況						
		企業利益相当額	申告所得金額	課税所得縮小額	課税所得縮小率	算出税額	法人税相当額		法人税額縮小額		法人税額縮小率	
							外国税額を除く	外国税額を含む	外国税額を除く	外国税額を含む	外国税額を除く	外国税額を含む
		A1	A2	A3 (A1-A2)	A4 (A3/A1)	B1	B2	B3	B4 (B1-B2)	B5 (B1-B3)	B6 (B4/A1)	B7 (B6/A1)
		（億円）	（億円）	（億円）	（%）	（億円）	（億円）	（億円）	（億円）	（億円）	（%）	（%）
1,000万円以下	2012	54,939	80,639	4,300	7.82	12,338	11,105	11,113	1,233	1,225	9.99	9.92
	2013	65,136	58,758	6,378	9.79	12,672	11,174	11,187	1,498	1,485	11.82	11.71
5,000万円以下	2012	47,178	44,009	3,169	6.71	11,761	10,883	10,903	878	858	7.46	7.29
	2013	56,030	51,748	4,282	7.64	12,443	11,477	11,502	966	941	7.76	7.55
1億円以下	2012	30,675	28,834	1,841	6.00	7,929	7,375	7,418	554	511	6.99	6.44
	2013	37,404	33,431	3,973	10.62	8,372	7,464	7,503	908	869	10.83	10.37
5億円以下	2012	33,870	32,096	1,774	5.23	8,838	8,591	8,641	247	197	2.79	2.22
	2013	40,863	39,248	1,615	3.95	10,008	9,730	9,800	278	208	2.77	2.07
10億円以下	2012	14,166	12,927	1,239	8.74	3,528	3,308	3,323	220	205	6.23	5.82
	2013	17,799	15,753	2,046	11.49	4,017	3,885	3,925	132	92	3.28	2.29
100億円以下	2012	63,448	56,947	6,501	10.24	15,326	12,192	12,887	3,134	2,439	20.44	15.91
	2013	74,431	64,528	9,903	13.30	16,443	14,260	14,950	2,183	1,493	13.27	9.08
100億円超	2012	168,181	129,975	38,206	22.71	33,937	20,914	24,831	13,023	9,106	38.37	26.83
	2013	190,767	149,011	41,756	21.88	37,997	22,130	25,955	15,867	12,042	41.75	31.69
連結法人	2012	96,979	52,205	44,774	46.16	13,613	4,459	5,445	9,154	8,168	67.24	60.00
	2013	142,874	85,445	57,429	40.19	21,785	8,696	10,487	13,089	11,298	60.08	51.85
合計（平均）	2012	509,441	407,635	101,806	19.98	107,275	78,831	84,564	28,444	22,711	26.51	21.17
	2013	625,309	497,925	127,384	20.37	123,740	88,821	95,313	34,919	28,427	28.21	22.97

（注）
1．本表は，［図表１－３－６］および［図表１－３－７］の作図の基礎となる数値を示すもので企業利益相当額に対する課税所得金額の縮小化状況および算出税額に対する法人税額の縮小化状況を，企業規模別に区分し，2012 年度と 2013 年度の年度比較により，法人税収の欠落状況を招来している要因を分析している。
2．「課税所得金額の縮小化状況」
　(1)　「企業利益相当額」は，企業純利益の金額を想定するものであるから，「申告所得金額」から企業利益相当額を推定するために，調整計算における減算部分を『加算項目』として，

92 ◆ 第3編　実効税負担の分析による検証

　また，調整計算における加算部分を『減算項目』として逆算することにより算出することとしている。

(2)　「申告所得金額」は，『会社標本調査』（2012年度分・2013年度分）に基づいている。

(3)　「課税所得縮小額」は，「企業利益相当額」から「申告所得金額」を控除している。

(4)　「課税所得縮小率」は，課税所得縮小額を，「企業利益相当額」で除して算出している。

3．「法人税額の縮小化状況」

(1)　「算出税額」は，所得金額に所定の法人税率を乗じて算出されたもので，『会社標本調査』（2012年度分・2013年度分）に基づいている。

(2)　「法人税相当額」は，法人企業が実際に納付した実際の法人税額を算出するため求められるべきものであるから，算出法人税額に必要な調整計算を加味することとしており，外国税額を除く場合と外国税額を含む場合に区分している。

(3)　「法人税額縮小額」は，算出税額から法人税相当額を控除して算出することとし，外国税額を除く場合と外国税額を含む場合に区分している。

(4)　「法人税額縮小率」は，法人税額縮小額を算出税額で除して算出している。

（出所）　国税庁企画室編『税務統計から見た法人企業の実態（会社標本調査）』（2012年度分・2013年度分）および2014年2月，2015年2月内閣が国会に提出した『租税特別措置の適用実態調査の結果に関する報告書』（2012年度分・2013年度分）に基づいているが，これに所定の諸要素を加味し総合的に検討することにより作表している。

第4編

政策減税で消えていく巨額の税金

第 11 章　安倍政権で大企業優遇の租税特別措置による政策減税が倍増化：建前として「整理縮減」を唱えながら逆に実施規模は急速に拡大

1　最大の不公正税制である租税特別措置は整理縮小化の建前とは大きく隔絶し拡充増加している欺瞞政策

2　民主党政権の最後の年度に比して安倍政権による大企業優遇の政策減税は2倍を超える2兆6,745億円の巨額に拡大化

3　安倍政権復活直後の平成25年度税制改正における租税特別措置による政策減税の拡大

4　安倍政権2年目の平成26年度税制改正における租税特別措置による政策減税の倍増の規模による更なる拡大化

第 12 章　租税特別措置による政策減税の欺瞞ながら抑制整理への基調の変化：整理縮小には本腰が入らず「見直し」は掛け声だけ

1　安倍政権3年目の平成27年度税制改正における租税特別措置による政策減税についての基調に変化の萌芽

2　安倍政権4年目で企業課税改革の2年目の平成28年度税制改正における企業課税の改革と租税特別措置による政策減税についての見直し

3　法人税率引き下げの代替財源としても政策減税の実効性ある整理縮減には全く熱意がなく「雀の涙」にもならない名目だけの見直しにあきれる

第 13 章　法人税関係租税特別措置の種類別適用額と減税相当額の年度比較：大企業優遇税制の実態の深層を徹底分析

1　租特透明化法により明らかにされた政策減税の適用実態の状況の調査分析

2　法人税関係の租税特別措置の種類ごとの適用額と減税相当額の状況の年度比較

3　安倍政権になり急増している政策減税の適用による減税相当額が初年度は42.7％増の1兆8,867億円で次年度は2兆6,745億円の巨額に達し102.3％増で2倍増を超えている実態が判明

第 |11| 章

安倍政権で大企業優遇の租税特別措置による政策減税が倍増化

—建前として「整理縮減」を唱えながら逆に実施規模は急速に拡大—

1 最大の不公正税制である租税特別措置は整理縮小化の建前とは大きく隔絶し拡充増加している欺瞞政策

　これまでの法人税改革の論議においては，法人課税の構造改革により，企業活動や業種に対して中立的なものとすることとともに，租税特別措置は，廃止を含めてゼロベースで見直すべきであるとしてきた。

　それは，租税特別措置は，「税負担の歪みを生じさせる面があること」との認識とともに，「既存産業への政策支援の偏りを是正することで，新産業が興りやすい環境を整備していく必要がある」ので，特定の産業が集中的に支援を受ける優遇税制である政策減税は，可能な限り廃止縮減すべきであるとする考え方に依拠するものである。

　しかし，租税特別措置の整理縮減は，かけ声だけであり，現実には，これとは逆に，租税特別措置による政策減税はますます拡大化され，増殖されているのが実情である。

　不公正の極限に達し崩壊の危機に瀕している企業課税を正常なものに改善再建するためには，その前提として，日本税制の"伏魔殿"である租税特別措置による政策減税による大企業優遇税制のベールを暴き，その真相と牙城に迫り，徹底的に攻撃して分析し，その実態を明らかにし，その問題状況を検証しなければならない。

　ここ近年の税制改革論議は，ひたすら消費税の再増税の当否や，10％に増税した場合における軽減税率問題等にシフトし，企業課税に存在している巨大な不公正税制の是正には全く視点が及んでいない。

　大企業優遇税制の最大の元凶である租税特別措置による政策減税の見直しによる廃止縮減について極めて消極的であり，逆に，政策減税を増幅してきている安

第 11 章　安倍政権で大企業優遇の租税特別措置による政策減税が倍増化　◆　*95*

倍政権の税財政政策は，財界と結託して「巨大企業が税金を払わない税制」を構築している「弱肉強食型」の，いわゆる"アベノミクス税制"を作っている偏向政治の実態が面目躍如として現出している。

　その象徴的現象は，大企業優遇税制である法人税関係の租税特別措置による政策減税の適用による減税相当額の利用実態の推移にみることができる。

2　民主党政権の最後の年度に比して安倍政権による大企業優遇の政策減税は 2 倍を超える 2 兆 6,745 億円の巨額に拡大化

　大企業優遇の政策税制による減税相当額は，民主党政権の最後の税制である 2012 年度が 1 兆 3,218 億円であるのに，安倍政権により決定された税制である 2013 年度が 1 兆 8,867 億円で，次いで 2014 年度は，実に 2 兆 6,745 億円に達している。

　しかも，その利用実態を企業の規模別にみると，資本金 100 億円超の巨大企業と，巨大企業が主力と思われる連結申告法人が全体の 50％以上を占め集中的に優遇税制の恩恵を受けているのである。

　政権交代により安倍政権の 1 年目の 2013 年度の租税特別措置による減税相当額は，前政権の時代に比して約 1.5 倍近くに急増し，2 年目の 2014 年度は，実に 2 倍増を超えているのである。

　問題なのは，このような大企業優遇税制である租税特別措置による政策減税は，「税負担の歪みを生じさせる面があることから，真に必要なものに限定していくことが重要である」とし，「各措置の利用状況等を踏まえつつ，必要性や政策効果をよく見極めた上で，廃止を含めてゼロベースで見直しを行う」（「平成 28 年度税制改正大綱」平成 27 年 12 月 16 日，自由民主党・公明党）と，当然のことではあるが，建前論を勇ましく言っているが，現実は廃止縮減どころか，正反対でますます急増していることである。

3　安倍政権復活直後の平成 25 年度税制改正における租税特別措置による政策減税の拡大

　民主党政権に代わり安倍晋三首相を首班とする安倍政権が発足した 2012 年 12 月 26 日から 1 か月足らずで決まった平成 25 年度税制改正において，租税特別措置による政策減税は急転して激増するアベノミクス税制をスタートさせた。

　発足直後の安倍政権は，日本経済を再生させるためには，まずは景気の底割れを回避し，民間投資を喚起し持続的成長を生み出す成長戦略につなげていく必要

96 ◆ 第4編 政策減税で消えていく巨額の税金

(図表1-4-1) 平成25年度の税制改正における租税特別措置の政策減税の改正事項と減収見込額

(単位：億円)

改　正　事　項	平年度	初年度
(1) 国内設備投資を促進するための税制措置の創設	△ 1,050	△ 1,000
(2) 企業による雇用・労働分配（給与等支給）を拡大するための税制措置の創設	△ 1,050	△ 630
(3) 商業・サービス業および農林水産業を営む中小企業等の支援税制の創設	△ 190	△ 140
(4) 研究開発税制の拡充	△ 580	△ 450
(5) 環境関連投資促進税制の拡充	△ 20	△ 20
(6) 雇用促進税制の拡充	△ 30	△ 20
合　計（減　収）	△ 2,920	△ 2,260

（注）減収見込額は，税制改正の決定時における財務省の試算による。

があり，そのための政策対応の第1弾として「日本経済再生に向けた緊急経済対策」が取りまとめられた（平成25年1月11日閣議決定）。

　この緊急対策における具体的施策として，「成長による富の創出」を実現することを目指し，「民間投資の喚起のため，企業の設備投資や研究開発・イノベーション創出への取組等に資するインフラ整備，資源・海洋開発等により成長力を支える基盤整備に取り組む」ことが掲げられている。

　このうち「研究開発，イノベーション推進」の観点から，イノベーション基盤の強化に向けた「イノベーションを促進するための研究開発税制の拡充」を行うこととした。

　これを受けて平成25年度の税制改正においては，［図表1-4-1］のように租税特別措置による政策減税を拡充させている。

　政権が代わった時点で大きく流れは変わった。安倍政権の発足とともに実施した税制改正の目玉は，租税特別措置による政策減税の拡充施策であった。これが，「アベノミクス型税制」の第一段階である。これを整理して，その概要を示すと，次のようである。

① 民間投資の喚起と雇用・所得の拡大

　(ⅰ) 生産等設備投資促進税制の創設

　(ⅱ) 環境関連投資促進税制の拡充等

　(ⅲ) 研究開発税制の拡充

第11章　安倍政権で大企業優遇の租税特別措置による政策減税が倍増化　◆　*97*

(iv)　所得拡大税制の創設・雇用促進税制の拡充

② 中小企業対策・農林水産業対策

(i)　商業・サービス業・農林水産業を営む中小企業等の支援措置の創設

(ii)　中小法人の交際費課税の特例の拡充

③ 復興支援のための税制上の措置

　これらのうち政策減税の代表的な措置が「研究開発減税の拡充」である。研究開発減税は，企業が試験研究に投じた費用の8～10％を法人税額から控除する「総額型」が中心であるが，民主党政権は控除できる限度を「法人税の30％」から「20％」に引き下げ，減税幅を縮小してきていた。

　日本経団連は，政権交代前の2012年秋，この限度額を元の「30％」に戻すよう要望していた。自民党も年末の衆議院選挙に向け「政策集」に政策減税の拡充策を盛り込んでいた。この流れを受け，安倍政権は2013年1月11日に，研究開発・イノベーション推進策として「研究開発税制の拡充」を明示した緊急経済対策を閣議決定したわけである。

　しかし，これだけで減税案は決まらない。自民党政権では，税に精通した大物議員の発言力が強い自民党税制調査会（いわゆる党税調）が毎年の税制改正を仕切る「慣習」があるからである。

　民主党政権では閣僚や副大臣をメンバーとする政府税制調査会（いわゆる政府税調）が税制を実際上，決めていたが，政権交代で自民党は党税調の権限も復活した。

　そこで，党税調は緊急対策を踏まえて急ピッチで作業を進め，減税の要件等を具体化し，1月24日にまとめた「与党税制改正大綱」で正式に決めた。党税調も勢いづいて乗り気であったため，首相官邸と党税調の連係プレーで，大規模な政策減税の拡充を実現させたのである。

　政権交代で政府税調も，学者らが中長期的な税のあり方を議論し，政府に提言する旧来の姿に戻った。

　この政府税調の分科会は，研究開発税制の「総額型」について「大胆な縮減」を求めていた。それは，「研究開発を実施しろとか，設備投資を実施しろなどと，政府が企業を誘導する時代ではない」（分科会の座長・大田弘子政策研究大学院大学教授）との考えからであった。

　ところが，党税調は，2013年度の税制改正で，研究開発減税の「限度額30％」（改正前：20％）の恒久化を決めた。党税調が政府税調の提言を軽視する旧来の自民党政権時代に行われてきた長い「伝統」も政権交代で復活したのである。

4 安倍政権2年目の平成26年度税制改正における租税特別措置による政策減税の倍増の規模による更なる拡大化

　安倍政権は，発足2年目の平成26年度の税制改正においては政策減税の拡大に一段と力を注ぎ，大企業優遇税制は，整理縮減どころか，逆に，ますます猛威を振るい増殖の途を走りその規模を倍増する勢いで拡大させた。

　これは，当時の経済情勢を踏まえ，デフレ脱却および経済再生に向け，経済の成長力の底上げと好環境の実現を図り持続的な経済成長につなげる等の観点から，新たな施策のための多くの税制措置の創設と，これまでの措置の拡充が行われたものであり，アベノミクス税制の猛展開である。

　この時期に創設され拡大強化された租税特別措置による政策減税の主要なものを挙げれば，次のようである。

① 民間投資と消費の拡大
　（i） 所得拡大促進税制の充実
　（ii） 生産性向上設備投資促進税制の創設
　（iii） 研究開発税制の拡充
　（iv） ベンチャー投資促進税制の創設
　（v） 事業再編促進税制の創設
　（vi） 設備投資につながる制度・規制面での環境整備に応じた税制
② 地域経済の活性化
　（i） 中小企業投資促進税制の拡充
　（ii） 生産性向上設備投資促進税制の拡充
③ 国家戦略特区
　（i） 設備投資減税の創設
　（ii） 研究開発税制の特例

　この平成26年度の税制改革における租税特別措置による政策減税についての改正事項と，それによる減収見込額を示すと，［**図表1-4-2**］のようである。

第 11 章　安倍政権で大企業優遇の租税特別措置による政策減税が倍増化　◆　*99*

(図表 1-4-2)　平成 26 年度の税制改正における租税特別措置の政策減税の改正事項
　　　　　　　と減収見込額
(単位：億円)

改　正　事　項	平年度	初年度
(1)　生産性向上設備投資促進税制の創設	△ 2,990	△ 3,520
(2)　研究開発税制の拡充	△ 270	△ 200
(3)　中小企業投資促進税制の創設	△ 170	△ 170
(4)　ベンチャー投資促進税制の創設	△ 30	△ 10
(5)　事業再編成の創設	△ 100	△ 100
(6)　既存建物の耐震改修投資の促進のための税制措置の創設	△ 70	△ 60
(7)　所得拡大促進税制の拡充	△ 1,060	△ 1,350
(8)　国家戦略特別区域における税制措置の創設	△ 20	0
(9)　交際費等の損金不算入制度の見直し	△ 430	△ 290
合　計（減　収）	△ 5,140	△ 5,700

　（注）減収見込額は，税制改正の決定時における財務省の試算による。

　これにより明らかなように，平成 26 年度の税制改正における政策減税による
減収見込額は，初年度で 5,700 億円の規模に達し，前年の改正における初年度の
減収見込額 2,260 億円の 2.5 倍にも及ぶ大きさが見込まれるスケールに拡大して
きている。

第 | 12 | 章

租税特別措置による政策減税の欺瞞ながら抑制整理への基調の変化

―整理縮小には本腰が入らず「見直し」は掛け声だけ―

1　安倍政権３年目の平成27年度税制改正における租税特別措置による政策減税についての基調に変化の萌芽

　安倍政権による３年目の税制改正においては租税特別措置による政策減税をめぐり，成長志向に重点を置いた法人課税の構造改革を進めるため，建前としてではあるが，そのあり方についての基調に変化の兆しが現れたものといえるであろう。それは，法人税の税率の引き下げによる一般的減税の強力な実施のため，その代替財源の捻出の一環として政策減税の見直しによる整理縮減という要請の登場である。

　平成27年度税制改正から着手する法人税改革は，「課税ベースを拡大しつつ税率を下げる」ことにより，法人課税を成長志向型の構造に変えることを目的として，「稼ぐ力」のある企業の税負担を軽減することで，企業の収益力を向上させる取り組みを後押ししようとするものであるとしている。

　この改革を通じて，企業の収益改善に向けた投資や新たな技術開発等への挑戦がより積極的になり，それが成長につながっていき，特に，企業が収益力を高めれば，継続的な賃上げへの取り組みが可能となることを期待したいことを政策の基調としてきたとしている。

　具体的には，平成27年度税制改正では，財源確保として，欠損金繰越控除の制限，受取配当等益金不算入の縮小，法人事業税の外形標準課税の拡大とともに，租税特別措置の見直しによる整理縮減を行い，国の法人税の引き下げと，地方の法人事業税所得割の税率の引き下げを行った。

　また，上記の措置に加え，平成27年度税制改正では，所得拡大促進税制や研究開発税制の拡充などを講じることにより，賃上げの取り組みを後押ししようとしていたのである。

第12章　租税特別措置による政策減税の欺瞞ながら抑制整理への基調の変化　◆　*101*

（図表1－4－3）平成27年度の税制改正における租税特別措置の政策減税の改正事項と
　　　　　　　　増減収見込額

改　正　事　項	平年度	初年度
(1)　所得拡大促進税制の拡充	△　340	—
(2)　研究開発税制の特別試験研究費控除の拡充	△　300	△　230
(3)　地方拠点強化税制の創設	△　100	△　20
(4)　生産等設備投資税制の廃止等租税特別措置の整理合理化	1,790	1,410
差　引（増　収）	1,050	1,160

　（注）増減収見込額は，税制改正の決定時における財務省の試算による。

　この平成27年度の税制改正における租税特別措置による政策減税についての
改正事項と，それによる増減収見込額を示すと，［図表1－4－3］のようである。
　これにより明らかように，平成27年度の税制改正における政策減税の増加と
減少による差し引きした増収見込額は，初年度でネット1,160億円となり，これ
までの減収とは逆転し租税特別措置の改正についての状況は様変わりしている。

2　安倍政権4年目で企業課税改革の2年目の平成28年度税制改正にお ける企業課税の改革と租税特別措置による政策減税についての見直し

(1)　成功を自画自賛しているが正念場を迎えたアベノミクスの苦境

　安倍政権による4年目の経済施策は，必ずしも所定の成果を達成することがで
きず，次第にその限界を露呈し，まさに，正念場を迎えようとしているアベノミ
クスの苦境を象徴しているかの様相を呈していた。

　しかし，政権与党にとってのアベノミクスの失敗を正面から認めることは政治
的に至難のことであり，与党の「平成28年度税制改正大綱」（平成27年12月
16日，自由民主党・公明党）は，経済の状況について，あえて改善点のみを強
調し自画自賛をしながら，次のような苦しい強弁な叙述をすることから始まって
いる。

　「安倍内閣は，この3年間，デフレ脱却と経済再生を最重要課題とし，『大胆な
金融政策』，『機動的な財政政策』，『民間投資を喚起する成長戦略』の『3本の矢』
からなる経済政策を一体的に推進してきた。この結果，雇用は100万人以上増加
し，有効求人倍率は23年ぶりの高さとなった。賃上げ率は17年ぶりの高水準で
あり，企業の経常利益は過去最高水準である。

　企業収益の拡大が雇用の増加や賃金上昇につながり，それが消費や投資の増加

102 ◆ 第4編 政策減税で消えていく巨額の税金

に結び付くという経済の『好循環』が生まれ始めている。日本経済はデフレ脱却までもう一息のところまできている。」

⑵ 企業課税の改革の基調についての安倍政権の発想

　企業課税の改革については，「成長志向の構造改革」を積極的に進め，企業所得に対する法定総合税率の「20%台」を実現することとし，「『課税ベースを拡大しつつ税率を引き下げる』という考え方のもと，平成27年度に着手した成長志向の法人税改革を，さらに大胆に推進する。企業課税をより広く負担を分かち合う構造へと改革し，『稼ぐ力』のある企業の税負担を軽減することにより，企業に対して，収益力拡大に向けた前向きな投資や，継続的・積極的な賃上げが可能な体質への転換を促す」こととしたとされる。

　具体的には，初年次の改革である前年の「平成27年度の改正」と，これに続く，「平成28年の改正」の概要については，次のように述べている。

　「改革初年度の平成27年度税制改正においては，欠損金繰越控除の段階的見直し，受取配当等益金不算入の見直し，法人事業税の外形標準課税の段階的拡大および租税特別措置の見直しにより財源を確保しつつ，税率を引き下げ，法人実効税率（従前34.62%）を平成27年度に32.11%とした。

　平成28年度税制改正においても，引き続き，租税特別措置の見直しに取り組む。特に生産性向上設備投資促進税制については，予定どおりの縮減を行うとともに，企業の投資判断の前倒しを促すよう，平成28年度末の適用期限をもって廃止するものとする。また，減価償却について，建物と一体的に整備される建物附属設備や，建物と同様に長期安定的に使用される構築物について，償却方法を定額法へと一本化する。

　さらに，平成27年度税制改正で決定した欠損金繰越控除の見直しについて，改革に伴う企業経営への影響を平準化する観点からの，さらなる見直しを行う。これらの制度改正により財源を確保して，法人税率（平成27年度23.9%）を，平成28年度に23.4%，さらに平成30年度に23.2%に引き下げる。

　地方法人課税においては，大法人向けの法人事業税の外形標準課税について，平成27年度税制改正において平成28年度に8分の4とすることとしたが，地域で雇用を支える中堅企業への影響に十分配慮しつつ，平成28年度に8分の5へと拡大する。これとあわせて，所得割（地方法人特別税を含む）の標準税率（平成27年度6.0%）を，平成28年度に3.6%に引き下げる。

　この結果，国・地方を通じた法人実効税率は平成28年度に29.97%となり，目

標としていた「20%台」を改革2年目にして実現する。さらに平成30年度には，29.74％となる。なお，企業部門に対して，いわゆる先行減税を含む「財源なき減税」を重ねることは，現下の厳しい財政事情や企業部門の内部留保（手元資金）の状況等に鑑みて，国民の理解を得られない。このため，税率引下げに当たっては，制度改正を通じた課税ベースの拡大等により財源をしっかりと確保することとした。」

⑶ 租税特別措置の見直しによる廃止・拡充・創設・延長・縮減等

平成28年度の税制改正における租税特別措置の見直しによる政策減税の整理縮減と新規の創設は，次のようである。

1） 生産性向上設備投資促進税制の廃止

生産性向上設備等を取得した場合の特別償却または税額控除制度（生産性向上設備投資促進税制）は，適用期限をもって廃止することとし，関係規定を削除する。

2） 地方創生の推進・特区に係る税制上の支援措置

3） 拡充されたその他の租税特別措置等

① 倉庫用建物等の割増償却制度について，流通業務の総合化および効率化の促進に関する法律の改正を前提に，対象となる倉庫用建物等の要件を見直すとともに，貸付けの用に供するものを対象から除外した上，その適用期限を平成30年3月31日とする。

② 都市再開発法の改正を前提に，次の措置を講ずる。

(a) 換地処分等に伴い資産を取得した場合の課税の特例のうち完全支配関係がある法人の間で譲渡された譲渡損益調整資産の譲渡利益額を引き続き計上しないこととする措置について，対象に都市再開発法の個別利用区内の宅地への権利変換を加える。

(b) 特定の資産の買換えの場合等の課税の特例のうち市街地再開発事業による買換えについて，個別利用区が設定される第一種市街地再開発事業の実施に伴い取得するもの（再開発会社が権利変換により取得するもの等を除く）についても対象とする。

(c) その他所要の措置を講ずる。

③ 投資法人に係る課税の特例について，次の措置を講ずる。

(a) 特定の資産の割合が総資産の50％を超えていることとする要件について，特定の資産の範囲に再生可能エネルギー発電設備を含めることができ

104 ◆ 第４編　政策減税で消えていく巨額の税金

る期間を再生可能エネルギー発電設備を最初に賃貸の用に供した日から
20年（改正前：10年）以内に終了する各事業年度とする。
(b)　投資法人の支払配当等の額が配当可能利益の額の90％を超えているこ
ととする要件における配当可能利益の額について，原則として純資産控除
項目の額のうち前期繰越利益の額を超える部分の金額を控除する等の調整
措置を講ずる。
４）　延長されたその他の租税特別措置
①　交際費等の損金不算入制度について，その適用期限を２年延長するととも
に，接待飲食費に係る損金算入の特例および中小法人に係る損金算入の特例
の適用期限を２年延長する。
②　中小企業者等以外の法人の欠損金の繰戻しによる還付制度の不適用措置を
２年延長する。
５）　廃止・縮減等されたその他の租税特別措置
①　エネルギー環境負荷低減推進設備等を取得した場合の特別償却または税額
控除制度（環境関連投資促進税制）について，見直しを行った上，その適用
期限を２年延長する。
②　国家戦略特別区域において機械等を取得した場合の特別償却等または法人
税額の特別控除制度について，次の見直しを行った上，その適用期限を２年
延長する。
③　国際戦略総合特別区域において機械等を取得した場合の特別償却または法
人税額の特別控除制度について，見直しを行った上，その適用期限を２年延
長する。
④　雇用者の数が増加した場合の税額控除制度（雇用促進税制）について，見
直しを行う。
この平成28年度の税制改正における租税特別措置による政策減税についての
改正事項と，それによる増減収見込額を示すと，[**図表１－４－４**]のようである。

3　法人税率引き下げの代替財源としても政策減税の実効性ある整理縮減には全く熱意がなく「雀の涙」にもならない名目だけの見直しにあきれる

平成28年度の税制改正においては，企業課税の税率引き下げの代替財源とし
て，「課税ベースの拡大」を唱え，欠損金繰越制度のさらなる縮小，法人事業税
の外形標準課税の拡大適用等，かなり無理な財源捻出までしているにもかかわら
ず，租税負担公平の原則に逆らう最大の不公正税制である租税特別措置による政

第 12 章　租税特別措置による政策減税の欺瞞ながら抑制整理への基調の変化　◆　*105*

〔図表1-4-4〕平成28年度の税制改正における租税特別措置の政策減税の改正事項と増減収見込額

(単位：億円)

改　正　事　項	平年度	初年度
⑴　生産性向上設備投資促進税制の見直し	2,410	570
⑵　環境関連投資促進税制の見直し	140	100
⑶　雇用促進税制の見直し	80	30
⑷　国際戦略総合特区税制の見直し	20	10
⑸　地方創生応援税制（企業版ふるさと納税）の創設	△　20	—
差　引（増　収）	2,630	710

（注）増減収見込額は，税制改正の決定時における財務省の試算による。

策減税の実効性のある整理縮減には全く熱意を示していない。

　しかも，政府与党による税制関連の公式文書において，前述のように，租税特別措置の見直しについては，「必要性や政策効果をよく見極める」こと，「廃止を含めてゼロベースで見直しを行う」こと，など言葉を極めて，整理縮減の方向性を明言し強調してきているにもかかわらず，廃止や縮減については，雑多の小さな個別措置については数多く実行されているが，研究開発減税など，国と地方の財源喪失に大きな要因となっている大物については，必要性や政策効果の評定をすることなく，廃止や縮減どころか，むしろ逆に拡大の方向をたどっているのである。

　今回の改正における政策減税の縮減では，生産性向上設備投資の縮小で570億円，その他の租税特別措置の見直しで140億円，合計して僅かに710億円にとどまっている。

　法人税関係の租税特別措置の政策減税による減税相当額は，2兆6,745億円（2014年度）の巨額に達しており，このスケールに比して平成28年度の税制改正における政策減税の縮減額の710億円は，僅かに，その2.65％に過ぎない。

　これでは，まさに「雀の涙」にもならない「名目だけの見直し」である。しかも「廃止を含めてゼロベースで見直しを行う」ことを高らかに唱え上げている建前論とは，あまりにも隔絶しており，あきれるばかりで怒りが爆発する。

第 |13| 章

法人税関係租税特別措置の種類別適用額と減税相当額の年度比較
―大企業優遇税制の実態の深層を徹底分析―

1 租特透明化法により明らかにされた政策減税の適用実態の状況の調査分析

　租税特別措置の適用状況を透明化するとともに，税制における既得権益を一掃し，公平でわかりやすい仕組みにするために，適切な見直しを推進し，国民が納得できる公正で透明な税制の確立に寄与する目的から，いわゆる「租特透明化法」（租税特別措置の適用状況の透明化等に関する法律）が制定された（2010 年 3 月成立）。この法律により，租税特別措置の適用状況等を記載した報告書が会計年度ごとに作成され，翌年の通常国会に提出されることになっており，最初の報告が2013 年 3 月に提出された。2012 年度の結果が 2014 年 2 月に提出され，2013 年度の結果が 2015 年 2 月に，そして 2014 年度の結果が 2016 年 2 月に提出された。

　租特透明化法の規定に基づく「租税特別措置の適用実態調査の結果に関する報告書」における「業種別・資本金階級別適用件数および適用額」は，単体法人と連結法人別に区分し，それぞれ個別措置ごとに，業種別および資本金階級別に区分して，詳細に報告されている。

　ちなみに，この報告書は，2011 年度は 1,284 頁，2012 年度は 907 頁，2013 年度は 752 頁，2014 年度は 745 頁の大部におよんでいる。

　この報告書の「業種別・資本金階級別適用件数および適用額」を資料として，政策減税を①「租税特別措置による税額控除額」，②「軽減税率適用特例対象所得金額」，③「特別償却限度額等」，④「準備金等のうち損金算入限度額」，⑤「協同組合等・中小企業等の貸倒引当金繰入限度額の特例」，⑥「土地税制による損金算入額」，⑦「損害保険会社の受取配当等の益金不算入に係る特別利子の額」，⑧「その他の特別措置による損金算入額」の 8 種類に区分した種類ごとの適用件数，適用額を，企業規模別に分類集計してきた。

第13章　法人税関係租税特別措置の種類別適用額と減税相当額の年度比較　◆　*107*

　企業規模別区分は，便宜上，資本金階級区分とし，①資本金1,000万円以下，
②3,000万円以下，③5,000万円以下，④1億円以下，⑤3億円以下，⑥5億円
以下，⑦10億円以下，⑧100億円以下，⑨100億円超の9区分に区分した。
　さらに，これら政策減税の個別措置による適用額に適用法人税率を乗じて「適
用減税相当額」に換算して試算した。減税相当額への換算は，租税特別措置の種
類ごとに，次のように換算している。
　①　試験研究費その他の「租税特別措置による税額控除額」は，適用額を「減
　　税相当額」とした。
　②　軽減税率が適用される「特例対象所得金額」には，法人税法上の19％と
　　租税特別措置法上の特例税率15％との差である4％を乗じて「減税相当額」
　　に換算した。
　③　上記以外の「特別償却限度額等」，「準備金等のうち損金算入限度額」，「協
　　同組合等・中小企業等の貸倒引当金繰入限度額の特例」，「土地税制による損
　　金算入額」，「損害保険会社の受取配当等の益金不算入に係る特別利子の額」，
　　および「その他の特別措置による損金算入額」の8種類の適用額については，
　　それぞれの適用額に普通法人税率25.5％を乗じて「減税相当額」に換算し，
　　千円未満の端数を切り捨てている。
　これら政策減税の個別措置による適用額を「適用減税相当額」に換算して試算
した結果を明らかにし，その適用実態を分析した。

2　法人税関係の租税特別措置の種類ごとの適用額と減税相当額の状況の年度比較

　法人税関係の租税特別措置について，その種類ごとの適用額と，それに基づく
減税相当額を試算し，その結果について，2012年度分と2013年度分および2012
年度分と2014年度分の年度比較をし，適用状況の増加の実態を検証する。
　この調査分析は，2012～2014年度分の3年度分について，適用件数，適用額，
減税相当額の年度比較を単体法人，連結法人，単体・連結法人の合計について点
検している。
　「法人税関係特別措置の種類ごとの適用額および減税相当額の状況の年度比較」
は，租税特別措置を8種類に区分して，2012年度と2013年度と2014年度の3
年度を比較して「増減差額」と「増減率％」を算出して分析している。
　租税特別措置の種類別区分について，租税特別措置の適用実態調査の結果に関
する報告書は，①法人税率の特例，②税額控除，③特別償却，④準備金等，⑤土

108 ◆ 第４編　政策減税で消えていく巨額の税金

地税制，⑥その他の特別措置の６種類に分類している。

　しかしながら，本調査においては，上記６種類のほかに，「協同組合等・中小企業等の貸倒引当金繰入限度額の特例」および「損害保険会社の受取配当益金不算入に係る特別利子の額」の２種類を加えて８種類にしている。

　また，上記報告書においては，「適用件数」「適用額」のみであるが，本調査では，「減税相当額」をも試算し明示している。

　これらについて分析した結果の内容を表示すると［図表１−４−５］のようである。

〔図表１−４−５〕　法人税関係租税特別措置の種類別の適用額と減税相当額の年度比較
　　　　　　　　　—政策減税の種類別適用状況を年度別に比較している—
　　　　　　　2012年度・2013年度・2014年度比較単体法人・連結法人（合計）

No	措　置　名	適　用　件　数								
		2012年度	2013年度			2014年度				
				対2012年度増減			対2013年度増減		対2012年度増減	
		適用件数	適用件数	増減件数	増減率(%)	適用件数	増減件数	増減率(%)	増減件数	増減率(%)
1	租税特別措置による税額控除額	40,177	56,575	16,398	40.8	138,616	82,041	145.0	98,439	245.0
2	軽減税率適用特例対象所得金額	704,725	744,720	39,995	5.6	793,567	48,847	6.5	88,842	12.6
3	特別償却限度額等	32,748	44,391	11,607	35.4	66,993	22,602	50.9	34,209	104.4
4	準備金等のうち損金算入限度額	2,487	2,354	−133	−5.3	2,101	−253	−10.7	−386	−15.5
5	協同組合等・中小企業等の貸倒引当金繰入限度額の特例	8.994	8,745	−249	−2.7	8,808	63	0.7	−186	−2.0
6	土地税制による損金算入額	4,753	4,987	234	4.9	4,753	−234	−4.6	0	0.0
7	損害保険会社の受取配当等の益金不算入に係る特別利子の額	12	14	2	16.6	13	−1	−7.1	1	8.3
8	その他の特別措置による損金算入額	529,464	581,616	52,152	9.8	648,058	66,442	11.4	118,594	22.3
	合　　計	1,323,396	1,443,402	120,006	9.0	1,662,909	219,507	15.2	339,513	25.6

No	措置名	適用額(千円)								
		2012年度	2013年度			2014年度				
		適用額(千円)	適用額(千円)	対2012年度増減		適用額(千円)	対2013年度増減		対2012年度増減	
				増減差額(千円)	増減率(%)		増減差額(千円)	増減率(%)	増減差額(千円)	増減率(%)
1	租税特別措置による税額控除額	420,306,113	715,202,215	294,896,102	70.1	1,075,070,596	359,868,381	50.3	654,764,483	155.7
2	軽減税率適用特例対象所得金額	2,557,330,308	2,767,785,316	210,455,008	8.2	2,984,119,900	216,334,584	7.8	426,789,592	16.6
3	特別償却限度額等	516,738,424	994,806,072	478,067,648	92.5	1,857,554,147	862,748,075	86.7	1,340,815,723	259.4
4	準備金等のうち損金算入限度額	476,056,811	405,862,933	-70,193,878	-14.7	754,097,684	348,234,751	85.8	278,040,873	58.4
5	協同組合等・中小企業等の貸倒引当金繰入限度額の特例	433,965,033	443,989,380	10,024,347	2.3	463,559,732	19,570,352	4.4	29,594,699	6.8
6	土地税制による損金算入額	637,319,663	1,072,528,248	435,208,585	68.2	1,111,239,761	38,711,513	3.6	473,920,098	74.3
7	損害保険会社の受取配当等の益金不算入に係る特別利子の額	100,671,599	93,919,313	-6,752,286	-6.7	123,173,215	29,253,902	31.1	22,501,616	22.3
8	その他の特別措置による損金算入額	969,401,040	1,149,101,168	179,700,122	18.5	1,494,881,764	345,780,596	30.0	525,480,718	54.2
	合計	6,111,788,997	7,643,194,645	1,531,405,648	25.0	9,863,696,799	2,220,502,154	29.0	3,751,907,802	61.3

No	措置名	減税相当額(千円)								
		2012年度	2013年度			2014年度				
		減税相当額(千円)	減税相当額(千円)	対2012年度増減		減税相当額(千円)	対2013年度増減		対2012年度増減	
				増減差額(千円)	増減率(%)		増減差額(千円)	増減率(%)	増減差額(千円)	増減率(%)
1	租税特別措置による税額控除額	420,306,113	715,202,215	294,896,102	70.1	1,075,070,596	359,868,381	50.3	654,764,483	155.7
2	軽減税率適用特例対象所得金額	102,239,212	110,711,412	8,418,200	8.2	119,364,796	8,653,384	7.8	17,071,584	16.6
3	特別償却限度額等	131,768,298	253,675,548	121,907,250	92.5	473,676,307	220,000,759	86.7	341,908,009	259.4
4	準備金等のうち損金算入限度額	121,394,486	103,495,047	-17,899,439	-14.7	192,294,909	88,799,862	85.8	70,900,423	58.4
5	協同組合等・中小企業等の貸倒引当金繰入限度額の特例	110,661,083	113,217,291	2,556,208	2.3	118,207,731	4,990,440	4.4	7,546,648	6.8
6	土地税制による損金算入額	162,516,514	273,494,703	110,978,189	68.2	283,366,139	9,871,436	3.6	120,849,625	74.3

7	損害保険会社の受取配当等の益金不算入に係る特別利子の額	25,671,257	23,949,424	-1,721,833	-6.7	31,409,169	7,459,745	31.1	5,737,912	22.3
8	その他の特別措置による損金算入額	247,197,266	293,020,797	45,823,531	18.5	381,194,849	88,174,052	30.0	133,997,583	54.2
	合　計	1,321,808,229	1,886,766,437	564,958,208	42.7	2,674,584,496	787,818,059	41.7	1,352,776,267	102.3

（注）

1．「租税特別措置の適用実態調査の結果に関する報告書」の内容について，租税特別措置の種類ごとの適用件数，適用額および減税措置相当額を 2012 年度，2013 年度および 2014 年度を対比して，全体像を総括的に分析したものである。

2．本調査は，法人税関係租税特別措置の種類ごとの適用減税相当額について，その対象法人を，単体法人，連結法人ならびに，合計に区分し，2012 年度と 2013 年度との「増減差額」および「増減率（％）」，2013 年度と 2014 年度との「増減差額」および「増減率（％）」，2012 年度と 2014 年度との「増減差額」および「増減率（％）」を分析しているが，そのうち，単体・連結法人（合計）について表示している。

　　なお，2012 年度は民主党政権，2013 年度と 2014 年度は安倍政権が税制改正を決めたものであるので，2012 年度と 2014 年度との対比により政権交代による政策減税の増減差額および増減率を特別に明確にし併記している。

3．単体法人・連結法人（合計）の 2014 年度の適用件数は，1,662,909 件であり，2013 年度に比し，219,507 件（15.2％）増加しており，2012 年度に比し，339,513 件（25.6％）増加している。

4．2014 年度の適用額の合計額は，9 兆 8,636 億円であり，2013 年度に比し，2 兆 2,205 億円（29.0％）増加し，2012 年度に比し，3 兆 7,519 億円（61.3％）増加している。

5．この 2014 年度の「適用額」にそれぞれ換算した減税相当額の合計は，2 兆 6,745 億円であり，2013 年度に比し，7,878 億円（41.7％）増加し，2012 年度に比し，1 兆 3,527 億円（102.3％）増加している。

6．端数処理

　(1)　「適用額」は，千円未満の端数を切り捨てている。

　(2)　「減税相当額」は，「適用額」に「換算税率」を乗じて算出した数値の千円未満の端数を切り捨てている。

　(3)　「増減率（％）」は，％の小数第 1 位未満の端数を切り捨てている。

〔出所〕租特透明化法により，2014 年 3 月，2015 年 2 月および 2016 年 2 月に内閣が国会に提出した「租税特別措置の適用実態調査の結果に関する報告書」（2012 年度・2013 年度・2014 年度）に基づき分析整理して作表している。

第13章　法人税関係租税特別措置の種類別適用額と減税相当額の年度比較　◆　*111*

3　安倍政権になり急増している政策減税の適用による減税相当額が初年度は 42.7％増の 1 兆 8,867 億円で次年度は 2 兆 6,745 億円の巨額に達し 102.3％増で 2 倍増を超えている実態が判明

　法人税関係租税特別措置の適用額とそれによる減税相当額について，政策減税の種類別適用状況を年度別に比較して分析した［図表 1－4－5］からわかることは，次のようである。

⑴　3 年度にわたる政策減税の推移にみる急速な肥大化の実態

1 ）　民主党政権による最後の税制改正である 2012 年度の適用件数は 132 万 3,396 件，これによる適用額は 6 兆 1,117 億 8,899 万円で，減税相当額は 1 兆 3,218 億 822 万円である。

2 ）　これに対し，政権交代による安倍政権による 1 年目である 2013 年度の適用件数は 144 万 3,402 件，これによる適用額は 7 兆 6,431 億 9,464 万円，減税相当額は 1 兆 8,867 億 6,643 万円である。減税相当額の対 2012 年度比の増加額は 5,649 億 5,820 万円で増加（増加率 42.7％）である。政権交代で発足直後に安倍政権が政策減税を急遽拡大した結果が如実に立証化されている。

3 ）　さらに，安倍政権による 2 年目の税制改正で，大企業優遇税制である政策減税を大々的に拡大した 2014 年度になると適用件数は 166 万 2,909 件で，適用額は 9 兆 8,636 億 9,679 万円に達し，これによる減税相当額は 2 兆 6,745 億 8,449 万円で，対 2013 年度比で 7,878 億 1,805 万円の増加（増加率 41.7％），民主党政権の最後の年度である対 2012 年度比では 1 兆 3,527 億 7,626 万円の増加（増加率 102.3％）で 2 倍を超えている。

⑵　租税特別措置の 2014 年度の適用による減税相当額の民主党政権による最後の税制改正が行われた 2012 年度との比較による主な増加要因

　2014 年度の減税相当額が 2012 年度に比し，1 兆 3,527 億円（102.3％）増加した主な要因は，［図表 1－4－6］のようである。

1 ）　「租税特別措置による税額控除」が 6,547 億円（155.7％増）増加した主な要因は，次のようである。

① 　試験研究を行った場合の法人税額の特別控除　　　　2,794 億円（70.7％増）
② 　雇用者給与等支給額が増加した場合の法人税額の特別控除

2,477 億円（2013 年度新設）

112 ◆ 第４編　政策減税で消えていく巨額の税金

（図表１−４−６）　安倍政権になり急増した政策減税の主な増加要因
—民主党政権の最後の 2012 年度と 2014 年度の比較—

	租税特別措置の種類	増加額	増加率
1)	租税特別措置による税額控除額	6,547 億円	155.7%
2)	特別償却限度額等	3,419 億円	259.4%
3)	その他の特別措置による損金算入額	1,339 億円	54.2%
4)	土地税制による損金算入額	1,208 億円	74.3%

③　生産性向上設備等を取得した場合の法人税制の特別控除

968 億円（2014 年度新設）

④　国内の設備投資額が増加した場合の機会等に係る法人税額の特別控除

132 億円（2013 年度新設）

２）「特別償却限度額等」が，3,419 億円（259.4％増）増加した主な要因は，次のようである。

①　エネルギー環境負荷低減推進設備等を取得した場合の特別償却

1,871 億円（632.9％増）

②　生産性向上設備等を取得した場合の特別償却　　1,461 億円（2014 年度新設）

③　中小企業者等が機械等を取得した場合の特別償却　　252 億円（43.4％増）

３）「その他の特別措置による損金算入」が 1,339 億円（54.2％増）増加した主な要因は，次のようである。

①　特定目的会社に係る課税の特例　　　　　　　　547 億円（80.6％増）

②　投資法人に係る課税の特例　　　　　　　　　　307 億円（61.4％増）

③　対外船舶運航事業を営む法人の日本船舶による収入金額の課税の特例

147 億円（245.6％増）

④　特定の基金に対する負担金等の損金算入額の特例　　126 億円（41.6％増）

⑤　特定株式投資信託の収益の分配に係る受取配当等の損金不算入の特例

109 億円（75.0％増）

４）「土地税制による損金算入額」が，1,208 億円（74.3％増）増加した主な要因は，次のようである。

①　換地処分等に伴い資産を取得した場合の課税の特例

548 億円（280.0％増）

②　特定の資産の買換えの場合等の課税の特例　　　431 億円（48.5％増）

③　収用等に伴い代替資産を取得した場合等の課税の特例　266 億円（77.2％増）

第5編
租税特別措置による政策減税の推移

**第14章　安倍政権により倍増している最大の不公平税制である政策減税の利用実態の推移：
巨大企業に集中化しながら累増している政策減税の実施状況**

　1　民主党政権の後期2年間と安倍政権における租税特別措置による政策減税相当額の推
移の年度比較の図示

　2　巨大企業により集中的に利用され企業規模別の税負担格差を増大させる元凶になって
いる租税特別措置による政策減税

**第15章　法人税関係租税特別措置の種類別個別措置の年度比較：個別措置の3か年間での適
用細目を分析**

　1　法人税関係の租税特別措置における個別措置の細目を分析する意味

　2　法人税関係の租税特別措置の種類別個別措置の適用における細目の分析

**第16章　種類別個別措置での減税相当額の年度別増減の比較：2014年度の対2013年度と
対2012年度**

　1　法人税関係の租税特別措置の種類別個別措置の減税相当額の年度比較分析の意義

　2　種類別個別措置ごとの減税相当額の年度別増減状況の分析

第 14 章

安倍政権により倍増している最大の不公平税制である政策減税の利用実態の推移

—巨大企業に集中化しながら累増している政策減税の実施状況—

1 民主党政権の後期2年間と安倍政権における租税特別措置による政策減税相当額の推移の年度比較の図示

租税特別措置による政策減税により，企業は特別に，どれだけの「税負担軽減」の恩恵を受けているのか。それにより，国は，どれほどの財源を喪失しているか。

民主党政権時期である2011年と2012年の2年間と，民主党政権から自公連立の安倍政権に移行した2013年度と2014年度の2年度間で，全体として4年間にわたる政策減税の推移と動向を概観するためにグラフ化して示したのが［図表1-5-1］である。

民主党政権による最後の税制改正が行われた2012年度の減税相当額は1兆3,218億円である。前年の2011年度に比較して僅かではあるが整理縮小の努力の跡が認められる。

これに対し，政権交代直後の安倍政権による1年次目に行われた税制改正で急遽して租税特別措置を拡大した2013年度の政策減税による減税相当額は，対2012年度比で42.7％増の1兆8,867億円に急増している。

次いで，政策減税を一段と拡大し，多くの新規措置の創設，既存措置の拡充等，まさに史上空前の租税特別措置の増幅をした安倍政権の2年次目の税制改正が行われた2014年度の減税相当額は，対2012年度比で102.3％増の2兆6,745億円で2.03倍に及ぶ巨大なスケールに達している。

2 巨大企業により集中的に利用され企業規模別の税負担格差を増大させる元凶になっている租税特別措置による政策減税

租税特別措置による政策減税を企業の規模別の適用状況でみると，資本金100億円超の巨大企業と巨大企業が主力となると思われる連結申告法人に集中している実態を表示している。

第14章　安倍政権により倍増している最大の不公平税制である政策減税の利用実態の推移　◆　115

　これは調査による最新年度である2014年度についての減税相当額の総額2兆6,745億円のうち，連結申告法人が5,894億円で22.0%，資本金100億円超の巨大企業が7,698億円で28.7%を占め，両者の合計で1兆3,595億円で実に50.7%に達している。

　政策減税による「税負担軽減」の恩恵が圧倒的に巨大企業に集中している実態が明らかであり，「税金を払わない巨大企業」の現象を呈している要因の1つであることが如実に示されている。

　巨大企業は，多くの場合に多国籍企業化しながら国や地域社会から多くの公共的サービスを享受し，巨額な収益を稼得し，最も租税負担能力を有する納税者の階層でありながら租税特別措置をはじめ多くの優遇税制の恩恵を受け税負担から逃れている。このような事態は，税制公正化の見地から速やかに改革を要する重大な問題を提起している。

(図表1-5-1)　租税特別措置の適用による減税相当額の利用実態の年度比較のグラフ
　　　　　　　—民主党政権時代の2期分と安倍政権の2期分を対比している—

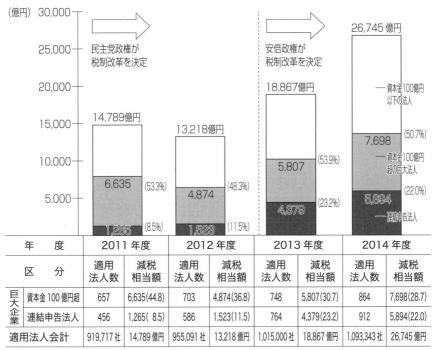

(注)
　1．本図は，「租税特別措置の適用実態調査の結果に関する報告書」の内容を分析し，政策減

116 ◆ **第５編　租税特別措置による政策減税の推移**

税の適用による減税相当額を試算した結果を 2011 年度から 2014 年度にわたる４年度間について，その適用状況の推移を総括的に表示したグラフである。

２．上記の報告書は，租税特別措置の適用状況について，適用法人数，適用件数，適用額について調査報告をしているが，その適用による「減税相当額」は示していない。このため本図では，「適用額」に，それぞれの換算税率を乗じて換算した「減税相当額」を試算した結果による数値を示している。

３．適用法人数は会社数，減税相当額は億円を単位とし，減税相当額のカッコ内は構成比を示す。

４．資本金 100 億円以下の法人については，内訳数字の表示を省略している。

５．租税特別措置の適用による減税相当額を税制改正を行った政権別にみると，民主党政権の後半２期のうち 2011 年度は１兆 4,789 億円であるが，2012 年度は，僅かではあるが整理縮減がなされ１兆 3,218 億円になっている。これに対し，自公連立の安倍政権になると，その初年度の 2013 年度は１兆 8,867 億円で 5,469 億円も急増し増加率は 42.7％である。次いで，２年次である 2014 年度は一段と拡大し２兆 6,745 億円で政権交代の直前の年度である 2012 年度に比して１兆 3,527 億円もが増加し増加率は 102.3％となり 2.02 倍で倍増している。

６．減税相当額が巨大企業に集中している状況をみると，2014 年度においては，連結申告法人が 22.0％，資本金 100 億円超の巨大法人が 28.7％を占めており，両者を合計した事実上の巨大法人で減税相当額全体の 50.7％という圧倒的に大きなウェイトを占めている。

７．利用実態における適用法人数と減税相当額の年度別の資本金階級区分による企業規模別と年度別の細目である基礎数値は後掲の「図表 1-5-2」と「図表 1-5-3」で示している。

〔出所〕租特透明化法により，2013 年３月，2014 年３月，2015 年２月および 2016 年２月に内閣が国会に提出した「租税特別措置の実態調査の結果に関する報告書」（2011 年度・2012 年度・2013 年度・2014 年度）に基づき分析整理して作表している。

（図表１−５−２）　租税特別措置の適用による減税相当額の利用実態の基礎数値
**　　　　　　　　—政策減税の企業規模別の年度別分布状況を分析している—**
（2011 年度・2012 年度・2013 年度・2014 年度）

資本金階級	適用法人数								減税相当額			
	2011 年度		2012 年度		2013 年度		2014 年度		2011 年度	2012 年度	2013 年度	2014 年度
	法人数	構成比(%)	法人数	構成比(%)	法人数	構成比(%)	法人数	構成比(%)	金額(千円)	金額(千円)	金額(千円)	金額(千円)
1,000万円以下	728,952	79.25	761,001	79.67	812,538	80.05	879,589	80.44	212,069,466	220,068,066	272,075,440	412,399,281
3,000万円以下	116,306	12.64	118,094	12.36	122,162	12.03	127,786	11.68	85,736,513	85,098,774	108,987,053	183,243,501
5,000万円以下	41,828	4.54	42,453	4.44	43,962	4.33	45,538	4.16	55,110,800	47,595,769	63,180,056	120,249,187
1億円以下	24,991	2.71	25,598	2.68	27,047	2.66	28,654	2.62	70,164,220	69,138,467	101,693,609	176,562,774

3億円以下	2,474	0.26	2,433	0.25	2,808	0.27	3,679	0.33	20,672,499	25,519,518	23,604,904	44,725,526
5億円以下	1,103	0.11	1,127	0.11	1,405	0.13	2,005	0.18	22,069,522	20,701,923	27,323,526	37,491,529
10億円以下	798	0.08	826	0.08	978	0.09	1,189	0.10	36,568,332	35,395,059	52,767,873	54,290,670
100億円以下	2,152	0.23	2,270	0.23	2,588	0.25	3,127	0.28	186,443,460	178,505,952	218,433,633	286,345,944
100億円超	657	0.07	703	0.07	748	0.07	864	0.07	663,517,333	487,465,683	580,786,480	769,814,718
連結法人	456	0.04	586	0.06	764	0.07	912	0.08	126,565,618	152,318,921	437,913,755	589,461,258
合　計	919,717	100.00	955,091	100.00	1,015,000	100.00	1,093,343	100.00	1,478,917,853	1,321,808,229	1,886,766,437	2,674,584,496

（注）

1．本表は，「租税特別措置の適用による減税相当額の利用実態の年度比較のグラフ」の作図の基礎数値を示している。

2．税制改正を担当した政権は，2011年度と2012年度は民主党政権であり，2013年度と2014年度は自民・公明両党による連立である安倍政権である。

〔図表1-5-3〕　民主党政権の時期に対比し安倍政権で急増している政策減税の状況
**　　　　　　　—減税相当額の政権別・企業規模別・年度別の適用状況を分析している—**
**　　　　　　　（2011年度・2012年度・2013年度・2014年度）**

資本金階級	減税相当額										
	民主党政権の時期					安倍政権の時期					
	2011年度		2012年度			2013年度			2014年度		
	金額（千円）	構成比（%）	金額（千円）	構成比（%）	基礎指数	金額（千円）	構成比（%）	増加指数	金額（千円）	構成比（%）	増加指数
1,000万円以下	212,069,466	14.3	220,068,066	16.6	100.0	272,075,440	14.4	123.6	412,399,281	15.4	187.3
3,000万円以下	85,736,513	5.7	85,098,774	6.4	100.0	108,987,053	5.7	128.0	183,243,501	6.8	215.3
5,000万円以下	55,110,800	3.7	47,565,769	3.6	100.0	63,180,056	3.3	132.7	120,249,187	4.4	252.6
1億円以下	70,164,220	4.7	69,138,467	5.2	100.0	101,693,609	5.3	147.0	176,562,774	6.6	255.3
3億円以下	20,672,499	1.3	25,519,518	1.9	100.0	23,604,904	1.2	92.4	44,725,526	1.6	175.2

118 ◆ 第5編 租税特別措置による政策減税の推移

5億円以下	22,069,522	1.4	20,701,923	1.5	100.0	27,323,526	1.4	131.9	37,491,529	1.4	181.1
10億円以下	36,568,332	2.4	35,395,059	2.6	100.0	52,767,873	2.7	149.0	54,290,670	2.0	153.3
100億円以下	186,443,460	12.6	178,505,952	13.5	100.0	218,433,633	11.5	122.3	286,345,944	10.7	160.4
100億円超	663,517,333	44.8	487,465,683	36.8	100.0	580,786,480	30.7	119.1	769,814,718	28.7	157.9
連結法人	126,565,618	8.5	152,318,921	11.5	100.0	437,913,755	23.2	287.4	589,461,258	22.0	386.9
合計	1,478,917,853	100.00	1,321,808,229	100.00	100.0	1,886,766,437	100.0	142.7	2,674,584,496	100.0	202.3

（注）
1．民主党政権の最後の年度である2012年度を基準として安倍政権の1年目の2013年度と2年目の2014年度における減税相当額の増加状況を分析している。増加指数は，増加割合を示している。
2．2014年度は，全体を平均してみると2012年度と比して増加指数は202.3であり，2.02倍に急増している。企業規模別では，連結法人の増加指数は386.3で，4倍に近く増加が突出して目立っている。

第│15│章

法人税関係租税特別措置の種類別個別措置の年度比較
―個別措置の3か年間での適用細目を分析―

1 法人税関係の租税特別措置における個別措置の細目を分析する意味

　租税特別措置の個別措置には様々なものがあり，その多くは特定の者の税負担を軽減することなどにより，産業政策等の特定の政策目的の実現に向けて経済活動を誘導する手段となっている。しかし，こうした租税特別措置は，優遇税制措置として租税負担公平の原則に逆らう例外であり，これが正当化されるためには，その適用の実態や効果が透明で判りやすく，全ての納税者が納得できるものでなければならない。

　このため，租税特別措置の内容を構成する個別措置の各々について，その内容は，何であるか，その適用状況はどうなっているのか，について実態を明らかにすることが必要である。

　法人税関係の租税特別措置は，83項目の個別措置により，その内容を構成しており，それらは極めて多様なものとなっている。そこで，これらの各々の個別措置について，措置名，適用件数，適用額，減税相当額の詳細につき具体的に分析し検証することは有用なことである。

2 法人税関係の租税特別措置の種類別個別措置の適用における細目の分析

　法人税関係の租税特別措置の個別措置について，その属する種類別に区分し，その適用状況を適用件数，適用額と，それに基づく減税相当額を試算し，個別的に把握した結果を検証する（[図表1-5-4]から[図表1-5-11]）。

　これらの調査分析の結果の調査表は，2012年度分・2013年度分・2014年度分の3か年度間について，適用件数，適用額，減税相当額の細目について単体法人・連結法人の合計を年度比較できるように表示している。

（図表1-5-4）　法人税関係租税特別措置の種類別[個別]措置の年度比較
[2012年度・2013年度・2014年度分]

1　租税特別措置による税額控除額　[単体法人・連結法人（合計）]

No	措置名	適用件数 2012年度	適用件数 2013年度	適用件数 2014年度	適用額（千円）2012年度	適用額（千円）2013年度	適用額（千円）2014年度	減税相当額（千円）2012年度	減税相当額（千円）2013年度	減税相当額（千円）2014年度
1	試験研究を行った場合の法人税額の特別控除	11,177	12,703	12,527	395,158,161	623,974,702	674,614,058	395,158,161	623,974,702	674,614,058
2	エネルギー需給構造改革推進設備等を取得した場合の法人税額の特別控除	409	146	42	238,645	113,670	231,095	238,645	113,670	231,095
3	エネルギー環境負荷低減推進設備等を取得した場合の法人税額の特別控除	710	1,812	2,331	633,704	2,267,814	3,264,506	633,704	2,267,814	3,264,506
4	中小企業者等が機械等を取得した場合の法人税額の特別控除	18,479	22,983	29,810	13,168,199	14,926,541	21,389,200	13,168,199	14,926,541	21,389,200
5	事業基盤強化設備等を取得した場合の法人税額の特別控除	5,018	96	0	1,767,378	42,429	0	1,767,378	42,429	0
6	沖縄の情報通信産業振興地域において工業用機械等を取得した場合の法人税額の特別控除	11	11	13	852,633	680,149	693,254	852,633	680,149	693,254
7	沖縄の産業高度化地域において工業用機械等を取得した場合の法人税額の特別控除	7	0	0	19,882	0	0	19,882	0	0
8	沖縄の産業高度化・事業革新促進地域において工業用機械等を取得した場合の法人税額の特別控除	6	28	31	200,608	765,505	353,897	200,608	765,505	353,897
9	沖縄の国際物流拠点産業集積地域において工業用機械等を取得した場合の法人税額の特別控除	1	6	3	11,505	94,248	4,779	11,505	94,248	4,779
10	沖縄の特定地域において工業用機械等を取得した場合の法人税額の特別控除	9	75	15	17,987	2,553,577	54,706	17,987	2,553,577	54,706

第15章　法人税関係租税特別措置の種類別個別措置の年度比較　◆　121

11	沖縄の特定中小企業者が経営革新設備等を取得した場合の法人税額の特別控除	2	9	1	1,663	15,987	10	1,663	15,987	10
12	国際戦略総合特別区域において機械等を取得した場合の法人税額の特別控除	14	26	37	1,696,067	2,294,291	5,662,323	1,696,067	2,294,291	5,662,323
13	雇用者の数が増加した場合の法人税額の特別控除	4,334	4,677	5,007	6,539,681	13,915,241	8,964,292	6,539,681	13,915,241	8,964,292
14	国内の設備投資額が増加した場合の機械等に係る法人税額の特別控除		763	760		16,896,627	13,276,040		16,896,627	13,276,040
15	特定中小企業者等が経営改善設備を取得した場合の法人税額の特別控除		2,417	4,289		1,137,982	1,899,842		1,137,982	1,899,842
16	雇用者給与等支給額が増加した場合の法人税額の特別控除		10,823	78,261		35,523,452	247,788,961		35,523,452	247,788,961
17	生産性向上設備等を取得した場合の法人税額の特別控除			5,489			96,873,633			96,873,633
	合　　計	40,177	56,575	138,616	420,306,113	715,202,215	1,075,070,596	420,306,113	715,202,215	1,075,070,596

122 ◆ 第5編 租税特別措置による政策減税の推移

（図表1−5−5） 法人税関係租税特別措置の種類別[個別]措置の年度比較 ［2012年度・2013年度・2014年度分］

2 軽減税率適用特例対象所得金額 【単体法人・連結法人（合計）】

No	措置名	適用件数			適用額（千円）			減税相当額（千円）		
		2012年度	2013年度	2014年度	2012年度	2013年度	2014年度	2012年度	2013年度	2014年度
1	中小企業者等の法人税率の特例	704,491	744,488	793,337	2,497,902,795	2,711,225,104	2,939,589,060	99,916,111	108,449,003	117,583,561
2	特定の医療法人の法人税率の特例	234	232	230	59,427,513	56,560,212	44,530,840	2,377,100	2,262,408	1,781,233
	合計	704,725	744,720	793,567	2,557,330,308	2,767,785,316	2,984,119,900	102,293,212	110,711,412	119,364,796

（図表1−5−6） 法人税関係租税特別措置の種類別[個別]措置の年度比較 ［2012年度・2013年度・2014年度分］

3 特別償却限度額等 【単体法人・連結法人（合計）】

No	措置名	適用件数			適用額（千円）			減税相当額（千円）		
		2012年度	2013年度	2014年度	2012年度	2013年度	2014年度	2012年度	2013年度	2014年度
1	エネルギー需給構造改革推進設備等を取得した場合の特別償却	1,941	1,540	0	46,750,775	56,718,027	0	11,921,447	14,463,096	0
2	エネルギー環境負荷低減推進設備等を取得した場合の特別償却	2,834	10,125	14,252	115,953,507	552,452,158	849,894,708	29,568,144	140,875,300	216,723,150
3	中小企業者等が機械等を取得した場合の特別償却	24,342	27,847	31,728	228,168,754	264,189,721	327,212,783	58,183,032	67,368,378	83,439,259
4	沖縄の産業高度化・事業革新促進地域において工業用機械等を取得した場合の特別償却	136	5	4	658,945	145,616	85,912	168,030	37,132	21,907

No.	措置名									
5	沖縄の特定中小企業者が経営革新設備等を取得した場合の特別償却	1	0	0	106,180	0	0	27,075	0	0
6	国際戦略総合特別区域において機械等を取得した場合の特別償却	5	8	6	279,860	545,236	270,900	71,364	139,035	69,079
7	国内の設備投資額が増額した場合の機械等の特別償却		156	197		27,366,879	6,707,531		6,978,554	1,710,420
8	特定中小企業者等が経営改善設備を取得した場合の特別償却		873	1,173		3,381,747	5,830,899		862,345	1,486,802
9	生産性向上設備等を取得した場合の特別償却		15,398	15,398			573,068,024			146,132,346
10	公害防止用設備の特別償却	2	3	3	2,140	51,814	19,554	545	13,212	4,986
11	船舶の特別償却	57	41	38	60,955,023	26,702,499	25,557,783	15,543,530	6,809,137	6,517,234
12	耐震基準適合建物等の特別償却		16	16			513,863			131,035
13	関西文化学術研究都市の文化学術研究地区における文化学術研究施設の特別償却	2	2	2	1,587	3,023	14,231	404	770	3,628
14	地震防災対策用資産の特別償却	3	0	0	91,308	0	0	23,283	0	0
15	集積区域における集積産業用資産の特別償却	50	35	26	9,932,705	4,057,339	2,827,274	2,532,839	1,034,621	720,954
16	事業革新設備等の特別償却	4	0	0	870,024	0	0	221,856	0	0
17	特定農産加工品生産設備等の特別償却	1	10	1	748	243,780	3,750	190	62,163	956
18	特定信頼性向上設備等の特別償却		1	0		236,809	0		60,386	0
19	特定地域における工業用機械等の特別償却	128	116	127	3,399,693	1,086,120	2,223,479	866,921	276,960	566,987

No.	項目									
20	沖縄の産業高度化地域において工業用機械等を取得した場合の特別償却	2	0	0	14,743	0	0	3,759	0	0
21	沖縄の産業高度化・事業革新促進地域において工業用機械等を取得した場合の特別償却	2	0	0	28,918	0	0	7,374	0	0
22	沖縄の離島地域における旅館業用建物等の特別償却	1	1	0	7,632	71,112	0	1,946	18,133	0
23	医療用機器等の特別償却	18	1,075	883	3,800,484	3,363,286	2,405,168	969,123	857,637	613,317
24	経営基盤強化計画を実施する指定中小企業者の機械等の割増償却	7	0	0	183,406	0	0	46,768	0	0
25	障害者を雇用する場合の機械等の割増償却	45	43	37	548,531	1,748,834	1,419,540	139,875	445,952	361,982
26	支援事業所取引金額が増加した場合の3年以内取得資産の割増償却	50	62	57	301,972	337,383	100,799	77,002	86,032	25,703
27	事業所内託児施設等の割増償却	20	0	0	12,318	0	0	3,141	0	0
28	次世代育成支援対策に係る基準適合認定を受けた場合の建物等の割増償却	35	33	26	7,385,081	1,060,315	4,453,394	1,883,195	270,380	1,135,615
29	高齢者向け優良賃貸住宅等の割増償却	19	0	0	59,303	0	0	15,122	0	0
30	サービス付き高齢者向け賃貸住宅の割増償却	30	103	146	77,004	348,683	445,255	19,636	88,914	113,540
31	特定再開発建築物等の割増償却	48	33	30	5,968,642	5,098,396	3,886,678	1,522,003	1,300,090	991,102
32	倉庫用建物等の割増償却	24	19	20	907,428	96,328	107,650	231,394	24,563	27,450
33	特別償却不足額がある場合の償却限度額の計算の特例	1,818	2,069	2,537	29,909,312	37,264,812	37,423,625	7,626,874	9,502,527	9,543,024
34	準備金方式による特別償却（積立不足額）		191	286		8,236,155	13,081,647		2,100,219	3,335,819
	合　計	31,625	44,391	66,993	516,376,023	994,806,072	1,857,554,147	131,675,885	253,675,548	473,676,307

（図表１−５−７）法人税関係租税特別措置の種類別個別措置の年度比較
【2012年度・2013年度・2014年度分】

4 準備金等のうち損金算入限度額 ［単体法人・連結法人（合計）］

No	措置名	適用件数			適用額（千円）			減税相当額（千円）		
		2012年度	2013年度	2014年度	2012年度	2013年度	2014年度	2012年度	2013年度	2014年度
1	海外投資等損失準備金	10	12	7	17,647,132	11,326,428	18,403,813	4,500,018	2,888,239	4,692,972
2	特定事業再編投資損失準備金			6			273,034,161			69,623,711
3	金属鉱業等鉱害防止準備金	7	8	9	28,909	13,610	25,772	7,371	3,470	6,571
4	特定災害防止準備金	132	105	119	4,119,498	3,794,823	2,099,454	1,050,471	967,679	535,360
5	新幹線鉄道大規模改修準備金	1	0	0	33,333,333	0	0	8,499,999	0	0
6	使用済燃料再処理準備金	9	9	9	133,402,287	126,834,475	123,808,282	34,017,583	32,342,791	31,571,111
7	原子力発電施設解体準備金	9	0	9	17,563,815	0	26,772,844	4,478,772	0	6,827,075
8	保険会社等の異常危険準備金	53	56	60	115,667,298	133,939,457	165,619,628	29,495,160	34,154,561	42,233,005
9	原子力保険又は地震保険に係る異常危険準備金	16	17	17	54,122,398	47,071,380	56,230,539	13,801,211	12,003,201	14,338,787
10	関西国際空港用地整備準備金		1	1		737,968	324,176		188,181	82,664
11	中部国際空港整備準備金		1	1		884,000	2,563,000		225,420	653,565
12	特定船舶に係る特定修繕準備金	568	520	513	10,196,206	5,649,708	7,370,805	2,600,032	1,440,675	1,879,555
13	探鉱準備金又は海外探鉱準備金	42	42	40	77,593,572	65,155,806	69,309,473	19,786,360	16,614,730	17,673,915
14	農業経営基盤強化準備金	1,640	1,583	1,310	12,382,363	10,455,278	8,535,737	3,157,502	2,666,095	2,176,612
	合　計	2,487	2,354	2,101	476,056,811	405,862,933	754,097,684	121,394,486	103,495,047	192,294,909

5 協同組合等・中小企業等の貸倒引当金繰入限度額の特例 【2012年度・2013年度・2014年度分】【単体法人・連結法人（合計）】

(図表1-5-8) 法人税関係租税特別措置の種類別個別措置の年度比較

No	措 置 名	適用件数			適 用 額（千円）			減税相当額（千円）		
		2012年度	2013年度	2014年度	2012年度	2013年度	2014年度	2012年度	2013年度	2014年度
1	協同組合等・中小企業等の貸倒引当金繰入限度額の特例	8,994	8,745	8,808	433,965,033	443,989,380	463,559,732	110,661,083	113,217,291	118,207,731

6 土地税制による損金算入額 【単体法人・連結法人（合計）】

(図表1-5-9) 法人税関係租税特別措置の種類別個別措置の年度比較 【2012年度・2013年度・2014年度分】

No	措 置 名	適用件数			適 用 額（千円）			減税相当額（千円）		
		2012年度	2013年度	2014年度	2012年度	2013年度	2014年度	2012年度	2013年度	2014年度
1	収用等に伴い代替資産を取得した場合等の課税の特例	382	393	346	135,235,774	162,967,192	239,747,532	34,497,872	41,556,633	61,135,620
2	換地処分等に伴い資産を取得した場合の課税の特例	99	134	161	76,768,951	466,396,288	291,742,032	19,576,082	118,931,053	74,394,218
3	収用換地等の場合の所得の特別控除	2,739	2,935	2,691	38,830,415	39,871,457	37,804,288	9,901,755	10,167,221	9,640,093
4	特定土地区画整理事業等のために土地等を譲渡した場合の所得の特別控除	58	89	123	472,989	675,641	929,357	120,612	172,288	236,986

第15章　法人税関係租税特別措置の種類別個別措置の年度比較　◆　127

	措置名									
5	特定住宅地造成事業等のために土地等を譲渡した場合の所得の特別控除	78	78	76	627,847	661,097	653,240	160,100	168,579	166,576
6	農地保有の合理化のために農地等を譲渡した場合の所得の特別控除	10	11	5	9,719	27,142	26,229	2,478	6,921	6,688
7	特定の長期所有土地等の所得の特別控除	2	1	11	35,237	570	72,968	8,985	145	18,606
8	特定の資産の買換えの場合等の課税の特例	1,197	1,199	1,197	348,525,811	364,055,301	517,718,952	88,874,081	92,834,101	132,018,332
9	大規模な住宅地等造成事業の施行区域内にある土地等の造成のために交換等の場合等の課税の特例		1	0		3,600	0		918	0
10	認定事業用地適正化計画の区域内にある土地等の交換等の場合等の課税の特例	1	2	0	2,400	691,906	0	612	176,436	0
11	特定普通財産とその隣接する土地等の交換の場合の課税の特例	1	0	1	2,400	0	14,075	612	0	3,589
12	平成21年及び平成22年に土地等の先行取得をした場合の課税の特例	186	144	142	36,758,120	37,178,054	22,531,088	9,373,320	9,480,403	5,745,427
	合　計	4,753	4,987	4,753	637,319,663	1,072,528,248	1,111,239,761	162,516,514	273,494,703	283,366,139

（図表1-5-10）　法人税関係租税特別措置の種類別個別措置の年度比較
【2012年度・2013年度・2014年度分】【単体法人・連結法人（合計）】

7　損害保険会社の受取配当等の益金不算入等の額

No	措置名	適用件数			適用額（千円）			減税相当額（千円）		
		2012年度	2013年度	2014年度	2012年度	2013年度	2014年度	2012年度	2013年度	2014年度
1	損害保険会社の受取配当等の益金不算入等の特例	12	14	13	100,671,599	93,919,313	123,173,215	25,671,257	23,949,424	31,409,169

（図表1-5-11）　法人税関係租税特別措置の種類別個別措置の年度比較
【2012年度・2013年度・2014年度分】【単体法人・連結法人　（合計）】

8　その他の特別措置による損金算入額

No	措置名	適用件数			適用額（千円）			減税相当額（千円）		
		2012年度	2013年度	2014年度	2012年度	2013年度	2014年度	2012年度	2013年度	2014年度
1	植林費の損金算入の特例	6	0	0	5,057	0	0	1,289	0	0
2	新鉱床探鉱費又は海外新鉱床探鉱費の特別控除	20	21	26	25,781,001	30,172,567	23,040,977	6,574,155	7,694,004	5,875,449
3	対外船舶運航事業を営む法人の日本船舶による収入金額の課税の特例	7	8	8	23,494,999	48,364,623	81,203,075	5,991,224	12,332,978	20,706,784
4	沖縄の情報通信産業特別地区における認定法人の所得の特別控除	1	0	0	672	0	0	171	0	0

第15章　法人税関係租税特別措置の種類別個別措置の年度比較 ◆ *129*

No.	措置									
5	沖縄の国際物流拠点産業集積地域における認定法人の所得の特別控除	1	0	2	16,111	0	18,405	4,108	0	4,693
6	農用地等を取得した場合の課税の特例	823	956	947	6,099,943	7,348,401	6,889,448	1,555,485	1,873,842	1,756,809
7	技術研究組合の所得の計算の特例	8	15	13	1,034,723	2,739,024	773,286	263,854	698,451	197,187
8	特定の基金に対する負担金等の損金算入の特例	74,131	95,814	119,406	118,742,408	146,721,378	168,185,353	30,279,314	37,413,951	42,887,265
9	認定特定非営利活動法人のみなし寄附金の損金算入の特例	18	38	47	60,586	85,138	129,771	15,449	21,710	33,091
10	認定特定非営利活動法人等に対する寄附金の損金算入の特例	144	187	220	491,016	827,567	773,260	125,209	211,029	197,181
11	社会保険診療報酬の所得の計算の特例	40	52	47	283,821	394,905	365,779	72,374	100,700	93,273
12	農業生産法人の肉用牛の売却に係る所得の特例	1,020	1,117	1,224	21,448,395	22,942,032	23,437,643	5,469,340	5,850,218	5,976,598
13	転廃業助成金等に係る課税の特例	13	7	3	551,155	28,239	27,052	140,544	7,200	6,898
14	中小企業者等の少額減価償却資産の取得価額の損金算入の特例	431,038	459,729	504,568	242,307,068	261,286,334	285,108,925	61,788,302	66,628,015	72,702,775
15	特定株式投資信託の収益の分配に係る受取配当等の益金不算入等の特例	8,584	6,809	4,048	57,285,755	77,191,221	100,265,222	14,607,867	19,683,761	25,567,631
16	特定目的会社に係る課税の特例	501	489	514	266,015,634	287,020,886	480,585,420	67,833,986	73,190,325	122,549,282
17	投資法人に係る課税の特例	76	90	107	196,021,995	254,248,585	316,533,920	49,985,608	64,833,389	80,716,149
	合　計	529,458	581,616	648,058	969,401,046	1,149,101,168	1,494,881,764	247,197,266	293,020,797	381,194,849

第 | 16 | 章

種類別個別措置での減税相当額の年度別増減の比較

―2014 年度の対 2013 年度と対 2012 年度―

1 法人税関係の租税特別措置の種類別個別措置の減税相当額の年度比較分析の意義

　租税特別措置については，常に整理縮減の必要なことが強調されてきている。それは，政府や関係機関の公式な所見であり，租税特別措置の改革の方向として，税制は企業活動に対して中立的なものであるべきであるとし，租税特別措置は，税負担に著しい歪みを生じさせる弊害があることから，政策効果を厳しく評定して「廃止を含めてゼロベースで見直す」べきであるとしてきた。

　問題は，当然のこととして論じられてきたこのような方針が，単に言葉だけの建前論ではなく，その趣旨が実現しているのか。少なくとも，多少なりとも，そのような方向性が現実のものとなっているか否かである。

　しかし，現実は，これまで明らかにしてきたように，租税特別措置は整理・縮減どころか，逆に，創設・拡充により拡大化されているのである。特に，安倍政権により税制が作られた 2013 年度から急速に増大化し，これに続く 2014 年度では爆発的に増大化している。これは，大企業優遇策を基本とするアベノミクス税制の特徴の象徴的な現象である。

　このように税制の公正化に逆行する歪んだ税制がますます増幅されている事実を，具体的な数値を用いて客観的に立証し，伏魔殿化している「闇の税制」に科学的照明の光を投ずることにより，その深層を鮮明にし，根本的改革への問題提起をする意義は大きいものと考える。

2 種類別個別措置ごとの減税相当額の年度別増減状況の分析

　極めて数が多く雑然としている租税特別措置においてカテゴリの類似している個別措置を，いくつかの類型に分類整理するとともに，その種類別の個別措置について，その適用状況を年度別に対比して減税相当額の増減状況を分析し検証す

ることとしている。

　種類別の個別措置について 2012 年度を起点として，2013 年度，2014 年度の 3 年間にわたり，減税相当額につき，その増減差額と増減率につき分析した結果をまとめたものが［**図表 1-5-12**］から［**図表 1-5-19**］である。

　この場合の租税特別措置の種類別区分は，次のようである。

①　租税特別措置による税額控除額

②　軽減税率適用特例対象所得金額

③　特別償却限度額等

④　準備金等のうち損金算入限度額

⑤　協同組合等・中小企業等の貸倒引当金繰入限度額の特例

⑥　土地税制による損金算入額

⑦　損害保険会社の受取配当等の益金不算入に係る特別利子の額

⑧　その他の特別措置による損金算入額

（図表１−５−１２）　法人税関係租税特別措置の種類別個別措置の減税相当額の増減の年度比較
【2012年度・2013年度・2014年度分】
【単体法人・連結法人（合計）】

１　租税特別措置による税額控除額

減　税　相　当　額　（千円）

No	措　置　名	2012年度 減税相当額（千円）	2013年度 減税相当額（千円）	対2012年度増減 増減差額（千円）	増減率（%）	2014年度 減税相当額（千円）	対2013年度増減 増減差額（千円）	増減率（%）	対2012年度増減 増減差額（千円）	増減率（%）
1	試験研究を行った場合の法人税額の特別控除	395,158,161	623,974,702	228,816,541	57.9	674,614,058	50,639,356	8.1	279,455,897	70.7
2	エネルギー需給構造改革推進設備を取得した場合の法人税額の特別控除	238,645	113,670	-124,975	-52.3	231,095	117,425	103.3	-7,550	-3.1
3	エネルギー環境負荷低減推進設備等を取得した場合の法人税額の特別控除	633,704	2,267,814	1,634,110	257.8	3,264,506	996,692	43.9	2,630,802	415.1
4	中小企業者等が機械等を取得した場合の法人税額の特別控除	13,168,199	14,926,541	1,758,342	13.3	21,389,200	6,462,659	43.2	8,221,001	62.4
5	事業基盤強化設備等を取得した場合等の法人税額の特別控除	1,767,378	42,429	-1,724,949	-97.5	0	-42,429	-100.0	-1,767,378	-100.0
6	沖縄の情報通信産業振興地域において工業用機械等を取得した場合の法人税額の特別控除	852,633	680,149	-172,484	-20.2	693,254	13,105	1.9	-159,379	-18.6
7	沖縄の産業高度化地域において工業用機械等を取得した場合の法人税額の特別控除	19,882	0	-19,882	-100.0	0	0	-	-19,882	-100.0
8	沖縄の産業高度化・事業革新促進地域において工業用機械等を取得した場合の法人税額の特別控除	200,608	765,505	564,897	281.5	353,897	-411,608	-53.7	153,289	76.4

第16章　種類別個別措置での減税相当額の年度別増減の比較　◆　133

9	沖縄の国際物流拠点産業集積地域において工業用機械等を取得した場合の法人税額の特別控除	11,505	94,248	82,743	719.1	4,779	-89,469	-94.9	-6,726	-58.4
10	沖縄の特定地域において工業用機械等を取得した場合の法人税額の特別控除	17,987	2,553,577	2,535,590	14,096.7	54,706	-2,498,871	-97.8	36,719	204.1
11	沖縄の特定中小企業者が経営革新設備等を取得した場合の法人税額の特別控除	1,663	15,987	14,324	861.3	10	-15,977	-99.9	-1,653	-99.3
12	国際戦略総合特別区域において機械等を取得した場合の法人税額の特別控除	1,696,067	2,294,291	598,224	35.2	5,662,323	3,368,032	146.8	3,966,256	233.8
13	雇用者の数が増加した場合の法人税額の特別控除	6,539,681	13,915,241	7,375,560	112.7	8,964,292	-4,950,949	-35.5	2,424,611	37.0
14	国内の設備投資額が増加した場合の機械等に係る法人税額の特別控除		16,896,627	16,896,627	–	13,276,040	-3,620,587	-21.4	13,276,040	–
15	特定中小企業者が経営改善設備を取得した場合の法人税額の特別控除		1,137,982	1,137,982	–	1,899,842	761,860	66.9	1,899,842	–
16	雇用者給与等支給額が増加した場合の法人税額の特別控除		35,523,452	35,523,452	–	247,788,961	212,265,509	597.5	247,788,961	–
17	生産性向上設備等を取得した場合の法人税額の特別控除		0	0	–	96,873,633	96,873,633	0	96,873,633	–
	合　計	420,306,113	715,202,215	294,896,102	70.1	1,075,070,596	359,868,381	50.3	654,764,483	155.7

(図表1−5−13) 法人税関係租税特別措置の種類別個別措置の減税相当額の増減の年度比較
【減税相当額の対2013年度増減・対2012年度増減】

2 軽減税率適用特例対象所得金額 [単体法人・連結法人(合計)]

減 税 相 当 額 (千円)

No	措　置　名	2012年度 減税相当額(千円)	2013年度 減税相当額(千円)	対2012年度増減 増減差額(千円)	増減率(%)	2014年度 減税相当額(千円)	対2013年度増減 増減差額(千円)	増減率(%)	対2012年度増減 増減差額(千円)	増減率(%)
1	中小企業等の法人税率の特例	99,916,111	108,449,0C3	8,532,892	8.5	117,583,561	9,134,558	8.4	17,667,450	17.6
2	特定の医療法人の法人税率の特例	2,377,100	2,262,4C8	-114,692	-4.8	1,781,233	-481,175	-21.2	-595,867	-25.0
	合　　計	102,293,212	110,711,412	8,418,200	8.2	119,364,796	8,653,384	7.8	17,071,584	16.6

(図表1−5−14) 法人税関係租税特別措置の種類別個別措置の減税相当額の増減の年度比較
【減税相当額の対2013年度増減・対2012年度増減】

3 特別償却限度額等 [単体法人・連結法人(合計)]

減 税 相 当 額 (千円)

No	措　置　名	2012年度 減税相当額(千円)	2013年度 減税相当額(千円)	対2012年度増減 増減差額(千円)	増減率(%)	2014年度 減税相当額(千円)	対2013年度増減 増減差額(千円)	増減率(%)	対2012年度増減 増減差額(千円)	増減率(%)
1	エネルギー需給構造改革推進設備等を取得した場合の特別償却	11,921,447	14,463,096	2,541,649	21.3	0	-14,463,096	-100.0	-11,921,447	-100.0
2	エネルギー環境負荷低減推進設備等を取得した場合の特別償却	29,568,144	140,875,300	111,307,156	376.4	216,723,150	75,847,850	53.8	187,155,006	632.9

No.	項目									
3	中小企業等が機械等を取得した場合の特別償却	58,183,032	67,368,378	9,185,346	15.7	83,439,259	16,070,881	23.8	25,256,227	43.4
4	沖縄の産業高度化・事業革新促進地域において工業用機械等を取得した場合の特別償却	168,030	37,132	-130,898	-77.9	21,907	-15,225	-41.0	-146,123	-86.9
5	沖縄の特定中小企業者が経営革新設備等を取得した場合の特別償却	27,075	0	-27,075	-100.0	0	0	—	-27,075	-100.0
6	国際戦略総合特別区域において機械等を取得した場合の特別償却	71,364	139,035	67,671	94.8	69,079	-69,956	-50.3	-2,285	-3.2
7	国内の設備投資額が増加した場合の機械等の特別償却		6,978,554	6,978,554	—	1,710,420	-5,268,134	-75.4	1,710,420	—
8	特定中小企業者が経営改善設備を取得した場合の特別償却	862,345	862,345	862,345	—	1,486,802	624,457	72.4	1,486,802	—
9	生産性向上設備等を取得した場合の特別償却				—	146,132,346	146,132,346	—	-146,132,346	—
10	公害防止用設備の特別償却	545	13,212	12,667	2,324.2	4,986	-8,226	-62.2	4,441	814.8
11	船舶の特別償却	15,543,530	6,809,137	-8,734,393	-56.1	6,517,234	-291,903	-4.2	-9,026,296	-58.0
12	耐震基準適合建物等の特別償却				—	131,035	131,035	—	131,035	—
13	関西文化学術研究都市の文化学術研究地区における文化学術研究施設の特別償却	404	770	366	90.5	3,628	2,858	371.1	3,224	798.0
14	地震防災対策用資産の特別償却	23,283	0	-23,283	-100.0	0	0	—	-23,283	-100.0
15	集積区域における集積産業用資産の特別償却	2,532,839	1,034,621	-1,498,218	-59.1	720,954	-313,667	-30.3	-1,811,885	-71.5
16	事業革新設備等の特別償却	221,856	0	-221,856	-100.0	0	0	—	-221,856	-100.0
17	特定農産加工品生産設備等の特別償却	190	62,163	61,973	32,617.3	956	-61,207	-98.4	766	403.1
18	特定信頼性向上設備の特別償却	60,386	60,386	60,386	—	0	-60,386	-100.0	0	—

No.	項目									
19	特定地域における工業用機械等の特別償却	866,921	276,96C	-589,961	-68.0	566,987	290,027	104.7	-299,934	-34.5
20	沖縄の産業高度化地域において工業用機械等を取得した場合の特別償却	3,759	C	-3,759	-100.0	0	0	-	-3,759	-100.0
21	沖縄の産業高度化・事業革新促進地域において工業用機械等を取得した場合の特別償却限度額等	7,374	C	-7,374	-100.0	0	0	-	-7,374	-100.0
22	沖縄の離島地域における旅館業用建物等の特別償却	1,946	18,133	16,187	831.8	0	-18,133	-100.0	-1,946	-100.0
23	医療用機器等の特別償却	969,123	857,637	-111,486	-11.5	613,317	-244,320	-28.4	-355,806	-36.7
24	経営基盤強化計画を実施する指定中小企業者の機械等の割増償却	46,768	C	-46,768	-100.0	0	0	-	-46,768	-100.0
25	障害者を雇用する場合の機械等の割増償却	139,875	445,952	306,077	218.8	361,982	-83,970	-18.8	222,107	158.7
26	支援事業所取引金額が増加した場合の3年以内取得資産の割増償却	77,002	86,032	9,030	11.7	25,703	-60,329	-70.1	-51,299	-66.6
27	事業所内託児施設等の割増償却	3,141	C	-3,141	-100.0	0	0	-	-3,141	-100.0
28	次世代育成支援対策に係る基準適合認定を受けた場合の建物等の割増償却	1,883,195	270,38C	-1,612,815	-85.6	1,135,615	865,235	320.0	-747,580	-39.6
29	高齢者向け優良賃貸住宅の割増償却	15,122	C	-15,122	-100.0	0	0	-	-15,122	-100.0
30	サービス付き高齢者向け賃貸住宅の割増償却	19,636	88,914	69,278	352.8	113,540	24,626	27.6	93,904	478.2
31	特定再開発建築物等の割増償却	1,522,003	1,300,090	-221,913	-14.5	991,102	-308,988	-23.7	-530,901	-34.8
32	倉庫用建物等の割増償却	231,394	24,563	-206,831	-89.3	27,450	2,887	11.7	-203,944	-88.1
33	特別償却不足額がある場合の償却限度額の計算の特例	7,626,874	9,502,527	1,875,653	24.5	9,543,024	40,497	0.4	1,916,150	25.1
34	準備金方式による特別償却（積立不足額）		2,100,219	2,100,219	-	3,335,819	1,235,600	58.8	3,335,819	-
	合　計	131,675,885	253,675,548	121,999,663	92.6	473,676,307	220,000,759	86.7	342,000,422	259.7

（図表1-5-15）　法人税関係租税特別措置の種類別個別措置の減税相当額の増減の年度比較
【減税相当額の対2013年度増減・対2012年度増減】

4　準備金等のうち損金算入限度額　［単体法人・連結法人（合計）］

No	措置名	減税相当額（千円）								
		2012年度	2013年度			2014年度				
		減税相当額（千円）	減税相当額（千円）	対2012年度増減		減税相当額（千円）	対2013年度増減		対2012年度増減	
				増減差額（千円）	増減率（%）		増減差額（千円）	増減率（%）	増減差額（千円）	増減率（%）
1	海外投資等損失準備金	4,500,018	2,888,239	-1,611,779	-35.8	4,692,972	1,804,733	62.4	192,954	4.2
2	特定事業再編投資損失準備金		69,623,711		—	69,623,711	69,623,711	—	69,623,711	—
3	金属鉱業等鉱害防止準備金	7,371	3,470	-3,901	-52.9	6,571	3,101	89.3	-800	-10.8
4	特定災害防止準備金	1,050,471	967,679	-82,792	-7.8	535,360	-432,319	-44.6	-515,111	-49.0
5	新幹線鉄道大規模改修準備金	8,499,999	0	-8,499,999	-100.0	0	0	—	-8,499,999	-100.0
6	使用済燃料再処理準備金	34,017,583	32,342,791	-1,674,792	-4.9	31,571,111	-771,680	-2.3	-2,446,472	-7.1
7	原子力発電施設解体準備金	4,478,772	0	-4,478,772	-100.0	6,827,075	6,827,075	—	2,348,303	52.4
8	保険会社の異常危険準備金	29,495,160	34,154,561	4,659,401	15.7	42,233,005	8,078,444	23.6	12,737,845	43.1
9	原子力保険又は地震保険に係る異常危険準備金	13,801,211	12,003,201	-1,798,010	-13.0	14,338,787	2,335,586	19.4	537,576	3.8
10	関西国際空港用地整備準備金	188,181	188,181	188,181	—	82,664	-105,517	-56.0	82,664	—
11	中部国際空港整備準備金	225,420	225,420	225,420	—	653,565	428,145	189.9	653,565	—
12	特定船舶に係る特別修繕準備金	2,600,032	1,440,675	-1,159,357	-44.5	1,879,555	438,880	30.4	-720,477	-27.7
13	探鉱準備金又は海外探鉱準備金	19,786,360	16,614,730	-3,171,630	-16.0	17,673,915	1,059,185	6.3	-2,112,445	-10.6
14	農業経営基盤強化準備金	3,157,502	2,666,095	-491,407	-15.5	2,176,612	-489,483	-18.3	-980,890	-31.0
	合計	121,394,486	103,495,047	-17,899,439	-14.7	192,294,909	88,799,862	85.8	70,900,423	58.4

138 ◆ 第5編　租税特別措置による政策減税の推移

5 協同組合等・中小企業等の貸倒引当金繰入限度額の特例 【単体法人・連結法人（合計）】

（図表1−5−16）　法人税関係租税特別措置の種類別/個別措置の減税相当額の年度比較
【減税相当額の対2013年度増減・対2012年度増減】

減税相当額（千円）

No	措置名	2012年度 減税相当額(千円)	2013年度 減税相当額(千円)	対2012年度増減 増減差額(千円)	増減率(%)	2014年度 減税相当額(千円)	対2013年度増減 増減差額(千円)	増減率(%)	対2012年度増減 増減差額(千円)	増減率(%)
1	協同組合等・中小企業等の貸倒引当金繰入限度額の特例	110,661,083	113,217,291	2,556,208	2.3	118,207,731	4,990,440	4.4	7,546,648	6.8

6 土地税制による損金算入額 【単体法人・連結法人（合計）】

（図表1−5−17）　法人税関係租税特別措置の種類別/個別措置の減税相当額の増減の年度比較
【減税相当額の対2013年度増減・対2012年度増減】

減税相当額（千円）

No	措置名	2012年度 減税相当額(千円)	2013年度 減税相当額(千円)	対2012年度増減 増減差額(千円)	増減率(%)	2014年度 減税相当額(千円)	対2013年度増減 増減差額(千円)	増減率(%)	対2012年度増減 増減差額(千円)	増減率(%)
1	収用等に伴い代替資産を取得した場合等の課税の特例	34,497,872	41,556,633	7,058,761	20.4	61,135,620	19,578,987	47.1	26,637,748	77.2
2	換地処分等に伴い資産を取得した場合の課税の特例	19,576,082	118,931,053	99,354,971	507.5	74,394,218	-44,536,835	-37.4	54,818,136	280.0
3	収用換地等の場合の所得の特別控除	9,901,755	10,167,221	265,466	2.6	9,640,093	-527,128	-5.1	-261,662	-2.6

第16章　種類別個別措置での減税相当額の年度別増減の比較　◆　139

	措置									
4	特定土地区画整理事業等のために土地等を譲渡した場合の所得の特別控除	120,612	172,288	51,676	42.8	236,986	64,698	37.5	116,374	96.4
5	特定住宅地造成事業等のために土地等を譲渡した場合の所得の特別控除	160,100	168,579	8,479	5.2	166,576	-2,003	-1.1	6,476	4.0
6	農地保有の合理化のために農地等を譲渡した場合の所得の特別控除	2,478	6,921	4,443	179.2	6,688	-233	-3.3	4,210	169.8
7	特定の長期所有土地等の所得の特別控除	8,985	145	-8,840	-98.3	18,606	18,461	12,731.7	9,621	107.0
8	特定の資産の買換えの場合等の課税の特例	88,874,081	92,834,101	3,960,020	4.4	132,018,332	39,184,231	42.2	43,144,251	48.5
9	大規模な住宅地等造成事業の施行区域内にある土地等の造成のための交換等の場合等の課税の特例	0	918	918	–	0	-918	-100.0	0	–
10	認定事業用地適正化計画の事業用地の区域内にある土地等の交換等の場合等の課税の特例	612	176,436	175,824	28,729.4	0	-176,436	-100.0	-612	-100.0
11	特定普通財産とその隣接する土地等の交換の場合の課税の特例	612	0	-612	-100.0	3,589	3,589	–	2,977	486.4
12	平成21年及び平成22年に土地等の先行取得をした場合の課税の特例	9,373,320	9,480,403	107,083	1.1	5,745,427	-3,734,976	-39.3	-3,627,893	-38.7
	合　計	162,516,514	273,494,703	110,978,189	68.2	283,366,139	9,871,436	3.6	120,849,625	74.3

(図表1-5-18) 法人税関係租税特別措置の種類別/個別措置の減税相当額の増減の年度比較

7 損害保険会社の受取配当等の益金不算入に係る特別利子の額の対2013年度増減・対2012年度増減 [減税相当額の対2013年度増減・対2012年度増減]【単体法人・連結法人(合計)】

No	措置名	減税相当額(千円)								
		2012年度	2013年度			2014年度				
		減税相当額(千円)	減税相当額(千円)	対2012年度増減		減税相当額(千円)	対2013年度増減		対2012年度増減	
				増減差額(千円)	増減率(%)		増減差額(千円)	増減率(%)	増減差額(千円)	増減率(%)
1	損害保険会社の受取配当等の益金不算入等の特例	25,671,257	23,949,424	-1,721,833	-6.7	31,409,169	7,459,745	31.1	5,737,912	22.3

(図表1-5-19) 法人税関係租税特別措置の種類別/個別措置の減税相当額の増減の年度比較

8 その他の特別措置による損金算入額【2012年度・2013年度・2014年度分】【単体法人・連結法人(合計)】

No	措置名	減税相当額(千円)								
		2012年度	2013年度			2014年度				
		減税相当額(千円)	減税相当額(千円)	対2012年度増減		減税相当額(千円)	対2013年度増減		対2012年度増減	
				増減差額(千円)	増減率(%)		増減差額(千円)	増減率(%)	増減差額(千円)	増減率(%)
1	植林費の損金算入の特例	1,289	0	-1,289	-100.0	0	0	-	-1,289	-100.0
2	新鉱床探鉱費又は海外新鉱床探鉱費の特別控除	6,574,155	7,694,004	1,119,849	17.0	5,875,449	-1,818,555	-23.6	-698,706	-10.6
3	対外船舶運航事業を営む法人の日本船舶による収入金額の課税の特例	5,991,224	12,332,978	6,341,754	105.8	20,706,784	8,373,806	67.8	14,715,560	245.6

No.	項目									
4	沖縄の情報通信産業特別地区における認定法人の所得の特別控除	171	0	-171	-100.0	0	0	—	-171	-100.0
5	沖縄の国際物流拠点産業集積地域における認定法人の所得の特別控除	4,108	0	-4,108	-100.0	4,693	4,693	—	585	14.2
6	農用地等を取得した場合の課税の特例	1,555,485	1,873,842	318,357	20.4	1,756,809	-117,033	-6.2	201,324	12.9
7	技術研究組合の所得の計算の特例	263,854	698,451	434,597	164.7	197,187	-501,264	-71.7	-66,667	-25.2
8	特定の基金に対する負担金等の損金算入の特例	30,279,314	37,413,951	7,134,637	23.5	42,887,265	5,473,314	14.6	12,607,951	41.6
9	認定特定非営利活動法人のみなし寄附金の損金算入の特例	15,449	21,710	6,261	40.5	33,091	11,381	52.4	17,642	114.1
10	認定特定非営利活動法人等に対する寄附金の損金算入の特例	125,209	211,029	85,820	68.5	197,181	-13,848	-6.5	71,972	57.4
11	社会保険診療報酬の所得の計算の特例	72,374	100,700	28,326	39.1	93,273	-7,427	-7.3	20,899	28.8
12	農業生産法人の肉用牛の売却に係る所得の課税の特例	5,469,340	5,850,218	380,878	6.9	5,976,598	126,380	2.1	507,258	9.2
13	転廃業助成金等に係る課税の特例	140,544	7,200	-133,344	-94.8	6,898	-302	-4.1	-133,646	-95.0
14	中小企業者等の少額減価償却資産の取得価額の損金算入の特例	61,788,302	66,628,015	4,839,713	7.8	72,702,775	6,074,760	9.1	10,914,473	17.6
15	特定株式投資信託の収益の分配に係る受取配当等の益金不算入等の特例	14,607,867	19,683,761	5,075,894	34.7	25,567,631	5,883,870	29.8	10,959,764	75.0
16	特定目的会社に係る課税の特例	67,833,986	73,190,325	5,356,339	7.8	122,549,282	49,358,957	67.4	54,715,296	80.6
17	投資法人に係る課税の特例	49,985,608	64,833,389	14,847,781	29.7	80,716,149	15,882,760	24.4	30,730,541	61.4
	合　計	247,197,266	293,020,797	45,823,531	18.5	381,194,849	88,174,052	30.0	133,997,583	54.2

第6編

巨大企業に集中する政策減税の真相

第17章　巨大企業が破格の恩恵を受け税負担格差を招来する政策減税の利用実態：企業規模別と1社当たり減税相当額

1　法人税関係の租税特別措置の企業の資本金階級別の減税相当額の適用状況の年度比較分析の意義

2　企業規模別の法人税関係の政策減税の適用についての適用法人数・減税相当額・1社当たりの平均減税相当額の年度別の増減状況の分析

3　安倍政権になり急増した政策減税の適用による減税相当額は圧倒的に巨大企業に集中的にシフトしている実態

第18章　多額の政策減税の恩恵を集中的に享受している企業：政府は折角の企業名を「匿名」にしている隠蔽体質を露呈

1　巨大企業の税負担を著しく軽くしている租税特別措置による政策減税の実像の把握の仕方が論点

2　多額適用法人の個別の適用額の合計額の表示への後退と個別企業の実名の公表を中止して「匿名」とした租特透明化法の欠陥

3　多額な租税特別措置の適用法人の適用額および減税相当額の分析

第19章　朝日新聞の報道は政策減税額を著しく過少に計測し全体像を国民に知らせず誤解を招来：国会論議までをも誤らせた大新聞の報道姿勢に警告

1　政策減税を実際の半額程度以下での著しく過少な計測による金額として発表し事実の真相を解明せず社会をミスリードする危険な報道

2　朝日新聞の報道の問題意識は評価できるが政策減税額を約1兆2千億円としていることは正確な減税の全体額とはあまりにも大きく異なる過少な金額であり「世間を惑わす」おそれが大

3　租税特別措置による政策減税の検証方法のアプローチと所見などについての取材源を記事において明らかにしない報道のあり方についての疑問

第20章　最大の不公平税制である租税特別措置の抜本的な改革への基本的提言：「弱肉強食型」のアベノミクス税制の解体による税制公正化こそ急務

1　強者である優良大企業を減税し弱者である庶民に過酷な消費税を増税する「弱肉強食型」の税制の暴走

2　大企業には税率引き下げによる「一般減税」と租税特別措置の政策減税の導入による「傾斜減税」の二重構成の優遇措置

3　タックス・ヘイブンを利用している多国籍企業や富裕層に適正に課税し税の公正化と格差是正の断行が急務

4　政策目的の実現手段としての租税誘因措置である租税特別措置の抜本的改革への基本的提言

第 |17| 章

巨大企業が破格の恩恵を受け税負担格差を招来する政策減税の利用実態

―企業規模別と1社当たり減税相当額―

1 法人税関係の租税特別措置の企業の資本金階級別の減税相当額の適用状況の年度比較分析の意義

　租税特別措置による政策減税は，租税負担公平の原則の例外であり，特定の者の税負担を軽減することなどにより産業政策等の特定の政策目的の実現に向け，経済活動を誘導する手段となっている。

　問題なのは，これが特定の産業や特定の業種に偏り，しかも特定の企業に集中して特権的優遇税制になっていることである。したがって，企業活動や業種に対し税制の中立性を阻害し，最大の不公正税制となっている。

　現に，法人税関係の租税特別措置による政策減税は圧倒的に巨大企業に集中的に傾斜して優遇税制化している。このことは，2013年度分における政策減税相当額の総額が1兆8,867億円に達しているが，その減税の恩恵は資本金100億円超の巨大企業の単体法人が5,807億円で30.7％，連結法人が4,379億円で23.2％で，合算すると53.9％にも達していることからいえる。政策減税による同年度の減税全体の半分以上を，資本金100億円超の企業の748社と，連結法人764社で占めているわけである。

　これが，2014年度分になると減税相当額の総額が2兆6,745億円に急増しているが，資本金100億円超の巨大企業の単体法人が7,698億円で28.7％，連結法人が5,894億円で22.0％で，合算すると50.7％を占めている。2012年度分に比較して2倍を超えて増加しながら圧倒的に資本金100億円超の企業の864社と，連結法人912社の合計である1,776社の巨大企業に政策減税による恩恵がシフトしている構造は変わっていない。

　このように政策減税が限定された巨大企業の税負担削減の決定的要因として税負担の公平性と課税の中立性を侵害しているという重大事態を一段と明確にすることが緊要である。

第17章　巨大企業が破格の恩恵を受け税負担格差を招来する政策減税の利用実態　◆　145

　そこで，政策減税の適用状況を租税特別措置の種類別と，企業の規模の区分別
の，それぞれについて適用件数，減税相当額を詳細に分析し検証することは，租
税特別措置の抱えている問題の所在を解明し，これを是正するために有用なこと
である。

2　企業規模別の法人税関係の政策減税の適用についての適用法人数・減税相当額・1社当たりの平均減税相当額の年度別の増減状況の分析

　法人税関係の租税特別措置による政策減税について，資本金階級別に区分した
適用件数，減税相当額，1社当たり減税相当額がどのようになっているかを詳細
に分析する。

　このため政策減税の適用状況について，企業規模別に区分して，適用法人数，
減税相当額，1社当たりの減税相当額を2013年度分については対2012年度との
増減状況（増減数，増減差額）と増減率を，2014年分については対2013年度分
と対2012年度分との増減状況を分析している。これにより，企業規模別のどの
階層において減税相当額が急速に増加したかが鮮明になる。

　企業規模別に租税特別措置の適用法人数，減税相当額，1社当たり平均減税相
当額について，2012年度を起点として，2013年度，2014年度の3年度間にわたり，
増減数，増減差額と増減率につき分析した結果が［図表1-6-1］である。

（図表1-6-1）　企業規模別の租税特別措置の適用減税相当額と1社当たり平均減税相当額の
　　　　　　　年度比較
　　　　　　　―政策減税の適用状況の集中度を分析している―
　　　　　　　（2012年度・2013年度・2014年度比較）

資本金階級	適 用 法 人 数								
	2012年度	2013年度			2014年度				
	法人数	法人数	対2012年度増減		法人数	対2013年度増減		対2012年度増減	
			増減数	増減率(%)		増減数	増減率 (%)	増減数	増減率(%)
1,000万円以下	761,001	812,538	51,537	6.7	879,589	67,051	8.2	118,588	15.5
3,000万円以下	118,094	122,162	4,068	3.4	127,786	5,624	4.6	9,692	8.2
5,000万円以下	42,453	43,962	1,509	3.5	45,538	1,576	3.5	3,085	7.2
1億円以下	25,598	27,047	1,449	5.6	28,654	1,607	5.9	3,056	11.9
3億円以下	2,433	2,808	375	15.4	3,679	871	31.0	1,246	51.2
5億円以下	1,127	1,405	278	24.6	2,005	600	42.7	878	77.9

資本金階級	2012年度	2013年度	対2012年度増減		2014年度	対2013年度増減		対2012年度増減	
10億円以下	826	978	152	18.4	1,189	211	21.5	363	43.9
100億円以下	2,270	2,588	318	14.0	3,127	539	20.8	857	37.7
100億円超	703	748	45	6.4	864	116	15.5	161	22.9
連結法人	586	764	178	30.3	912	148	19.3	326	55.6
合　計	955,091	1,015,000	59,909	6.2	1,093,343	78,343	7.7	138,252	14.4

資本金階級	減税相当額								
	2012年度	2013年度			2014年度				
	減税相当額（千円）	減税相当額（千円）	対2012年度増減		減税相当額（千円）	対2013年度増減		対2012年度増減	
			増減差額（千円）	増減率（%）		増減差額（千円）	増減率（%）	増減差額（千円）	増減率（%）
1,000万円以下	220,068,066	272,075,440	52,007,374	23.6	412,399,281	140,323,841	51.5	192,331,215	87.3
3,000万円以下	85,098,774	108,987,053	23,888,279	28.0	183,243,501	74,256,448	68.1	98,144,727	115.3
5,000万円以下	47,595,769	63,180,056	15,584,287	32.7	120,249,187	57,069,131	90.3	72,653,418	152.6
1億円以下	69,138,467	101,693,609	32,555,142	47.0	176,562,774	74,869,165	73.6	107,424,307	155.3
3億円以下	25,519,518	23,604,904	-1,914,614	-7.5	44,725,526	21,120,622	89.4	19,206,008	75.2
5億円以下	20,701,923	27,323,526	6,621,603	31.9	37,491,529	10,168,003	37.2	16,789,606	81.1
10億円以下	35,395,059	52,767,873	17,372,814	49.0	54,290,670	1,522,797	2.8	18,895,611	53.3
100億円以下	178,505,953	218,433,633	39,927,680	22.3	286,345,944	67,912,311	31.0	107,839,991	60.4
100億円超	487,465,683	580,786,480	93,320,797	19.1	769,814,718	189,028,238	32.5	282,349,035	57.9
連結法人	152,318,921	437,913,755	285,594,834	187.4	589,461,258	151,547,503	34.6	437,142,337	286.9
合　計	1,321,808,229	1,886,766,437	564,958,208	42.7	2,674,584,496	787,818,059	41.7	1,352,776,267	102.3

資本金階級	1社当たり平均減税相当額								
	2012年度	2013年度			2014年度				
	金額（千円）	金額（千円）	対2012年度増減		金額（千円）	対2013年度増減		対2012年度増減	
			増減差額（千円）	増減率（%）		増減差額（千円）	増減率（%）	増減差額（千円）	増減率（%）
1,000万円以下	289	334	45	15.5	468	134	40.1	179	61.9
3,000万円以下	720	892	172	23.8	1,433	541	60.6	713	99.0
5,000万円以下	1,121	1,437	316	28.1	2,640	1,203	83.7	1,519	135.5
1億円以下	2,700	3,759	1,059	39.2	6,161	2,402	63.8	3,461	128.1
3億円以下	10,488	8,406	-2,082	-19.8	12,156	3,750	44.6	1,668	15.9
5億円以下	18,369	19,447	1,078	5.8	18,699	-748	-3.8	330	1.7
10億円以下	42,851	53,954	11,103	25.9	45,660	-8,294	-15.3	2,809	6.5
100億円以下	78,636	84,402	5,766	7.3	91,572	7,170	8.4	12,936	16.4
100億円超	693,407	776,452	83,045	11.9	890,989	114,537	14.7	197,582	28.4
連結法人	259,929	573,185	313,256	120.5	646,339	73,154	12.7	386,410	148.6

第 17 章　巨大企業が破格の恩恵を受け税負担格差を招来する政策減税の利用実態　◆　*147*

（注）

1．本表は，「租税特別措置の適用実態調査の結果に関する報告書」の内容について，資本金
階級別に区分した企業の規模別の適用による政策減税額と 1 社当たり平均減税相当額を分
析したものである。

2．法人税関係租税特別措置について，2012 年度，2013 年度および 2014 年度とを対比させ，
「適用法人数」「減税相当額」「1 社当たり減税相当額」に区分し，2012 年度と 2013 年度と
の「増減差額」および「増減率（%）」，2013 年度と 2014 年度との「増減差額」および「増
減率（%）」を分析しているが，そのうち，単体・連結法人（合計）について表示している。

　　なお，2012 年度は民主党政権，2013 年度と 2014 年度は安倍政権が税制改正を決めたも
のであるので，2012 年度と 2014 年度との対比により政権交代による政策減税の増減差額
および増減率を特別に明確にし併記している。

3．単体法人・連結法人（合計）の 2014 年度の適用法人数は，1,093,343 社であり，2013 年
度に比し，78,343 社（7.7%）増加しており，2012 年度に比し，138,252 社（14.4%）増加し
ている。

4．「適用額」にそれぞれ換算税率を乗じて換算した 2014 年度の減税相当額の合計は，2 兆
6,745 億円であり，2013 年度に比し，7,878 億円（41.7%）増加し，2012 年度に比し，1 兆 3,527
億円（102.3%）増加している。

5．2014 年度の「1 社当たり平均減税相当額」の最上位の階級は，資本金 100 億円超の階級
で 8 億 9,098 万円であり，第 2 位の階級は，連結法人 6 億 4,633 万円である。

6．端数処理

　(1)　「減税相当額」は，「適用額」に「換算税率」を乗じて算出した数値の千円未満の端数
を切り捨てている。

　(2)　「増減率（%）」は，%の小数第 1 位未満の端数を切り捨てている。

〔出所〕租特透明化法により，2014 年 3 月，2015 年 2 月および 2016 年 2 月に内閣が国会に提
出した「租税特別措置の適用実態調査の結果に関する報告書」（2012 年度・2013 年度・
2014 年度）に基づき分析整理して作表している。

3　安倍政権になり急増した政策減税の適用による減税相当額は圧倒的に巨大企業に集中的にシフトしている実態

　企業規模別の法人税関係の租税特別措置の適用による減税相当額の増減の状況
を年度別に比較して分析した図表 1-6-1 から明らかなことは，次のようである。

⑴　企業規模別にみた減税相当額の増加状況

　民主党政権による最後の税制改正である 2012 年度の減税相当額と対比して増
加額をみると，安倍政権の 2013 年度は 5,649 億 5,820 万円増（増加率 42.7%）で，
2014 年度は 1 兆 3,527 億 7,626 万円増（増加率 102.3%）である。

　これを，企業規模別にみると巨大企業が主力である連結法人の減税相当額の増
加額は 4,371 億 4,233 万円であり，増加率は実に 286.9%に飛躍している。資本金

100 億円超の巨大企業も 2,823 億 4,903 万円増（増加率 57.9％）と大きく増加している。

特に，驚くべきは，1 社当たりの平均減税相当額は，資本金 100 億円超の巨大企業の 1 社当たり平均減税相当額が 2013 年度が 7 億 7,645 万円，2014 年度では 8 億 9,098 万円と減税恩恵の享受額が平均化してみても巨大であり，しかも年次ごとに増大していることである。

連結法人においても 1 社当たりの平均減税相当額は，資本金 100 億円超の巨大企業の 1 社当たり平均減税相当額が 2013 年度が 5 億 7,318 万円，2014 年度では 6 億 4,633 万円に増大しており，巨額の政策減税を受けている。

このようにして，租税特別措置による政策減税の恩恵は圧倒的に巨大企業に集中し，しかもこれが累年にわたり急速に増加している。

⑵　企業の規模別にみた 2014 年度の租税特別措置の適用による減税相当額の民主党政権最後の税制改正が行われた 2012 年度との比較による主要な増加要因

安倍政権による第 2 年次の税制改正が行われた 2014 年度の租税特別措置による減税相当額は，民主党政権の最後の税制改正が行われた 2012 年度に比し，1 兆 3,527 億 7,626 万円（増加率 102.3％）増加しているが，増加額が多い階層と，その階層別における増加要因となった租税特別措置種類別の状況は，［図表 1-6-2］のようである。

（図表 1-6-2）　安倍政権になり急増した政策減税の階層別増加状況

	企 業 規 模	適用法人数	増加額	増加率	1 社当たり 増加額
1)	連結法人	912	4,371 億円	286.9%	3 億 8,641 万円
2)	資本金 100 億円超	864	2,823 億円	57.9%	1 億 9,758 万円
3)	資本金 1,000 万円以下	879,589	1,923 億円	87.3%	17 万円
4)	資本金 100 億円以下	3,127	1,078 億円	60.4%	1,293 万円
5)	資本金 1 億円以下	28,654	1,074 億円	155.3%	346 万円

1）　連結法人の「減税相当額」が 4,371 億円（286.9％）増加した主な要因は，次のようである。

①　租税等別措置による税額控除額　　　　　　　　　3,009 億円（243.1％）

②　準備金等のうち損金算入限度額　　　　　　　　　805 億円（2,641.7％）

第 17 章　巨大企業が破格の恩恵を受け税負担格差を招来する政策減税の利用実態　◆　*149*

③	土地税制による損金算入額	255 億円（139.7%）
④	特別償却限度額等	254 億円（571.0%）

2 ）　資本金 100 億円超の「減税相当額」が 2,823 億円（57.9%）増加した主な要因は，次のようである。

①	租税特別措置による税額控除額	1,537 億円（86.6%）
②	土地税制による損金算入額	798 億円（128.0%）
③	その他の特別措置による損金算入額	466 億円（58.8%）

3 ）　資本金 1,000 万円以下の「減税相当額」が 1,923 億円（87.3%）増加した主な要因は，次のようである。

①	特別償却限度額等	1,265 億円（370.0%）
②	租税特別措置による税額控除額	294 億円（283.5%）
③	その他の特別措置による損金算入額	176 億円（24.8%）
④	軽減税率適用特例対象所得金額	134 億円（18.9%）

4 ）　資本金 100 億円以下の「減税相当額」が 1,078 億円（60.4%）増加した主な要因は，次のようである。

①	租税特別措置による税額控除額	583 億円（115.4%）
②	その他の特別措置による損金算入額	369 億円（77.1%）

5 ）　資本金 1 億円以下の「減税相当額」が 1,074 億円（155.3%）増加した主な要因は，次のようである。

①	特別償却限度額等	521 億円（213.9%）
②	租税特別措置による税額控除額	338 億円（182.1%）
③	その他の特別措置による損金算入額	124 億円（112.5%）

6 ）　2014 年度の「1 社当たり平均減税相当額」（構成比）の最上位の階級は，資本金 100 億円超の階級 8 億 9,098 万円（51.91%）であり，第 2 位の階級は，連結法人 6 億 4,633 万円（37.67%）が占めている。この上位 2 階級を合算すると，89.58% を占めることになる。

　以上は，企業の規模別にみて減税相当額の増加を押し上げている資本金階層別増加額の総額の多い階層について分析したのであるが，この階層について 1 社当たりの増加額の順位に編成替えをしてみると，［**図表 1-6-3**］のようである。

150 ◆ 第6編　巨大企業に集中する政策減税の真相

〔図表1-6-3〕　安倍政権になり急増した政策減税の1社当たり増加額の階層別状況

	企　業　規　模	適用法人数	1社当たり 増加額
1)	連結法人	912	3億8,641万円
2)	資本金100億円超	864	1億9,758万円
3)	資本金100億円以下	3,127	1,293万円
4)	資本金1億円以下	28,654	346万円
5)	資本金1,000万円以下	879,589	17万円

　これでわかることは，減税相当額を1社当たりの状況に踏み込んでみると，その増加額は明確に企業の規模別の大きさの順位に従っているということである。

　連結法人の階層は減税相当額の総額においても，1社当たりにおいてもトップである。総額では，第3位の小規模企業である資本金1,000万円以下の階層では，1社当たりでは最下位である。適用法人数が879,589社というように多数になっているからである。

　これらの検証の結果は，すべからく政策税制である租税特別措置が，あらゆる角度からの分析によっても巨大企業にその恩恵が偏在的に集中し，その結果，力の強い巨大企業の税負担を著しく軽減している税制不公正の極限状態を鮮やかに露呈している。

第|18|章

多額な政策減税の恩恵を集中的に
享受している企業
―政府は折角の企業名を「匿名」にしている隠蔽体質を露呈―

1　巨大企業の税負担を著しく軽くしている租税特別措置による政策減税の実像の把握の仕方が論点

　法人税関係の租税特別措置による政策減税が特定の企業階層の税負担を不当に削減していることは，これまでの適用実態調査の分析の結果で明らかである。

　要するに，これらの政策減税の恩恵が特定の企業階層である巨大企業の税負担を著しく軽くし，いわゆる「税金を払わない巨大企業」という異常事態を現出している。

　しかし，これまでの適用実態調査の分析は，いわゆるマクロ的アプローチに属する手法であるため，資本金階級別にみても，その階層区分の租税特別措置適用額，減税相当額は，全てその区分に属する企業の租税特別措置の適用状況の平均値で表示されている。このため，全ての数値が平均化されているために，そこに存する優劣が中和化され問題の所在が埋没してしまう。

　これは，政策減税による減税相当額の1社当たりの平均恩恵額は，資本金階級別区分によりみるときは，資本金100億円超の巨大企業においては平均して7億7,645万円（2013年度分）となっている。一見して，巨額な減税恩恵額を集中的に享受しているようにみえるが，これから取り上げるミクロ的アプローチによる手法である「高額な租税特別措置適用法人の適用額」をみるとき，その適用減税相当額のトップの企業は，実に1,213億8,050万円という非常に巨大な金額として試算できるのである。

　要するに，マクロ的な平均値としては1社当たりの減税相当額は平均値として7億7,645万円であるが，ミクロ的に高額な租税特別措置の適用法人のトップの減税享受額は，実に1,213億8,050万円というように，全く断トツであり，実に156倍にも達する極めて大きな開差が存するのである。

　この意味において，政策減税の適用実態を分析するにおいては，ミクロ的観察

152 ◆ 第6編　巨大企業に集中する政策減税の真相

による個別企業について個別的な適用実態を調査することが極めて有用である。

2　多額適用法人の個別の適用額の合計額の表示への後退と個別企業の実名の公表を中止して「匿名」とした租特透明化法の欠陥

　租特透明化法によれば，財務省は毎会計年度に，次の事項を記載した適用実態調査の結果に関する報告書を作成し，内閣はこれを通常国会に提出することとしている。

(1)　租税特別措置ごとの適用者数，適用総額

(2)　法人税関係特別措置ごとの高額適用額（適用額について最も大きいものから順次その順位を付した場合における第1順位から第10順位までに該当する各適用額）

　このため，法人税関係の租税特別措置による政策減税の個別措置の運用状況について，個別措置ごとに適用額および上位10位の適用合計，主な適用業種，さらに，多額適用額については，個別措置ごとに，第1順位から第10順位までの区分別に法人コード番号を付して区分し，それぞれの適用額を表示している。

　政策減税の適用状況については，個別企業の実名は公表されず，法人コード番号による「匿名」となっている。しかし，政策減税の個別措置ごとの上位10位の適用額を，同一法人コードごとに集計することにより高額適用額を知ることができる。

　租特透明化法については，2009年11月17日の「租特透明化法（仮称）の骨子案」では，特別措置ごとの高額適用法人の名称およびその適用額を国会に提出するものとされていた。このように当初は，個別企業ごとに計数を集計して企業の実名入りで公表する案であったにもかかわらず，当時の政権内部からの批判をも含めて法案の作成過程における猛烈なる反対によって個別企業ごとの計数ではなく，個別措置ごとの集計ベースのデータしか公表されないことに後退してしまったのである。

　政策減税の適用状況について実名による個別企業ベースでの適用額を公表することは，企業名を「匿名」とすることによって中止になってしまった。このことは，租特透明化法の立法精神にも逆行し，まさに画竜点睛を欠いてしまったものと批判しなければならず極めて遺憾なことである。

3　多額な租税特別措置の適用法人の適用額および減税相当額の分析

　政策減税の適用状況について，適用個別措置名別の上位10社の適用額と減税

相当額を法人コードの区分ごとに集計する作業をすることにより，ミクロ的アプローチによる個別企業別の適用減税相当額を試算し検証することにした。

政策減税の適用による減税相当額のトップ企業は1,213億8,050万円で，続いて，第2位が744億2,791万円，第3位が229億905万円であり，以下，第30位まで［図表1-6-4］で表示している。

政策減税の適用による減税相当額のトップの企業は，適用個別措置が7項目にわたり，減税相当額の総額は1,213億円に達しており，このうち，法人税額の特別控除が1,204億円（99.20％）を占めている。

順位第2位の企業は，適用個別措置が6項目で，減税相当額の総額は744億円であるが，法人税の特別控除が93億円（12.53％）になっている。

順位第3位の企業は，適用個別措置が3項目で，減税相当額の総額は229億円であり，かつ，土地税制による損金算入額のみであって，法人税額の特別控除額はゼロであった。

政策減税の適用による減税相当額であっても，法人税額が直接に減額される税額控除と，特別償却限度額，土地税制のうち圧縮記帳など翌期以後に課税延期されるものがあり，事業年度を通算すると，大きな差異が存する。

（図表1-6-4）　**多額な租税特別措置適用法人の適用額および減税相当額**
　　　　　　　—適用措置名別上位10社の適用額・減税相当額を会社別に集計している—
　　　　　　　（2013年度分）

No	区分	法人コード	措置名	適用額の種類	順位	適用額 （千円）	換算率 （%）	減税相当額 （千円）
1	連	E011443	試験研究を行った場合の税額控除	税額控除額	1	120,097,841		120,097,841
			国際戦略総合特別区域において機械等を取得した場合の法人税額の特別控除	税額控除額	1	155,660		155,660
			国内の設備投資額が増加した場合の機械等に係る法人税額の特別控除	税額控除額	4	160,879		160,879
			医療用機械等の特別償却	特別償却限度額	1	51,842	25.5	13,219
			障害者を雇用する場合の機械等の割増償却	特別償却限度額	3	404	25.5	103
			収容等に伴い代替資産を取得した場合等の課税の特例	損金算入額	9	354,051	25.5	90,283
			特定の資産の買換えの場合等の課税の特例	損金算入額	6	3,382,424	25.5	862,518

154 ◆ 第6編 巨大企業に集中する政策減税の真相

			合　計			124,203,101		121,380,503
2	連	Q017834	試験研究を行った場合の税額控除	税額控除額	5	9,016,110		9,016,110
			沖縄の情報通信産業振興地域において工業用機械等を取得した場合の法人税額の特別控除	税額控除額	2	8,224		8,224
			国内の設備投資額が増加した場合の機械等に係る法人税額の特別控除	税額控除額	2	304,173		304,173
			医療用機械等の特別償却	特別償却限度額	3	9,186	25.5	2,342
			換地処分等に伴い資産を取得した場合の課税の特例	損金算入額	1	234,664,819	25.5	59,839,528
			特定の資産の買換えの場合等の課税の特例	損金算入額	1	20,617,809	25.5	5,257,541
			合　計			264,620,321		74,427,918
3	単	L037694	収容等に伴い代替資産を取得した場合等の課税の特例	損金算入額	8	2,937,508	25.5	749,064
			換地処分等に伴い資産を取得した場合の課税の特例	損金算入額	1	84,571,982	25.5	21,565,855
			平成21年および平成22年に土地等の先行取得をした場合の課税の特例	損金算入額	6	2,329,958	25.5	594,139
			合　計			89,839,448		22,909,058
4	連	V013800	試験研究を行った場合の税額控除	税額控除額	2	21,174,258		21,174,258
			医療用機械等の特別償却	特別償却限度額	4	3,088	25.5	787
			特別償却不足額がある場合の償却限度額の計算の特例	特別償却不足額	1	123,253	25.5	31,429
			認定特定非営利活動法人等に対する寄附金の損金算入の特例	寄附金額	7	22,247	25.5	5,672
			合　計			21,345,093		21,212,146
5	単	H000883	試験研究を行った場合の税額控除	税額控除額	1	21,086,142		21,086,142
6	単	U008617	試験研究を行った場合の税額控除	税額控除額	2	20,104,361		20,104,361
7	単	H019784	認定特定非営利活動法人等に対する寄附金の損金算入の特例	寄附金額	7	404,300	25.5	103,096
			試験研究を行った場合の税額控除	税額控除額	3	16,527,019		16,527,019
			合　計			16,931,319		16,630,115
8	連	Y000094	試験研究を行った場合の税額控除	税額控除額	3	16,317,260		16,317,260
			特定地域における工業用機械等の特別償却	特別償却限度額	5	14,166	25.5	3,612
			合　計			16,331,426		16,320,872

第 18 章　多額な政策減税の恩恵を集中的に享受している企業 ◆ *155*

							25.5	
9	単	T014900	協同組合等・中小企業等の貸倒引当金の特例	繰入限度額	6	6,307,480	25.5	1,608,407
			保険会社等の異常危険準備金	積立額のうち損金算入額	1	56,203,772	25.5	14,331,961
			合　計			62,511,252		15,940,368
10	連	Z029098	準備金方式による特別償却（積立不足額）	積立不足額	1	1,629,789	25.5	415,596
			換地処分等に伴い資産を取得した場合の課税の特例	損金算入額	2	54,908,342	25.5	14,001,627
			収容換地等の場合の連結所得の特別控除	損金算入額	1	55,302	25.5	14,102
			特定の基金に対する負担金等の損金算入の特例	損金算入額	2	1,635,875	25.5	417,148
			合　計			58,229,308		14,848,473
11	単	U033540	認定特定非営利活動法人等に対する寄附金の損金算入の特例	寄附金額	1	1,462,773	25.5	373,007
			収容等に伴い代替資産を取得した場合等の課税の特例	損金算入額	1	48,305,233	25.5	12,317,834
			換地処分等に伴い資産を取得した場合の課税の特例	損金算入額	5	7,077,726	25.5	1,804,820
			医療用機械等の特別償却	特別償却限度額	10	29,000	25.5	7,395
			合　計			56,874,732		14,503,056
12	単	X032285	保険会社等の異常危険準備金	積立額のうち損金算入額	2	20,888,272	25.5	5,326,509
			原子力保険又は地震保険に係る異常危険準備金	積立額のうち損金算入額	2	1,602,416	25.5	408,616
			損害保険会社の受取配当等の益金不算入等の特例	特別利子の額	1	32,562,730	25.5	8,303,496
			合　計			55,053,418		14,038,621
13	単	R021304	使用済燃料再処理準備金	積立額のうち損金算入額	1	46,609,423	25.5	11,885,402
			収容等に伴い代替資産を取得した場合等の課税の特例	損金算入額	5	3,821,686	25.5	974,529
			特別償却不足額がある場合の償却限度額の計算の特例	特別償却限度額	2	3,900,213	25.5	994,554
			合　計			54,331,322		13,854,485

156 ◆ 第6編 巨大企業に集中する政策減税の真相

14	単	O039865	試験研究を行った場合の税額控除	税額控除額	4	11,166,664		11,166,664
			収容等に伴い代替資産を取得した場合等の課税の特例	損金算入額	10	1,802,800	25.5	459,714
			支援事業所取引金額が増加した場合の三年以内取得資産の割増償却	特別償却不足額	1	124,633	25.5	31,781
			合　計			13,094,097		11,658,159
15	単	L00700	認定特定非営利活動法人等に対する寄附金の損金算入の特例	寄附金額	2	779,093	25.5	198,668
			保険会社等の異常危険準備金	積立額のうち損金算入額	3	17,543,481	25.5	4,473,587
			原子力保険又は地震保険に係る異常危険準備金	積立額のうち損金算入額	3	1,070,838	25.5	273,063
			損害保険会社の受取配当等の益金不算入等の特例	特別利子の額	2	23,856,358	25.5	6,083,371
			合　計			43,249,770		11,028,689
16	単	N023717	原子力保険又は地震保険に係る異常危険準備金	積立額のうち損金算入額	1	40,727,600	25.5	10,385,538
17	連	L035930	試験研究を行った場合の税額控除	税額控除額	3	10,053,842		10,053,842
			国際戦略総合特別区域において機械等を取得した場合の法人税額の特別控除	税額控除額	3	19,119		19,119
			合　計			10,072,961		10,072,961
18	単	Y001293	試験研究を行った場合の税額控除	税額控除額	5	9,732,001		9,732,001
			支援事業所取引金額が増加した場合の三年以内取得資産の割増償却	特別償却限度額	5	15,149	25.5	3,862
			合　計			9,747,150		9,735,863
19	単	W031009	特定株式投資信託の収益の分配に係る受取配当等の益金不算入の特例	益金不算入額	1	37,556,494	25.5	9,576,905
20	単	H039108	特定の資産の買換えの場合等の課税の特例	損金算入額	1	33,053,321	25.5	8,428,596
21	連	W013077	試験研究を行った場合の税額控除	税額控除額	6	7,811,400		7,811,400
			国内の設備投資額が増加した場合の機械等に係る法人税額の特別控除	税額控除額	1	509,319		509,319
			特別償却不足額がある場合の償却限度額の計算の特例	特別償却不足額	4	165	25.5	42
			合　計			8,320,884		8,320,761

第 18 章　多額な政策減税の恩恵を集中的に享受している企業　◆　157

22	単	T017851	探鉱準備金又は海外探鉱準備金	積立額のうち損金算入額	2	9,210,030	25.5	2,348,557
			新鉱床探鉱費又は海外新鉱床探鉱費の特別控除	損金算入額	1	8,983,236	25.5	2,290,725
			国内の設備投資額が増加した場合の機械等の特別償却	特別償却限度額	1	13,048,896	25.5	3,327,468
		合　計				31,242,162		7,966,750
23	連	G008394	試験研究を行った場合の税額控除	税額控除額	7	5,768,481		5,768,481
			国内の設備投資額が増加した場合の機械等に係る法人税額の特別控除	税額控除額	3	267,404		267,404
			雇用者給与等支給額が増加した場合の法人税額の特別控除	税額控除額	2	700,558		700,558
			特定地域における工業用機械等の特別償却	特別償却限度額	6	8,435	25.5	2,150
			障害者を雇用する場合の機械等の割増償却	特別償却限度額	1	1,663,525	25.5	424,198
		合　計				8,408,403		7,162,791
24	単	F038144	収容等に伴い代替資産を取得した場合等の課税の特例	損金算入額	2	9,952,232	25.5	2,537,819
			換地処分等に伴い資産を取得した場合の課税の特例	損金算入額	2	16,473,076	25.5	4,200,634
		合　計				26,425,308		6,738,453
25	単	G039525	平成21年および平成22年に土地等の先行取得をした場合の課税の特例	損金算入額	5	2,590,717	25.5	660,632
			投資法人に係る課税の特例	損金算入額	1	23,627,648	25.5	6,025,050
		合　計				26,218,365		6,685,682
26	単	X003231	保険会社等の異常危険準備金	積立額のうち損金算入額	4	11,386,863	25.5	2,903,650
			原子力保険又は地震保険に係る異常危険準備金	積立額のうち損金算入額	4	1,001,042	25.5	255,265
			損害保険会社の受取配当等の益金不算入等の特例	特別利子の額	3	13,075,212	25.5	3,334,179
		合　計				25,463,117		6,493,094
27	単	N016822	試験研究を行った場合の税額控除	税額控除額	6	6,343,170		6,343,170
			国際戦略総合特別区域において機械等を取得した場合の法人税額の特別控除	税額控除額	9	58,995		58,995
		合　計				6,402,165		6,402,165

28	単	Z011032	試験研究費の総額に係る税額控除	税額控除額	8	5,140,800	5,140,800
			繰越税額控除限度超過に係る税額控除	税額控除額	7	396,696	396,696
			試験研究費の増加額に係る税額控除	税額控除額	3	489,091	489,091
			合　計			6,026,587	6,026,587
29	単	N017196	試験研究を行った場合の税額控除	税額控除額	8	5,900,807	5,900,807
30	単	Z040406	試験研究を行った場合の税額控除	税額控除額	9	5,808,381	5,808,381
			沖縄の情報通信産業振興地域において工業用機械等を取得した場合の法人税額の特別控除	税額控除額	4	33,445	33,445
			合　計			5,841,826	5,841,826

（注）
1．「租税特別措置の適用実態調査の結果に関する報告書」の内容においては，法人税関係租税特別措置による政策減税の個別措置ごとの上位10社の適用額が公表されており，政策減税の高額適用法人の適用額を知ることができる。そこで，法人コードを活用することにより高額な租税特別措置適用法人の適用額および減税相当額を推測することができる。
2．本表は，政策減税の個別措置ごとの上位10社の適用額を，同一法人コードごとに集計し，「減税相当額」の合計額の多い順に配列している。
3．「順位」は，「租税特別措置の適用実態調査の結果に関する報告書」に記載されている「法人税関係租税特別措置高額適用額」の第1順位から第10順位までの順位である。
〔出所〕　租税透明化法により，2015年2月に内閣が国会に提出した「租税特別措置の適用実態調査の結果に関する報告書」（2013年度分）に基づき分析整理して作表している。

第|19|章

朝日新聞の報道は政策減税額を著しく過少に計測し全体像を国民に知らせず誤解を招来

―国会論議までをも誤らせた大新聞の報道姿勢に警告―

1 政策減税を実際の半額程度以下での著しく過少な計測による金額として発表し事実の真相を解明せず社会をミスリードする危険な報道

　朝日新聞は，「企業の政策減税　倍増／安倍政権で1.2兆円　62％巨大企業」の大見出しで政策減税につき大きく報道している（2016年2月14日，朝刊，第1面トップ記事と第2面・第4面の解説記事）。

　同紙の第1面の冒頭のリードの部分の記述は，次のようである。

　「税金を特別に安くする企業向けの『政策減税』の合計額が2014年度，少なくとも約1兆2千億円にのぼることが分かった。減税額は民主党政権時から倍増し，減税の恩恵の約6割を資本金100億円超の大企業が受けていた。まず大企業を後押しして経済の好循環をめざす安倍政権の姿勢が浮き彫りになったが，その『果実』が家計に回っていないのが実情だ。」

　これに続く本文の記述は，次のようである。

　「政策減税の利用状況について，財務省が11年度分から公表している調査報告書をもとに朝日新聞が分析した。国税の減収額が明らかな項目を合計すると1兆1,954億円で，11年度以降初めて1兆円台になった。消費税なら約0.4％分の税収に相当する。民主党政権が税制改正を決めた12年度（5,244億円）に比べ2.3倍に増えた。

　減税額が最も大きいのが，企業の研究開発投資に応じて税金を控除（安く）する『研究開発減税』だ。14年度は6,746億円で，12年度（3,952億円）からほぼ倍増した。第2次安倍政権の発足直後に決めた13年度税制改正で，控除の上限を大幅に引き上げたことで減税額も膨らんだ。

　研究開発減税の恩恵は大企業に集中する。企業数では全体の0.1％にも満たない資本金100億円超の企業への減税額が全体の8割。政策減税全体でも資本

金 100 億円超の企業への減税額が 7,365 億円と 12 年度の 2.5 倍に増え，全体の62％を占めた。12 年度の 56％より高まった。」

なお，この朝日新聞の記事は，「減税額の集計方法」につき，次のように掲載している。

「減税額の集計方法　朝日新聞が減収額を集計したのは，中小企業などの税率を低くする『税率特例』と，税金の一部を免除する『税額控除』に該当する項目。課税を翌年以降に遅らせる効果がある『特別償却』などは集計に含めていない。」

このように，大新聞が現行の日本税制における最大の不公正税制である租税特別措置の政策減税について踏み込んだ詳細な記事を掲載したことは，大いに評価できるとともに，担当記者が，複雑怪奇にして膨大な租税特別措置について鋭く精細な記事を構成した見識と努力には敬意を表したい。この記事は大きな反響があり，社会に幾多の影響を与えたようである。

それだけに報道された「政策減税額」の表現については容認しがたく，租税特別措置により実施している政策減税のスケールの認識について国民に，より正確な情報を提供しなければならない観点から，あえて論評を加えることとする。

2　朝日新聞の報道の問題意識は評価できるが政策減税額を約１兆２千億円としていることは正確な減税の全体額とはあまりにも大きく異なる過少な金額であり「世間を惑わす」おそれが大

日本税制の伏魔殿とも言うべき最大の欠陥税制について，社会に大きな影響力をもつ大新聞が多くのスペースを用いて報道してくれたことは，非常に有意義なことであり高く評価したい。

複雑難解にして膨大な租税特別措置について，その制度の内容の細部までをよく学習し，困難な計数分析に挑戦してくれた気鋭の優秀な担当記者の学識と熱意には大いなる敬意を表するものである。

特筆すべきは，この記事の報道姿勢と問題意識は妥当であり，高く評価できる。そのことは以下の解説記事からもうなずける。

「財務省の報告書を分析して分かったのは，大企業が法人税率引き下げに加え，政策減税という『見えにくい恩恵』も受けていることだ。安倍政権は企業全体にかかる法人実効税率（正確には「法定税率」と言うべきである・著者の注記）を 16 年度，20％台まで引き下げる。税の専門家らは，実効税率を下げるなら政策減税は縮小し，企業になるべく公平に課税していくべきだと指摘してきた

が，安倍政権で政策減税の額はむしろ倍増し，恩恵はより大企業に偏るようになった。」

もっとも，これは朝日新聞社の経済部の記者が3名，2016年1月21日，私の研究所に来訪され，午後2時から4時30分まで2時間30分の長時間にわたり私のレクチャーを受けられたことによっている。その時に用いたテキストは，『税務弘報』(中央経済社)の「租税特別措置による優遇税制の検証」(2015年10月号・11月号）と，中央大学商学研究会発行『商学論纂』の「租税特別措置による政策減税の検証」(2015年9月15日号）である。

上記の記事の部分は，私がかねてから主張してきていることと同趣旨であるから，私としては異論があるはずはなく，同感であるから評価できるのである。

今回の朝日新聞の報道において問題なのは，「政策減税額」を実際よりも著しく過少な金額で発表していることである。

その例として，次のことが指摘される。

(1) 2014年度分の政策減税の利用による国税の減収額を朝日新聞は1兆1,954億円と発表している。第1部第4編第11章（95頁）で詳述しているように，私の調査では，2兆6,745億円であり，その開差は，あまりにも大きい。朝日新聞の数値は私の半分以下である。

(2) 民主党政権が税制改正を決めた2012年分の減税額を朝日新聞は5,244億円と発表している。私の調査では1兆3,218億円であり，これも開差が大きい。朝日新聞の数値は私の3分の1である。

このように，朝日新聞の報道と私の調査による政策減税額に大きな開差が生じているが，その原因は，前に紹介したように朝日新聞の調査は，「朝日新聞が減収額を集計したのは，中小企業などの税率を低くする『税率特例』と，税金の一部を免除する『税額控除』に該当する項目。」に限定していることによる。要するに，朝日新聞の報道は，政策減税を私の調査による表現でいうところの「租税特別措置による税額控除額」と「軽減税率適用特例対象所得金額」の2つに限定してしまっている。租税特別措置は，この2つの種類だけではなく，第1部第4編第13章の図表1-4-5（108〜110頁）に掲載した8つの種類にまで分類できるように，上記の2つ以外に多くの種類の租税特別措置が存在している。

安倍政権の2年目の税制改正による2014年度の租税特別措置の政策減税の「減税相当額」が，実に2兆6,745億円の巨額に達している重大事態を過少な数値である半額以下の1兆1,954億円と大きく報道することは適当でない。

もっとも朝日新聞の記事は，前述のように朝日新聞方式による「減税額の集計

方法」を周到にも掲げているが，企業の政策減税について「安倍政権で1.2兆円」
の大見出しがあることからしても，世の人々は，2014年度の政策減税は1.2兆円
と思い込んでしまうであろう。実際は「安倍政権で2.6兆円」と報道してほしかっ
たといわざるを得ない。

現に，国会における平成28年度予算審議において，衆議院予算委員会で野党
議員が朝日新聞の記事の「政策減税額」の数値を具体的に取り上げて質問してい
たが，財務大臣も，その数値を訂正することなく1.2兆円の金額が政策減税によ
る国の減収額だとして，数値が一人歩きをしている現象がみられた。このように，
朝日新聞の記事は，国会審議までをもミスリードする重大な事態を招いているわ
けである。

3　租税特別措置による政策減税の検証方法のアプローチと所見などについての取材源を記事において明らかにしない報道のあり方についての疑問

この朝日新聞の，政策減税による国の減税についての検証方法のアプローチは，
記事発表の前年である2015年9月15日発行の中央大学商学研究会発行の『商学
論纂』（第57巻第1・2号）に発表した約100頁に及ぶ論文「租税特別措置によ
る政策減税の検証─日本税制の伏魔殿を暴く」に依拠していることは明らかであ
る。

それは，2016年1月21日に私の研究所に取材目的で来訪された朝日新聞経済
部の記者3名のうちのチーフと思われる気鋭の記者が「国会図書館において，中
央大学の『商学論纂』をコピーして入手し，これを精読して学習した」と語って
くれたことと，租税特別措置による政策減税の適用状況の実態分析の手法から，
財務省の報告書では，減税対象の個別の企業の実名が非公開であるため大手企業
の有価証券報告書などを分析した租税特別措置による減税享受額を推定し研究開
発減税の適用の多い企業名と減税相当額を試算した手法に至るまで，私が論文で
発表した手法と全く同じであるからである。

新聞報道において，特定の研究者が独自に開発した検証手法に依拠しながらそ
の学術的根拠の出所を明示することなく，あたかも新聞社が独自に分析手法を開
発したかの如くその分析結果を報道し，租税特別措置についての多くの所見を聴
きながら，それと同様な説明を記事にし，2時間30分にもわたってあらゆる事
項につき取材しながら，取材先個人の固有名詞の表示もなく，記名入りの談話形
式による記載も一切なかったのであるが，大新聞のインタビューと取材マナーと
しては，いかがなものであろうか。

第|20|章

最大の不公平税制である租税特別措置の抜本的改革への基本的提言

―「弱肉強食型」のアベノミクス税制の解体による税制公正化こそ急務―

1 強者である優良大企業を減税し弱者である庶民に過酷な消費税を増税する「弱肉強食型」の税制の暴走

　安倍政権による税財政政策の基調は，成長につながる企業課税の構造改革であり，稼ぐ力のある企業の税負担を軽減することで，企業の収益力の改善に向けた取り組みをし新たな技術の開発や新産業などへの挑戦がより積極的になり，それが成長につながるような改革を行うことであるとしている。

　要するに，儲かっている大企業からは，できるだけ税金をとらない体制，つまり「巨大企業が税金を払わない税制」を構築し，成長戦略の原動力としようとしている。

　このため巨額の財政赤字を抱えながら，空前の利益を上げ実効税負担が著しく低く，あまり多くの税金を払っていない大企業の減税をするために，連続的に企業課税の法定税率を財源の裏づけのないまま引き下げを続ける「一般減税」を繰り返し行ってきている。

　その一方で，経済政策・社会政策その他の政策目的の達成の手段として，租税負担の公平性という大原則の例外措置としての「傾斜減税」である租税特別措置による政策減税をも増設し，特定の業種や特定の企業に偏在的に集中し，税制上の不公正による欠陥を拡大する大企業優遇税制を膨大化させている。

　デフレからの脱却を実現することを目指すことを唱えて，設備投資，研究開発，賃上げを促すための政策税制を創設・拡充し援助しているのである。

　しかし，大企業の減税は，これまで数次にわたり行われ，結果的には大きな減税をして支援を重ねてきたが，経済再生への貢献が明らかでないことは現実が証明している。

　さらに，重大なことは，税の基本理念である租税負担公平の原理を著しく破壊

しながら増設され拡充された租税特別措置による政策減税も，その国民経済的効果については，判然とした評定もなされず，その効果と必要性の論証も認識できていない。

にもかかわらず，これまで詳細に分析し検証してきたように，政策減税による財源消失である減税相当額は，2012年度が1兆3,218億円であったものが，2013年度には1兆8,867億円に，2014年度では2兆6,745億円というように急増している。整理縮減を唱えながら実際は，これとは裏腹に逆転して増大化しているのである。

この結果，企業所得課税の空洞化による財源喪失の「ツケ」を逆進性の強い悪税である消費税の増税に回している。

幻想である経済成長への夢を託して強者である巨大企業に寛容で甘く，その反動として弱者である庶民に厳しく辛い無慈悲な「弱肉強食型」の税制が格差の拡大化を増幅する「アベノミクス税制」の特徴である。

2 大企業には税率引き下げによる「一般減税」と租税特別措置の政策減税の導入による「傾斜減税」の二重構成の優遇措置

財政赤字の累積により1,000兆円をはるかに超える巨額な政府債務を抱えながら，しかも社会福祉による歳出需要は急速に増加するなかで，先行的な企業減税の財源補填を一般国民に対する生活税であり大衆課税である不公正な消費税の累次にわたる増税により賄ってきているのである。

問題は租税負担能力の大きい巨大企業が国を棄てて，無国籍化し自分の国である日本という国に税金を払わないで強欲に「税引後の純利益の極大化」の経営戦略を展開していることである。

これらの企業の稼ぎは日本の経済にも財政にも寄与していないし，国民の平安な生活のために役立っていないのである。

にもかかわらず安倍政権はこれらの企業の税金を一段と軽減してきている。しかも，その軽減手段が税率の引き下げによる「一般減税」と，租税特別措置による政策減税である「傾斜減税」という二重の構造により企業優遇税制を拡大しているのである。

租税特別措置による政策減税が，かくも膨大化したことは，かつて限られた財源により効果的な法人課税の減税を実施しようとする場合，一般的に税率を引き下げる「一般減税」によるか，それとも，特定の業種や産業，企業行動に焦点を当てて限定的に集中してインセンティブを促すことを目指す租税特別措置による

かの選択をしたことがあるが，その際，経済界からの意向をも反映して個別的な政策減税である「傾斜減税」の途を選択したことによる。

ところがその後，税制のグローバル化の進展で「税の競争」における「法人課税の税率引き下げ競争」に巻き込まれ，税制改正は専ら企業課税の税率の引き下げにシフトしてきた。

税制改革のあり方としては，企業課税の減税方式において，世界の潮流にも従い，企業課税の税率の引き下げによるべきことが決定的になっているのである。したがって，法人課税が税率の引き下げにシフトする以上，政策減税である租税特別措置は政府税制調査会はもとより，与党の税制調査会もが建前として提起しているように，まさに，廃止を含めて徹底的に整理縮減化すべきが当然である。

しかるに，甚だ問題なのは，本書で詳述してきたように租税特別措置による政策減税は，整理縮減どころか，安倍政権による税制改正により急増し，倍増しているのである。

すべからく，所見のごとく，速やかに実効性ある整理縮減の徹底化が強く求められる。

3 タックス・ヘイブンを利用している多国籍企業や富裕層に適正に課税し税の公正化と格差是正の断行が急務

闇の社会を暴いた「パナマ文書」の暴露により明らかになったように，巨大な多国籍企業や超富裕層がグローバル経済の見えざる中核のメカニズムであるタックス・ヘイブンを悪用した課税逃れが世界的スケールで行われており，巨額な国の富が海外に逃げている。

多国籍企業・銀行や富裕層が一斉に巨大な租税回避のネットワークを構成し，政府首脳・高官までが国民に負担を強いる一方で，自ら租税負担の公平性を破壊してきた裏の姿がさらけ出された。タックス・ヘイブンを媒体として多国籍企業や富裕層に集中した富が，公正な課税を免れることで世界各国の「税源浸蝕」が深刻化し，その「ツケ」が中小企業や一般国民への税負担の転嫁，社会保障や教育支出や幼児保育支出などの削減，そして財政危機の深刻化が進み，貧困と格差を拡大化させている。

日本の大企業が，税金が全くないか，著しく安く，しかも税務情報が秘匿され不透明化されているタックス・ヘイブンにペーパーカンパニーである子会社を作りトランスファー・プライシング（移転価格操作）やインバージョンを利用して複雑なタックス・プランニングを展開して税負担を軽減し，時には回避している

事実が多いことは否定し難い事実である。にもかかわらず，政府の対応が必ずしも積極的でなく有効な措置が講じられていない。

公開された「パナマ文書」のデータによれば，約400社の日本企業や個人の利用が明らかになっている。多くの企業や富裕層がタックス・ヘイブンを活用して日本国内の所得や資産を海外に移転することで課税を免れている。税の公正化とともに財源が無いなどという前に，これらに適正な課税をし財源を確保する政府の姿勢が問われている。

国や地方の提供する公共サービスを利用しながらタックス・ヘイブンに巨額の所得や資産を移転し隠匿することは，租税回避や脱税に悪用されることはもとよりであるが，そればかりでなく国民経済における経済循環を破壊し，経済格差を拡大し，グローバル化の利益の配分を著しく歪め，世界経済に混乱を誘発している。

4 政策目的の実現手段としての租税誘因措置である租税特別措置の抜本的改革への基本的提言

まことに，租税特別措置は，一定の政策目的を達成するための手段として租税の傾斜的誘因効果を期待しようとするものであって，公共政策への配慮のために経済政策の一環としての意義をもっている。

しかし，その反面，このような租税特別措置は，租税負担の公平性の原則や租税の中立性を阻害し，総合累進構造を弱めたり，納税モラルに悪影響を及ぼすなどの極めて大きなデメリットを伴うものであり，反社会性が大きく，社会的不公正に転化する危険があるといわなければならない。

そこで，租税特別措置は，国家の経済政策的要請の見地から合理的理由に基づき実施する場合であっても，それが国民経済の発展にいかなる貢献をなし，国民全体にいかなる効益をもたらしているかを十分に秤量し，検討したうえで，あくまでも特例的，限定的になされるべき性質のものである。

公共政策目的のための実現手段の行使は，原則として，社会公共的見地から明確なる必要性が認められるものに限り，しかも，政府の直接の財政支出による補助金，融資，利子補給等を手段とすべきであり，政策効果や受益状況が，不明確になりやすい租税誘因措置は基本的に採用しないものとする。

したがって，租税誘因措置による政策税制は，極力縮減整理し，個々の政策上の理由や効果を点検するとともに，租税公平性と負担能力性に重点を置きながら租税原理との調整を図り，租税誘因措置を手段とすることが，特に，国民経済全

第 20 章　最大の不公平税制である租税特別措置の抜本的改革への基本的提言　◆　*167*

体に極めて明確なる効益をもたらすことが十分に論証されうるものに限定することとし，差別的な優遇措置を徹底的に洗い直し，全般的な見直しを断行することが緊要である。

　ここにおいて，政策目的の実現手段としての租税誘因措置である租税特別措置の基本的なあり方については，次のことを提言し強調しておきたい。

(1)　公共政策への配慮のために，政府によってとられる経済政策，社会政策など諸般の政策的措置は，その政策目的に即し社会公共性を重視しながら，受益対象の明確化と受益者側の社会的責任についての認識の昂揚，政策効果の測定の簡明化等の見地から，これを必要とする場合には，その社会経済的な効率的支出を前提として，まず，第一義的には，政府の通常予算として扱われる補助金，融資，利子補給等を手段として直接支出を原則とすべきであり，基本的には，租税特別措置を利用すべきではないこと。

(2)　租税誘因措置は，租税負担の公平性を犠牲にしても，なおはるかに国民経済的効益が大きいことが明確である場合で，しかも，補助金など直接支出によるよりも，租税誘因措置によることにより，その政策効果が大きいことが積極的に，しかも明確に立証される場合に限り，初めて，限定的・特例的にその採用を検討すること。

　　この場合においても，①直接の政策目的の合理性の判定，②政策手段としての有効性の判定，③附随して生ずる弊害と特別措置の効果との比較衡量を，従来以上に租税負担の公平性，租税負担能力性，その他の税制上の基本的原則を重視しながら十分に吟味する。

(3)　国家予算による政府の直接支出は，通常，毎年度ごとに所定の予算編成手続を経て国会の議決と承認により定期的審査を受けている。租税誘因措置も，実質的には，政府の直接支出と同じであるから，所定の定期審査を免れる理由はない。

　　このため財政支出の明確性の要請を実質的に達成する見地から，これにより喪失した租税歳入減少額を政策目的別，種類別に明確にし，その設定時である予算編成時には，「租税特別措置予算」，決算時には，「租税特別措置決算」として国会に提出し，その承認を受けるとともに，これを広く国民に公表すべきである。

(4)　租税誘因措置は，全て期限を限定的に定め，原則として１年限りとし，毎年の政府の歳出予算についての国会審議と同様に，その設定，および継続の当否につき厳格なる吟味をなす「定期審査システム」の採用を前提とすべきである。

168 ◆ 第6編 巨大企業に集中する政策減税の真相

(5) この租税特別措置による租税上の効益は，他の一般的納税者の租税負担の相対的増加の犠牲のもとに付与されるものであり，それは実質的に国庫補助金と同様であるから，その租税上の特別受益額（減免額・課税延期額）を租税についての，いわゆる「社会公共的情報」として，その性格別・種類別はもとより，さらに個別納税者別に公表し，広報せしめるための「租税減免の公示制度」を設け，これを社会一般に公表明示せしめて国民的監視をなさしめるべきである。

(6) 特に，一定額以上の減免（ないし課税延期）を享受している企業・納税者には，会計検査院の監査に準じた公共監査を実施するとともに，必要に応じては，企業の利益処分（役員給与・株主配当などの支出）についても一定の制限を設ける等の措置を実施することをその特例適用の条件とすべきである。

第7編

巨額の課税優遇企業の実名リスト

第21章 政策減税により巨大な恩恵を受けている企業の実名：優遇税制の恩恵が特定の巨大企業に偏在

1 巨大企業の税負担を著しく軽くしている租税特別措置による政策減税の実像

2 研究開発税制の仕組みと適用状況

3 業種別区分による政策減税の適用状況

4 あまりに酷いので「禁じ手」まで冒し敢えて個別企業を実名で公表

5 最高1社だけで1.342億円，7社が100億円以上もの巨額の政策減税の恩典を享受

6 政策減税の是正をめぐる政府関係機関と経団連の利害の乖離

7 租税特別措置の政策減税による大企業優遇税制の是正の可否は民主政治の試金石

第22章 課税上優遇されている受取配当収益の多い企業の実名：巨大企業の税負担を軽くし見逃されている巨額の財源

1 巨額な受取配当収益が課税対象から除外され巨大な財源が失われている

2 何故に受取配当収益が課税除外となってきたのか：受取配当等の益金不算入の趣旨

3 制度の変遷と益金不算入の現状

4 受取配当等の益金不算入額の計算

5 課税上優遇されている受取配当収益の多い企業リストの公表：宝の山が隠されている日本の大企業

6 受取配当収益の多い企業についての調査分析の基礎資料：各期ごとの収益状況の開示

第23章 課税上優遇されてきた受取配当収益の課税是正：株式保有の実態に対応してより一段の課税強化が緊要

1 企業支配株式と資産運用株式を区別する課税の適正化のための改正：不徹底であるが若干の課税強化をした見直しによる改正

2 企業の株式保有の実態に対応したより一段と踏み込んだ改革が緊要：発想の転換による根本的改善こそが急務

第|21|章

政策減税により巨大な恩恵を受けている企業の実名
―優遇税制の恩恵が特定の巨大企業に偏在―

1　巨大企業の税負担を著しく軽くしている租税特別措置による政策減税の実像

　特権的優遇税制化している租税特別措置とは何か，その理念としての建前と醜悪化している現実については，法人税関係の租税特別措置の類型と態様，初めて明らかにされた政策減税の適用実態調査結果についてはマクロ的分析ではあるが種類ごとの適用減税相当額の状況，政策減税の適用により失われた歳入欠落の状況，資本金階級別の適用状況等に関し明らかにしてきた。

　しかし，政策減税の適用状況を個別の企業についてミクロ的分析ができれば，租税特別措置による政策減税の実相が一段と明確にされ，この措置がもっている税制の公平原理を破壊している「凄まじい」不公正の実態を世間に明らかにすることができると考えた。

2　研究開発税制の仕組みと適用状況

　法人税関係の租税特別措置は，11の種類に大別され，80を超える数に及ぶ個別措置があるが，そのうち代表的な措置である，研究開発投資を促すための税制上の対応，いわゆる研究開発税制といわれる「試験研究を行った場合の法人税額の特別控除」制度をとりあげ，その調査分析を試みた。

　まず，試験研究費の税額控除制度は，次のとおりである。

(1)　試験研究費の総額の6～14％を試験研究費の増減に応じて税額控除（当期の法人税額の20％を限度）ができる。

(2)　中小企業者等の試験研究費の額については，上記(1)の適用に代えて，その総額の12～17％の税額控除（当期の法人税額の25％を限度）ができる。

(3)　2017年4月1日から2019年3月31日までの間に開始する各事業年度については，別に前記(1)または(2)に追加して，次のいずれかの選択適用（当期の法

第21章　政策減税により巨大な恩恵を受けている企業の実名　◆　*171*

人税額の25%を限度）ができる。

① 中小企業者等（増加率5%超の場合）に係る税額控除は10%上乗せ

② 平均売上金額の10%を超える試験研究費の額に係る税額控除は0〜10%上乗せ

(4) 試験研究費の範囲について，これまでの製造業による「モノ作り」の研究開発に加え，ビッグデータを活用した「第4次産業革命型」のサービス開発が追加されている。

(5) 特別試験研究費の特別税額控除制度（オープンイノベーション型）については，運用改善をし手続要件を企業活動の実態を踏まえて適正化することとしている。

3　業種別区分による政策減税の適用状況

　企業への傾斜的減税である政策減税は，その特徴として特定の業種，さらに特定の企業に集中している。

　租税特別措置のうち，適用減税相当額の最も大きな種別が税額控除であり，そのうち目立っている個別措置の項目は，いわゆる研究開発税制である「試験研究を行った場合の法人税額の特別控除」である。

　この試験研究を行った場合の法人税額の特別控除の2012年度の適用件数は1万1,177件で，適用総額は3,952億円である。このうち「試験研究費の総額に係る税額控除」の適用件数は3,297件で，その適用金額は3,017億円と，圧倒的な大きさを占めている。

　問題なのは，その主な適用業種と適用企業の実態である。主な適用業種は，化学工業が23.7%，輸送用機械器具製造業が18.6%，機械製造業が12.2%である。適用企業は，上位10社の適用額が980億円で32.5%と一部の特定企業に集中していることは注目に値する。

　次に，「繰越税額控除超過額に係る税額控除」は，適用件数は355件で，適用金額が440億円であるが，主な適用業種は，輸送用機械器具製造業が49.7%，化学工業が21.7%，機械製造業が7.4%である。適用企業は，上位10社の適用額が264億円で60.0%を占めている。

　さらに，「平均売上金額の10%を超える試験研究費の額に係る税額控除」の適用件数は131件，適用金額は93億円であるが，主な適用業種は，化学工業が70.2%，その他製造業が26.2%，輸送用機械器具製造業が2.2%であり，上位10社の適用額が88億円で94.6%を占めている。

172 ◆ 第7編 巨額の課税優遇企業の実名リスト

このようにして，租税特別措置による政策減税は，一部の特定業種で，しかも上位10社の占拠率にみるように極めて限定された特定の一部企業に集中していることが歴然たる事実として明確に露呈されている。

4 あまりに酷いので「禁じ手」まで冒し敢えて個別企業を実名で公表

個別企業の税務情報は，その性質から企業としては機密事項であり，外部からその状況を探究することは困難なことであり慎重でなければならないことは認識している。

税制研究においても抽象的な理論研究においては，研究者が独自の所説を展開することは，その論拠を明示するものである限り，容認されるべきことであると考える。

これに対し，税務情報についての検証研究（私は，この研究分野を「税務検証論」〔理論税務会計学に対する検証税務会計学〕と呼称している）においては，客観的なデータ分析を正確に行うことは当然の責務でなければならない。特に，個別企業についての固有な税務情報や経営情報の調査分析の結果の公開については当該企業の社会的名誉にもかかわることであり，一段と慎重でなければならないものと考えている。

しかし，法人税改革が重大な段階に進行しつつあり，危険な事態が発生することが想定される異常事態に直面していることに鑑み，大胆ないくつかの仮定を設けての推測を含めた試算ではあるが，それにより判明したことが，あまりにも酷い実態なので敢えて現時点の研究成果を公表することにした。

5 最高1社だけで1,342億円，7社が100億円以上もの巨額の政策減税の恩典を享受

法人税関係の租税特別措置による政策減税は，2012年度の適用件数は132万3,369件で，適用額は6兆1,117億8,899万円，その減税相当額は1兆3,218億823万円である。

問題は，その減税相当額合計の47.72％に相当する6,307億8,864万円が資本金100億円超の巨大企業の適用法人703社により利用されている。したがって，1社当たりの減税相当額は8億9,728万円となる。

ところが，個別企業ごとの試験研究費の税額控除額の試算の結果は，驚くべきことに，1社で1,342億円（トヨタ自動車）の減税を獲得していることが判明し，次いで402億円（日産自動車），240億円（武田薬品工業），212億円（デンソー），

第21章　政策減税により巨大な恩恵を受けている企業の実名　◆　*173*

187億円（キヤノン），181億円（日本電信電話），111億円（東海旅客鉄道）が明らかになった。

　この優遇税制による減税の恩恵が1社で100億円以上の企業について，その減税相当額と納付法人税額の全額とともに，税額控除額の納付税額に対する割合をグラフで示すと［**図表1-7-1**］のようである。

　さらに，研究開発税制である試験研究費の税額控除額の適用の多い企業のリストについて，関係資料とともに示すと［**図表1-7-2**］のようである。

174 ◆ 第7編 巨額の課税優遇企業の実名リスト

〔図表1-7-1〕研究開発税制による減税額が100億円以上の企業
―各社とも驚くほどの巨額の恩恵を受けている―

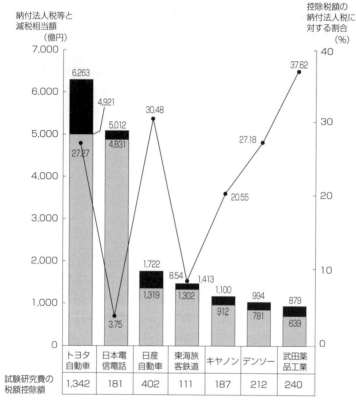

(注)
1．「試験研究費の税額控除額」の適用が100億円以上の7社について，「試験研究費の税額控除額」と「法人税等の納付額」との合計額の多い順に「棒グラフ」で表示している．
　(1) 上段 ■：試験研究費の税額控除額（億円）
　(2) 下段 □：法人税等の納付額（億円）
2．「試験研究費の税額控除額」の「法人税等の納付額」に対する割合（％）を「折れ線グラフ」で表示している．

第21章 政策減税により巨大な恩恵を受けている企業の実名 ◆ *175*

（図表１－７－２）研究開発税制による減税額の多い企業
—試験研究費の税額控除額はこんなにも大きい—

NO	社　名	企業種別の区分	申告方式の区分	損益計算書の区分	決算期の区分	税等負担率の差異 会計適用後の法人 法定税率と税効果（%）	税引前純利益（百万円）	納付法人税等と減税相当額（百万円）		［控除税額］の［納付法人税等］に対する割合（%）	(参考)実効税負担率(%)
								区分	2014年3月期		
1	トヨタ自動車［単体］	事業	連結	単体	2014.3	7.3	1,838,450	納付法人税等　492,100 試験研究費の税額控除額　134,206 計　626,306		27.27	26.76
2	日産自動車（外国税額控除を含む）	事業	連結	連結	2014.3	7.6	529,378	納付法人税等　131,990 控除税額　40,232 計　172,222		30.48	24.93
3	武田薬品工業	事業	単体	単体	2014.3	9.5	253,054	納付法人税等　63,900 試験研究費の税額控除額　24,040 計　87,940		37.62	25.25
4	デンソー	事業	単体	単体	2014.3	7.18	296,084	納付法人税等　81,938 試験研究費の税額控除額　21,258 計　103,196		27.18	26.40
5	キヤノン	事業	連結	連結	2013.12	5.4	347,604	納付法人税等　91,297 試験研究費の税額控除額　18,770 計　110,067		20.55	26.26
6	日本電信電話	特殊	連結	連結	2014.3	1.4	1,294,195	納付法人税等　483,113 試験研究費の税額控除額　18,119 計　501,232		3.75	37.32
7	東海旅客鉄道	事業	単体	単体	2014.3	3.0	370,741	納付法人税等　130,225 試験研究費の税額控除額　11,122 計　141,347		8.54	35.12
8	いすゞ自動車（外国税額控除を含む）	事業	単体	単体	2014.3	11.8	79,748	納付法人税等　21,720 控除税額　9,410 計　31,130		43.32	27.23

No	企業名				決算期						
9	村田製作所（外国税額控除を含む）	事業	連結	連結	2014.3	5.7	132,336	納付法人税等	42,825		32.36
								控除税額	7,543	17.61	
								計	50,368		
10	第一三共	事業	単体	単体	2013.3	10.3	68,164	納付法人税等	18,280		26.81
								試験研究費の税額控除額	7,021	38.41	
								計	25,301		
11	本田技研工業	事業	連結	連結	2014.3	0.9	728,940	納付法人税等	207,236		28.42
								試験研究費の税額控除額	6,560	3.16	
								計	213,796		
12	NTT ドコモ	事業	単体	単体	2014.3	0.8	816,486	納付法人税等	303,100		37.12
								試験研究費の税額控除額	6,531	2.15	
								計	309,631		
13	スズキ（外国税額控除を含む）	事業	連結	連結	2014.3	3.3	197,090	納付法人税等	67,212		34.10
								控除税額	6,503	9.67	
								計	73,715		
14	日野自動車（外国税額控除を含む）	事業	連結	連結	2014.3	5.7	112,438	納付法人税等	32,077		28.52
								控除税額	6,408	19.97	
								計	38,485		
15	小松製作所	事業	単体	単体	2014.3	3.7	163,877	納付法人税等	27,255		16.63
								試験研究費の税額控除額	6,063	22.24	
								計	33,318		
16	田辺三菱製薬	事業	連結	連結	2014.3	7.7	72,441	納付法人税等	22,377		30.88
								試験研究費の税額控除額	5,577	24.92	
								計	27,954		
17	旭化成	事業	連結	連結	2014.3	3.4	163,860	納付法人税等	68,166		41.60
								試験研究費の税額控除額	5,571	8.18	
								計	73,737		
18	ブリヂストン	事業	単体	単体	2012.12	4.0	137,713	納付法人税等	51,170		37.15
								試験研究費の税額控除額	5,508	10.76	
								計	56,678		
19	富士フィルムHD	特殊	連結	連結	2014.3	3.2	157,154	納付法人税等	36,971		23.52
								試験研究費の税額控除額	5,028	13.59	
								計	41,999		

第21章 政策減税により巨大な恩恵を受けている企業の実名 ◆ *177*

20	アステラス製薬	事業	単体	単体	2014.3	3.7	120,493	納付法人税等 13,223	33.71	10.97
								試験研究費の税額控除額 4,458		
								計 17,681		
21	塩野義製薬（外国税額控除を含む）	事業	単体	単体	2014.3	5.4	78,167	納付法人税等 10,924	38.63	13.97
								税額控除 4,221		
								計 15,145		
22	三菱重工業	事業	連結	連結	2014.3	1.9	214,421	納付法人税等 81,137	5.01	37.84
								試験研究費の税額控除額 4,073		
								計 85,210		
23	エーザイ	事業	連結	連結	2014.3	6.5	58,213	納付法人税等 17,252	21.92	29.63
								試験研究費の税額控除額 3,783		
								計 21,035		
24	ダイハツ工業（外国税額控除を含む）	事業	単体	単体	2014.3	9.9	36,026	納付法人税等 11,400	31.28	31.64
								税額控除 3,566		
								計 14,966		
25	東芝（外国税額控除を含む）	事業	連結	連結	2014.3		180,938	納付法人税等 53,790	6.38	29.72
								控除税額 3,433		
								計 57,223		
26	京セラ	事業	単体	単体	2014.3	3.8	80,546	納付法人税等 12,080	25.33	14.99
								試験研究費の税額控除額 3,060		
								計 15,140		
27	ニコン	事業	連結	連結	2014.3	3.0	74,691	納付法人税等 11,714	19.12	15.68
								試験研究費の税額控除額 2,240		
								計 13,954		
28	ダイキン工業	事業	単体	単体	2014.3	4.0	54,395	納付法人税等 7,691	28.27	14.13
								試験研究費の税額控除額 2,175		
								計 9,866		
29	富士重工業	事業	連結	連結	2013.3	2.1	93,082	納付法人税等 17,566	11.12	18.87
								控除税額 1,954		
								計 19,520		
30	資生堂	事業	連結	連結	2014.3	2.0	50,427	納付法人税等 23,855	4.22	47.30
								控除税額 1,008		
								計 24,863		

（注）

1. 「法定税率と税効果会計適用後の法人税等負担率の差異」は，有価証券報告書における「法人税等」について，税効果会計適用後の法人税負担率と法定税率との差異を項目別に，「税

引前純利益」との割合（％）により，または，差異（金額）で表示する2つの方法がある。本表は，「試験研究費の税額控除額」の適用金額の大きな企業の順に配列している。

2．各社における「試験研究費の税額控除額」の金額は，「税引前純利益」に「法定税率と税効果会計適用後の法人税等負担率の差異」（％）を乗じて試算している。

3．「納付法人税率」とは，「法人税，住民税及び事業税」または「当期税金費用」等として有価証券報告書に表示されている法人税等の納付額（過年度法人税等を含み）であり，「法人税等調整額」や「繰延税金費用」を含んでいない。

4．第一三共と富士重工業の2社は2014年3月期において，また，ブリヂストンは2013年12月期において，「法定税率と税効果会計適用後の法人税等負担率の差異」が，法定税率の5％以下であったため，注記が省略されていた。このため，それぞれ前事業年度（2013年3月期および2012年12月期）の資料に基づき作表している。

5．トヨタ自動車は，（単体）損益計算書において「試験研究費の税額控除額」と「外国税控除」とを区分表示しているが，連結損益計算書においては，2つの税額控除額を合算し「控除税額」と表示している。このため，「試験研究費の税額控除額」が明記されている（単体）損益計算書の数値に基づいて作表することとした。

6．「試験研究費の税額控除額」の代わりに「控除税額」または，「法人税の特別控除額」と表示している会社は，次の9社であった。
日産自動車，いすゞ自動車，村田製作所，スズキ，日野自動車，塩野義製薬，ダイハツ工業，東芝，富士重工業。これらの会社の「控除税額」には，「試験研究費の税額控除額」の他に，「外国税額控除」等が含まれている可能性が高いと推察されるので，社名の下に（外国税額控除を含む）と表示している。

7．東芝は，「法定税率と税効果会計適用後の法人税負担率の差異」を％ではなく，金額で表示している。

8．「試験研究費の税額控除額」の金額は，百万円未満を切り捨て，「控除税額の納付法人税等に対する割合（％）」は，小数第2位未満を切り捨てている。

9．キヤノンは，「試験研究費の税額控除額」に代えて，「試験研究費の税務上の恩恵」を表示している。

6　政策減税の是正をめぐる政府関係機関と経団連の利害の乖離

安倍政権は地方税を含めた法人税の法定総合税率34.62％を数年で20％台に引き下げる方針であるとしてきた。ただ税率を1％下げると4,700億円の税収減となる。財務省は「恒久減税には恒久財源が不可欠」との立場であるが，確定的な財源メニューは未決着のままで苦悩してきたのである。

租税特別措置は，一度創設されると長期にわたって存続するという弊害があるので，その必要性や効果を常にゼロベースで見直しを行うことが必要であるとし，政府関係機関では徹底的な整理縮小が必要であると検討されている。

これに対し経団連は，政策減税の縮小・廃止について「国際競争上不可欠なものは維持・拡充・恒久化すること」を提言し，代替財源確保をめぐる政府と経済界の温度差が改めて浮き彫りになっている形である。

7 租税特別措置の政策減税による大企業優遇税制の是正の可否は民主政治の試金石

　政策減税は研究開発税制だけについてみても前述のように特定の業界や特定の企業に集中し，しかもそのスケールも大きく，巨大な不公正税制の伏魔殿となっており，その根本的是正による縮小・廃止が急務であることは明らかである。政府は企業献金への関与を再開し，献金増額の呼びかけまでする経団連による理不尽な圧力に屈してはならないのである。

　消費税の増税の苦痛に耐えている国民からみても，このような巨大な不公正による欠陥が是正できるかどうかが，政府が国民から信頼される試金石になっているのである。

第 22 章

課税上優遇されている受取配当収益の
多い企業の実名
―巨大企業の税負担を軽くし見逃されている巨額の財源―

1 巨額な受取配当収益が課税対象から除外され巨大な財源が失われている

　課税所得を減らし企業の税負担を著しく軽減している「最たる例」として受取配当金の益金不算入制度である法人間配当無税の存在が挙げられる。これは，目下の法人税改革の最大のテーマの1つである。

　内国法人が受ける剰余金の配当等のうち，一般株式等に係る配当等の50％相当と，連結法人株式等および関係法人株式等（株式保有割合25％以上）に係る配当等の全額が，法人の課税所得の計算上，納税申告書においては減額調整することができて「益金不算入」として課税除外（非課税）とされてきた。

2 何故に受取配当収益が課税除外となってきたのか
―受取配当等の益金不算入の趣旨―

　内国法人が他の内国法人から配当等を受け取った場合には，法人税法上，確定申告書における明細の記載を条件として，原則としてその配当等の全部または一部を益金の額に算入しないこととされている。

　この受取配当等の益金不算入制度は，基本的には，現行法人税制が時代おくれで，資本開放性の公開大企業の経営実体に適合せず非現実的な考え方によるのであるが，いわゆる法人擬制説的な考え方に立った「法人個人一体主義」を基調とする課税理論に立脚していることの帰結として導入されたものと説明されてきている。

　この課税理論によるならば，法人は本質的には出資者たる個人の集合体であるから，法人税は本来出資者個人に課すべき所得税の前取り分であると考えられる。そのため，法人の所得のうちの支払配当部分に対する法人税の課税と個人の配当所得に対する所得税の課税との間で，二重課税を排除するための何らかの調整が必要となるとされる。

この調整は、法人段階での1回限りの課税を前提としつつ、個人株主の支払うべき所得税の代替的前払とみなされる法人税の概算額を個人段階で税額控除するやり方である配当税額控除によって行っている。

したがって、［図表1-7-3］に示すように、法人Aとその出資者たる個人Xの間に法人Bが介在し、配当が法人Bを経由する場合であっても、配当税額控除による二重課税の排除を的確に行うためには、あたかも法人Bの介在が無かったかのようにしなければならない。そのための手段が、法人課税における受取配当等の益金不算入制度であり、法人間配当無税の措置にほかならない。

〔図表1-7-3〕法人間配当無税の仕組み
　　　　　　　—受取配当等の益金不算入の趣旨—

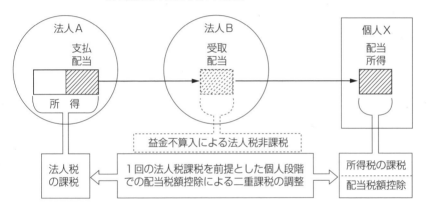

3　制度の変遷と益金不算入の現状

　この制度においては、1950（昭和25）年の創設以来、原則として受取配当等の全額が益金不算入とされてきた。しかし、企業支配的な株式に係る受取配当等以外の配当等については、法人企業による株式保有の増大や法人企業の資産選択行動の多様化といった経済実態を踏まえて、益金不算入としなくてもよいのではないかと考えられるようになった（政府税制調査会『税制改革についての中間答申』1988年4月）。つまり、投資対象としての株式に係る配当等についてまで非課税にすることには、問題があると指摘されたのである。

　そこで、1988（昭和63）年12月の消費税導入を主眼とした「税制抜本改革」において、企業支配的な株式等（特定株式等）に係る配当等は従来どおり全額非

課税とするが，それ以外の一般的な配当等はその80％相当額を課税除外とすることに改められた。

　ところが，2002（平成14）年度の税制改正に際し，「課税所得の計算の適正化」の名目で（実質的には，連結納税制度の導入に伴う税収減への対応策の一環として），連結法人株式等および関係法人株式等を除く一般株式等に係る配当等の益金不算入割合が80％から50％に引き下げられるに至った。

4　受取配当等の益金不算入額の計算

　受取配当等の益金不算入額は，その配当等の元本である株式等を，(i)完全子法人株式等[*1]，(ii)関係法人株式等[*2]，および(iii)一般株式等（完全子法人株式等と関係法人株式等を除く株式等に対する本書独自の呼称）に区分し，それぞれ次のように計算するものとされている。

① $\dfrac{\text{完全子法人株式等に係る}}{\text{配当等の益金不算入額}}$ ＝ 完全子法人株式等に係る配当等の額（全額）

② $\dfrac{\text{関係法人株式等に係る}}{\text{配当等の益金不算入額}}$ ＝ $\dfrac{\text{関係法人株式等に}}{\text{係る配当等の額}}$ － $\dfrac{\text{関係法人株式等に}}{\text{係る負債利子額}}$

③ $\dfrac{\text{一般株式等に係る配}}{\text{当等の益金不算入額}}$ ＝ $\left(\dfrac{\text{一般株式等に係}}{\text{る配当等の額}} - \dfrac{\text{一般株式等に係}}{\text{る負債利子額}}\right) × 50\%$

　　＊1）　完全子法人株式等　概括的には，配当等の額の計算期間の開始日から末日まで継続して内国法人との間に完全支配関係があった他の内国法人（公益法人等および人格のない社団等を除く）の株式または出資をいう。

　　＊2）　関係法人株式等　概括的には，内国法人が他の内国法人（公益法人等および人格のない社団等を除く）の発行済株式または出資（当該他の内国法人が有する自己の株式または出資を除く）の総数または総額の25％以上を，配当等の支払いに係る効力が生ずる日以前6月以上引き続き有している場合における当該他の内国法人の株式または出資をいう。

5　課税上優遇されている受取配当収益の多い企業リストの公表
　　―宝の山が隠されている日本の大企業―

　企業経営では収益であるが，その多くは課税対象になっていない「受取配当金」について「税引前純利益」と対比しつつ，2008年3月期以後，7事業年度にわたっ

第22章　課税上優遇されている受取配当収益の多い企業の実名　◆　*183*

て調査した。

　7事業年度間の受取配当金の合計額が，1,000億円以上の企業について，受取配当収益がその期の税引前利益における構成比をも示して総括的に表示したのが［**図表1-7-4**］である。

　受取配当収益が3兆円を超える企業が2社，2兆円を超える企業が3社，1兆円を超える企業が9社に及んでいる。また，5,000万円を超える企業が7社，4,000万円を超える企業が6社，3,000万円を超える企業が7社，2,000万円を超える企業が9社，1,000万円を超える企業が28社となっている。

（図表1-7-4）受取配当収益の多い会社（7期分合計）総括表
―企業経営では収益だが，その多くは課税の対象になっていない―

NO	社　　　名	企業種別の区分	決算月	2008.3～2014.3月期の7期の通算		
				受取配当金（百万円）	税引前純利益（百万円）	受取配当金構成比（％）
1	第一生命保険	事	3	3,965,957	868,028	456.89
2	三菱東京UFJ銀行	事	3	3,245,903	4,228,219	76.76
3	トヨタ自動車	事	3	2,881,240	4,356,821	66.13
4	三菱商事	事	3	2,545,395	2,087,304	121.94
5	三菱UFJ FG	持	3	2,231,567	1,833,855	121.68
6	三井物産	事	3	1,992,297	1,024,323	194.49
7	みずほ銀行	事	3	1,983,628	1,618,249	122.57
8	三井住友銀行	事	3	1,893,373	3,882,704	48.76
9	みずほFG	持	3	1,733,630	1,750,241	99.05
10	日本電信電話	持	3	1,697,840	1,651,397	102.81
11	本田技研工業	事	3	1,389,251	1,259,830	110.27
12	日産自動車	事	3	1,300,049	1,087,156	119.58
13	三井住友FG	持	3	1,070,973	941,689	113.72
14	伊藤忠商事	事	3	1,000,335	818,850	122.16
15	東芝	事	3	767,346	-21,426	-3581.37
16	日立製作所	事	3	756,642	98,664	766.88
17	パナソニック	事	3	726,064	-1,064,076	-68.23
18	野村HD	持	3	710,216	-200,360	-354.42

19	住友商事	事	3	691,406	558,090	123.88
20	丸紅	事	3	684,215	356,939	191.68
21	セブン＆アイ HD	持	2	550,088	452,180	121.65
22	ソフトバンク	持	3	489,064	397,284	123.10
23	東京海上 HD	持	3	479,738	386,337	124.17
24	キリン HD	持	12	464,196	448,167	103.57
25	NTT ドコモ	事	3	424,515	6,906,600	6.14
26	武田薬品工業	事	3	423,913	1,888,762	22.44
27	JFE HD	持	3	405,331	400,981	101.08
28	三菱電機	事	3	366,154	340,072	107.66
29	三井住友トラスト HD	持	3	341,160	296,633	115.01
30	国際石油開発帝石	事	3	338,609	1,571,589	21.54
31	ソニー	事	3	324,060	48,336	670.43
32	デンソー	事	3	309,970	826,641	37.49
33	豊田通商	事	3	305,657	177,173	172.51
34	新日鐵住金	事	3	305,140	579,264	52.67
35	オリックス	事	3	299,275	283,682	105.49
36	ファーストリテイリング	持	8	296,926	283,031	104.90
37	京セラ	事	3	245,621	415,982	59.04
38	旭化成	持	3	233,442	163,065	143.15
39	HOYA	事	3	230,553	348,465	66.16
40	小松製作所	事	3	227,192	555,949	40.86
41	住友化学	事	3	224,380	-48,708	-460.66
42	三菱マテリアル	事	3	213,807	173,088	123.52
43	住友金属鉱山	事	3	204,144	486,842	41.93
44	住友電気工業	事	3	198,557	158,922	124.93
45	豊田自動織機	事	3	198,410	341,969	58.01
46	第一三共	事	3	183,852	146,077	125.85
47	ダイキン工業	事	3	183,830	163,262	112.59
48	三菱自動車	事	3	183,826	55,618	330.51
49	イオン	持	2	178,903	159,923	111.86
50	神戸製鋼所	事	3	172,710	103,194	167.36
51	帝人	事	3	164,021	-19,814	-827.80
52	アイシン精機	事	3	159,815	231,934	68.90
53	日本郵船	事	3	159,055	148,193	107.32

第22章　課税上優遇されている受取配当収益の多い企業の実名　◆　*185*

54	三井不動産	事	3	155,224	451,818	34.35
55	三井化学	事	3	154,357	-51,538	-299.50
56	アステラス製薬	事	3	149,630	846,324	17.67
57	サントリー HD	持	12	146,954	236,248	62.20
58	マツダ	事	3	139,264	27,161	512.73
59	味の素	事	3	136,977	117,954	116.12
60	三菱瓦斯化学	事	3	132,802	71,880	184.75
61	ブリヂストン	事	12	130,259	594,889	21.89
62	三菱ケミカル HD	持	3	128,781	150,680	82.19
63	JX HD	持	3	123,333	201,433	61.22
64	旭硝子	事	12	122,525	286,516	42.76
65	阪急阪神 HD	持	3	117,068	71,245	164.31
66	村田製作所	事	3	114,293	218,611	52.28
67	日立建機	事	3	112,428	47,427	237.05
68	東レ	事	3	110,085	42,625	258.26
69	キヤノン	事	12	109,999	1,946,514	5.65
70	大日本印刷	事	3	106,977	71,283	150.07
71	トヨタ紡織	事	3	102,016	71,819	142.04

（注）
1．内国法人が受ける剰余金の配当等のうち，一般株式等に係る配当等の50％相当と，連結法人株式等および関係法人株式等（株式保有割合25％以上）に係る配当等の全額100％は，法人税も課税所得の計算上，納税申告書において減額調整することができて「益金不算入」として課税除外（非課税）とされている。
2．2001年の改正商法の規定を承継した会社法が2006年に施行されてから大企業の配当性向が急速に上昇しており，株主法人が受け入れる受取配当額が著しく増大し，このため巨額な受取配当収益が課税除外となっている。
3．次の会社の受取配当金は「有価証券利息配当金」である。
　　第一生命保険，三菱東京 UFJ 銀行，みずほ銀行，三井住友銀行
4．みずほコーポレート銀行は，2013年7月，みずほ銀行を吸収合併し，みずほ銀行に改称している。このため，2008年3月期～2013年3月期までの間，みずほコーポレート銀行として表示されていた数値を「みずほ銀行」として表示している。
5．受取配当金の表示の変更
　①　営業外収益「受取配当金」を「受取利息及び配当金」に，2013年3月期から変更した会社：みずほ FG，日立製作所，パナソニック，武田薬品工業，三菱電機，ソニー，デンソー，新日鐵住金，京セラ，旭化成，小松製作所，住友化学．住友電気工業，豊田自動織機，三菱自動車，神戸製作所，アイシン精機，三井化学，アステラス製薬，三菱瓦斯化学，阪神阪急 HD，村田製作所，東レ，トヨタ紡織
　②　営業外収益の内訳（受取配当金）の表示を2013年3月期より省略した会社；野村 HD

186 ◆ 第7編 巨額の課税優遇企業の実名リスト

6．過去7事業年度分には，2月期，8月期，12月期決算会社が含まれている。
　① 2月決算会社　セブン＆アイ HD，イオン
　② 8月決算会社　ファーストリテイリング
　③ 12月決算会社　キリン HD，サントリー HD，ブリヂストン，旭硝子，キヤノン

7．JXHD は，2010年4月，新日本石油と新日鉱 HD の2社が株式移転により設立したため，2011年〜2014年3月期の4事業年度である。

8．調査対象法人の選定基準
　過去7事業年度における受取配当金が，1,000億円以上の企業につき試算し，受取配当金額の多い順に配列している。

9．「受取配当金構成比（％）」
　「受取配当金」の「税引前純利益」に対する割合を表示した。「受取配当金」が「税引前純利益」より多い会社が，71社中47社（66.19％）に達している。

10．「受取配当金構成比（％）」の小数第2位未満を切り捨てて表示している。

（出所）2008年〜2014年3月期までの7事業年度にわたり，有価証券報告書の単体損益計算書に計上している「受取配当金」「税引前純利益」から作表している。
　　　第一生命保険の2008年3月期の数値は，同社のホームページに掲載されている損益計算書の数値を基に作表している。

6　受取配当収益の多い企業についての調査分析の基礎資料
—各期ごとの収益状況の開示—

　これら調査分析の基礎資料として，受取配当収益の多い企業について，その期別一覧を示すと［図表1−7−5］のようである。

（図表1−7−5）受取配当収益の多い会社（7期分）期別一覧表
**　　　　—企業経営では収益だが，その多くは課税の対象になっていない—**

(百万円)

NO	社　名	月	2008.3	2009.3	2010.3	2011.3	2012.3	2013.3	2014.3	合計
1	第一生命保険	3	651,127	557,911	533,908	529,413	531,101	541,982	620,515	3,965,957
2	三菱東京 UFJ 銀行	3	629,512	474,011	387,349	433,249	450,980	454,929	415,873	3,245,903
3	トヨタ自動車	3	375,554	388,925	242,562	331,293	475,206	511,139	556,561	2,881,240
4	三菱商事	3	278,721	278,497	376,967	349,697	391,413	412,130	457,970	2,545,395
5	三菱 UFJFG	3	507,456	284,343	280,891	412,625	270,930	220,034	255,288	2,231,567
6	三井物産	3	272,308	158,665	198,154	313,851	394,930	289,617	364,772	1,992,297
7	みずほ銀行	3	467,918	333,815	270,627	225,973	214,666	195,704	274,925	1,983,628
8	三井住友銀行	3	322,287	293,992	229,411	240,380	226,631	245,917	334,755	1,893,373
9	みずほ FG	3	770,832	410,517	3,847	17,139	9,327	234,667	287,301	1,733,630
10	日本電信電話	3	213,202	199,050	217,852	235,720	261,182	282,679	288,155	1,697,840

第22章 課税上優遇されている受取配当収益の多い企業の実名 ◆ *187*

11	本田技研工業	3	186,484	129,561	305,150	196,214	182,182	150,492	233,168	1,389,251
12	日産自動車	3	159,516	350,827	422,805	68,705	20,506	20,496	257,194	1,300,049
13	三井住友FG	3	89,693	117,051	118,818	206,865	166,272	165,441	206,833	1,070,973
14	伊藤忠商事	3	117,312	121,522	141,053	134,464	149,230	153,660	183,094	1,000,335
15	東芝	3	101,621	338,218	34,401	101,043	49,858	48,584	93,621	767,346
16	日立製作所	3	72,265	274,791	85,950	110,095	54,930	59,658	98,953	756,642
17	パナソニック	3	75,316	191,924	80,023	50,560	57,059	105,926	157,256	726,064
18	野村HD	3	231,170	145,899	29,406	13,434	54,689	56,508	179,020	710,126
19	住友商事	3	49,577	65,803	71,517	72,827	117,780	139,721	174,101	691,406
20	丸紅	3	69,842	80,687	79,591	60,576	104,301	116,382	172,836	684,215
21	セブン＆アイHD	2	51,669	55,588	140,905	63,918	71,816	82,876	83,316	550,088
22	ソフトバンク	3	2,616	2,790	3,218	23,423	37,304	116,621	303,092	489,064
23	東京海上HD	3	69,400	130,053	25,617	120,892	77,872	42,798	13,106	479,738
24	キリンHD	12	20,068	59,071	92,234	56,674	106,098	74,801	55,250	464,196
25	NTTドコモ	3	198,421	19,132	21,630	24,817	79,653	47,139	33,723	424,515
26	武田薬品工業	3	10,161	13,951	12,044	8,939	272,528	6,905	99,385	423,913
27	JFEHD	3	290,066	100,082	108	8,143	—	3,723	3,209	405,331
28	三菱電機	3	43,475	47,848	79,148	39,523	45,005	54,283	56,872	366,154
29	三井住友トラストHD	3	184,405	14,349	10,043	17,112	33,738	51,963	29,550	341,160
30	国際石油開発帝石	3	15,624	37,992	32,682	69,665	57,343	69,276	56,027	338,609
31	ソニー	3	115,285	30,573	6,835	5,803	7,124	89,392	69,048	324,060
32	デンソー	3	31,428	38,810	37,247	46,563	51,124	50,956	53,842	309,970
33	豊田通商	3	38,664	44,726	35,532	38,503	41,754	45,340	61,138	305,657
34	新日鐵住金	3	25,178	30,774	21,813	61,478	54,152	51,891	59,854	305,140
35	オリックス	3	62,602	65,325	67,758	29,534	37,004	14,479	22,573	299,275
36	ファーストリテイリング	8	39,634	35,710	407	61,558	50,092	50,468	59,057	296,926
37	京セラ	3	32,071	30,357	27,531	37,066	42,046	32,734	43,816	245,621
38	旭化成	3	44,686	26,314	11,638	23,735	54,601	28,071	44,397	233,442
39	HOYA	3	6,903	5,059	128,525	34,724	13,768	11,780	29,794	230,553
40	小松製作所	3	18,410	19,237	29,511	12,159	37,200	40,593	70,082	227,192
41	住友化学	3	31,173	35,074	35,146	25,766	33,895	30,540	32,786	224,380
42	三菱マテリアル	3	31,547	41,745	21,007	29,935	23,702	43,925	21,946	213,807
43	住友金属鉱山	3	47,666	19,367	11,360	28,552	38,017	27,597	31,585	204,144
44	住友電気工業	3	32,474	29,781	19,849	29,778	25,684	27,322	33,669	198,557
45	豊田自動織機	3	37,142	40,797	16,276	16,352	19,541	23,635	44,667	198,410

46	第一三共	3	19,598	4,622	59,973	9,499	35,126	23,954	31,080	183,852
47	ダイキン工業	3	8,855	11,321	34,450	43,840	36,042	23,688	25,634	183,830
48	三菱自動車	3	12,524	4,960	13,019	15,187	22,554	59,231	56,351	183,826
49	イオン	2	19,734	26,218	18,246	28,536	31,786	23,514	30,869	178,903
50	神戸製鋼所	3	20,138	23,314	17,661	14,823	15,413	47,643	33,718	172,710
51	帝人	3	14,916	16,010	20,502	34,082	31,183	35,029	12,299	164,021
52	アイシン精機	3	18,359	30,130	11,090	22,185	24,710	27,063	26,278	159,815
53	日本郵船	3	18,540	57,726	10,419	10,165	21,678	15,562	24,965	159,055
54	三井不動産	3	25,896	28,759	20,840	17,037	16,946	17,143	28,603	155,224
55	三井化学	3	14,883	16,021	7,042	23,366	34,898	16,932	41,215	154,357
56	アステラス製薬	3	15,428	5,868	1,557	2,287	1,763	65,589	57,138	149,630
57	サントリーHD	12	17,102	16,364	438	28,974	24,259	27,322	32,495	146,954
58	マツダ	3	17,091	7,831	11,175	62,193	1,521	1,264	38,189	139,264
59	味の素	3	6,505	9,646	8,171	19,136	22,224	47,026	24,269	136,977
60	三菱瓦斯化学	3	23,109	19,751	12,256	11,763	22,370	21,470	22,083	132,802
61	ブリヂストン	12	19,292	24,588	13,116	18,057	16,152	14,348	24,306	130,259
62	三菱ケミカルHD	3	23,622	14,604	12,566	12,226	24,433	19,148	22,182	128,781
63	JXHD	3				2,287	30,167	45,029	45,850	123,333
64	旭硝子	12	12,536	12,873	12,256	12,098	27,966	18,923	25,873	122,525
65	阪急阪神HD	3	11,574	10,786	13,022	18,383	8,152	25,960	29,191	117,068
66	村田製作所	3	18,354	15,046	8,921	8,767	14,472	20,746	27,987	114,293
67	日立建機	3	15,435	15,916	9,275	8,997	13,875	20,297	28,633	112,428
68	東レ	3	16,368	14,492	12,233	10,198	11,683	17,043	28,068	110,085
69	キヤノン	12	16,816	13,512	15,522	19,737	15,234	10,683	18,495	109,999
70	大日本印刷	3	8,184	21,230	23,101	10,190	9,933	18,014	16,245	106,977
71	トヨタ紡織	3	7,560	14,048	16,106	17,918	19,693	12,321	14,370	102,016

第|23|章

課税上優遇されてきた受取配当収益の課税是正
―株式保有の実態に対応してより一段の課税強化が緊要―

1 企業支配株式と資本運用株式を区別する課税の適正化のための改正
―不徹底であるが若干の課税強化をした見直しによる改正―

⑴ 改正の由来と改正の趣旨

受取配当収益の課税除外は，資金有余のある優良企業に極めて大きな非課税収入を認める課税上の優遇を与える不公正税制であり，かねてより私は，多くの機会にその不合理さを厳しく批判してきた。

政府も重い腰を上げて，2015（平成27）年度の税制改正で，この法人間配当制度の部分的改善が実施された。

この改正は法人課税の法定税率の引き下げに伴う代替財源の確保の一環として不徹底ではあるが見直しが行われたものである。

改正の趣旨は，企業の株式保有を企業支配目的と資産運用目的とに区分して，次のように整理した。

① 企業支配目的の株式（持株比率が高い株式）への投資

経営形態の選択や企業グループの構成に税制が影響を及ぼすことがないように，配当金の100％を益金不算入（課税除外）とすることとし，持株比率の基準（改正前：25％以上）を「3分の1超」に引き上げる。

② 支配目的が乏しい一般株式（持株比率が低い株式）への投資

資産運用の場合は，現金・債権などによる他の投資機会との選択を歪めないように益金不算入割合（改正前：50％）を引き下げることとし，持株比率5％以下の場合は20％益金不算入（80％が課税対象）とする。

⑵　課税強化のための株式等の区分の見直し

1)　「関係法人株式等」から「関連法人株式等」への改正

①　株式比率基準の見直し

改正前は持株比率が25％以上の株式等を「関係法人株式等」とされ，関係法人株式等に係る配当等は，負債利子は考慮するが，配当等の全額が益金不算入とされていた。

これが改正により持株比率の基準が「25％以上」から「3分の1超」へと見直され，名称も「関連法人株式等」となった。益金不算入割合は従来通り全額が対象であり，負債利子も考慮することについては変更はない。

②　継続保有要件の見直し

改正前の関係法人株式等は，持株比率が25％以上であるだけではなく，配当等の額の支払に係る効力発生日以前6か月以上継続保有していることが必要であった。

これが改正後の関連法人株式等は，持株比率3分の1超の状態を配当計算期間の初日から末日まで継続保有していることが要件となった。

改正前は配当等の効力発生日を基準としたのに対し，改正後は配当等の支払に係る基準日をもとに判定することになった点に留意する必要がある。

2)　「非支配目的株式等」の区分の新設

改正前の「その他株式等」に係る配当等については益金不算入割合が50％であったが，課税強化のため「非支配目的株式等」という区分が創設された。この非支配目的株式等とは持株比率が5％以下となる株式等をいう。

3)　証券の投資信託の収益の分配に対する課税の見直し

改正前は，公社債投資信託以外の証券投資信託の収益の分配の額については，その分配の額の2分の1または4分の1に相当する額が，益金不算入の対象とされていた。

これに対し，改正後は，公社債投資信託以外の証券投資信託の収益の分配の額については，益金不算入制度の対象の配当等の額から除外された。つまり，改正後は，収益の分配の額の全額が益金に算入され課税されることになった。

⑶　課税緩和のための控除負債利子制度の見直し

この改正により，法人によっては，その影響が相当に大きくなることも予想されたので，その緩和策として，また制度の簡素化のため，控除負債利子制度が見直された。

改正前は，自己資本で株式を取得した場合と，他人資本（借入金）で株式を取得した場合の課税の公平を図るため，借入金等の負債利子がある場合には原則として，これを配当等の額から控除したうえで受取配当等の益金不算入額を計算していた。

1）　関連法人株式等以外の株式等に係る控除負債利子制度の廃止

改正前は，完全子法人株式等に係る配当等を除き，負債利子を考慮したうえで益金不算入額を算定することになっていた。

改正後は，非支配目的株式等に係る配当等およびその他株式等に係る配当等については，負債利子を控除することなく，前者については，その20％相当額が，後者については，その50％相当額が益金不算入となった。つまり，改正後は，関連法人株式等に係る配当等についてのみ負債利子を控除することになる。

2）　原則法，簡便法の計算方法の見直し

①　原則法の見直し

配当等の額から控除する負債利子の計算は，「総資産簿価按分法」と呼ばれる方法により計算するのが原則である。総資産簿価按分法とは，負債利子の総資産価額に対する株式等の帳簿価額の占める割合を乗じて控除される負債利子を計算する方法である。この方法では総資産の帳簿価額に一定の調整を加えたうえで計算を行う。

改正により，この調整計算において，その他有価証券に係る評価損益は考慮する必要がなくなった。

②　簡便法の見直し

簡便法とは，基準年度において原則法で計算した場合の控除負債利子を基礎に算定した割合を用いて当年度の控除負債利子を計算する方法である。

この場合の基準年度とは，改正前は平成22年4月1日から平成24年度3月31日までの間に開始する各事業年度であったが，改正後は平成27年4月1日から平成29年3月31日までの間に開始する各事業年度となった。

以上のような改正の結果，受取配当等の益金不算入制度は，次のように見直しが行われ改正されている。

⑷　受取配当等の益金不算入の割合

改正による見直し後の受取配当等の課税除外となる益金不算入割合を株式等の持株比率の区分に応じて示すと［図表1-7-6］のようである。

192 ◆ 第7編 巨額の課税優遇企業の実名リスト

（図表1-7-6）受取配当等の益金不算入制度の見直し
　　　　　　　―課税除外割合が多く未だ欠陥が残っている―

改　正　前			改　正　後		
区分	益金不算入割合	負債利子控除	区分	益金不算入割合	負債利子控除
完全子法人株式等 （持株比率100%）	100%	控除なし	完全子法人株式等 （持株比率100%）	100%	控除なし
関係法人株式等 （持株比率25%）		控除あり	関連法人株式等 （持株比率3分の1超）		控除あり
上記以外の その他株式等	50%		その他の株式等 （持株比率5%超 3分の1以下）	50%	控除なし
			非支配目的株式等 （持株比率5%以下）	20%	

（注）
1．保険会社は，顧客の資金を運用しており，改革の影響が広く顧客に及ぶおそれがあることから，特例として「持株比率5%以下」の株式の配当について40%を益金不算入とする。
2．受取配当等から控除される負債の利子の計算の適用は，関係法人株式等の配当金に限られるが，その計算においては，総資産按分法と簡便法のいずれかを選択できる。
3．平成27年4月1日以後開始授業年度より適用される。

2　企業の株式保有の実態に対応したより一段と踏み込んだ改革が緊要
　　―発想の転換による根本的改善こそが急務―

　益金不算入割合は，数次にわたる改正の都度，100%から80%，次いで50%にと，次第に圧縮はされていたが未だ不十分で，巨額の収益が課税除外に放置され不公正は解消されていない。

(1)　非現実的な法人税制の基本的仕組みが誤りの根源

　この平成27年度税制改正による受取配当等の益金不算入制度の改正は，課税強化の方向へ一歩前進したもので，それなりの評価には値するが問題を本質からみるときは不徹底な見直しの仕方であり，不十分なものと批判しなければならない。
　巨額な受取配当収益を，二重課税を排除するための負担調整措置として課税除外としている現行の制度は法人企業の経営実態から遊離した非現実的な法人税制の基本的仕組みに固執していることに問題の根源がある。
　そこにおいては，法人企業を，株主とは別個の独立した社会的実在であるエン

ティティとして認識することなく法人課税を，企業体として法人それ自体に対する課税として設定するのではなく，法人を構成する株主個人の集合体とみて，法人税を株主個人に対する所得税の代替課税として構成した敗戦直後におけるシャウプ税制の遺産を尾底骨的に承継していることに由来する。

これまで，企業の保有する株式に係る配当等の負担調整措置としての受取配当等の益金不算入制度については，社会経済状況の変化にも対応して，その見直しについて幾多の議論が行われ，制度それ自体も漸進的ではあるが改善されてきたのであるが，受取配当等の益金不算入制度による課税除外措置は，これにより大きな恩恵を享受している財界，大企業の既得権化し，この制度の是正については，日本経団連を中心とする財界の抵抗があり，改革が妨げられてきたのである。

平成26年度の政府税制調査会の法人課税ＤＧ（ディスカッショングループ）は，法人税の法定税率の引き下げを討議し，その財源として受取配当益金不算入の縮減を提案し，及び腰ながら，次のように見解を明らかにしている。

「企業の株式保有は，支配関係を目的とする場合と，資産運用を目的とする場合がある。支配関係を目的とする場合は，経営形態の選択や企業グループの構成に税制が影響を及ぼすことがないよう，配当収益を課税対象から除外すべきである。他方，資産運用の場合は，現金，債券などによる他の資産運用手段との間で選択が歪められないよう，適切な課税が必要である。」

企業の株式保有については，その経営実態に即して，その果実である受取配当収益に対する課税を設定すべきである。

親子会社間の配当のように，企業支配的な関係に基づく，いわば同一企業の内部取引と考えられるものについては二重課税になるから課税すべきではない。

これに対し，そのような関係を有しない法人の株式は資産運用による投資物件で財テクとしての性格があり，また，企業の資産選択の実態等を踏まえると，法人企業が投資対象として保有する株式に係る配当についてまで二重課税の調整措置として益金不算入の対象とすべきでないことは明白である。

このため，持株比率のいくらをもって企業支配目的と投資目的とを識別するかは議論のあるところであろうが，改正後の受取配当益金不算入制度は，さらに，次のように改革することが適当であると考える。

(1) 「完全子法人株式等」に係る受取配当金を全額課税除外とすることは当然なことで問題はない。

(2) 新設された「関連法人株式等」の持株比率を「３分の１超」として受取配当金を完全子法人と同じくその全額を課税除外とするのはいかがなものか。甘す

ぎるのではないか。

これについては，次の改革案を提案したい。

① 関連法人株式等の判定における持株比率を「50％以上」に引き上げる。

② 関連法人株式等の判定における持株比率を改正後のように「3分の1超」とする基準を維持するのであれば，益金不算入割合を全額から半額の50％に引き下げる。

(3) 非支配目的株式等の判定における持株比率「5％以下」の基準は，あまりにもルーズであり，20％の益金不算入を認めるのは寛大に過ぎると思われる。益金不算入割合を零として全額を課税対象とすべきである。

(4) 「その他の株式等」は持株比率が「5％超3分の1未満」となるわけであるが益金不算入割合を50％としているのも寛大に過ぎて適当でない。益金不算入割合を零として全額を課税対象とすべきである。

このようにした改革提案の要旨を整理すると，次のようになる。

(1) 関連法人株式等……益金不算入割合　100％→50％（課税対象の拡大）

(2) その他の株式等……益金不算入割合　50％→ゼロ（全額課税に変更）

(3) 非支配目的株式等……益金不算入割合　20％→ゼロ（全額課税に変更）

195

第8編

理不尽で不公正極まる危険な税制動向

第24章　安倍政権は法人税減税を断行してきたが実際は既に極小の税負担：財界は厚かましくも更なる法人税減税を要請

1　経団連が法人税率の更なる引き下げと消費税率の再引き上げを要求してきた理不尽
2　経団連の政治への目に余る干渉による財界・大企業擁護政策へのシフト
3　法人税率の再引き下げは安倍政権の中味のない「成長戦略」の目玉となっているが経済成長には役立たず法人税制の不公正を拡大
4　巨大企業の実効税負担率は経団連の要求してきた20%台を既に割り込み17.29%に過ぎない現実を直視することが必要
5　経団連は2017年の衆議院選挙後これまでの法人税率の引き下げを高く評価し会員企業に政治献金を呼びかけ「25%まで」の更なる引き下げを要求
6　安倍首相は産業界に「3%の賃上げ」を要請し見返りに法人税の法定総合税率を段階的な「最大3%程度引き下げ」により27%台前半にする検討を表明

第25章　巨額の消費税収は国民福祉でなく企業減税の穴埋めに消失：消費税の再増税ではなく大企業からの増収が本筋

1　庶民いじめの消費税増税による財源を使った巨大企業の大減税でよいのか
2　消費税収入が法人税減税の穴埋めとなり社会保障のためになっていない
3　このままでは日本の将来が危うくなることを深刻に懸念
4　更に消費税を増税し法人企業課税の減税財源とする理不尽な税制改正をしてはならない

第26章　アベノミクスの失政を糊塗する「財源なき無定見な減税」で一挙に引き下げられた法人税率：首相官邸と財界の共謀的主導による法人税率の大幅な引き下げの強行

1　政府と財界の「取引」により「財源なき無定見な減税」として先行的に引き下げられた法人税率
2　2年先の平成30年度以降の税率の引き下げまでをして「20%台」という財界の要請に応えた安倍政権の法人税率の引き下げの由来と経緯
3　法人税率の先行的な引き下げが行われた平成28年度改正の経緯とその趣旨および内容
4　平成27年度と28年度にわたり行われた法人税改革により引き下げられた法人3税の法定総合税率の推移と変遷

第27章　グローバル大企業の税負担の軽減を策す「政治権力追随型」の政府税調の意見：驚くべき「法人税終焉論」まで公言

1　怪しげな「法人税の負担構造改革論」の真意は何か
2　徴税者本位で企業の立場を無視した理不尽な外形標準課税の拡大適用論への懸念
3　中小企業の存在を蔑視するような差別的発想は遺憾千万
4　驚くべき「法人税終焉論」は謬論である

第 24 章

安倍政権は法人税減税を断行してきたが実際は既に極小の税負担

―財界は厚かましくも更なる法人税減税を要請―

1 経団連が法人税率の更なる引き下げと消費税率の再引き上げを要求してきた理不尽

日本経済団体連合会（以下「経団連」という）は，2015年9月8日，「平成28年度税制改正に関する提言」を発表した。それによれば，2017年4月に予定されていた8％から10％への税率アップによる消費税再増税の確実な実施と，法人税の法定総合税率の20％台への引き下げを早期に実行することを強く求めていた。

2015年11月11日に開かれた経済財政諮問会議では，榊原定征経団連会長ら民間議員は，「GDP600兆円の強い経済実現に向けた緊急対応について」と題した提案を提出した。それによれば，アベノミクス第2ステージで予算・税制面で必要な「緊急対応」の真っ先に挙げているのが法人税改革で，当時の32.11％の法定総合税率を，「早期に20％台に引き下げる道筋をつけるべき」と減税を訴えていたのである。

榊原会長は，財界を代表して政府の意思決定の「司令塔」に入り，法人税率の再引き下げについて政権に重ねて圧力を加えてきた。

企業の所得課税の法定総合税率は，再々にわたり引き下げられ，最近では，2015年度の税制改正により，これまでの34.62％から32.11％に引き下げられ，次いで2016年度にも29.97％に，さらに，2018年度には29.74％まで引き下げられた。

経団連は，「経済活性化を図るため，法人実効税率（正確には，「法定総合税率」というべきである）のさらなる引き下げを図り，できるだけ早期に20％台を実現することが重要である。」とし，最終的にはアジア近隣諸国並みの25％まで引き下げるよう要求してきていた。ただし，代替財源は示していない。まことに勝手極まる財界・大企業本位の「あつかましい」要求である。

第24章　安倍政権は法人税減税を断行してきたが実際は既に極小の税負担　◆　*197*

2　経団連の政治への目に余る干渉による財界・大企業擁護政策へのシフト

　第2次安倍政権の発足以来，経団連の政治への干渉には，目に余るものがある。それは政権に対し，あらゆる形で影響を与え，財界・大企業にとって有利な政策を持続させようとする作用であるが，それは，次の3つのルートにより行われている。

　第1は，政権に対する政策提言である。経団連の政策提言として発表することによって政権の政策決定に影響を与えている。これは，以下の2つのルートによる圧力をバックとすることにより大きな力となり威力を発揮している。

　第2は，政権の政策決定への直接参加である。経団連の代表が政権の政策決定過程に直接に参加して財界・大企業に都合のよい政策を決定させている。特に，内閣の「司令塔」といわれる会議体の内に分厚い人材を送り込み，直接に大きな影響を与えている。

　第3は，政治献金の奨励である。これまでは巨額の献金を斡旋したり，自ら集めて自民党に提供していた。しかし，これが最近ではいちだんと露骨になり，政党の政策評価による「通信簿方式」を復活させ，それに準拠して政治献金を奨励するという，まさに，事実上の「政策をカネで買う」と言うべき方式が採用されている。

　このようにして，「財界直結型」の安倍政権の政策は，経団連をはじめとする財界・大企業の意向をストレートに反映するものとなっている。大企業の法人税率の引き下げ，その事実上の代替財源として，庶民いじめの逆進性の強い悪税である消費税増税に狂奔していく政策決定の由来とその根源が存するのである。

3　法人税率の再引き下げは安倍政権の中味のない「成長戦略」の目玉となっているが経済成長には役立たず法人税制の不公正を拡大

　安倍政権の経済政策アベノミクスの中核は，金融，財政に続く「成長戦略」であったが，いつまで待っても，中味としての具体策が出てこないで，いまや完全に空洞化している。最近は，これを「新3本の矢」に看板を塗り替えて，これまでの「3本の矢」の経済政策を一層強化した「希望を生み出す強い経済」とスローガンを変えている。

　そこで，この「強い経済」のために，何かをやらなければならないから，法人税改革を「企業の立地競争力を強化する」ために5％程度引き下げることとしている。しかし，法人税減税で企業の立地競争力を強化するなどということはできない。

現に，経済産業省「海外事業活動基本調査・2013 年度版」によれば，日本企業の海外直接投資の決定要因のうち，最も有力な理由は「現地での製品需要 67.5 ％」であり，「税制」を挙げる企業は僅かに 8.9 ％に過ぎない。そのまま法人税減税をしても，大企業の株主への配当と内部留保を増やすだけで，設備投資や従業員給与を増加させることにはならないのは周知のことである。

日本企業の内部留保にあたる利益剰余金は円安や法人税の減税，労働分配率の低落で増え続け，2016 年度に 406 兆円と 5 年間で 40 ％増えている。ちなみに，現預金 211 兆円，株式は 276 兆円，債権などその他の流動資産は 164 兆円という状態である。

一方で，設備投資は 20 年前とほぼ同水準にとどまっている。

安倍政権の成長戦略は，手づまりで，何かをやらなければならないため，経団連の要求もあるから，これに応えようとして，法人税率の再引き下げを掲げているものの，無定見な全く誤った政策である。

法人税制の最大の問題は，後述するように，大企業優遇税制や法人税制の欠陥により課税ベースに大きな欠落があり，「歪んだ法人税制」になっていることである。この欠陥を是正しないで，税率だけを引き下げることでは，法人税制の不公正を拡大化するだけである。

4 巨大企業の実効税負担率は経団連の要求してきた 20 ％台を既に割り込み 17.29 ％に過ぎない現実を直視することが必要

財界・大企業，マスコミ，経済産業省等は，日本の法人税は高いと声高に喧伝しているが，私のこれまでの研究で明らかになったことは，割高であるのは法律上定められている名目上の「法定総合税率」であり，現実の納税実態における真実な「実効税負担率」は極めて低いのである。

これを，欠損のため赤字申告をして税金を納めていない法人を除いた有所得申告法人について，全法人をトータルにならしてみた「総合平均実効税負担率」（2013 年度分・外国税額を含む）は 22.72 ％であり，法定総合税率の 6 割弱の 59.77 ％に過ぎない。

このような法人税の実態のうち，特に指摘しなければならないことは，資本金 100 億超の巨大企業の実効税負担率が極めて低いことである。この階層に属する法人の総合平均実効税負担率は，実に 17.29 ％（2013 年度分・外国税額を含む）という驚くべき低い税負担水準になっていることである。

これでも，日本の法人税の負担は高いと言えるのか。既に低くなり過ぎるくら

い低いのであり，この事実を政府は真剣に考えるべきである。

表面的な法定税率と経済的実質的な実効税負担率との間には，著しく格差が存するのである。

欠陥法人税の是正を放置したままで法人税率の引き下げだけを行うのでは法人税制の不公正を拡大するのみでなく，税体系の全体をも歪めることになる。

有害な法人税率の引き下げは速やかに中止して，この調査研究で検証した「正しい真実な実効税負担率」の実態を直視して，法人税制に存在する最大の欠陥である課税ベースの欠落の原因となっている租税特別措置での大企業優遇，法人税制の基本的仕組みに内在する欠陥，課税所得金額の計算における税務会計ルールの歪み，国際課税の整備不足など，極めて多く存在する欠陥事項の是正に速やかに着手すべきである。

5　経団連は 2017 年の衆議院選挙後これまでの法人税率の引き下げを高く評価し会員企業に政治献金を呼びかけ「25％まで」の更なる引き下げを要求

2017 年 10 月に行われた衆議院選は野党の分裂による自滅で自民党が圧勝し，第 4 次安倍政権が始動している。選挙直後の 10 月 23 日，経団連は与党の自民・公明両党の政策について「内政・外交両面で成果を上げており，高く評価できる」とする「政策評価」を公表し，会員企業に政治献金の促進を呼びかけた。

特に法人税改革では，法定総合税率を 2018（平成 30）年度から 29.74％に引き下げ，長年の要望であった「30％未満」を実現したことを実績に上げ評価したが，あつかましくも，更に「25％にまで引き下げる」ことが課題であるとし，政府に対する要求のレベルを高めている。

6　安倍首相は，産業界に「3％の賃上げ」を要請し見返りに法人税の法定総合税率を段階的な「最大3％程度引き下げ」により 27％台前半にする検討を表明

安倍晋三首相は，10 月 26 日の経済財政諮問会議で「3％の賃上げが実現するよう期待する」と述べ，2018 年の春闘での賃上げを産業界に要請した。首相が5 年連続の賃上げ要請を行ったのは，株高，円安を背景に企業業績が過去最高になっているにもかかわらず，賃金に回らずデフレ脱却が進まないからである。しかも，今回は「3％」という具体的な水準を明確に数字で示し，賃上げの必要性を強く訴えた。

その見返りに，政府は平成30年度税制改正で法人税の法定総合税率を引き下げる方向で検討に入ったともしていた。現在29.97％を段階的に最大3％程度下げ27％台前半にすることを検討し，賃上げの原資を増やすことにするとしている。

安倍政権は，法人税減税を経済政策「アベノミクス」の成長戦略の柱に据えて，改革に取り組もうとしてきた。

新しい政策パッケージとして持続的な経済成長を成し遂げる鍵として「生産性革命」と「人づくり革命」をスローガンとして掲げた。しかし，その内実は賃上げと生産性向上のための税制措置の構成だけである。生産性向上のために本格的核となる政策手段の発掘まで知恵が及んでいないのである。

所得拡大促進税制の拡大的改組として3％以上の高い賃上げと国内設備投資の拡大で企業課税の実質的負担を25％程度に下げ，さらに，情報連携投資等の促進税制の創設によりLOTやAIなどの先端技術への投資により実質的負担を20％程度にまで引き下げることとしている。

安倍税制政略の特徴は，企業減税の政治的濫用の続行である。成長戦略にとり「きめ手」となる政策手段がなく，ひたすら企業減税にシフトしている。

第|25|章

巨額の消費税収は国民福祉でなく企業減税の穴埋めに消失

―消費税の再増税ではなく大企業からの増収が本筋―

1　庶民いじめの消費税増税による財源を使った巨大企業の大減税でよいのか

　庶民の生活と直結する逆進性の強い酷税である消費税が，2014年4月から5％が8％に増税された。そのうえ，さらに，これまで2回にわたり延期されてきたが，2019年10月から10％に再増税されようとしている。

　これに反し，財界の強い要求に従って法人企業の所得に対する「法定総合税率」を「数年以内に20％台まで下げる」と政府は公約し，大企業への，さらなる減税を断行してきた。

　国の借金である財政赤字が1,000兆円を超えているので，財政状態の改善のために消費税の大増税までをもしようとしてきているのに，大きく儲かっていながら国に税金を払っていない大企業の税金である企業課税を減税するのは，税財政の論理からも大きく矛盾しており，多くの国民も納得し難いことである。

　財界やマスコミでは「日本の法人税は高い」と大合唱しているので，日本の経済界を代表する有力な主要企業のうち業績の良い企業について，どのくらい税金を払っているのかを調査してみた。その結果，驚くべき実態が判明したのである。

　2013年3月期と2014年3月期の「法定総合税率」（国税の法人税と地方税の法人住民税・法人事業税を合計した法人に対する所得課税の総合税率）は38.01％であるのに，「実効税負担率」は非常に低く，1％に満たない企業も数社あり，10％未満の企業がかなりあり，10％台も多く，圧倒的に多いのが20％台の企業である。

　比較的に多くの法人税等を払っている著名な企業でも20％台が大部分であり，数少ない30％台の企業でも，全てが32％未満にとどまっているのが実態である。

2 消費税収入が法人税減税の穴埋めとなり社会保障のためになっていない

　財界や政府は，庶民が納める消費税を増税して，グローバル競争をしている企業に対する法人税を減税しようと計画し策謀をしているが，これは今回が初めてではない。

　消費税は，1989年に3％で創設され，1997年に5％に引き上げられ，2014年に8％に再引き上げされた。このうえ，さらに，2019年の10月には10％の大台へと税率をアップしようと目論んでいる。

　国税である法人税の税率は，1984年には43.3％で，1987年には42.0％に下げられ，消費税導入の1989年には40.0％，1990年には37.5％と連続的に引き下げられ，1998年に34.5％，1999年には30.0％，続いて2012年には25.5％まで引き下げられてきた。そして，いよいよ2015年から順次に本格的な引き下げが行われた。

　消費税増税と法人税率の引き下げはセットであることが，消費税導入後の歴史をみれば，よく分かる。

　消費税は，社会保障のための財源であるとする政府の宣伝文句に反して，法人税の減税財源となってきているのである。法人税率の大幅な引き下げによって，毎年の法人税収は大幅に減ってきているのである。地方税分を含めて，法人3税が最高であった1989年度の29.8兆円が現在は12.3兆円（2017年度予算ベース）まで落ち込んでいる。

　法人3税の1989年度から29年間の累計総減収額は280兆円，同時期の消費税収の累計は349兆円（国民1人当たり275万円）である。これまでの巨額の消費税収のほとんどが，法人税の減収の穴埋めに消えてしまっていることが［**図表1-8-1**］に示すとおり明らかである。

〔図表1-8-1〕巨額な消費税収は法人企業の減税で消えている
—29年間の消費税収と法人3税の減収額の推移—

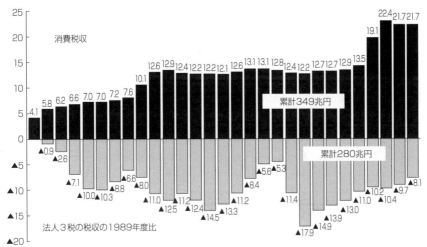

(注)
1. 財務省および総務省公表データにより計算。2015年度までは決算、16年度は国は補正後、地方は当初予算、17年度は国・地方とも当初予算ベース。
2. 消費税は地方分（地方消費税、消費譲与税）を含む。法人3税には法人税、法人住民税、法人事業税のほか、地方法人特別税、地方法人税、復興特別法人税も含む。

3 このままでは日本の将来が危うくなることを深刻に懸念

　国の稼ぎ頭である大企業からあまり多くの税金を徴収しないような仕組みを構築し優遇する結果として、国民に過重な負担をかける税制が実現することは危険な動向である。そんな税制になったならば、日本の将来を危うくすると私は懸念している。

　財界の圧力に屈した安倍首相が財界の要求どおり、法定総合税率を10％引き下げるためには年間5兆円程度の財源が必要だとされている。財務省は代替財源探しに頭を悩ませ四苦八苦しているが、政府税調も知恵を出すことなく、結局は消費税の更なる増税に加えて、国民にいろいろな負担を強いるような増収策しかないと説明している。

　このままでは、国と国民を豊かにし幸せにするはずの富は、大企業や大富豪に吸い上げられて、海外のタックス・ヘイブンに流出する一方である。

そんな理不尽なことが許されてよいであろうか。民主国家の税制のあり方としては到底許されてはならないことである。

税制公正化への魂の覚醒を求め，課税ベースの「妖怪化」を防ぎ，真に平和で文化の香り高く，世界から尊敬されるすばらしい活力ある企業社会と国の姿を構築していきたいのである。

4 更に消費税を増税し法人企業課税の減税財源とする理不尽な税制改正をしてはならない

消費税10％への増税をして，更なる企業課税の減税の代替財源にしようとする策謀を中止させなければならない。

企業国家である日本では，稼ぎ頭である大企業は，その大きな儲けに従って，負担能力に応じて，しっかり納税してもらうよう法人税制を整備することが緊要である。大企業は，国家財政を支え，国の安全保障や国民の社会福祉に貢献すべきなのである。

税制改革では，消費税の再増税と法人税の再減税ではなく，大企業税制の欠陥を是正し，地球的スケールでの税金逃れを防止させ，大企業が「まともに」法人税を払うよう「法人税制の再建」に力を注ぎ，健全な企業秩序を確立しなければならない。

第|26|章

アベノミクスの失政を糊塗する「財源なき無定見な減税」で一挙に引き下げられた法人税率

―首相官邸と財界の共謀的主導による法人税率の大幅な引き下げの強行―

1 政府と財界の「取引」により「財源なき無定見な減税」として先行的に引き下げられた法人税率

安倍政権は，アベノミクスと僭称している経済政策により，目指す「経済の好循環」が期待してきた成果が進んでいないため，法人税の法定税率をさらに引き下げて早期に 20％台とする必要に追い込まれた。そこで，官邸と経団連が組み，当初の「数年内に法定総合税率（国税・地方税を含めた法人 3 税の合計）を 20％台」としていたのを 2016（平成 28）年度の税制改正で一気に 20％台に引き下げたのである。

経団連は，「法人税の法定総合税率の早期の引き下げ」を政府に要求し，政府は経団連に賃金の引き上げと設備投資の 10 兆円超を要求していたのであった。

このような政府と財界の「やりとり」で「取引」が行われたのは，安倍政権の経済政策が機能しないで「経済の好循環」などは，さっぱり実現しないためである。アベノミクスの柱となっている日本銀行の規律なき金融の異次元緩和による円安で，大企業の収益は改善したものの，働く人や中小企業に恩恵が滴り落ちる効果は全く出ていない。物価の影響を除いた実質賃金は上昇が乏しく，賃金や投資における弱さがデフレの流れを止めることができない危機的な状況であった。

そこで，政府と経団連の「やりとり」から，財務省や経産省もが「はしご」を外され，政府税制調査会はもとより，自民党税制調査会も蚊帳の外におかれ，事後報告を受けるのみとなった企業課税の税率引き下げが断行された。「法定総合税率を 20％台に」という税制改正の基本的方向は，官邸と財界主導で進められたのである。

2　2年先の平成30年度以降の税率の引き下げまでをして「20％台」という財界の要請に応えた安倍政権の法人税率の引き下げの由来と経緯

　財政赤字による巨額な政府債務を抱えながら「財源なき減税」である無定見な法人課税の税率引き下げを2年先以降まで先行的に行った由来と経緯について「平成28年度与党税制改正大綱」は，次のように説明している。

平成28年度与党税制改正大綱

　「課税ベースを拡大しつつ税率を引き下げる」という考え方の下，平成27年度に着手した成長志向の法人税改革を，更に大胆に推進する。法人課税をより広く負担を分かち合う構造へと改革し，「稼ぐ力」のある企業等の税負担を軽減することにより，企業に対して，収益力拡大に向けた前向きな投資や，継続的・積極的な賃上げが可能な体質への転換を促す。

　この結果，国・地方を通じた法人実効税率（正確には「法定総合税率」著者・注記）は，平成28年度に29.97％となり，目標としていた「20％台」を改革2年目にして実現する。更に平成30年度には，29.74％となる。なお，企業部門に対していわゆる先行減税を含む「財源なき減税」を重ねることは，現下の厳しい財政事情や企業部門の内部留保（手元資金）の状況等に鑑みて，国民の理解を得られない。このため，税率引下げに当たっては，制度改正を通じた課税ベースの拡大等により財源をしっかりと確保することとした。

　経済界には，法人実効税率「20％台」の実現を受けて，改革の趣旨を踏まえ，経済の「好循環」の定着に向けて一層貢献するよう，強く求める。現在，企業の内部留保は350兆円を超え（2016年度には406兆円，著者・注記），手元資金も増えている一方で，大企業の設備投資は伸び悩んでいる。足下では賃上げに向けた動きも見えてきているものの，労働分配率は低下している。企業経営者がマインドを変え，内部留保（手元資金）を活用して，投資拡大や賃上げ，更には取引先企業への支払単価の改善などに積極的に取り組むことが，何よりも重要な局面となっている。今後，こうした経済界の取組状況等を見極めつつ，企業の意識や行動を変革していくための方策等についても検討を行う。

　安倍政権は「成長志向の法人税改革」を唱え，大企業の稼ぐ力に期待し，無理して捻出した課税ベースの拡大による代替財源では賄い切れず，「財源なき減税」までして「経済の好循環」を目論んだ。しかし世界経済の先行き懸念が強まる中

で，自己防衛本能が強く，人口減少の日本市場には冷めた見方をし，「笛吹けど踊らない」慎重な経営者の経営姿勢のため，「20％台」まで懸命に引き下げた法人税率の引き下げによる減税が財界による「喰い逃げ」に遭遇しつつあり，「ボヤキ」を「与党税制改正大綱」に語らせているのである。

3 法人税率の先行的な引き下げが行われた平成28年度改正の経緯とその趣旨および内容

⑴ 改正の経緯と趣旨についての政府の説明

法人税改革の初年度となった平成27年度税制改正に続き，平成28年度税制改正においては，『経済財政運営と改革の基本方針2015～経済再生なくして財政健全化なし～（平成27年6月30日閣議決定）』や『「日本再興戦略」改訂2015—未来への投資・生産性革命—（平成27年6月30日閣議決定）』において「現在進めている成長志向の法人税改革をできるだけ早期に完了する。」とされたことを踏まえ，課税ベースの拡大等により財源を確保して，更に法人税率を引き下げることとしたと政府により説明されている。

この法人税率の更なる引き下げと併せて，地方法人課税の見直しが行われた結果，法定総合税率は，平成28年度と29年度が29.97％に，平成30年度に29.74％に，それぞれ引き下げられることになった。

⑵ 平成30年度以降まで先行した法人税率の引き下げ

法人税の税率（いわゆる基本税率）が，23.2％（改正前：23.9％）に引き下げられた。

ただし，内国法人の平成28年4月1日から平成30年3月31日までの間に開始する事業年度の所得に対する法人税率は，23.4％とされている。

なお，中小法人，一般社団法人等，人格のない社団等，公益法人等，協同組合等および特定の医療法人には，いわゆる軽減税率（19％）および租税特別措置法において措置されている軽減税率の特例（19％⇒15％）が適用されているが，この軽減税率および軽減税率の特例については，平成28年度税制改正において特段の見直しは行われていない。

改正による具体的内容は，[**図表1-8-2**] および [**図表1-8-3**] のようである。

208 ◆ 第8編　理不尽で不公正極まる危険な税制動向

〔図表1-8-2〕平成28年度税制改正による法人税率（国税のみ）の引き下げ
　　　　　—28・29年度と30年度以降の先行減税まで含まれた改正—

法人の区分	改正前		改正後			
---	---	---	平成28・29年度		平成30年度	
		年所得800万円以下の金額		年所得800万円以下の金額		年所得800万円以下の金額
大法人（普通法人）	23.9%	—	23.4%	—	23.2%	—
中小法人，一般社団法人等及び人格のない社団等	23.9%	19%（15%）	23.4%	19%（15%）	23.2%	19%
公益法人等，協同組合等及び特定の医療法人	19%	—（15%）	19%	—（15%）	19%	—
特定の協同組合等	22%		22%		22%	

（注）
1．中小法人とは，普通法人のうち，各事業年度終了の時において資本金の額もしくは出資金の額が1億円以下であるものまたは資本もしくは出資を有しないものをいい，次の法人は除かれる。
　(1)　相互会社
　(2)　大法人（資本金の額または出資金の額が5億円以上である法人，相互会社，外国相互会社および法人課税信託に係る受託法人をいう。）との間にその大法人による完全支配関係がある普通法人
　(3)　普通法人との間に完全支配関係がある全ての大法人が有する株式および出資の全部をその全ての大法人のうちいずれか一の法人が有するものとみなした場合においてそのいずれか一の法人とその普通法人との間にそのいずれか一の法人による完全支配関係があることとなるときのその普通法人
　(4)　投資法人
　(5)　特定目的会社
　(6)　法人課税信託に係る受託法人
2．一般社団法人等とは，一般社団法人および一般財団法人のうち非営利型法人に該当するものならびに公益社団法人および公益財団法人をいう。
3．認可地縁団体，管理組合法人，団地管理組合法人，法人である政党等，防災街区整備事業組合，特定非営利活動法人，マンション建替組合およびマンション敷地売却組合については，中小法人，一般社団法人等および人格のない社団等の税率が適用される。
4．カッコ内は，租税特別措置法の中小企業者等の法人税率の特例として規定されている平成24年4月1日から平成29年3月31日までの間に開始する各事業年度の所得の金額に適用される税率である。
5．特定の協同組合等の税率は，租税特別措置法において規定されている基準に該当する協同組合等の各事業年度の所得の金額のうち10億円を超える部分の金額に適用される特例税率である。

第26章　アベノミクスの失政を糊塗する「財源なき無定見な減税」で一挙に引き下げられた法人税率　◆　*209*

4　平成27年度と28年度にわたり行われた法人税改革により引き下げられた法人3税の法定総合税率の推移と変遷

　法人税改革は，平成27年度を初年度としてスタートし，28年度において先行減税をすることにより一段落をしたことになる。企業所得課税の国税法人税，地方税の法人道府県民税と市町村民税の法人3税を合計した法定総合税率は，改正前の平成26年度の34.62％から，27年度の32.11％へ，次いで，28年度と29年度の29.97％へ，そして，30年度以降は29.74％へと段階的に引き下げる改正が行われた。

　政府は，経団連の要請である「20％台」へ到達するように措置したわけである。このような一連の法人税改革による法定総合税率の推移をみると［**図表1－8－3**］のようである。

　この法人税改革の直前である平成26年度の法定総合税率34.62％を基点として，第1次改正の27年度，第2次の本格的改正の28年度による法定総合税率の引き下げ状況を図示すると［**図表1－8－4**］にみるようである。

（図表1－8－3）一連の法人税改革による国税と地方税の法定総合税率の推移
**　　　　　　—改正前の平成26年度と27・28年度の改正による資本金1億円超の普通**
**　　　　　　法人に適用される税率—**

税　　目		平成26年度	平成27年度	平成28年度	平成29年度	平成30年度
法人税		25.5%	23.9%	23.4%	23.4%	23.2%
地方法人税		（新設）	4.4%	4.4%	10.3%	10.3%
都道府県民税法人税割		5.0%	3.2%	3.2%	1.0%	1.0%
市町村民税法人税割		12.3%	9.7%	9.7%	6.0%	6.0%
事業税	所得割	2.9%	3.1%	0.7%	3.6%	3.6%
	付加価値割	0.48%	0.72%	1.20%	1.20%	1.20%
	資本割	0.2%	0.3%	0.5%	0.5%	0.5%
地方法人特別税		148.0%	93.5%	414.2%	（廃止）	
法人実効税率		34.62%	32.11%	29.97%	29.97%	29.74%

（注）
　1．本表は，「資本金1億円超の普通法人に適用される税率」について示し，「資本金1億円以下の普通法人に適用される税率は省略している。
　2．各年度とも3月31日決算で，事業税の軽減税率不適用法人の税率を記載している。

〔図表1−8−4〕法人税改革前の平成 26 年度を基点としての法定総合税率の引き下げ状況
—平成 28 年度の改正で財界の要求する「20％台」まで引き下げ—

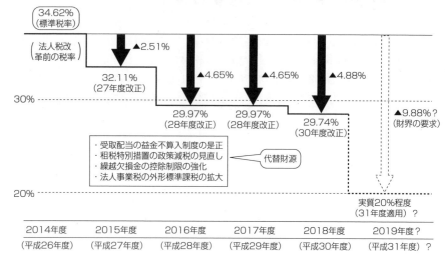

(注)
1．2012〜2013 年度の法定総合税率は 38.01％，2014 年度は 34.62％（東京都は 35.64％）である。これを 2015 年度は 2.51％引き下げて 32.11％へ，さらに 2016 年度は対 2014 年度比で 4.65％引き下げて 29.97％へ，そしてついに 2018 年度は対 2014 年度比で 4.88％引き下げられて 29.74％となった。
2．恒久減税には恒久財源の確保を建前としているが，無理して捻出した代替財源を上回る「財源なき減税」を強行し，アベノミクスによる経済成長を成功させようとしているが，果たして期待どおりに行くかどうか，懸念される。
3．2017 年衆議院選挙で安倍政権の圧勝の勢を得て，財界は早々に法人税の法定総合税率を 25％まで引き下げることを要求し，安倍首相はこれに反応している。
4．2018 年度税制改正で所得拡大促進税制の拡張的見直しで実質的な税負担を最大で 20％程度まで引き下げることとしている。

第 |27| 章

グローバル大企業の税負担の軽減を策す「政治権力追随型」の政府税調の意見
―驚くべき「法人税終焉論」まで公言―

1 怪しげな「法人税の負担構造改革論」の真意は何か

　法人税改革について政府税調の意見（2014年6月27日資料）によれば，その趣旨は，以下のように説明されている。

　「グローバル経済の中で，日本が強い競争力を持って成長していくためには，法人税もまた成長志向型の構造に改革していく必要がある」とし，改革の主な目的は，次の2つであるとしている。

(1)　第1は，立地競争力を高めるとともに，我が国企業の競争力を強化するために税率を引き下げることである。

(2)　第2は，法人税の負担構造を改革することである。

　ここで注目を要するのは，「法人税の負担構造を改革する」としている点であるが，このことにつき政府税調は，次のように説明している。

　「課税ベースを拡大し，税率を引き下げることで，法人課税を“広く薄く”負担を求める構造にすることにより，利益を上げている企業の再投資余力を増大させるとともに，収益力改善に向けた企業の取り組みを後押しするという成長志向の構造に変革していくことである。こうした構造改革は，一部の企業だけではなく，広く税率引き下げの効果が及ぶことから，新しい産業や新規開業が行われやすい環境を作ることにもなる。」

　このような意見の意図することを関係者の所見等を参考に整理すれば，次のようなことが挙げられる。

(1)　日本の税制全体の構造を，法人減税とうまく見合うように調和を図っていき，向かうべき方向を改めていくべきではないか。

(2)　我が国がグローバル化の中において法人課税の依存から脱却する方向性と，もっと整合的に議論を進めたほうがよいのではないか。

(3)　法人税とは違う税で，きちんと税収が確保できるようにすべきであり，景気

に対し不安定な税収であり，地域的に偏在も大きいような法人課税に，引き続き我が国が依存し続けることは財政健全化もままならないのではないか。

(4) 成長志向の法人税に変えるには，法人税の枠内においては"広く薄く"の負担構造に変えていく必要がある。全体の負担構造でみると，法人課税から個人課税，資産課税へとシフトしていく必要がある。

(5) 国際競争を行っている競争力の高い大企業の法人税負担を軽減して，国際競争力を高めるという観点に立って改革を進めることが，今回の改革の趣旨に合致するのではないか。

要するに，「法人税の負担構造の改革」とか，「成長志向の構造に改革」などと，もっともらしい表現をしているが，グローバル企業の税負担をできるだけ軽くしたいということに過ぎないのである。

安倍首相からの至上命令である法人税率の引き下げの理屈づけを請け負わされた政府税調が，法人減税のための代替財源探しに行き詰まり，苦しまぎれに案出した御用学者集団と経済界の代表が結託して捏造を試みた「政治権力追随型」の便宜的な堕落した奇怪な所論であるとみざるを得ない。

2　徴税者本位で企業の立場を無視した理不尽な外形標準課税の拡大適用論への懸念

地方法人課税において，外形標準課税を拡大適用しようとする理由について，政府税調は，次のように述べている。

「地方法人課税については，応益課税の観点から，企業間で広く薄く負担を担う構造にすることが必要である。応益課税としての性格の明確化や税収の安定化といった趣旨で，2003 年度には法人事業税の外形標準課税が資本金 1 億円超の法人を対象に導入されすでに定着している。この外形標準課税についても事業活動規模に対し課す税として企業間でより広く薄く負担を担う構造にするために一段の見直しが求められる。また，国税と同様，企業の選択を歪めないという中立の観点からの見直しも必要である。」

赤字企業にも新たに税負担を求める魂胆から「応益課税論」を振り回し，「税収の安定化」という本音をも述べ，何が何でも取れるものから取り立てようという徴税者本位の発想が露骨に表われており，暴走の危険を感じる。

消費税の定着と再度の増税に味をしめた政治家と官僚達は，経済界とスクラムを組んで「課税ベースの拡大」という呪文を唱えて，場当たり的に課税所得の範囲を際限なく膨大化させ，その無軌道な拡大による「妖怪化」（「お化け」）になっ

第 27 章　グローバル大企業の税負担の軽減を策す「政治権力追随型」の政府税調の意見　◆　*213*

てしまうこと）にとどまらないで、「所得の概念の枠」を乗り越えて、例えば、法人事業税の外形標準課税における「付加価値額」や「資本金等の額」のように新しい課税標準をつくり出そうというわけである。

　特に、「事業活動規模に対して課す税」などという税源の無軌道な拡大には、何としても早いうちに歯止めをかけなければならない。

3　中小企業の存在を蔑視するような差別的発想は遺憾千万

　近時の法人税改革の目的として「法人税の負担構造の改革」を掲げ、収益力改善に向けた企業の取り組みを後押しする「成長志向の構造」に変革し、「産業の新陳代謝が行われやすい環境」を作ろうとしている。

　そのような考え方の基本的な背景として、中小企業には赤字決算が多く、法人課税がないことについて、次のような所見がみられている。

⑴　赤字決算の中小企業の法人事業税に外形標準課税を適用することは「赤字法人課税」の面もあり、収益力の低い企業の税額が多くなるが、しかし、全体としてみると、国際競争を行っている競争力の高い大企業の法人税負担を軽減して、国際競争力を高めることが今回の改革に合致するのではないか。

⑵　経済活性化、新陳代謝という観点から、赤字決算の中小企業に対しても、広く薄く課税していく、つまり、低い税負担で生き残らせるのではなく、新陳代謝の観点から、しっかりと課税すべきではないか。

⑶　収益力の低い赤字中小企業の法人を倒産させないで存続させてきたから、日本経済がいつまでたっても活性化しなかったのではなかったか。

⑷　赤字を意図的に創出している中小企業が存在するという問題については本当のところわれわれ（学者）はその実態がよくわからない。

　このような意見や発言が、政府税調の議事録や委員による論文、関係する官僚達の発表している記述等に何回も出てくるのである。

　地域経済を支え、雇用を守り、懸命に経営活動を継続し、生活をしている多くの中小零細企業など、日本経済にとって邪魔な存在としてしかみていないのであろうか。

　誠に、驚き、呆れて何ともいいようのない理不尽極まる発言である。

　だからといって、赤字決算の中小企業に対しても報酬給与額、純支払利子額、純支払賃借料額を課税対象とする外形標準課税の付加価値額を対象として、法人事業税を課税しようとすることなどは、まさに、「狂暴増税」の妄想であり、断じて容認できない。

地方法人課税の見直しには，そのほかに，法人住民税の均等割の増額とともに住民税や固定資産税の増税も示唆されており，油断なく警戒する必要がある。

また，別の問題ではあるが，法人税の課税所得の計算上，地方税である法人事業税や固定資産税等の損金算入についても，是正することを検討すべきであるとしている。その影響は意外に大きく，企業にとっては負担増になる。

何でも手当たりしだいに増税の対象にしようとする，まさに狂暴の限りを尽くした政府税調の意見であり，大いに疑問がある。

4　驚くべき「法人税終焉論」は謬論である

注目すべきは，ここにきて，消えゆく租税として「法人税終焉論」が登場し，法人税改革による再建ではなく「敗退論」が台頭していることである。

論者によれば，20世紀後半は法人税の時代であったといってもよいが，いまやその圧倒的な優位は揺らぎつつあるとする。法人税は非常にテクニカルな税金であるので課税逃れがしやすいとまで言っている。

国際的スキームなどを使って税金逃れが横行して，法人税の位置づけは難しくなっている。表面税率を高くしていても結局は逃れてしまうから税収もどんどん落ちていく。法人税というのは，そのうちなくなるのではないか。あるいは，地位を低下させるのではないか，との所論が紹介されている。

経済の競争力を高めるために法人税の税率を下げているのか，取れなくなっているから税率を下げざるを得ないのか，微妙なことかもしれないとも論じている。

法人税が厳しい状況に置かれている原因については「通信技術の発達と金融技術の発展」を挙げている。それは，要するに，法人税においては課税逃れが容易になっているということである。

そこで論者は，「課税逃れがしにくい税金」として固定資産税，消費税，賃金所得税の3種類を挙げている。いずれも逃げられない税金だからだとしている。

固定資産税については，土地や建物を外国に持ち出すわけにいかないことから税金が取れるという。消費税は日本国内で行われる消費に対して課税されるから，日本国民が存在する限り税収が確保できるという。外国に逃げ出すおそれのない人に対する賃金に係る所得税も取れると説明している。

逃げ足の遅い，つまり租税回避行動のしにくい納税者に対する税金は今後も取り続けられることとなるため，暗い将来だとまで予想している。

一方で，逃げ足の速い人は逃げてしまう。法人税はその最たるものではないか，とまでいう。

そして，次のように断定している。

(1) 逃げ足の速い人は逃げてしまうから，逃げ足の速い人が日本から外に逃げないようにするためには税率を下げるというのが，法人税や所得税についてもある程度仕方がないのかもしれない。

(2) 所得税や法人税について税率が高いだけではなくて，執行ががんじがらめだと，余計に外国に逃げ出してしまうことも起こってくるかもしれない。

(3) 競争力を確保するために法人税の税率を下げているのではなく，どうせ下げないとどうにもならなくなるから下げている面もあるわけである。

(4) OECD の BEPS（Base Erosion and Profit Shifting）の課税逃れ対策の議論も「果たしてどこまで対応できるか」ということかもしれないと疑念を表明している。

このような「法人税終焉論」は，グローバル企業の課税逃れを追及する租税の公平原理からの理念を放棄することであり，結果的に「課税逃れの逃げ得」を容認することにもなり，事柄は重大であり，賛同することはできない。

ましてや，税制における欠陥を是正する努力を放棄して公平性を破壊するだけではなく，税務行政の執行に関してもその的確にして公正な運営に逆行するような所説まで展開しており，遺憾である。

法人税が非常にテクニカルで課税逃れが容易であるので，その地位が低下しているとの「敗退論」は，税の世界に重大な混乱と堕落を招来する謬説であると批判しなければならない。

グローバル企業の法人税を軽くしたいという偽りの構造改革論の究極の姿の表明であると思われるが，企業国家である日本では稼ぎ頭である法人への所得課税は極めて重要なメイン・タックスであることには変化がないのである。

すべからく企業には活力ある経済活動を展開し，大きな経営成果を獲得し，それをもってしっかりと納税をして国民経済の発展に重要な役割を果たすことが期待されている。

第9編
企業課税再建の改革構想提案

第28章 「法人税減税」ではなく「法人税再建」こそが急務：税制公正化で信頼される政治の確立と健全な「企業貢献国家」の構築

1 大儲けしている巨大企業の減税財源に庶民いじめの消費増税では納得できない

2 企業優遇税制を撤廃し欠陥税制の是正による法人税制の再建を急げ

3 消費税増税を繰り返しても財政健全化は困難で所得課税の再生が緊要

4 法人税制の欠陥を是正すれば消費税増税による税収増額以上の財源確保が可能

第29章 公正な法人税制の再構築への改革提案：タックス・イロージョンによる課税ベースの欠落の是正が本命

1 現在の日本の法人税制の構造的特徴はどのような姿で，そこにおける問題点は何か

2 タックス・イロージョンによる課税ベースの浸蝕化現象による税負担の極小化での課税の空洞化が法人税制の致命傷

3 課税ベースを縮小化しているタックス・イロージョンとタックス・シェルターやタックス・ギャップの原因となっている広汎な諸要因とその現象

4 法人税制を歪めている最大の要因は「課税ベースの変貌現象」による課税所得の「妖怪化」現象

5 日本の法人税制にみるタックス・イロージョン現象の拡大と深化の実相

6 法人税制のパラダイム変換による改革の基本構想との税制ビジョン

7 法人税改革の大前提は課税ベースの浸蝕化による欠落の是正が先決でその前に場当たり的な税率の引き下げだけをすることは絶対に厳禁

第30章 欠陥法人税制の是正による推定増収想定額での財源発掘：巨額な増収想定額の財源発掘状況を図示

1 欠陥法人税制の是正で9兆4,065億円もの巨額な増収想定額による財源発掘を検証

2 欠陥法人税制の是正による推定増収想定額の試算における算出要領

3 企業規模別にみた欠陥法人税制の是正による推定増収想定額は連結法人の3兆8,858億円と巨大企業の3兆1,967億円が断トツで双璧

4 推定増収想定額の試算の結果と算定基礎数値の開示

第 28 章

「法人税減税」ではなく「法人税再建」こそが急務

―税制公正化で信頼される政治の確立と健全な「企業貢献国家」の構築―

1 大儲けしている巨大企業の減税財源に庶民いじめの消費税増税では納得できない

税制は政治のバックボーンであり，社会の公正さの鑑である。欠陥をなくし公正な法人税制を再建すれば，政治が国民から信頼されるとともに，健全な企業国家としての発展が期待できると信ずる。

庶民の生活を直撃する逆進性の強い酷税である消費税が大幅に増税されているのに，大きく儲けている大企業の税金である法人税を減税することなどは，税の論理から大きく矛盾しており，国民も納得し難いことである。

本書で紹介した諸データが明示しているように，日本では「法定税率」が高いのであり，大企業の実際の「実効税負担率」は驚くほど低く，「国に税金を払わない大企業」の巨大な一群が存在している。

その主たる要因は，巨大な企業優遇税制の増設，欠陥税制の拡大とともに，グローバル展開する大企業の巧妙なワールド・タックス・プランニングに対抗する有効な対策を租税当局が講じてこなかったことにある。

グローバル巨大企業は，海外子会社を駆使する移転価格操作やタックス・ヘイブンの濫用等を含めた「アグレッシブ・タックス・プランニング」（Aggressive Tax Planning：ATP）と呼ばれる税源浸食と利益移転（Base Erosion and Profit Shifting：BEPS）を積極的に展開している。

2 企業優遇税制を撤廃し欠陥税制の是正による法人税制の再建を急げ

法人税制には巨大なタックス・イロージョンとタックス・シェルターが存在するとともに，場当たり的な改正の集積により，「課税ベースの変貌化」＝課税ベースの「不当な縮小化」と「不当な拡大化」による歪みの混淆による「妖怪化」が

現出している。

このため法人税制は大きく歪み崩壊の危機に瀕し，財源調達機能を喪失し，財政赤字の元凶となっている。

法人税改革において必要なことは，国を棄て税金を払わない大企業をさらに優遇し，欠陥税制を放置したまま減税などをすることではない。

速やかに優遇税制を撤廃し，多くの欠陥を是正し，グローバル企業の租税回避を徹底的に規制し，税制を公正な姿に再建し，税務行政の執行を的確充実化して，財源調達機能を回復し，財政健全化に貢献させることである。

3　消費税増税を繰り返しても財政健全化は困難で所得課税の再生が緊要

国の債務残高が1,000兆円を多きく超える事態に直面し，政府はかねてより財政の健全性を示す国と地方の基礎的財政収支（プライマリーバランス：PB）の赤字を，2015年度は2010年度には比べ半減させ，2020年度には黒字化する目標を国際公約してきた。

政府が2014年7月25日に示した中長期試算では，翌年度に目標を達しても，2020年度には11兆円という巨額の赤字が残り，黒字化は達成できないとしていた。経済成長を重視して財政健全化が後回しになり，財政の立て直しに失敗したと国際社会からみなされれば，金利が上昇（国債価格は下落）し，日本経済の安定を大きく損なうおそれもつきまとう。

2020年の基礎的財政収支は，消費税を予定どおり10％に増税しても国内総生産（GDP）比1％の赤字になると予測されていた。しかし，2017年の衆議院総選挙後の安倍政権の消費税増税の使途変更で，2020年に基礎的財政収支を黒字化するという目標の達成は不可能になった。目標は堅持するが，いつ黒字化するかは決まっていない無責任さであった。

近時は，借金に頼らず税収で政策経費を賄うようにする財政再建計画の最終目標は，2025年度に黒字化とすることまで後退しているが，その前提は甘く，それさえも危うい状態になっている。

大企業の巨大な利益からすれば，現在の法定総合税率で納税しても，企業の屋台骨は揺らぐことはない。いまのままの税制のもとで，大企業の法人税を減税するなどということは，何としても納得し難いことである。

いま，最大限に求められているのは，メイン・タックスである法人税と所得税の所得課税の根本的な再構築による再建こそが緊要である。

4 法人税制の欠陥を是正すれば消費税増税による税収増額以上の財源確保が可能

　これまで各種データにより詳細に検証してきたように現行の法人税制には多くの欠陥があり，実効税負担率は法定税率より著しく乖離し低くなっていることは歴然たる事実である。

　これらの不公平税制を是正することにより，「是正による法人税の増収想定額」を試算し，さらに，法人税，法人住民税および法人事業税を含めた「法人所得総合税負担の増収想定額」を試算することで，国および地方公共団体における法人税の増収想定額を算出することにした。

　その結果を示したのが233頁の［図表１－９－２］であり，法人税の税負担の格差の是正による「増収想定額」に９兆4,065億円が見込めることを示している。

　現行の法人税制においては，これだけ巨額の財源を喪失しているわけである。

　日本経済を活性化するためには，財政健全化が不可欠であり，このためには，行財政改革を徹底し，歳出を抑制するとともに，税制を公正化して健全にして恒久的な財源を確保することである。

第|29|章

公正な法人税制の再構築への改革提案
―タックス・イロージョンによる課税ベースの欠落の是正が本命―

1 現在の日本の法人税制の構造的特徴はどのような姿で，そこにおける問題点は何か

　本書においては，法人の所得課税について企業規模別にみた実効税負担状況の調査分析の検証結果を，計算の基礎数値を明示しながらグラフによる図解を用いて，その全貌を公表してきた。

　調査分析による検証結果を要約すると，次のようである。はしなくも，それは，現在の法人税制の構造的特徴を明示していることになる。

(1) 日本の法人税は決して高くなく，有所得申告だけの全体をみても，総合平均実効税負担は，法定総合税率の 60 ％程度の低さであり，企業規模別にみると規模が大きくなるほど税負担は低くなり，特に巨大企業は著しく低い。

(2) 日本の経済界をリードする名だたる有名企業につき個別企業の納税実態をみても，企業業績が良いのに実効税負担率が著しく低い企業が多く，リストに名を連ねている。

(3) 法人税の実効税負担が低い理由は，課税ベースがタックス・イロージョン，タックス・シェルターおよびタックス・ギャップにより浸蝕化されて削られ欠落しているからである。課税ベースが浸蝕化現象により縮小化していれば，いくら高い税率を適用しても税収は上がらない。

(4) 課税ベースの浸蝕化の原因は，法人税制そのものに存在する欠陥とともに，最大のものは租税特別措置による大企業優遇税制である。

(5) 法人税制に存在する巨大な欠陥を是正し，公正化することにより 9 兆 4,065 億円の推定増収想定額が試算でき，新規財源が発掘できる。

　法人企業のうち黒字申告で税金を納めている有所得申告法人は，31.83 ％に過ぎないが，その全体をトータルにみても実際に納めている税金である「実効税負担率」は，法定税率が 38.01 ％であるのに全体をならして平均でみても，その 6 割程度である 22.72 ％に過ぎない。

　問題なのは，企業規模別に平均実効税負担率をみると資本金 100 億円超の巨大

企業が平均して20.28%であり，連結法人においては10.94%というように著しく低いのに，資本金1億円超で5億円以下の中堅中小企業が35.75%と相対的に割高になり，「逆累進構造」になっていることである。

実際の納税状況を個別企業別にみても，相変わらず，業績が良いのに実効税負担率が著しく低い著名な巨大企業が多く，リストに名を連ねている実態に変化はない。

法人税において，法定税率と実効税負担率との間に著しい開差があるのは，課税ベースである課税所得金額に著しい浸蝕化があり大きな欠落があるからである。その原因は，租税特別措置による大企業優遇税制や法人税制の仕組みそのものに内在している欠陥，課税所得の計算である税務会計ルールに歪みがあるなど，数多くの欠陥によるものである。

このような法人税制の欠陥を是正することにより，9兆4,065億円の推定増収想定額が見込める。

2　タックス・イロージョンによる課税ベースの浸蝕化現象による税負担の極小化での課税の空洞化が法人税制の致命傷

タックス・イロージョンによる課税ベースの浸蝕化現象により，本来的には課税対象となる所得であるべきものが改変されて課税所得の範囲から脱落せしめられていたり，あるいは，これとは逆に，課税ベースの拡大化現象により，本来的には課税対象となる所得とすべきでないものが改変されて課税所得とされてしまっている現象があるが，これは妥当ではない。

このような，いわゆる「課税ベースの変貌現象」が存する限り，税制は，あるべき租税理念から逸脱してしまい，租税負担の公正な配分を期待することはできず，到底，適正な税制は成り立たないのである。

ここで，「タックス・イロージョン」（tax erosion）とは，現行税制において，課税の対象となる所得として現実に法規上で定められている実定法上の課税所得概念〔課税所得の現実の姿である実定法概念〕が歪められており，それが，論理的に組成された本来の「あるべき」課税対象として考えられるべきものである当為的な課税所得概念〔課税所得の理想の姿としての本来的概念〕と比較するとき，課税所得となるべきものが改変＝脱落・削除・変容させられてしまって，実際に課税対象とされないで，課税ベースが浸蝕され縮小化されていることをいう。

要するに，課税ベースとなっている現実の課税所得が虫食いになり，削られて，本来の姿より小さくなってしまっている現象をいうのである。

3 課税ベースを縮小化しているタックス・イロージョンとタックス・シェルターやタックス・ギャップの原因となっている広汎な諸要因とその現象

　法人税制において課税ベースである課税所得を浸蝕化し縮小化している主要な要因とその展開現象を列挙すれば，次のようである。

(1)　巨額な受取配当収益を二重課税排除の名のもとに課税対象外としている法人企業の経営実態から遊離した非現実的な法人税制の基本的仕組みへの固執

(2)　複雑な税務会計のメカニズムの中に埋没するばかりでなく，企業経理処理の段階にも潜在的に浸透している損金概念の拡大化を招来している計算構造

(3)　既得権化し膨大化し定着している租税特別措置としての政策減税による「隠れた補助金」として特定産業や特定業種への優遇税制の硬直的肥大化

(4)　多国籍企業が世界で稼いだ所得を特許権，商標権，ノウハウなどの無形資産を使って低税率国やタックス・ヘイブンのグループ企業に移転させ，税負担を大幅に軽減させるスキームの進化

(5)　多国籍企業の世界的スケールでの税逃れの工作を許している国際課税の仕組みの中に多様化し錯綜して内在する欠陥に対する是正策の停滞化

(6)　国際的二重課税の排除を目的とする外国税額控除制度の欠陥の活用や，タックス・ヘイブンの濫用と移転価格操作での税源の海外流出の放置

(7)　タックス・ヘイブンの活用とトランスファー・プライシングの利用を複合化した多数の国を渡り歩いての世界的スケールによる巧みな課税回避操作の展開

(8)　SPC，LLC，パートナーシップ等の多様な事業体や組織形態の濫用と民商事法の契約自由の法理の悪用による複雑なスキームの活用での課税逃れの跳梁

(9)　タックス・シェルター・ファンドをはじめ，不動産タックス・シェルター，設備リース・タックス・シェルター，研究開発タックス・シェルター等，多様なタックス・シェルターの活用による課税逃れ

(10)　民法上の任意組合，投資事業有限責任組合，日本版LLP，商法上の匿名組合，信託，特定目的会社，投資法人，企業組合等多様な事業形態を活用しての課税逃れスキームの造出

(11)　複雑多様な会計操作の複合的な活用や，法技術の錯綜したテクニックを駆使しての巧みな応用的操作的手法の活用による課税逃れ戦略の横行

(12)　デリバティブを活用した複雑な金融派生商品の造出や，課税逃れの金融操作と投資ストラクチャーの操作による想定外の活用スキームの案出

(13)　オフショアのペーパー・カンパニーの活用と，錯綜した海外取引や複雑多様なハイブリッドの事業形態や事業組織を利用する操作による課税逃れ

(14) 海外子会社等の援助のためにする売上原価や経費の操作的計上や売上や収入の親子会社等の関係会社間における移転価格操作的工作の潜行

(15) 狡猾でアグレッシブなゼロ・タックス避税スキームの活用や，その他の複雑巧妙な想定外の多種多様な事象やプランの活用による課税逃れ

4　法人税制を歪めている最大の要因は「課税ベースの変貌現象」による課税所得の「妖怪化」現象

　課税所得の「妖怪化」とは，課税ベースが歪められ「お化け」のように異様な姿になっている現象をいう。これを学問的に整序して説明すると「課税ベースの変貌現象」と呼称することになる。

　税務会計学において，「課税ベースの変貌現象」と称することは，現行税法における課税ベースの実定法的概念に変容（歪曲現象）が生ぜしめられており，それが，論理的に組成された課税ベースの理念的な本来的概念に照らし，比較する時は，(i)課税対象となるべきものが改変されて，課税ベースに含まれずに脱落していること（＝課税ベースの浸蝕化現象），また，これとは逆に，(ii)本来は課税対象とすべきでないものが課税ベースに含められてしまっていること（＝課税ベースの拡張化現象）を意味している。

　つまり，「課税ベースの変貌現象」は，課税ベースの歪みをいうのであるが，これには，正反対の現象である(i)「浸蝕化現象」と，(ii)「拡張化現象」という2つの全く方向を異にするものが包摂されている。

　前者の「課税ベースの浸蝕化現象」が，タックス・イロージョンと呼ばれており，例えば，租税特別措置による租税減免措置をはじめ，法人間配当無税による受取配当金の課税除外，税務会計制度の変則的弾力化のための資産計上基準の緩和化と費用認識のルーズ化による損金の拡大計上，外国税額控除制度の欠陥の活用による税額控除額の拡大化，さらに，タックス・ヘイブン濫用の規制漏れ，トランスファー・プライシング操作に対する規制の不徹底，外国事業体への課税の不十分性など，国境を越える課税逃れによる税源の海逃避を横行させている国際課税の空洞化などが，その例として挙げられる。

　後者の「課税ベースの拡張化現象」は，当然に損金または必要経費として認められるべきものが税法上認められていなかったり，課税対象とすることが適当でないものが税法上課税されることになってしまっている現象をいう。その例としては，引当金の廃止・制限，減損会計への否定的対応のほか，真実の所得者でないものに肩代わり課税，利益享受者への代替課税を意図する交際費課税，使途秘

匿金課税が挙げられる。

　法人税率の引き下げの代替財源探しに狂奔して，過去の赤字を翌年以降の黒字と相殺して課税対象を減少させる繰越控除を制限する措置が濫用されている。しかし，過去の損失を補填しない限り，原理的には所得は生じないのであるから，間違った財源漁りである。これも歪んだ形での課税ベースの拡張化の事例である。

　このために，〔当為〕(Sollen) としての「あるべき」課税ベースの概念（課税所得の本来的概念）を「正常な課税ベース」とし，これをマンマルイ円形＝「正常満月型」で示すならば，現行税法の規定に基づいて執行されている〔存在〕(Sein) としての「現実」の課税ベース概念（課税所得の実定法的概念）は，「歪められた課税ベース」であり，これは，ユガンダ変形＝「変形三日月型」で示すことができる。

　このように歪められている課税所得の実相の図示は，第1部第1編第3章（31頁）の〔図表1-1-4〕に示したとおりである。

5　日本の法人税制にみるタックス・イロージョン現象の拡大と深化の実相

　現行の日本税制には，メイン・タックスである所得課税における課税ベースに重大な欠陥があり，大きな不公正税制になっている。その元凶は，タックス・イロージョン＝「課税の浸蝕化」が進行しているとともに，タックス・シェルター (tax shelter) ＝「課税の隠れ場」が点在していることである。このため，課税所得となるべきものが削られて虫食い状態となっており，本来の姿よりも縮小化されてしまい所得課税が空洞化し，税源を喪失し財政収入の確保に重大な危機が到来している。

　現行の法人税制では，租税特別措置によるものとは別に，期間損益計算の変則的弾力化，減価償却資産の資産計上基準の緩和化など税制簡素化の名のもとに現出したもののほか，企業の自主的経理尊重の名のもとに税務会計の変則的な弾力化・自由化が行われ課税ベースが縮小化しているのである。

　これら税務会計のメカニズムとテクニックにより本来的には課税所得となるべきものが課税所得とされないで，いわゆる「課税所得の浸蝕化」であるタックス・イロージョン現象が著しく進行し，課税ベースが不当に縮小化している。このため租税負担の公平性が阻害され，租税負担能力に応じた公正な課税所得の把握が妨げられている。

　しかも，これらのタックス・イロージョンは，複雑な税務会計システムのメカニズムの中に埋没してしまい，企業の公表する財務報告書からはほとんど把握で

226 ◆ 第9編　企業課税再建の改革構想提案

きていない。

　そればかりか，これらの現象は税務統計上も全く明らかにされていないという点に著しい特徴があり，しかも，これを利用できる大企業や特定業種の企業と，そうでない企業との間に潜在的な不公平を生み出しており極めて重大な問題である。結果的には，表に出てこない「隠れ企業減税」のからくりとなっている。

　さらには，経済のグローバル化を背景として，課税ベースの浸蝕化は有害な租税競争やトリーティ・ショッピング（条約漁り）により急速に拡大している。そのうえ，情報通信革命による経済の電子化や金融取引技術の発達による課税逃れ商品の造出，多様な事業体の活用，私法上の形成可能性を濫用する法技術を駆使した狡猾なスキームを仕組んだタックス・シェルターが開発され，新手の税逃れの手法が横行し目に余る惨状を呈している。

　いずれにしても，これら課税ベースの縮小化が，法人税率を必要以上に高めており，企業の活力を阻害し，海外逃避を招来し，産業の空洞化問題を引き起こしている。

　ちなみに，今回の調査分析で検証した課税所得金額と法人税額の縮小化状況の分析において，目立っている事実を整理して示すと，次のようである。

(1)　課税所得縮小率の高い階層と低い階層を分析すれば，次のようである。

　　①　課税所得縮小率の高い階層

　　　イ　2012 年度

　　　　a．連結法人：4 兆 4,774 億円（46.16％），

　　　　b．資本金：100 億円超：3 兆 8,206 億円（22.71％）

　　　ロ　2013 年度

　　　　a．連結法人：5 兆 7,429 億円（40.19％），

　　　　b．資本金：100 億円超：4 兆 1,756 億円（21.88％）

　　②　課税所得縮小率の低い階層

　　　イ　2012 年度

　　　　a．資本金 5 億円以下：1,774 億円（5.23％），

　　　　b．資本金 1 億円以下：1,841 億円（6.00％）

　　　ロ　2013 年度

　　　　a．資本金 5 億円以下：1,615 億円（3.95％），

　　　　b．資本金 1 億円以下：3,973 億円（10.62％）

(2)　法人税額縮小率の高い階層と低い階層を分析すれば，次のようである。

　　①　法人税額縮小率の高い階層

イ　2012年度

　　a．連結法人：8,168億円（60.00％），

　　b．資本金100億円超：9,106億円（26.83％）

ロ　2013年度

　　a．連結法人：1兆1,298億円（51.86％），

　　b．資本金100億円超：1兆2,042億円（31.69％）

②　法人税額縮小率の低い階層

イ　2012年度

　　a．資本金5億円以下：197億円（2.22％），

　　b．資本金10億円以下：205億円（5.81％）

ロ　2013年度

　　a．資本金5億円以下：208億円（2.07％），

　　b．資本金10億円以下：92億円（2.29％）

6　法人税制のパラダイム転換による改革の基本構想との税制ビジョン

　現在の日本の法人税制の欠陥の最大の焦点は，課税ベースの浸蝕化による著しい縮小化である。理想的な「あるべき」姿である「正常な課税所得」を「1,000」と仮説すれば，現行税法の執行のもとで実際に課税の対象となっている「現実の課税所得」，つまり「把握されている課税所得」は，歪められ，削られ，虫食いだらけとなっており，「歪められた課税所得」であるから「600」程度ぐらいに小さくなってしまっている。

　このため，税率については，「35％」ぐらいと，異常に高い水準となっているが，実際の税収である「税金」の大きさは，「210」ぐらいである。

　しかも，問題なのは「1,000」が「600」程度に圧縮されているといっても，これは日本全体としてのトータルを平均的にみた話であり，その圧縮され，削られている度合いが，個別の納税者が稼得している所得の種類や，その稼得する形態により異なっており，納税者の階層によって大いに異なっていることである。

　そこで，まず，課税ベースを理想的な「あるべき」姿である「正常な課税所得」としての「1,000」に戻し，正常化すべきである。課税ベースを正常化すれば，税率は「35％」などでは高すぎるし，「税金」が多く入り過ぎてしまう。

　そこで，税率は「35％」から「25％」程度へと大幅に引き下げることは容易に可能である。それでも税収である「税金」は，1.19倍の「250」も徴収できることになる。この改善・改革による効果は，全ての納税者が公平な扱いを受け，応

能負担の原理に即した公正な課税が実現することである。

これを図示すると，［図表１−９−１］のようである。

税率は世界一に低く，活力ある日本企業の稼ぎで，税収は世界一に多く国庫に収納でき財政健全化に寄与できる姿が理想である。

〔図表１−９−１〕日本の法人税制の現状と改革の理想像
　　　　　　　―法人税制改革のパラダイム転換―

⟨　現　行　の　日　本　の　法　人　税　制　⟩

```
高いのは「税率」であり「税金」ではない

              課税所得        税率        税金
      ─────────────────────────────────────
      現　状    600    ×    35%    =    210

      （現行制度）（正常は1,000）  （実効税負担率は僅か21%）
```

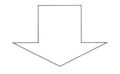

⟨　改　革　後　の　理　想　の　法　人　税　制　⟩

```
低い「税率」で「税金」は多くなる

              課税所得        税率        税金
      ─────────────────────────────────────
      理　想    1,000   ×    25%    =    250
      （改革案）
                       〔実効税負担率と法定税率は同一〕
```

（注）
1．現行の歪んだ課税所得を本来的概念である「正常な課税ベース」に回帰させ正常化する。縮小化している現状から是正され課税ベースは本来の姿になるのであるから拡大化する。

2．現行の法人税の法定税率は高いが，それは「行われていない」仮想のものである。改革
後は，実際に「行われている」税率であるからできるだけ低い税率にする。

3．改革後の理想の法人税制のもとでは，実効税負担率と法定税率は同一となり開差はなく
なる。

7　法人税改革の大前提は課税ベースの浸蝕化による欠落の是正が先決で　その前に場当たり的な税率の引き下げだけをすることは絶対に厳禁

政府は，法人税の法定総合税率をそれまでの32.11％から平成28年度税制改正
で一気に20％台まで大幅に引き下げたのである。

まず，2014年末にまとめた「平成27年度税制改正大綱」で，数年内に法人税
法定総合税率を29％台まで引き下げることを目標に，平成28年度税制改正では
31.33％以下まで引き下げると明記した上で引き下げ幅のさらなる上乗せを図る
としていた。これに対し，経済界からの「できるだけ早く20％台を実現してほ
しい」との強い要求があり，これに応える形で，「稼ぐ力」のある企業のさらな
る税負担の軽減を目指そうとしてきた。

そして，2015年12月16日に決定した「平成28年度税制改正大綱」では，
2016年に29.97％に引き下げ，2017年度は据え置き，さらに，2018年度には，
29.74％まで引き下げる案を提示し，これが実施された。

課題としているのは相変わらず代替財源探しであるが，これまでの発想では，
「代替財源」などと称して課税ベースの「妖怪化」を増幅する場当たり的な改革
になってしまうだけである。

すべからく，法人税改革は，原点に立ち帰り，所得課税の基本である課税ベー
スが真の意味において論理的に正常な形によって形成されることに志向すべきで
ある。

私が，先に公にした『税務会計学原理』[1]は，公正な税制を構築するために不
可欠な課税ベースの本質と計測に関し，税制公正化への道筋を明示している。学
理的に構築した「税務会計原則」がそれである。

税務会計学研究によって構築された「税務会計原則」は，課税所得の概念と計
測について，その学理的なあり方を明示している。タックス・イロージョンやタッ
クス・シェルターにより歪められ傷ついている課税ベースを正常化するための正

---

1)　富岡幸雄著『税務会計学原理』（中央大学学術図書）中央大学出版部，2003年9月，総
頁1896頁。

しい法人税改革のメルクマールとなる学問的指針を鮮明にしてきているのである。

いま，法人税改革においては，無定見な税率の引き下げだけが先行し，奇妙なことに代替財源などという迷論を掲げて，政治家と財務官僚が課税ベースを恣意的にいじくり回すことにより，課税ベースの「妖怪化」はますますその度合いを深め混乱し迷走するばかりである。

要するに，法人税改革の本命は，課税ベースの正常化により，企業税制の中核である課税ベースを公正な姿に再構築することである。

経済界からの不当な圧力，政治家が税制改革を利権化して集金と集票の手段としている利権政治の横行，税制公正化への意欲を喪失した財務官僚の怠慢により，いまや大きく歪められている法人税制の改革は，場当たり的な税率の引き下げなどではなく，まずもって欠陥の是正による法人税制の根本的な「再建」こそが急務である。

完全な意味において，課税ベースの正常化が達成されない限り，税率だけの引き下げをすることは絶対に避けなければならない。

第 |30| 章

欠陥法人税制の是正による推定増収想定額での財源発掘

―巨額な増収想定額の財源発掘状況を図示―

1　欠陥法人税制の是正で9兆4,065億円もの巨額な増収想定額による財源発掘を検証

　この調査により全法人企業をトータルにみた場合の総合平均実効税負担率は全体で22.72％であり，法定総合税率（38.01％）との格差が平均で15.29ポイントである。しかも，この総合平均実効税負担率と法定総合税率との格差は，企業規模別にみた階層間に著しい開差があり，断トツは連結法人の27.07％，次いで資本金100億円超の巨大企業の17.73％が高率である。最低は，資本金1億円超5億円以下の中堅中小企業の2.26％，次いで資本金5億円超10億円以下の中堅企業の5.15％である。

　企業規模別の法人所得総合平均実効税負担率と法定税率の開差状況は，［**図表1－9－2**］のグラフが示すように，右側が急勾配に上昇している「逆さ富士山型」である。

　法定総合税率（38.01％）と総合平均実効税負担率（トータルで22.72％）との格差は，企業優遇税制や法人税制の欠陥による不公正税制の適用結果であり，事実上の歳入の欠落を招いているわけである。

　この不公正税制を是正すれば膨大な歳入増を期待することができ国家財政に寄与することになる。

　そこで，法人税制にある欠陥を是正することによる法人所得総合負担額の推定増収想定額を試算した結果，実に，9兆4,065億円の巨額に達することが判明した。

2　欠陥法人税制の是正による推定増収想定額の試算における算出要領

　欠陥法人税制の格差是正による「増収想定額」の推定は，申告所得金額に総合平均実効税負担率と法定税率の開差を乗ずることにより試算することができる。

　しかし，増収想定額の推定においては，経済界における企業収益の拡大による

232 ◆ 第9編　企業課税再建の改革構想提案

企業利益額の増加見込をも加味することが適当であるので，過年度の申告所得金額についての対前年増加率を基礎に「推定予想増加率」を想定して「推定予想申告所得金額」を求めることにした。これを「推定予想課税所得金額」とし，最終的には，「推定予想課税所得金額」に「総合平均実効税負担率と法定税率との格差」である「格差率」を乗ずることにより「法人所得総合負担額の推定増収想定額」を算出することにした。

　不公正税制の格差是正による推定増収想定額の計算方式を算式で示すと，次のようである。

$$
\begin{array}{l}
\text{法人所得総合負担額} \\
\text{の推定増収想定額}
\end{array}
=
\left(
\begin{array}{l}
\text{申告所} \\
\text{得金額}
\end{array}
\times
\begin{array}{l}
\text{推定予想} \\
\text{増加率}
\end{array}
\right)
\times
\begin{array}{l}
\text{総合平均実効税負担} \\
\text{率と法定税率の格差}
\end{array}
$$

3　企業規模別にみた欠陥法人税制の是正による推定増収想定額は連結法人の3兆8,858億円と巨大企業の3兆1,967億円が断トツで双璧

　企業規模別にみた不公正税制の格差是正による増収想定額の推定状況は，［図表1-9-2］のグラフにみるように，最低の資本金5億円超10億円以下の中堅企業の868億円を谷底にして，右側は上昇を示した資本金10億円超100億円以下の大企業の5,839億円，次いで急上昇をし突出し高くそびえる資本金100億円超の巨大企業の3兆1,967億円，さらに一段と突き上げている連結法人の3兆8,858億円のように右肩が極端に高くなっている「変形逆富士山型」の風景である。

　同グラフの中央から左側へ，資本金1億円超5億円以下の中堅中小企業の1,028億円から，資本金5,000万円超1億円以下の中小企業の3,117億円，さらに，資本金1,000万円超5,000万円以下の中小企業の4,218億円，最後に，資本金1,000万円以下の小規模企業の8,167億円というように，右側の絶壁の高峰にははるかに及ばず，比較するまでもない低レベルであるが順次に上昇している姿を示している。

　このようにして，不公正税制の是正による推定増収想定額の統計は，「申告所得金額の合計」（49兆7,925億円，2013年度）に「推定予想増加率の平均値」（24.45%）を乗じて「推定予想課税所得金額の合計」（61兆9,687億円）を算出し，これに「総合平均実効税負担率と法定税率との格差の平均値」（15.29%）を適用することにより，9兆4,065億円という巨額な「増収想定額」が試算できる。

4 推定増収想定額の試算の結果と算定基礎数値の開示

　企業規模別の総合平均実効税負担状況の格差分析の総括の第3グループである推定増収想定額試算の結果と算定の基礎数値は，次のようである。
(1)　法人税制の欠陥是正による推定増収想定額のグラフ
(2)　法人税制の欠陥是正による推定増収想定額算定の基礎数値
　　これを［図表1-9-2］および［図表1-9-3］に示している。

〔図1-9-2〕法人税制の欠陥是正による推定増収想定額のグラフ
　　　　　　―欠陥税制の是正で9兆4,065億円の税収が見込める―
　　　　　　（2014年3月期の法人所得総合法定税率38.01%の時期）

(1)　企業規模別の法人所得総合平均実効税負担率と法定税率との格差のグラフ

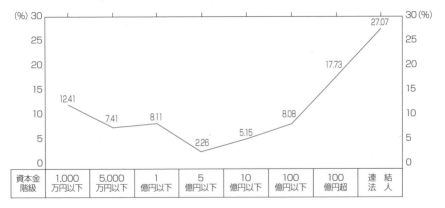

（次頁につづく）

(2) 企業規模別の法人税制の欠陥是正による推定増収想定額のグラフ

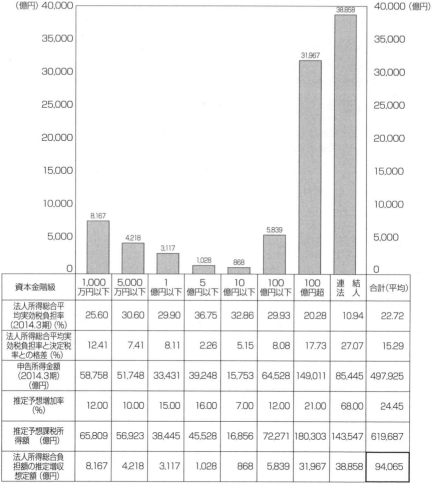

〔備考〕1　企業規模別の法人所得総合平均実効税負担率と法定税率との格差のグラフ：——
　　　　2　企業規模別の法人税制の欠陥是正による推定増収想定額（億円）のグラフ：▨

(注)
1．本図は，法人所得総合平均実効税負担率（2014.3期）と法人所得総合法定税率との格差（2014.3期）の是正により想定される推定増収想定額を試算し，図解している。
2．次の2つのグラフにより図示している。
　(1)　企業規模別の法人所得総合平均実効税負担率と法定税率との格差のグラフ
　(2)　企業規模別の法人税制の欠陥是正による推定増収想定額のグラフ
3．「(1)　企業規模別の法人所得総合平均実効税負担率と法定税率との格差のグラフ」

第 30 章　欠陥法人税制の是正による推定増収想定額での財源発掘　◆　*235*

総合平均実効税負担率と法定税率との格差は，総合平均実効税負担率と法定税率 38.01 ％
（2013 年度）との格差であり，企業規模別に，折れ線グラフに図示している。

4．「(2)　企業規模別の法人税制の欠陥是正による推定増収想定額のグラフ」

(1)　不公正税制の格差是正による推定増収想定額は，次の算式により試算している。

推定予想課税所得金額＝申告所得金額（2014．3 期）× 推定予想増加率

$$\begin{array}{l} \text{法人所得総合負担額} \\ \text{の推定増収想定額} \end{array} = \begin{array}{l} \text{推定予想課税} \\ \text{所得金額} \end{array} \times \begin{array}{l} \text{法人所得総合平均実効税} \\ \text{負担率と法定税率の格差} \end{array}$$

(2)　法人税制の欠陥是正による推定増収想定額の根拠数値は，［**図表１−９−３**］に掲示して
いる。

(出所)　この試算は，国税庁長官官房企画課「税務統計から見た法人企業の実態（会社標本
調査）」（2011，2012，2013 年度分）および租特透明化法による「租税特別措置の適用実態
調査の結果に関する報告書」（2013 年度分）に基づいているが，これに，所定の諸要素を
加味し総合的に検討することにより作表している。

（図表１−９−３）法人税制の欠陥是正による推定増収想定額算定の基礎数値
**　　　　　　　　—欠陥税制の是正で９兆 4,065 億円の税収が見込める—**

基本金階級別	法人所得総合平均実効税負担率（2014．3 期）(%)	法人所得総合平均実効税負担率と法定税率との格差(%)	申告所得金額（2014．3 期）（百万円）	格差是正による課税所得金額の推定予想額の計算		法人所得総合負担額の推定増収想定額（百万円）
				推定予想増加率(%)	推定予想課税所得金額（百万円）	
1,000 万円以下	25.60	12.41	5,875,882	12.00	6,580,987	816,700
5,000 万円以下	30.60	7.41	5,174,841	10.00	5,692,325	421,801
1 億円以下	29.90	8.11	3,343,119	15.00	3,844,586	311,795
5 億円以下	35.75	2.26	3,924,899	16.00	4,552,882	102,895
10 億円以下	32.86	5.15	1,575,368	7.00	1,685,643	86,810
100 億円以下	29.93	8.08	6,452,800	12.00	7,227,136	583,952
100 億円超	20.28	17.73	14,901,147	21.00	18,030,387	3,196,787
連結法人	10.94	27.07	8,544,519	68.00	14,354,791	3,885,841
合　　計	22.72	15.29	49,792,574	24.45	61,968,737	9,406,581

(注)

1．本表は，［**図表１−９−２**］の作図の基礎となる数値を示すもので法人所得総合平均実効
税負担率（2014．3 期）と法定税率との格差（2014．3 期）の是正により想定される推定増
収想定額を試算している。

2．「法人所得総合平均実効税負担率」（2014．3 期）の根拠となる詳細数値は，「外国税額を
含む法人所得総合平均実効税負担率」に掲示している。

3．「法人所得総合平均実効税負担率と法定税率との格差」（2014．3 期）は，総合平均実効

236 ◆ 第9編　企業課税再建の改革構想提案

税負担率と法定税率38.01％との格差である。

4．「申告所得金額」は，『会社標本調査』（2013年分）に基づいている。

5．「法人税制の欠陥是正による課税所得金額の推定予想額の計算」

(1)　「推定予想増加率」の計算は，下記の2013.3期および2014.3期の申告所得金額の対前年比増加率を基礎に次表のように，控え目に設定したものである。

法人税制の欠陥是正による課税所得金額の推定予想増加率の計算

資本金階級別	2013.3期対前年増加率（％）	2014.3期対前年増加率（％）	2013.3期・2014.3期の各増加率の平均値（％）	推定予想増加率（％）
1,000万円以下	9.44	16.03	12.73	12.00
5,000万円以下	3.13	17.59	10.36	10.00
1億円以下	14.39	15.94	15.16	15.00
5億円以下	10.65	22.28	16.46	16.00
10億円以下	−6.38	21.86	7.74	7.00
100億円以下	12.63	13.31	12.97	12.00
100億円超	27.89	14.65	21.27	21.00
連結法人	72.64	63.67	68.15	68.00
合計	20.10	22.15	21.12	24.45

〔備考〕　推定予想増加率（％）は，「2013.3期・2014.3期の各増加率の平均値（％）」の％未満の端数を切り捨てている。

(2)　「推定予想課税所得金額」は，2014.3期の申告所得金額に，(1)の推定予想増加率を乗じて計算している。

6．「法人所得総合負担額の推定増収想定額」は，「法人税制の欠陥差を正による課税所得金額の推定予想額」に「法人所得総合平均実効税負担率と法定税率との格差」（2014.3期）を乗じて算出している。

7．法人所得総合負担額の推定増収想定額の算定においては，100万円未満の端数を切り捨てている。

（出所）　この試算は，国税庁長官官房企画課「税務統計から見た法人企業の実態（会社標本調査）」（2011，2012，2013年度分）および租特透明化法による「租税特別措置法の適用実態調査の結果に関する報告書」（2013年度分）に基づいているが，これに，所定の諸要素を加味し総合的に検討することにより作表している。

第2部

タックス・ヘイブンによる租税回避の検証
グローバル経済の闇に逃げていく税金

序　章　タックス・ヘイブンに逃げていく税金を検証

第１編　「パナマ文書」と「パラダイス文書」の衝撃

第２編　タックス・ヘイブンの真の正体

第３編　多国籍企業の課税逃れの真相

第４編　失われた世界中の巨額な税金

第５編　イギリスこそ世界最大のタックス・ヘイブン

第６編　アメリカこそ世界最強のタックス・ヘイブン

第７編　課税逃れへの取締り規制措置の探求

第８編　新CFC税制の構造とその論点

第９編　タックス・ヘイブン規制の革新的改革

序章　タックス・ヘイブンに逃げていく税金を検証

1

　タックス・ヘイブン（Tax Haven：租税回避地）は，一般的に，税金が無いか，あるいは非常に軽く，しかも所得や資産の所在について秘密保持が厳しく守られており，金融規制が回避されているとともに，法人の設立が簡単で柔軟な法域である。それは，大企業や富裕層が節税だけでなく，脱税や租税回避（避税）とともに，麻薬の密売，汚職，横領その他の犯罪によって得られた収入による資産隠し，マネーロンダリング（資金洗浄）に利用され，近時は，世界を脅かすテロの資金の移動と隠蔽にも利用される国や地域のことである。

　本質的にタックス・ヘイブンは，強欲巨大資本主義の経営哲学によるオペレーションをする多国籍企業と超富裕層の税引後の純利益を極大化させるグローバル経済の見えざるネットワークの中核である。それは，グローバルな犯罪の闇のメカニズムとして悪魔の作用をしている諸悪の根源である。

2

　タックス・ヘイブンは，世界経済における巨大裏金脈として，世界のマネーストックの半分がタックス・ヘイブンを経由している。巨額な投資マネーの根拠地であり，ここ20年世界経済を破壊してきた。

　デリバティブ等の金融派生商品の組成においては，タックス・ヘイブンが用いられている。マネーゲームは，多くの場合に，タックス・ヘイブンにある事業体を経由しているから，資金ルートの全容が不透明になっている。

　多国籍企業の国際的な租税回避スキームのほとんどがタックス・ヘイブンを重要なコンポーネントとしている。タックス・ヘイブンがなければスキームを組成することができず，課税逃れの要因の最大のファクターとなっている。しかも，そこに蓄積された膨大なマネーは強欲な増殖本能のまま世界を跋扈し，世界経済の混乱と破壊を誘発する震源となっている。

3

　何よりも重大なことは，巨額な税金がグローバル経済の闇であるタックス・ヘイブンに逃げ込んで消えており，世界各国の財源を喪失せしめ世界経済を衰退化

させていることである。

タックス・ヘイブンで保管されている世界の金融資産が5兆8,000億ユーロ（約638兆円）で，そのうち税務申告されていない金融資産（オフショア資産の80%相当と仮定）4兆7,000億ユーロ（約517兆円）が課税逃れで世界の損害額という試算がある。

日本の2014年度のGDPは489.6兆円であり，タックス・ギャップが11.75兆円程度との推計がある。日本の地下経済の規模は，対GDP比で1999～2010年平均で11.0%と推計され，地下経済による喪失税額は1,711億ドル（約17兆円）とする推計がある。

カリブ海にあるケイマン諸島だけで証券投資残高が60兆円を超えているのである。

4

経済のグローバル化の進展は，多国籍企業の苛烈な過当競争を背景とし，他国からの投資や企業誘致を狙いとして"税の競争"（tax competition）が激化している。法人税率の引き下げの競争を先頭に，外資導入，金融サービス活動を誘致する"租税誘因措置"（tax incentive）として，非課税所得や免税所得による課税益金からの除外や，各種の所得控除による控除損金の拡大による"課税ベースの極小化"政策等が行われている。

法人税率の引き下げ競争は，為替の引き下げ競争と同様に，国家間の経済戦争を舞台として自国の多国籍企業の国際競争力を強化するとともに，国際的なマーケティングの拡大を目指す「産業帝国主義」による経済侵略戦争の武器となり，"世界税金戦争"を激化させている。

税の競争は，グローバリズムに反抗する反グローバリズムの潮流のもと，自国の国益を優先するナショナリズムを基調とする「近隣窮乏化対策」にほかならず，多くの国が"タックス・ヘイブン化現象"を進行させている。

5

多国籍企業など経済力の強い巨大企業がグローバル活動によるオペレーションが世界で巨額な利益を獲得しているにもかかわらず，その利益をタックス・ヘイブンなど海外に逃避させて自国に税金を払わず，各国が提供する公共サービスにもタダ乗りをしている。

日本の多国籍企業も，その稼ぎが日本国の税源とならないで国家財政にも国民

経済にも貢献していない。このため財政悪化を招来し，財政支出を賄うために，海外活動などしていない大多数の納税者が，より多くの税負担を強いられている。特に，一般庶民をはじめ，零細企業や中小企業に苛酷な税金となっている悪税である消費税の増税までが行われ，経済を低迷させている。

グローバル巨大企業である多国籍企業が巨額な課税逃れをし，その"ツケ"が一般の国民に回され，本来ならば負担する必要のない余分な税負担を転嫁されていることは，甚だもって理不尽であり，多くの国民の納得を得ることはできない。

6

多国籍企業などがタックス・ヘイブンを利用することによる課税逃れを取締る「タックス・ヘイブン規制税制」，近時は「外国子会社合算税制」(Controlled Foreign Company : CFC 税制) と称される課税上の仕組みがある。

CFC 税制は，我が国では 1978 年度の税制改正で導入され，当初はブラック・リスト方式で特定の国・地域を「軽課税国」として告示していた。

リストによる地域限定方式では，常に最新情報によって加除を行う必要がある。しかし，当時は必ずしもその適切な対応が行われず，多くのタックス・ヘイブンが規制対象外に放置され，課税逃れが野放し状態になっていた。

このことを今から 30 年前，著者が中曽根売上税導入提案を批判する論文（『文藝春秋』1987 年 3 月号）で日本税制の欠陥の一例として指摘し，これに世論が反応し世にいう「売上税騒動」の爆発の契機の一端となったことは，歴史的事実である。

そこで，課税当局は，このような批判を避けるために，1992 年度の税制改正で「軽課税国」指定制度を廃止し，外国子会社の租税負担割合（トリガー税率：25％以下）により規制対象を判定するアプローチに移行させた。その後，トリガー税率のさらなる引き下げ等が行われてきた。

7

CFC 税制は，その制定以来 40 年に及ぶ長期にわたり課税当局は，立法および行政の両面において，それなりの努力と工夫をこらしてきたことはたしかである。

しかし，今日までのグローバル企業の現実の納税実態からみれば，これらの規制が必ずしも十分な成果を獲得してきたとは言えない。導入以来，数次にわたる制度改正を積み上げてきたが，そのほとんどが場当り的で対症療法的な継ぎはぎであり，制度が空転しているのではないかとさえ思われる。

そこで，世界的に諸悪の根源であるタックス・ヘイブンの悪用を有効に規制するには，発想の転換に基づく対応策の断行が緊要であると考え，タックス・ヘイブンの闇に消えていく巨額の税金を徹底して追撃する革新的な改革構想を提示することにする。

8

このため本書の第2部では，隠蔽された闇の社会を暴いた機密漏洩の史上最大のリーク「パナマ文書」と「パラダイス文書」の衝撃と波紋をとりあげ（第1編），「アンフェアで不適切だが違法ではない」とするグレーゾーンで，カメレオンの色のように変化するタックス・ヘイブンの真の正体を解明し，新自由主義的な強欲グローバル経済の闇の中核である悪魔の作用の解析に迫る（第2編）。

世界的スケールでの課税逃れの首謀者である多国籍企業の国境を越えての巧みな租税回避のテクニックをケース・スタディを用いて詳しく解明し，国家主権とグローバル大企業の果てしない宿命的な闘いが国の存続を脅かしている深刻な真相を究明する（第3編）。

タックス・ヘイブンに消えてしまっている失われた税金の大きさを，そこにある巨大な裏金脈と潜在している巨額な資本額から推計するなど多くの所説を解明し，その驚くべき実態を分析しようとする（第4編）。

多国籍企業などの国際的な課税逃れを追放しようとOECD／G20の主要各国が相連携してアクションを起こすことが協議されているが，タックス・ヘイブンはカリブ海にあるケイマン諸島などの小さな島々だけではない。ロンドンのシティがある英国，ニューヨークのウォール・ストリートのある米国こそが，世界最大のタックス・ヘイブンである。その現代世界のいまわしい実相を遠慮なく記述する（第5編，第6編）。

タックス・ヘイブンによる国際的な課税逃れに対する規制を国際間で協調して対処する措置がOECDのBEPSプロジェクトのアクション・プランで進められ，各国とも，これに対応しつつあるが，デリケートな様相もみられる。我が国は，協調的対応の先頭に立ってアダプションに努めている（第7編）。

BEPSプロジェクトの勧告への対応を背景としながらCFC税制の抜本的改革が2016年度に続き2017年度の税制改正で本格的に行われ，新CFC税制が施行された。

CFC税制の最新の改正の考え方と論点を詳細に吟味し，改正に臨んだ基本的姿勢が果して適当であったか，改正の主要事項について，その妥当性について批

判的に徹底して検討している（第8編）。

　改正による法の構成は極めてテクニカルで，細目にわたる詳細な規定が個別の判断を要することになるとみられ，関係者はその対応に苦慮するおそれが懸念される。

　もとよりBEPSプロジェクトの理念どおりに制度をつくろうとすると，非常に精緻なものとなり，企業にとっては多くの事務負担となるのでコンプライアンス・コストに配慮する仕組みをとろうとするが難しい。日本経団連をはじめとする経済界からの強硬な圧力があり，これに屈し緩和規定や除外規定を随所に配置したため，これが企業側の抜け穴となり，抜本的改革は無残にも腰砕けに終り部分的にして技術的な改正にとどまり，制度は一段と複雑化している。

　逞しい多国籍企業のタックス・ヘイブンを濫用する租税回避スキームを暴き巨大な課税逃れを捕捉するためには，何よりも，その実態把握の情報収集に努めることが不可欠である。

　このため制度のテクニカルな整備に留まることなく，発想の転換による革新的改革として，タックス・ヘイブン進出企業の状況報告制度とタックス・プランニング・スキームの開示申告制度を創設し，国際租税戦略のグローバルな企業秘密的実態の義務的開示を求め，税務執行の効率化が達成できる体制を構築する方策を提案する（第9編）。

9

　タックス・ヘイブンは，国家による統治を回避しようとする人たちにとって，この世の楽園である。私有財産制の制約や否定をいつ実行に移すかも知れない国家権力の手の届かない避難先としてタックス・ヘイブンは格好の地である。タックス・ヘイブンは，その名前の由来にあるように租税回避，いわゆる課税逃れの震源である。

　租税回避（Tax Avoidance, Steuerumgehung）とは，納税者が通常の法形式ないし取引形式を採用せずに，これと異なる異常な法形式を選択することにより，通常の法形式を選択した場合と基本的には同様の経済的効果を達成しながら通常の法形式ないし取引形式に結合している租税負担を軽減または排除することをいう。

　租税回避は，租税回避行為によりもたらされるものであり，この租税回避行為は通常の取引形式ないし取引行為とは異なる迂回的・不自然的なオペレーションにより課税要件の充足を免れ，租税負担を実質的に軽減・排除する行為である。

租税回避は，隠蔽・仮装により事実を欺くことで行われる租税逋脱，つまり脱税とは異なり，租税節約，つまり節税とも異なる。節税は，税法が予定しているところに従って，合法的・合理的な手段により租税負担を軽減することである。

　租税回避と節税は，時には，その境界に不明確なところがあるが，基本的には異なる概念である。

　タックス・ヘイブンは，国家権力による課税権の行使が及ばない税金がないか，著しく軽い国または地域にペーパーカンパニーを設定することなどにより，節税を図り，租税回避にまで踏み込むところまでいくことに特徴がある。違法の場合もあるが，たとえ適法であったとしても不適切な行為であり好ましくなく否定されるべきである。

　租税回避による税の削減が大規模になればなるほど，そのしわ寄せは租税回避をしない一般納税者に転嫁される理不尽なことになり納得し難い。

　今の日本は消費税の増税で経済は著しく冷え込み，見込んだ税収が得られず，さらに税率を上げようとする「負のスパイラル」に陥っている。問題は大企業や富裕層が資産を海外に移して蓄積していることである。

　暴走する多国籍企業や富裕層の課税逃れを厳しく規制し，税制公正化を実現することにより租税国家の復権を達成し，「失われている巨額の財源」を回復し，危機に瀕している社会保障の充実と格差の拡大化を阻止し，「社会の貧困化」を是正するとともに，財政健全化を図り，国の破滅を防止しなければならない。

第1編

「パナマ文書」と「パラダイス文書」の衝撃

第1章　隠蔽された腐敗と犯罪の闇を暴いた「パナマ文書」の衝撃：グローバル経済の見えざる中核のメカニズムの開帳

1　史上最大のリークで世界の首脳らの課税逃れと資産の隠匿が暴露

2　名前の挙がった政治家らは 140 人にのぼり 50 か国以上に及ぶ

3　政治リーダーの狡猾な税逃れに国民の怒り

第2章　闇の社会を照らし出した「パナマ文書」の正体と流出経緯：機密漏洩の史上最大のリークで激震が世界に波紋

1　「ジョン・ドゥ」の電話から始まった「パナマ文書」の流出

2　機密流出先が何故にドイツ地方紙「南ドイツ新聞」だったのか

3　国際調査報道ジャーナリスト連合（ICIJ）が協力して解析

4　流出元の「モサック・フォンセカ」は世界の「租税回避業界」での大物

5　約 80 か国の 400 人を超える記者が解析し世界各国で一斉報道

6　暴露の目的は「犯罪責任追及が目的」との提供者の声明

第3章　「パラダイス文書」で各国の政府高官や大企業のタックス・ヘイブンへの関与が暴露：一段と大きく暴かれた世界の指導層の闇

1　ICIJ がタックス・ヘイブンの資料 1,340 万件を入手

2　英国のエリザベス女王，鳩山由紀夫元首相ら首脳クラス 14 人を含む 47 か国 127 人の関与が判明

3　英領バミューダ諸島や英王室属ジャージー島，ケイマン諸島など租税回避の温床

4　カトリック神父やヨルダン前国王の王妃とブラジル財務相も登場

5　米トランプ政権の閣僚がロシア企業から利益

6　トランプ政権関係者や閣僚 12 人もタックス・ヘイブンに関わることが記録

7　ナイキ "ロゴ使用料" 3 年で 4,400 億円をペーパーカンパニーへ

8　F1 王者ハミルトンがジェット機購入での還付で 520 万ドルの税逃れ

9　「パラダイス文書」には日本企業や日本人も多数登場

第4章　指導者や富める者が税を逃れ続けるなら国家と社会の健全性を破壊：違法でないことが問題でモラルや公正は壊滅

1　ICIJ が手がけた主な報道プロジェクトとその根拠となった秘密文書

2　富める者が税を逃れ続けるなら社会と国家の健全性は破壊される

3　タックス・ヘイブンの悪用による課税逃れは国家統治への挑戦

4　大事なことはタックス・ヘイブンから利益を得る構造に切り込むこと

第 | 1 | 章

隠蔽された腐敗と犯罪の闇を暴いた
「パナマ文書」の衝撃

―グローバル経済の見えざる中核のメカニズムの開帳―

1　史上最大のリークで世界の首脳らの課税逃れと資産の隠匿が暴露

　長くベールに包まれ隠されてきたタックス・ヘイブン（租税回避地）の実態が2016年4月3日，「パナマ文書」と呼ばれる機密文書の漏洩によって暴露された。各国の首脳や指導者や世界的な著名人，大企業の経営者らの関与が判明し衝撃は世界に広がった。

　「税を逃れたのではないか」「巨額な資産を隠していたのではないか」，批判は各国で高まり，先進国は対策の整備と拡充に向け慌しく動き出した。

2　名前の挙がった政治家らは140人にのぼり50か国以上に及ぶ

　パナマ文書が明らかにしたのは，政治家や富裕者が，税率がゼロか極端に低いタックス・ヘイブンを使って蓄財や金融取引をしていた実態である。政治家から公職者は50か国以上で140人に上る者の関係会社が判明した。そこには，多くの国の現職・元職の大統領，首相を含めた政治家の名前が記されておりタックス・ヘイブン会社とのつながりが明らかになっている。

　文書で名前が浮上したのは，アイスランドのグンロイグソン首相，英国のキャメロン前首相，ロシアのプーチン大統領，中国の習近平国家主席，シリアのアサド大統領の親族や友人，側近関係者らである。

● アイスランドのグンロイグソン首相

　北大西洋に浮かぶ島国アイスランド。パナマ文書でまず窮地に追い込まれたのが同国のグンロイグソン首相で．妻と共同名義で英領ヴァージン諸島に会社を所有し巨額の投資をした。

　財産隠しと憤った国民の大規模デモが文書の公開された直後から起き，遂に首相は4月7日に正式に辞任した。当初は違法性はないと釈明していたが，政治不信が高まり首相の座を追われたのである。

● 英国のキャメロン前首相

　キャメロン前首相は亡父がパナマに設立したファンドに投資をして利益を得ていた。4月3日にパナマ文書で明らかになって，当初は「自分は株やタックス・ヘイブンにファンドなど持っていない」と説明していたが，4月7日になって，一転，過去の投資と，首相に就任前に持分を売却していた事実をイギリスのテレビで認めた。

　ロンドンでも4月9日に首相官邸前で辞任を求める市民デモが発生し，キャメロン首相（当時）は近年の納税情報を公開するなど防戦を強いられている。違法性はないと釈明するが，これまで課税逃れを厳しく追及する急先鋒だっただけに逆風は収まらず，野党からは「偽善だ」と非難が高まった。イメージ低下は避けられず，英国の欧州連合（EU）離脱の是非を問う国民投票を前に残留を主張しているキャメロン首相（当時）の政治的立場が大きく揺らいでいた。

● ロシアのプーチン大統領

　プーチン大統領は幼なじみや親友がヴァージン諸島に複数の会社を所有し，自身の周辺に20億ドル（約2,200億円）もの不自然な金の流れが明るみに出たが，ロシア国内で本格的な追及の動きや批判の高まりはみられない。プーチン大統領は，「米国の挑発行為だ」と反発している。

　この問題について特異な反応を見せたのがロシアである。ロシアの経済紙RBK は，4月5日付の記事では「基本的な標的とされているのがプーチン大統領であるが，ロシアの政治が安定的であることは明らかだ」とする大統領報道官の談話が引用されている。報道官は「文書の調査には米国務省や中央情報局（CIA），その他の特務機関の元職員が加わっている」とし，ロシアで9月に下院選，2018年春に大統領選が予定されていたことがプーチン氏への攻撃につながっているとの見方を披露していた。

● 中国の習近平国家主席

　中国では，習主席ら共産党の最高幹部3人の親族がタックス・ヘイブンに設立した会社の株主や役員に名を連ねている。習主席は，義兄がヴァージン諸島に設立されたペーパーカンパニーを所有していることなどが指摘された。

　中国では厳格な情報統制を敷き関連報道が規制され，ネット上で関連情報が削除されて批判を封じ込めている。習主席は，現在，共産党や政府幹部らの腐敗に厳しく臨んできた「反腐敗運動」で国民の支持を集め，指導部の権力を固めてきただけに，金銭にからむ疑惑は最も避けたい問題で神経質になっていたようである。

● シリアのアサド大統領

アサド大統領は，いとこがヴァージン諸島の会社を経由してシリア国内の企業の株式を所有するなど関与していることが明らかにされた。

● アルゼンチンのマクリ大統領

マクリ大統領は，父親が社長を務めているバハマとパナマの会社で役員に名を連ねて関与していたとして，検察当局が捜査に着手するなど波紋が広がっていた。

● ウクライナのポロシェンコ大統領

ポロシェンコ大統領は，経営する菓子メーカーの資産をヴァージン諸島の会社に移転していた。前述のロシアの経済紙 RBK は，ロシアで圧倒的な影響力を有する国営のテレビ局や通信の報道を分析して，いずれもプーチン・ロシア大統領周辺の疑惑については無視したり，ぼかして伝えたりしていた一方，ウクライナのポロシェンコ大統領がオフショア企業を設けていたことは大々的に報じていた。

3　政治リーダーの狡猾な税逃れに国民の怒り

世界各国で反発が強まっている背景には，2008 年秋の金融危機以来，格差問題が深刻化しており，苦しい生活から抜け出せない国民感情がある。政治家およびその親族や富裕層らが特別な立場を利用して，節税や課税逃れといった「恩恵」を受けて，「うまいこと」をしている印象を与えているためである。

パナマ文書が突きつけた問題は極めて多いが，その 1 つは，政治と倫理の問題である。増税や社会保障カットを国民に強いる政治リーダーの税逃れは，格差拡大と貧困にいら立つ世論に火をつけた。

インドネシアのメディアは，4 月 25 日，ジョコ政権の有力閣僚が文書に含まれていると報じた。新興・途上国で公金流用や汚職と結びついた税逃れが発覚すれば，各地で政治混乱のパンドラの箱が開くかもしれない。

第|2|章

闇の社会を照らし出した「パナマ文書」
の正体と流出経緯

―機密漏洩の史上最大のリークで激震が世界に波紋―

1 「ジョン・ドゥ」の電話から始まった「パナマ文書」の流出

　1年余り前のことである。南ドイツ新聞に匿名のメッセージが届いた。

　「データが欲しくないか？」「犯罪行為を明らかにしたい」「見返りはいらない」

　当事者の不明の際に使う男性の仮名「ジョン・ドゥ（英語で，「名無しの権兵衛」と同義)」と名乗って電話をしてきたのである。

　届いたデータは，約1,150万件という膨大な量で，中米パナマの法律事務所「モサック・フォンセカ」(Mossack Fonseca) が，1977年以降に英領ヴァージン諸島などのタックス・ヘイブン21か所に設立した会社約21万社に関する秘密の内部書類である。それは，税を軽減したり秘密保守のサービスを提供し外国人や外国企業の持つ資金を呼び込んでいるオフショア金融センターを利用した企業や富裕者の取引情報である。

　オフショアとは，外国人や外国企業など非居住者向けのサービスのことを表し，この地域では，税を軽減したり免除することで外国人のもつ資金を呼び込んでいる。このため，オフショアの多くはタックス・ヘイブンである。

　そして，このような地域を利用して，世界の大企業や富裕層の多くが自国に税金を払っていない現実が存在する。このような事実が明らかになったことで，タックス・ヘイブンそのものと，それを利用してきた企業や人への批判が高まっている。

2 機密流出先が何故にドイツ地方紙「南ドイツ新聞」だったのか

　不思議なのは，ドイツで大手とはいえ発行部数約37万部で，決して世界的大新聞ではない南ドイツ新聞が流出先であったことである。しかし，そこには真実に近づける事実がある。

　まず，モサック・フォンセカの創設者の1人，ユルゲン・モサック氏の経歴で

ある。ドイツ南部バイエルン州のフェルトで生まれた。同州の州都ミュンヘンに南ドイツ新聞の本社がある。モサック氏は幼少期をドイツで過ごし，13歳のとき一家でパナマに移住し，同国で法律を学び，弁護士となった。

また，南ドイツ新聞は調査報道に熱心なことで知られている。最近でも，約25万件の米外交公電が暴露されたウィキリークスや，タックス・ヘイブンの約13万口座が明らかになったオフショア・リークスについて詳細に報道した。特に，後者の延長線上にパナマ文書はあるといわれる。

3　国際調査報道ジャーナリスト連合（ICIJ）が協力して解析

パナマ文書は，最初に南ドイツ新聞の5人の調査チームが解析をしたが，量が膨大で国際調査報道ジャーナリスト連合（International Consortium of Investigative Journalists：ICIJ）に協力を依頼した。

ICIJは，英BBC放送や仏ルモンド紙のほか，日本の共同通信や朝日新聞にも声をかけ，約80か国の約400人が解析に従事した。

このICIJは各国の報道機関の記者が連携し国際的な汚職や犯罪，不正を暴き調査報道する非営利の調査報道団体を母体とする組織であり，テーマごとに参加報道機関を募り協力する。常に情報を求めており，取り組むべきテーマがあれば，個別にメディアやジャーナリストに協力を呼びかけている。1997年に設立され，本部はワシントンにある。

一般にテレビ局は広告の影響を受けやすく，新聞はネットの影響もあって経営環境が悪化しているため，時間と金のかかる調査報道は，やりにくくなっている。そこで，「メディアやジャーナリストが横断的に協力して調査報道をやろう」という発想である。

気になるのはパナマ文書の暴露直後に，米国の億万長者のジョージ・ソロスの財団「オープン・ソサエティー」と，アメリカ国際開発局（USAID）から金銭的支援を受けていることである。

4　流出元の「モサック・フォンセカ」は世界の「租税回避業界」での大物

「パナマ文書」の流出元である中米パナマの法律事務所「モサック・フォンセカ」は，ドイツ人弁護士ユルゲン・モサックとパナマ人弁護士ラモン・フォンセカが1977年に創設し，タックス・ヘイブンでの会社設立業務を仕事としてきている。

法人税や所得税などの税率がゼロか極めて低いタックス・ヘイブンでは，顧客の秘密を厳格に守るため，取引の匿名性が高く課税逃れや資産隠しの温床とも

なっている。同事務所は，世界中の顧客から依頼を受けて，タックス・ヘイブンにペーパーカンパニーを作っている。

同事務所は，いわゆる「租税回避業界」では世界トップの5本の指に入り，世界で40以上の支店を有している。中国には8つの支店があり，複数の南米の左派政権ともかかわりがあることなど，米国政府からマークされる要素があるともみられている。

5 約80か国の400人を超える記者が解析し世界各国で一斉報道

前述のように「モサック・フォンセカ」の秘密文書の流出先である南ドイツ新聞から合同取材を要請されたICIJは，約80か国の400人の報道機関の記者を動員して膨大な資料を分析し取材をした。そして2016年4月3日，各国で一斉に「パナマ文書」の存在を公表し報道を始めた。

しかし，公表したのは入手した2.6テラバイト（新聞2600年分相当）もの膨大な情報のごく一部に過ぎない。企業名に関連する多くの情報についても，まだ詳細は明らかにされていない。

注目されるのは，日本やアメリカの有名政治家や大資産家，その家族や関係者の名前が本格的に出てきていないという奇妙な点である。

ICIJが入手した情報には，電子メールや登記簿，画像などが含まれるが，生の情報をそのままで公表していない。守るべき個人情報も含まれるためだとしている。調査手法は各国の記者，メディアが流出情報を共有しながら取材を進めるという新しいスタイルであり，共同取材の手法に対する賛同者に限って生の情報を共有している。各国の政府当局から情報提供の要請が引きも切らないが断っている由である。

その後，5月10日には，タックス・ヘイブンに設立された21万4,488社の会社名や株主，役員などの企業データベースと1万4,153名の顧客情報が公表された。ただ，発表されるリストも生データではなく，ICIJの手を加えた内容のものである。政府の機密情報をそのまま公開する内部告発サイト「ウィキリークス」とは異なる点である。このため情報を都合よく切り取って公表していないかどうか，外部からの生のデータと照らし合わせ，事実を検証する手だては必ずしも確保されていない。

特に留意すべきは，法律事務所の秘密内部文書の流出に「ジョン・ドゥ」と名乗っている情報提供者が介在したとされる今回の文書入手の経緯は謎のままだということである。外部からのハッキングという「犯罪行為」だったのか，それと

も，義憤にかられた関係者の内部告発だったのか。真相はヤブの中である。

6　暴露の目的は「犯罪責任追及が目的」との提供者の声明

　ところが，タックス・ヘイブンに関する「パナマ文書」の匿名の提供者は，5月6日までに，暴露の目的について，パナマの法律事務所とその顧客による「犯罪の責任を追及するため」と強調し，各国政府や情報機関との関わりを否定する声明を出したことが明らかになった。依然として身分や文書入手の方法は明らかにはしなかった。

　パナマの法律事務所「モサック・フォンセカ」について「創業者，従業員と顧客は，関わった犯罪について責任追及を受けるべきだ」と述べ，各国捜査当局が文書を入手すれば「何千件も起訴される」と述べ，違法行為の多いことを強調している。

　そして，当局の捜査に協力しようにも，欧米の不正告発者保護は不充分で，米当局の通話履歴収集を暴露したスノーデン氏のように，逆に刑事責任を問われる恐れもあり不可能だとも説明し，情報源保護のため文書を当局に渡さないICIJの方針を正当であると評価している。

　声明は，「革命はデジタルの力で」と題され，税の不公平など市民の怒りを呼ぶ情報を政府が統制しようとしても，情報の発達により「全てが明らかになるのに長くかからない」と述べている。

第|3|章

「パラダイス文書」で各国の政府高官や
大企業のタックス・ヘイブンへの関与が暴露
―一段と大きく暴かれた世界の指導層の闇―

1 ICIJ がタックス・ヘイブンの資料 1,340 万件を入手

　大西洋にある英領バミューダ諸島などタックス・ヘイブンに設立された法人などに関する法律事務所「アップルビー」の内部文書など電子ファイル 1,340 万件を南ドイツ新聞と非営利組織の国際調査報道ジャーナリスト連合（ICIJ）が新たに入手した。提携記者の共同取材で 100 人を超える国の要職経験者や大企業とタックス・ヘイブンとの関わりが浮上した。JCIJ と提携メディアは「パラダイス文書」（Paradise Papers）と名付けて 2017 年 11 月 5 日（日本時間 6 日午前 3 時），世界同時に報道を始めた。

　電子ファイルは，複数の人物が南ドイツ新聞に提供し，ICIJ がデータベース化した。分析と取材には 67 か国，96 報道機関の記者ら 382 人が参加し 9 月中旬から，このパラダイス文書に登場する企業や個人への取材を進めてきた。

2 英国のエリザベス女王，鳩山由紀夫元首相ら首脳クラス 14 人を含む
47 か国 127 人の関与が判明

　大手法律事務所「アップルビー」などから流出した膨大な「パラダイス文書」には，英国のエリザベス女王をはじめとする数々の著名人や，米アップル社など世界的に事業を展開する多国籍企業の名が載っていた。

　ICIJ によると，「パラダイス文書」には世界各国の君主や政治家 127 人の名前が含まれていた。タックス・ヘイブンに設立された企業の役員になるなど，何らかの関わりをうかがわせる文書がみつかった人物たちである。関与の度合いや，形態は人によって異なっている。

　「パラダイス」文書に名前が載っていた各国の君主や政治家らと，著名人やセ

レブらは，次にみるようである[1]。

● 「パラダイス文書」に名前が載っていた各国の君主や政治家ら

アフリカ　リベリア，エレン・ジョンソン・サーリーフ（大統領）

アジア　日本，鳩山由紀夫（元首相）

アジア　パキスタン，シャウカット・アジズ（元首相）

欧州　オーストリア，アルフレッド・グーゼンバウアー（元首相）

欧州　英国，エリザベス２世（女王）

中南米　コロンビア，ホアン・マヌエル・サントス（大統領）

中南米　コスタリカ，ホセ・マリア・フィゲレス（元大統領）

中東　カタール，ハマド・ビン・ハリファ・アール＝サーニー（元首長）

中東　カタール，ハマド・ビン・ジャシム・ビン・ジャブル・アール＝サーニー
（元首相）

北米　カナダ，ポール・マーティン（元首相）

北米　カナダ，ブライアン・マルルーニー（元首相）

北米　カナダ，ジャン・クレティエン（元首相）

　　　　（首脳・君主クラスのみ掲載。敬称略）

● 「パラダイス文書」に名前が載っていた著名人やセレブら

米国，マドンナ（歌手・女優）

アイルランド，ボノ（ミュージシャン）

米国，ジョージ・ソロス（投資家・ICIJ への寄付者）

3　英領バミューダ諸島や英王室属領ジャージー島，ケイマン諸島など租税回避の温床

　パラダイス文書で，著名人や企業の投資先に英領バミューダ諸島や英王室属領ジャージー島などが登場している。世界有数の金融センターであるロンドンを抱える英国は，海外領土と金融取引で強く結びついている。

　エリザベス女王の個人資産も英領ケイマン諸島のファンドで運用されていたことが判明し注目されている。

　英国は 14 の海外領土がある。また，英王室属領も３つある。これは英国王が伝統的に領有し，高い自治権を持つ土地である。多くは法人税率や金融取引にかかる税率を抑え，取引をめぐる情報公開が低いことで知られている。

---

1)　朝日新聞，2017 年 11 月 6 日付，「パラダイス文書／『楽園』に集う大物たち」。

第3章 「パラダイス文書」で各国の政府高官や大企業のタックス・ヘイブンへの関与が暴露 ◆ *255*

　バミューダ諸島は保険会社，ジャージー島は銀行や投資ファンドが多いなど，それぞれ特徴がある。投資家に有利な仕組みを競い合うように作り，外国から資金を呼び込んできた。そうした資金は金融取引などを通じて英国に流れている。

　英シンクタンク「キャピタル・エコノミックス」の試算によると，人口約10万人のジャージー島を通じた外国から英国への投資は，2014年で総額5,000億ポンド（約75兆円）に達し，外国の投資家が英国で手に入れた資金全体の約5％を占めている。人口約3万人の英領ヴァージン諸島にある企業を介して，15年に約1,690億ドル（約19兆円）の投資が英国に向かったとしている。

　英国と海外領はネットワークにより相互に支え合うシステムになっており，欧州連合（EU）離脱を控えて英経済に陰りが見えるなか，より重要な位置づけになっているとも言われている[2]。

　「パラダイス文書」のなかに「分配金の詳細」と題する文書があった。日付は，2008年6月12日，本文は，こう続く。

　「みなさまに3,000万ドル（約34億円）の分配をお知らせいたします」

　受益の中には，エリザベス女王の個人資産を表す名称があった。それによると，女王は2005年，英領ケイマン諸島のファンドに750万ドル（約8億6,000万円）の個人資産を投資し，3年後に36万ドル（約4,100万円）の分配金の知らせを受け取った。

　女王のお金は，このファンドを通じ，別の会社に投資された。英国の家具レンタル・販売会社「ブライトハウス」を支配下に置く会社である。ブライト社は，一括払いができない客に年率99.9％の高利を求める手法が，英議会や消費者団体から批判をあびていた。

　女王の資産は，英国内での運用は一部が明らかになっているが，英国外での運用は知られてこなかった。女王の広報担当は，ICIJに「ブライト社に投資されたことは知らなかった。女王は個人資産やその運用で得た所得に対しては所得税を納めている」と，コメントしている[3]。

4　カトリック神父やヨルダン前国王の王妃とブラジル財務相も登場

　ローマ・カトリック教会の聖職者がバミューダ諸島に会社を持っていたことも

---

2) 朝日新聞，2017年11月8日付，「パラダイス文書／英領・租税回避の温床に／低い情報公開制度」。

3) 朝日新聞，2017年11月6日付，「パラダイス文書に登場しているエリザベス英女王」。

256 ◆ 第1編 「パナマ文書」と「パラダイス文書」の衝撃

「パラダイス文書」でわかった。メキシコ出身の故マルシアル・マシエル神父である。キリスト軍団という修道会を創設し，カトリック最大の資金貢献者と称された人物である。

カトリック教会は，その資産を運用する団体がマネーロンダリングなどの不正に長年かかわってきたと指摘されている。

ヨルダン前国王のヌール王妃は，英王室属領のジャージー島にある2つの信託会社から利益を得ていた。

ブラジルの中央銀行総裁も務めたメイシス財務相は，慈善目的でバミューダ諸島に財団を設立していたことも判った[4]。

5 米トランプ政権の閣僚がロシア企業から利益

米トランプ政権のウィルバー・ロス商務長官がタックス・ヘイブンにある複数の法人を介して，ロシアのプーチン大統領に近いガス会社との取引で利益を得ていたことがICIJの調査でわかった。ガス会社の主要株主には，プーチン氏の娘婿や，米国の制裁対象である実業家らが含まれている。商務長官には「深刻な利益相反の恐れがある」との指摘がなされている。

ロス氏は，大富豪として知られる投資家である。2017年2月の商務長官就任時に，米国の法律に従い，保有資産を公開し，職務と利益相反になりうるとして大半の資産を手放すことを宣誓し，米上院から承認された。

しかし，今回の取材で，タックス・ヘイブンである英領ケイマン諸島で，長官就任後も株を保有する複数の法人を通じて，海運会社「ナビゲーター」（ナビ社）と利害関係を保っていたことがわかった。ナビ社は，ロシアのガス石油会社「シバー社」にガス輸送船を貸出している。両社の取引が拡大すれば，ロス氏も利益を得る仕組みになっている。

シバー社は，ロシアの元国営企業で，プーチン氏の娘婿が取締役を務めるなど，同国政府と密接な関係にある。大株主の実業家も米国の制裁対象で，米国企業は取引が禁じられている。

ICIJに対し，米商務省の報導官は「ロス長官は，ロシアなどへの米国の制裁政策を広く支えてきた。高い倫理基準を守っている」などと書面で回答したとされている[5]。

---

4) 朝日新聞，2017年11月6日付，「パラダイス文書／垣間見えた資産運用」。

5) 朝日新聞，2017年11月6日付，「パラダイス文書／米閣僚・ロシア企業から利益／利益

第 3 章　「パラダイス文書」で各国の政府高官や大企業のタックス・ヘイブンへの関与が暴露　◆　*257*

しかし，ロス商務長官は，ナビ社の実質的な株主の立場を続け，ロシアのプーチン大統領に近い企業との取引を続けていたことが，パラダイス文書で明らかになった。「ロシア疑惑」に揺れるトランプ政権にとって，新たな火種となることは必至であろう。

6　トランプ政権関係者や閣僚 12 人もタックス・ヘイブンに関わることが記録

「パラダイス文書」に名前が登場したトランプ政権関係者は，ロス氏だけではなく，閣僚や有力支援者など他に 12 人もいる。

トランプ氏は，「既得権層による富の独占」を批判して大統領選に勝利したが，政権はタックス・ヘイブンと結びついている。

ティラーソン国務長官（当時）は，米石油大手エクソンモービルの前会長である。同社でイエメンを担当した 1997 ～ 98 年，ティラーソン氏は現地で石油ガス事業の共同企業体（JV）の取締役に就任している。この会社は英領バミューダ諸島が拠点であった。

また，トランプ氏が，米連邦準備制度理事会（FRB）の理事兼金融監督担当の副議長に指名したクオールズ元財務次官は，かつて経営に関わった投資会社に関連して，ケイマン諸島の 2 つの非課税法人の役員を務めていた。

コーン国家経済会議長は，米金融大手ゴールドマン・サックス（GS）の元社長で，2000 年代前半にバミューダ諸島に設立された 20 社の社長を務めていた。いずれも GS 社のファンドと提携する企業である。

さらに，共和党へ多額の寄付をしてきたカジノリゾート会長ら有力支援者や，トランプ氏に政策を助言してきた投資会社社長のバラック氏，投資家のアイカーン氏といった面々のタックス・ヘイブンとの関わりも記されている [6]。

7　ナイキ〝ロゴ使用料〟3 年で 4,400 億円をペーパーカンパニーへ

「パラダイス文書」の取材で，米ナイキ社や F 1 レーサーのルイス・ハミルトンによる税逃れの疑惑が浮上した。巨額のマネーが流れ込むスポーツ界のビジネスもタックス・ヘイブンと深くつながっていたのである。

相反の指摘」。

[6]　朝日新聞，2017 年 11 月 6 日付，「パラダイス文書／ロシアと米閣僚・親密さ露呈／トランプ政権への追及必至」。

258 ◆ 第1編 「パナマ文書」と「パラダイス文書」の衝撃

　米スポーツ用品大手のナイキ社が，スニーカーや帽子など同社製品のあしらう
ロゴ「スウッシュ」の商標権をタックス・ヘイブンに置くことで，欧州での販売
収益への課税を逃れていた疑いがあることがわかった。

　ナイキ製品の象徴である「スウッシュ」は，1971年に商標権が米国で登録さ
れた。「パラダイス文書」などの記録などによると，同社は英領バミューダ諸島に，
欧州での販売に使う商標権を所有する子会社を設置し，2005年から10年間，こ
の子会社にロゴの所有権を持たせ，欧州の販売収益を「ロゴ使用料」として，子
会社に移していた。

　欧州での商品販売はオランダにあるナイキの欧州本社が担っている。ここに
集った収益をタックス・ヘイブンに移せば，納税額が減る仕組みである。子会社
は，スタッフも事務所もない「ペーパーカンパニー」である。

　全体でどれほどの税を逃れたか明らかにされていないが，米国の訴訟記録によ
ると，10～12年の3年間だけで6,000万ドル（約4,400億円）が欧州本社から
バミューダの子会社に移された。

　同社は，ICIJの取材に「ナイキは規制に完全に従っている」と回答したと報
じられている[7]。

8　F1王者ハミルトンがジェット機購入での還付で520万ドルの税逃れ

　F1の年間王者である英国人レーサー，ルイス・ハミルトンが2012年ごろジェッ
ト機を2,700万ドル（約30億円）で購入した際，規制が緩やかなタックス・ヘイ
ブンを利用して税金の還付を受けていた疑いが判明した。「パラダイス文書」の
資料によると，520万ドル（約6億円）の納税を逃れていた。

　ジェット機は「ボンバルディア・チャレンジャー605」で，定員12人で，企業
や国のトップに人気の高級機である。ハミルトンは購入した機体を赤色に変え，
内装にアルマーニ製のカーテンを使う特別仕様とした。

　本来，欧州連合（EU）内でジェット機を購入したり，輸入したりする場合は
付加価値税を払う必要がある。ところが，ハミルトンは英王室属領であるマン島
で「商業用のジェット機」として輸入手続きをとり，約6億円の還付を受けた。

　ICIJの取材では，ハミルトンはペーパーカンパニーを通じて輸入し，プライベー
トにも利用しているなど，還付の条件を満たしていないとみられる。マン島は

---

7)　朝日新聞，2017年11月7日付，「パラダイス文書／ナイキ・租税回避地とパイプ／〝ロ
　ゴ使用料〟3年間で4,400億円，ペーパーカンパニーへ」。

第3章　「パラダイス文書」で各国の政府高官や大企業のタックス・ヘイブンへの関与が暴露　◆　*259*

EU 課税ルールの緩いことで知られ，抜け穴として利用したわけである。ハミルトンの代理人は「マン島の企業には実体があり，購入は商業用である」と反論していると報じている[8]。

9　「パラダイス文書」には日本企業や日本人も多数登場

　「パラダイス文書」には，日本の法人や個人も多く登場する。これまで見えにくかった日本企業によるタックス・ヘイブンを利用したいろいろな取引の一端がうかがえる。

　大手商社・丸紅は，タックス・ヘイブンの英領ケイマン諸島に資本金1ドルで設立した特別目的会社（SPC）を通じ，重工大手，IHI の航空機エンジン開発プロジェクトに投資した。丸紅によると，販売代金の一部を配当として受け取る契約だという[9]。

　「パラダイス文書」によると，投資額は 2007 〜 10 年で少くとも 7,060 万ドル（約80 億円）で，丸紅は投資の際，複雑な仕組みをつくり，グループ間で資金を回していた。

　それは，次のような手順である。
① 　ケイマンにある丸紅の金融子会社が SPC に貸し付ける。
② 　SPC が IHI に投資する。
③ 　丸紅本社から SPC に資金を拠出する。
④ 　SPC が金融子会社に返済する。

　バミューダ諸島は，大規模災害に備え，保険契約の一部や全部を，ほかの保険会社に引き受けてもらう「再保険」の一大マーケットとして知られ，日本の大手損害保険会社も進出している。

　東京海上日動火災保険は，2000 年再保険会社をバミューダに設立した。現在は本社に移し，そのバミューダ支店として主に欧州や米国の保険を引き受け，日本人2人を含む従業員 80 人が働いている。

　パラダイス文書によって海外に眠る個人資産の詳細が判明したケースもある。2008 年に亡くなった東京都内の金属販売会社の前会長はバミューダ諸島の銀行の米債権ファンドに投資していた。運用は約 180 万ドル（約2億円）である[10]。

　8）　朝日新聞，2017 年 11 月 7 日付，「パラダイス文書／F1 王者・6億円税逃れか」。
　9）　朝日新聞，2017 年 11 月 6 日付，「租税回避地，日本からも／商社，複雑な投資枠組」。
　10）　朝日新聞，2017 年 11 月 6 日付，「パラダイス文書／亡き父が運用，2億円と判明」。

260 ◆ 第1編 「パナマ文書」と「パラダイス文書」の衝撃

「パラダイス文書」からは，元首相や元副大臣を含む国会議員経験者3人の名前がこれまでに見つかった。資産公開で記載しなかった投資も出てきた。

旧民主党元参議院議員で元総務副大臣の内藤正光氏が議員2期目の2006年，タックス・ヘイブンのケイマン諸島のファンドに10万ユーロを投資していた記録があった。当時の為替レートで約1,500万円で，副大臣としての資産公開は，その記載がない[11]。

鳩山由紀夫元首相は，政界を引退した翌2013年，バミューダに設立され，香港が拠点の石油・ガス会社「ホイフーエナジー」の名誉会長に就任していた。この人事を記載した年次報告書などが「パラダイス文書」に含まれていた[12]。

「パラダイス文書」には，旧みんなの党元参議院議員の山田太郎氏の名前と住所もある。山田氏は議員になる前に，IT企業を経営していた。この会社は当時，ケイマン諸島の会社を買収したことを開示していた。

パラダイス文書には，「ドラゴンボール」，「ドクタースランプ」などで知られる漫画家の鳥山明氏ら日本人12人が米国の事業体に出資したことを示す資料もあった。この事業体が行った不動産リース事業をめぐっては，後に国税当局が税金逃れと判断して出資者を追徴課税したことが2005年に報じられている。資料は，事業体を設立した際の権利関係を示す契約書で，出資者リストには化粧品「ドクターシーラボ」で知られるシーズ・ホールディングスの城野親徳会長の名前などもあった[13]。

さらに，「パラダイス文書」に登場している主な日本企業は，次にみるようである[14]。

「パラダイス文書」に登場する主な日本企業

● ソフトバンク　2000年，世界銀行グループと共同でネット関連企業を米シリ
　　　　　　　　コンバレーに設立し，バミューダに登記
　コメント　途上国でのネット関連企業の育成を目的に共同で会社を設立した
　　　　　　が，本格的な活動に至らず，すでに清算した。10年以上前の話で，経
　　　　　　緯の確認はできない

---

11)　朝日新聞，2017年11月6日付，「パラダイス文書／元副大臣，公開せぬ資産」。
12)　朝日新聞，2017年11月6日付，「パラダイス文書／元首相の名前も記載」。
13)　朝日新聞，2017年11月6日付，「パラダイス文書／著名な漫画家，不動産事業に出資」。
14)　朝日新聞，2017年11月6日付，「パラダイス文書に登場する主な日本企業」。

- 東京電力　フィリピンの電力事業に参入するため，オランダの子会社が丸紅と共同出資して会社をフィリピンに設立。その会社がバミューダに子会社2社を保有していた

  コメント　（米企業から電力事業を）買収後の組織再編の過程でバミューダの2社は清算した。1社は米企業から買収した会社を社名変更した会社で，組織再編や清算は各国の法制度に従い適切に実施している

- 住友商事　中東アブダビの発電・造水事業を手がけるケイマンの事業体に，オランダ子会社が出資し，配当を受領

  コメント　ケイマンの事業体を含むスキームについては事業権益取得前から組成されている。オランダ法人を経由しても，経由しなくても納税額に差はなく，適切に課税処理している

- 商船三井　液化天然ガス船を保有するケイマンの会社の株式を東京ガス子会社に譲渡

  コメント　船舶の取得手続きを機動的に行うため，外国に特別目的会社を設立している。ケイマンの会社の所得は日本で適切に税務申告している

- 京阪ホールディングス　中国・大連の不動産開発プロジェクトに投資するため，中国企業の提案を受けてケイマンの会社に出資を検討

  コメント　検討はしたが事業化には至っておらず，現時点ではコメントすることはない

- UHA味覚糖　中国現地法人の上場を計画し，持ち株会社設立を目的にケイマンに会社設立

  コメント　社長の個人出資で会社を設立したが，中国経済が落ち込み，上場を見合わせたため，持ち株会社に至っていない。休眠状態で会社活動をしていない

第|4|章

指導者や富める者が税を逃れ続けるなら国家と社会の健全性を破壊
―違法でないことが問題でモラルや公正は壊滅―

1 ICIJ が手がけた主な報道プロジェクトとその根拠となった秘密文書

　国際調査報道ジャーナリスト連合（International Consortium of Invesigative Journalists：ICIJ）は 1997 年に Center for Public Integrity が世界の調査報道ジャーナリストのネットワークを立ち上げ，2000 年ごろには 39 か国に 75 人のレポーターを抱え，2008 年から 2011 年にたばこ産業 Philip Morris International, その他のたばこ会社をターゲットに調査した。

　その後，オフショア・バンキングをターゲットに，政府の腐敗，富裕層の租税回避スキーム等のオフショア秘密口座を追及した。

　ICIJ は，現在，70 か国に 200 人超のレポーターを有するグローバルネットワークとして，米国ワシントン D.C. に本部を置く独立の非営利組織として米国税務当局に認められている。その活動は，フォード財団をはじめ多くの慈善財団や一般の寄付金に支えられ，The Guardian, BBC, Le Mond, Washington Post, Sonntags Zeitung, Indian Express, NDR，日本からは朝日新聞，共同通信，NHK が連携している。

　ICIJ は，キャッシュをオフショアに隠している各国首脳をはじめとする政治家，大企業，富裕層，犯罪者などをターゲットにして収納されているリークスデーターの一部を公表している。

　これまで ICIJ が手がけた主な報道プロジェクトとその根拠となった秘密文書は，次のようである[1]。

　1）　朝日新聞，2017 年 11 月 6 日付，「パナマ文書／隠れたマネー・見えた足跡」。

2013 年 4 月報道開始

●オフショア・リークス

シンガポールと英領ヴァージン諸島の法人設立サービス提供会社の内部文書（260 ギガバイト）

2014 年 11 月

●ルクセンブルク・リークス

大手会計事務所 PwC のルクセンブルク法人が同国の税務当局と交わした文書など（548 件）

2015 年 2 月

●スイス・リークス

英金融大手 HSBC の富裕層向けサービス部門の口座関連情報

2016 年 4 月

●パナマ文書

中米パナマの法律事務所モサック・フォンセカの内部文書（26 テラバイト）

2016 年 9 月

●バハマ・リークス

カリブ海の島国バハマの登記情報（38 ギガバイト）

2017 年 11 月

●パラダイス文書

法律事務所のアップルビーの内部文書

シンガポールの法人設立サービス会社アジアシティの内部文書

19 の国・地域の登記情報（計 1.4 テラバイト）

2　富める者が税を逃れ続けるなら社会と国家の健全性は破壊される

　「パラダイス文書」は「パナマ文書」とともに，重要なことを警告している。それは，「富める者が税を逃れ続けるなら，国家財政を悪化させ，国民経済を衰退させ，富の再配分は滞り，社会と国家の公正性も健全性も破壊される」ということである。

　ICIJ による「パナマ文書」，「パラダイス文書」による秘密情報の暴露の功績は，タックス・ヘイブンが最大の売りとする「秘匿性」を突き崩したことにある。それは，タックス・ヘイブンを利用する富裕者や大企業らの秘密が漏えいするリスクや恐怖心を植え付けたからである。

　富裕層や大企業の指南役のエリート弁護士や会計士らの絶対に表に出ない文書

が白日の下にさらされた。タックス・ヘイブンを利用する著名人の実名，税逃れの巨額さ，巧妙な手法の数々が初めて明らかにされたのである。

まだ，氷山の一角にすぎないが，「パナマ文書」に始まった秘密の暴露が続けば，「税逃れ」に対する強力な抑止力になる。

南ドイツ新聞のコラムニストは，「人は，『死』と『税務署』いう2つから逃れられないが，死後パラダイス（天国）に行くことができれば『もう税を取られず安堵が得られる』と普通の人は考える。これに対して，大物たちはすでに生前から，税とは無縁の彼岸にいるのである」と皮肉たっぷりに批判している。

ICIJは，「パラダイス文書」の分析と取材に1年かけ，税逃れだけではなく，違法まがいの裏取引や錬金術を究明してきた。秘匿性が高いゆえに，「不正の温床」といえるものの摘発である。

「パラダイス文書」は，グローバルエリートたちの秘密を暴露し，社会で最も豊かな人たちと，それ以外の人々との格差が，ますます広がる現実を突き付けた。しかし，当事者たちは一様に「合法的な方法によっている」とうそぶき，悪びれた様子もない。「パラダイス文書」は，確かに一筋の光明だが，タックス・ヘイブンの闇は深く，まだまだ知られていないことだらけである。

税金の軽い国などで所得を「隠蔽」するのは脱税であるが，タックス・ヘイブンを通じた租税回避は違法ではない。それが違法でないことが問題なのであり，さらにいえば，違法でなければ許されるのか，というモラルや社会的公正の次元の問題がある[2]。

3　タックス・ヘイブンの悪用による課税逃れは国家統治への挑戦

国家が形成されて以降，国民は国家により生命と財産が保護されるが，国家によるさまざまな規制を受け入れ，その統治に服する。その典型が納税義務である。これを逃れるために用いられている法域であるから，租税回避地，つまりタックス・ヘイブンと称される。

タックス・ヘイブンは，国家による統治を回避しようとする人たちの「楽園」である。税の課徴により私有財産制の否定をいつ実行に移すかもしれない国家権力の手の届かない"避難先"としてタックス・ヘイブンは格好の地である。

専制支配や独裁者のもとでなく，自由と民主主義を掲げる国であるならば，国家の統治は，少なくとも理想としては，国民の基本的人権，すなわち個人の自由

---

2)　東京新聞，2017年11月17日付，「パラダイス文書／税逃れは社会を壊す」。

を守ることを目的としており，この基本的人権には財産権も含まれているはずである。

このため，国家の統治を回避し骨抜きにすることで，論理的には，タックス・ヘイブンは，めぐりめぐって，多くの人々の自由と人権を危機に陥れることになる。租税回避が大規模になればなるほど，その「しわ寄せ」が，真面目な納税者である一般の納税者に転嫁されるからである。

4　大事なことはタックス・ヘイブンから利益を得る構造に切り込むこと

納税を勧める立場の政治リーダーや国家の規範となる王室，世界中で膨大な富を得て蓄積している多国籍企業——これらの蓄財が国民の怒りや失望を招くのは当然だが，背後には黙して儲けている多数の富裕層がいる。

税には，本来，所得再配分という格差を是正するための重要な機能がある。だが，富裕層が税を逃れては再配分は機能しないので，格差は拡大する。

タックス・ヘイブンが「違法でない」からといって見過すことはできないのであり，放置しておいてはならない。

大事なことは，世界中に不正が満ちあふれていることの証拠を証明した ICIJ の報道の成果を活かしながら，政府や国際機関が対策を強化していくことである。

「パラダイス文書」を受け，欧州連合（EU）は，タックス・ヘイブンのブラックリストづくりを加速させた。経済協力開発機構（OECD）BEPS プロジェクトにより，税の低い地域に利益を移すことを認めず，経済活動があった場所で正当な額の税金を払うよう新ルールで対処している。

タックス・ヘイブンを利用する輩は確かに問題だが，タックス・ヘイブンを作ったのは誰か，そこから利益を得る構造に切り込むことが最も大事なことである。

第2編

タックス・ヘイブンの真の正体

第5章　タックス・ヘイブンとは何か，その意味内容とメカニズム：グローバル経済を動かす闇の中核のネットワーク

　　1　タックス・ヘイブンの一般的な概念

　　2　タックス・ヘイブンの用語とイメージの変化

　　3　OECD のタックス・ヘイブンの認定条件

　　4　タックス・ヘイブンの特徴とその基本的要素

　　5　世界の各地に点在するタックス・ヘイブン

　　6　タックス・ヘイブンのブラックリスト

第6章　カメレオンの色のように変化するタックス・ヘイブンの正体：その国の立法政策により合法にも非合法にもなる

　　1　違法ではないが悪用すれば課税逃れとなるタックス・ヘイブン

　　2　主権国家がタックス・ヘイブンを作るのは自由である

　　3　多国籍企業のタックス・プランニングによるタックス・ヘイブンの活用

　　4　グローバル大企業や富裕層によるタックス・ヘイブンを濫用した課税逃れ

　　5　グローバルな犯罪の闇のメカニズムとしてのタックス・ヘイブン

　　6　タックス・ヘイブンが「合法」か「非合法」かはカメレオンのように変化

第7章　強欲資本主義が横行するグローバル経済の闇の中核での悪魔の作用：「タックス・ヘイブン化現象」にみる富と権力の暴走

　　1　金融危機やスキャンダルの震源地となっているタックス・ヘイブン

　　2　見えない世界最大のオフショア金融センター

　　3　エリート達は「租税」と「規制」を回避しようと英知を傾注

　　4　グローバル化の利益とコストの配分を歪める「タックス・ヘイブン化現象」

　　5　世界経済の新自由主義的グローバル化の進展の害悪

第 5 章

タックス・ヘイブンとは何か，
その意味内容とメカニズム
―グローバル経済を動かす闇の中核のネットワーク―

1　タックス・ヘイブンの一般的な概念

　一般に理解されているタックス・ヘイブン（Tax Haven：租税回避地）とは，
税金がないか，あるいは非常に軽く，しかも所得や資産の所在について秘密保持
が厳しく守られており，金融規制が回避されている法域である。それは企業や富
裕層が節税だけではなく脱税や租税回避，麻薬の密売，汚職，横領その他の犯罪
によって得られた収入による資産隠し，マネーロンダリング（資金洗浄）に利用
される怪しげな国・地域のことである，といった程度の漠然としたイメージであ
る場合も多いものと思われる。

2　タックス・ヘイブンの用語とイメージの変化

　タックス・ヘイブンという用語は，国際課税の分野で広く用いられているが，
その定義ということになると各国まちまちである。したがって，タックス・ヘイ
ブンを正確に定義づけることは困難である。

　英語では "Tax Haven"（日本では「租税回避地」と訳している）。ヘイブン
（Haven）は「避難する港」「寄港地」の意味で，ヘブン（Heaven）「天国」では
ない。税金という嵐から逃れたいと思う者からすれば，そこへ行けば避難できる
ので，こういう言葉ができた。

　フランス人は，タックス・ヘイブンを変わった言葉で言い表している。「パラ
ディ・フィスカル」つまり，税金天国である。スペイン語でも同様に「パライソ・
フィスカル」と言う。ここで「天国」という言葉（これは「ヘイブン（避難所）」
を「ヘブン（天国）」と誤訳したため，という説もある）は，彼らがそれとは正
反対の場所である税金の高い地獄と対照をなすタックス・ヘイブンは，そこから
の有難い天国のような避難所だとしている。ただし，苛酷な税金を払わされてい
る庶民にとっての避難所ではない。

租税回避だけではなく,脱税,マネーロンダリング,犯罪行為との関係から,タックス・ヘイブンは誇りをもってその名称を自ら唱えることを好まないで,あまり軽蔑的でない「オフショア金融センター」(offshore financial centers：OFC)という呼称なら受け入れるとしているタックス・ヘイブンもあり,やがて,OFCは一般に好まれる表現となってきた。

オフショア(offshore)の原語は「陸地から離れた沖合」という意味で,そこから「国内の厳しい為替管理,金融,税制」などの規制を免除され,自由な取引ができる金融市場の拠点という趣旨となっている。

もともとタックス・ヘイブンとOFCは,時を異にして,異なる目的のために発達したのであるが,今日では,タックス・ヘイブンの活動とOFCの活動を区別することは実際に難しい状況にある。タックス・ヘイブンは20世紀初頭から存在し,脱税と租税回避が主要な目標であるが,これに限定されない目的に使われて,マネーロンダリングや資本逃避などにも役立ってきた。

これに対し,OFCという用語が使われるようになったのは1980年代の初期であり,非居住者の金融取引,特にユーロ市場取引を専門とする金融センターを表現するために,よく使われている。

3　OECDのタックス・ヘイブンの認定条件

先進国が集まったシンクタンクである経済協力開発機構(OECD)の「有害な租税競争に関する報告書」(OECD 1998, "Harmful Tax Competition：An Emerging Global Issue")では,ある国や地域がタックス・ヘイブンであると認定される条件として,次の4点を挙げている。

① 税を全く課さない無税,あるいは名目的な課税しかなされていないこと
② 情報交換を妨害する法制があり軽課税国の恩恵を受けている納税者について実効性のある情報交換が欠如していること
③ 課税制度や税務執行面における透明性が欠如していること
④ 企業などの実質的な経済活動が行われていることを要求していないこと

もともと主権国家や自治権の認められた地域は,自らの領域における租税制度を主権の行使によって自由に設計することができ,他国から干渉を受けることはない。したがって,例えば,ある国の法人税率が非常に低いというだけで,その国をタックス・ヘイブンと認定し,他国がその国の法人税率の引き上げを迫るということは事実上できないのである。

多くの国は,企業誘致や対内投資の促進のために,外国企業や外国からの投資に

270 ◆ 第2編 タックス・ヘイブンの真の正体

対して税制上の優遇措置を講じている。このような優遇措置をどこまで拡張すれば，その国がタックス・ヘイブンとなってしまうのか，その基準を示すことも困難である。

4 タックス・ヘイブンの特徴とその基本的要素

タックス・ヘイブンの特徴とその要素を，理念的に説明すれば，その属性は，次のようである。

(1) 「低税率」あるいは「無税」であること

典型的なタックス・ヘイブンは，非居住者の企業や預金者に対して「ゼロ」あるいは「ゼロに近い税率」を提供する国・地域である。

タックス・ヘイブンは一般に，居住者と非居住者を区別している。非居住納税者に対する税率は極めて低いか，ゼロでさえあり得る。タックス・ヘイブンは「囲い込み」と呼ばれる操作を通じて居住者と非居住者を分けている。居住者の世界的な所得には所得税を課しているが，その領土を利用している税金逃れのための国外移住者が，こうした課税の一部，あるいは全てを被らないようにしている。

(2) 厳格な「秘密保持条項」があること

タックス・ヘイブンの最大の特質は，厳格な守秘義務があることである。タックス・ヘイブンを「守秘法域」と呼ぶこともあるように，表面税率や公示税率よりもむしろ不透明性こそが，こうした法域と優遇税制とを区別するメルクマールである。

タックス・ヘイブンの根底には，タックス・ヘイブンを利用する非居住者の課税情報が彼らの住む本国から切り離されるという要素である。

不透明性は，3つの形で存在する。まず，第1に最も一般的なのは，銀行秘密法である。全ての銀行が顧客に対し秘密保持を提供するが，多くの場所で，これが最善の商慣習とみなされている。

不透明性の第2の方法は，所有権と目的を認識しにくい事業体の設立の許可である。実際に資金を出した実質保有者の名義が判りにくいファンドや信託が，この目的を達成する最も知られている仕組みである。ほとんどの法域が信託の登記を求めないし，求めている場合でも，公式の記録事項ではない。

不透明性の第3の方法は，怠惰あるいは意図的怠慢によっているという点で受動的と表現できるかもしれないが，意図的な規制緩和という慣行を貫いてきたことである。諸外国との情報交換を阻止するお役所的なハードルを並べ，その規制緩和は資源を

軽んじてきたし，何の質問もしない。例えば，登記されたインターナショナル・ビジネス・コーポレーション（IBC）の数が世界最大の英領ヴァージン諸島は，非継続事業数の記録をつけていない。自国の正式統計に記録されている何社のIBCが現在機能しているかを全く把握していないので，その行政の質については非常に疑わしい。

まさに，タックス・ヘイブンの当局そのものが関心を示しておらず，「見ざる」「言わざる」「聞かざる」を決め込んでいる。

(3) 簡単で「柔軟な」法人設立が可能であること

タックス・ヘイブンのもう1つの特徴は，事業体が法人化するときの匿名性が保証される簡便さ，その結果生ずる有限責任会社を運営する便利さである。

タックス・ヘイブンでは，企業，信託，財団，さらに銀行さえも簡単に，しかもコストが安く設立できる。企業は文字通り「既製品」のように購入することが可能で，法人化の費用も非常に少なくてすむ。多くのタックス・ヘイブンは，金融機関や企業がその領土内に実体を持った存在であることを求めていない。

5　世界の各地に点在するタックス・ヘイブン

ところで，具体的には，どのような国や地域がタックス・ヘイブンと呼ばれていることが多いのであろうか。

イギリスの政治学者でシティ大学ロンドンの国際政治経済学部の教授ロナン・パラン（Ronen Palan），イギリスの公認会計士でイギリス税研究所（Tax Reserch UK. LLP）の代表リチャード・マーフィー（Richard Murphy），フランスの経済学者で経済ジャーナリストのクリスチアン・シャヴァニュー（Christian Chavagneux）が共著においてタックス・ヘイブンの実態について詳細に分析している。

国際機関等が1977年から2008年にわたって公表した11の報告書や資料，論文においてタックス・ヘイブンと認定された国・地域の一覧表を「世界のタックス・ヘイブン」として示している。

タックス・ヘイブンとして知られている場所を特定しようと，長年にわたって，いくつかのリストが作成されてきたが，[**図表2-2-1**]は，およそ30年のそのようなタックス・ヘイブンの「リストをまとめたリスト」である[1]。

---

1) Ronen Palan, Richard Murphy, Christian Chavagneux, *TAX HAVENS : How Globalization Really Works,* Cornell University Press, 2012./ ロナン・パラン，リチャード・マーフィー，クリスチアン・シャヴァニュー共著，青柳伸子訳『タックス・ヘイブン――グローバル経済の見えざる中心のメカニズム』，作品社，2013年，88-92頁。

（図表 2-2-1）　世界のタックス・ヘイブンのリストの総覧
―国際機関等が 1977 年から 2008 年にわたって公表した報告書・資料・論文等による ―

順位	場　所	国際事務局年次報告書（1977年）	チャールズ・アイリッシュ（1982年）	ハインズ＆ライス（1994年）	OECD（2000年）	IMF（2000年）	FSF（2000年）	FATF（2000年/02年）	TJN（2005年）	IMF（2007年）	STHAA（2007年）	Law-TaxNet（2008年）	合計
1	バハマ	1	1	1	1	1	1	1	1	1	1	1	11
2	バミューダ	1	1	1	1	1	1	1	1	1	1	1	11
3	ケイマン諸島	1	1	1	1	1	1	1	1	1	1	1	11
4	ガーンジー島	1	1	1	1	1	1	1	1	1	1	1	11
5	ジャージー島	1	1	1	1	1	1	1	1	1	1	1	11
6	マルタ	1	1	1	1	1	1	1	1	1	1	1	11
7	パナマ	1	1	1	1	1	1	1	1	1	1	1	11
8	バルバドス	1	1	1	1	1	1	1		1	1	1	10
9	英領ヴァージン諸島	1	1	1	1	1	1	1	1		1	1	10
10	キプロス	1		1	1	1	1	1	1	1	1	1	10
11	マン島	1		1	1	1	1	1	1	1	1	1	10
12	リヒテンシュタイン	1	1	1	1	1	1	1	1		1	1	10
13	オランダ領アンティル諸島	1	1	1	1	1		1	1	1	1	1	10
14	バヌアツ	1	1	1	1	1	1	1		1	1	1	10
15	ジブラルタル			1	1	1	1	1	1	1	1	1	9
16	香港	1	1	1		1	1			1	1	1	9
17	シンガポール	1	1	1		1	1		1	1	1	1	9
18	セントビンセントおよびグレナディーン諸島	1		1	1	1	1	1	1		1	1	9
19	スイス	1	1	1		1	1		1	1	1	1	9
20	タークス・カイコス諸島	1	1	1	1	1	1		1		1	1	9
21	アンティグア・バーブーダ	1		1	1	1	1	1	1		1		8
22	ベリーズ			1	1	1	1	1	1		1	1	8
23	クック諸島			1	1	1	1	1	1		1	1	8
24	グレナダ	1		1	1	1		1	1		1	1	8
25	アイルランド	1	1	1		1	1		1	1		1	8
26	ルクセンブルク	1		1		1	1		1	1	1	1	8
27	モナコ			1	1	1	1	1	1		1	1	8

28	ナウル	1	1		1	1	1	1	1		1		8
29	セントクリストファー・ネイビス			1	1	1	1	1	1		1	1	8
30	アンドラ	1		1	1	1		1	1			1	7
31	アングィラ			1	1	1	1		1		1	1	7
32	バーレーン		1	1	1	1	1		1	1			7
33	コスタリカ	1	1			1		1	1		1	1	7
34	マーシャル諸島			1	1	1	1	1	1			1	7
35	モーリシャス				1	1	1	1	1	1		1	7
36	セントルシア			1	1	1	1	1	1		1		7
37	アルーバ				1	1		1	1		1	1	6
38	ドミニカ			1	1	1		1	1		1		6
39	リベリア	1	1	1	1				1			1	6
40	サモア				1	1	1	1	1		1		6
41	セイシェル	1			1	1		1	1			1	6
42	レバノン			1		1	1	1	1				5
43	ニウエ				1	1	1	1	1				5
44	マカオ			1		1	1		1				4
45	マレーシア（ラブアン島）					1	1		1			1	4
46	モントセラト島			1	1	1			1				4
47	モルジブ			1	1				1				3
48	イギリス		1						1	1			3
49	ブルネイ	1										1	2
50	ドバイ								1			1	2
51	ハンガリー							1	1				2
52	イスラエル							1	1				2
53	ラトビア									1	1		2
54	マディラ諸島								1			1	2
55	オランダ	1							1				2
56	フィリピン		1					1					2
57	南アフリカ		1						1				2
58	トンガ				1				1				2
59	ウルグアイ								1	1			2
60	米領ヴァージン諸島				1				1				2
61	アメリカ		1						1				2
62	オルダニー島								1				1

274 ◆ 第2編　タックス・ヘイブンの真の正体

63	アンジュアン島											1	1
64	ベルギー								1				1
65	ボツワナ											1	1
66	カンピョーネ・ディターリア								1				1
67	エジプト							1					1
68	フランス		1										1
69	ドイツ								1				1
70	グアテマラ							1					1
71	ホンジュラス		1										1
72	アイスランド								1				1
73	インドネシア							1					1
74	イングシェチア								1				1
75	ヨルダン			1									1
76	マリアナ諸島								1				1
77	メリーリャ								1				1
78	ミャンマー							1					1
79	ナイジェリア							1					1
80	パラオ					1							1
81	プエルトリコ		1										1
82	ロシア							1					1
83	サンマリノ				1								1
84	サントメ・プリンシペ共和国								1				1
85	サーク島								1				1
86	ソマリア								1				1
87	スリランカ		1										1
88	台北								1				1
89	トリエステ								1				1
90	北キプロス・トルコ共和国								1				1
91	ウクライナ							1					1
	合計	32	29	40	41	46	42	37	72	22	34	41	436

〔出所〕　Ronen Palan, Richard Murphy, Christian Chavagneux, *TAX HAVENS : How Globalization Really Works* 2010, Cornell University Press,/ Irish 1982; Hines and Rice 1994; 明記した年の OECD, IMF, FSF, FATF のリスト ; Hampton and Christensen 205; Stop Tax Haven Abuse Act 2007; Tax Net, http://www.lowtax.net./lowtax/html/jurhom.html

この表によると，11 の報告書・資料・論文等の全てにおいてタックス・ヘイブンとしているのは，次の7つである。
- バハマ（カリブ海の独立国。キューバの北方。人口約 34 万人）
- バミューダ諸島（大西洋にあるイギリスの海外領土。人口約 7 万人）
- ケイマン諸島（カリブ海にあるイギリスの海外領土。人口約 5 万人）
- ガーンジー島（イギリス海峡にあるイギリス王室属領。人口約 7 万人）
- ジャージー島（イギリス海峡にあるイギリス王室属領。人口約 10 万人）
- マルタ（地中海の独立国。シチリア島の南方。人口約 40 万人）
- パナマ（中米の独立国。運河で有名。人口約 40 万人）

このほか，10 の報告書・資料・論文等でタックス・ヘイブンと認定されているのは，バルバドス，イギリス領ヴァージン諸島，キプロス，マン島，リヒテンシュタイン，オランダ領アンティル諸島，バヌアツの7の小規模な国・地域である。

ここに示された 14 の国・地域は，イギリス領や旧イギリス植民地が多いことは，かつての大英帝国がタックス・ヘイブンの発展に大きな役割を果たしてきたことからして興味ぶかいことである。

これに対し，ロンドン・スクール・オブ・エコノミックス（LSE）の准教授のガブリエル・ズックマン（Gabriel Zucman）は，前記のような小規模な国・地域だけをタックス・ヘイブンとしていない。むしろ，スイス，ルクセンブルク，アイルランド，香港，シンガポールといった，金融業を中心に大規模な経済活動が行われている国・地域のタックス・ヘイブンとしての機能に注目している[2]。

これらは，時には政治的な理由でタックス・ヘイブンと呼ばれないで「オフショア金融センター」という呼称が使われる場合もあるが，基本的にはタックス・ヘイブンと同じである。むしろ，これらの「オフショア金融センター」の方が，タックス・ヘイブンとして大きな役割を果たしている場合が多いといわれている。

OECD のプログレス・レポートに基づいて作成したタックス・ヘイブン関連の世界地図を示すと［図表2-2-2］のようである。

世界には，国ごと全部がタックス・ヘイブンとなっている国もある。スイス，ルクセンブルク，ベルギー，オーストリアなどの欧州諸国である。これら諸国の

---

2) Gabriel ZUCMAN. *LA RICHESSE CACHÉE DES NATIONS: Enquête sur les paradis fiscaux,* Editions du Seuil, 2013./ガブリエル・ズックマン著／林昌宏訳，渡辺智之解説，NTT 出版，160 頁。

〔図表 2-2-2〕 タックス・ヘイブン関連の世界地図
－OECD プログレス・レポートに基づくもの（2012 年現在）－

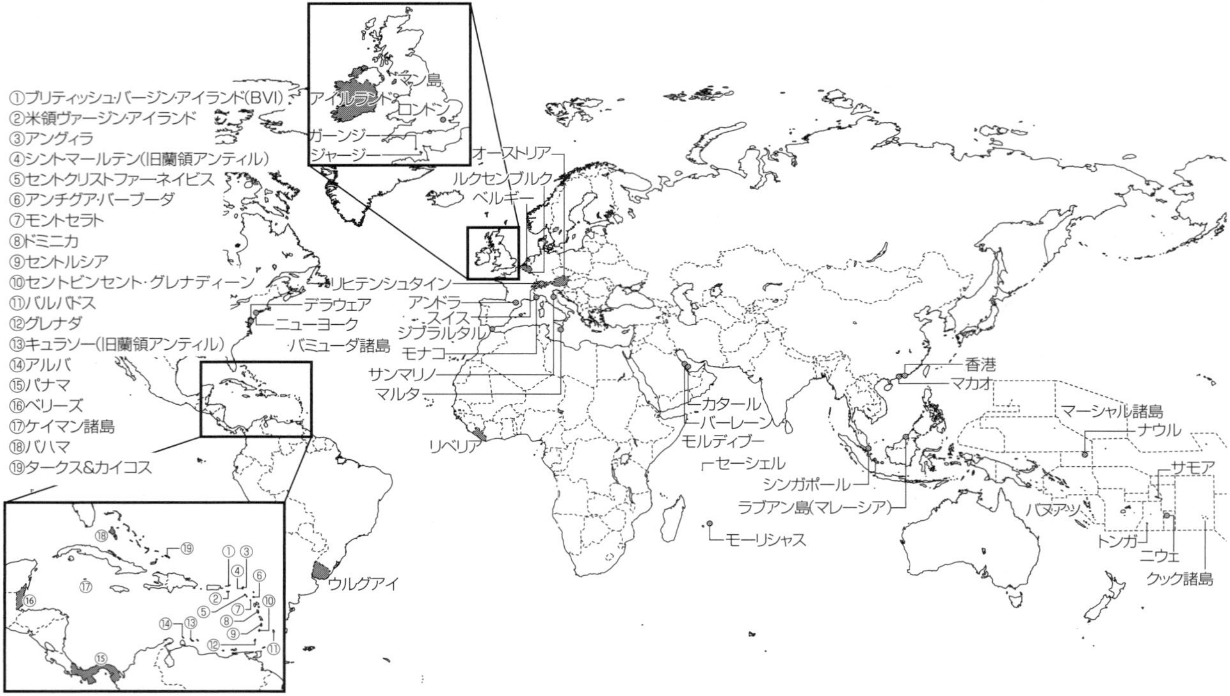
①ブリティッシュ·バージン·アイランド(BVI)
②米領ヴァージン·アイランド
③アングィラ
④シントマールテン(旧蘭領アンティル)
⑤セントクリストファーネイビス
⑥アンチグア·バーブーダ
⑦モントセラト
⑧ドミニカ
⑨セントルシア
⑩セントビンセント·グレナディーン
⑪バルバドス
⑫グレナダ
⑬キュラソー(旧蘭領アンティル)
⑭アルバ
⑮パナマ
⑯ベリーズ
⑰ケイマン諸島
⑱バハマ
⑲タークス&カイコス
マン島
アイルランド
ロンドン
ガーンジー
ジャージー
オーストリア
ルクセンブルク
ベルギー
リヒテンシュタイン
アンドラ
スイス
ジブラルタル
モナコ
サンマリノ
マルタ
デラウェア
ニューヨーク
バミューダ諸島
リベリア
ウルグアイ
カタール
バーレーン
モルディブ
セーシェル
モーリシャス
シンガポール
ラブアン島(マレーシア)
香港
マカオ
マーシャル諸島
ナウル
サモア
バヌアツ
トンガ
ニウェ
クック諸島

最大の特色は秘密保護法制を持っていることである。しかし，これら4か国は，国際的圧力によって，2009年にその態度を改めることを公約させられた。その公約が実行されるかどうかは，まだこれからのことである。

6　タックス・ヘイブンのブラックリスト

これまでに試みられてきたOECDなどの国際機関によるブラックリスト方式によるタックス・ヘイブン国・地域の公表は，国や地域の名前の公表によって，いわば恥をかかせ，周囲からの圧力を強めて，タックス・ヘイブンを追放しようとするものであった。しかし，2000年代から始まったこのようなブラックリスト方式によるタックス・ヘイブン退治は成功してこなかった。

その後，2008年に起きたリーマンショックを契機とする世界金融危機を誘発したが，危機の根源にタックス・ヘイブンの存在を認めた先進諸国は，急遽，史上初のG20首脳会議を開催し，対策を講じはじめた。巨大金融機関の投機的活動や投機的金融商品の取引がタックス・ヘイブンを舞台にして行われたことが明らかになったからである。

金融危機勃発の翌年に開かれた2009年のG20ロンドン・サミットは，タックス・ヘイブンに関して「制裁を行う用意がある。銀行機密の時代は終った」と宣言し，各国に取り組みの強化を求めた。

2009年4月，タックス・ヘイブン退治に当たり，グローバルフォーラムは，ブラックリストを作成し公表した。この新リストでは，①ホワイトリスト（先進国を含む40か国・地域），②グレーリスト（42か国・地域），③ブラックリスト（4か国・地域）に区分され，②のグレーリストと③のブラックリストを合わせて46か国・地域がオフショア金融センターの所在地であるタックス・ヘイブンとして扱われている（[**図表2−2−3**] 参照）。

このリストでは，先進国の金融センターの問題にまで踏み込んだ点が画期的であり，それなりの成果としてみられている。しかし，その一方で，タックス・ヘイブン問題の抱えている根の深さと難しさを反映して，国際的な協議の舞台裏での複雑な駆け引きがあり，リスト掲載の基準を情報交換と透明性の欠如だけに限定し，無税・低税率が基準から外されるなど不徹底なものであった。

そのうえ，このリストも数年を経ずして空洞化してしまった。ホワイトリストに該当する国・地域が89か国・地域に増えるとともに，グレーリストに残った国・地域もナウル，ニウエ，グアテマラの3か国・地域のみとなり，ブラックリストはゼロになっている。

278 ◆ 第2編 タックス・ヘイブンの真の正体

　ブラックリスト政策が成功しなかった事情は，リストに掲げられた法域が，もっぱら小国のタックス・ヘイブンであり，しかもそれらに対して，何らかの有効な制裁措置も取られず，情報交換と透明性を満たせばリストから解除するという弱腰の対応であったために，効果を発揮することができなかったとみられている。

　しかも，このブラックリスト政策は，OECD が主導するグローバル・フォーラムにタックス・ヘイブンを含む非加盟国を取り込みながら進められたが，それは先進国の基準を非加盟国に押しつける姿勢であった。これは後述するように，イギリスやアメリカなどイニシアティブをとっている先進国自身が，ほかならぬ世界最大のタックス・ヘイブンのネットワークの中心にある基軸になっていることを考えると，OECD 主導のルール作りには構造的な問題があったと言うべきである。

（図表2-2-3）　国際的に合意された税の基準の実施について，OECD グローバル・フォーラムによって調査された国・地域に関する進捗報告書

2009 年4月2日現在

① 国際的に合意された税の基準を実施している国・地域（ホワイトリスト）

アルゼンチン	ドイツ	韓国	セーシェル
オーストラリア	ギリシャ	マルタ	スロバキア
バルバドス	ガーンジー	モーリシャス	南アフリカ
カナダ	ハンガリー	メキシコ	スペイン
中国	アイスランド	オランダ	スウェーデン
キプロス	アイルランド	ニュージーランド	トルコ
チェコ	マン島	ノルウェー	アラブ首長国連邦
デンマーク	イタリア	ポーランド	イギリス
フィンランド	日本	ポルトガル	アメリカ
フランス	ジャージー	ロシア	米領ヴァージン諸島

第5章　タックス・ヘイブンとは何か，その意味内容とメカニズム　◆　*279*

② 　国際的に合意された税の基準を約束しているが，実施が不充分な国・地域（グレーリスト）

アンドラ	英領ヴァージン諸島	マーシャル諸島	セントルシア
アンギラ	ケイマン諸島	モナコ	パナマ
アンチグア・バブーダ	クック諸島	モントセラト	サモア
アルバ	ドミニカ国	ナウル	サンマリノ
バハマ	ジブラルタル	蘭領アンティル	タークス・カイコス諸島
バーレーン	グレナダ	ニウエ	バヌアツ
ベリーズ	リベリア	セントビンセント及びグレナディーン諸島	
バミューダ	リヒテンシュタイン	セントクリストファー・ネーヴィス	

その他の金融センター

オーストリア	ブルネイ	グアテマラ	シンガポール
ベルギー	チリ	ルクセンブルク	スイス

③ 　国際的に合意された税の基準を約束していない国・地域（ブラックリスト）

コスタリカ	マレーシア領ラブアン島	フィリピン	ウルグアイ

（注）

1．OECD 非加盟国と協力して OECD が策定し，2004 年の G20 財務大臣会合（ベルリン）や 2008 年 10 月の国連国際租税協力専門家委員会によって合意された，国際的に合意された税の基準は，自国の課税の利益や銀行秘密などに関わりなく，国内税法の実施・実行の全ての事項のために要請に応じた情報交換を行うことを要求する。同国際基準はまた，交換された情報の秘密を広く保護することとしている。

2．国際基準の実施にコミットした Special Administrative Regions を除く。

3．Tax Havens は 1998 年 OECD レポートに基づくタックス・ヘイブン基準に該当するものと 2000 年に認定されたもの。

4．ケイマン諸島は，一方的な情報交換を可能にする法律を制定し，それを行う用意ができているとする 12 の国を特定した。この法律は，OECD によってレビューされているところである。

5．オーストリア，ベルギー，ルクセンブルク，スイスは OECD モデル租税条約第 26 条に付していた留保を撤回した。ベルギーは，48 か国に対し，既存の条約の第 26 条を議定書でアップデートする提案を発出している。オーストリア，ルクセンブルク，スイスは条約締結相手国に対し，新しい第 26 条を含む条約の交渉に入る意思を示す書面を準備し始めた旨を表明している。

第|6|章

カメレオンの色のように変化する
タックス・ヘイブンの正体
―その国の立法政策により合法にも非合法にもなる―

1　違法ではないが悪用すれば課税逃れとなるタックス・ヘイブン

　タックス・ヘイブンとは，海外から流入する資金に対して，全く税金を課さないか，税率を極端に低く抑えたり，所得や資産の「真の所有者」を明らかにしない匿名口座や匿名資産を認める秘密保持をし，海外の企業や富裕層の資産を誘致し，外貨を獲得している国や地域をいう。

　金融や証券の世界では，タックス・ヘイブンをオフショアとも称している。オフショア（offshore）の原語は，「陸地から離れた沖合」という意味で，そこから国内の厳しい為替管理，金融統制，税制などからの規制を免除され，自由な取引ができる金融市場の拠点という趣旨から，外国人や外国企業など非居住者向けのサービスを行っている国や地域をオフショア金融センターと呼んでいる。

　タックス・ヘイブンそれ自体は合法的であり，決して違法なものではない。合法的・合理的な手段によるものであれば，タックス・ヘイブンを活用しタックス・プランニングを展開し，節税をするのは企業にとり必須の経営戦略であり，むしろ税引後の経営純利益を極大化することが経営者の責務である。

　しかし，納税者が複数のタックス・ヘイブンを巧みに組み合わせたり，関係会社間において取引や損益を操作して税負担の軽い国に利益を移そうとするトランスファー・プライシング（移転価格操作）をもからませたりする複雑な術策により課税逃れをすれば，租税回避行為と認定される。タックス・ヘイブンを悪用して所得隠しなどをすると非合法の脱税となり容認されない。

　実際の経済活動が行われている場所と異なる場所で経理処理をして経済活動が行われたかのように装ったり，所得や資産の真実の所得者や所有者を隠し，これと異なる者の名前により行われたようにするなど，課税情報を不透明化する仕組みとしてのタックス・ヘイブンの利用が問題視されるのである。

要するに，タックス・ヘイブンそれ自体は合法的な存在であり，その利用そのものは違法ではない。問題なのは，その仕組みを悪用した企業や人なのである。

2　主権国家がタックス・ヘイブンを作るのは自由である

現代の世界で国家システムは絶対主権と主権平等の原則のうえに成り立っている。主権国家や自治権のある地域は，その領域内で税制や規制を含め自国の制度を自由に設計できるのが建前である。

各主権国家は，税法や規制をはじめとする独自の法律を定め，独自の政策を追求する固有の権利を有する。

国家は，独自の課税制度や規制措置を定め，国内の競合する利害集団の優勢な方に加担し制度を形成している。その結果として，多数の国家が存在するように，世界には多種多様な異なる税制や規制制度が存在しているのである。

課税権は，国家主権の最たるものであり，各国はそれぞれ自国にとって最適な税制を構築しようとする。特定の主権国家が，どのような税制や規制制度を作ろうと，他国がこれに干渉してその是正を求めたり，非難する権利などはなく，主権は不可侵なのである。

主権国家は，このような租税高権を有し，その課税権を行使して，いかなる徴税政策を施行しようと自由である。税に関する法律は，あくまで内政問題になるため，国により大きな違いがあり，それが合法か違法かは各国の税務当局と司法当局の判断によることになる。

多くの国において自国の経済政策，産業政策や社会政策など，一定の政策目的を達成するための手段として租税の傾斜的誘因効果を期待しようとして，特例的に課税を増減するための政策税制を設定している。

このうち，課税を免除・軽減する措置は優遇税制であるが，これが課税を回避する潜在的なタックス・ヘイブンとして機能するような状況が生じている。

多くの政府は，国策として自国の経済において好調な部門が世界経済において競争することを助けたり，新たな競合部門の発展を促進するために国権を行使して法律を制定している。

課税制度における低税率とともに，外資を導入，金融サービス活動を誘致するための租税誘因措置（tax incentives）として，免税所得や非課税所得，課税ベースの縮小，税額控除での税負担の軽減などによる優遇税制は，事実上においてタックス・ヘイブンを形成することになる。

3 多国籍企業のタックス・プランニングによるタックス・ヘイブンの活用

　19世紀末葉以降，特に，ビジネスは国境を越え国際的になりグローバル化し可動的になった。外国直接投資や国際証券投資と同じように，国境を越えた取引が猛烈な速度で増大した。これと関連した傾向が，現在では多国籍企業として大規模な組織的経済単位で活動し，隆盛を極めている。

　現代の企業は，多くの場合，専門化した官僚的機構へと進化し，部門ごとに異なる機能と役割を果している。典型的な多国籍企業は，さまざまな国に製造施設を設け，本社とは別に，設計・技術・研究部門・金融部門を他の場所に設定し，営業部門をさらに別の場所に置くなどしている。この結果，国際貿易の推計60％が国境を超えて，同じ企業の異なる部門間で発生している。

　このように多国籍企業が多国籍であるという形をとることでトランスファー・プライシングを可能にしている。

　強欲巨大資本の権化と言うべき多国籍企業のオペレーションは，自らの利益の極大化のために国境を意識することなく展開され，文字通りグローバル企業化し，根なし草化して事実上は，"無国籍化"している。

　多国籍企業が各国間の税制格差を利用して節税をするタックス・プランニングの研究は，1980年代後半から盛んになり，こうした節税策が多国籍企業を中心に重要な経営戦略の一環として隆盛を極めてきている。

　冒頭に述べたように，タックス・ヘイブン自体は，あくまで合法的な存在だということである。グローバル企業でタックス・ヘイブンと無縁な会社は少ない。

　毎日新聞のインタビューで，筆者が「パナマ文書」に関連して，次のように発言したことが報道されている（特集ワイド　2016年4月25日　夕刊）。

　「日本の一流企業でタックス・ヘイブンに子会社を持っていない企業はないのではないか。有能な経営者はタックス・ヘイブンを使って納税額を抑えていますよ。」

　これに続き，次のようにも発言しておいた。

　「世界の税制を知り尽くした税理士や会計士の集団が，顧客である多国籍企業や経営者に節税の手法を提案し，報酬を得ている。」

　「彼らは『タックス・プロモーター』と呼ばれていて，日本にもこうした助言をする事務所はいくつもある。」

　問題なのは，低税率と情報秘匿性の高さから，租税回避や粉飾，資金洗浄の道具として世界中において使われ乱脈を極めていることである。

　特に，欧米を中心とする多国籍企業は，国際的な税制の隙間や抜け穴を利用し

第6章　カメレオンの色のように変化するタックス・ヘイブンの正体　◆　*283*

てアグレッシブ・タックス・プランニングを展開することにより，その活動実態に比して著しく低い額の税負担しかしていない現象が多発している。このことにつき国際的に批判が高まり，大きな社会問題や政治問題となっている。

4　グローバル大企業や富裕層によるタックス・ヘイブンを濫用した課税逃れ

　大多数の納税者が，より多くの税負担が強いられている一方で，法の網の目をかいくぐり，世界的スケールでタックス・ヘイブンの利用や，複雑巧妙な税負担削減の術策のスキームを行使して，合法的に納税を回避する行動がグローバル大企業や富裕層の間で横行し，巨額な税負担を免れる事態が現出している。

　世界的に貧富の格差が拡大しているなかで，その国で商行為をし利潤を上げている企業や資産家がタックス・ヘイブンなどを利用して税金を払わないで，各国で経済活動をしている。

　貧しい国ほど貧富の差が激しく，富裕層に富が偏っている現実もある。このような国の富裕層が利用しているのがタックス・ヘイブンのオフショア金融センターであり，富裕層が富を国外に持ち出してしまうことで国家の発展の原資が失われ国民経済は衰退する。

　このような事態が拡大化し常態化すれば，国家財政は大きな財源を喪失し，各国とも国家財政が細り，大企業や富裕層により納税を回避された分だけ一般国民や中小企業がしわ寄せを受け，より高い税負担を強いられることになり，不公正は拡大し，好ましくない格差がますます拡大化する。

　何よりも問題なのは，力の強いグローバル大企業や富裕層がタックス・ヘイブンなどを悪用し，英知の限りを尽くして狡猾な手法で法秩序を蝕み巧妙に課税逃れをしていることである。このような事態は税負担の不公平を増幅し，税制への信頼の低下に結びつき，絶対に放置しておくことは許されない。

5　グローバルな犯罪の闇のメカニズムとしてのタックス・ヘイブン

　タックス・ヘイブンにおける最大の闇は，匿名口座や匿名資産を許容し，所得や資産に関する情報を厳格に秘密保持している秘匿性である。このためタックス・ヘイブンはマネーロンダリング（資金洗浄）に使われている。

　タックス・ヘイブンがマネーロンダリングに使われるのは，複数のタックス・ヘイブンを組み合わせると，捜査当局による犯罪の証拠集めや資産の凍結が非常に難しくなるからである。脱税，詐欺，賄賂をはじめ，麻薬売買で儲けた「汚い

カネ」を通常の銀行口座に置いておくと，警察が見つけることは，いとも簡単である。

ところが，タックス・ヘイブンに設けたペーパーカンパニーの口座に資金を移せば，日本の警察は刑事共助条約に基づいて現地の警察に捜査依頼をしなければならない。ようやく，半年以上もたって「そのペーパーカンパニーの持株会社は別のタックス・ヘイブンにある」という回答が来れば，今度は別の国の警察に捜査依頼を再びする必要がある。これでは，この間に1～2年がかかってしまうと言われている。犯罪者は捜査の動きに気づけば，警察よりも常に先に先にと金を動かすであろう。

グローバル時代だといっても，国境を越えた警察の協力には手間と時間がかかり，スムーズにはいかない。それは，各国で犯罪の定義や捜査の進め方が異なるからである。プライバシー保護の観点からも，犯行情報の共有は難しくなっているとされている。

タックス・ヘイブンの秘密保持は，国際関係による金融制裁の対象国をはじめ，テロリスト，マフィア，日本の暴力団に利用されてきている。

アメリカの9・11同時多発テロ以来，世界の金融ルールは厳格化されてきており，テロや犯罪に関連して金融規制の対象となっている個人や企業の関係者は銀行口座や証券口座が設定できなくなっている。金融規制対象者は，通常の形で資産を運用することも，銀行を利用することもできないのである。

ところが，法人形態の企業を活用すれば，これが可能である。金融規制の対象者が企業を設立すれば，その企業も金融規制の対象になるが，タックス・ヘイブン，例えば，英領ヴァージン諸島では匿名での会社設立が許されているために，会社設立者を判らないようにすることができる。

かの「パナマ文書」や「パラダイス文書」が大きな意味をもつのは，タックス・ヘイブンを悪用した脱税が明るみに出ることであるが，実はそれ以上に，こうした匿名口座や匿名資産の「真の所有者」が明らかになることで，テロ組織の活動やマネーロンダリングの実態，それにかかわっている人物や企業の存在が暴き出され，これまで対処しきれないでいた金融規制の抜け穴の摘発が期待できることである。

6 タックス・ヘイブンが「合法」か「非合法」かはカメレオンのように変化

大金持ちの富裕層やグローバルに活動する大企業だけが利用できるタックス・

ヘイブンによる闇のメカニズムの濫用による巨大な「税の抜け穴」がある。それは，多くの中流家庭では使えないだけではなく，そのあおりを食って，その分だけ一般の国民は消費税などにより，余分に税金を負担させられることになる。

　大きな問題は，タックス・ヘイブンなどを活用する，こうした行為の多くが違法とならないで合法的だということである。それは国ごとに税制が異なり，適法として容認されるタックス・ヘイブンと，違法として容認されないタックス・ヘイブンのカテゴリーが異なるからである。

　より本質的にみれば，経済・企業活動のグローバリズムによる「グローバルな経済活動」に対し，政治・課税のナショナリズムによる各国の「ローカルな課税権の行使」との間におけるギャップの問題である。それは，ボーダレス・ワールドにおける深刻な「企業」と「国家」の乖離と相剋の課題である。

　各国が国民国家の枠を越えて，国際連携により，多国籍企業という21世紀の巨大な〝怪物〟によるグローバルな闇の社会の中核であるタックス・ヘイブンの悪用を追及し追放するための「新しい発想による税制」の構築に英知の結集と国際協調が求められている。

第 | 7 | 章

強欲資本主義が横行するグローバル経済の闇の中核での悪魔の作用
―「タックス・ヘイブン化現象」にみる富と権力の暴走―

1 金融危機やスキャンダルの震源地となっているタックス・ヘイブン

　ここ20年間にわたって発生した金融危機や多くのスキャンダルにおいても，タックス・ヘイブンやオフショア法域の名前が取り沙汰されている。それは，深刻な問題を提起しながら，量的拡大を積み重ね，質的変化を生じ驚くべき事態を生んでいる。

　2007年9月，未曽有の破壊的金融危機が始まって僅か1か月後に，イギリスの銀行ノーザン・ロックは，破綻の瀬戸際にあった。ノーザン・ロックは，破産前に急成長を遂げ，それによって債務保証券（CDO）向け国際市場における積極的プレイヤーとして成長するための資金を調達し，イギリスにおける5大住宅金融銀行の1つとして台頭していた。

　しかし，そのCDOは，ノーザン・ロックそのものが発行したのではなく，その陰の会社として知られるようになったグラニット・マスター・イシュアー公開有限責任会社と，その関連会社が発行していた。

　グラニット・マスターを所有していたのが，ノーザン・ロックそのものではなく，ノーザン・ロックが設立したイギリスの慈善信託である。

　グラニットの経営の大半，その独立機構は，ヨーロッパのタックス・ヘイブンであるジャージー島に置かれていた。

　2008年3月，アメリカの主要銀行ベア・スターンズが破綻した。ベア・スターンズは，ヘッジファンドを通して巨額の資産を失っていた。そのヘッジファンドの多くが，ケイマン諸島やダブリンの有名なオフショア金融センター（OFC）に登記されていた。

2 見えない世界最大のオフショア金融センター

　現在，世界には46から60の活動中のタックス・ヘイブンがあり，推定200万

社のインターナショナル・ビジネス・コーポレーション（IBC）の本拠地となっている。

IBC とは，とてつもない数の一連の企業体（その大半が極めて不透明）と，何千社という信託会社，ヘッジファンド，キャプティブ保険会社を意味している。

国際銀行業務の約50％，世界の外国直接投資（外国企業に対し永続的な経営支配をする権益を取得することを目的とする投資）残高の30％がこれらの法域に登記されている。

いくつかの小さな島が，世界最大の金融センターとなっている。カリブ海に浮かぶ3つの小島からなるイギリス海外領土のケイマン諸島は世界で5番目に大きな国際金融センターである。

イギリス王室の小さな属領であるガーンジー島，ジャージー島，マン島，そして，さらに，スイス，ルクセンブルク，アイルランド，シンガポールなども，こうしたなかに含まれる。

グローバル・リッチ（世界的富裕層）は，2007年現在，タックス・ヘイブンに約12兆ドルの富を保有していた。これは，アメリカの年間 GNP の全額をタックス・ヘイブンに預け入れていたようなものである。

カリブ海の4大ヘイブンであるケイマン諸島，英領ヴァージン諸島，バミューダ，バハマに世界のヘッジファンド業界の52％が本拠を置いている。

米会計検査院の「GAO2008」によれば，ケイマン金融サービス機構は，その領土だけでも世界のヘッジファンド業界の35％が所在していると報告している。

3 エリート達は「租税」と「規制」を回避しようと英知を傾注

これらの数字が示す事態は，世界中の国家，企業，財界エリートが，こぞって作った法律や規制そのものを回避しようとする「結集した努力」の結果である。

このようにして，エリート達は，租税を回避しようとする。国家が提供する治安，経済的安定，政治的安定，社会的安定，健康，医療，教育，交通，通信，インフラなどの共同財に対して支払う負担金を，一致団結して回避し，削減しようとしている。しかも，規制をも回避しようとする。

その回避しようとする規制は，社会の秩序と安定を維持するために設けられた金融やビジネスに関する規則や規範であることが多いのである。

逆説的な言い方をすれば，そのようにルールや規範を巧みに回避し"かいくぐる"ことでもしなければ巨大企業や富裕者が，そもそもこれほどまでに儲けを拡大し富を蓄積し裕福になれなかったのではないか。

まさに，タックス・ヘイブンは，企業や人々が厳しくも広汎に，張りめぐらされた法的規制と社会的規制に「巧みに対処」することを可能としているのである。

4 グローバル化の利益とコストの配分を歪める 「タックス・ヘイブン化現象」

世界中の人々へのグローバル化の利益とコストの配分を決定することが最も重要でありながら，見落とされてきていたのは，それを阻害する構造的要因があるからである。それが，まさにタックス・ヘイブンの存在なのである。

世界のごく少数の富裕者や権力者，国を棄てた強欲で無国籍化した巨大な多国籍企業などが得をするように，タックス・ヘイブンが媒体として作用しグローバル化の利益の配分を著しく歪めている。このことは，重大な政治的課題である。

かようにして，いわゆる「タックス・ヘイブン現象」は，その巨大な経済力を武器として最も権力のある最富裕層と無国籍化した巨大企業が，めったに見られないほどの規模で社会的な共同財をローコストで利用しようとする大々的にして組織的な陰謀である。いまや，その害毒が世界中に伝播している。その結果，そのツケは他の納税者，多くは一般の庶民が払わされているのである。

タックス・ヘイブンは，最富裕層や無国籍化した巨大な多国籍企業と，それ以外の階層の人々との溝の深まりと格差の拡大化を特徴とする「新自由主義的グローバル化」のメカニズムの闇の中核となっている。

5 世界経済の新自由主義的グローバル化の進展の害悪

重要なことは，タックス・ヘイブンが，単に，租税回避と脱税の導管であるばかりでなく，国，企業，組織，個人の財産を管理する，もっと大きな金融の世界にかかわっていることである。それは，世界経済において中心的な役割を果し，「新自由主義的グローバル化」経済のメカニズムの柱として機能している。

タックス・ヘイブンは，自国領土の居住者でない人々や企業が，租税と規制の双方，あるいはいずれか一方を回避しようとして行う取引を可能とするための法律を意図的に制定し，課税当局や規制当局の判断を難しくするため，法的に守られた秘密保護というベールを提供することで，これを助長する法域である。要するに，非居住者への代替的低税率と，ほとんど無規制の守秘スペースを提供するための法制や政策を意図的に作っているのである。

タックス・ヘイブンは，絶えず進化し変容している。それは，OECD加盟国の連帯による規制の引き締めに対応するためのものであり，さらに，インターネッ

トやワールド・ワイド・ウェブが開拓した新たなチャンスに応じて，新しいタイプの法律，新しい事業体，新しい部門さえも開発していることによる。

それは，まさに，不死鳥のごとく，21世紀の世界経済のグローバル化の中心において「闇のメカニズムの中核」として利益とコストの分配を歪める「悪魔の作用」を深化している。

タックス・ヘイブンは多くの場合，秘密の厚いベールに覆われて，どのような経済活動がそこで行われているのか，よくわからない。国家にとっても国民にとっても制御不能，実態の把握が困難である。個々の国家による統制や規制が及びにくい厄介な存在である。

タックス・ヘイブンは，正常な市場活動を歪め，ひいては経済の成長を阻害し，また，経済格差を拡大させる。余裕のあるところから足りないところへ，あるいは，上から下への流れるべき資金や富が，タックス・ヘイブンに吸い込まれることで，制度の想定する自然の流路から乖離して，蛇行し，潜行し，滞留し経済の正常なる循環を破壊する。

このような闇の経済のグローバル化は，人類社会にとって，その安泰を脅かす恐るべき有害な存在である。

第3編

多国籍企業の課税逃れの真相

第8章　国家主権とグローバル大企業の果てしなき宿命の闘い：国の存続を脅かす「根なし草」化した多国籍企業

　1　グローバルな企業活動とローカルな国家の課税権行使のギャップ

　2　「国際的二重課税」から「国際的二重非課税」の問題への変転

　3　アグレッシブ・タックス・プランニングに敗北した各国税制

　4　経済侵略戦争の武器として激化した「税の競争」に多国籍企業が便乗

　5　巨大企業の課税逃れの反動として大衆課税の強化と経済格差の拡大

　6　課税逃れ防止の国際的連携を制約する国家主権の併存と国際経済秩序の伝統

　7　国家と国家主権の概念および政府の役割は何か

　8　課税権の併存と課税管轄権の制限からの制約

　9　国家の財政と金融の融合的な国際経済秩序からの制約

　10　国際課税システムを脅かす多国籍企業のグローバルな課税逃れ

　11　多国籍企業の概念と発展形態の進展と世界の政治経済支配の動向

　12　アメリカ企業の多国籍化と世界政治経済への影響力の拡大

第9章　多国籍企業の租税回避のテクニック：国境を越えた巧みな課税逃れ

　1　多国籍企業による租税回避での凄まじい課税逃れの実相

　2　タックス・ヘイブンに設立した子会社に無体財産権を移転し間接的にライセンス運用活動をする事例

　3　資本の調達方法の自由選択を活用し Equity より Debt が有利な「負債バイアス」の利用事例

　4　ダブル・アイリッシュ・ウィズ・ダッチ・サンドウィッチのスキーム

　5　巨大企業のタックス・ヘイブンの逞ましい利用実態

第10章　超富裕層の租税回避のテクニック：枠組みの複雑化を狙う「行き過ぎた節税」

　1　タックス・ヘイブンを利用して海外で資産運用をする事例

　2　富裕層や同族会社の節税戦略の展開の変転

　3　タックス・ヘイブンを利用し税制の抜け穴を突いて 1,330 億円の巨額の贈与税を節税した武富士事件

　4　課税することができない「税制の抜け穴」を巧みに突いた合法的な租税回避

第 | 8 | 章

国家主権とグローバル大企業の
果てしなき宿命の闘い
―国の存続を脅かす「根なし草」化した多国籍企業―

1　グローバルな企業活動とローカルな国家の課税権行使のギャップ

　課税権は，国家主権の最たるものであり，各国はそれぞれ自国にとって最適な税制を構築しようとする。その一方で，企業の活動は，自らの利益の極大化を目指して国境を越えてグローバルに展開する。

　このため企業のグローバルな経済活動に対し，各国のローカルな課税権が行使される結果，必然的に単一の所得に対して「国際的二重課税」（international double taxation）が生ずることになる。

　従来の国際課税の分野では，各国の税収確保のための政策から生ずる課税権の衝突によって発生する租税障害を排除し，国際間の投資交流の促進の観点から，この二重課税を排除するための適切なシステムの構築が進められてきた。

　例えば「恒久的施設（PE）がなければ課税なし」の原則は，源泉国による所得課税として，また，「独立企業間取引」の原則は，関連企業間取引から生じた所得に対する国際間の課税権配分として二重課税の排除のために大きな役割を果してきた。

　しかし，2000年代に入り，こうした戦後一貫して続いてきた，いわゆる二重課税排除を中心とする国際課税分野の議論の潮流が変わり始めた。その背景の一つに2008年9月のリーマンショックに端を発する世界経済危機が挙げられる。

2　「国際的二重課税」から「国際的二重非課税」の問題への変転

　およそ，サブプライムが世界的に伝播した背景には，いわゆるタックス・ヘイブンを経由した不透明な資金の流れがあったとみられるが，それに加えて世界的な景気低迷により各国とも財政状況が悪化する中で，必要な歳出を賄う税収を確保するため，より多くの国民負担を求めるに至った。

　一方で，欧米を中心とする多国籍企業が各国間の税制と租税条約の隙間や抜け

穴を利用したタックス・プランニングを行うことにより，その活動実態に比して著しく低い額の租税負担しかしておらず，しかも，世界のいずれの国にも税金を払わない「国際的二重非課税」(international double non-taxation) 現象が発生し，大きな社会・政治問題となっている。

3　アグレッシブ・タックス・プランニングに敗北した各国税制

　巨大多国籍企業が奸知の限りを尽くしてタックス・ヘイブンのあらゆる機能を最大限に利用した想像を絶するアグレッシブ・タックス・プランニング (Aggressive Tax Planning：ATP) による単独の国のユニラテラルな対策では対処できない合法的な課税逃れが世界的スケールで行われている。

　これには，多国籍企業がアイルランドやオランダの税制とタックス・ヘイブンを巧みに組み合わせて利用し，グローバルな次元での「税制の抜け穴」を見出して，スケールの大きな課税逃れスキームを案出し世界的に波及したケースとして，ダブル・アイリッシュ・ウィズ・ダッチ・サンドイッチ（Double Irish with a Dutch Sandwich：DIDS）というスキームが有名である。

　アップル社が開発し，グーグル，フェイスブック，マイクロソフトなど多くの多国籍企業が活用してきた。

　OECD は，ATP による国際的な課税の真空を「国際的二重非課税」として「税源浸食と利益移転」(Base Erosion and Profit Shifting：BEPS) の手法であるととらえ，国際的に協調し包括的にして一貫した対処が必要であることを認識し，BEPS 対応プロジェクトを実施することになった。

4　経済侵略戦争の武器として激化した「税の競争」に多国籍企業が便乗

　経済のグローバル化の進展は，多国籍企業の過当競争を背景とし，他国からの投資や企業誘致を狙いとして「税の競争」(tax competition) を激化させている。それは，法人税率の引下げ競争のほか，外資導入，金融サービス活動を誘致する租税誘因措置 (tax incentives) として，非課税所得や免税所得による課税益金からの除外や，各種の所得控除による控除損金の拡大による課税ベースの極小化政策等により行われている。

　法人税率の引下げ競争は，国家間の経済戦争を舞台として自国の多国籍企業の国際競争力を強化するとともに，国際的なマーケットの拡大を目指す企業帝国主義による経済侵略戦争の武器となっていると見てよいであろう。

　ところが，多国籍企業は，このような「税の競争」のメカニズムを巧妙に活用

し，世界的スケールで合法的なタックス・ミニマイゼーションの達成を目標にタックス・プランニングのスキームを考案し，課税逃れに狂奔している。

5 巨大企業の課税逃れの反動として大衆課税の強化と経済格差の拡大

　多国籍企業など経済力の強い巨大企業がグローバル活動により世界で巨額な利益を計上しているにもかかわらず，その利益をタックス・ヘイブンなど海外に逃避させ各国で事業を展開しながらも税金を払わず，各国が提供する公共サービスにタダ乗りをしている。

　日本の多国籍企業も，その稼ぎが日本国の税源とならないで国家財政にも国民経済にも貢献していない。このため財政悪化を招来し財政支出を賄うために，海外活動などをしていない大多数の納税者が，より多くの税負担を強いられる。特に，一般庶民をはじめ零細企業や中小企業に苛酷な税金となっている消費税の増税までが行われている。

　グローバル巨大企業である多国籍企業が巨額の課税逃れをし，その「ツケ」が一般の国民に廻され，余分な税負担を転嫁されていることは甚だもって理不尽であり，多くの国民の納得を得ることはできない。

　かつての日本は，分厚い健全な中間層が存在し，それが日本経済の強さと安定した社会構造の要因となっていた。ところが，いまや，その中間層は長引くデフレで疲弊し，やせ細っている。日本社会は現在，富裕層と貧困層に二極化しつつある。

　多国籍企業である巨大企業のタックス・ヘイブンを舞台にした悪業など「国離れ現象」は，この傾向に拍車をかけている。富める者はますます富み，貧する者はますます貧するという構造が生れてきている。

6 課税逃れ防止の国際的連携を制約する国家主権の併存と国際経済秩序の伝統

　多国籍企業による租税回避を防止するため，OECD・G20が中心となって取り組んできた「BEPSプロジェクト」は，2015年10月に最終報告書が公表された。今後は，国際連携を背景として15項目におよぶ具体的行動計画について，それぞれ示された勧告を踏まえて，各国が国内法令の改正等による制度構築を行っていく段階になっている。

　勧告による15の行動計画と各国に対する拘束力には強弱があり，順守を要請，順守を推奨，共通の方向性を確認，各国の制度改正の参考等となっている。これ

に対応しての実施の態様は行動ごとに様々で，税制改正による国内法令の整備が必要なものから，税務執行当局の方針を変更するもの，または租税条約の改定が必要となるもの等がある。

主権国家の併存する国際社会において，各国が国際協力し連帯して多国籍企業の課税逃れを禁止させる包囲網を構築できるか否かが大きな国際的課題となっている。

国家主権の最たるものとしての課税権を有する主権国家の併存状態からの制約，国家の財政と金融の融合的システムを形成する資本主義体制を基調とする伝統的な国際経済秩序からの制約など多くの障害も存在している。

7 国家と国家主権の概念および政府の役割は何か

国家（State）とは，一般的に，「国民により構成され一定の領土のもとで独立した主権を有し行政府と立法府と司法府の三権により組成するシステムである」と称してよいであろう。

国家は，あることをさせる（例えば，納税，兵役），あるいはさせない（例えば，麻薬の販売）ことを合法的に強制しうる唯一の存在である。国家の構成員は国民であり，国家権力を行使する国家の管轄権は，領土内に住むか，または同国の市民権を取得する全ての人々に及ぶのである。

国家は強制力を持つ唯一の立場にあり，そのステークホルダーに契約の履行を強制できるが，逆に国家に契約の履行を強制し，あるいは政策を実行するというコミットメントを証明させる存在がない。国家は契約の履行義務を含めいくつかの義務を自らに課することはできるが，いかなる政府も後の政府に義務を課することはできない。それどころか，自分が過去に行ったコミットメントを必ず守るという保証もできない。

政府（Government）は，万能な制度設計者であり資源配分の統制者である。さらに，善良にして公正な資源分配の裁定者として合理的にして中立的役割が期待されている。

政府は，国家の構成員である国民の私的財産権を保護する強制力を持つことによって，市場を拡大する潜在的機能を持つとともに，その私的財産権の一部を，課税などを通じて自己に移転する強制力も持つという強大な権能を有する。

このように政府は私的財産権の保護と徴税権の行使という二重の権力を持つ組織であるが，それでは，政府はその力を利用して，私的財産権自体を侵害しないのか，という問題が生ずる。現在の政治システムは，政府の権力の濫用を阻止す

るための歯止めを順次生み出してきている。

　国家主権の概念は，17世紀後半のイギリスの「名誉革命」により確立された。イギリスのスチュアート王朝のジェームズ二世の時代に，ホイッグ党とトーリー党の２つの政党が存在した。両者とも基本的には，地主勢力を代表する政治結社であったが，前者は自由貿易に利害を持ち，関税の軽減を主張し，後者は地代にかかる税の軽減に利害を有した。

　ジェームズ二世は，最初トーリー党と結託して，ホイッグ党の政治的影響力をそぎ，関税の強化によって私的利益を得ることに成功したが，次いで，その政治的攻撃の矛先をトーリー党に向けた。ここに至って，本来，利益の相容れなかった二政党の協調が成り立ち，王は追放されることになる。

　二政党は王の娘であり，オランダ総督に嫁いでいたメアリーと，オランダ総督のウィリアムの二人を共同の王座に迎え入れたが，その際，許容され得ない王の私的財産権に対する侵害行為の抑止を「権利の宣言」に列挙し，それが遵守されない場合には，王権の契約そのものが破棄されうることを即位の条件とした。これが，いわゆる「名誉革命」であり，議会（parliament）の下院に終局的な権力のあることを示したものであった。

　ウィリアムとメアリーは新大陸における植民地競争で優位に立つという目算のもと，「権利章典」を受け入れた。かくして，名誉革命によって議会の同意なしに課税はできないという「租税法律主義」が採用されたのみではなく，国が借金をするには，議会の承認を要するという原則も採用された。

　三十年戦争を終結させ，神聖ローマ帝国を解体し，それぞれの国家の君主や領主が主権を有する主体として，自らの支配地域において新教か旧教かを選択できるかたちで，法的に互いに平等な主権国家の併存状態という，現在にまで至る国際法秩序が完成された。ローマ法のアナロジーのもと，法的に相互に平等な国家の関係を規律するのが一般国際法であり，国家間で締結されるのが条約である。

8　課税権の併存と課税管轄権の制限からの制約

　国家主権の最たる権能は課税権であり，主権国家はその領土内で税制や規制を含め自国の制度を自由に設計できる。主権国家は，租税高権を有し，その課税権を行使して，いかなる徴税政策を施行しようと自由である。課税権の行使は国内における施策であり，これに対しいかなる他国も干渉することはできない。

　しかし，国による課税権の行使や規制は，国境を越えて執行できないのが原則である。このことを国際法の世界においては「公法は水際で止まる」（Public law stops at the water's edge.）という法諺で表現する。

　課税管轄権も，その行使は国家主権の及ぶ範囲内に限定されている。この国際法による課税管轄権の制限は，特に，執行管轄権について厳格である。その結果，課税庁は，外国の領域において税務調査や徴収を行うことは許されない。

　また，主権免税の原則が貫徹され，いかなる国家も他の国家を納税義務者として課税することはできない。同様に，外交特権に基づく非課税や，国際機関や国際機関職員に対しての非課税の扱いも認められており，いかなる制度の下においても，非課税の人や組織が存在するのである。

　その一方で，課税をめぐる主権国家間の利害の対立があり，国家間の財源の奪い合いが存在し，特に先進国と途上国の間における利害衝突は深刻である。

9　国家の財政と金融の融合的な国際経済秩序からの制約

　BEPS プロジェクトは，現在の経済秩序の変革を目指す要素を含んでいるが，国家の財政と金融が一体化している経済秩序とどのように調和させるかは重要な命題である。

　国家の財政と金融が密接な関係を保つ形において，国家間の秩序が形成されているが，この淵源は，イギリスの名誉革命にある。租税法律主義と同様に重要なのが，国の債務は議会の関与の下においてのみ認められる憲法上の原則である（日本国憲法では第 85 条）が，これは名誉革命において，課税が議会の支配に服するとされた際に同時に認められた原則であった。

　将来の税収を担保とする形で国債の償還を議会が事実上保証することにより，国債が信頼され発行されるようになり，国家の財政と金融は密接な関係になった。国による借入れも課税も議会がコントロールし，議会のイニシアティブのもとに国債が発行されるようになると，国債は，議会が権限を持つ課税権から生ずる将来の税収を当て込んで償還されることになる。

　このようにして財政制度と金融制度が融合し効率的に仕組まれた資本主義体制により国際的な経済秩序が形成されてきた。したがって，これら 300 年以上の伝統を有する国際的な経済秩序を揺るがすような改革は，その実現には限界があるのではないかとの判断もありうるであろう。

10　国際課税システムを脅かす多国籍企業のグローバルな課税逃れ

　経済のグローバル化の進展に伴い企業の経済活動は一国内で行われるビジネスと異なり，国境を越えて複数の国に所在する関連者間取引が各国の規制や税制の

フレームワークを回避して行われている。

多国籍企業のグローバル・ビジネス・プラクティスは各国の税制が規定する課税要件に該当しないスキームや非課税要件を充足する巧みなスキームを創り出すようになった。

多国籍企業が外国の優遇税制と租税条約の特典を活用しトランスファー・プライシングを組み合わせた租税極小化を狙う戦略は，まさに「根なし草で無国籍化」（*Financial Times*の報道）したグローバル巨大企業の各国の国家主権への最大の挑戦である。

タックス・ヘイブンを利用した多国籍企業のタックス・マネージメントは，近代租税国家による租税管轄権の行使と個別企業の資本との対抗関係を象徴する現象でもある。

経済社会の「金融化・情報化・サービス化・無体資産化」と，「グローバリゼーションの進展」によって，絶えずその限界を突きつけられ，他方に課税管轄権の行使の地政学的限界から，その「制度的隘路」をさまよい，いつまでも追いつけない「後追い競争」に苦悩する国家主権による課税権の衰退の悲哀は，まさに「租税国家の危機」（Dr.Joseph Schumpeter：*Die Krise des Steuerstaates Graz und Leipzig.* 1918）の再来であり，国家の「財政的破綻」の招来の予告である。

11　多国籍企業の概念と発展形能の進展と世界の政治経済支配の動向

多国籍企業（multinational enterprises：MNE）とは何か，その定義について，経営学の領域では様々な議論があるが，最も簡潔に定義すれば，「二国以上で事業または所得を生ずる資産を支配し，グローバルに事業を展開している企業グループ」と言えるであろう。

多国籍企業という企業形態は，その発展段階の過程でそれぞれの基本的な属性をとらえて定義づける場合もある。それは，企業規模，ビジネスの範囲，国境を越える資源や技術の移動，組織形態，企業家精神，海外活動に関する戦略決定の権限，支配所有者などに着目して識別される。

一般に企業形態の発展過程は，①ローカル市場から全国市場へ国内企業として発展，②国際事業部・独立海外子会社等グローバル構造の分権的事業部制への進展，やがて，③多国籍企業の形態へと発展していく組織構造の変化が挙げられる。

グローバル・ビジネス・プラクティスにおいて，多国籍企業グループの法人ストラクチャーは，次の二種類に分けられる。

(1) 親会社（X国の内国法人）→子会社（外国A法人＝事業会社）という二国間
関係
(2) 窮極の親会社（X国の内国法人）→子会社（外国A法人＝中間持株会社＝直
接の親会社）→孫会社（外国B法人＝事業会社）という三国間関係

　経済のグローバル化の進展にともなって世界経済における貿易量は増大を続け
ているが，その貿易量のうち3分の2を，多国籍企業グループの内部取引で占め
ており，そのスケールの大きさと世界の政治経済への影響力の強大さがうかがえ
るのである。

　グローバル化で租税回避の機会が急増する一方，各国が税率引下げ競争を繰り
広げる中で，市場における公正な競争を維持しようとする政治家は，巨大多国籍
企業やそのもとで手厚い資金をもらって活動するロビイストたちを相手に規制に
乗り出すことには及び腰である（*Financial Times* の報道）。

　いまや，巨大多国籍企業の各国での政治支配と世界の政治経済支配の傾向が，
ますます高まり，国際社会に重大な害悪をもたらしている。

12　アメリカ企業の多国籍化と世界政治経済への影響力の拡大

　アメリカでは，19世紀後半から大量生産体制が整えられ，国内統一市場が確
立していく中で，政府の積極的なオープンドア外交政策でアメリカ企業の海外進
出が盛んになったうえ，販売・生産の拠点を海外に移転するため，アメリカは資
本輸出国に変化した。

　第二次大戦後は，いわゆる国際貿易というイメージを脱皮してアメリカ巨大企
業は，1960年以降，ヨーロッパへの製造業の投資を中心に，多数の海外子会社
を有する多国籍企業としての事業展開を本格化していった。

　アメリカ巨大企業は，①国内企業が海外事業を行い，販売市場を海外に拡大す
る企業から，②経営資源の国際的な有効利用のために現地生産・販売・輸出を行
う企業を経て，③企業の存続には現地子会社の永続的支配が不可欠となる企業形
態へ変化した。

　1970年代以降，多国籍企業は本社所在地国への固執を捨て，ビジネスチャン
スがあればどこにでも進出し，各地域拠点に経営資源（人材・資金・情報・技術
など）の調達・分配を委ねる発想に基づくグローバル経営へと進展してきた。

　このように，アメリカの多国籍企業は，第二次大戦後のパクス・アメリカーナ
（Pax Americana）の中で，世界の政治経済秩序がアメリカ主導のもとで再建さ
れていく過程で，顕著な発展を遂げた。その発展を支える国際課税ルールは，ア

メリカ多国籍企業にとって都合のよいものとして設計されていた。

　戦時体制のもとで軍需産業を中心に戦略的に進められた大量生産システムと，これを支える技術力によって多国籍企業やコングロマリットの戦後企業体制が寡占体制を確立し，その製品の販路を広く世界に求めてきた。

　戦後のアメリカ主導の世界秩序は，ソ連・中国等の社会主義国の封じ込め政策，東西冷戦構造，ブレトンウッズ協定とそれに基づく IMF の創設によるドルを基軸通貨とする国際通貨体制，アメリカの海外市場となるヨーロッパの経済復興等を進める方向で確立された。この間，アメリカの覇権を背景に，アメリカが推進するグローバル・スタンダードとアメリカ多国籍企業の世界経済への影響力が拡大してきたのである。

第|9|章
多国籍企業の租税回避のテクニック
―国境を越えた巧みな課税逃れ―

1　多国籍企業による租税回避での凄まじい課税逃れの実相

　多国籍企業は複数国にまたがりグローバルに事業展開をしているために，関係国間の税制格差やタックス・ヘイブン国・地域をも活用し，グループの内部取引の操作をも含めて税負担極小化スキームを構築して，大規模な課税逃れをしている現象がみられる。

　スターバックス（Starbucks）がイギリスで多大の利益を上げながら，ほとんど法人税を納めていないことが明らかになった。イギリス議会の報告書によると，この課税逃れは，かなり長い期間にわたってのことであるが，特に2011年から3年間で12億ポンド（約2,000億円）の売上がありながら，法人税を全く払っていなかったことが指摘された。これにイギリス市民の怒りが爆発し，ボイコット運動にまで発展した。

　スターバックスが用いたタックス・プランニングのスキームは，「コーポレート・インバージョン」と「スイス・トレーディング・カンパニー」と言われる2つの租税回避手法の相乗活用である。

　まず，「アメリカ本社U社」（Starbucks US）は，コーヒー製法に関する知的財産権やブランド使用権を導管国のオランダに設立した「ヨーロッパ統括会社N社」（Starbucks NE）へ無形資産（IP）を譲渡するという形で，あらかじめ移転する。

　次いで，オランダの「N社」は，実際に事業活動を行う35か国の拠点にコーヒーに関するノウハウの使用許諾を与え6％の使用料を受け取ることにする。そこで，「イギリスの販売会社E社」（Starbucks England・アメリカ本社の孫会社）との間にもライセンス契約を結ばせ，「E会社」からライセンス料を徴収する。

　また，これとは別にイギリスにある「E社」には，事業資金を「アメリカ本社U社」から，インターカンパニー・ローンで借入して調達させることにする。

　これにより，「E社」がイギリスにおいてあげた利益は，オランダにある統括会社「N社」に支払うライセンス料と，「アメリカ本社U社」への利息の支払い

によりほとんど消えてしまうようにする。

イギリスにある「E社」は，会社の利益を大幅に圧縮して課税所得をゼロに近づけるようにする。これがオランダのような軽課税国に統括会社を設けて移転する「コーポレート・インバージョン」（租税地変換）による前段のスキームのポイントである。

さらに，もうひとつのポイントが，「スイス・トレーディング・カンパニー」と称された手法による後段のスキームである。スターバックスは，コーヒー豆原産国からオランダの「焙煎会社D社」（ヨーロッパ統轄会社N社の系列）にコーヒー豆を輸入する際に，スイスに設立した「トレーディング・カンパニーS社」（Starbucks Swiss）を間に挟むのである。

このケースで，「S社」がブラジルからコーヒー豆を輸入して，オランダの「D社」に販売するという形（バイ・セル）をとると，利益が計上され税負担が大きくなってしまう。そこで，「S社」はコーヒー豆を20％のマークアップで販売し，コミッション（手数料）だけを受け取る，いわゆるコミッショネアというビジネス・モデルにする。コミッションによる利益は，それほど大きくないので「S社」はバイ・セルの場合に比べて利益が少なくなるよう圧縮することができる。それと同時に，スイスでは州によってこういうトレーディング・カンパニーが外外取引だけをしていれば５％という優遇税制が適用される。これがこのスキームの急所であり，この租税回避スキームが「スイス・トレーディング・カンパニー」と言われるわけである。

イギリスからみた場合，スターバックスはイギリスでの営業は売上高で31％の市場占有率を有し盛大に商売をし事業は成功し15％の利益を出していると株主や投資家に説明していた。ところが，税務上は毎年ごと若干の損失を出しているのである。

これは，「アメリカ本社U社」からのローンが高い金利になっており，「オランダの統括会社N社」へのライセンス使用料の支払いとともに「イギリス販売会社E社」のイギリス利益の転移のデバイスではないかとみられてきた。

スターバックスの世界的な課税逃れのスキームを図示すれば［**図表２−３−１**］のようである。

〔図表2−3−1〕スターバックスの国際的租税回避スキームのイメージ
—コーヒーの販売地イギリスの税金を「ゼロ」にするスキーム—

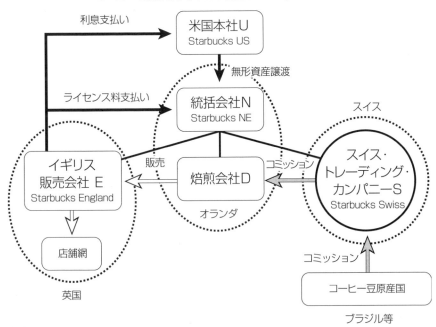

(注)
1．国際的租税回避スキームの前段は，軽課税国に統括会社を設立して事業活動を移転する「コーポレート・インバージョン」の手法である。
2．国際的租税回避スキームの後段は，スイスに設立したトレーディング・カンパニーにコミッショネア取引をさせて，同時にスイスの優遇税制の適用を受けさせる「スイス・トレーディング・カンパニー」の手法である。

　以上のようなカラクリでスターバックスはイギリスで大いに儲けておきながら，イギリス政府に税金をほとんど払ってこなかったのである。
　このことを知ったイギリス国民の怒りが燃え上がり消費者からボイコットされるようになった。そこで，いかに税負担を低く抑えることができても商売ができなくなってしまったのでは大変ということで，スターバックスはイギリスの課税当局と交渉して自主的に2,000万ポンドを納税することにした。
　ところが，これが逆効果で，火に油を注ぐことになり，「自分たち庶民は有無を言わさず税金を取られているのにスターバックスは勝手に納税額を決めたりして，払ったり払わなかったりできるのか」というわけである。これには，キャメ

304 ◆ 第3編 多国籍企業の課税逃れの真相

ロン首相（当時）も激怒して，このような多国籍企業の課税逃れ問題を，イギリスで開かれる G8 のロック・アーン・サミットのテーマとすると表明した。

2013 年 6 月に開催されたロック・アーン・サミットのコミュニケには税制の項に，次の一文が入った。

「税制——租税回避については，我々は『税源浸食および利益移転』（BEPS）に対処する OECD の取り組みを支持する。我々は，多国籍企業が世界のどこで利益を生み，税金を払っているか課税当局へ報告するための共通のひな形作りに取り組む。」

このコミュニケの前半は，BEPS のプロジェクトに対する G8 サミットのマンデート（授権）であり，後半は G8 諸国の「多国籍企業による極端な租税回避に対する問題意識」のシンボル的な表明であった。

2　タックス・ヘイブンに設立した子会社に無体財産権を移転し間接的にライセンス運用活動をする事例

企業が特許権など知的財産権を所有し，第三者に特許使用権を与えライセンス料を収受する時は，この収入は当期の益金の額となり課税所得を構成し，課税対象となり法人税等を負担することになる。

これに対し，日本にある親会社が法人税等が著しく低いタックス・ヘイブンにペーパーカンパニーの子会社を設立し，特許権などの知的財産権を出資または譲渡することにより移転し，そのタックス・ヘイブン子会社が第三者と特許使用権の設定契約をしライセンス料を収受するが，著しく低い税負担だけで済ませ，多くの利益をタックス・ヘイブンに蓄積する。親会社は，このタックス・ヘイブンにある子会社から配当金として収受するが，ごく一部の課税のみにより資金を獲得することができる。

インバージョンを促進する税制として，パテント・ボックス税制を採用する国が増えている。パテント・ボックス税制とは，多国籍企業の無形資産（知的財産権やノウハウなど）を諸外国から招き入れ，自国内に維持し法的保護を与え，パテントを保有し，これを商業化・市場化することを促進するため，特別な軽減税率または所得控除を認める税制である。

多国籍企業は厳しい国際競争のなかで，税金コストの最小化のインターナショナル・タックス・プランニングによりグローバルな税負担の減少に努めるため，パテント・ボックス税制を活用する。これにより，無形資産の所有地国に利益とリスクを可能な限り移転し配賦するため，我が国において形成し，保有してきた

第9章　多国籍企業の租税回避のテクニック　◆　*305*

イノベーションの成果をパテント・ボックスの所在地国に集約することが考えられる。

　下記の事例による［**図表2-3-2**］は，特許権などの知的財産権を有し，これを第三者に，その特許使用権を与えてライセンス料を収受している会社が，改めて，タックス・ヘイブンに設立した子会社を介在させることによってライセンス料収入から生ずる利益に課せられる税負担を著しく軽減している事例を示している。

　タックス・ヘイブンに，無体財産権保有会社（Patent holding company）を設立し，このペーパーカンパニーを通じて間接的に知的所有権などの無体財産権の利用によるサービスを提供して，ライセンス使用料を収受しながら税負担を軽減させるスキームである。

〔事例〕

---

(1)　通常の取引形態である〈ケースA〉は，特許権などの知的財産権（無体財産権）を有するA社が，取引先（顧客）であるX社と，その知的財産権を利用するライセンス使用契約を締結し，利用サービスを提供することによりライセンス料を収受する。

(2)　これに対して〈ケースB〉は，A社（親会社）が無体財産権を出資して法人課税が著しく低いタックス・ヘイブンにペーパーカンパニーであるB社（タックス・ヘイブン子会社）を設立する。B社は，この無体財産権を取引先（顧客）であるX社とライセンス使用契約をし利用サービスの提供をし，ライセンス使用料を収受する。この〈ケースB〉では，A社が所有する無体財産権を直接に取引先X社に利用サービスを提供する取引をするのでなく，タックス・ヘイブンにあるB社（子会社）に移転し，このB社を通じて取引先X社（顧客）にライセンスサービスを提供し，ライセンス使用料を収受することにしたのである。

(3)　これに続き，B社は受入れたライセンス使用料を財源として，親会社であるA社に配当金を支払う。A社はタックス・ヘイブンにある子会社であるB社より配当金を受け入れる。

〔図表2-3-2〕タックス・ヘイブン（TH）を利用してライセンス使用サービスを提供する取引のイメージ
—知的財産権をタックス・ヘイブン子会社を通しての運用活動—

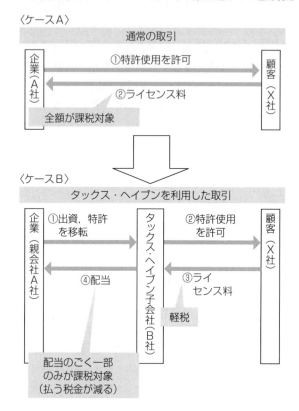

　無体財産権のライセンス運用活動を，その所有者であるＡ社が直接に行う通常の取引形態である〈ケースＡ〉においては，特許権など知的所有権の特許使用を許可することによりＸ社から受け入れるライセンス料は全額が課税対象となる。これは，ノーマルな取引形態による無体財産権の運用活動である。
　これとは別に〈ケースＢ〉は，タックス・ヘイブンに子会社であるＢ社を設立し，その子会社に無体財産権を移転し，その子会社が当事者となって，取引先のＸ社とその無体財産権のライセンス使用契約を締結，受け入れたライセンス使用料はタックス・ヘイブンでの低税率により著しく軽い税負担で済まされ多くの利益をＢ社に蓄積できる。

親会社であるA社は、タックス・ヘイブン子会社のB社に蓄積された利益のうちから配当金を受け入れるが外国子会社からの受取配当金として、ごく僅かの課税で済ませることができ、〈ケースA〉と比較して税引後の所得を増大化することができる。

3 資本の調達方法の自由選択を活用し Equity より Debt が有利な「負債バイアス」の利用事例

一定の事業資金を調達する方法として、法的には「出資」である株式発行により自己資本（equity）で得るか、「融資」である社債発行・借入による他人資本（debt）で得るか、それは企業が自由に選択することができる。

しかし、調達資金のリターンの支払形態は、出資の場合は配当とされ、融資の場合は利子とされ、そのリターンの税務上の取扱いは、一般に、配当については損金控除が認められず、利子については損金控除が認められることとしている。

そこで、関連法人の資金調達においては、資金調達側の法人の税負担を軽減するためには、equity（資本）より debt（負債）の方が有利になる。これを「負債バイアス」（debt bias）と呼んでいる。

関連法人間の利益移転方法としては、資金供給側では、出資による「株式取得」にするか、融資による「貸付」にするか、そのいずれであっても、その行為それ自体に対しては課税されないので差異は生じない。しかし、そのリターンについては、原則として「収益」とされるが、各国の税制上、受取配当になる場合に、受取配当控除、受取配当益金不算入とされるなどの措置があり、受取利子になる場合には通常は益金に算入されるという差異がある。

このため、関連法人間の取引においては、課税所得の計算上、支払利子が損金に算入されることを利用して、関連者間の借入れ利率を恣意的に設定することにより、関連者全体の資金移動には影響させないで、税負担を軽減する租税回避行為が可能となり得るのである。

ところで、近年、主要先進国では、租税条約において利子の源泉地国免税を進めるとともに、支払利子の損金算入を制限する措置を強化する傾向にある。

我が国の場合は、これまで過大な支払利子を利用した所得移転を防止する抑制措置が充分ではなく、支払利子を利用した課税ベースの流出リスクに対して、弱点があったことは否定できなかった。

このため租税回避の想定ケースとして、グループ内で資金を循環させるなかで、日本法人において過大な支払利子を創出し、損金算入することで、課税所得を圧

縮することができる。

この事例を挙げれば，次のようである。

〔事例〕

(1) 日本法人A社は，タックス・ヘイブンのX国に出資金1,000万円で子会社B
　　社（軽課税国法人）を設立する。
(2) B社は，Y国にある外国法人C社に，その1,000万円を貸付ける。
(3) さらに，Y国にあるC社はその1,000万円を日本法人A社に貸付ける。
(4) この貸付に係る利子100万円を日本法人A社からC社に支払う。
(5) C社は，その受入利子100万円を源資としてX国のB社に利子を支払う。
(6) さらに，B社は，その受入利子100万円を源資として日本法人に貸付金とし
　　て還流させる。

　日本法人のA社がタックス・ヘイブン国であるX国に設立した軽課税国法人であるB社に出資として拠出した資金1,000万円をY国にあるC社をも利用して，関連企業グループ内で，その資金1,000万円をぐるっと回し循環させることにより，支払利子を損金算入できる日本法人のA社は，課税所得を100万円だけ圧縮できることになる。

　このようなスキームに対し，これまでは［図表2-3-3］の下段に示すように，①支払利子の利率が通常の利率に比して過大となっている場合には「移転価格税制」により，また，②資本持分に比べて負債の割合が過大となっている場合には「過少資本税制」により，それぞれ関連者間での利子を用いた租税回避に対処することにしていた。

　そのため，これら2つの制度により，過大な支払利子に対して，ある程度，「質的な面」では規制が作用しているものの，「量的な面」には規制が及んでいないという状況になっていた。

　そこで，前述の主要先進国における支払利子の損金算入の制限措置を強化するという傾向をも考慮して，企業の事業活動の実態に配慮しながら，所得金額に比べて過大な利子を関連者間で支払うことを通じての租税回避を防止するための措置として，平成24年度改正において「過大支払利子税制」が導入された。これにより，③所得金額（利払前）に比して支払利子額が量的に過大となっている場合には，この税制が適用されることになっている。

第9章　多国籍企業の租税回避のテクニック　◆　*309*

　このように，次々と登場するグローバル企業や税制のプロモーターにより編み
出された租税極小化戦略のスキームによる税逃れとの闘いに，後追いの「弥縫策」
として「追いつかない」ながらも租税回避行為を抑止する「個別的否認規定」が
構築されてきている。

　以下，［図表2-3-3］の下段に示した租税回避行為を抑止しようとして存在
している3つの「対応制度」につき触れておこう。

⑴　トランスファー・プライシングによる所得の海外流出を防止するための移転価格税制

　移転価格税制（正式には，「国外関連者との取引に係る課税の特例」）は，国内
の企業が国外にある関連企業（親会社，子会社等）と取引を行う際に設定する価
格（移転価格）を，第三者との通常の取引価格（独立企業間価格）とは異なる価
格に設定したことにより，その所得が減少している場合，法人税の課税上，その
取引価格を独立企業間価格に置き直して課税所得を再計算する制度である。我が
国では昭和61年度の税制改正において導入された。

　企業が海外にある関連企業との移転価格を操作して通常の価格と異なる金額に
設定すれば，一方の利益を他方に移転することが可能となる。

　移転価格税制は，このような海外の関連企業との間の取引を通じて移転価格操
作（transfer pricing）により所得の海外移転を防止するための制度である。その
仕組みは［図表2-3-4］のようである。

〔図表２−３−３〕関連企業グループ内で資金を循環させることによる租税回避のイメージ
　　　　　　　—資金がぐるっと回るだけで支払利子を損金算入する—

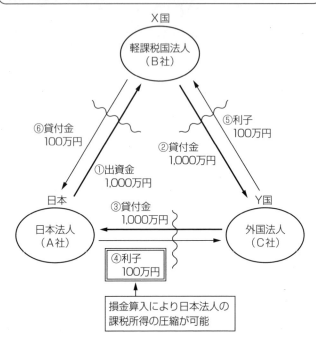

〈関連者間の利子を利用した租税回避への対応策〉

過大支払利子の判定基準	対応する制度
①支払利子の利率が通常の利率に比して過大	移転価格税制
②資本持分に比して負債の割合が過大	過少資本税制
③所得金額（利払前）に比して支払利子が過大	過大支払利子税制

〔図表２−３−４〕移転価格税制の仕組みのイメージ
　　　　　　　—トランスファー・プライシングによる所得の海外流出を防止するため独立
　　　　企業間価格で行われたものとみなして所得を計算する—

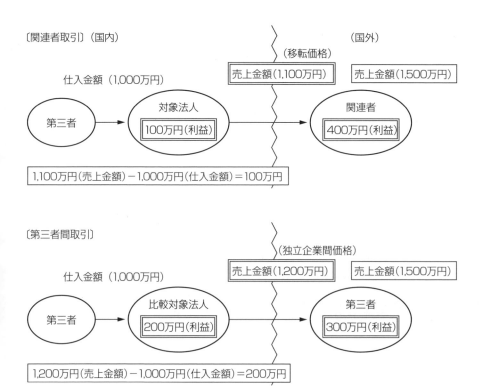

(2) 資本の一定倍率を超える負債に対する支払利子を否認する過少資本税制

　過少資本税制(正式には、「国外支配株主等に係る負債の利子の課税の特例」)は、いわゆる過少資本を利用した国際的な租税回避行為を防止するための制度であり、我が国では平成4年4月に導入された。

　企業が海外の関連企業から資金を調達するのに際し、出資(関連企業への配当は損金算入できない)を少なくし、貸付け(関連企業への支払利子は損金算入できる)を多くすれば、我が国での税負担を軽減することができる。そこで、過少資本税制では、海外の関連企業から過大な貸付けを受け入れることによる企業の租税回避行為を防止するため、出資と貸付けの比率が一定割合(原則として、外国親会社等の資本持分の3倍)を超える部分の支払利子について損金算入を認めないとする制度である。その仕組みは[図表2-3-5]のようである。

〔図表2-3-5〕過少資本税制の仕組みのイメージ
　　　　　　—資本部分の3倍を超える過大な借入金の支払利子の損金算入を否認する—

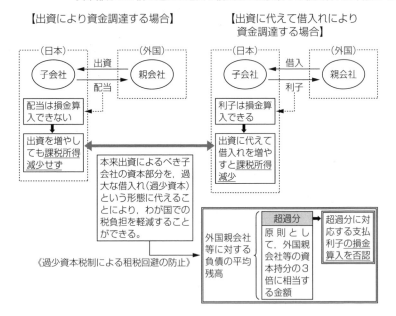

(3) 所得に比して過大な利子を関連者に支払うことによる租税回避を否認する過大支払利子税制

過大支払利子税制(正式には,「関連者等に係る純支払利子等の課税の特例」)は,所得金額に比して過大な利子を関連者間で支払うことを通じた租税回避を防止する制度である。

過大支払利子税制は,所得に比して過大な利子を関連者間で支払うことによる租税回避を防止するため,関連者への純支払利子等の額のうち調整所得金額の50%を超える部分の損金算入を認めない制度である。この制度の仕組みは〔**図表2-3-6**〕のようである。

〔図表2-3-6〕過大支払利子税制の仕組みのイメージ
―関連者への純支払利子の額のうち調整所得金額の50%を超える部分の損金算入を否認する―

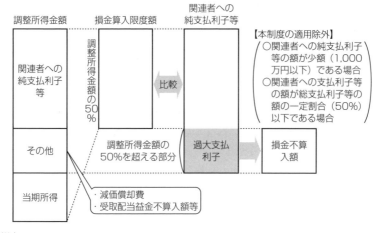

(注)
1. 関連者への純支払利子等とは,関連者への支払利子等の額から,これに対応する受取利子等の額を控除した残額である。
2. 調整所得金額とは,当期所得に減価償却費,受取配当益金不算入額等のその他の金額と,関連者への純支払利子等を加算した金額である。
3. 本制度と過少資本税制の両者が適用になる場合には,その計算された損金不算入額のうち,いずれか多い金額を損金不算入額とする。

314 ◆ 第3編　多国籍企業の課税逃れの真相

4　ダブル・アイリッシュ・ウィズ・ダッチ・サンドウィッチのスキーム

　タックス・ヘイブンを利用することによる最大のメリットを得ているのは多国籍企業である。巨大グローバル企業が奸知（かんち）の限りを尽くしてタックス・ヘイブンのあらゆる機能を最大限に利用した想像を絶するアグレッシブ・タックス・プランニング（Aggressive Tax Planning: ATP）による合法的な課税逃れを世界的スケールで展開している。

　多国籍企業がアイルランドやオランダの税制とタックス・ヘイブンを巧みに組み合わせて利用し，グローバルな次元での「税制の抜け穴」を見い出し，スケールの大きな課税逃れスキームを案出し世界的に波紋を呼び起した事例としてダブル・アイリッシュ・ウィズ・ダッチ・サンドウィッチ（Double Irish With a Dutch Sandwich: DIDS）が挙げられる。

　下記の事例による［**図表2-3-7**］は，複数のタックス・ヘイブンを複雑に組み合わせて活用した「窮極の税軽減スキーム」である DIDS の事例を示している。

〔事例〕

(1)　アメリカの親会社は，無形資産をアイルランド Entity A（子会社1）に譲渡する。

(2)　アイルランド Entity A は，この無形資産をオランダ Entity（子会社2）へライセンスし，さらに，このオランダ Entity は，別のアイルランド Entity B（子会社3）に当該ライセンスを受けた無形資産をサブライセンスする。

(3)　アイルランド Entity B（海外事業拠点として実体あり）は，世界各国の顧客に直接に商品販売・サービスを提供する。世界各国に問屋機能（PE 認定を回避しうる程度のサービス機能）を持つとされる関連会社を設置（電子商取引にあってはアイルランド Entity B が直接にウェブコンテンツを販売）する。

(4)　各国の販売あるいは販売・研究開発の補助子会社は，この問屋機能や販売・研究開発の補助的機能に対してコストマークアップの対価を Entity B から収入するのみで，販売利益のほとんどは，アイルランド Entity B に帰属する。

(5)　アイルランド Entity B は，自らの機能に応じた ALP 利益を残し，本件の利

益のほとんどをロイヤリティーとして，オランダ Entity に支払うが，アイルランド・オランダ条約により当該ロイヤリティーの支払に対してアイルランドの源泉税は免除される（要するに，オランダ Entity をはさむのは，アイルランド Entity どうしの間のロイヤリティー源泉課税を免れるためである）。

(6) オランダ Entity も，自らの機能に応じた ALP 利益を残し，本件の利益のほとんどをロイヤリティーとしてアイルランド Entity A に支払うが，オランダ国内法により当該ロイヤリティーに対してオランダの源泉税は免除される。

(7) アイルランド Entity A は，その事業をアイルランド非居住者（バミューダ，ケイマン，英領ヴァージン Entity などのタックス・ヘイブンが利用される）に管理されており，アイルランド Entity A は，アイルランド租税法の適用関係（居住地の判断は管理支配基準であり，アイルランド Entity A は知財保有会社なので，バミューダ等の法人が知財管理を行う。アイルランド Entity A はペーパーカンパニーでバミューダ等の法人に事務所と人員が存在すれば一般に知的財産管理機能があるとみられる。アイルランド会社法上はアイルランド法人ながら，アイルランド税法上はバミューダ法人となる）を経て，オランダ Entity から支払われるロイヤリティーの帰属をアイルランド非居住者に転換することにより，オランダ Entity から支払われるロイヤリティーに対してアイルランドの法人税は免除される。

(8) アメリカの親会社においては，アイルランド Entity A において本件の取引により発生するロイヤリティーについて，チェック・ザ・ボックス税制＊の適用上，オランダ Entity とアイルランド Entity B は，アイルランド Entity A の支店として扱われ，Entity B からオランダ Entity へ，そして Entity A への使用料の流れは同一会社の内部取引とみなされ，本件の一連の取引から得られたものとなる。そうなると，Entity A は Entity B が外部から収受した事業活動所得を稼得したものと整理されることとなり，アメリカの CFC 税制（タックス・ヘイブン対策課税）の適用が免除される。

＊ チェック・ザ・ボックス税制とは，アメリカ企業は，法人課税を受けるか，パートナーシップ課税を受けるかを自らが決めることができるとともに，海外に持つ拠点の税務上の扱いを(1)法人（課税対象）にするか，(2)支店（課税対象外）にするかを選べる制度をいう。

〔図表2-3-7〕ダブル・アイリッシュ・ウィズ・ダッチ・サンドウィッチの窮極の課税逃れ
　　　　　スキームのイメージ
　　　　　　　―アップル社が開発し，グーグル，フェイスブック，マイクロソフトなど多
　　　　　　　　くの多国籍企業が活用―

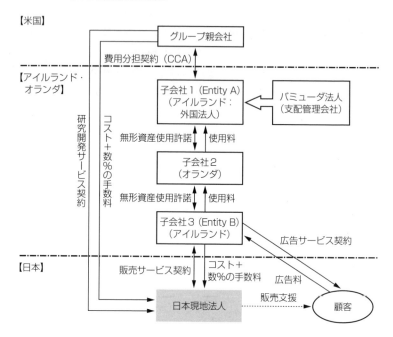

　このスキームにより，アメリカとアイルランド間で「二重非課税」（いずれの国にも税金を払わない）が生じているのであるが，二国間条約が濫用されたわけではなく，アメリカのチェック・ザ・ボックスによるサブパートFの不機能とアイルランドの管理支配基準および優遇税制（Entity Bでは当局との合意により低税率2％が適用される）により引き起こされている。

　初めのアメリカの親会社からアイルランドAに対する無形資産の譲渡にかかる居住地国のアメリカでの譲渡益課税が適正になされているのでなければ源泉地国でのコミッショネアとしてのコストマークアップ所得，アイルランド Entity Bにおける自ら算定したALP利益を除き（オランダEntityは法人所得課税の税率が25％のところオフショア所得免税なので税額はゼロ），無形資産に由来する大半の利益がバミューダ等のタックス・ヘイブンに移転しており，ここに海外ビジネスに関連する無形資産がもたらす収益キャッシュフローが集積され，突出した

第9章　多国籍企業の租税回避のテクニック　◆　*317*

節税に達している[1]。

　このDIDSを利用した実際の会社の事例として，オフショア・タックス・ヘイブンのあらゆる機能を最大限に利用した課税逃れの典型として，アップル社のケースが挙げられる。その仕組みは，次のようである[2]。

1)　アップル社は，アメリカ・カリフォルニア州に本拠を置く多国籍企業であるが，アイルランドにEntity A（子会社1）とEntity B（子会社3）の2つの主要な子会社を設立している。アイルランドEntity A（子会社1）は，アメリカの本社直系の持株会社であり，全世界の販売子会社を統括している法人であるが，2009年から2012年まで300億ドルもの利益を得ながら，法人税の納税はゼロである。このEntity Aは，アメリカ本社が開発した知的財産権をコスト・シェアリング契約によって譲り受けている。このためアメリカ以外の子会社があげる販売利益をライセンス料として集中することができる。

2)　アイルランドEntity B（子会社3）は，主として中国で生産した最終製品を購入しアメリカ以外の国に販売する法人で，2009年から2012年に740億ドルの利益をあげたが，支払った税金は，ごく僅かである。

3)　アイルランドの法人税率は12.5％であるが，アップル社はアイルランド政府との交渉により特別の低税率の適用を受けている。

4)　アイルランドEntity A（子会社1）は，法人税ゼロのタックス・ヘイブンにあるアップル社の子会社（支配管理会社）によって管理支配されている。Entity Aは，アメリカからみれば，アイルランドで設立されているのでアイルランド法人であるが，アイルランドの税法上では同国で管理支配されていない法人はアイルランド法人とはみなされないので，アメリカにもアイルランドにも「課税上の住所」を持っていない。したがって，どちらの国からも課税されない。

5)　アイルランドEntity B（子会社3）は，アメリカ以外から得た販売収益をライセンス料として親会社であるアイルランドEntity A（子会社1）に支払う。しかし，直接に支払ったのではアイルランドで源泉税が課されてしまうため，ライセンス料課税が免除されるオランダEntity（子会社2）を介

---

1)　山川博樹（国税庁調査査察部調査課長）「大規模法人の国際課税の課題」，『月刊国際税務・別冊』Vol. 34, No.1, 2014年1月，国際税務研究会，7-10頁。

2)　合田寛著『タックスヘイブンに迫る―税逃れと闇のビジネス』新日本出版社，2014年，72-76頁。同書を参考にさせて頂き，修正整理して記述している。

在させ，この会社を経由することによって源泉税を免れることができる。

6）　アイルランド Entity A（子会社1）の親会社は，アメリカ本国の本社であり，この Entity A に蓄積された利益は，CFC ルール（タックス・ヘイブン課税）によって，アメリカ政府から課税されるおそれがある。そこで，アイルランド Entity B とオランダ Entity を，アメリカ税法のチェック・ザ・ボックス税制を活用して Entity A の支店扱いにする。そうすることによって，アイルランド Entity B からオランダ Entity に対する支払い，およびオランダ法人からアイルランド Entity A に対する支払いについて，全て同一会社内の内部取引とみなされる。そのため Entity A は全体として海外事業を展開する企業とみなされ，CFC 税制の適用を免れることができる。

以上のスキームは，アイルランドの2つの子会社と，その間にオランダ導管会社を使った仕組みである。タックス・ヘイブンを巧みに利用することで，アップル社は大幅な節税に成功したのである。アイルランドに2つの子会社を持つ節税策なので「ダブル・アイリッシュ」，それに，この2つの子会社の間に，さまざまな優遇税制のあるオランダに設立した子会社をトンネル会社として介在させるので「ダッチ・サンドウィッチ」と言うわけである。

アップル社によって開発され，グーグル，フェイスブック，マイクロソフトなど，多くの多国籍企業で利用されていた。

このような「窮極の税軽減」のスキームは，多国籍企業など巨大企業による租税法と会社法や経済金融制度の「隙間」を狙った巧妙な課税逃れである「合法的な租税回避」行動であることから，「ニューヨークタイムズ」紙は「二国間の法域の隙間にうまく滑り込んだ」[3] と報道し，イギリスの『エコノミスト』誌は「聖杯を手にした」[4] と論評している。

5　巨大企業のタックス・ヘイブンの逞ましい利用実態

多国籍企業など巨大企業が経営戦略の一環としてタックス・ヘイブンを，いかに利用しているか，その実態をみることとする。

アメリカの巨大企業のタックス・ヘイブンの利用の状況は，U. S. PIRG & CTJ の調査報告書 "Offshore Shell Games 2014" によれば，Fortun500 のアメリ

---

3)　"Apple's Web of Tax Shelters Saved It Billions, Panel Finds", *The New York Times*, May 20, 2013.

4)　"Cook lightly grilled", *The Economist*, May 25, 2013.

カベースの多国籍企業がタックス・ヘイブンを利用し，その国外所得の実効税率を引き下げている実態が明らかにされている。

Fortun 500 のうち，72％の 362 社がタックス・ヘイブン子会社 7,827 社を所有している。このうち，トップ 30 社は，タックス・ヘイブンの子会社 1,357 社にオフショア・キャッシュをパーキングしている。その状況は，以下の［図表 2－3－8］から［図表 2－3－11］にみるようである[5]。

このように，多くの多国籍企業が実効税負担率の引き下げに成功したことをアメリカにおいては「株主価格の最大化」（maximizing shareholder value）と誇りにしている。

Jesse Drucker の記事が，Google Inc. がその国外利益の大部分をアイルランドとオランダを通じてバミューダに移転するテクニックを用いて過去 3 年間に 31 億ドルも節税していると報じて，世論を喚起している[6]。

〔図表 2－3－8〕最も多くのタックス・ヘイブン子会社を有するトップ 20 社

会社名	タックス・ヘイブン子会社数	会社名	タックス・ヘイブン子会社数
Bank of America Corp	264	Liberty Global	104
AES	226	Stanley Black & Decker	98
Morgan Stanley	226	Marriot International	97
KKR	157	National Oilwell Varco	94
Thermo Fisherscientific	144	Dow Chemical	93
Pepsi Co.	137	Ecolab	91
Merck	131	Emerson Electric	86
Pfizer	128	JP Morgan Chase & Co.	83
Marsh & McLennan	110	Mondelez International	83
Illinois Tool Works	105	Abbott Laboratories	79

〔出所〕 U.S. PIRG & CTJ *"Offshore Shell Game 2014"*.

---

5) 本庄資著『国際課税における重要な課税原則の再検討・中巻』日本租税研究協会，2016 年，128-131 頁。

U.S. PIRG & CTJ 報告書では，「タックス・ヘイブン子会社数」については GAO 報告書 "International Taxation : Larage U.S. Corporations and Federal Contractors with Subsidiaries in Jurisdictions Listed as Tax Havens or Financial Privacy Jurisdiction" (GAO-09-157, Published: Dec. 18, 2008. Publicly Released: Jan. 16, 2009) と同じ 2007 年データに基づいている。

6) Jesse Drucker "Google 2.4% rate shows how $60 bilion lost to tax loopholes" (*Bloomberg News* October 21, 2010).

320 ◆ 第3編　多国籍企業の課税逃れの真相

（図表2-3-9）最も多くのオフショア・マネーを保有するトップ30社

会社名	オフショア留保額 （単位100万ドル）	オフショア子会社数
Apple	111,300	3
General Electric	110,000	18
Microsoft	76,400	5
Pfizer	69,000	128
Merck	57,100	131
International Business Machines	52,300	15
Johnson & Johnson	50,900	60
Cisco Systems	48,000	56
Exxon Mobil	47,000	38
Citigroup	43,800	21
Procter & Gamble	42,000	32
Google	38,000	2
Hewlett-Packard	38,200	27
Pepci Co.	34,100	137
Chevron	31,300	13
Coca-Cola	30,600	13
JP Morgan Chase & Co.	28,500	83
Oracle	26,200	6
Amgen	25,500	8
United Technologies	25,000	27
Abbott Laboratories	24,000	79
Bristol-Meyers Squibb	24,000	10
Eli Lilly	23,740	26
Goldman Sachs Group	22,540	15
Qualcomm	21,600	11
Wal-Mart Stores	21,400	0
Medtronci	20,499	37
Intel	20,000	13
Dell	19,000	79
Bank of America Corp	17,000	264
Total	1,199,879	1,367

〔出所〕U.S. PIRG & CTJ *"Offshore Shell Game 2014"*

第9章　多国籍企業の租税回避のテクニック ◆ *321*

（図表2-3-10）帳簿上のオフショア利益に対する税負担が10％未満の26社

会社名	オフショア留保額 （単位：100万ドル）	繰延税金	オフショア 税負担（％）	タックス・ヘイ ブン子会社数
Express Scripts	82	30	0	5
Amgen	25,500	9,100	0	8
Qualcomm	21,600	7,600	0	11
Gilead Science	8,550	3,000	0	10
Advanced Micro Devices	354	124	0	4
Eli Lilly	23,740	8,309	0	26
Wynn Resorts	388	136	0	15
AK Steel Holding	27	9	0	3
Western Digital	6,800	2,300	1.2	12
United States Steel	830	280	1.3	4
Nike	6,700	2,200	2.2	58
Apple	111,300	36,444	2.3	3
Microsoft	76,400	24,400	3.1	5
American Express	9,600	3,000	3.8	23
Baxter International	12,200	3,800	3.9	12
Oracle	26,200	8,000	4.5	6
NetApp	2,500	758	4.7	9
Symantec	2,800	830	5.4	3
Jacobs Engineering Group	26	8	5.5	12
Safeway	170	50	5.6	8
FMC Technologies	1,524	440	6.1	11
Well Fargo	1,600	450	6.9	75
Citigroup	43,800	11,700	8.3	21
Air Products & Chemicals	5,525	1,400	9.7	11
Bank of America Corp.	17,000	4,300	9.7	264
Biogen Idec	3,800	950	10.0	14
Total	409,016	129,618	Ave.3.3	633

〔出所〕U.S. PIRG & CTJ *"Offshore Shell Games 2014"*

322 ◆ 第３編　多国籍企業の課税逃れの真相

〔図表２－３－11〕タックス・ヘイブン子会社数０でオフショア留保額を有するとされた会社

会社名	タックス・ヘイブン 子会社数	オフショア留保額 （単位：100万ドル）
Verizon	0	1,800
Amerisource Bergen	0	93
Home Depot	0	2,700
Target	0	52
Lowe's	0	36
Lockheed Martin	0	211
Johnson Controls	0	6,400
FedEx	0	1,000
Tesoro	0	30
Northrup Grumman	0	2,116

（注）「オフショア・マネー留保額」については，毎年 SEC に提出される各社の 10-K Report
　　の 2012 年の Exhibit21 に基づいている。各社が子会社数を正直に報告しない場合がある（例
　　えば Google は多数のタックス・ヘイブン子会社を有するとみられるが，２社しか報告し
　　ていない）。そのため，本表では，タックス・ヘイブン子会社数を０としている。オフショ
　　ア・マネー留保数を有するものが［図表２－３－９］の Wal-Mart のほかにも本表にみるよ
　　うに多数ある。

〔出所〕　U.S. PIRG & CTJ Report *"Offshore Shell Game 2014, Appendix: The Top 100 Publicly Traded
　　Companies"*

　しかし，U.S. PIRG & CTJ の調査報告書によれば，現在，Google の実効税負
担率が分からなくされていると，次のように報じている[7]。

　「Google は，2009 年にはタックス・ヘイブンに 25 の子会社を有すると報告し
ていたが，2010 年以後アイルランドの２社しか開示していない。その間，オフショ
アの帳簿上のキャッシュの金額は，77 億ドルから 389 億ドルに増加した。学術
研究の分析ではもはや開示されていないが，23 のタックス・ヘイブン子会社が
なお運営されているという。Bloomberg の調査によれば，Google は，ダブル・
アイリッシュ・ウィズ・ダッチ・サンドウィッチという会計テクニックを用いて，
年間約 20 億ドルの節税をしている。」

　巨大企業の納税実態は，高いと言われる法定税率の下においても，その実効税
負担率が，いかに割安であり，低レベルで，ひどいものであるかについての実態

---

7)　U.S. PIRG & CTJ Report *"Offshore Shell Games 2014"*

が公的機関のデータによって明らかにされず，不透明の状況にあることは遺憾ながら日本においては現実の姿である。しかし，このことは，はしなくもアメリカにおいても同様であることがうかがわれる。

　特に，巨大な多国籍企業が海外において，どのように大きな利益を稼得しながら，タックス・ヘイブンなどを利用して，いずこの国にも税金を払っていない「国際二重非課税」の実態などは，国境の壁にさえぎられて検証することは困難な状況にあるのが真相である。

第 10 章

超富裕層の租税回避のテクニック
―枠組みの複雑化を狙う「行き過ぎた節税」―

1　タックス・ヘイブンを利用して海外で資産運用をする事例

　タックス・ヘイブンは，実際に，どのようなスキームで超富裕層の人々により利用されているのであろうか。

　超富裕層は，多くの場合に，複数のタックス・ヘイブンを組み合わせ，相当に複雑なフレームワークを用い，合法的な節税を目途に資産の海外投資や節税金融商品を購入するなどの方法により資産の運用と管理を行い増殖を図っている。

　下記の事例による［図表2-3-12］は個人（Mr.X）がタックス・ヘイブンを利用し資産運用をする場合の事例を示している。

　〔事例〕

　　関係国A，B，Cの3か国は，いずれもタックス・ヘイブンで，税金はゼロとする。Mr.Xは本国（例えば日本）の課税を逃れるために，A国（例えば，シンガポール）の口座にある資金を用いて，B国（例えば，ケイマン諸島）にペーパーカンパニーY社を設立する。さらに，Y社名義の口座をC国（例えば，パナマ）に開設し，資金運用をする。

　このようなスキームは，実態としては，Mr.Xが海外で資産運用をしているに過ぎないのであるから，この資産運用から生ずる所得は，基本的には本国（この場合は日本）で課税されるべきである。

　ところがY社が法人であれば，Y社は外国法人であるから，通常はY社の所得に本国（日本）では課税することができないが，仮にタックス・ヘイブン対策税制（かつての「特定外国子会社等の留保金の益金算入」，現在の「外国子会社合算税制」）が発動されると，Y社の所得はMr.Xの所得として本国（日本）で直ちに課税される。

〔図表2-3-12〕 タックス・ヘイブン（TH）を利用して資金運用をするイメージ
―複数のタックス・ヘイブンを組み合せた海外での資産運用活動―

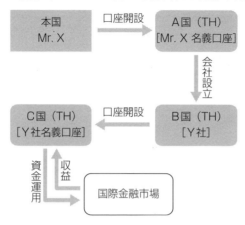

　しかし，A，B，Cの3か国は，タックス・ヘイブンであり，それらの国から必要な課税情報を入手することができなければ本国（日本）の課税当局がMr.Xの所得を把握して課税することは困難になる。

　仮に，Mr.Xが海外で得た所得について本国（日本）で正確に税務申告をし納税をしていれば，このスキームにおけるMr.Xの行動には何の問題もない。この意味でタックス・ヘイブンが存在し，このタックス・ヘイブンを利用することは違法ではない，ということになる。

　これとは別に，Mr.Xが海外で得た所得について税務申告をしないで本国（日本）に税金を払わない場合には，Mr.Xはタックス・ヘイブンを利用して脱税をしたことになる。

　さらに，Mr.Xがタックス・ヘイブンで運用する資金は，もともと脱税や不法取引，その他の犯罪から得た資金かもしれない。この場合，Mr.Xはタックス・ヘイブンを利用する以前に，既に違法行為をしているし，その違法行為から得た資金を隠蔽するためにタックス・ヘイブンを利用することで，さらなる違法行為を犯したことになる。

　多くの場合，実際に使われるスキームは［図表2-3-12］のイメージより，はるかに複雑になるであろう。例えば，Mr.Xの資金を親族らの名義の口座に分散させるとともに，Y社の子会社や関連会社を設立して，それらを通じて資金運用をすることもあろう。

326 ◆ 第3編 多国籍企業の課税逃れの真相

　本来ならば，単純な経済活動であるものを，あえて複雑な仕組みを作って行う目的は，率直に言って課税情報を不透明にして本国の課税当局から遮断することが狙いであろうと推測できる。

2　富裕層や同族会社の節税戦略の展開の変転

　世界には想像を絶するような大富豪がいる。クレディ・スイスの試算によると，5,000万ドル（約50億円）以上の純資産を持つ富裕層は，1位がアメリカで3万8,000人，2位は中国で4,700人，3位がドイツで4,000人，4位が日本で3,400人となっている。

　アメリカの富裕層400人を純資産ベースで推計してみると，2010年の1位はビル・ゲイツで500億ドル，2位がウォーレン・バフェットで400億ドルである。ゲイツはマイクロソフトの共同設立者，バフェットは長期投資を行う著名な投資家である。

　これまで，日本社会は経済的には比較的平等であることが特徴であり，小資産家はいても，アメリカのようなスケールでの超大富豪はいないと考えられていたが，実際には日本でも個人富裕層は思っているよりも，はるかに多い。これは格差社会の拡大をも意味しているが，所得や資産が巨額にのぼるため税金対策に頭を悩ませている人々も少なからずいるということでもある。

　近年，税率が大幅に引き下げられてきたが，日本の法人課税は，法定税率は約30％，相続税の最高税率は55％であるのに対し，タックス・ヘイブンでは，これらが相当に低くなるため，多額の所得や資産を租税回避地に隠して税金を低く抑える手法が使われている。こうした方法で税金を低く抑える租税回避行為は，大企業だけではなく，中小企業や個人の富裕層にも広がっており，タックス・ヘイブン利用の大衆化が進んでいる。

　ある程度の所得が得られるようになると，金融機関や証券会社から，さまざまな金融商品の勧誘が来るようになるが，本当の富裕層には，はるかに複雑なテクニックのからんだ節税金融商品が売られている。

　さらに，そうした個人富裕者や同族会社には専門のアドバイザー・チームが付いていて，その指導のもと周到な資産運用と高度のレベルによる税務対策が行われている。

　そのような富裕者向けの高度の節税戦略が進められた結果，国との争いが生じ，裁判で争われる事例も多くなっている。

3　タックス・ヘイブンを利用し税制の抜け穴を突いて 1,330 億円の巨額の贈与税を節税した武富士事件

　贈与税の課税は，贈与時における受贈者の住所または受贈財産の所在が国内にあることが要件とされているため，専門家の助言を受け，贈与者が所有する財産を国外に移し，次いで受贈者の住所を国外に移転させた後に贈与を実行することによって，たとえ受贈者が日本国籍を持つ者であっても，贈与税の課税を回避し免れた事案がある。

　この事件では，父親が，まず息子を香港に住まわせて，1 年だけであるが，日本の相続税法上の非居住者（制限納税義務者）にしておき，そのうえで日本国外にある資産を贈与した。こうすれば，当時の相続税法では日本の贈与税は課されなかった。しかも，香港には相続税も贈与税もないので息子には税が一切かからないことになる。これにより，いわゆる二重非課税となった。

　日本の国税庁は，香港に居を移していた息子の住所は日本にあると認定することによって，贈与税の課税処分を行った。課税処分額は 1,585 億円（うち本税は 1,330 億円）であった。

　この事件の裁判は，最高裁までもつれ込んだが，最高裁の第二小法廷は，滞在日数，贈与の時期，住民登録の有無，業務への従事状況などの事実関係から，住所が仮装された実体のないものとはうかがわれないとし，日本の居住者でないことを認めて，国の課税処分を取り消す判決を下した。このため 1,585 億円の贈与税が還付されたほか，400 億円ほどの還付加算金が支払われた[1]。

4　課税することができない「税制の抜け穴」を巧みに突いた合法的な租税回避

　武富士事件は，住所の定義という，いわば法の間隙を突いた租税回避であった。最高裁の第二小法廷の須藤正彦裁判長は補足意見において，このような判決を下すことの妥当性について苦衷の意見を率直に表明し，この納税者の行動は税金逃れであることは明らかであるとしながらも，「国は法の定める範囲を超えて課税することはできない」と説明している。

　憲法第 84 条は，租税法律主義を定めている。租税法律主義とは，国は法律の定めるところを超えて税を課すことができない，という立憲上においても極めて

---

1)　武富士事件，最高裁，平成 23 年 2 月 18 日，第二小法廷判決（判タ 1345 号，115 頁），国側敗訴・納税者の勝訴が確定。

重要な定めである。

　税法規定の解釈について，現在の日本において租税法律主義の下では，租税法は強行法規であるので，文理解釈によるべきであり，法の目的論的解釈が許されるか否かについては諸説があるが，法規を形式論理的に解釈適用するのが通説となっている。

　この事件は，「租税法規が予定しない異常な法形式」を濫用したものであり，学理的なレベルで「法の意図」の目的論的解釈によるときは，「認められない租税回避」に該当するケースである。

　しかし，現実の税務執行においては，租税法律主義の原則の考え方からすると，いかに具体的妥当性がないものと思われても，この事案における納税者の行動は，「税法規定の綻び」を活用した「合法的」なものとして認めざるを得ず，このような贈与税回避が課税実務上想定されていなかったとしても，法の解釈では限界があるとして最高裁が判示したのである。

　このように，この取引が税金逃れであることは，明らかであるとしながらも，その時点の法令では贈与税を課税することはできないとして納税者勝訴を言い渡し，国の課税処分を取り消す，このような判決しか下せなかったのである。

　この税法規定の綻びの存在についても長い間にわたり多くの実務家により指摘され，また，実際に，これを活用した節税策が実行されていた。

　日本の法制において租税法律主義がある限り，タックス・ヘイブンを利用する租税回避の防止という見地からは，法制度の整備の問題として対応し処理すべきである。実際，相続税法は改正され，武富士事件の舞台となった「税制の抜け穴」であるループホールは埋められている。

第4編

失われた世界中の巨額な税金

第11章　タックス・ヘイブンにある裏金脈で失われた世界中の税金：保管されている巨額資産と超富裕層の課税逃れ額

　1　タックス・ヘイブンという巨大な裏金脈と世界中の国で失われている巨額な税収の推計問題

　2　租税回避の概念が国により異なりトランスファー・プライシングを手段とすることも失われている課税逃れ額の算定を混乱

　3　失われた税金を推定するための利用可能なデータはあまりにも不完全

第12章　タックス・ヘイブンにより失われている税金の算定に挑戦する世界の専門家の所説：複雑で巧妙な手法を展開

　1　世界経済におけるタックス・ヘイブンという巨大裏金脈についてのニコラス・シャクソンの所説

　2　世界のマネーストックの半分がタックス・ヘイブンを経由していることについてのロナン・パラン，リチャード・マーフィー，クリスチアン・シャヴァニューの所説

　3　多国籍企業の投資の多くがタックス・ヘイブンを経由していることについてのロナン・パラン，リチャード・マーフィー，クリスチアン・シャヴァニューの所説

　4　タックス・ヘイブンにおける膨大な数のオフショア事業体の状況についてのロナン・パラン，リチャード・マーフィー，クリスチアン・シャヴァニューの所説

第13章　課税逃れで失われた世界中の税金の推計についての所説：パラン，マーフィー，シャヴァニューとズックマンによる試算

　1　ロナン・パラン，リチャード・マーフィー，クリスチアン・シャヴァニューによるタックス・ヘイブンに保管されている資産額から推計される富裕層の課税逃れ額

　2　タックス・ヘイブンに保管されている金融資産総額の推算についてのガブリエル・ズックマンの所説

　3　ガブリエル・ズックマンが推計しているタックス・ヘイブンに保管されている世界の金融資産のうちで課税逃れによる失われた税収の損失額

　4　銀行の秘密業務がなければフランスの公的債務は大幅に減少し税率の引き下げが可能

第 |11| 章

タックス・ヘイブンにある裏金脈で
失われた世界中の税金
―保管されている巨額資産と超富裕層の課税逃れ額―

1　タックス・ヘイブンという巨大な裏金脈と世界中の国で失われている巨額な税収の推計問題

　タックス・ヘイブンは，グローバル経済の見えざる闇の中核のメカニズムであるだけに，その闇をのぞいてみても，その実相を知ることは困難である。しかし，そのタックス・ヘイブンが世界経済において，どのように作用し，どのようなスケールで動いているかを知ることは興味深いことである。

　さらに，求めたいのは，タックス・ヘイブン全体で超富裕層の課税逃れは，どのくらいの金額に達しているかを知ることである。それは，タックス・ヘイブンに逃げ込んだ失われた税収額である。

　現在，タックス・ヘイブンに関する研究において，「タックス・ヘイブンに関する統計は，紛らわしい」ことが世界の常識になっている。それは，タックス・ヘイブンの定義が論争になっていることからしても，それについての統計も必然的に多様になる。しかも，タックス・ヘイブンとオフショア金融センター（OFC）が，しばしば混同されていることからしても，その混同が統計にも反映されている。公式の情報収集方法も標準化されていないので，一段と混乱を生じている。

2　租税回避の概念が国により異なりトランスファー・プライシングを手段とすることも失われている課税逃れ額の算定を混乱

　さらに，複雑なことは，租税節約（節税）と租税通脱（脱税）と租税回避（避税）の線引きが全くもって不明瞭であり，しかも国によってこれらの概念や範囲が異なる場合が多いとともに，多くの脱税や租税回避が，タックス・ヘイブンの利用とをからまして識別も算出も難しいトランスファー・プライシング（移転価格操作）を手段として行われているからである。

　どれだけの税金が，脱税や租税回避により失われているか，そのデータの把握

第11章　タックス・ヘイブンにある裏金脈で失われた世界中の税金　◆　*331*

はもとより，その推計も困難である。それは，世界の多くの研究者により「政府
も国際金融機関も，世界的状況を調査する能力もなければ，その意志もないよう
に思われるからである」とまで言わしめている。

　一般に，富裕層など個人の脱税や租税回避についての最良の推計は，オフショ
アに保有されている財産の価額を通じて行うことにより達成できる。そこで，タッ
クス・ヘイブンに存在する巨大な裏金脈の測定から始めることになる。

3　失われた税金を推定するための利用可能なデータはあまりにも不完全

　タックス・ヘイブンをトータルにみたとき，超富裕層の課税逃れはどのくらい
の額に達するであろうか。特にこれを世界的なスケールでみていくことが望まし
い。

　しかし，このために利用可能なデータは，あまりにも不完全であり，喪失税金
の推定計測は至難であることは現在の世界の学者，専門家の共通の認識である。

　課税逃れの規模を暴き出す，非公式に入手したファイルやデータ漏えいなどの
情報は大量にあるが，やはり，それらは極めて断片的である。そこで，このため
の作業は，各々の学者や専門家がそれぞれ独自の発想に基づく方法により推計を
試みるしか方法がないのである。

　そこで，本編は，タックス・ヘイブンにより失われている税金の算定に挑戦し
てきた世界の多くの論者の所見を考察することにする。

第｜12｜章

タックス・ヘイブンにより失われている
税金の算定に挑戦する世界の専門家の所説
―複雑で巧妙な手法を展開―

1 世界経済におけるタックス・ヘイブンという巨大裏金脈についてのニコラス・シャクソンの所説

オフショア世界（offshore world）は，我々のまわりのいたるところにある，として，イギリスの王立国際問題研究所の研究員ニコラス・シャクソン（Nicholas Shaxson）は，「タックス・ヘイブンという巨大裏金脈」について，以下のことを紹介している[1]。

世界の貿易取引の半分以上が少なくとも書類上はタックス・ヘイブンを経由している[2]。

全ての銀行資産の半分以上，および多国籍企業の海外直接投資の3分の1がオフショア経由で送金されている[3]。

国際的な銀行業務や債券発行業務の約85％が，いわゆるユーロ市場（国家の枠外のオフショア・ゾーン）で行われている[4]。

IMF（国際通貨基金）は，2010年に，島嶼部の金融センターだけで，バランスシート（貸借対照表）の合計額は18兆ドル（世界総生産の約3分の1に相当

---

1) Nicholas Shaxson, *Treasure Islands; Tax Havens and the Men Who Stole the World*, Vintage Books, London, 2011, P.8. ／ニコラス・シャクソン著／藤井清美訳『タックス・ヘイブンの闇―世界の富は盗まれている』朝日新聞出版，2012年，17頁。

2) J. Christensen and M. Hampton, 'All Good Things Come to an End', *The World Today*, Vol.55, No.8/9, Royal Institute of International Affairs, 1999.

3) Ronen Palan, Richard Murphy and Christian Chavagneux, *TAX HAVENS: How Globalization Really Works*, Cornell University, 2010, p.51.

4) Philip R, Lane and Gian Maria Milesi-Ferretti, *The History of Tax Havens; Cross-Border Investment in Small International Financial Centers*, IMF Working Paper, WP/10/38, Feb., 2010.

第12章　タックス・ヘイブンにより失われている税金の算定に挑戦する世界の専門家の所説　◆　*333*

する額）にのぼると推定した。しかも，これは，おそらく過小評価だろうと付記していたのである[5]。

アメリカ会計検査院（GAO）は2008年に，アメリカの大手企業100社のうち83社がタックス・ヘイブンに子会社を持っていると報告した。

また，タックス・ヘイブンを監視する国際的団体，タックス・ジャスティス・ネットワークが翌年，オフショアより広い定義を使った調査では，ヨーロッパの大手企業100社のうち99社がオフショアの子会社を使っていることが明らかになった。どこの国でも，こうした子会社を最も多く使っているのは突出して銀行である。

2　世界のマネーストックの半分がタックス・ヘイブンを経由していることについてのロナン・パラン，リチャード・マーフィー，クリスチアン・シャヴァニューの所説

シティ大学ロンドンの国際政治経済学部の教授のロナン・パラン（Ronen Palan），イギリス税研究所（Tax Reserch UK. LLP）の代表で公認会計士のリチャード・マーフィー（Richard Murphy），フランスの経済学者で経済ジャーナリストのクリスチアン・シャヴァニュー（Christian Chavagneux）は，その共著 TAX HAVENS: How Globalization Really Works（Cornell University Press, 2010）で，世界のマネーストックの半分が，タックス・ヘイブンを経由している事態を紹介している[6]。

IMF は1994年の報告において，「対外融資の半分以上がオフショア法域を経由して行われている」と断言し，熟練した評者たちを驚かせた。

2007年の世界の対外貸付の推計は，約24兆5,000億ドルなので，オフショア銀行の数字に換算すると，およそ12兆2,000億ドルとなる。しかし，国際決済銀行（BIS）は，オフショア金融センター（OFC）とタックス・ヘイブンを区別

5）　Ronen Palan, *The Offshore World,* Cornell, 2003, and from David Bain, *IMF finds "Trillions" in Undeclared Wealth',* Wealth Bulletin, 15 Mar 2010, M. K. Lewis, 'International Banking and Offshore Finance: London and the Major Centres', in Mark P. Hampton and Jason P. Abbott, *Offshore Finance Centres and Tax Havens,* Macmillan, 1999.

6）　Ronen Palan, Richard Murphy, Christian Chavagneux, *TAX HAVENS: How Globalization Really Woks,* Cornell University Press, 2010.／ロナン・パラン，リチャード・マーフィー，クリスチアン・シャヴァニュー共著／青柳伸子訳『タックス・ヘイブン―グローバル経済の見えざる中心のメカニズム』作品社，2013年，95-103頁。

していない。したがって,「世界のマネーストックの半分」という度肝を抜かれる数字は,ケイマン諸島やバミューダ諸島だけではなく,ロンドン,アメリカのIBF,東京オフショア市場も意味する。

世界のマネーストックの半分がタックス・ヘイブンを経由していると言ったら語弊があるが,そのマネーがタックス・ヘイブンとOFCを経由しているというのは間違っていないとみている。

もう一組の驚くべき統計数値は,国際投資に関連するもので,外国直接投資（FDI）総額の約30％が,タックス・ヘイブンを経由して投資されている。あるいは少なくとも,これを通過していることを示している[7]。

国連貿易開発会議（UNCTAD）のデータ［図表2-4-1］によれば,1990年代中盤以降,タックス・ヘイブン経由のFDIフローが若干伸びている。

それにしても,何故に多国籍企業がタックス・ヘイブンを経由する投資ルートに変更したがるのだろうか,についてOECDは,主に税制上の理由から行っているものとしている。

3　多国籍企業の投資の多くがタックス・ヘイブンを経由していることについてのロナン・パラン,リチャード・マーフィー,クリスチアン・シャヴァニューの所説

多国籍企業がタックス・ヘイブンを経由して投資の多くのルートを変更しているかなりの証拠があると指摘している[8]。

米経済分析局のデータに基づくアメリカ関連企業に関する詳しい調査が,これを裏づけている。分析によれば,アメリカの多国籍企業はタックス・ヘイブンを大いに利用してきた。1999年には,大規模な外国事業を有するアメリカ企業の59％が,タックス・ヘイブン諸国に関連企業を持っていた。

米連邦議会予算局（CBO）の報告書によれば,2004年末まで,外国人がアメリカで資産12兆5,000億ドルを所有していた。これは,アメリカが海外に所有する資産価額を2兆5,000億ドル上回る。それにもかかわらず,アメリカ居住者は,外国人がアメリカへの多額の投資から得るよりも多くの利益を外国投資から常に

---

7)　Ronen Palan, Richard Murphy, Christian Chavagneux, *op. cit.* ／ロナン・パラン,リチャード・マーフィー,クリスチアン・シャヴァニュー共著／青柳伸子訳,前掲訳書,103-104頁。

8)　Ronen Palan, Richard Murphy, Christian Chavagneux, *op. cit.* ／ロナン・パラン,リチャード・マーフィー,クリスチアン・シャヴァニュー共著／青柳伸子訳,前掲訳書,106-107頁。

〔図表2-4-1〕世界の外国直接投資（FDI）に占めるタックス・ヘイブンの割合
―おおむね30％以上もがタックス・ヘイブンを経由している―

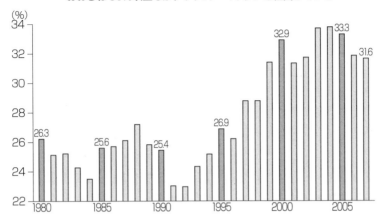

〔出所〕 Ronen Palan, Richard Murphy, Christian Chavagneux, *TAX HAVENS: How Globalization Really Works,* Cornell University Press, 2010.／UNCTAD 2008.

得ており，それがアメリカの経常赤字の規模を押し下げていた。2007年末時点でも，外国人は依然として，アメリカ人が海外に保有している資産よりも，およそ2兆5,000億ドル多い資産をアメリカに保有していた。アメリカ居住者は，海外に支払うよりも，ほぼ900億ドル多くをまだ稼いでいた（CBO, 2005）。

カリブ海の小さなイギリス属領のいくつかが，アメリカFDIの有数の受け手となっており，英領ヴァージン諸島は，いまも，対中国FDIが2番目に大きい国である。2006年，バミューダ単独で中国の5倍のFDIをアメリカから受けた。同様に，イギリス（第1の投資先），オランダ（第3），バミューダ（第5），スイス（第8），アイルランド（第10），ルクセンブルク（第11）に関するデータ［図表2-4-2］が示されている[9]。

ヨーロッパのFDIの構図もアメリカとほぼ同じで，ヨーロッパの多国籍企業の全FDIの約30％がOFC向けである。例えば，フランスへのFDI全体の47％はタックス・ヘイブンに立地する企業が保有し，その3分の1がオランダ（第1保有国）かイギリス（第2）などの中間ヘイブンである。フランスはEU加盟国

---

9) Ronen Palan, Richard Murphy, Christian Chavagneux, *op. cit.*／ロナン・パラン，リチャード・マーフィー，クリスチアン・シャヴァニュー共著／青柳伸子訳，前掲訳書，110頁。

のなかで珍しい存在ではない。

かように，タックス・ヘイブンは主に，世界の FDI の仲介役として利用されている。タックス・ヘイブンは FDI の最大の受入国であると同時に，最大の供給国でもある。

中国商務部が発行した 2007 年の最初の 5 か月に関するデータによれば，同期に世界 10 か国が，中国の新たなベンチャー事業への投資総額の 86％に寄与した。額の大きい順に挙げると，[図表 2−4−3]にみるように香港，英領ヴァージン諸島，韓国，日本，シンガポール，アメリカ，ケイマン諸島，サモア，台湾，モーリシャスである[10]。

4 タックス・ヘイブンにおける膨大な数のオフショア事業体の状況についてのロナン・パラン，リチャード・マーフィー，クリスチアン・シャヴァニューの所説

オフショア事業体の総数について，ロナン・パラン（Ronen Palan），リチャード・マーフィー（Richard Murphy），クリスチアン・シャヴァニュー（Christian Chavagnex）は，その共著で，米国務省国際麻薬・法執行局が作成したマネーロンダリングに関する国際麻薬統制戦略報告書を参考にして作成したデータ[図表 2−4−4]を発表している。同報告書は，主にマネーロンダリングに関係している。タックス・ヘイブンの全てが，マネーロンダリングの重大な脅威とみなされているわけではないので，同報告書は範囲という点で包括的でないと，注意している[11]。

英領ヴァージン諸島は，インターナショナル・ビジネス・カンパニー（IBC）の最大の供給国で，2007 年には 80 万社に達し，香港 50 万社，パナマ 37 万社，バハマ 11 万 5,000 社がこれに続いた。ただし，これは，どれだけ信頼できるか確かめる方法がないので，これらの数字を鵜呑みにしてはならないとしている。例えば，英領ヴァージン諸島が，自国領土において操業を停止した会社を把握できない。これとは対照的に，バハマはこの種のデータをきちんと報告しており，領土に登記された IBC11 万 5,000 社のうち，現在は 4 万 2,000 社しか活動してい

---

10) Ronen Palan, Richard Murphy, Christian Chavagneux, *op. cit.*／ロナン・パラン，リチャード・マーフィー，クリスチアン・シャヴァニュー共著／青柳伸子訳，前掲訳書，110 頁。

11) Ronen Palan, Richard Murphy, Christian Chavagneux, *op. cit.*／ロナン・パラン，リチャード・マーフィー，クリスチアン・シャヴァニュー共著／青柳伸子訳，前掲訳書，112-114 頁。

第12章　タックス・ヘイブンにより失われている税金の算定に挑戦する世界の専門家の所説　◆　*337*

（図表2-4-2）アメリカ多国籍企業の対タックス・ヘイブンへの投資の状況
　　　　　　―2006年における外国直接投資の投資先トップ12の国や地域―

（単位：10億米ドル）

国名	投資額
イギリス	$364
カナダ	246
オランダ	215.7
オーストラリア	122.6
バミューダ	108.5
ドイツ	99.2
日本	91.8
スイス	90.1
メキシコ	84.7
アイルランド	83.6
ルクセンブルク	82.6
カリブ海地域のイギリス属領	80.6

（注）　太字はタックス・ヘイブンとみなされる国々。
〔出所〕　Ronen Palan, Richard Murphy, Christian Chavagneux, *TAX HAVENS: How Globalization Really Works,* Cornell University Press, 2010. / Bureau of Economic Analysis, 2006.

（図表2-4-3）中国に対する外国直接投資（FDI）源の状況
　　　　　　―投資先トップ10の国や地域―

（単位：10億米ドル）

法　域	2006年	2007年
香港	$21.31	$27.70
英領ヴァージン諸島	11.68	16.55
韓国	3.99	3.68
日本	4.76	3.58
シンガポール	2.46	3.18
アメリカ	3.00	2.62
ケイマン諸島	2.13	2.57
サモア	1.62	2.17
台湾	2.23	1.77
モーリシャス	1.11	1.33

〔出所〕　Ronen Palan, Richard Murphy, Christian Chavagneux, *TAX HAVENS: How Globalization Really Works,* Cornell University Press, 2010. / Mofcom, 2007.

338 ◆ 第４編　失われた世界中の巨額な税金

ない。この割合が他の国にも適用できるかは不明であるとも説明している[12]。

　およそ，IBC の数は，平均で年間 10 ～ 15％の割合で増加している傾向がある。例えば，2006 年現在のケイマン諸島における IBC の 8 万 1,783 社には，2005 年からの 27％の増加が含まれている。推計では，IBC の現在の世界総数は，200 万社を超えているとみている。

　オフショア・ヘッジファンドの数についても調査している[13]。

　ヘッジファンド・リサーチ社がまとめた推計は，2006 年末現在のヘッジファンド数を 7,241 社と報告している。他の有益な情報源は，リッパー・タス・データがまとめたもので，ケイマン諸島，バミューダ諸島，英領ヴァージン諸島，バハマ諸島というカリブの 4 大諸島に，2006 年現在で世界のヘッジファンドの 52.3％が置かれ，アメリカの 30.1％がこれに続いている。

　これらの法域における所在地別のオフショア・ヘッジファンドにより所有されている推計資産額は［**図表２－４－５**］が示している。

　ヘッジファンド産業の規模は，2006 年現在で，およそ 1 兆 5,000 億ドルとみられている[14]。

---

12)　Ronen Palan, Richard Murphy, Christian Chavagneux, *op. cit.* ／ロナン・パラン，リチャード・マーフィー，クリスチアン・シャヴァニュー共著／青柳伸子訳，前掲訳書，114 頁。

13)　Ronen Palan, Richard Murphy, Christian Chavagneux, *op. cif.* ／ロナン・パラン，リチャード・マーフィー，クリスチアン・シャヴァニュー共著／青柳伸子訳，前掲訳書，115 頁。

14)　Ronen Palan, Richard Murphy, Christian Chavagneux, *op. cit.* ／ロナン・パラン，リチャード・マーフィー，クリスチアン・シャヴァニュー共著／青柳伸子訳，前掲訳書，115 頁。

（図表2−4−4）タックス・ヘイブンにおけるオフショア事業体数
—米国務省国際麻薬・法執行局の国際麻薬税制戦略報告書を参考に作成—

法域	IBCs	銀行	信託	保険会社	投資信託会社／ヘッジファンド	インターネット・ゲーム会社
アングィラ	7,400 (STEP)					
アンティグア・バーブーダ	3,255	17	3	2		23
アルーバ	372NVs2,763（アルーバ非課税法人）	2	4キャプティブ			11
バハマ	115,000（うち活動中は42,000）	139 (e)				4カジノ 10ギャンブルサイト
バーレーン	該当なし	54OBUs				該当なし
バルバドス	4,635	55	7投資信託, 1非課税	164非課税55, 適格非課税		0
ベリーズ (a)	32,800	8	30	1	1M	
英領 ヴァージン諸島	802,850	9	208	402キャプティブ	2,550m	
ブルネイ (STEP)	2,500					
ケイマン諸島 (b)	62,572	450		740キャプティブ	8,600	
コモロ (c)	1,200	300				
クック諸島 (STEP)	15,000					
コスタリカ		6				250
キプロス	54,000	26 (f)				
ドミニカ	12,787	1		20		3
ジブラルタル (STEP)	31,142					
グレナダ	1,580 (d)		1			
ガーンジー島	18,800	47		632	851	
香港	500,000 (i)					
マン島 (g)	35,821 (STEP)	53		177キャプティブ	164	
ジャージー島	33,936 (STEP)	48	953	175	1,086	
ラブアン島 (STEP)	4,915					
リヒテンシュタイン	75,000 (j)	16				
ルクセンブルク (h)	15,000			95保険 260再保険	2,238世界第二の投資信託会社	
モナコ		60 (m)				
モーリシャス	21,392 (STEP)					
オランダ	20,000 (k)					
オランダ領アンティル諸島	14,191	18	84	15		
ニウエ	9,678 (STEP)					
パナマ	369,652 (STEP)	34				
サモア	25,383	6	182	3		

セイシェル	34,000		160	3	
シンガポール		82 (n)			12
セントクリストファー・ネイビス	33,165IBC 9,840LLCs 1,201 非課税法人	1	3,684	90	257 非課税財団
セントルシア	2,851 (l)		66	24	
セントビンセントおよびグレナディーン諸島	8,573	6	154	13	55
スイス		331			
タークス・カイコス諸島	17,000	4	20	2,500	
バヌアツ	3,603	5		70	

(注)

(a) ベリーズは，1996 年にオフショア銀行法を導入した。オフショア銀行は，ベリーズの国民あるいは合法居住者である顧客と取引することはできない。

(b) ケイマン財務報告局（FRA）が活動を開始し，局長，法律顧問，上級会計士，上級アナリスト，下級アナリスト，管理主任各 1 名の計 6 名を擁する。

(c)) 1999 年施行の銀行ならびにこれに類似する機関の規制法に基づいて，オフショア銀行に免許を与える。IBC は，2001 年に導入された。

(d) グレナダは，領土内の IBC 報告数が 2006 年の 6,000 社から大幅に減少した。

(e) 銀行と信託を合計した数字が 2003 年の 301 から 139 へと減少したのは，「管理下の銀行」は島内に物理的存在を所有しなければならないという要件を 2001 年に中央銀行が課したため。

(f) 数字は，主として非居住者を対象に事業を行う銀行に関する数字である。このような銀行の累積資産は 1,120 億ドル。

(g) 入手可能な最新データ。2004 年 9 月 30 日。

(h) 住所地とする資産 3 兆 1,000 億ドル。

(i) 香港の IBC は，名義貸しの取締役によって設立され，多くが概ね英領ヴァージン諸島に登記された他の IBC が所有している。香港と英領ヴァージン諸島はともに，マネーの経路変更目的で利用される。

(j) 法人と信託に関する数字。許可された信託会社 230 社と弁護士 60 名が，これらの事業体全てに名義貸し，及び／又はこれを管理している。

(k) 特別金融機関（SFI）の数字，ヴァン・ダイクら（2006 年）の推計では，オランダに実態のある商業拠点を置かない「郵便箱会社」が，約 2 万社ある。

(l) セントルシアは，2006 年に 49％増加した。

(m) 銀行システムは，約 1,028 億ドルを管理している，銀行の顧客の約 85％が非居住者。

(n) シンガポールで管理されている資産総額は，2005 年から 06 年に 24％増加して 5,810 億ドルとなった。

〔出所〕 Ronen Palan, Richard Murphy, Christian Chavagneua, *TAX HAVENS: How Globalization Really Works*, Cornell University Press, 2010.／INCSR 2008. INCSR の数字が入手不可能又は不完全なものについては，2004 年の STEP の調査と lowtax. net, 2004 で補完し，（STEP）と示している。

第12章　タックス・ヘイブンにより失われている税金の算定に挑戦する世界の専門家の所説　◆　*341*

〔図表2-4-5〕所在地別のヘッジファンドの推計資産額の状況
**　　　　　　—2006年末現在の状況の推計による数値—**

(単位：100万米ドル)

所　在	方法 I	方法 II	2つの方法の平均
バハマ	$24,172	$24,531	$24,352
バミューダ	107,028	64,321	85,675
英領ヴァージン諸島	129,384	171,733	150,559
ケイマン諸島	470,450	497,977	525,503
合計	731,035	761,558	746,296

〔出所〕　Ronen Palan, Richard Murphy, Christian Chavagneux, *TAX HAVENS: How Globalization Really Works,* Cornell University Press, 2010./Sullivan 2007.

第 |13| 章

課税逃れで失われた世界中の税金の
推計についての所説

―パラン，マーフィー，シャヴァニューとズックマンによる試算―

1 ロナン・パラン，リチャード・マーフィー，クリスチアン・シャヴァ
ニューによるタックス・ヘイブンに保管されている資産額から推計され
る富裕層の課税逃れ額

　富裕層個人の脱税や租税回避による課税逃れにより失われた国の税収の推算が
試みられている。公表されている3種のデータを基に，個人がタックス・ヘイブ
ンに保有している資産の額の推計値を出している[1]。

　第1の情報源は，国際決済銀行（BIS）のもので，2004年6月現在，全銀行の
預金総額14兆4,000億ドルのうち，オフショアの銀行預金総額は2兆7,000億ド
ルとみられる。預金総額の約5分の1がオフショアに保管されている。このBIS
の数字は，現金のみを対象とし，株式や公社債をはじめとする他の金融資産，さ
らにオフショアで保有されている不動産，金，ヨットなどの有形資産の価額とと
もに，私企業の株式を除外している。これらの資産はオフショア企業，財団，信
託を通じて管理されている。信託は，年次決算報告書の提出を求められないのは
もとより，登記すらされていない。したがって，これらの資産の価額は判らない
ので，その判断は難しい。

　第2の情報源は，メリルリンチ（Merrill Lynch）とキャップジェミニ（Cap
Gemini）が毎年出している『ワールド・ウェルス・レポート』に含まれていた。
1998年のレポートは，世界の富裕層（HNWI）の富の3分の1がオフショアに
保有されていると推計した。2002年の同レポートによれば，流動金融資産1兆
ドル以上の富裕層が保有している資産価額は2002〜03年現在で27兆2,000億

---

1)　Ronen Palan, Richard Murphy, Christian Chavagneux, *TAX HAVENS: How Globalization
Really Works, Cornell University, 2010./ ロナン・パラン，リチャード・マーフィー，クリ
スチアン・シャヴァニュー共著／青柳伸子訳，『タックス・ヘイブン―グローバル経済の
見えざる中心のメカニズム』作品社，2013年，116-118頁。

第13章 課税逃れで失われた世界中の税金の推計についての所説 ◆ *343*

〔図表2−4−6〕 **富裕層（HNWI）の出身地域別の資産総額とオフショアにおける推定額**
—現金預金と上場会社株式の保有総額—

（単位：兆米ドル）

大　陸	資産合計	オフショアにおける推定額
北　米	$16.2	$1.6
ヨーロッパ	10.3	2.6
中東及びアジア	10.2	4.1
南　米	1.3	0.7
合　計	38	9.0

〔出所〕 Ronen Palan, Richard Murphy, Christian Chavagneux, *TAX HAVENS : How Globalization Really Works,* Cornell University Press, 2010./ Murphy 2006.

ドル，うち8兆5,000億ドル（31%）が，オフショアに保有されていた。この数値は，年間約6,000億ドルの割合で増加しており，2008年の数字は約9兆7,000億ドルとなるであろう。

　第3の情報源は，ボストン・コンサルティング・グループ（BCG）の2003年の「グローバル・ウェルス・レポート」である。BCGは，富裕層の現金預金と上場証券の保有総額を38兆ドルと見積もった。

　富裕層の地理的出身別の資産の合計額とオフショアにおける推定額を示すと〔図表2−4−6〕のようである。これらの数値には，不動産，非金融資産，個人所有の会社の株式を除外している。

　裏づけとなるデータが，世界的コンサルティング・グループであるマッキンゼーの調査部門による報告書で発表されている。それによると，2003年現在の世界の金融資産総額は118兆ドルに達しており，オフショアに保有されている金融資産総額は，9兆4,500億ドルとなる。これによって，9兆から10兆ドルという3つ目の推定値が得られるとしている[2]。

　しかし，この推計値には，不動産その他の有形資産，オフショアで保有されている私企業の所有権，特許などの使用料やライセンス料を受け取る権利などの無形資産は含まれていない。これらの資産の正確な価額の測定は困難であるが，控えめに見積もれば，オフショアの保有額がせいぜい2兆ドル増える程度であろう。これを基に，オフショアに保有されている資産総額は，11兆から12兆ドルであ

---

2)　Ronen Palan, Richard Murphy, Christian Chavagneux, *op. cit.*/ ロナン・パラン，リチャード・マーフィー，クリスチアン・シャヴァニュー共著／青柳伸子訳，前掲訳書，118頁。

ると結論づけたとしている[3]。

　11兆5,000億ドルが，投資家にとって年平均7.5%の利益を生むと仮定すれば，資産総収益は年8,600億ドルとなる。平均税率を30%として見積もると，資産家が資産をオフショアに保有しているため，年間の税金の損失額は，約2,550億ドルになるとしている[4]。

　この数値は，「2001年の推計によれば，5兆米ドルの金融資産がタックス・ヘイブンに投資されている」と報告したレヴィン米議会委員会の計算（Levin, 2003）と驚くほど近似している。同委員会は，平均利益率を5%，平均税率を控えめな25%と想定して計算した結果，居住国において毎年625億ドルもの歳入が失われている。アメリカ経済を世界経済の20%とすれば，単純計算で，世界全体で3,100億ドルとなる，と説明している[5]。

2　タックス・ヘイブンに保管されている金融資産総額の推算についてのガブリエル・ズックマンの所説

　タックス・ヘイブン全体では，超富裕層の課税逃れは，どのくらいの額に達するのであろうか。世界中のタックス・ヘイブンで保管されている資産総額と，それらの全ての資産がまともに税務申告されたならば得られたであろう税収額を算出することに取り組み，タックス・ヘイブンの利用による「失われた国家の富」の算定額について，ロンドン・スクール・オブ・エコノミクスの准教授のガブリエル・ズックマン（Gabriel Zucman）は詳細な調査をしている[6]。

　その著書においては，まず，タックス・ヘイブンで保管されている家計の金融資産の在高を推算している。

　オフショアの富について，ガブリエル・ズックマンの推算によると，世界規模では，家計の金融資産のおよそ8%がタックス・ヘイブンにあるとしている。家計の金融資産は，個人名儀の銀行預金，株式や債券などの有価証券，投資ファン

---

[3]　Ronen Palan, Richard Murphy, Christian Chavagneux, *op. cit.*／ロナン・パラン，リチャード・マーフィー，クリスチアン・シャヴァニュー共著／青柳伸子訳，前掲訳書，118-119頁。

[4]　Ronen Palan, Richard Murphy, Christian Chavagneux, *op. cit.*／ロナン・パラン，リチャード・マーフィー，クリスチアン・シャヴァニュー共著／青柳伸子訳，前掲訳書，119頁。

[5]　Ronen Palan, Richard Murphy, Christian Chavagneux, *op. cit.*／ロナン・パラン，リチャード・マーフィー，クリスチアン・シャヴァニュー共著／青柳伸子訳，前掲訳書，119頁。

[6]　Gabriel Zucman, *LA RICHESSE CACHÉE DES NATIONS : Enquête sur les paradis fiscaux*, Éditions du Seuil, 2013.

ドの持分，生命保険契約などから，家計の債務を差し引いたものである。

　2013年末，フランスの国立経済研究所（INSEE）やアメリカの連邦準備制度（Fed）などの統計機関が発表する資産額の推算によると，世界の家計の金融資産は，およそ73兆ユーロである。その8％にあたる5兆8,000億ユーロがタックス・ヘイブンの口座で保有されている。これは莫大な額である。比較対象としてヨーロッパの金融危機の主国であったギリシャの対外純債務は，2,300億ユーロである。

　タックス・ヘイブンで保有されている資産のうち，スイスで保管されている資産は，1兆8,000億ユーロに達し，これはオフショア資産の全体の3分の1に相当する。残りの3分の2は，シンガポール，香港，バハマ，ケイマン諸島，ルクセンブルク，ジャージーなど，超富裕層のためのプライベート・バンキングを行うスイス以外のタックス・ヘイブンにある。このようにして，タックス・ヘイブンにある金融資産の状況は，［**図表2-4-7**］にみるようである[7]。

　これらの数値は，どのようにして導き出されたのかについて，ガブリエル・ズックマンは，それには次のような前提があるとし，各国の対外資産負債残高に異変が生じており，世界規模では，計上される資産よりも負債の方が大きくなるという奇妙な現象が生じている。そして，複数の統計を組み合わせると「ブラックホール」が存在するのがわかる。株式や債券は，国の資産よりも負債が多く計上されている。

　それは，「火星人が地球を部分的に保有しているのでもなければ，そんなことは起こりえない」[8]とし，この不均衡こそタックス・ヘイブンの資産総額を推算する出発点であるとしている[9]。

　ここで問題となるのは，対外資産と対外負債の隔たりがオフショアに保管されているマネーの量であると確信をもって言えるのだろうか，ということであるとしている。

　されど，「マネーは，どこかで蒸発してしまうのではなく，綿密に練られた〝課

---

7) Gabriel Zucman, *op. cit.*／ガブリエル・ズックマン著／林昌宏訳，渡辺智之解説『失われた国家の富―タックス・ヘイブンの経済学』NTT出版，2015，53-55頁。

8) Philip Lane et Gian Maria Milesi-Ferretti, The External Wealth of Nations Mark Ⅱ: Revised estimates of Foreign Assets and Liabilities, 1970-2004, *Journal of International Economics,* Vol. 73, 2007.

9) Gabriel Zucman, *op. cit.*／ガブリエル・ズックマン著／林昌宏訳，渡辺智之解説，前掲訳書，54-56頁。

(図表2-4-7) 世界の金融資産のうちタックス・ヘイブンに潜在している金融資産額の状況
　　　　　　　―2013年，家計の金融資産の8%がタックス・ヘイブンにある―

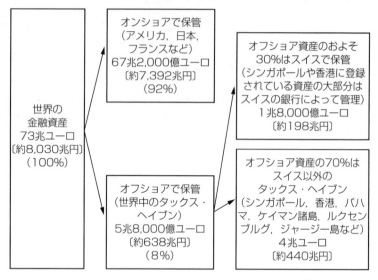

〔出所〕 Gabriel Zucman, *LA RICHESSE CACHÉE DES NATIONS : Enquête sur les paradis fiscaux,* Éditions du Seuil, 2013. 各国の資産統計，スイス国立銀行の統計等を基にした計算による。円換算額を示すなど筆者が加筆修正をしている。

税逃難計画"に沿ってうごめいている」のであるとし，「ルクセンブルクという深淵」と題して，以下の趣旨のことを述べている[10]。

　世界中を駆けめぐるルクセンブルク籍の投資ファンドの時価評価総額は，どのくらいかにつき，ルクセンブルクの統計学者によれば，2013年初頭時点で，2兆2,000億ユーロであった。では次に，世界中の国の資産に計上されているルクセンブルク籍の投資ファンドの総額はいくらであろうか。理論上，それは2兆2,000億ユーロのはずであるが，実際には何と1兆2,000億ユーロでしかない。

　要するに，世界の統計において1兆ユーロの資産が持ち主不明で行方不明なのである。

　同様の問題は，アイルランドとケイマン諸島という二大タックス・ヘイブンに籍を置く投資ファンドにも生じている。それらの国のSICAVやヘッジファンド

---

10) Gabriel Zucman, *op. cit.*／ガブリエル・ズックマン著／林昌宏訳，渡辺智之解説，前掲訳書，56-59頁。

では，数十億ユーロが運用されている。しかし，誰がそれらを保有しているのか判らない。世界的な資産と負債の不均衡の大部分は，こうした事情に起因する。

また，国際決済銀行（BIS）や各国の中央銀行が提供する資料からは，2013年の個人の隠し銀行口座の預金総額は，1兆ユーロに達すると推算できる。

したがって，オフショアの個人資産の評価総額は5兆8,000億ユーロ（あるいは7兆5,000億ドル）なので，その内訳は，ほぼ「眠った状態」の銀行預金が1兆ユーロあり，株式，債券，国際的なSICAVなどへの投資が4兆8,000億ユーロになる。5兆8,000億ユーロという金額は，世界の家計の金融資産全体の8％に相当する。

3　ガブリエル・ズックマンが推計しているタックス・ヘイブンに保管されている世界の金融資産のうちで課税逃れによる失われた税収の損失額

ガブリエル・ズックマンは，重要なことは，タックス・ヘイブンに保管されている巨大な資産であり，それが容認しがたい税収の損失を引き起こしているとし，「超富裕層の課税逃れにより，世界中の国の税収は，年間1兆3,000億ユーロ減少している」と断定し，[図表2-4-8]に掲げて説明している[11]。

実際には，スイスの銀行が，しばしば主張するのとは反対に，オフショア口座の大半は，課税当局に申告されていない。ここで言っているのは，国外で働く者たちの決済用の普通預金や，彼らが外国に滞在した後も保管している銀行預金のことではなく，株式や投資ファンドを購入するための投資用資金の口座だということである。

2005年以降，スイスの口座で収益を受け取るヨーロッパ人は，自分の財産を税務申告するか，匿名性を利用するか選択できる。しかし，匿名性を利用する場合，その代償として，銀行が35％の税金を徴収する。ところが，最新の数値によると，資金の持ち主の僅か20％しか税務申告を選択しなかったという（残りの投資家は身元を明らかにすることを拒否したのである）。したがって，オフショア資産の80％が税務申告されていないと仮定した。これは，2013年では4兆7,000億ユーロになる[12]。

---

11)　Gabriel Zucman, *op. cit.*／ガブリエル・ズックマン著／林昌宏訳，渡辺智之解説，前掲訳書，65-67頁。

12)　Gabriel Zucman, *op. cit.*／ガブリエル・ズックマン著／林昌宏訳，渡辺智之解説，前掲訳書，65-66頁。

〔図表2−4−8〕タックス・ヘイブンで保管されている金融資産による課税逃れでの世界的な損害額
── 2013年，銀行の秘密業務による課税逃れで1,300億ユーロの税収が減少 ──

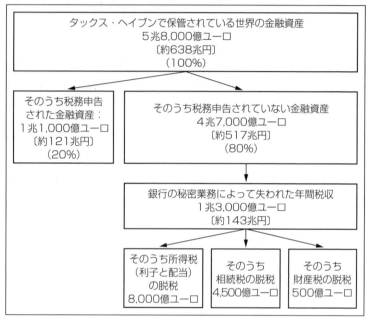

〔出所〕 Gabriel Zucman, *LA RICHESSE CACHÉE DES NATIONS : Enquête sur les paradis fiscaux* Éditions du Seuil, 2013. 円換算額を示すなど筆者が加筆修正している。

そして，これらの資産隠しによって，どのくらいの税収減が生じるかである。世界レベルでは，全ての資産を含めた個人の資本（株式，債券，不動産，銀行預金など）の平均収益は，これまで数十年間にわたって年率5％であった。そして6％近くまで上昇した後，1980年代から1990年代にかけて，僅かに下がっている。

重要なのは，利子，配当，キャピタル・ゲインなどを含めたインフレ調整後の実質利回りであるとし，ガブリエル・ズックマンがトマ・ピケティ（Thomas Piketty）とともに大国の国民会計データを利用したこれらの数値[13]は，オフショア口座の収益性を決定するための基準として考えるべきだと，説明している。

---

13) Thomas Piketty et Gabriel Zucman, *Capital is Back : Wealth Income Ratios in Rcih Countries,* 1700-2010, document de travail, Ecole d'économie de Paris (PSE), 2013.

第13章　課税逃れで失われた世界中の税金の推計についての所説 ◆ *349*

　脱税者は，タックス・ヘイブンから主に投資ファンドを購入する。その投資ファンドは，世界中の資本，アジアの株式，アメリカの債券，イギリスの不動産，一次産品を買う。ところで，5％という実質利回りは投資先を多様化した大型ファンドの利回りと一致する。過去数十年間のインフレ調整前の平均利回りをみると，いわゆる「堅実型」の投資ファンドでは年率6％，外国株式にも多く投資する投資ファンドでは8％以上，超富裕層向けのヘッジファンドでは10％を超えているとしている[14]。

　そして，「銀行の秘密業務によって失われた年間税収額」の税目別の状況について，以下のように述べている[15]。

　まず，所得税の脱税額は，利子と配当の脱税で2013年には8,000億ユーロになる。

　次いで，相続税の脱税額である。タックス・ヘイブンで保管されている財産の3％は，毎年持ち主が変わる。それらの巨額の相続は，本来であれば平均して32％の課税を受けるはずであり，相続税の脱税額は，年間4,500億ユーロと多額である。

　さらに，財産税の脱税額である。フランスなどの国では，存命中の人物が保有する財産に課税する富裕連帯税がある。したがって，それらの国では財産税の税収も失われ，それはおよそ500億ユーロである。

　このようにして，要するに，タックス・ヘイブンが原因で減る国の税収は年間1兆3,000億ユーロである*。

---

　*　控えめな仮定に基づいて計算した，これらの税収減には銀行の秘密業務による脱税しか含まれていない。
　　スイスなどに流れ込むマネーの一部には，不法労働，麻薬密売，賄賂，架空取引などのように活動自体が税務申告されていないものがある。これらの活動によって生ずる税収減については無視し，狭義の銀行の秘密業務によってのみ生ずる税収減だけを対象にした。もちろん，それら2つの種類の税収減は無関係ではないかもしれない。それらの違法行為から生ずる儲けが確実に隠蔽できるのなら，それは悪党どもを勇気づけることにしかならない。残念なことに，実践的な観点からはオフショアで保管されている資金の出所を知る方法は一切ない。特に，麻薬密売のような違法行為から生ずる資金と，超富裕層の脱税か

---

14)　Gabriel Zucman, *op. cit.*／ガブリエル・ズックマン著／林昌宏訳，渡辺智之解説，前掲訳書，66-68頁。

15)　Gabriel Zucman, *op. cit.*／ガブリエル・ズックマン著／林昌宏訳，渡辺智之解説，前掲訳書，68-69頁。

350 ◆ 第４編　失われた世界中の巨額な税金

ら生ずる資金を切り分ける方法はないのである。

　同様に，ここで計算した税収減には，多国籍企業の会計操作による租税負担の軽減は考慮されていない[16]。

　興味深いのは，ガブリエル・ズックマン（Gabriel Zucman）は，金融資産の国外逃避の防止のため，金融資産に対する課税を軽減することによっても脱税は減らず，税収が減るだけであり，「国は二重の苦悩（損害）」を味わうことになったとして，次のように述べていることである[17]。

　資本所得（労働から得られる給与・賃金等以外の所得で，金融資産・実質資産から得られる所得，例えば，利子，配当，賃貸料，譲渡所得など），相続財産に対する課税は過去数十年間に世界中で減税された。その理由は，正確に言うとタックス・ヘイブンへの資本逃避に歯止めをかけるためであったが，資本逃避の防止は，減税だけでは不充分だったのである。

　結果的に，国は二重の苦悩を味わうことになった。国は脱税対策として減税したのに脱税は減らないで，税収だけが減ったのである。この隠された損害は，これまでの税収減の計算には含まれていないが，税収の減少および税の公平性の観点（資本所得課税の減税は，富裕層に有利）から，この損害は甚大である。

　最後に，そのような脱税がなくなるならばどうなるかについて，国は回収した全ての資金を公的債務の削減のために充当することが適当であり，これにより，国債の利払いもその分だけ減るから恩恵は二重になるとしている。

4　銀行の秘密業務がなければフランスの公的債務は大幅に減少し税率の引き下げが可能

　銀行の秘密業務を葬り去ることによって，フランスならびにヨーロッパ諸国が陥った緊縮財政という悪循環を，反転させられるかもしれない。利用できる経済モデルからは，国が回収する資産によって，国内の貯蓄は増え，課税対象となる所得と相続財産は将来的に増えることが判る。そうなれば中間層の所得税や付加

---

16)　Gabriel Zucman, *op. cit.*／ガブリエル・ズックマン著／林昌宏訳, 渡辺智之解説, 前掲訳書, 69頁。

17)　Gabriel Zucman, *op. cit.*／ガブリエル・ズックマン著／林昌宏訳, 渡辺智之解説, 前掲訳書, 70頁。

価値税などの税率が引き下げられることになるであろう[18]。

銀行の秘密業務の経済的比重を例証するために［図表２-４-８］は，仮に銀行に秘密業務がなかった場合の公的債務の推移を示している。

2013年末，公的債務は対GDP比で94％に達している。実際に毎年，隠し口座によって税収を奪われてきた国は債務を増やしている。そして債務が増えるに

〔図表２-４-８〕銀行の秘密業務がなければフランスの公的債務はGDP比94％ではなく70％になる
　　　　　　　ーフランス国立統計経済研究所（INSEE）のデータによるー

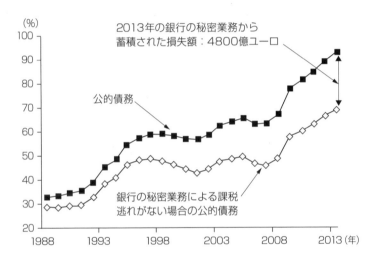

〔出所〕 Gabriel Zucman, *LA RICHESSE CACHÉE DES NATIONS : Enquête sur les paradis fiscaux,* Éditions du Seuil. 2013.

---

18) Gabriel Zucman, *op. cit.*／ガブリエル・ズックマン著／林昌宏訳，渡辺智之解説，前掲訳書，77頁。

したがって，国債の利払いも増える。隠し資産の直接的な損害には，そうしたコストが加わる。

　こうして，超富裕層の課税逃れに真剣に取り組もうとしてこなかったために，国は5,000億ユーロ近くの余分な公的債務を抱えることになったわけである。

　超富裕層の課税逃れが可能なら，累進課税に対する社会的合意は得られず，累進課税がなければ，資産をほんの少しでも再配分するための財源が確保できない。そうなれば，機会の平等は担保できなくなり，福祉国家の樹立は不可能になる。

　脱税が解決されるのなら，フランスはおよそ3,000億ユーロを一気に回収できるであろう。現状において国は，回収したすべての資金を公的債務削減のために充当するのが適切であると思われる。

　タックス・ヘイブンの悪用により富裕層や多国籍企業が巨額の課税逃れをし，各国の富を失わせ財政危機を招来しているが，このタックス・ヘイブンを撲滅させて，資産隠しに終止符を打たせることにより，税制は公正化され，これまで欠陥税制による被害を受けていた一般の庶民や中小企業の苛酷な負担が軽減されるとともに，財政健全化へ寄与することになる。このことは，洋の東西を問わず，各国が目指すべき基本的な方向であることは間違いない。

第5編

イギリスこそ世界最大のタックス・ヘイブン

第14章　泥棒の親分達が泥棒を捕える話をしている OECD/G20：タックス・ヘイブン退治ができるか疑わしい情勢

1　富裕層や多国籍企業による課税逃れを防ぐための国際協調策が動き出したが実効性に懸念も

2　タックス・ヘイブン退治の先鋒に立つ先進国が最大のタックス・ヘイブンでもあるという奇妙な現実

3　ロンドン，ニューヨークなどの主要なオフショア金融センター

4　シティとウォール・ストリートの権益はイギリスとアメリカの国益そのもの

第15章　イギリスは世界に点在するタックス・ヘイブン系列の総元締：海賊の国グレイトブリテンの世界での猛威の遺産

1　シティを基軸とし王室属領や旧植民地と繋がって国境を越えたタックス・ヘイブンの多重構造を形成

2　タックス・ヘイブンの創出と発展に大英帝国が果してきた事情

3　大英帝国の崩壊後も存続しているイギリス主導のオフショア世界

4　特別な自治権を有するロンドンのシティの金融街

5　シティを基軸とするタックス・ヘイブンのネットワーク

6　シティのサテライト・タックス・ヘイブンとして発展を遂げてきた島々

7　シティはイギリスの最大の稼ぎ場であり批難には猛反発

第16章　タックス・ヘイブン国イギリスの「魅力的税制」構築の動向：持株会社の立地場所として魅力を際立たせる税制

1　外資導入や多国籍企業の持株会社の誘致のための国際競争力強化を目的とする魅力的税制へのイギリスの政策

2　「税の競争」の先頭に立ち法人税率の引き下げに狂奔しているイギリスの税制改正

3　CFC ルールを逆に魅力的な税制に変身させたイギリスのマジック的税制改正

4　外国の多国籍企業がイギリスに持株会社を作りたくなる甘い誘いを狙いとする「金融会社部分免除制度」（FCPE）の巧妙さ

5　多国籍企業の味方として「タックス・ヘイブン現象」にシフトしているイギリスの租税政策の曲折

第|14|章

泥棒の親分達が泥棒を捕える話を
しているOECD/G20
―タックス・ヘイブン退治ができるか疑わしい情勢―

1 富裕層や多国籍企業による課税逃れを防ぐための国際協調策が動き出したが実効性に懸念も

　タックス・ヘイブン（租税回避地）の問題は，G20首脳会議でも論議され，富裕層や多国籍企業による国境をまたいだ「過度な節税」を防ぐための，日米欧など先進国が加盟する経済協力開発機構（OECD）が提案している規制措置を推進している。国際的に協調し悪質なタックス・ヘイブンに対する制裁の検討をも重ね，これを退治するためのアクションが進行中である。

　2016年に京都市で開かれていたOECDの租税委員会が7月1日閉幕し，多国籍企業の課税逃れ対策を実行するため，「悪質なタックス・ヘイブンの基準」を定め，該当する国・地域のリストを作り制裁を検討するなど，各国が体制を整備することで合意した。

　タックス・ヘイブンでの行き過ぎた節税の実態を暴露した「パナマ文書」の衝撃を受け，参加国が拡大し，課税逃れの包囲網は強化され，企業の過度な節税を防ぐ国際ルールには約50か国が翌年から加わり，100か国・地域体制になることも固まった（[図表2-5-1]から[図表2-5-4]までを参照）。

　悪質なタックス・ヘイブン国・地域は，次の3つの基準で判断する。

1) 自動的情報交換協定への参加
　　各国の税務当局間で自国に居住していない外国人の口座情報を年に1回自動的に交換する枠組みへ参加することを公約している。
2) 国際組織からの税の透明性への評価
　　税の透明性を審査する国際組織「グローバル・フォーラム」に他国からの要請に基づく既存の情報交換協定への取り組みが充分であると評価される。
3) 多国間の情報交換協定への参加
　　税務当局間で国際的に情報交換を行う多国間条約に署名している。情報交

第14章　泥棒の親分達が泥棒を捕える話をしている OECD/G20

（図表2-5-1）　2016年OECD租税委員会の京都会議で決まった多国籍企業の課税逃れ対策の流れ

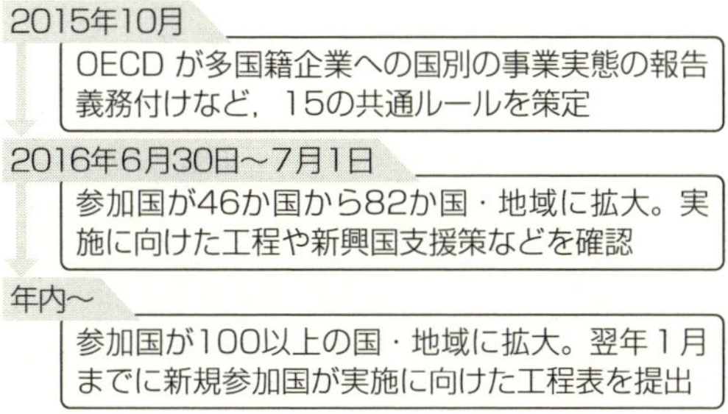

2015年10月
┗ OECDが多国籍企業への国別の事業実態の報告義務付けなど，15の共通ルールを策定

2016年6月30日～7月1日
┗ 参加国が46か国から82か国・地域に拡大。実施に向けた工程や新興国支援策などを確認

年内～
┗ 参加国が100以上の国・地域に拡大。翌年1月までに新規参加国が実施に向けた工程表を提出

（図表2-5-2）　租税回避対策の3本柱のあらまし

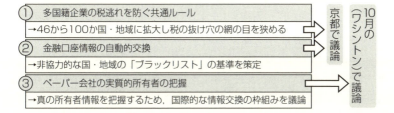

（図表2-5-3）　国際的な課税逃れ対策の要点

多国籍企業向け	富裕層向け
◆タックス・ヘイブンの所得に本国から課税 ◆倉庫だけを持つネット企業に課税可能に	◆金融口座の情報を各国が定期的に交換 ◆情報開示に非協力的な国に制裁も検討

（図表2-5-4）　企業向けの国際ルールが新興国に広がる

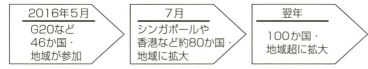

換の二国間協定を多数結んでいる場合も多国間条約と同等と認める。

- 上記の３つの基準のうち，２つを満たさなければ，悪質と判定し「ブラックリスト」に掲載する。
- 国際組織の評価が悪ければ，他の２つの基準を満たしていても悪質な国と判定する。

しかし，国際会議の常として各国間のデリケートな政治的配慮から充分に詰め切ることが出来ないため，課税逃れの規制策についての国際協調を乱しかねない火種もくすぶっている。策定した３つの基準を満たさなくても２つを満たせば，非協力国としてブラックリストに載らずに済む玉虫色のルールになってしまっているからである。

問題は，３つの基準が全てそろわないと自動的情報交換を適切に行えないはずであるが，肝心なブラックリストの判断を曖昧にしてしまった。その背景には，アメリカへの配慮があったからである。

後述するように，アメリカには，アメリカ人の外国口座情報を外国当局から一方的に入手できる独自の制度である「外国口座税務コンプライアンス法」（FATCA）があるからとして，OECD租税委員会が承認している各国税務当局間で非居住者の口座情報を相互に提供し合う自動的情報交換のルールである「共通報告基準」（CRS）への参加を表明していない。

京都会議では，アメリカを「悪質なタックス・ヘイブン国」として，ブラックリストに載せて早期の参加を促すべきだとの声もあったようであるが，主要国との対立を避けたのである。

国際協調で新興国をリードする立場の先進国に配慮したルールづくりは，新興国の不満につながる懸念がある。かつて，国際通貨基金（IMF）改革の際も，アメリカが新興国の出資比率の引き上げの議会承認を先送りし，新興国が不満をつのらせたことが中国主導のアジアインフラ投資銀行（AIIB）の設定につながったとされている。

国際協調による課税逃れに対する規制対策でも同じ轍を踏まないために，アメリカの参加公約をどう引き出すか今後の課題になりそうだが，やっかいなことである。

2　タックス・ヘイブン退治の先鋒に立つ先進国が最大のタックス・ヘイブンでもあるという奇妙な現実

ここで，問題は，タックス・ヘイブン退治の先鋒に立つ正義の味方であるはず

の先進国が，実は，最大にして最強のタックス・ヘイブンであるという奇妙な現実が存在していることである。

その筆頭が世界に点在するタックス・ヘイブンの総元締であるイギリスで，その中核はロンドンのシティを本拠とする金融街である。

次いで，アメリカのニューヨークのウォール・ストリートや東部のデラウェア州のウィルミルトンである。

2008年アメリカの大手投資銀行リーマン・ブラザーズの経営破綻による金融危機である，いわゆるリーマン・ショック以降，英米独仏は，タックス・ヘイブンが秘密管轄（secrecy jurisdiction）として，一連の不透明な金融取引の合法化に好ましくない一役を買っている点を責め，透明性の確保と租税情報交換を国際基準とする構想で，タックス・ヘイブンに，その追放を目指して圧力をかけてきた。

しかし，OECD は，タックス・ヘイブンの抑圧政策を推進してはいるが，加盟国のイギリス，アメリカ，オランダ，スイス，ルクセンブルク，オーストリア，ベルギーなどは敬遠して素通りし，弱小管理を標的にしてきている。IMF の研究が OECD の偽善を暴き，イギリスやアメリカを狼狽させているとの見方もある。IMF はイギリスをタックス・ヘイブンと判定している。

グローバル経済の約80％を占める G20 の首脳達は，マネーロンダリング，腐敗と脱税や租税回避を助長する慣行の規制を強化することを図ってきてはいるが，OECD／G20 の取り組みが充分な成果をあげているとはいえないであろう。

いずれにしても，租税回避と資産隠匿の秘密保持に悪用される危険の多いタックス・ヘイブンを抑圧し追放することに取り組んでいる先進国のグループにおいて，多国間のイニシアチブを表向きは支持するポーズを示しているのが，タックス・ヘイブン大国の両巨頭こそがイギリスとアメリカである。

3　ロンドン，ニューヨークなどの主要なオフショア金融センター

イギリスのロンドン，アメリカのニューヨークなどの主要な金融センター（OFC）は，世界的規模の常連客を相手に，その市場地域向けの国際的な金融仲介機関として機能している。主要センターは，銀行取引センターだけではなく，金融資本市場センターでもある。

例えば，ロンドンのシティの場合，資本市場は，株式市場，インターバンク市場，外為・証券市場，デリバティブ等により成り，投資銀行，ヘッジファンド，保険会社，年金基金，投資信託，非公開投資会社などの各種の金融機関などが集

中している。

　もともと OFC という概念は，非居住者の金融取引，特に，ユーロ市場取引を専門とする金融センターを表すものを意味している。

4　シティとウォール・ストリートの権益はイギリスとアメリカの国益そのもの

　ロンドンのシティ，ニューヨークのウォール・ストリートの権益は，まさに，イギリスとアメリカの国益そのものと言っても過言でないとされている。

　ファイナンシャル・アクション・タスク・フォース（FATF）の会議などで，イギリスなど旧宗主国が旧植民地であるタックス・ヘイブンの擁護に回ることがあるようである。イギリスの財務省などは，そのことについて露骨であると言われている。

　タックス・ヘイブン退治のためにグローバル・フォーラムという国際間の協議の場が設けられて，2009 年 4 月に国際的に合意された税の基準に基づいて「ブラックリスト」が作成された。そのような国際会議において，主権国家が自国や関係地域などが，そのリストに掲載されることを排除しようとして，それぞれの思惑で，訳のわからないことを言ったり，リストに候補として挙がっている国が猛烈に反対意見を述べたりするなかで，会議では何とか議論を収束させようとして決議などをまとめるが，出来上がったのは奇妙なものとなり，ブラックリスト作成の限界があったことを思いしらされている。

　先進国が実質上，タックス・ヘイブンの総元締となっている現状のもと，国際政治の舞台裏で，イギリスが旧植民地である英領ヴァージン諸島やバハマを擁護するなど，幾多の場面でシティやウォール・ストリートの暗躍がうかがわれる。

　国際会議は，国益のせめぎ合いの場でもあり，その舞台裏では火花を散らし矛先を交えているのである。これこそ，まさに，「世界税金戦争」である。

第 15 章

イギリスは世界に点在するタックス・ヘイブン系列の総元締

―海賊の国グレイトブリテンの世界での猛威の遺産―

1 シティを基軸とし王室属領や旧植民地と繋がって国境を越えたタックス・ヘイブンの多重構造を形成

　イギリスは，他のどんな国よりも多くのタックス・ヘイブンを世界にわたり創出してきた。海外領土や属領である小さな島々をタックス・ヘイブンとして発展するように奨励することが，外務連邦省の長年の周到な政策であった。

　イギリスの有するタックス・ヘイブンの特徴は，低税率と領土主義課税のほか，① 信託の普及，② イギリスの金融規制の対象とならないオフショア市場の創造，③ 簡易な法人設立と匿名性の保持，④ イギリス連邦・海外領土・王室属領との連繋等である。

　企業が納税することなく，イギリスに法人を設立することを認める「架空居住」の手法は，イギリスの裁判所によって編み出されたものである。これは，タックス・ヘイブン現象の根幹と信じられている。

　このようなメカニズムを創出する結果になったのは，イギリスをタックス・ヘイブンとして確立することを意図したものではなく，むしろ，イギリスの裁判所が，自国の税制に関連して「居住」という概念を明確にしようとする一連の裁判を通じて徐々に進化したものである。

　登記は，ある場所で行われるが，所在は別のところであるとみなされる「オフショア企業」という概念は，イギリスが考え出した。信託の概念を導入し，その利用に関して，今でも使われている 1925 年の受託者法において，その利用に関する規制を成文化した。重要なことは，イギリスは信託の秘密保持を重視し，課税対象でなければ登記も求めず公記録に報告することも要求しなかった。そうすることでオフショアの秘密保持にとって完璧な手段を生んだのである。

　現在でも，イギリスは，14 の海外領土に対する権限を保持している。それら 7 つのバミューダ，ケイマン諸島，英領ヴァージン諸島，ジブラルタル，ターク

ス・カイコス諸島，アングィラ，モントセラト島がタックス・ヘイブンである。

イギリスは，また，ジャージー島，ガーンジー島，マン島という王室属領（crown dependencies）の主権も保持しており，3属領ともに，世界有数のタックス・ヘイブンとなっている。

さらに，イギリスの旧植民地の香港は，イギリスの法律を使っており，主要な金融センターとして発展している。

2　タックス・ヘイブンの創出と発展に大英帝国が果してきた事情

タックス・ヘイブンの創出と発展に大英帝国が大きな役割を果してきた事情は，何であろうか。それは主として次のようである。

第1に，かつての大英帝国は，史上最大の帝国であり，それは崩壊前のソビエト連邦の2倍近い大きさであった。イギリスは，第1次，第2次産業革命の発祥地である。第2次世界大戦まで，世界経済のかなりの部分が，大英帝国内部で処理されてきた。

第2に，全てのタックス・ヘイブンの発展の鍵となる要因は，社会経済構造にある。タックス・ヘイブンは，大英帝国や，その多くの前哨基地がそうであったように常に，高度の金融エリートの国々において発展してきている。

第3に，イギリスのコモンローは，タックス・ヘイブンを発展させるために使われる抜け穴の創出に非常に有効であった。イギリスの入植者が住み着く場所には，どこでもコモンローがついて回った。しかし，議会が採択したその後の制定法は，その条項あるいは自然な推論によって明白に適用可能でない限り，新しい植民地には適用されない。その結果，大英帝国全般へのイギリスの法律の導入が遅々として進まず，租税回避に好都合な抜け穴を生んだのである。

第4に，手に負えない帝国を保持するための手っ取り早く簡単な節約方法を探していた斜陽国家イギリスは，小さな植民地の前哨基地のためにタックス・ヘイブンの地位をこれ幸いと受け入れた。そうすることで，現地のエリートたちは喜び，ロンドンからの支払いを削減することができたからである。

第5に，オフショア・センターとしての大英帝国の存亡にとって，ユーロ市場とシティが不可欠であった。しかも，それはイギリスのサテライト・タックス・ヘイブンのネットワークの環によって強力に繋りが形づくられているのである。

3　大英帝国の崩壊後も存続しているイギリス主導のオフショア世界

シティにおけるユーロ市場の発展は，ロンドンと，他の大英帝国の残りとを結

第 15 章　イギリスは世界に点在するタックス・ヘイブン系列の総元締　◆　*361*

び合わせる統合的なオフショア経済の背景にある主要な牽引力となっていた。大英帝国は，1960 年代までに解体し消滅したとされているが，イギリス主導のオフショア世界は健在である。

　ユーロ市場，別名ユーロダラー市場は，1950 年代から始まったのであるが，ロンドンの金融機関で自由なドル建て取引を認める規制のない市場であり，シティが内外の一体型のオフショア市場として発展するきっかけとなった。

　世界第 1 の金融センターとしてのシティの輝かしい成功は，ユーロ市場と，イギリスのサテライト・タックス・ヘイブンの存在なくして理解することはできない。形式は別にしても，シティ，ジャージー島，ケイマン諸島，英領ヴァージン諸島，バミューダ，その他のイギリス領土を，世界最大のタックス・ヘイブンならびにマネーロンダリング向けの導管として機能する統合的なグローバル金融センターとして扱うべきである。

　かつて 7 つの海を支配した大英帝国の時代の遺産が，ロンドンのシティを基軸とするタックス・ヘイブンのネットワークとして，いまだ残されている。

　それでは，シティの実体とは何か。シティを中心として，これらの群島は，タックス・ヘイブンとして，どのように発展してきたのであろうか。

4　特別な自治権を有するロンドンのシティの金融街

　タックス・ヘイブンは，地球上に張りめぐらされた多重構造のネットワークとして作用している。そのうちでイギリスのロンドンの金融街のシティを基軸とするリレイ・グループは，世界最大のタックス・ヘイブンのネットワークである。

　シティは，正式にはシティ・オブ・ロンドンといい，テームズ川の左岸でロンドン塔の西側一帯にあたる 1.22 マイル（約 2 平方キロメートル）の小さな区画で，別名スクエア・マイルとも呼ばれており，イギリスの金融センターである。シティには一定の自治権が与えられていた歴史があり，女王陛下といえどもシティに入るときは，市長であるロード・メイヤーの許可を得なければならない。

　このシティがタックス・ヘイブンのネットワークの基軸としての役割を有しているが，シティそれ自体が実はオフショア・センターであり，タックス・ヘイブンとしての機能を有している。シティは大ロンドンの一部であるが他の区域と異なり，特別の地位にある。市長も大ロンドンの市長とは別に選ばれている。それは，中世より，商人や業者による交易活動がテムズ川左岸のこの地域で盛んになり，多くの同業組合（ギルド）が設立されていた。今もシティには，ギルドホールの古い建物が残っている。彼らは商業や交易の自由を求め，強い自治権を持っ

ていた。

遠い昔の話はさておいて，少なくとも戦後に入ってからはユーロダラー市場の創設と金融ビッグバンが挙げられる。ユーロダラー市場は1950年に始まり，シティが内外一体型のオフショア市場として発展してきた。

さらに，1986年の金融ビッグバンによって，金融の自由化が進められ，アメリカのメガバンクを始め海外の金融機関がシティに進出し，オフショア市場としてシティの一層の発展をもたらした。

シティには世界の金融機関が集中して立地しており，国際的な大金融センターとしての機能を発揮している。

5　シティを基軸とするタックス・ヘイブンのネットワーク

シティを囲むネットワークの第1の環は，ジャージー島，ガーンジー島，マン島の3つの王室属領である。王室属領は伝統的にイギリス国王が，王国の外部に有していた領地であり，イギリス（連合王国）には含まれない。したがって，イギリスの議会で制定された法律が適用されることは原則としてない。また，EU（欧州連合）に加盟していないので，EUの法律や規則にも従わない。

王室属領のジャージー島とガーンジー島は，その位置からしてシティに地理的に最も近く，それぞれ自治権を持っているとはいえ，法律制度や公務員選出などでイギリス政府と密接な連携関係にあり，シティと有機的な繋りを有している。シティへの資金の流入，シティからの流出の導管的な役割を有し，タックス・ヘイブンのネットワークの重要な部分としての役割を果たしている。

シティを中心とするタックス・ヘイブンの第2の環は，イギリスの海外領土であり，いずれも大英帝国時代の植民地の生き残りであるアンギラ，ケイマン諸島，タークス・カイコス諸島，そして，ジブラルタルである。ジブラルタルの他は，全てカリブ海に浮かぶ小さな島々である。

カリブ海のタックス・ヘイブンは，ニューヨークとの間に大きな時差がなく，アメリカに本拠を持つ多国籍企業にとっても使い勝手のよいものとなっている。

このようにして，シティを基盤として世界に張りめぐらされたイギリスのタックス・ヘイブンのネットワークは，王室属領や旧植民地とも緊密に繋がっており，国境を越えた巨大な多重構造を構築しているところに特色がある。

6 シティのサテライト・タックス・ヘイブンとして発展を遂げてきた島々

イギリスの銀行は，1960年初期にジャージー島，ガーンジー島，マン島で活動を開始した。タックス・ヘイブンとしての国際戦略を最初に策定したのはマン島で，1970年に富裕なイギリス人投資家を引き寄せようと近隣諸国と競争を始めた。

1964年までに，アメリカの3大銀行であるシティバンク，チェース・マンハッタン，バンク・オブ・アメリカが現場に到着した。ロンドンを拠点とした場合の高いインフラ・コストに直面していた北米の小規模な銀行が，カリブ海のオフショア金融センター（OFC）は，もっと安くて，為替管理・準備金制度・金利の上限などもないという同じような魅力的な規制環境を提供してくれるばかりか，ニューヨークと同じ時間帯に属するという利点もあった。

銀行その他の金融機関が，タックス・ヘイブンとユーロ市場の極めて有益な相乗効果のいくつかの真価を認めたのである。ジャージー島やバミューダのようなタックス・ヘイブンで，銀行は，厳しい金融規制を回避できるだけではなく，節税効果の高い事業の運営方法を見つけることができた。これらのオフショア金融センター（OFC）は，次のような理由から発展してきた。

第1に，これらは，主に「会計帳簿センター」として機能する。金融取引は，ロンドン，ニューヨーク，フランクフルトなどの主要な金融センターで開始され，活動しているが，ケイマン諸島で「記帳」がなされ，したがって，その取引から生ずる利益も，そこで「記帳」される。

第2に，カリブの島々は，1960年代から70年代，金融制度が依然として非常に規制されていたアメリカに地理的に近いという利点があった。これらのセンターは，北米の銀行界が，ユーロ市場での取引向けの導管として開発した，カリブ海の3つの金融センターであるケイマン諸島，バハマおよびパナマは，ユーロ市場の急速な拡大から特別に恩恵を受けた。このうち，最大のタックス・ヘイブンは，ケイマン諸島である。

ケイマン諸島は，キューバの南に位置する大小3つの島からなっているが，驚嘆すべき成功を収めてきた。国際決済銀行の統計によれば，2008年，ケイマンは世界で4番目に大きい金融センターであった。2006年末までに，ケイマンに登録されていたオフショア法人の数は8万1,783社で，2005年の27％増であった。ケイマンは，ヘッジファンドとストラクチャード・ファイナンス向けで世界ナンバーワンの所在地となった。キャプティブ保険会社向けでは，バミューダに次ぐ第2位で，機関ファンドは，既に1兆4,000億ドル前後で，さらに増え続けている。ケイマンのオフショア部門は，短期貿易金融，特に商品輸出向けの融資に集中している。

王室属領のうち，ジャージー島とガーンジー島は，フランスとの間のイギリス海峡に浮かぶチャネル諸島の島々である。ジャージー島はオフショア・プライベートバンキング・センター，ガーンジー島は有力なキャプティブ保険センター，マン島は最も速い成長を見せている生命保険部門，ダブリンは大規模な資金運用センターであり，英領ヴァージン諸島はインターナショナル・ビジネス・コーポレーション設立の世界的リーダーである。ジブラルタルは，銀行，保険，資金運用，信託，投資顧問など，広範なサービスを提供している。

イギリスならびに大英帝国は，オフショア経済の拠点として台頭し，瞬く間に首位にのし上がった。1950年末のユーロ市場の出現により，シティ中心の経済が出現し，イギリス属領のサテライト・システムと密接な繋りを持つようになった。この大英帝国の経済は，現在ではオフショア金融センター（OFC）として知られる総合体において租税回避と脱税を規制回避と組み合わせている。

タックス・ヘイブンは，今や全世界に広がっているが，依然として突出したグループは，かつての大英帝国を基盤とするイギリスのネットワークである。シティを中心として，ユーロ市場に支えられたこのグループは，王室属領，海外領土，太平洋の環礁，シンガポール，香港より成り立っている。

7　シティはイギリスの最大の稼ぎ場であり批難には猛反発

世界最大のタックス・ヘイブンであるシティについて，タックス・ヘイブン退治の国際会議等で批難することは，あたかもタブーのようになっている。

イギリスは，何故にムキになってシティを守ろうとするのか。それはシティが金融でイギリスのGDPの20～30％を稼ぎ出し，イギリスの租税収入の約10％を占めているためである。

また，イギリスは，シティが存在することによって国際社会における発言権を確保している。

要するに，シティの権益に直結するタックス・ヘイブンを守ることは，イギリスの国益を守ることなのである。シティの金融で繁栄しているイギリスとしては，シティのあり方について批判されることはたまらない。

サッチャー政権のもとで，金融ビッグバンという一大規制緩和が行われたのを契機として，シティは大きな発展を遂げた。それに伴って，かつて「英国病」とまで言われ続けてきたイギリス経済は沈滞から抜け出した。このためシティの活力を削ぐような議論は，いかなるものも断じて許さないとするイギリス政府の強い態度が感じられるのである。

第|16|章

タックス・ヘイブン国イギリスの「魅力的税制」構築の動向

―持株会社の立地場所として魅力を際立たせる税制―

1 外資導入や多国籍企業の持株会社の誘致のための国際競争力強化を目的とする魅力的税制へのイギリスの政策

イギリスは，近年，イギリスからの利益の人為的な移転による流出に対しイギリスの税収を確保するためであると言いながら，多国籍企業グループの持株会社の立地場所として，イギリスの魅力を際立たせる税制改正を連発してきている。

その主要なものを挙げると，次のようである。

① 法人税率の引き下げ，実質的株式保有のキャピタル・ゲイン税の免除，配当その他の分配の免除，外国支店免除

② CFCルールの改正をし，新CFCルールは2013年1月1日以後に開始する会計年度から適用される魅力的な税制

③ イノベーションの租税誘因措置としての優遇税制であるパテント・ボックス（patent box）を2013年に導入

④ 他国の多国籍企業がイギリスに持株会社を設置するよう誘致するため金融会社部門免除制度（Finance Company Partial Exemption：FCPE）の導入

2 「税の競争」の先頭に立ち法人税率の引き下げに狂奔しているイギリスの税制改正

法人税の税率について，イギリスは，2000年に30%，2009年から28%，2015年には20%，2017年に19%，2020年に18%と段階的に引き下げられることになっている。

イギリスのオズボーン財務相は，法人税率を15%以下に引き下げることを検討していると，2017年7月4日付の英紙フィナンシャル・タイムズ（FT）が伝えている。国民投票で欧州連合（EU）からの離脱を決めたことで，ヨーロッパ向けの輸出に関税がかかることを懸念する企業が国外に流出するのを防ぐ狙いで

ある。実現すれば，ヨーロッパ主要国で最低水準の隣国アイルランド（2016年から12.5%）に近づくことになる。

これは，タックス・ヘイブンの追放にリーダーシップを発揮すべき先進国イギリスの「底辺への競争」であり，各国の財政を危機に追い込みつつある。法人税の引き下げ競争の先頭に立って，自国の法人税を際限なく引き下げようとしていることは甚だ深刻な問題である。

3 CFCルールを逆に魅力的な税制に変身させたイギリスのマジック的税制改正

域外の低税率国に子会社を設立して課税逃れをすることができないように，「イギリスから逃れる利益」に課税するのがCFCルールであるが，これまでの制度は時代遅れで，2000年代の多国籍企業の脱イギリスの一因であったとされていた。そこで，イギリスは，これを改正し新ルールを設定した。

財務省の政策文書によれば，新CFCルールは，2013年1月から法人がその利益を軽課税管轄に人為的に移転することを防止するように設計された個別的租税回避防止規定であるが，グローバル経済の事業活動の慣行を反映するように近代化され，旧法ではCFCが他国から逃れる利益を捕捉しようとしていたのに比べると，イギリスから人為的に逃れた利益のみに課税する制度であり，イギリスベースの企業の国際競争力を向上させ，イギリスへの対内投資と雇用の機会の創出を狙っている，とされている。

さらに，多数の事業体レベルその他の適用除外やセーフハーバーを定め，OECDガイドラインの機能分析や経済分析，重要な人的機能などの概念に依存している。

これは，「イギリスからの利益」の人為的な移転に対しイギリスの税収を確保するのだと言いながらも，多国籍企業グループの持株会社の立地場所としてのイギリスの魅力を際立たせる税制改正である。

多くの場合，多国籍企業には嫌われ警戒されるのがCFCルールによる法的規制であるが，これを逆手にとって「魅力的な税制」に変身せしめたマジック的手法は，なみの国では真似のできない，イギリスならではの凄腕だと言えよう。

4 外国の多国籍企業がイギリスに持株会社を作りたくなる甘い誘いを狙いとする「金融会社部分免除制度」（FCPE）の巧妙さ

金融会社部分免除制度は，適格ローン関係（Qualifying Loan Relationship：QLR）からの営業外ファイナンス利益に適用される。これは次の2種類に区分される。

- 適格資源から行われる QLR の全てからの利益の全部免除
- QLR の全てからの利益の部分免除

いずれの免除であれ，QLR からの利益は，当該グループに適用される一定の場合に常に免除される。FCPE によれば，イギリス親会社が直接事業子会社に資金を貸し付ければ，子会社の支払利子を税金控除することができて会社の課税所得を減らすことができるが，受取利子は親会社の段階で課税される。これに対し，イギリス親会社が事業子会社に出資すれば，子会社の利益は子会社の居住地国で課税されるが，イギリス親会社の受取配当は免除される。経済的に同等の取引について租税効果が異なることになる。

しかし，銀行から借入をするイギリスに本拠のあるグループが世界各地で真正な事業活動を行う子会社に資金供給をするため，オフショア金融会社を設立し，これを通じて銀行からの借入金を事業子会社に貸し付けると，親会社はイギリスで銀行への支払利子の損金控除を行い，事業会社はオフショア金融会社への支払利子の損金控除を行いながら，当該オフショア金融会社の課税は5.5％で済まされる。

要するに，5.5％の CFC チャージを受ける代わりに，「二重控除」ができるので，これはイギリス政府公認の「税源浸食」ではないかと批判されている。

このため，欧州議会の政策局経済科学政策（Economic and Scientific Policy）の調査報告書では，イギリスの FCPE について，アメリカのチェック・ザ・ボックス規制とともに，「税源浸食のパッシブな共犯者」（only passive accomplices to the base erosion）と決めつけている。大事なことは，このスキームでは，オフショア金融会社の立地として，イギリスのロボットとしての役割を果すタックス・ヘイブンの存在が必要となるのである。

問題は，一般にタックス・ヘイブンは有害であると批判されており，先進国が主導し，多くの国に国際協調を呼びかけて「悪質なタックス・ヘイブンの追放」をし，多国籍企業の課税逃れ対策を実行に移すため，OECD と EU が自動的情報交換制度や，ATP の義務的開示制度，国別報告など，多国籍企業の情報収集に熱心に取り組み，各国が体制の整備をしようとしている時において，イギリス

がイギリスのタックス・ヘイブン系列の秘密をどの程度まで開示しようとしているのか甚だ疑問である，ということである。

　イギリスが EU から取り付けている「特別な地位」とは，本当は何を意味するのか，イギリスのこのような身勝手な振る舞いを，EU は黙認するであろうか，本来ならば到底，許されてはならないことである。

5　多国籍企業の味方として「タックス・ヘイブン現象」にシフトしているイギリスの租税政策の曲折

　タックス・ヘイブンの悪用を中心とする国際的租税回避に対処するイギリスの対応は，どうであろうか。それは，また，どのように変化してきているのであろうか。

　イギリスのロンドン・シティとユーロ市場の有する魔力の維持，多数のオフショア・タックス・ヘイブンをイギリス連邦・海外領土・王室属領に抱えて，それぞれの繁栄に責任を負っているデリケートな市場，EU のメンバーとしてヨーロッパのインサイダーとしての影響力を維持できるかどうか，そして，ギリシャ等の経済危機や中東からの難民の受け入れ，溢れるヨーロッパから流入する移民問題への懸念を抱えている。

　そして，特に何よりも大英帝国のプライドが，何故に EU の小国集団の言うことを聞かなければならないのか，と反発した結果として EU からの離脱をするなど，まさに難題は山積してきていた。

　租税政策としては，国際競争力を強化するために，先進国のなかで最も低い法人税率を目指す段階的な法人税率の引き下げと，全世界所得課税から領土主義課税への転換，なり振りかまわぬ持株会社・地域統括会社の誘致政策としての CFC ルールの極端な自己抑制，イギリス持株会社の海外子会社配当の免税や海外支店利益の課税免除をしている。

　さらに，CFC ルールの適用除外の形をとりながら，金融会社を優遇し，オフショア金融会社の利用を一段と奨励する FCPE 等のように政府公認 BEPS 制度の設定を行いアイルランドの低税率（12.5％）に劣らない「魅力的税制」を整え，アメリカ多国籍企業グループのイギリスへのコーポレート・インバージョンを誘いかけている。

　まさに，イギリスは，世界最大にして重厚なタックス・ヘイブン国としての面目は躍如している。

第6編

アメリカこそ世界最強のタックス・ヘイブン

第17章　アメリカこそ世界最大にして最強のタックス・ヘイブン国：覇権大国アメリカのダー **ティーな内実の姿の断面**

1　アメリカにおけるタックス・ヘイブンのネットワーク

2　ニューヨークのウォール・ストリートにインターナショナル・バンキング・ファシリティ

3　アメリカの巨大企業の多数が登記上の本社を置く国内タックス・ヘイブンのデラウェア州

4　デラウェア州のウィルミントンの1つの建物に31万5,000社が登記

5　会社法の緩和による企業誘致のニュージャージー州とデラウェア州

第18章　アメリカは租税回避行為と秘密保持で最も進んだ強引な国：多国籍企業やメガリッ **チにとりアメリカこそ天国**

1　世界の租税問題の複雑さの核心を浮き彫りにしている現象

2　アメリカの有名人の名前が出てこない「パナマ文書」の不可思議

3　スイス・バンキング攻撃やカリブ海のライバル・タックス・ヘイブンの追放

第19章　自国の利益だけを確保する身勝手な国アメリカの横暴：自国の国内法の「域外適用」 **を求める傲慢さ**

1　アメリカ政府は自国の国内法を外国に守ることを強要し「域外適用」を推進する傲慢なやり方

2　他国に厳しく情報提供を要求しながら自動的情報相互交換協定の国際基準に従わないアメリカ政府の身勝手なやり方

3　アメリカ政府の「ごり押し」でアマゾンの追徴課税を取り消しさせられた東京国税局

4　燃え上がる「世界税金戦争」の炎

第 17 章

アメリカこそ世界最大にして最強の
タックス・ヘイブン国
―覇権大国アメリカのダーティーな内実の姿の断面―

1 アメリカにおけるタックス・ヘイブンのネットワーク

　アメリカにおけるタックス・ヘイブンのネットワークの第1は，メガバンクや多国籍企業が本拠を置くニューヨークのウォール・ストリートであることは言うまでもない。それは，インターナショナル・バンキング・ファシリティ（IBF）の創設に始まる。ウォール・ストリートは，コーポレート・アメリカの心臓部であり，マンハッタンもタックス・ヘイブンであるとの見方もある。

　第2は，アメリカ東部のデラウェア州のウィルミントンであり，州レベルのタックス・ヘイブンである。デラウェア州が国内にあるという意味で，「ドメスティック・タックス・ヘイブン」と呼ばれる。デラウェア州は，法人設立の容易さで知られ，法規制が企業に緩やかである。

　第3のネットワークは，カリブ海の米領ヴァージン諸島，太平洋のマーシャル諸島のほか，リベリア，パナマなどがあり，タックス・ヘイブンの海外サテライトを構成している。

　アメリカは，世界の金融センターとしてロンドンのシティとライバル関係にあるが，シティが海外に金融帝国を展開するオフショアセンターであるのに対し，アメリカは国内により多くの拠点を置いて巨大なスケールの経済のなかで展開している。

2 ニューヨークのウォール・ストリートにインターナショナル・バンキング・ファシリティ

　アメリカの財務省は，長年ユーロ市場と闘ってきたが，1981年にニューヨークにインターナショナル・バンキング・ファシリティ（IBF）が創設され，国内にユーロ市場取引向けの基地を設立し，ロンドンの繁栄に対抗することにした。アメリカの銀行は，わざわざ海外のオフショアに出向かなくても，別帳簿のオフ

ショア勘定に記入するだけで国内の金融規制を逃れることができる。

この IBF によって，アメリカにある預金金融機関は，連邦準備制度の準備金制度と，所得に対して課税される一部の州税や地方税の双方を免除される預金貸付サービスを外国人居住者や投資機関に提供できるようになった。

IBF は，ユーロ市場をアメリカの銀行制度に取り込もうとする試みの表れで，IBF の目的は，アメリカ系銀行のオフショアにある実体のない支店，アメリカ系銀行とそのオフショア顧客に，低コストの資金を供給することであるとしている。

アメリカは，他国の金融機関に対しては，自国国民の口座情報の開示を求め，外国で生じた利子・配当に対しては厳しく課税しているが，アメリカへの投資を呼び込む狙いから，非居住者外国人のアメリカで生じた大部分の利子所得や配当所得には課税していない。また，アメリカの金融機関は，国内で生じた犯罪資金を取り扱うことはできないが，海外で生じた犯罪資金を取り扱っても処罰されることはない。

企業経営において素晴らしい業績をあげている企業がアメリカ国内ではほとんど納税していない事実もある。このように，州法ベースの緩い規制や秘密保護法制と節税スキームを利用した低い税負担の組み合わせをもって，実はマンハッタンもタックス・ヘイブンであると言うことも，けだし否定することはできない。

3 アメリカの巨大企業の多数が登記上の本社を置く国内タックス・ヘイブンのデラウェア州

アメリカ国内でのタックス・ヘイブンとして東部のデラウェア州が著名である。デラウェア州のウィルミントンには，フォード，GE，コカ・コーラ，グーグル，ウォルマートなど，世界に名だたる大企業が本社を置いている。

同州に驚くほど多数の企業が殺到する理由は，デラウェア州の税制上の優遇措置と守秘規定を利用するためである。

また，デラウェア州では，裁判所や州政府のサービスの充実に加えて，実質的な所有者の情報などを出さずに簡単に企業が設立できる。会社設立の書類は最小で 2 ページだけで，会社名や所在地を記入し，1,000 ドルほど払えば約 1 時間で会社が作れる。

デラウェア州は，アメリカ国内で最も歴史の古い「国内タックス・ヘイブン」であるが，ネバダ，ワイオミング，サウスダコタの各州も，近年新たな回避地として注目されている。3 州とも法人地方税，個人住民税がなく，州内での登記企業は手厚い守秘の壁に守られている。

〔図表2−6−1〕 アメリカ国内の「タックス・ヘイブン」デラウェア州　米大企業の66％が登記上の本社を置いている

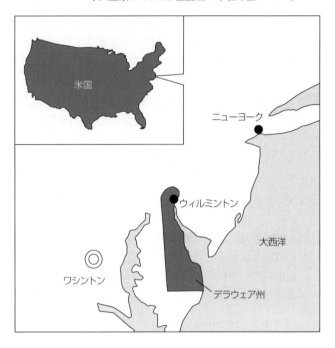

　州税を州ごとに決められるアメリカでは，州による企業への優遇策が企業や投資の誘致戦略としての手法として広がっている。自州への企業誘致を競って，税制をはじめ規制緩和，秘密性の保持など，優遇措置を提供している州は少なくない。

4　デラウェア州のウィルミントンの1つの建物に31万5,000社が登記

　デラウェア州のウィルミントン。人口約7万人の街の目抜き通りを抜けると，「ノースオレンジ通り1209番地」に着く。そこにある2階建の建物に企業設立の代理業CTコーポレーションがある。実はこの建物が約31万5,000社の企業の登記上の「本社所在地」となっている（[図表2−6−1] 参照）。

　人口約94万人の同州全体では，118万社が登記されている。2015年に登記された会社は過去最高の約17万8,000社で，1日当たり平均487社が設立されたことになる。企業に関する各種の税や手数料などの収入は10億ドル（約1,080

第17章　アメリカこそ世界最大にして最強のタックス・ヘイブン国　◆　*373*

億円）を超え，州の歳入の約4分の1を占めている。

アメリカの株式公開企業の半数以上，主要大企業でフォーチュン500に入っているアメリカ企業の66％がデラウェア州で法人化されている。2007年にアメリカで上場した企業の90％以上がこの州で登記されていた。

アメリカ大統領選の民主党候補であったヒラリー・クリントン前国務長官の「ZFSホールディングス」，彼女の夫ビル・クリントン元大統領の「WJC」という会社もこの住所で登記されている。どちらも莫大な自伝印税や講演料収入を節税するために設立したとみられる。

共和党の大統領である不動産王のトランプ氏の関連会社も同じくこの住所で登記していることが判明している。

5　会社法の緩和による企業誘致のニュージャージー州とデラウェア州

初期の段階において，タックス・ヘイブンは，税制よりも「規制」に対する対応策として出現した。法人設立の簡単さと緩い規制が，競争戦略として登場した。いわゆる「法人設立ゲーム」は，19世紀末のアメリカの州と州の間で始まったが，他州よりも企業にとって寛大な環境を提供することが狙いであった。

ニュージャージー州は，1875年に現代的会社法の原型を可決した。このニュージャージー州の斬新な姿勢が，近隣の州の関心を集めた。1880年代まで，ニューヨーク州とマサチューセッツ州は，アメリカにおける企業本社の集中度が最高であった。他州より寛大な会社法を定めれば，ニューヨークの会社の一部を引き寄せられると考えて，州の金融資源増加対策として会社法の緩和を考案したのである。

1896年にニュージャージー州はもう1つの法律である一般改正法を可決し，会社の規模とマーケットシェアを無制限とし，会社定款に関する期間制限を撤廃し，株主の権限を制限し，あらゆる種類の合併・企業買収を認めた。

1899年，ニュージャージー州は，さらに巨大な化学事業を法人化したいと考えていたデュポン一族の圧力を受けて「一般会社法」という新しい寛容なビジネス規定を制定し，法人による他社の株式の所有を認めた。この法律は，会社内の会社，つまり経済関係で繋がっているグループ会社という仕組みを導入した。それに伴って企業による移転価格操作の可能性が生まれてきた。

移転価格操作とは，多国籍企業が世界各地のタックス・ヘイブン口座間で資金を移動させて，帳簿上の利益を税率の低い国に，コストを税率の高い国に移すことをいう。

374 ◆ 第6編　アメリカこそ世界最強のタックス・ヘイブン

　このニュージャージー州の施策は，成功をおさめた。間もなく財政難に苦しんでいたデラウェア州がニュージャージー州の例を真似ることを決定をした。1898年のデラウェア州法は，企業が自社の統治規制を定めることを認めたもので，後に世界中のタックス・ヘイブンが見習うようになる基準となった。

　ニュージャージー州の法律は，当時，いわゆる「底辺への競争」（投資を誘致し，継続させるための国家間の競争によって生ずる資本に対する税率と規制上の要件が減少する傾向を意味し，その結果，労働条件，社会福祉が最低水準に向かうことになる）と見られるものの導火線となり，アメリカ中の州が競って会社法を骨抜きにし，企業に優しいものに変えていった。

　1902年までに，東部の小さなデラウェア州に1,407社が登記しており，1919年には4,776社となった。ニュージャージー州とデラウェア州の行動は，新たな「法人設立ゲーム」を刺激し，ヴァーモント州やネバダ州のような他の小さな州が税額控除や斬新な会社法を提供している州と競争するようになった。

　このような会社法制の展開に対応して，アメリカの企業が子会社や関連会社のグループ経営システムの利用を開始し，そのためにグループ会社に，どのように課税するかという問題が生じた。連結納税申告制度についてアメリカでは幾多の変遷があり，強制適用，付加税負担付きでの選択，付加税なしでの選択等の推移をたどっている。

第 |18| 章

アメリカは租税回避行為と秘密保持で
最も進んだ強引な国

―多国籍企業やメガリッチにとりアメリカこそ天国―

1 世界の租税問題の複雑さの核心を浮き彫りにしている現象

　長くベールに包まれその正体が隠されてきたタックス・ヘイブン（租税回避）の闇の社会を暴いた「パナマ文書」の衝撃は世界に広がっている。それは，グローバル経済の見えざる闇のメカニズムの開帳である。

　しかし，この明らかにされた「パナマ文書」には，不思議なことがある。それは，アメリカの有名人と日本の政治家の名前が出てこないことである。そのことはまさに，世界の租税問題の核心を浮き彫りにした現象である。

　租税回避が必要なアメリカの巨大企業やメガリッチ，それに，日本の政治家にはタックス・ヘイブンを利用する必要がなかったのだと解されるのである。それだけでなく，ヨーロッパやアジアの多国籍企業やメガリッチにとってアメリカこそが自分たちの富とカネを守れる天国になっている。

2 アメリカの有名人の名前が出てこない「パナマ文書」の不可思議

　パナマ文書が 2016 年 4 月に初めて暴露された後，「これはアメリカの陰謀だ」との声が，ロシア，中国から上がった。パナマの法律事務所「サモック・フォンセカ」の 1,150 万点の文書には，プーチン大統領の親友のロシア人チェリストのセルゲイ・ロルドゥギン氏の名前が出ている。同氏はプーチン大統領個人の非公式な問題を担当する金庫番だとみられている。

　中国では，習近平国家主席を筆頭に中国共産党幹部 3 人の親族がタックス・ヘイブンに設立した会社の株主や役員に名を連ねている。習主席の義兄はカリブ海にある英領ヴァージン諸島に設立された 3 社の株主や取締役となっている。共産党の序列 5 位の劉雲山政治局委員の義理の娘や，序列 7 位の張高麗筆頭副首相の義理の息子も同島にある会社の役員や株主となっていた。

　ところがアメリカ人は 200 人あまりだが有名人は目下ゼロであり，日本人（名

前があるとみられるのは約 400 人）やオーストラリア人（同約 800 人）より少ないのである。

このことにつき，アメリカ人がこんなに少ないのはおかしい，アメリカ中央情報局（CIA）が背後にいるのではないかとの見方もあり，また内部告発サイト「ウィキリークス」は，「パナマ文書」の暴露直後に「億万長者のジョージ・ソロスと，アメリカ国際開発局（USAID）が背後にいる」との指摘をしている。

ソロスの財団「オープン・ソサエティ」と USAID は実際に膨大な文書の解明に当たっている国際調査報道ジャーナリスト連合（ICIJ）を金銭面で支援してきている。

3 スイス・バンキング攻撃やカリブ海のライバル・タックス・ヘイブンの追放

過去 10 年以上にわたり，アメリカ政府は自国の税務当局・金融当局や経済開発機構（OECD）などの国際機関を使って，スイスやカリブ海の島々など，自国のライバルを次々とやり玉に挙げて凋落させている。

スイスの大手銀行の UBS やクレディ・スイス，さらにスイス国内のプライベート・バンクは，いわゆる「スイス・バンキング」として長年，世界中のメガリッチのタックス・ヘイブンであり，顧客情報の徹底的な守秘が売りものであった。

事件は，2005 年，スイスの大手銀行の UBS のプライベート・バンキング部内の幹部からアメリカ内国歳入庁（IRS）に対し，同行がアメリカ人の脱税を手助けしているとのタレ込みがあったことを発端とする。その後，同人は司法取引により，UBS によるアメリカ市民の脱税幇助の手口を明らかにし，2008 年にはアメリカ議会上院でも証言している。

それによれば，同行は，約 5.2 万人分のアメリカ人の口座を有し，その総額は180 億ドルから 200 億ドル（約 2 兆円から 2.3 兆円）に達していた。この件について UBS は刑事告発を受けたが，アメリカ政府に対し，7.8 億ドルのペナルティを支払うとともに，4,500 人分のリストを，スイス政府を通じアメリカ政府に開示することで告発は先送りとなっている。

次に，これもスイスの大手銀行であるクレディ・スイス銀行は，UBS 事件が表面化してからも，アメリカで活発な顧客獲得を続けていた。その結果，2015年 5 月に，この問題が表面化した時点でも，ピーク時（2011 年 3.7 万人）には及ばないものの，2.2 万人から総額で 100 億ドルから 120 億ドル（1.1 兆円から 1.2兆円）の資金を預かっていたとされている。

第18章 アメリカは租税回避行為と秘密保持で最も進んだ強引な国 ◆ *377*

　同行も刑事告発されたが，UBSのペナルティの約3倍強にあたる約25億ドル（約2,800億円）のペナルティを払うことで告発は先送りとなっている。

　ブッシュ・オバマ両政権は，UBS事件を契機に，「守秘保持を貫き開示しないなら，アメリカで商売をさせない」という強硬姿勢でスイスと対決した。

　アメリカの強い要請により，OECDとG20は，タックス・ヘイブン追放のキャンペーンを推進し，ケイマン諸島，英領ヴァージン諸島など，悪名高い租税回避地は国際機関の「ブラックリスト」で名指しされ，改善が求められている。

第|19|章

自国の利益だけを確保する身勝手な国アメリカの横暴

―自国の国内法の「域外適用」を求める傲慢さ―

1 アメリカ政府は自国の国内法を外国に守ることを強要し「域外適用」を推進する傲慢なやり方

2008 年の UBS 事件等を受けて，アメリカ国内で批判が高まり，2010 年 3 月，アメリカ市民による外国の金融機関の口座を利用した脱税を防止することを目的として，アメリカ政府はアメリカ居住者に対する全世界所得課税を行うために，他国との情報交換のほか，必要な海外資産の把握に努める FATCA 法と称する「外国口座税務コンプライアンス法」（Foreign Account Tax Compliance Act, March 2010：FATCA）を制定した。

FATCA のターゲットは，海外資産を有するアメリカ納税者のノンコンプライアンスであり，次の報告により特に外国金融資産を把握することである。
- アメリカ納税者の報告（一定の外国金融口座とオフショア資産）
- 外国金融機関（アメリカ納税者およびアメリカ納税者が実質的所有持分を保有する外国事業体の保有する金融口座）

一般に，国際法では内国法の域外適用を禁じており，公法は水際で止まるという国際公法上の国家主権原則からすれば異常なことであるが，アメリカは外国政府の協力と外国金融機関との合意により，アメリカの国内法の域外適用を推進させている。基軸通貨国であるアメリカでなければ，できないことである。
- アメリカ金融機関および源泉徴収義務者……FATCA ステータスのない外国事業体に対する一定の支払いに 30％の源泉徴収を課し，金融機関以外の外国事業体に係る情報を報告しなければならない。
- 外国政府……FATCA の適確なる実施のため政府間協定（Intergovernmental Agreement：IGA）を締結している場合，管轄内の金融機関に係る報告その他のコンプライアンス負担が簡素化される。このような金融機関は FATCA

による源泉徴収の対象とされない。

　要するに，アメリカ人が海外の銀行に口座を設けた場合，当該銀行はその情報を全てアメリカ内国歳入庁（IRS）に報告しなければならない。ここで「全て」とは，口座が代理人の名義であった場合なら，「本当の受益者は誰か」まで割り出してアメリカ政府に報告しなければならない，ということである。

　これを受けて，アメリカのFATCA実施の円滑化と国際的税務コンプライアンス向上のための日本とアメリカとの政府間協定が締結され，その枠組みに関する日米当局共同声明が発表された（2012年6月21日）。

　声明は，その後，日米当局の相互協力・理解に関する声明（2013年6月11日），相互協力・理解の声明の一部を修正する追加的声明（2013年11月18日）が出され施行されている。

　アメリカのFATCAの実施に伴いスイス各行だけではなく，邦銀各行も含め，世界中の銀行がアメリカの国内法を守るため，懸命の調査業務を強いられているのである。

　このFATCAの施行により，OECDとG20は「タックス・ヘイブン追放キャンペーン」を推進し，ケイマン諸島，英領ヴァージン諸島など，悪名高い租税回避地は国際機関での「ブラックリスト」で名指しされ，改善を求められている。

2　他国に厳しく情報提供を要求しながら自動的情報相互交換協定の国際基準に従わないアメリカ政府の身勝手なやり方

⑴　FATCAをめぐる国際的な取組みの経緯

　アメリカのFATCAの制度を受けてヨーロッパ5か国が，その対応についてアメリカと合意したことを契機として，OECDは，税務当局間で非居住者の口座情報を相互に提供し合う自動的情報交換に関する国際基準の作成に着手した。そして，2014年1月，OECD租税委員会が「共通報告基準」（Common Reporting Standard：CRS）を承認し，同年2月にOECDがこれを公表し，同月にシドニーで開催されたG20財務大臣・中央銀行総裁会議がこれを支持することを決定した。

⑵　共通報告基準の概要

　この「共通報告基準」（CRS）は，自動的情報交換の対象となる非居住者の口座の特定方法や情報の範囲等を各国で共通化する国際基準であり，これを適用す

ることにより，金融機関の事務負担を軽減しつつ，金融資産の情報を各国税務当局間で効率的に交換し，外国の金融機関の口座を通じた国際的な脱税や租税回避に対処することを目的としている。

その概要は，次のようである。

- 各国の税務当局は，それぞれ自国に所在する金融機関から非居住者（個人・法人等）に係る金融口座情報を報告させ，非居住者の各居住国の税務当局に対して年1回まとめて相互に提供する。
- 金融機関は，共通報告基準に定められた手続きに従って，口座保有者の居住地国を特定し，報告すべき口座を選別することとされている。

(3) 日本の「非居住者に係る金融口座情報の自動的交換のための報告制度」

日本では，これを受けて2015年度税制改正で，「非居住者に係る金融口座情報の自動的交換のための報告制度」が導入された。その制度の概要は，次のようである。

1) 居住地国等の特定手続
   ① 新規特定取引（平成29年1月1日以降に行う特定取引）を行う者による新規届出書の提出
   ② 報告金融機関等による既存特定取引（平成29年12月31日以前に行われた特定取引）に係る特定対象者の住所等所在地国と認められる国または地域の特定手続
2) 報告金融機関等による所轄税務署長に対する報告事項の提供
3) その他
   ① 報告金融機関等は，新規届出書等の提出を受けた場合または特定対象者の住所等所在地国と認められる国もしくは地域の特定を行った場合には，その記録を文書化しての保存義務
   ② 税務職員の報告事項の提供に関する質問検査等
   ③ 届出書の提供義務および報告事項の提供義務の違反についての罰則
   ④ この法律の適用は，平成29年1月1日から施行

要するに，OECDはアメリカの例にならい，FATCA体制を世界中に拡大しようと，「共通報告基準」（CRS）をまとめ，各国に求めたわけである。

⑷　アメリカは銀行の守秘義務を定めた国内法を理由に FATCA の国際基準に従わない横暴な態度

　ところが，ここで世界の税務当局，金融当局を愕然とさせる衝撃的な事態が起きている。オバマ政権がアメリカには「アメリカ銀行の守秘義務を定めた国内法がある」ことを理由に，同基準の受け入れを棚上げにしたのである。

　「お前たちは，オレが決めたルールを守れ，と言っておきながら自分は守らない。こんなむちゃくちゃな勝手なことをやるのがアメリカだ」と在米の諸外国の金融関係者たちは憤っている。

　2016 年 4 月末の時点で，CRS を受け入れていないのは，南太平洋のナウルやバヌアツ，それにアメリカなどの数か国だけに過ぎないという状況になっている。

　問題は，「アメリカの国内法なのだから，議会が動けばいいことだ。ところが，共和党が支配する米議会は。そんな方向に動くそぶりさえ見せない。オバマ政権も“議会の抵抗”を口実に，国内での改正法をやる気がない」というのが真相のようである。

　CRS は日本では，前述のように立法化され制定済みであり，2019 年 1 月 1 日から施行されているが，この新基準の本家で発祥元であるアメリカの拒否で世界は混迷してしまっている。

　他国には厳しい基準を「国内法の域外適用」という横暴な横車まで押しておきながら，自国では国際的コンプライアンス向上の責を果さないで甘い税制を続けている。そのことでアメリカは，「秘密保持と租税回避面で最も進んだ国」として浮上している。

　そのこともあり，この過去数年は，スイスを筆頭に，かつてのタックス・ヘイブンからカネがアメリカに逆流するという現象が起きている。イギリスの名門「ロスチャイルド」がネバダ州リノに新支店を開設するなど，これまでスイスやロンドンが本拠地であったプライベート・バンクがアメリカに次々と事業拠点を設けるに至っている。

　アメリカは，また，アマゾン，スターバックス，アップル，グーグルなど世界を舞台として事業展開をしているアメリカ多国籍巨大企業の防衛にも極めて熱心である。各社は，日本やヨーロッパなど世界各国であげた利益を，法人税が安いタックス・ヘイブンに移して，各国の税務当局にはほとんど税金を払わないという慣行を続けている。

3 アメリカ政府の「ごり押し」でアマゾンの追徴課税を取り消しさせられた東京国税局

　日本へ進出してきているアメリカ企業が日本の国に税金を払っていないことがアメリカ政府の干渉による「ごり押し」によるものである事例を挙げてみよう。

　世界最大のネット書店であるアマゾンの例がそれである。日本国内でアマゾンで買物をしても海外購入扱いとなり，アマゾンの日本法人アマゾンジャパンは日本で法人税を払っていなかった。そこで東京国税局が，2009年にアマゾンの日本国内での販売に関して，2003〜05年分について140億円の追徴課税を行った事件である。

　アマゾン側は「アマゾンのクレジット決済センターがアイルランドのダブリンにあり，アマゾンジャパンは補助業務を行っているだけの存在であり，日本にあるのは『倉庫』であって販売事業の拠点ではない」つまり「PE（恒久的施設）が日本国内にない会社」であるとの論理で支払いを拒否し紛争となった。

　ところが，直ちにアメリカ政府が出てきて，日本側の当局者と直談判をした結果，翌10年には追徴を取り消されてしまった。

　多国籍企業の行き過ぎた節税に，どのように対処するのか，という道筋も明確にしないまま，日本の税務当局は，アマゾンとアメリカ政府の「ごり押し」に黙らされてしまった。これでまた，日本の税金が奪われたのである。

4 燃え上がる「世界税金戦争」の炎

　多国籍企業から徴収する税金をめぐり国家間での税源争奪戦は古くして新しく，絶え間なく発生している国益の衝突がもたらす帰結である。

　国境をまたいで活動する多国籍企業に対する課税をめぐる税源の国家間の配分については，租税条約に基づく関係国間の相互協議が制度化しているが，実際は微妙な国際関係が反映し最後は国力を背景とした力関係が働くのである。

　現在の世界の租税体制は，かつての国際連盟が作った「モデル租税条約」草案を基盤にしていたが，近年，多国籍企業がタックス・ヘイブンを駆使してアグレッシブ・タックス・プランニングを展開し，世界のどこの国にも税金を払わない「国際的二重非課税」の仕組みが築き上げられてしまった。

　このままでは租税に対する国際的な合意も協調も崩壊して，世はまさに世界的スケールでの租税回避と，国家間の税源争奪がすさまじく行われている。いまや「世界税金戦争」の炎が燃え上がっているのである。

第 7 編

課税逃れへの取締り規制措置の探求

第 20 章　いかにしてタックス・ヘイブンに逃れていく税金を捉えるか：無国籍化企業の暴走による租税回避の危機

1　グローバル企業のアグレッシブ・タックス・プランニングに敗北している各国の税制

2　「税の競争」を悪用し税軽減に狂奔しているグローバル企業の租税戦略

3　個別的否認規定がない限り否認できないのか：発想の転換が必要か

4　租税回避は脱税でも節税でもない巨大なグレーゾーン：国際的な税逃れ手法の変化と巧妙化

5　国際的二重課税排除の時代から「国際的二重非課税」抑制の時代へ：世界のいずれの国にも税金を払わないグローバル企業の登場

6　グローバル企業が税制の隙間や抜け穴を利用する税逃れの行動パターン

7　タックス・ヘイブン利用や地下経済による日本の逸失税額はどのくらいあるのか

第 21 章　国際的な課税逃れへの国際的な協調的対応：OECD の BEPS プロジェクトのアクションプラン

1　グローバル大企業の課税逃れへの各国間の協調的対応：OECD 租税委員会による BEPS のアクションプラン

2　OECD 租税委員会の BEPS プロジェクトのアクションプランと国際課税の流れ

3　BEPS プロジェクトの最終報告書による勧告と実施段階への取り組み

4　BEPS プロジェクトのアクションの最終報告への日本の対応

第 22 章　タックス・ヘイブン規制税制の改革の方向：段階的に補充整備されてきている経緯

1　タックス・ヘイブン規制税制の抜本的改革の動向

2　タックス・ヘイブン規制税制の仕組みのイメージと改正の経緯

3　予想されてきた外国子会社合算税制の改正の方向

4　果てしなきシーソーゲームを繰り返す企業の奸知と政府の立法行動の交錯

第|20|章

いかにしてタックス・ヘイブンに逃れていく税金を捉えるか
―無国籍化企業の暴走による租税回避の危機―

1 グローバル企業のアグレッシブ・タックス・プランニングに敗北している各国の税制

これまで永いこと継承し遵守されてきた国際課税ルールの体制は，グローバル・ビジネス慣行の変化に追いついていけないこと，特に，合法的なアグレッシブ・タックス・プランニング（Aggressive Tax Planning：ATP）による税源浸食と利益移転（Base Erosion and Profit Shifting：BEPS）という現象を跳梁させてしまう弱点であるループホールを内包していることを露呈しつつある。

グローバル企業が各国の税制や租税条約の間に存する格差と隙間や抜け穴を利用し国境を越えるだけで，この弱点をフルに利用して，グローバルなスケールでの税負担を限りなくゼロにする「租税極小化戦略」を進展させている。

その反面，財政危機に瀕する国々では，国境を越えられない個人や国内企業には，好ましからざる消費税の増税などという，負担能力に逆行する形での人々への重税シフトを負わされる深刻な事態が現出している。

アメリカベースの大手会計事務所や法律事務所が日本に進出し，国際的な租税回避スキームの市場開拓を進めており，現行税制におけるループホールが，優秀な頭脳によって調査研究され，アメリカン・タックス・シェルターの日本化が進められている。

このような事態に対処する日本の税制整備は立ち遅れており，そのうえ，税務行政能力も組織的に弱体化し，昨今の複雑化した国際的な租税回避スキームに対し税務調査において捕捉し摘発することが難しくなっている。この結果，富裕層や大企業による巧妙な税逃れが見過ごされ巨額な税収が失われている。

そのため，税の不公平感はますます高まり，ATPを合法的スキームとして許容してしまっている法人税制の権威は地に堕ち，法制や執行への信頼感が薄くな

り，一般の税務コンプライアンス・リスクが拡大し，まさに「租税国家の危機」
を招来している。

　このような危機的状況を打開するため，EU や OECD は，国内法や租税条約
の改正を含む国際連帯による行動を起こしている。しかし，国際的な複雑な事情
もあり，その効果は，これからである。

2　「税の競争」を悪用し税軽減に狂奔しているグローバル企業の租税戦略

　ボーダレスワールドにおける経済のグローバル化の深化は，多国籍企業の過当
競争を背景として「税の競争」(tax competition) が各国・各地域で激化している。
それは，法人税率の引き下げ競争のほか，外資導入のための租税優遇措置，持株
会社・統括会社等の誘致や技術導入のための課税ベースの極小化政策等により「魅
力ある税制」を導入する施策として行われている。ピュア・タックス・ヘイブン
をはじめ，低税制を標榜する軽課税国が増加し，現地で経済活動を行わない法的
主体（legal entity）と他国の資本の呼び込みをしている。

　グローバル経済の深刻化のもとにおいて法人税引き下げ競争は，「近隣窮乏化
政策」であり，自国のマーケットの獲得と拡大を狙う「企業帝国主義による経済
侵略戦争」の武器となっている。

　グローバル企業は，このような「税の競争」のメカニズムを巧みに活用し，世
界的スケールでゼロ・タックス・スキームを考案し，法的にタックス・ヘイブン
法人を親会社とし，その傘下に高税国の事業会社（operating companies）を置
く企業組織構造を形成し，事業会社の利益を配当としないで，コストとなる利子・
使用料の形態で軽課税国に吸い上げ，蓄積し，これを再投資または融資する資金
循環構造を作り上げている。

　このような租税立法と租税執行の当局の想定外である奇想天外ともいうべき新
手の ATP スキームが次々と登場し編み出されているのである。

　これらのタックス・スキームは，複雑な租税回避防止規定の裏をかく極めて技
術的なものから，基本的な国際課税の原則に内在するループホールを利用するも
のまで，まことに多様である。

3　個別的否認規定がない限り否認できないのか
―発想の転換が必要か―

　ATP は，現行の国内法や現行の租税条約の規定のメカニカルな文理解釈によ
れば合法的（legal）である。このため，これに租税を課するためには国会の議

決を経た法律にその基礎を置かなければならないという規律である租税法律主義のもとでは，これに対する明文による個別的否認規定がない限り否認できないとされている。

これに対し，それでは，「税法の精神」（spirit of tax law）または「法の意図」（intent of law）に反するのではないか，法の濫用（abuse of law），権利の濫用（abuse of right）として，「一般的租税回避防止規定」（general anti-avoidance rule：GAAR）によって否認できるのではないかという議論もある。

およそ，「法の精神」や「法の意図」を問う場合には，税法解釈には文理解釈ではなく，目的論的解釈を認めなければならないが，この場合において，立証責任を納税者か，税務当局か，そのいずれが負っているかが重要である。

アメリカやイギリスは，コモンローの国であり，成文法としての一般的租税回避防止規定（codified GAAR）を有しないが，これに類する判例法（judicial GAAR）が確立している。

法の解釈について，我が国では租税法律主義が基本となり，租税法は強行法規であるから，文理解釈によるべきであって，法の目的論的解釈が許されるか否かについては慎重でなければならない，とする見解が多数説のようである。

このため絶え間なく創出される立法の意図しない新手の租税軽減策に対抗し，これを「濫用的租税回避」（abusive tax avoidance）と考えて「認められない租税回避」として否認し，税逃れを抑止するため，もぐら叩き的に弥縫措置としての新しい税法規定が次々と継ぎはぎ細工のように追加され積み上げられている。いまや，租税法の条文構成は複雑怪奇で難解極まるジャングルと化して世の人々の理解を困難にし，多くの国民から遊離してしまっている。

4　租税回避は脱税でも節税でもない巨大なグレーゾーン
—国際的な税逃れ手法の変化と巧妙化—

もともと租税回避（「避税」である税逃れ）は，税金を少なくする方法のうち，違法な手法である租税逋脱（いわゆる「脱税」）でも，合法的な手法による納税者の権利である租税節約（いわゆる「節税」）でもないグレーゾーンである。

租税回避はグレーゾーンであるが，行き過ぎると目に余るものとして税務当局により否認されることもある。しかし，どんなスキームがそれに当てはまるのか必ずしも統一基準はなく，各国ともケース・バイ・ケースで対応しているのが実情である。

租税回避問題といえば，かつては，個人や事業者によるオフショア・タックス・

ヘイブンの銀行口座等への資産や所得の移転や隠蔽等が筆頭に挙げられていた。ところが，近年では，金融機関を含むグローバル企業による，高度にして巧妙な国際的節税戦略スキームや租税条約の濫用，移転価格の操作をも活用する投資ストラクチャーを利用した所得や費用の移転等の手法に重点が移ってきている。

租税回避行為は，各国間の税制の相違（税制格差）を利用し，または税制の抜け穴を利用して，所得に対し無税や名目的な課税しか行われない軽課税国に「所得を移転」させ，あるいは，ビジネスモデルを変更して「活動の拠点を移動」させることを手段としている。

このため一国の税務当局の税務調査や情報収集では取引の実態解明は不可能に近くなっている。そのうえ二重課税の排除に重点が置かれてきている，これまでの税法規定だけでは国際的な租税回避行動には対処できなくなってきている。

5　国際的二重課税排除の時代から「国際的二重非課税」抑制の時代へ —世界のいずれの国にも税金を払わないグローバル企業の登場—

国際課税問題のポイントは，国際取引に伴って生ずる二国間の課税の調整を行うことである。この場合の問題には「国際的な二重課税の排除」と「国際的な租税回避の抑制」とがある。

このうち「二重課税の排除」は，所得源泉地国の課税と居住地国の課税の衝突の調整である。この対処方法としては，国内法と租税条約がある。国内法としては，外国税額控除方式と国外所得免除方式がある。租税条約としては，PE（恒久的施設）の概念を精査して源泉地の課税をできるだけ抑制し，居住地の課税を確保し，二重課税の排除をしようとしている。

次に，「租税回避の抑制」のための対処として国内法には移転価格税制やタックス・ヘイブン濫用の規制税制である外国子会社合算税制があり，租税条約では情報交換や条約濫用防止規定などがある。

これまで，先進国を中心とする OECD は居住地課税を重視し，源泉地課税をできるだけ抑制して二重課税の排除を図ってきた。一方，途上国または新興国の主張を反映して国連は源泉地課税を重視している。

問題は，このように先進国重視（居住地課税）と，発展途上国重視（源泉地課税）で二重課税を排除しようとしているうちに，源泉地でも居住地でも課税されない「二重非課税」（世界中のいずれの国にも税金を払わないこと）という驚くべき事態が生じてしまっているのである。

しかも，このような異常事態に対して，現在の世界の各国が租税高権の行使と

して制定している税制システムでは，ほとんどこれに対処できないという，まことに恐るべき状況にあるということである。それは，租税国家の基盤を揺るがし，やがて崩壊させる危険を内包している危機と考えるべきである。

6　グローバル企業が税制の隙間や抜け穴を利用する税逃れの行動パターン

　グローバルな多国籍企業が競争原理から税をコストの一部とみて最適な投資先や事業の進出先を模索する行動をとり，租税負担の極少化を狙うゼロ・タックス・スキームによる巧みな経済活動をしている。それは，各国の現在の税制では，「追いつけない状況」からして，奇妙なことに「合法的な租税回避の問題」となっている。

　そのようなグローバル企業の税逃れ行動パターンと特徴を挙げれば，次のようである。

① 　グローバル企業の税逃れは，税収源の喪失，課税権の崩壊，課税上の公平性に対する脅威であり，その税逃れの主たる手段は，企業の所得を税制上で有利な場所に移転する行為による。

② 　現在のビジネスモデルでは，電子商取引や無形資産など「情報」が主要な価値の源泉となり，かつてないほどのグローバルな取引が行われており，デジタル経済の進展により現在の国際課税の原則では，このようなグローバル・ビジネスに充分に対応できていない。

③ 　グローバル企業の税逃れは，各国の課税原則や規則を組み合わせて低い税率で課税され，または損金算入が高い率で認められる場所に所得を移転することにより行われる。

④ 　グローバル企業は，軽課税国への無形資産の移転，ハイブリッド・ミスマッチ取引（例えば，源泉地国では組合として扱われ，居住地国では法人として扱われる事業体の利用），優遇税制を利用した取引，借入金やデリバティブを活用した損金算入の増加，キャプティブ保険（企業グループ内のリスクのみを引き受ける専門子会社）の利用などを組み合わせて巧妙な税逃れを行っている。

⑤ 　グローバル企業は，軽課税国の関連会社に対する販売価格の操作をはじめ，仕入，ロイヤリティー，利子支払等について移転価格操作により税逃れをしている。

7 タックス・ヘイブン利用や地下経済による日本の逸失税額はどのくらいあるのか

脱税や租税回避，地下経済により失われている税収額が，どのくらいあるかは，国連，OECD，EU，IMF や各国の関心事である。しかし，日本ではアメリカや EU などで行われている税務執行上の不充分さによる逸失税額であるタックス・ギャップの推計は，政府レベルでも学術研究レベルでも行われてきていない。

日本の国会で，「タックス・ギャップの推計」について質問がなされたことがあるが「日本では政府は推計を行っていない。行う気もない。」と答弁を残している[1]。最近でも，質問主意書に対する内閣総理大臣の「答弁書」においても，「政府としては，こうした意味でのタックス・ギャップの推計を行っておらず，また，現時点では，行う考えはない。」と述べている[2]。

諸外国におけるタックス・ギャップの推計の取り組みをみると，アメリカは，2001 年 GDP（14 兆 5,266 億ドル）の 2.4％に相当する 3,450 億ドル，2006 年には4,500 億ドルのタックス・ギャップの推計を公表している[3]。

イギリスの HMRC は約 400 億ポンドの推計，スウェーデンは 1,330 億 SEK などを公表し，EU では毎年の逸失税額を約 1 兆ユーロと推計している。

日本の 2014 年度は GDP489.6 兆円でタックス・ギャップは 11.75 兆円程度と推計されている[4]。

さらに，日本の地下経済の規模は，対 GDP 比で 1999 年〜2010 年平均で11.0％と推計され[5]，地下経済による喪失税額は 1,711 億ドルと推計されている[6]。

---

1) 昭和 56 年 4 月 24 日，第 94 回大蔵委員会，第 26 号。大蔵大臣渡辺美智雄・主税局長高橋元・国税庁次長川崎昭典，質問書：柿沢弘治・渡辺一郎。

平成 21 年 3 月 24 日，第 171 回国会・財務金融委員会，第 9 号。内閣総理大臣答弁書，第 6 号（平成 20 年 1 月 29 日），質問者：大久保勉。

2) 平成 27 年 2 月 27 日，第 189 回国会，内閣総理大臣答弁書。

3) TCMP（Taxpayer Compliance Mesurment Program），NPP（National Reserch Program）。

4) 本庄資・田井良夫・関口博久共著『国際租税法・概論・第 3 版』大蔵財務協会，2017 年，692 頁。

5) Friendrich Schneider "New Estimates for the Shadow Economies all over the World"，December 13, 2010.

6) TJN（James S. Henry）" Estimating the Price of Offshore, July 22, 2012.

本庄資「パナマ文書リークスに関し考えるべき問題」『租税研究』第 801 号，2016 年 7 月号，502-506 頁。

タックス・ギャップの推計は，脱税や租税回避に対処する税制改正と税務執行の改善を検討するための基礎として是非とも必要である。

財政赤字と累積債務に対処するとともに，国民経済の正常な発展と健全な社会の構築のため，公正な税制の整備と適正な税務行政の執行の改善改革のために，タックス・ギャップの究明は緊要である。

もとより，租税法の厳格な文言解釈では，法の条文（letters of law）に抵触しないという意味では合法であるが，明らかに租税の基本理念と租税法の精神（spirit of law），法の意図（intent of law）に反する租税回避スキームがアグレッシブ・タックス・プランニングにより行われている。このことを防止し，地下経済を摘発するためと，コンプライアンス・リスクの高い分野を特定し，行政改革で限られた税務行政の執行要員を効率的に特定分野に配置して税務調査能力を向上させ，税収効果を高めるために，是非ともタックス・ギャップの究明をする必要がある。

このため別の機会に，法人税制の欠陥是正による増収想定額の推定をし，2014年3月期（2013年度分）の「推定増収想定額」9兆4,065億円の税収見込の詳細なる検証結果を発表してきている[7]。

---

7) 富岡幸雄「企業規模別実効税負担の格差状況の検証」『商学論纂』第57巻第3・4号，2016年3月1日，222-229頁。

第 |21| 章

国際的な課税逃れへの国際的な
協調的対応
―OECD の BEPS プロジェクトのアクションプラン―

1 グローバル大企業の課税逃れへの各国間の協調的対応
―OECD 租税委員会による BEPS のアクションプラン―

　近年，グローバル大企業が税制の隙間や抜け穴を利用した世界的スケールでの巧妙なゼロ・タックススキームによる税逃れを図っていることにつき，国際的に批判が高まってきていた。このような状況を是正し，実際に企業の経済活動が行われている場所での公正な課税を的確に行うことを可能とするため，各国が協調して，それぞれの税制の調和を図ることが必要である。

　このため，OECD は 2013 年 2 月に「税源浸食と利益移転」（BEPS：Base Erosion and Profit Shifting）に関する取り組みを開始し，2013 年 5 月の G7 財務大臣・中央銀行総裁会議等においても議題となった。こうした議論を経て 2013 年 7 月に OECD と G20 の合同のプロジェクトとして「BEPS 行動計画」（Action Plan on BEPS）が公表された。

　OECD の租税委員会の活動は，次の 2 つを中心に課税権の調整をしようとしている。

① 国際課税においては，各国がそれぞれの税源確保のために課税権を幅広く適用しようとし，これを国際的に調整することが必要となっている。

② 先進国は，OECD 租税委員会（1971 年設立）を中心に，所得を受け取る国で課税を行う考え方（居住地国課税）を重視しつつ，課税権の調整をしてきた。

　OECD の「税源浸食と利益移転」（BEPS）のプロジェクトは，次のようなことも考えてきた。

① 国境を越えた電子商取引の広がり等，経済のグローバル化に対し，現行の国際課税ルールが追いついていない。この結果，近年，源泉地国でも居住地国でも充分に課税されないという「二重非課税」の問題や，本来，課税され

るべき経済活動が行われている国で所得として把握されていない問題が出現している。

② リーマンショック後の財政悪化や所得格差の拡大を背景に，一部のグローバル企業が税金を支払うべきところに適正に支払っていないことについて，政治的に看過できなくなってきている。

③ 国境を越えた脱税や租税回避スキームに対し，国際協調のもと，戦略的かつ分野横断的に問題解決を図るため「BEPS 行動計画」が開始された。

2 OECD 租税委員会の BEPS プロジェクトのアクションプランと国際課税の流れ

前述の計画によって，価値のわかりにくい特許やブランド権などの無形資産を，企業が税金の安い国に移すという節税への対抗策については，2015 年 9 月までに明確なルールを作ることにしていた。

また，グローバル企業に国ごとの所得や納税額を報告させる規定を 2014 年 9 月までにまとめる。

さらに，インターネットを通じた音楽配信など国境を越えた電子商取引の課税の仕組みは，2014 年 9 月までに報告する計画になっていた。

OECD ではグローバル企業などによる「税逃れを防ぐ行動計画」を発表しているが，これには OECD に加盟していない中国やインドにも参加を呼びかけることにしてきた。

BEPS 行動計画は，2 年間のスケジュールで実施され，それは，まさに「国際的な租税協力の歴史の転換点となるもの」であった。

これによって各国は，税源浸食と利益移転を防ぐために必要な，国際的に調和された包括的で透明性のある基準をこれまでの二国間での合意ベースの租税方針（租税条約等）に替えて，多国間の協調により作成することができることは画期的であると考えられていた。

3 BEPS プロジェクトの最終報告書による勧告と実施段階への取り組み

多国籍企業が各国の税制格差や隙間を巧みに利用して租税回避をしている事実が明るみに出たことで，「違法ではないが不公正な租税回避」に対する市民の怒りが高まってきていた。こうしたなかで，税制に対する信頼を取り戻すとともに，グローバルに競争条件の平準化を確保することを目的として始まった BEPS プロジェクトは，OECD に加盟する先進国だけでなく，G20 の新興国も対等の立

場で参加し，2年間の集中的な共同作業の結果が，2015年10月に「最終報告書」として公表され，同年11月にG20トルコ・アンタルヤサミットで承認された15本のBEPSプロジェクトの対抗措置として結実した。

現在は，15項目のBEPSプロジェクトの具体的な行動計画についての勧告を踏まえて，各国が制度構築を実施していく段階となっている。

BEPSプロジェクトの「最終報告」における15の行動計画の基本理念としての柱は，① 価値創造の場での課税という観点からの国際課税原則の再構築，② 各国政府・グローバル企業の活動に関する透明性向上，③ 企業の不確実性の排除と予見可能性の確保，の大きく3つに分類することができる。

第1の柱である「価値創造の場での課税という観点からの国際課税原則の再構築」では，これまで築き上げてきた国際課税原則を抜本的に見直し，「価値創造の場」という新たな視点から再構築を行った。これは，BEPSプロジェクトの根幹をなす要素であり，行動1～10がこれに該当すると言える。

第2の柱（各国政府・グローバル企業の活動に関する透明性向上）および第3の柱（企業の不確実性の排除と予見可能性の確保）は，第1の柱を補強するものであり，前者（行動11～13が該当）では透明性向上の観点から多国籍企業の企業情報に係る開示の強化等を検討し，後者（行動14・15が該当）では二重課税に対する従来の紛争解決手続の強化等についてOECDの勧告がなされた。

このBEPSプロジェクトにおける基本理念としての3本柱を示すと［**図表2－7-1**］のようである。

4　BEPSプロジェクトのアクションの最終報告への日本の対応

このBEPSプロジェクトの最終報告の勧告を受けて日本における国内法令の改正の要否については，速やかに検討していくことになっていたが，対象となり得る行動としては，「行動1：電子経済の課税上の課題への対応」，「行動2：ハイブリッド・ミスマッチ取極めの効果の無効化」，「行動3：外国子会社合算税制の強化」，「行動4：利子控除制限」，「行動8―10：移転価格税制と価値創造の一致」，「行動12：タックス・プランニングの義務的開示」，「行動13：移転価格税制に係る文書化」が挙げられてきた。

BEPSプロジェクトの行動計画の要点と，これについての日本の対応を要約すると［**図表2-7-2**］のようである。

394 ◆ 第7編　課税逃れへの取締り規制措置の探求

〔図表2-7-1〕　BEPS プロジェクトの理念となる3本の柱
　　　　　　　―その構想における考え方の基本哲学―

A．グローバル企業は，払うべき（価値が創
造される）ところで税金を支払うべきとの
観点から，国際課税原則を再構築〔実質性〕

（企業が調達・生産・販売・管理等の拠点をグロー
バルに展開し，グループ間取引を通じた租税回
避のリスクが高まるなか，経済活動の実態に即し
た課税を重視するルールを策定）

B．各国政府・グローバル企業の活
動に関する透明性向上〔透明性〕

（例えば，グローバル企業の活動・納
税実態の把握のための各国間の情報
共有等の協調枠組みの構築等）

C．企業の不確実性の排除
〔予見可能性〕

（租税に係る紛争について，より
効果的な紛争解決手続きを構築す
ると共に，今回の BEPS プロジ
ェクトの迅速な実施を確保）

〔図表2-7-2〕　OECD 租税委員会・BEPS 行動計画の概要と日本の対応状況
　　　　　　―「税源浸食と利益移転」プロジェクトに対応しての平成 27 年度・28 年
　　　　　　度の改正とこれからの改正―

行動	概　　　要	対応状況
1	電子商取引課税 　電子商取引により，他国から遠隔で販売，サービス提供等の経済活動ができることに鑑みて，電子商取引に対する直接税・間接税のあり方を検討する報告書を作成。	27 年度税制改正で対応済み
2	ハイブリッド・ミスマッチ取引の効果否認 　ハイブリッド・ミスマッチ取引とは，二国間での取扱い（例えば，法人か組合か）が異なることを利用して，両国の課税を免れる取引。ハイブリッド・ミスマッチ取引の効果を否認するモデル租税条約および国内法の規定を策定する。	27 年度税制改正で対応済み
3	外国子会社合算税制の課税強化 　外国子会社合算税制（一定以下の課税しか受けていない外国子会社への利益移転を防ぐため，外国子会社の利益を親会社の利益に合算）に関して，各国が最低限導入すべき国内法の基準について勧告を策定する。	抜本的見直しが 29 年度税制改正で対応済み

第21章　国際的な課税逃れへの国際的な協調的対応　◆　395

4	利子等の損金算入を通じた税源浸食の制限 　支払利子等の損金算入を制限する措置の設計に関して，各国が最低限導入すべき国内法の基準について勧告を策定する。 　また，親子会社間等の金融取引に関する移転価格ガイドラインを策定する。	今後，法改正の要否も含め検討
5	有害税制への対抗 　OECD の定義する「有害税制」について ①　現在の枠組みを充分に活かして（透明性や実質的活動等に焦点），加盟国の優遇税制を審査する。 ②　現在の枠組みに基づき OECD 非加盟国を関与させる。 ③　現在の枠組みの改定・追加を検討する。	既存の枠組みで対応
6	租税条約濫用の防止 　条約締約国でない第三国の個人・法人等が不当に租税条約の特典を享受する濫用を防止するためのモデル条約規定および国内法に関する勧告を策定する。	租税条約の拡充の中で対応
7	恒久的施設（PE）認定の人為的回避の防止 　人為的に恒久的施設の認定を免れることを防止するために，租税条約の恒久的施設（PE：Permanent Establishment）の定義を変更する。	租税条約の拡充の中で対応
8	移転価格税制（①無形資産） 　親子会社間等で，特許等の無形資産を移転することで生じる BEPS を防止する国内法に関する移転価格ガイドラインを策定する。 　また，価格付けが困難な無形資産の移転に関する特別ルールを策定する。	今後，法改正の要否も含め検討
9	移転価格税制（②リスク移転と資本） 　親子会社間等のリスクの移転または資本の過剰な配分による BEPS を防止する国内法に関する移転価格ガイドラインを策定する。	今後，法改正の要否も含め検討
10	移転価格税制（③他の租税回避の可能性が高い取引） 　非関連者との間では非常に稀にしか発生しない取引や管理報酬の支払いを関与させることで生じる BEPS を防止する国内法に関する移転価格ガイドラインを策定する。	今後，法改正の要否も含め検討
11	BEPS の経済的効果 　BEPS の規模や経済的効果の指標を政府から OECD に集約し，分析する方法を策定する。	OECD 関連部会の場で議論
12	タックス・プランニングの報告義務 　タックス・プランニングを政府に報告する国内法上の義務規定に関する勧告を策定する。	今後，税改正の要否も含め検討

396 ◆ 第7編 課税逃れへの取締り規制措置の探求

13	移転価格関連の文書化の再検討 　移転価格税制の文書化に関する規定を策定する。多国籍企業に対し，国毎の所得，経済活動，納税額の配分に関する情報を，共通様式に従って各国政府に報告させる。	28年度税制改正で対応済み
14	相互協議の効果的実施 　国際税務の紛争を国家間の相互協議や仲裁により効果的に解決する方法を策定する。	対応済み
15	多国間協定の開発 　BEPS対策措置を効率的に実現させるための多国間協定の開発に関する国際法の課題を分析する。 　その後，多国間協定案を開発する。	参加する予定

第|22|章
タックス・ヘイブン規制税制の改革の方向
—段階的に補充整備されてきている経緯—

1 タックス・ヘイブン規制税制の抜本的改革の動向

　CFC（Controlled Foreign Company）税制とは，軽課税国・地域に設立された子会社等に意図的に所得を移転することによる租税回避に対抗するため，一定の要件を満たす場合に，外国子会社の所得に相当する金額について，課税を認めるものである。我が国においても，1978年に外国子会社合算税制が導入されている。

　BEPS対抗措置として，CFC税制は極めて重要な意味を有するものではあるが，BEPSプロジェクトに参加している国の中にはCFC税制を導入していない国もあり，また導入していたとしてもBEPSに効果的に対応できる制度ではない場合もあることから，行動3では効果的なCFC税制の制度設計に関する勧告を提示している。

　具体的には，CFC税制の制度設計について，① 対象外国子会社，② 適用除外，③ 対象所得の定義，④ 所得計算ルール，⑤ 親会社所得への合算方法，⑥ 二重課税の排除方法，の6つの構成要素（building block）に分類し，それぞれについて勧告を提示した。

　なお，CFC税制に期待される役割は，各国の租税体系等によって大きく異なっている。例えば，域内での自由な経済活動の保障を重視するEU諸国では，「専ら人為的（wholly artificial）」な場合に限って，CFC税制を適用することを認める判例が出ている。一方で，近隣にタックス・ヘイブンが存在し，完全な全世界所得課税を維持するアメリカでは，自国の課税権を確保するため，相対的に積極的にCFC税制が適用されている。

　このように国によってCFC税制に対する見方が異なることから，行動3では単一の制度設計の採用を義務付けるのではなく，さまざまなオプションを示し，各国が自国の状況に応じて選択することを認めている。

日本の現行制度は，1978年にタックス・ヘイブン規制税制として導入以来数々の制度改正を積み上げてきたものの，既存の制度に継ぎ接ぎをしていくことにそろそろ限界が生じてきていた。また，日本は2009年に外国子会社配当益金不算入制度を導入したことから，日本から軽課税国に所在する子会社に流出した所得を取り戻す手段としてCFC税制は一段と重要性を増すことになっている。

我が国におけるタックス・ヘイブン規制税制は，内国法人，居住者および特殊関係非居住者がその発行済株式等の50％超を直接および間接に有する外国法人（外国関係会社）で，その本店または主たる事務所の所在する国または地域（本店所在地国）におけるその所得に対して課される税負担が我が国において課される税負担に比して著しく低いもの（特定外国子会社等）の所得に相当する金額（適用対象金額）のうち，当該特定外国子会社等の発行済株式等の10％以上を直接および間接に有する内国法人のその有する株式等に対応する部分として計算した金額（課税対象金額）を内国法人の収益の額とみなして，その所得の金額の計算上，益金の額に算入するものである。

この規定は，居住者の各年の所得に対する所得税および連結法人の各事業年度に対する法人税についても同様に規定されている。

ただし，特定外国子会社等が独立企業としての実体を備え，かつ，その本店所在地国において事業活動を行うことについて充分な経済合理性がある等の所定の基準（以下「適用除外基準」という。）の全てを満たす事業年度については，合算課税は行われない。

2　タックス・ヘイブン規制税制の仕組みのイメージと改正の経緯

このタックス・ヘイブン規制税制の仕組みのイメージを図示すれば，[図表2-7-3]のようである。

このタックス・ヘイブン規制税制は，平成27年度の税制改正で，次の改正が行われている。

① 外国関係会社の租税負担割合の基準
② 統括会社等に係る適用除外基準の見直し
③ 適用除外基準の適用に関する手続要件
④ 外国子会社配当益金不算入制度の改正に伴う見直し

さらに，平成28年度の税制改正で，次の改正が行われている。

① 適用除外基準の適用方法の整備
② 外国子会社合算税制の適用に係る外国税額控除の整備

第22章 タックス・ヘイブン規制税制の改革の方向 ◆ 399

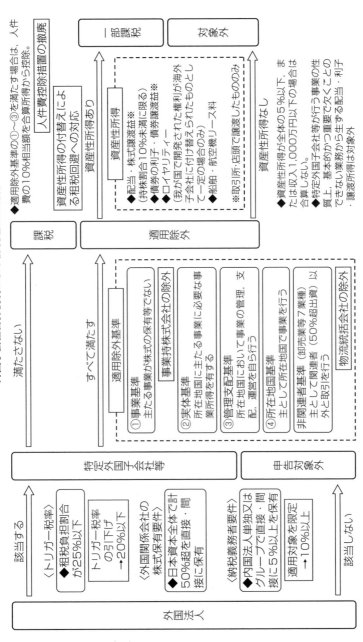

(図表2-7-3) タックス・ヘイブン規制税制の仕組みのイメージ
—外国子会社合算税制により課税逃れを規制—

400 ◆ 第7編 課税逃れへの取締り規制措置の探求

これらの改正関係を図示すれば，［**図表2－7－4**］から［**図表2－7－6**］までのようである。

3 予想されてきた外国子会社合算税制の改正の方向

さらに，平成29年度の税制改正においては，この外国子会社合算税制について，所得の実体の有無で合算を判定するように改め，トリガー税率に代わり制度適用免除基準の設定など，かなり重要な点について見直すなど，制度の抜本的改正が見込まれてきた。

国際的に法人等が，税負担が著しく低く，経済活動の実体がほとんどない外国子会社等（ペーパーカンパニーなど）と国際取引を行うことにより，税負担を不当に軽減・回避する事態が生じている。

外国子会社合算税制は，こうした租税回避を防止するため，一定の要件に該当する当該外国子会社等の所得に相当する金額を，日本の法人等の所得とみなし，当該法人等の所得と合算して課税する。

日本では，税負担の水準が20％未満（トリガー税率）の外国子会社等の「全ての」所得を日本の親会社の所得に合算して課税している。ただし，外国子会社等に経済活動の実体があり，適用除外基準の4項目（① 事業基準，② 実体基準，③ 管理支配基準，④ 所在地国基準または非関連者基準『卸売業・保険業など7業種』）を満たす場合は適用されない。

そのため，トリガー税率以上であれば経済実体を伴わない所得であっても合算されず，申告も求められない。外国子会社配当益金不算入制度と相まって，知財・金融資産等や事業を形式的・表面的に外国子会社へと移転し，得られた所得を配当として日本に戻すことで，課税を逃れることが可能となる。

これに対し財務省から，外国子会社合算税制に関して，外国子会社の所得の種類等に応じて合算対象を決める見直し案が示された。

トリガー税率に代わり「制度適用免除基準」を設定し，子会社が商品の製造・販売，サービスの提供による対価の獲得等，経営実体がある事業から得た所得（能動的所得）については合算対象外とする。

一方，一定の金融所得や実質的活動のない事業から得られる所得等，経済実体がない受動的所得については，親会社の所得に合算し日本でも課税するように見直すこととしてきた。

第22章 タックス・ヘイブン規制税制の改革の方向 ◆ 401

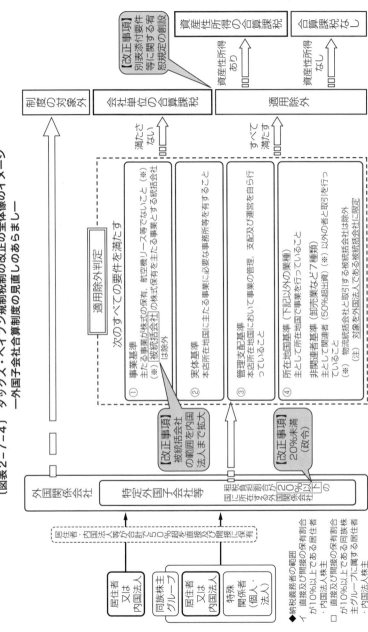

402 ◆ 第7編 課税逃れへの取締り規制措置の探求

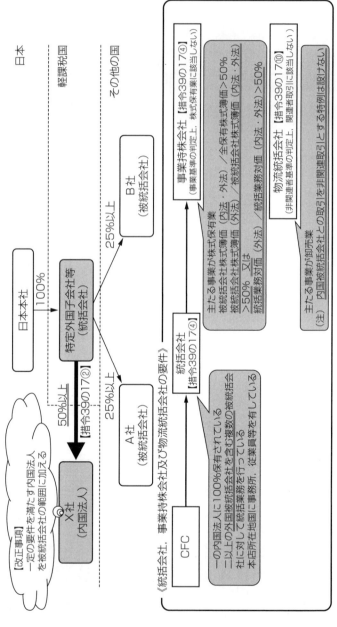

(図表2−7−5) 被統括会社及び統括会社の範囲の改正のイメージ
—統括会社等に係る適用除外基準の見直し—

(注) 二重下線部分が改正事項。

第22章 タックス・ヘイブン規制税制の改革の方向 ◆ *403*

（図表2-7-6） 適用除外基準の適用要件の改正の重点
—外国子会社合算課税の適用を受けないケース—

【概　　要】	適用除外基準は，確定申告書に適用除外基準の適用がある旨を記載した書面を添付し，かつ，その適用があることを明らかにする書類その他の資料を保存している場合に限り，適用する。
【改正事項】	外国子会社に係る本税制の適用に関する正確な情報を入手することが困難な場合が可能性としてあり得ることから，適用除外基準の適用がある旨を記載した書面の添付がない確定申告書の提出があった場合等においても，税務署長はその添付等がなかったことにつきやむを得ない事情があると認めるときは，当該書面等の提出があった場合に限り，適用除外基準を適用することができることとする。

（注）外国子会社合算税制においては，会社単位の合算課税の適用除外および資産性所得の
　　　合算課税の適用除外に関する規定がそれぞれ措置されており，そのいずれもが本改正の
　　　対象となる。

4　果てしなきシーソーゲームを繰り返す企業の奸知と政府の立法行動の交錯

　グローバルな経営活動をする多国籍企業が厳しい競争原理から税を反対給付のないコストと認識して，最適な立地条件を求めて世界に跳躍し，窮極のゼロ・タックス・スキームを模索して想像を絶する奸知を発揮して，巨大な課税逃れをしている。

　これに対し，国家財政危機の克服を図るため財源確保を志向する政府の租税回避否認のための抑制行動は，実際の執行面で克服すべき課題を包摂しながらも一般的租税回避防止規定（GAAR）が世界共通の課税ルールとして原理的に合意が得られ確立しない限り，まさに，もぐら叩き的な果てしなきシーソーゲームが続くことになるであろう。

　次々と創出される目に余るATPによる租税回避行為を抑制するための個別的否認規定の制定は，立法形成における法構造のメカニカルな限界が存在する悲劇的宿命を内包している。まさに，租税国家におけるナショナル・インタレストの
黄昏というべきである。

第 8 編

新 CFC 税制の構造とその論点

第 23 章　タックス・ヘイブンによる課税逃れの新しい規制：追いつけない規制税制は改正で複雑化と混迷化

1　タックス・ヘイブン規制税制から「外国子会社合算税制」へ改称：課税逃れを取り締まる規制税制

2　CFC 税制の最新改正の重点とその特徴：「抜本的改革」と称している改正

3　国際課税のあり方の背景となるグローバル経済の変化に伴う日本経済の構造化：外国子会社合算税制の変化の背景

4　今次改正前の CFC 税制の欠陥とこれまでの改正の経緯：場当たり的な改正の継ぎはぎによる欠陥

5　CFC 税制の抜本的見直しの方向性と合算対象とされる外国関係の判定方法：「経済実体の伴わない所得」は日本水準で課税

6　会社単位の合算課税と受動的所得の合算課税制度：経済活動を中心とした判定構造への変更

第 24 章　CFC 税制の見直しの総括と不徹底性についての懸念：タックス・ヘイブン濫用の規制として未だ不十分

1　CFC 税制の見直しの目的と内容についての総括

2　タックス・ヘイブンによる租税回避の規制に対する租税立法と税務執行における不徹底性についての懸念

第 25 章　CFC 税制の最新改正の考え方と論点の吟味：改正の発想と焦点は妥当であるか

1　タックス・ヘイブンによる課税逃れの規制は不徹底で機能不全：「租税国家の黄昏」から「租税国家の復権」を

2　課税当局による今後の国際課税のあり方についての基本的な考え方：経済の構造変化を踏まえての方針

3　CFC 税制の総合的見直しにあたっての考え方と改正の主要な焦点の解明：2017 年度税制改正の特徴

4　我が国の CFC 税制の今次の改正の考え方と論点についての吟味：不徹底でテクニカルな改正で「抜本的見直し」などとは言えない

第|23|章

タックス・ヘイブンによる課税逃れの新しい規制
―追いつけない規制税制は改正で複雑化と混迷化―

1 タックス・ヘイブン規制税制から「外国子会社合算税制」へ改称
―課税逃れを取り締まる規制税制―

多国籍企業などがタックス・ヘイブン（租税回避地）に子会社を設立して，この外国子会社を利用して税負担の著しく低いところに利益を留保することによって法人税の課税を免れることを防止するために，一定の条件に該当する特定外国子会社等の留保所得をその持分に応じて日本の親会社の所得とみなして合算し，日本において法人税等の課税対象とする制度が設けられている。

これが，多国籍企業などがタックス・ヘイブンを利用することによる課税逃れを取り締まる「タックス・ヘイブン規制税制」であり，理念を明確にして「外国子会社合算税制」（Controlled Foreign Company：CFC 税制）と称される課税上の仕組みである。

2 CFC 税制の最新改正の重点とその特徴
―「抜本的改革」と称している改正―

この外国子会社合算税制が 2017（平成 29）年度の税制改正において，これまで継ぎはぎの改正の集積で混迷してきていた我が国の CFC 税制を「抜本的に改革」するとの指標のもとに改正がなされた。

その改正の主要なポイントは，次のようである。

① 合算対象とされる外国関係会社の判定方法

- 外国関係会社の判定における間接保有割合について，50％超の保有関係が連鎖する場合を対象に含める
- 残余財産のおおむね全部を請求することができる等の関係（実質支配関係）がある場合も対象に含める

② 会社単位の合算課税制度

- 適用除外基準から経済活動基準への改正
- 一定の航空機リースについては事業基準を充足するものとする
- 租税負担割合が20%以上である場合には，会社単位の合算課税制度の適用が免除される
- 書類等の提出等がない場合には，税務当局は経済活動基準を満たさないと推定できる

③ 受動的所得の合算課税制度

- 資産性所得の合算制度を見直し運用範囲を拡大する
- 租税負担割合が20%以上である場合には，部分合算課税の適用が免除される
- 小額免除基準については，2,000万円以下に引き上げられる

④ 特定の外国関係会社に係る会社単位の合算課税制度

- ペーパーカンパニー，事実上のキャッシュボックス，財務大臣の指定するブラックリスト国の外国関係会社については，「特定外国関係会社」として，会社単位の合算がなされる
- 租税負担割合が30%以上である場合には，会社単位の合算課税制度の適用が免除される

⑤ 適用時期

- 外国関係会社の2018年4月1日以降に開始する事業年度から適用される

　この改正は，いわゆるBEPSプロジェクト行動3の勧告への対応という外在的な要因をバックグラウンドとして，これまでの混迷してきていたCFC税制をドラスティックに抜本的に改革し革新することを意図したが，日本経団連をはじめとする経済界からの強い圧力に屈し，コンプライアンス・コストの増大を回避するため実務への配慮をするとの美名のもとに，緩和規定や除外規定を随所に配置したため，これが企業側の抜け穴となり，改革は無残にも腰砕けに終わっていると言わざるをえない。

　改革の基調は，合算課税の当否を会社単位で判定するエンティティ・アプローチから，所得の内容に応じて判定するインカム・アプローチに改正し，資産性所得を受動的所得として合算するフレームワークを作ったり，ペーパーカンパニーを特定外国関係会社として合算対象とするなど，外見的な大枠では，BEPSプロジェクト行動3の勧告にアダプトしているように見せ，対外的には説明がしやすく装いながら，内面的な細目においては，多くの緩和規定を配置し，企業側に寛

大な仕組みを作り，その適用上の判断を現場に委ね，巧みに企業に逃げ途を与えている。

これは，いわば，「千早城的スタイル」（外見的には立派な山城にみえるが，実際は，敵を惑わす偽物の構造物を作って戦った楠木正茂の計略）であり，外見的には租税回避に対する厳しい規制ルールを装いながら，経済界と妥協し，内実的には多くの緩和規定を設けて，企業の国際的競争力への支援の配慮をしているのである。

このような改正では，これまでと同様に，逞ましく強欲な多国籍企業などが，タックス・ヘイブンを巧みに利用した課税逃れの撃退のために十分な効果を発揮することが困難であると思われる。そこで，この際，発想の転換による画期的にして強力な規制措置の導入が緊要であると考え，思い切った施策の構築を提案することとする。

3 国際課税のあり方の背景となるグローバル経済の変化に伴う日本経済の構造化
―外国子会社合算税制の変化の背景―

この制度は，1978年に導入されて以来，日系企業のビジネス環境や経済環境，さらに国際課税実務の変化に伴って多様な改正が行われてきたのであるが，依然として海外子会社の実態に沿った課税がなされていないとの懸念や，他国の類似税制と比較して厳格過ぎるこの制度が日系企業のビジネスに支障をきたしているという批判も多く見られていた。

しかし，何といってもグローバル企業がタックス・ヘイブンなどを利用して巨額な課税逃れをし，国に税金を払っていない事態が問題である。

ところで，このような問題の背景となる日本経済の構造は，グローバル化経済の変容と相まって，異常な変化が指摘できる。

まず，日本の対外直接投資残高は20年前の約5倍となる153兆円に，証券投資は約4倍となる410兆円にまで拡大し，日本は世界における主要な資本輸出国であり，世界最大の対外純資産保有国となっている。

日本からの直接投資残高の伸びが最も大きな国は，過去20年のGDP成長が顕著な中国およびさまざまな税制上の優遇措置を設けているオランダとなっている。証券投資残高についてみても，アメリカに次ぐ2番目の投資先として60兆円を超える資金が投じられているケイマン諸島が存在感を高めている。

知的財産については，我が国で生み出された知的財産の海外での利用増等を背

景に，クロスボーダーの知的財産，使用料収支が過去20年で3,400億円の支払
超から世界第3位の水準である2.4兆円の受取超へと大幅に増加し，経常収支の
黒字化に寄与している。他方，日本の知的財産使用料の純支払額が最も多い国は，
アジアの軽課税国のシンガポールとなっている。

4 今次改正前のCFC税制の欠陥とこれまでの改正の経緯 ―場当たり的な改正の継ぎはぎによる欠陥―

(1) 今次改正前の規制制度の欠陥状況

　今次の改正は，OECD主導の「BEPS（税源浸食と利益移転）プロジェクト」（行
動3）において外国子会社合算税制は「外国子会社の経済実態に即して課税すべ
き」との基本的な考え方が示されたことを踏まえて抜本的な改革を試みたとされ
ている。

　この今回の改正前の我が国のCFC税制の欠陥を具体的にみると，次のようで
ある。

1)　外国子会社の法人税負担割合が20％以上であれば，たとえそれが経済実体
　を伴わない事業から得た所得であっても親会社の所得に合算課税することが求
　められないアンダー・インクルージョン（Under Inclusion）が生じ，このため
　例えば，ペーパーカンパニーを利用した租税回避などがあった。

2)　これに反し，法人税負担割合が20％未満の外国子会社の所得については，
　適用除外基準に該当しない限り経済実体がある事業から得た所得であっても合
　算課税の対象となってしまうオーバー・インクルージョン（Over Inclusion）
　の問題を抱えており，例えば，航空機リース事業などがあった。

　この制度は，導入以来，数々の制度改正を積み上げてきたのであるが，既存の
制度に継ぎはぎをしていくことには，そろそろ限界が生じていたのである。また，
2009年に外国子会社配当益金不算入制度を導入したことから，日本から軽課税
国に所在する子会社に流出した所得を取り戻す手段としてCFC税制は一段と重
要性を増すことになり，この税制の見直しは喫緊の課題となっていたのである。

　このような課税上の不均衡を是正するために，2017（平成29）年度の税制改正
において総合的な見直しがなされた（[**図表2-8-1**]を参照）。

〔図表2-8-1〕改正前のタックス・ヘイブン規制税制における欠陥と改正による是正
　　　　　　　―これまでの制度には海外子会社の実態に沿わず課税の不均衡があった―

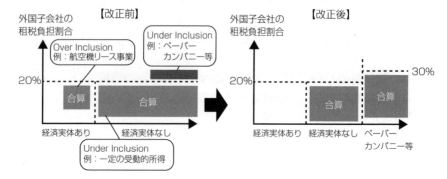

(2) 我が国におけるCFC税制の変遷とこれまでの改正の経緯

　タックス・ヘイブン規制税制は，我が国では1978年度の税制改正で導入された。当初は，ブラックリスト方式により特定の国または地域を「軽課税国等」として告示することにしていた。

　これは，地域限定方式であり，適用対象地域を「法人のすべての所得または特定の種類の所得に対する税負担が国内法人の所得に対する税負担より著しく低い国または地域」と定義し，①全所得軽課税国等，②国外源泉所得軽課税国等，③特定事業所得軽課税国等，に3分類していた。

　リストによる地域限定方式では，常に最新情報によって追加と削除を行う必要がある。しかし，当時は必ずしもその措置が速やかに行われず，多くのタックス・ヘイブンが規制対象外に放置され，課税逃れが野放し状態になっていた。

　このことを当時，著者が中曽根政権の売上税導入提案を批判する論文で日本税制の欠陥の一例として指摘し，これに世論が反応し世に言う「売上税騒動」の爆発の契機の1つとなった。

　そこで，課税当局は，このような批判を避けるために，「国内税率より一定の比率だけ低い軽課税または無税の国」と規定した方がよいとの考えから，1992年度の税制改正で「法人の所得に対して課税される税が存在しない国または地域および所得に対して課税される租税の額が当該所得金額の25％以下である国または地域」を適用対象地域とする判定基準を採用した。

　その後，この制度は，これまで数次にわたり見直しがなされてきたのである（〔図表2-8-2〕を参照）。

第23章　タックス・ヘイブンによる課税逃れの新しい規制　◆　*411*

（図表2－8－2）我が国のタックス・ヘイブン規制税制における主要な改正の経緯
—数次にわたる改正だが制度の継ぎはぎを続け混迷してきていた—

改正年度	主な改正の内容
1978 年	・制度の創設（「軽課税国」指定制度（＊）） （＊）大蔵大臣が合算対象子会社の所在地国を指定し告示するブラックリスト制度
1992 年	・「軽課税国」指定制度を廃止し，外国子会社の租税負担割合（トリガー税率：25%以下）により対象を判定するアプローチへ移行
2009 年	・「外国子会社配当益金不算入制度」の導入に伴う制度趣旨の変更（＊） （＊）「外国子会社に留保された所得を合算する制度（課税繰延の抑止）」から「外国子会社で発生した所得を合算する制度（租税回避を発生時に抑止）」へと制度の位置付けを変更
2010 年	・トリガー税率の引き下げ（25%以下⇒20%以下） ・一定の事業持株会社および物流統括会社が合算課税の対象とならないよう適用除外基準の見直し ・資産性所得の合算課税制度（＊）の創設 （＊）適用除外基準を満たすことにより会社単位の合算課税制度の対象外となる特定外国子会社等であっても，資産運用的な所得（ポートフォリオ投資に係る配当，利子，特許権等の使用料，船舶・航空機リース使用料等）については合算する制度
2015 年	・トリガー税率の見直し（20%以下⇒20%未満）

5　CFC税制の抜本的見直しの方向性と合算対象とされる外国関係の判定方法
—「経済実体の伴わない所得」は日本水準で課税—
(1)　CFC税制の抜本的見直しの基調と方向性

　この制度について，2017（平成29）年度の税制改革においては，経済実体に即した課税を行うべきであるとするOECDの「BEPSプロジェクト」の最終報告書の趣旨や，前年の「2016年度税制改革大綱」で示された方向性を踏まえ，租税回避をより的確に抑制するとともに，日本企業の海外展開を阻害しないような制度となるように見直している（［図表2－8－3］を参照）。

〔図表2-8-3〕タックス・ヘイブン規制税制の総合的見直しの方向性
　　　　　　―課税逃れをより的確に防止するとともに日本企業の海外展開を阻害しない
　　　　　　制度を目指す改正がなされた―

○　「外国子会社合算税制」とは，外国子会社を利用した租税回避を抑制するために，一定の条件に該当する外国子会社の所得を，日本の親会社の所得とみなして合算し，日本で課税する制度である。
○　改正前の制度では，外国子会社の税負担水準が20％（トリガー税率）以上であれば経済実体を伴わない所得であっても合算されず，申告も求められない一方で，実体ある事業から得た所得であっても合算されてしまう場合がある，という問題があった。
○　2017年度税制改正においては，「BEPSプロジェクト（行動3）」の合意や「2016年度与党税制改正大綱」で示された方向性を踏まえ，租税回避をより的確に抑制するとともに，日本企業の海外展開を阻害しないような制度とすべく，以下の方向性で制度の見直しをした。

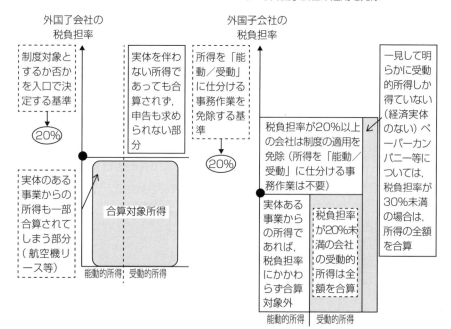

新制度の基調は，この制度の立法当初の「軽課税国への税の忌避を防ぐ」とするタックス・ヘイブン規制税制から，「経済実体に即して課税を行うこと」を建前とする「外国子会社合算制度」へと脱皮し，「経済実体の伴わない所得については合算対象とする」こととし，全世界の所得の全てについて日本水準で課税する仕組みとなった。

制度改正の方向性は，次のようであるとしている。

1) 租税回避リスクを，外国子会社等の租税負担割合や会社全体の事業実体の有無といった「会社の外形」から判断する，いわゆるエンティティ・アプローチから，海外子会社等の「個々の所得等の内容」に応じて把握する，いわゆるインカム・アプローチのウェイトを高めている。

インカム・アプローチは，執行上の負担とコンプライアンス・コストを増加させることになるが，所得移転が比較的に容易であるとみられる受動的所得を適正に捕捉し，効果的に特定の所得をCFCルールの対象とすることができ，BEPSプロジェクト行動3とともに，EU法の目的とも，より整合的である。

2) 外国子会社等の所得を能動的所得と受動的所得に区分し，能動的所得については，たとえ，そこでの税負担割合が20％未満であっても全額を合算対象から除外するとともに，受動的所得については，税負担割合が20％未満の場合および20％以上（ただし，30％未満の場合に限る）であっても，一見して明らかに受動的所得しか得ていないような，いわゆるペーパーカンパニーの所得の金額を合算対象とする。

⑵ 合算対象となる外国関係会社の判定方法の見直し

2017年度の税制改正においてタックス・ヘイブン規制税制での「合算対象とされる外国法人の判定方法等」の見直しは，次のようである。

① 持株割合の計算方法の変更

外国関係会社の判定における間接保有割合について，改正前の持分割合（単純掛け算方式）に代え，内国法人等との間に50％超の株式保有を通じた連鎖関係がある外国法人の判定対象となる外国法人の持分割合等に基づいて算定することとする。

改正前のように保有割合を単純に掛け算していくことでは，グループ内における子会社利用をうまく捕捉できないので，今回，「連鎖支配の場合には50％」という基準で支配関係の判定を改めたのである。これによりグループを正面から見るということになった。

② 実質支配概念の導入

改正前の持株要件（直接または間接で合計50％超保有）に加え，内国法人または居住者がその外国法人の残余財産のおおむね全部を請求することができる等の関係がある場合におけるその外国法人を外国関係会社の範囲に加えるとともに，その内国法人または居住者を本税制による合算課税の対象となる者に加える。

支配関係を認定する基準として法的支配では狭すぎることが問題となっており実質基準が導入されることが求められていた。資本関係の断絶を利用してCFC税制をすり抜けておいて，最後に自分の手元に財産を回収するという手口での租税回避である。

例えば，チャリタブル・トラスト（Charitable Trust：慈善信託）を利用して，資本関係がないタックス・ヘイブン法人を経由した蓄財を行い，租税回避を行う事案などがターゲットである。

③ トリガー税率基準は廃止されたが税率による適用判断は存続

外国関係会社が特定外国子会社等に該当するかどうかを判定するための税負担割合（税負担割合20％未満の，いわゆるトリガー税率基準）を廃止する。

新制度では，法令の構成上，租税負担割合（トリガー税率）での適用の可否の判定は廃止されたが，別途に，会社単位の租税負担割合によって適用免除措置が設けられているため「適用免除基準」という役割の意味で，実際的には，トリガー税率による判断基準は存続していることになる。

このような見直しをした改正後の制度を「判定フローチャート」で示すと，[図表2-8-4]のとおりである。

改正前において規定されていた「特定外国子会社等」は，改正後は，その課税方法に応じて「特定外国関係会社」と「対象外国関係会社」として整理される。

6　会社単位の合算課税と受動的所得の合算課税制度
　　—経済活動を中心とした判定構造への変更—

⑴　会社単位の合算課税制度の見直し

2017（平成29）年度の税制改正によりCFC税制は，対象会社の判定を，租税負担割合が20％以上の場合は軽課税国でないとし合算課税の対象とならないとしてきたこれまでの制度を経済活動を重視した判定方法に改められた。

租税回避リスクを租税負担割合でなく，所得や事業の内容により把握する仕組みに改めることから，制度適用の有無を入口で判断していたトリガー税率を廃止

〔図表2−8−4〕合算課税の対象となる外国関係会社の改正された判定方法のフローチャート
　―改正後は，その課税方法に応じて「特定外国関係会社」と「対象外国関係会社」に整理される―

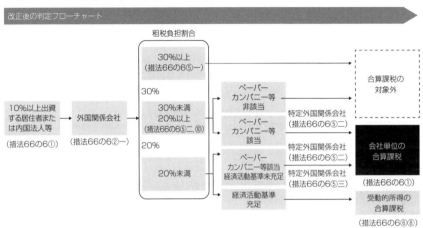

し，租税回避リスクの高いペーパーカンパニー等については，会社単位で合算対象とするかどうかを判定することになった。

(2) ペーパーカンパニー等の特定外国関係会社への課税規定の創設

新制度では，経済実体を伴わない法人を利用した租税回収行為に対し，より効果的に対応するために事業実体がないか，または乏しいと考えられるペーパーカンパニー，事実上のキャッシュボックス，ブラックリスト国所在法人については，「特定外国子会社」として会社単位の合算課税の対象とされることになった。

この特定外国関係会社の定義は〔図表2−8−5〕のとおりである。

(3) 会社単位の合算課税の判定基準の見直し

この「会社単位の合算課税制度」の見直しは，次のようである。
1) 適用除外基準を「経済活動基準」への名称変更と内容の見直し
　会社単位の合算課税制度における適用除外基準について，次の見直しを行ったうえで同制度の発動基準（経済活動基準）に改め，経済活動基準のうちのいずれかを満たさない外国関係会社について，会社単位の合算課税の対象とする。
① 事業基準

416 ◆ 第8編 新CFC税制の構造とその論点

（図表2-8-5）特定外国関係会社の定義
―ペーパーカンパニー等はどのように判定されるか―

ペーパーカンパニー	次の①および②のいずれも満たさない外国関係会社 ① 実体基準：その主たる事業を行うために必要と認められる事務所等の固定施設を有している（保険業を営む一定の外国関係会社にあっては，これらを有している場合と同様の状況にある場合を含む）こと ② 管理支配基準：その本店所在地国においてその事業の管理，支配および運営を自ら行っている（保険業を営む一定の外国関係会社にあっては，これらを自ら行っている場合と同様の状況にある場合を含む）こと
事実上のキャッシュボックス	次の要件のいずれも満たす外国関係会社 ① $\dfrac{\text{部分合算課税対象所得のうち，異常所得以外の所得の合計額}}{\text{総資産の額}} > 30\%$ ② $\dfrac{\text{有価証券，貸付金および無形固定資産等の合計総額資産の額}}{\text{総資産の額}} > 50\%$
ブラックリスト国所在法人	租税に関する情報の交換に関する国際的な取り組みへの協力が著しく不十分な国または地域として財務大臣が指定する国または地域に本店等を有する外国関係会社（なお，現時点において，いずれの国も指定等は何らされておらず，今後，規定されるものと考える。）

一定の要件を満たす航空機リース会社は事業基準を満たしているものとして適用対象から除外することにする。

② 実体基準および管理支配基準

保険委託者の実体基準および管理支配基準の判定について，保険受託者が実体基準または管理支配基準を満たしている場合には，その外国関係会社は実体基準または管理支配基準を満たすものとする。

③ 所在地国基準

香港における来料加工にみられるような製造業を主たる事業とする外国関係会社のうち，本店所在地国において製造における重要な業務を通じて製造に主体的に関与していると認められるものの所在地国基準の判定について，所要の整備を行った。

④ 非関連者基準

(イ) 非関連者との間で行う取引の対象となる資産，役務その他のものが，関連者に移転または提供されることがあらかじめ定まっている場合には，その非関連者との取引は，関連者との間で行われたものとみなして非関連者基準の判定を行う。

(ロ) 保険業を主たる事業とする外国関連会社が保険受託者に該当する場合に

第23章　タックス・ヘイブンによる課税逃れの新しい規制　◆　*417*

おける非関連者基準の判定について，その外国関連会社が保険委託者との間で行う取引は関連者取引に該当しないものとする。

　(ハ)　航空機の貸付けを主たる事業とする外国関係会社については，非関連者基準を適用することとする。

2)　適用対象金額の計算についての見直し

　適用対象金額から控除する受取配当に係る持分割合要件（25％以上）について，主たる事業が化石燃料（原油，石油，ガス，可燃性天然ガスまたは石炭）を採取する事業である外国法人で，我が国が締結した租税条約の相手国に化石燃料を採取する場所を有するものから受け取る配当等にあっては，10％以上とする。

3)　適用免除についての見直し

　租税負担割合が20％以上である場合には，会社単位の合算課税の適用を免除する。

(4)　受動的所得の部分合算課税制度の整備

2017年度の税制改正によりCFC税制では，改正前の制度における資産性所得は「受動的所得」に改められ，対象範囲が大幅に拡大された。

経済活動基準を全て満たしている場合においても租税負担割合が20％未満のときは，受動的所得については合算課税の対象となる。

この受動的所得の「部分合算課税制度」の整備は，次のようである。

1)　部分合算課税の対象所得の範囲

　部分合算課税の対象となる所得は，次のとおりである。

　(イ)　利子（但し，一定のものについては，対象から除外）

　(ロ)　配当等（但し，持分割合25％以上等の要件を満たす法人から受ける配当等については，対象から除外）

　(ハ)　有価証券の貸付けの対価

　(ニ)　有価証券の譲渡損益（但し，持分割合25％以上等の要件を満たす法人の株式等に係る譲渡損益については，対象から除外）

　(ホ)　デリバティブ取引損益（但し，ヘッジ目的等は，対象から除外）

　(ヘ)　外国為替損益（但し，事業関連は除く）

　(ト)　上記(イ)から(ヘ)までに掲げる所得を生ずべき資産から生ずるこれらの所得に類する所得

　(チ)　有形固定資産等の貸付けの対価（主として本店所在地国で使用に供される

固定資産の貸付けを除く）

(リ) 無形資産等の使用料（自己開発等一定のものに係る使用料を除く）

(ヌ) 無形資産等の譲渡損益（自己開発等一定のものに係る譲渡損益を除く）

(ル) 外国関係会社の当該事業年度の利益の額から，(イ)から(ヌ)までに掲げる所得種類の所得の金額および所得控除額を控除した残高に相当する所得（総資産等に比して根拠性の希薄な異常所得）

2) 部分適用対象金額の計算

部分合算課税の対象となる金額は，外国関係会社の当該事業年度の次に掲げる金額の合計額とする。

(イ) 上記1)(イ)から(ハ)まで，(チ)(リ)および(ル)に掲げる金額の合計額

(ロ) 上記1)(ニ)から(ト)までおよび(ヌ)に掲げる所得の金額の合計額（当該合計額が零を下回る場合は，零）

3) 部分適用対象金額に係る欠損金の繰越控除

外国関係会社の当該事業年度開始の日前7年以内に開始した各事業年度において生じた損失がある場合には当該事業年度の上記2)(ロ)に掲げる金額の計算上，控除する。

4) 金融子会社等に係る部分合算課税

部分合算課税の対象範囲，部分適用対象金額の計算，部分適用対象金額に係る欠損金の繰越控除について定めている。

合算課税の対象となっていた改正前の資産性所得と合算課税対象とされる改正後の受動的所得を比較すると［図表2-8-6］のとおりである。

改正後のCFC税制において合算課税の対象となる受動的所得の詳細は，［図表2-8-7］のとおりである。

（図表2-8-6）改正前の資産性所得と改正後の受動的所得の比較
—適用範囲を拡大しデリバティブ取引損益・外国為替差損益・無形資産等の譲渡損益等が追加された—

改正前の制度の資産性所得の範囲	改正後の受動的所得の範囲※
債券の利子	受取利子等◎
債券の償還差益	
持株割合10％未満の株式等に係る配当	剰余金の配当等◎
	有価証券の貸付けによる対価◎
持株割合10％未満の株式等の譲渡益	有価証券の譲渡損益◎
債権の譲渡益	

第23章　タックス・ヘイブンによる課税逃れの新しい規制　◆　*419*

	デリバティブ取引損益◎
	外国為替差損益◎
	上記所得を生ずべき資産から生ずるこれらの所得に類する所得◎
船舶・航空機の貸付けの対価	固定資産の貸付けの対価
特許権等の使用料	無形資産等の使用料
	無形資産等の譲渡損益
	総資産等に比して根拠性の希薄な異常所得
小額免除基準：収入金額1,000万円以下または所得金額が税引前利益の5％以下	小額免除基準：収入金額2,000万円以下または所得金額が税引前利益の5％以下（措法66の6⑩）

（※）上記◎の所得については，一定の要件を満たす外国金融子会社等については合算対象から除外される。

〔図表2－8－7〕合算課税の対象となる受動的所得の概要
　　　　　　　　　―受動的所得の種類・計算方法・範囲から除外される部分―

受動的所得の種類	計算方法	課税対象から除外されるもの
(a)　受取利子等	■　受取利子等の額−直接費用の額	■　一定のグループファイナンスに係る貸付金利子 ■　本店所在地国の法令に準拠して貸金業を営む外国関係会社で，本店所在地国においてその役員または使用人が貸金業を的確に遂行するために通常必要と認められる業務の全てに従事していること等の要件を満たすものが金銭の貸付けによって得る利子 ■　業務の通常の過程で得る預金利子
(b)　剰余金の配当等	■　剰余金の配当等の額 −（直接費用の額＋間接費用として一定の額）	■　持分割合25％以上等の要件を満たす法人から受ける配当等（損金算入配当等を除く） ■　化石燃料特例：次の要件を満たすものは持株割合が10％に低減 ■　主たる事業が化石燃料（石油,石油ガス，可燃性天然ガスまたは石炭,以下同じ）を採取する事業(その採取した化石燃料に密接に関連する事業を含む）である外国法人 ■　我が国が締結した租税条約の相手国に化石燃料を採取する場所を有するものから受ける配当等

(c) 有価証券の貸付けの対価	■ 有価証券の貸付けによる対価の額 – 直接費用の額	■ なし
(d) 有価証券の譲渡損益	■ 有価証券の譲渡対価 –（有価証券の譲渡原価＋直接費用の額）	■ 持分割合25％以上等の要件を満たす法人の株式等に係る譲渡損益
(e) デリバティブ取引損益	■ デリバティブ取引に係る損益の額	■ ヘッジ目的で行われることが明らかなデリバティブ取引等に係る損益 ■ 本店所在地国の法令に準拠して商品先物取引業またはこれに準ずる事業を行う外国関係会社で，本店所在地国においてその役員または使用人がこれらの事業を的確に遂行するために通常必要と認められる業務の全てに従事していること等の要件を満たすものが行うこれらの事業から生ずる商品先物取引等に係る損益
(f) 外国為替差損益	■ 外国為替の売買相場の変動に伴って生じる損益	■ 事業（外国為替相場の変動によって生ずる差額を得ることを目的とする事業を除く）に係る業務の通常の過程で生ずる外国為替差損益
(g) 上記(a)から(f)までに掲げる所得を生ずべき資産から生ずるこれらの所得に類する所得	■ 資産の運用，保有，譲渡，貸付けその他の行為により生ずる損益の額	■ ヘッジ目的で行われることが明らかな取引に係る損益
(h) 固定資産の貸付けの対価	■ 固定資産の貸付けの対価 – 直接費用の額（減価償却費を含む）	■ 主として本店所在地国において使用に供される固定資産（不動産を除く）の貸付けによる対価 ■ 本店所在地国にある不動産等の貸付けによる対価 ■ 本店所在地国においてその役員または使用人が固定資産の貸付けを的確に遂行するために通常必要と認められる業務の全てに従事していること等の要件を満たす外国関係会社が行う固定資産の貸付けによる対価

第23章　タックス・ヘイブンによる課税逃れの新しい規制　◆　421

(i)　無形資産等の使用料	■　無形資産等の使用料−直接費用の額（減価償却費を含む） ■　無形資産等の範囲は以下のとおり	■　外国関係会社が自己開発した無形資産等に係る使用料 ■　外国関係会社が相当の対価を支払って取得し，または使用許諾を得た上で一定の事業の用に供している無形資産等に係る使用料

無形資産等の範囲は以下のとおり

改正前 資産性所得 （特許権等）	改正後 受動的所得 （無形資産等）
特許権	特許権
実用新案権	実用新案権
意匠権	意匠権
商標権	商標権
著作権（出版権および著作隣接権を含む）	著作権（出版権および著作隣接権を含む）
	その他技術に関する権利
	特別の技術による生産方式
	これらに準ずるもの（これらの権利に関する使用権を含む）

(j)　無形資産等の譲渡損益	■　無形資産等の譲渡対価の額−（有価証券の譲渡原価＋直接費用の額）	■　外国関係会社が自己開発した無形資産等に係る譲渡損益 ■　外国関係会社が相当の対価を支払って取得し，または使用許諾を得た上で一定の事業の用に供している無形資産等に係る譲渡損益
(k)　異常所得	■　当該事業年度の利益−受動的所得に係る所得種類の所得金額−所得控除額 ■　所得控除額＝（総資産の額＋減価償却累計額＋人件費の額）×50%	

第|24|章

CFC税制の見直しの総括と不徹底性についての懸念
―タックス・ヘイブン濫用の規制として未だ不十分―

1 CFC 税制の見直しの目的と内容についての総括

　多国籍企業などがタックス・ヘイブンを利用して課税逃れを行うことを防止するための規制税制に関する今回の見直しについて，その目的別の内容を総括整理して主要ポイントを示すと［図表2-8-8］のようである。

2 タックス・ヘイブンによる租税回避の規制に対する租税立法と税務執行における不徹底性についての懸念

　2017 年度の改正を政府課税当局は，我が国の CFC 税制の"抜本的見直し"とか，"総合的見直し"と高らかに謳い上げているが，果たして「抜本的」改革の名に値するのか甚だ懸念があると言わざるを得ない。

　改正の内容は，あまりにも技術的であり，枝葉末節の小手先の改正に過ぎず，複雑化と混迷を深め「追いつけない規制税制」となっている。これでは，課税当局よりも，はるかにパワフルな「納税したがらない存在」である巨大な怪物の多国籍企業に対抗することはできない。

　現に，税務執行の現場における申告漏れ所得の摘発事績は，あまりにも乏しく，課税逃れの「逞ましい」実態や，巧妙なテクニックについての情報収集もしていない。

　タックス・プランニング・スキームとこれらのスキームのユーザーおよび助言者であるプロモーターに対して「国際租税スキーム」の義務的開示の制度の導入も必要である。

　いずれにしても，真の意味において実効ある「抜本的見直し」を断行することが緊要であり，「租税国家の黄昏」を嘆いていてはならないのである。

第24章　CFC税制の見直しの総括と不徹底性についての懸念　◆　423

〔図表２−８−８〕タックス・ヘイブン規制税制についての改正の目的と内容
　　　　　　　—これまでの「運用除外基準」が「経済活動基準」に改組される—

見直し目的	内容
■会社単位の税負担率が一定率（トリガー税率）以上であることのみを理由に、合算対象とされないことへの対応	■トリガー税率を廃止し（①）、ペーパーカンパニー等の所得は、原則、会社単位で合算（②） （注：ただし、一定の保険受託者、資源投資法人については、事業実態に配慮した特例を措置）
■租税回避リスクに効果的に対応しつつ、改正前の制度と比較して過剰な事務負担が企業にかからないようにする	■事務負担軽減の措置として、会社単位の租税負担割合「20%」による制度適用免除基準を設定（③）
■資本関係は無いが、契約関係等により子会社を支配しているケースや間接支配への対応	■実質支配基準の導入と特株割合の計算方法の見直し（④）
■実態ある事業を行っている航空機リース会社や製造子会社の所得が合算されないよう対応	■事業基準・所在地国基準の判定方法の見直し（⑤）
■第三者を介在させることで、「非関連者基準」を形式的に満たすケースへの対応	■非関連者基準の判定方法の見直し（⑥）
■経済実体のない、いわゆる受動的所得は合算対象とする	■受動所得の対象範囲の設定（配当、利子、無形資産の使用料等）（⑦） （注：ただし、金融機関が本業から得る金融所得は合算対象から除外）

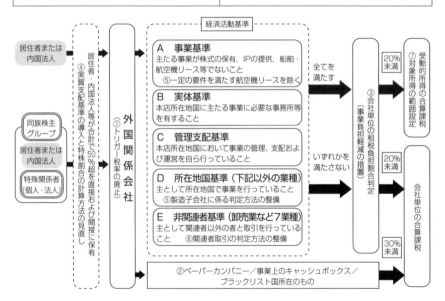

第 | 25 | 章

CFC 税制の最新改正の考え方と論点の吟味

―改正の発想と焦点は妥当であるか―

1　タックス・ヘイブンによる課税逃れの規制は不徹底で機能不全

―「租税国家の黄昏」から「租税国家の復権」を―

⑴　多国籍企業の暴走に追いつけず空転している租税立法

　多国籍企業などがタックス・ヘイブンに設けられた外国関係会社へ所得を移転することにより我が国の法人税の課税を免れている課税逃れを防止するための規制措置を設けて以来，40 年を超える長期にわたり課税当局は立法および行政の両面において懸命の努力をし工夫をこらしてきたことは，確かであろう。

　しかし，今日までのグローバル企業の現実の納税実態からみれば，これらの規制が必ずしも十分な成果を上げてきたものとは言えず，より良く機能を果たしているとは思われないのである。

　そのため最新の改正である 2017（平成 29）年度の税制改正においても，タックス・ヘイブン規制税制である「外国子会社合算税制」（CFC 税制）について，「抜本的な改正」や「総合的見直し」などと称する改正を行ったとしている。

　これまで，この税制は，1978 年度の税制改正で導入以来，数次にわたる制度改正を積み上げてきたのであるが，そのほとんどが対症療法的な継ぎはぎであり，制度が空転しているのではないかとさえ思われてならないのである。

⑵　諸悪の根源であるタックス・ヘイブンの悪用を有効に規制するには発想の転換が緊要

　多国籍企業の国際的な租税回避スキームを見ると，ほとんど全てのケースにおいてタックス・ヘイブンが重要なコンポーネントとなっている。つまり，タックス・ヘイブンがなければスキームを組成することができないのである。

　まさに，タックス・ヘイブンは，グローバル経済を動かす闇のネットワークであり，課税逃れの原因となる最大のファクターである。しかも，そこに蓄積され

た厖大なマネーは，強欲な増殖本能のままに世界を跋扈し世界経済の混乱と破壊を誘発する震源となっている諸悪の根源である。

このタックス・ヘイブンを濫用して，国際的スケールで事業活動を展開している多国籍企業の世界租税戦略の多様化と巧妙化は，各国の課税当局に深刻な課題を提起し，これへの適切な対応措置の必要性が一段と高まっている。

そこで，我が国の CFC 税制の実態について改めて再吟味をし，この際，発想の転換による抜本的な改革提案を検討することとする。

このために，現在，課税当局が構想している今後の国際課税のあり方に関する基本的な考え方についての検討とともに，最新の改正におけるタックス・ヘイブン規制税制の改正そのものについての考え方を再確認して分析することから始めることが適当であると考える。

2 課税当局による今後の国際課税のあり方についての基本的な考え方 —経済の構造変化を踏まえての方針—

(1) 国際課税のあり方を検討するにあたっての視点

グローバル経済や日本経済に見られる構造変化を踏まえると，我が国の国際課税のあり方を検討するにあたっては，次の3つの視点が重要となる。

1) 新興国・途上国の経済規模や存在感の拡大

世界経済における存在感を高めている新興国・途上国については，国際課税に係るルールメイキングへの関与を深めるとともに，自ら参加して決めたルールを確実に遵守させることが重要となる。

自国のみを利するのではなく，決められたルールを尊重する国際協調が実現すれば，海外展開を試みる企業のビジネス展開上の不確実性が軽減されるとともに，公平な競争条件が確保されることになる。

この点，「BEPS プロジェクト」が，OECD 加盟の先進国だけでなく，G20 メンバーである新興国の参加も得つつ我が国の主導的役割のもとで進められてきたことが重要である。

2) さまざまな税制上の優遇措置を持つ経済規模の小さい国・地域を経由地とするクロスボーダーの直接投資の増加

金融資産や知的財産の国境を越えた取引が量的に拡大し，質的にも多様化する中で，国際課税のルールは，資本や知識・技術の一大輸出国である我が国の重要なインフラとして，日本企業の健全な海外展開の促進とその果実の国内経済への還流という好循環を支えて，所得収支やサービス収支の黒字拡大等を通じて，日

本経済に貢献できる。

その際，その過程で発生する意図しない「副作用」にも留意しなければならない。もともと，海外への投資や技術移転は，企業の競争力の向上や投資先の市場環境の活用といった事業目的で行われるべきであり，税負担の軽減を目的とすべきではない。

例えば，日本のインフラや良質な労働力を活用した研究開発といった実体ある活動を通じて生み出された知的財産が，海外につくった実体のないペーパーカンパニーへ移されるという「知の国外流出」ともいえる状況が発生すれば，課税機会の喪失だけでなく，日本の知的財産の保全を阻害することになりかねない。

日本経済全体にとっても，本来は知的財産使用料を受け取る立場であったものから，使用料を支払う立場となることから，サービス収支の悪化を招き，日本の経済成長にとってのマイナス要因をつくることになる。

以上を踏まえ，国際課税に関する制度の見直しにあたっては，「グローバル企業の経済活動が行われる場所と，税が支払われるべき場所とを一致させる」との「BEPS プロジェクト」が示した考え方に即して，日本企業の健全な海外展開を支援しつつ，租税回避を効果的に抑制していくことが必要である。

　3）　オフショアセンターへの資本蓄積の増大

オフショアセンターへの多額の資本蓄積に対しては，各国の税務当局間における情報交換ネットワークの拡大と強化等を通じて税の透明性を向上させるグローバルな取り組みの実効性を高めていくことで，こうした国・地域が租税回避等の温床とならないようにしなければならない。

⑵　国際課税のあり方についての今後の基本方針

以上のような視点から，今後，国際課税のあり方を考えるにあたっては，次のような基本方針のもとで臨むことになるとしている。

①　健全な企業活動を支えるグローバルに公平な競争条件の確立（「BEPS プロジェクト」の合意事項の着実な実施に係る国際協調の促進）

②　健全な海外展開を歪める誘因となる行動の除去（経済活動や価値創造の場所と税が支払われるべき場所の一致）

③　税に対する透明性の向上に向けた国際的な協調（公平な税の執行のための国際的な情報交換と連携）

これにより，健全な企業活動を促進していくことが必要であるとしている。

3 CFC 税制の総合的見直しにあたっての考え方と改正の主要な焦点の解明 —2017年度税制改正の特徴—

⑴ 改正における基本的な発想と方向性としての特徴

　CFC 税制について租税回避リスクの高い所得への対応等を含め，外国関係会社の経済実体に即して課税を行うべきとする「BEPS プロジェクト」の最終報告書の基本的な考え方を踏まえ，タックス・ヘイブン国に所在する外国関係子会社を利用した租税回避の防止という本制度の趣旨とともに，日本の産業競争力や経済への影響，適正な執行の確保等に留意しつつ，総合的な検討をして 2017（平成 29）年度の税制改正において抜本的な改正を行ったとしている。

　そして，この改正により，「企業の健全な海外展開を促進しつつ，公平な競争条件を損う租税回避には，従来よりも効果的な対応をする」ことを目指したものとしている。

　このために，多国籍企業などが外国関係子会社を通じて濫用されている租税回避リスクを，これまでの「子会社の租税負担割合や会社全体の事業実体の有無」というような，いわば「会社の外形」によって判断するエンティティ・アプローチから，これを改めて，基本的な枠組みにおいて個々の所得の内容や稼得方法というような，いわば「所得の内容」に応じて把握するインカム・アプローチへと改めたとしている。

⑵ 改正における重要な焦点となる事項の解明

　改正による重要な焦点は，次のようである。

　1）　ペーパーカンパニー等を「特定外国関係会社」として課税適用対象に導入

　改正前の制度では，トリガー税率テストにより会社単位での合算課税の有無を判定するため外国子会社の租税負担割合がトリガー税率（20％）以上であれば，たとえ経済実体を伴わない所得であっても合算課税の対象にされないという問題が指摘されていた。

　そこで，改正では，トリガー税率を上回る法人一律に CFC 税制の対象外とするのではなく，経済実体を伴わない法人を利用して租税回避をすることを防止するため，事業実体がない①ペーパーカンパニー，②事実上のキャッシュボックス，③ブラックリスト国所在の法人，については租税負担割合が30％未満である場合には「特定外国関係会社」として会社単位で合算課税の対象とする制度が導入された。

　2）　インカム・アプローチを基調とすることに改めて合算課税の対象となる受

428 ◆ 第8編　新CFC税制の構造とその論点

動的所得の範囲の拡大

資産性所得である受動的所得に係る部分合算課税は，資産運用的な所得をタックス・ヘイブン国に付け替える租税回避行為を防止する観点から改正前の制度においても例外的に設けられてきていたが，2017年度の改正後は，この考え方を基調とすることに改め，課税対象が大幅に拡大された。

受動的所得に係る合算課税の範囲はCFC税制の対象となる外国関係会社が金融子会社等に該当するか否かで異なるが，金融子会社に該当しない外国関係会社については，これまでの利子，配当等，有価証券の貸付けの対価，有価証券の譲渡損益，無形資産等の使用料に，今回の改正により，デリバティブ取引損益，外国為替差損益，以上の所得に類する所得，無形資産等の譲渡損益，総資産等に比して根拠性の希薄な異常所得が追加され，その範囲が拡大された。

(3)　書類等の提出要件の明定

経済活動基準の充足やペーパーカンパニー等の適用除外に関する書類等の提出・保存について規定され，期限までに提出等がないときは，外国関係会社は経済活動基準を満たさないものと推定される。

外国関係会社に係る財務諸表等の添付も要求されることになった。

4　我が国のCFC税制の今次の改正の考え方と論点についての吟味
―不徹底でテクニカルな改正で「抜本的見直し」などとは言えない―

我が国のCFC税制は，既に行き詰まりの様相を呈しており，これでは，強欲資本主義の経済哲学により，逞ましく税引後利益の極大化を目指し巧妙な「国際租税戦略」を展開し，租税当局よりも，はるかにパワフルで本能的に「納税をしたがらない存在」であり，21世紀の巨大な怪物である多国籍企業に対抗することができていないのではないかと思われる。

そこで，これらの事態を打開し，グローバル大企業によるグローバルなスケールでの課税逃れを防止する規制措置として，今回の改正が十分で的確なものであったかを吟味する。

(1)　改正に臨む基本的姿勢は果たして適当であったかどうか

改正の目標は，国際課税のあり方において，「経済発展に貢献する健全な企業活動を支援しつつ税源を守る」ことが国家の基盤に関わる課題であるとの問題意識により，次のようであるとしている。

第 25 章　CFC 税制の最新改正の考え方と論点の吟味　◆　*429*

① 　企業の健全な海外展開を促進すること
② 　公平な競争条件を損なう租税回避には従来よりも効果的に対応することができるようにすること

もとより抽象的な理念としては，このような考え方には異論を差し挟む余地はないのであるが，どちらかと言えば両者は相矛盾する概念でもある。

しかし，改正の方針として，まず第 1 に「企業の健全な海外展開」の確保が挙げられ，これに次ぐ第 2 に「租税回避の防止」を掲げていることは気になる点である。しかも，「租税回避の防止」は，その理由づけとして「企業の公平な競争条件の確保」を目指すとしているが，租税立法として果たして，いかがなものであろうか。

租税立法においては，納税者である国民や企業の正常にして公正な経済活動を阻害しないような配慮のもとに公平な徴税による国家の財源獲得を図ることが本来の使命であると考える。そもそも，「企業の健全な海外展開の促進」や，企業間の「公平な競争条件の確保」というのは，国の産業経済政策の範疇に属するものである。

税制のあり方としては，課税の公平原理の貫徹こそが最大の指標であり，適正な税務執行を可能とするものでなければならない。その結果として国家運営に不可欠な財政需要を充足する財源確保を達成することになるべきである。

ところが，近時の我が国の税制動向は，財政政策よりも，どちらかと言えば企業経済政策にシフトしている傾向が否定できないように思われる。しかも，そのことが，法人税制の本体ではなく，租税回避規制税制である CFC 税制の抜本的改正の基本的方向が，かような姿勢であることが根本的に問題である。

今回の改正においても，日本経団連をはじめとする経済界からの強力な圧力もあり，企業の実務への配慮の思惑から，当初に意図していたドラスティックな抜本的改革は看板倒れになり，腰砕けで多くの妥協を余儀なくさせ抜け穴を作っている。

国際課税のあり方についての今後の基本方針の第 1 に挙げられている「健全な企業活動を支えるグローバルに公平な競争条件の確立」も，租税立法としては，あくまで企業間における公平性と中立性の確保であり，理不尽にして不当な抜け駆けの行動である租税回避によって「支払うべき税金を支払わない」という異常な事態を阻止することでなければならない。

このことは，今後の基本方針の第 2 に挙げられている「経済活動や価値創造の場と税が払われる場所の一致」という要請により達成しようとする「健全な海外

展開を歪める誘因の除去」も，企業の「健全な海外展開」にシフトして考察するのではなく，「経済活動の場所と税が払われる場所の一致」に力点を置いて考えるべきである。

　それは典型的には，通常の税負担である国や地域において行った経済活動によって発生した所得を移転価格の操作により税負担の著しく低いタックス・ヘイブン国や地域に移動させて，課税を逃れることを禁止することを意味しているのである。

(2)　エンティティ・アプローチを基調としてきた制度を抜本的に改革し基本的にインカム・アプローチに改正したとしているが果たしてそう言えるであろうか

　我が国の CFC 税制において，その適用対象の判断を事業体（会社）単位で制定するエンティティ・アプローチから，資産性（受動的）所得であるかどうかで判定するインカム・アプローチに基本的に変更したとしている。

　しかし，2010 年度の税制改正において既に資産性所得の合算課税制度が創設され，ポートフォリオ投資に係る配当，利子，特許権等の使用料，船舶・航空機リース料等の資産運用的な所得については合算する制度が設けられていた。つまりインカム・アプローチ的な要素が取り入れられており，いわばハイブリッド的な形になっていた。

　そうした中で制度的には非常に複雑化していることも事実であり，制度の簡素化という視点をも考慮しで見直すべきであると思われてきた。しかし，今回これまでの資産性所得の合算課税を受動的所得の合算課税に改めるとともに，その適用範囲を拡大したとしても，これは手直し的な改正に過ぎず構造的な変更とは言えないのではないかとみられる。

(3)　インカム・アプローチを基調としているが実務への配慮のためとしてエンティティ・ベースの便宜規定を残し不透明なハイブリッドのままになっているのではないか

　改正における課税の基本的な指向や法制の構成は「BEPS プロジェクト」の勧告にアダプトして合算の可否を会社全体により判定するエンティティ・アプローチから，個々の所得の内容に応じて合算対象を把握するために，事業活動から生ずる能動的な所得（アクティブ所得）と，金融取引等から発生する資産性所得である受動的な所得（パッシブ所得）を区別するインカム・アプローチを理念的には基調とし，その理論化と精緻化を指向している。

第25章　CFC税制の最新改正の考え方と論点の吟味　◆　*431*

　資産運用等により生じるパッシブ所得である資産性所得は，これを軽課税国に付け替える租税回避行為が行われやすいのでアクティブ所得と区別して合算課税の対象としているのである。

　しかしながらコンプライアンス・コストの増大を抑制するため実務への配慮のもと簡便なこれまでのエンティティ・ベースである租税負担割合20％未満により線引きする判断基準を残したままである。

　このため外見的には，インカム・アプローチを建前として基調とすることを装いながら，内実ではエンティティ・アプローチを依然として残しているのである。これでは，改正前の制度のようにハイブリッドの姿のままになっている。

⑷　特許権等の無形固定資産等の使用料の受動的所得について設けられている自己開発の除外規定は妥当なものであろうか

　受動的所得として列挙されている各所得について，一定の除外規定が設けられているが，そのうちには，企業サイドに立ち過ぎて，いささか寛大に過ぎる除外事項があるように思われる。

　例えば，受動的所得となる「無形固定資産等の使用料」には，特許権，実用新案権，意匠権，商標権，著作権のほかに，改正により，新たにその他の技術に関する権利，特別の技術による生産方式，これらに準ずるもの（これらの権利に関する使用権を含む）の３項目が追加された。

　問題なのは，これら無形資産の使用料についての「除外されるもの」として，「外国関係子会社が自己開発した無形資産等に係る使用料」が挙げられているが，特許権等の無形固定資産等をタックス・ヘイブンにある外国関係会社がその現地において実際に自己開発するということは，一般に限定されたケースであろう。

　もしも，そのようなことがあり，日本のインフラや良質な労働力を活用した研究開発を外国関係会社において実施することは，まさに「知の国外流出」といえる。国民経済的に懸念のある日本の知的財産の保全を阻害する状況が発生することになる。

　特許権等の使用料収入を受動的所得として合算課税をするのは，日本において開発された知的財産が，海外につくった実体のないペーパーカンパニーへ移され課税機会を喪失することを防止しようとするためである。

　タックス・ヘイブンに設けられた外国関係会社が自己開発した特許権等の使用料を合算課税の対象から除外し課税対象にしないルールは，国際租税戦略として，敢えて，そのような行動を促すようにもなりかねず，懸念される「日本の知の財

産の保全を阻害する」という損害を生じさせることになるであろう。したがって，そのような事象を合算課税の対象から除外する措置は必ずしも適当でないものと思われる。

(5) 受動的所得の多くの項目に許容される除外規定は資産性所得の合算課税の抜け穴になるのではないか

新制度は，インカム・アプローチを基本的な建前とし，パッシブ所得である資産性所得は幅広く合算課税の対象として取り込まれ，多くの項目を網羅している。ところが，これに対し例外的に，「事業に係る業務の通常の過程」において生じた受動利子，「自ら行った研究成果」に係る特許権等の無形固定資産の使用料等，固定資産の貸付けを「的確に遂行するために通常必要と認められる業務の全てに従事していること等の要件」を満たしている外国関係会社が行う固定資産の貸付けによる対価は除かれるものとし，課税対象から除外される多くの「除外規定」を設けている。

このように，受動的所得の合算ルールにおいては，個別の判断に委ねる形で多くの緩和規定を設けているが，このことは資産性所得の合算課税に抜け穴を作ってしまっていることになるのではないかと危惧される。

また，これら除外規定の内容は極めて抽象的で，その解釈適用とともに，事実認定をめぐってトラブルメーカーとなっていくことも懸念される。

(6) 改正により法の構成は極めてテクニカルで個別の判断を要する事項が目立ち関係者は対応に追われるおそれがあるのではないか

改正は「BEPS プロジェクト」の勧告の対応の結果ではあるが，制度は，かなり複雑でテクニカルな構成になっており，実際には個別の判断を要する事項が多く，企業側も課税当局側もともに，対応に苦慮することになると思われる。

もとより BEPS プロジェクトの理念どおりに制度をつくろうとすると，非常に精緻なものとなり，企業にとっては非常に多くの実務負担となるのでコンプライアンス・コストに配慮する仕組みをどうするかが難しいであろう。この点，立法においては，細目にわたり工夫をこらしたように思われるが，どちらかと言えば対症療法的な部分的にして技術的な見直しにとどまっているといわざるを得ない。

これでは,逞ましい多国籍企業の巨大な課税逃れの原因となり,租税回避スキームの重要なコンポーネントとなっている諸悪の根源であるタックス・ヘイブンを濫用するスキームに対する規制ルールの構築としては，甚だ物足りない。

第9編

タックス・ヘイブン規制の革新的改革

第26章　タックス・ヘイブン進出企業の凄まじい実態：課税逃れへの追及が十分になされていないのではないか

1　驚くほど成果が乏しい CFC 税制に係る税務執行の実地調査における不正申告の摘発状況：空洞化しタックス・ヘイブン退治ができていない税務調査の実態

2　規制地域外に進出していた多数の日系企業の凄まじい実態：既に 30 年前の調査により明らかにされた驚くべき異常な野放し状態

第27章　巨大企業の国際的租税スキームの情報収集の模索：課税逃れのテクニックの秘密情報の獲得が有用

1　課税当局はタックス・ヘイブンの活用による課税逃れに用いられているテクニックやスキームに関する情報収集に努めるべきである：実態把握をし効果的な対応策が必要

2　国際的租税スキームの義務的開示による課税逃れへの対抗措置：既存の義務的開示制度の分析と考察

第28章　タックス・ヘイブンによる課税逃れ規制の改革提案：進出企業状況報告制度と国際租税スキーム開示申告制度の創設

1　タックス・ヘイブンの利用による不当な課税逃れへの効果的な対抗措置の緊要性

2　国際的租税スキームの義務的開示制度の設計における狙いと配慮

3　国際的租税スキームの義務的開示は「租税回避の経済学」を変え「租税回避市場」に圧力をかけるのに有効

4　タックス・ヘイブン進出企業状況報告制度の創設の提案

5　タックス・プランニング・スキームの開示申告制度の創設の提案

第29章　グローバル大企業の暴走を克服し租税国家の復権への果敢な挑戦：グローバル vs ナショナルの文化の衝突を克服して調和の論理を求めるための英知の発揮を

1　巨大企業の繁栄の中で平成の現代版『貧乏物語』の登場：「働く貧困化」と「貧困高齢者」が急増して「貧困の社会化」現象が進行

2　多国籍企業の一人勝ちで格差と貧困を世界に蔓延させたグローバリゼーションによる害悪：万能の主役が退場し「反グローバリズム」で国家主義が台頭

3　多国籍化した大企業は高収益を上げながらも下げ続けている労働者への配分：国の内外で巨額の利益留保など社会的責任を忘却している経営哲学

4　大企業は労働分配率を下げながら巨額の内部留保を蓄積

5　多国籍企業の課税逃れを厳しく規制し税制公正化により租税国家の復権を達成すべきである：それにより失われている巨額の税源を回復し「社会の貧困化」を是正

第26章

タックス・ヘイブン進出企業の凄まじい実態

―課税逃れへの追及が十分になされていないのではないか―

1 驚くほど成果が乏しいCFC税制に係る税務執行の実地調査における不正申告の摘発状況
―空洞化しタックス・ヘイブン退治ができていない税務調査の実態―

　国際課税についての課税当局の執行体制は良く整備され，課税逃れへの取り締まりは進んでいるようである。

　例えば，最大の主要国税局である東京国税局調査部は，約1,200人の職員が配置されているが，このうち国際セクションと呼ばれる国際課税を専門に担当する部署には約240人が配置されている。そのセクションは，大きく3つに分かれており，国際情報第一課で移転価格課税，国際情報第二課は事前確認，国際調査課は海外取引全般を担当している。

　国際課税を担当する部署は，調査部の国際セクションだけではなく，調査部の各部でも海外取引調査を担当しており，調査審理課では国際課税の審理を担当している。

　海外進出企業の急増と取引活動の多様化による実態把握の困難な事態が想像されるが，税務調査体制は，かなり整備されてきていると思われる。

　ところが，税務執行における海外取引に係る税務調査の事績を2016年11月の国税庁の発表によって見ると，次のようである。

・2013事務年度……非違件数：66件，申告漏れ所得金額：49億円
・2014事務年度……非違件数：58件，申告漏れ所得金額：70億円
　（東京国税局分，非違件数：26件，申告漏れ所得金額：45億円）
・2015事務年度……非違件数：69件，申告漏れ所得金額：57億円
　（東京国税局分，非違件数：22件，申告漏れ所得金額：19億円）

　タックス・ヘイブンの国や地域に圧倒的に多くの海外子会社が存在している現実の状況からみて，税務調査での課税逃れの摘発事績は，非違の摘発件数，申告

漏れ摘発所得金額とも，あまりにも少なく，驚くほど成果が乏しい。税務執行面における根本的刷新が求められているのではないか。

2　規制地域外に進出していた多数の日系企業の凄まじい実態
―既に 30 年前の調査により明らかにされた驚くべき異常な野放し状態 ―

日本企業の海外子会社の極めて多くがタックス・ヘイブン国や地域に存在していることは，既に古くから周知の事実である。

課税当局による税務調査の結果，非違として摘発されたタックス・ヘイブン進出企業の件数があまりにも少なく，申告漏れについて摘発した更正処分の所得金額も非常に小さく税務執行の成果が驚くほど乏しいと指摘したのは，現実にタックス・ヘイブンに進出している日本企業の実態からして，余りにも乖離が甚だしいからである。

今から 30 年前の調査においてタックス・ヘイブン国や地域に進出している日系企業のリストを見ると，我が国における名だたる一流企業の殆どが登場しており，進出させていない著名企業を探すのが困難なくらいであった。

いかに凄まじい実態であったか，その証拠として当時の論文の一端を以下に掲載することとする[1]。

(1)　軽課税国指定制度の時代における「規制地域外」に進出している日本企業の実態

かねてより，世界に点在する多くの国や地域が「軽課税国等」としての指定の網からはずれており，野放しになっていることを指摘し，厳しく批判してきた。

そんな中で政府もようやく重い腰を上げ，私が指摘してきた多くの国や地域を新たに追加指定し，改正前の 33 か国・地域から，改正により 41 か国・地域へと「軽課税国等」の数が増加したのである。

しかしながら，依然として規制から漏れている多くのタックス・ヘイブンが存在し，しかも，その指摘に対しては，そこには殆ど日本関係の会社がないという政府側からの反論にもかかわらず，多くの日本企業が現に進出しているのである。

---

1 ）　富岡幸雄「タックス・ヘイブン濫用の企業行動の実態―欠陥税制を活用する国を越える大企業の歪んだ経営戦略―」『商学論纂』（中央大学商学研究会）第 32 巻第 5・6 号，1991 年 3 月 30 日，128 ～ 148 頁。

436 ◆ 第9編 タックス・ヘイブン規制の革新的改革

この進出企業の実態を国・地域別に，または売上高の明らかなものと明らかでないものとに分け調査・分析し，進出状況や進出企業の業種にみる特徴を明らかにし，そして進出企業の推定所得を算出してみた。

(2) 規制対象外の国・地域への進出企業数と特徴

規制漏れとなっている国・地域へ進出している企業のうち，日本の親会社や関連会社などの出資割合が50％超であるものについて調査した。地域別にみて一番多いのがヨーロッパの721社，次にアジアの668社となっている。これにオセアニア，中南米・カリブ海，中近東・アフリカを合計すると，明らかになっているだけでも1,418社もの出資割合50％超の海外関連子会社が存在している。

国別にみると最も多いイギリスが503社，次にシンガポール487社，オランダ184社，マレーシア147社となっている。

イギリスの現地子会社の事業内容は，製造の輸入販売や輸出入取引，つまり販売拠点としての活動や貿易業としての活動が多い。また，金融・証券取引，不動産投資といった事業内容も目立って多い。シンガポールは，製造業や貿易業が多く生産拠点として活動していることがわかる。特徴的なことは，住友銀行や野村證券をはじめとする主要な銀行と証券16社が金融先物取引業務を行っていることである。オランダは，金融子会社や海外子会社・関連会社の資金調達業務をする子会社が目立っている（[**図表2−9−1**]を参照）。

出資割合50％超の進出企業のうち，売上高の明らかな企業の1社当たり売上高は72億3,597万円であり，これに進出企業総数1,418社を乗じて算出した推定売上高合計は，なんと10兆2,606億546万円となる。

また，売上高に対する所得割合を5％，日本の親会社などの出資割合を90％とみなした場合の，出資割合に応じた1社当たり推定所得金額は3億2,561万円となり，これに進出企業総数1,418社を乗じて算出した，出資割合に応じた推定所得金額の合計は4,617億1,498万円となる。

つまり，明らかとなった1,418社だけでも4,617億円にものぼる所得を上げていると推定され，しかもその巨額の所得は，現地において税金がかかっていないか，または特定の所得のみにしかかかっていないか，または極めて税率が低いかによって租税を回避し，社内に，あるいはグループ内にプールされているのである。

（図表２−９−１）30年前の「軽課税国」指定制度時代のタックス・ヘイブンの推進状況
　　　　　　　—タックス・ヘイブンの規制対象となっていない「野放し地域」への海外進
　　　　　　　出企業の驚くべき実態 —

（単位：万円）

（地域）	国または地域名	出資割合50%超の進出企業				進出企業数合計Ⓒ〔Ⓐ+Ⓑ〕	進出企業総数（参照）
		売上高の明らかな進出企業			売上高の明らかでない進出企業数Ⓑ		
		進出企業数Ⓐ	売上高合計 (a)	1社当たり売上高Ⓐ÷(a)			
		(社)			(社)	(社)	(社)
アジア	フ ィ リ ピ ン	8	476,523	59,565	20	28	152
	ブ ル ネ イ	2	1,103,200	551,600	4	6	12
	シ ン ガ ポ ー ル	209	71,328,661	341,285	278	487	658
	マ レ ー シ ア	58	10,500,408	181,042	89	147	434
	小　　　　計	(227)	(83,408,792)		(391)	(668)	(1,256)
オセアニア	パプア・ニューギニア	2	321,962	160,981	6	8	12
	小　　　　計	(2)	(321,962)		(6)	(8)	(12)
中南米カリブ海	プ エ ル ト リ コ	1	952,380	952,380	3	4	4
	トリニダード・トバコ	0	0	0	0	0	1
	ヴ ェ ネ ズ エ ラ	2	82,326	41,163	10	12	27
	小　　　　計	(3)	(1,034,706)		(13)	(16)	(32)
ヨーロッパ	ア イ ル ラ ン ド	1	1,549,868	1,549,868	12	13	27
	イ ギ リ ス	164	255,800,775	1,559,761	339	503	620
	オ ラ ン ダ	58	28,736,699	495,460	126	184	228
	オ ー ス ト リ ア	6	832,515	138,753	10	16	30
	ギ リ シ ャ	2	203,822	101,911	3	5	9
	小　　　　計	(231)	(287,123,679)		(490)	(721)	(914)
中近東アフリカ	キ プ ロ ス	0	0	0	0	0	1
	レ バ ノ ン	1	39,960	39,960	0	1	2
	イ ス ラ エ ル	0	0	0	1	1	3
	ク ウ ェ ー ト	0	0	0	1	1	7
	アラブ首長国連邦	0	0	0	2	2	12
	小　　　　計	(1)	(39,960)		(4)	(5)	(25)
	合　　　　計	514	371,929,099	723,597	904	1,418	2,239

⑶　ペーパーカンパニーとみられる海外進出企業の実態

　シンガポール・マレーシア・イギリス・オランダの４か国に進出している出資
割合50％超の企業のうち従業員数が３人以下のところを抽出して，その実態を
分析してみた。この分析は，進出企業が明らかにペーパーカンパニーではないか，

438 ◆ 第9編　タックス・ヘイブン規制の革新的改革

つまり，タックス・ヘイブンの規制対象国となるならば，規制対象となる法人に該当するのではないかとの推測のもとで行ったものであり，不徹底で寛大な日本政府のタックス・ヘイブンの規制基準を改めて批判する材料ともなるものである。

　出資割合 50％超の進出企業のうち，ペーパーカンパニーとみられるものは，最も多いのがイギリスの 84 社，次に，シンガポール 57 社，オランダ 45 社，マレーシア 25 社で，4 か国を合計すると 211 社もある。この調査により明らかとなったものだけで 211 社もあるわけであり，多国籍企業の国際租税戦略として，これらの国にペーパーカンパニーを設立している実態はこの数値の何倍，いや何十倍にものぼるかもしれない。

　企業の国際租税戦略は，特に重要な経営決定であるため外部に漏れることはまずない。したがって，企業のペーパーカンパニーとしての子会社設立の実際の情報を得ることは殆ど不可能に近いのである（[図表2−9−2] 参照）。

　これらペーパーカンパニーとみられる進出企業の事業内容は，金融・投資業務・貿易業が多いという点が特徴的である。

　進出企業のうち，金融・投資業務を行う企業は，4 か国で 74 社あり，進出企業総数 211 社の約 35％を占めている。国別にみると，オランダが 26 社で進出企業 45 社の約 57％，イギリスが 33 社で進出企業 84 社の約 39％，シンガポールが 15 社で進出企業 57 社の約 26％をそれぞれ占めている。

　ここで特に注目すべきは「オランダには投資優遇制度があり，資本参加所得免税の資格を有する居住法人が受け取った配当金は法人所得税を免除され，更にこのような適格性のある保有株式の処分から生ずる利得についても法人所得税が免除される」[2] ことである。ここに日本の企業が金融子会社を置く理由が存在するのである。

　出資割合 50％超のペーパーカンパニーとみられる進出企業のうち，売上高の明らかな企業の 1 社当たり売上高は 42 億 8,871 万円であり，これに進出企業総数 211 社を乗じて算出した推定売上高合計は，9,049 億 1,781 万円となる。

　また，売上高に対する所得割合を 5％，日本の親会社などの出資割合を 30％とみなした場合の出資割合に応じた 1 社当たり推定所得金額は，1 億 9,298 万円となり，これに進出企業総数 211 社を乗じて算出した，出資割合に応じた推定所得金額の合計は 407 億 1,878 万円となる。

　これら企業が進出している国で税金が全くかかっていないとした場合には，日

---

　2)　監査法人トーマツ EC 統合チーム編『EC 加盟国の税法』中央経済社，1990 年，186 頁。

第 26 章　タックス・ヘイブン進出企業の凄まじい実態　◆　*439*

〔図表２－９－２〕30 年前における日系企業のタックス・ヘイブンの「規制地域外」への進出状況
　　　　　　　　—野放しのタックス・ヘイブン国または地域へ進出しているペーパーカンパ
　　　　　　　　ニー（従業員数３人以下）—

（単位：万円）

国名（地域）	売上高の明らかな進出企業			売上高の明らかでない海外進出企業数⑧	海外進出企業総数〔⑧＋⑧〕©
	企業数⑧	売上高合計 (a)	1 社当たり売上高 (a)÷⑧		
	（社）			（社）	（社）
シンガポール（アジア）	14	814,872	58,205	43	57
マレーシア（アジア）	3	5,157	1,719	22	25
イギリス（ヨーロッパ）	16	9,226,343	576,646	68	84
オランダ（ヨーロッパ）	10	8,395,115	839,511	35	45
合　　　計	43	18,441,487	428,871	168	211

　（備考）〔図表２－９－１〕と〔図表２－９－２〕は，「海外進出企業総覧，1990」（週刊東
　　　洋経済・臨時増刊号，1990 年 1 月 31 日に基づいて調査している。

本の親会社において課されるであろう合算課税額は，本来 407 億 1,878 万円の
37.5％（当時の法人税率）の 152 億 6,954 万円となる。しかし，これらの国がタッ
クス・ヘイブン規制の網から逃れているため，いくらペーパーカンパニーに所得
があろうとも日本の課税からは逃れられるのである。

　〔付記〕同論文においては，今から 30 年前の当時，我が国のタックス・ヘイブ
ン規制税制が，軽課税国または地域として合算課税の適用対象地域として指定し
ていない，いわゆる野放しになっている「規制地域外」で税金逃れがやり放題と
なっているタックス・ヘイブンに進出している日系企業のうち，ペーパーカンパ
ニーと想定することができると思われる 189 社の企業のリストを，①親会社と
なっている日本側企業の実名，②現地投資先企業の実名，③創業年月，④資本金，
⑤業種・事業内容・年間売上高・年間生産高，⑥従業員数・派遣社員数，⑦所在
地・電話番号の詳細について 26 頁にわたり掲載している[3]。

---

3)　富岡幸雄，前掲注 1 ）論文，144 ～ 169 頁。

第 |27| 章

巨大企業の国際的租税スキームの
情報収集の模索
―課税逃れのテクニックの秘密情報の獲得が有用―

1　課税当局はタックス・ヘイブンの活用による課税逃れに用いられているテクニックやスキームに関する情報収集に努めるべきである
―実態把握をし効果的な対応策が必要―

⑴　多国籍企業による行き過ぎたタックス・プランニングのスキームの開示義務ルールを設けることは課税逃れに対する規制の樹立において有効

　課税当局よりも，はるかにパワフルで「税金を払いたがらない存在」である強欲な多国籍企業の国際租税戦略の「逞ましさ」の実態を解析し透明化することが必要である。

　多国籍企業をはじめ多くの企業においてタックス・プランニングは，経営トップのマネジメントの意思決定にかかる「トップ・シークレット」に属し，社内においても最高経営陣を囲む極めて少数の幹部のみが関与し，社外にはもとより，社内においても部外秘扱いをする事項である。

　「行き過ぎたタックス・プランニング戦略についてのタイムリーで包括的な関連情報の不足は，世界中の税務当局が直面する主要な課題である。こうした情報を早期に入手できれば，情報に基づくリスクの評価，調査や法改正を通じて，税務上のリスクに早急に対応する機会を得ることができる。」

　これは OECD の「BEPS 行動計画に関する最終報告書」の「行動 12」の冒頭で述べられている一節である。

　企業の「国際租税戦略」は，企業にとって最も重要な経営決定であり最高にシークレットな業務である。したがって，一般に外部に漏れることはまずないのである。特に，本体企業のペーパーカンパニーとして子会社を設立し，これを活用してのタックス・プランニング・スキームに至っては，その実態についての情報を得ることは殆ど不可能であることは，前掲の論文において 30 年も前に指摘したことである。

　しかし，課税当局にとっては，企業の「逞ましい」課税逃れを捉えるための規

制立法と税務調査手法の機能を高めるためには，これら企業の「国際租税戦略」の秘策についての情報を入手することは不可欠であり有効である。この意味でBEPS行動計画の指摘のとおり企業のタックス・プランニング・スキームの開示を求めるルールを設けることを検討すべきである。

このことについて，BEPS行動計画に関する最終報告の「行動12」は冒頭の文章に続き，以下のように叙述している。

「行動12に関する報告書は，義務的開示を有していない国が，行き過ぎたタックス・プランニング・スキームやその利用者の情報を早期に入手したいというニーズに合致した制度を立案するため，ベスト・プラクティスから得られるガイダンスをモジュラー形式の枠組みで提供する。本報告書の勧告はミニマム・スタンダードを示すものではない。義務的開示ルールを採用するか否かは，各国の自由な選択に委ねられる。この枠組みは，既に義務的開示制度を有する国が，その効果を高めるための参考となるように意図されたものでもある。勧告は，より有用でタイムリーな情報を入手したいという各国のニーズと，納税者の法令遵守に係る負担とのバランスを取るために必要な柔軟性を提示している。国際課税スキームに焦点を当てたルールや，税務当局間のより効果的な情報交換と協力の構築・実施のためのベスト・プラクティスに基づく個別の勧告も記されている。」

課税当局と企業の執行コストを考慮して，アグレッシブまたは濫用的な取引，アレンジメントまたはストラクチャーの義務的開示ルールを設計することが求められている。

多くの場合，グローバル大企業における「国際租税戦略」は，諸外国の税制・租税条約に精通し，諸外国の税制の差異と二国間租税条約の特典を熟知するプロモーターの税務と会計の専門技術を駆使して考案される。

国際的なタックス・プランニング・スキームの開示は，ユーザーである納税者とともに，プロフェッショナルな高度な知識経験をもってタックス・スキームを開発しているアドバイザーであるプロモーターに対しても求められなければならない。

「行動12」は，義務的開示ルールの主要目的について，次のように述べている。

「義務的開示ルールの主目的は，潜在的アグレッシブまたは濫用的タックス・プランニング・スキームに関する早期情報を提供し，これらのスキームのプロモーターとユーザーを特定することである。迅速かつ適切な情報取得からの早期発見は，税務当局のコンプライアンス活動における実効性を向上させる。その結果として，通常ならば，例えば調査を通じて租税回避の発見に専念する要員の一部を

スキーム開示の審査と対応に再配置することができる。加えて，早期情報により，税務当局は，納税者行動の変化に運営方針，法令改正を通じて迅速に対応することが可能になる。」

⑵　国際課税における「租税回避スキーム」の実態把握と情報収集に努めてこなかった日本の課税当局の怠慢

　日本の課税当局は，これまで多国籍企業などの国際的租税回避スキームについての実態や，そこで用いられているテクニックについての情報収集に熱心でなかったようである。

　国際的な課税逃れに有効に対処するためには，何よりも相手企業のタックス・プランニングのスキームの手の内を知ることが先決であるにもかかわらず，その内情の把握についての情報収集の必要性の認識と，それをめぐる議論が欠如してきたのではないかと思われる。

　古くからタックス・ヘイブンとして著名なケイマン諸島への日本の証券投資は，日銀国際収支統計（2013 年末）では，55 兆 8,332 億円であり，米国の 124 兆 4,985 億円に次いで第 2 位になっている。

　さらに，2015 年末では，74 兆 4,264 億円に増加し，米国の 165 兆 154 億円に次いで同じく第 2 位になっている。

　これらの実態を見ると，国外財産調書の提出義務が個人に限って課されていることを考慮しても，果たして正直な申告がなされているか疑わしいのである。

　ケイマン在籍のファンドの収益やその分配金について，正直な申告がなされているか，これらの投資家の氏名やその保有資産，その分配収益がケイマン諸島から日本へ「自動的情報交換」によって通知されない限り，日本の課税当局は，納税者による自主申告以外に，これらについての情報を入手することはできない。

　日本は，2011 年 2 月 7 日，ケイマン諸島との租税協定「脱税の防止のための情報の交換及び個人の所得についての課税権の配分に関する日本国政府とケイマン諸島政府との間の協定」に署名し，2011 年 11 月に発効している。

　国税庁は，2015 年 11 月「2014 事務年度（2014 年 7 月～ 2015 年 6 月）における租税条約に基づく情報交換事績の概要」を公表しているが，この公表資料では「ケイマン諸島との間の情報交換」についての計数は明示されていない。

　国税庁は，何故に計数を明らかにしないのであるか，まことに不可解なことである。タックス・ヘイブンについての情報収集の意欲と情報の透明化への配慮の欠如がうかがえる。

⑶　タックス・ヘイブンの利用実態の調査研究報告と秘密情報の暴露

　多国籍企業の「国際租税戦略」の秘策を解明するためには，タックス・ヘイブンの実態を解明することが不可欠である。

　かつて，米国ではカーター政権（民主党）は，米国納税者によるタックス・ヘイブン利用の実態の調査研究を行い，1981 年 1 月 21 日，「タックス・ヘイブンと米国納税者によるその利用－概観」（Tax Havens and Their Use by United States Taxpayers － An Overview)，いわゆる「ゴードン・レポート」を公表していたが，同年成立したレーガン政権（共和党）は，これを一顧だにしなかった。

　クリントン政権（民主党）のもとで，財務省は，「国外所得」，「課税繰延」およびタックス・ヘイブン子会社を通じて稼得する国外所得の課税繰延に関する調査研究をし，国内所得と国外所得に対し同率による課税が行われることが経済的福祉（economic welfare）を最大化するために必要であるとの結論を出している[4]。

　米国では，会計検査院（GAO）が議会の指示により，米国政府と契約している大企業のタックス・ヘイブン利用状況を調査し，報告書を公表している[5]。

　注目すべきものに，国際調査報道ジャーナリスト連合（International Consotium of Investigative Journalists：JCIJ）のリークス・データーベースは，全世界に配置したジャーナリストの入手した，タックス・ヘイブンを利用する政治家，企業家，有名芸能人，スポーツ選手等の秘密情報をプールしており，時々，その一部を暴露している。

　これまで，タックス・ヘイブン利用実態の秘密情報を暴露し世界にショックを

---

4)　Office of Tax Policy Department of the Treasury *"The Deferral of Income Earned through U.S. Controlled Foreign Corporations A Policy Study"* December 2000.

5)　公表資料には，次のものがある。

　・2004GAO-04-856 *"International Taxation：Tax Haven Companies were more likely to have a tax cost advantage in Federal Contrating"*

　・2008GAO-09-157 *"International Taxation：Large U.S. Corporations and Federal Contractors with Subsidiaries in Jurisdictions Listed as Tax Havens or Financial Privacy Jurisdictions"*

　この報告書は，米国大法人 100 社のうち 83 社がタックス・ヘイブン子会社を利用していることを公表した。その後 GAO は，2013 年 7 月，米国大法人の実効税率が 12.6%（法定税率 35%の 3 分の 1）であることを公表した。

　本庄資「国際課税における重要な課税原則の再検討―（第 20 回）国際課税における透明性の向上を推進する OECD ／G20 BEPS プロジェクトの合意・勧告への対応と問題点―」『租税研究』第 802 号，2016 年 8 月号，296 頁）。

444 ◆ 第9編 タックス・ヘイブン規制の革新的改革

与えたケースは，次のとおりである。

- 2017年　パラダイス文書リークス
- 2016年　パナマ文書リークス
- 2015年　スイスリークス
- 2014年　ルクセンブルクリークス
- 2013年　オフショアリークス
- 2010年　ウィキリークス

2　国際的租税スキームの義務的開示による課税逃れへの対抗措置 ―既存の義務的開示制度の分析と考察―

(1)　国際的租税スキームの義務的開示による課税逃れの規制の効果的税務執行のための既存の施策

　タックス・プランニング・スキームのユーザーである納税者と，その助言者であるタックス・プロモーターに国際的租税戦略のスキームの開示を求めることは，納税者の行動に係る現在の包括的情報を課税当局に与えることができ，グローバル企業の課税逃れを規制する租税立法と税務執行の効率化にとり有効であり，「租税ベネフィット」が大きいと言える。それは，通常ならば課税当局が納税者のスキームの事実またはその租税上および経済的な結果についての完全な全体像に関する情報を取得することが困難であると認められるクロスボーダー・スキームなどに関しても開示され透明化されることになるからである。

　これまでの既存の義務的開示制度には，2つの基本的なカテゴリーによるアプローチが挙げられている。

　第1のアプローチは，米国によって採用されたアプローチで，「取引ベース・アプローチ」である。一般に，この義務的開示アプローチは，課税当局が税収または租税政策リスクを生ずると考える取引（報告すべきスキーム）の特定化から始まり，当該報告すべきスキームからベネフィットを受ける納税者および当該報告すべきスキームに関連する重要な援助を提供する者からの開示を要求する。

　ここで，「報告すべき取引」とは，次の5つのカテゴリーに該当する取引である。

① 指定取引

② 秘密取引

③ 契約上の保護のある取引

④ 損失取引

⑤ 関心のある取引

- 「指定取引」は，IRS（内国歳入庁）が租税回避を目的とする取引と判定し，告示，規則その他のガイダンスにより指定取引として特定されたものと同一または実質的に類似の取引である。

- 「関心のある取引」は，IRS が公表したガイダンスで関心ある取引として特定した取引と同一または実質的に類似のものである。これらは，IRS が租税回避目的を有するか否かを判定するための追加情報を求める取引である。

- 「重要な助言者」は，報告すべき取引の組織，管理，促進，売却，実施，保険または実行について重要な援助，補助，または助言を与える者および直接・間接に，納税者の種類および報告すべき取引の種類に応じて基準金額（5万米ドルまたは 25 米ドル，1 万米ドルまたは 2.5 万米ドル）を超える総所得を得る者として定義される。

- 重要な助言者は，重要な助言者となった暦年四半期の末日の翌月末までに，開示文書を IRS タックス・シェルター分析室（OTSA）に提出することが義務づけられる。

- 重要な助言者は，開示された報告すべき取引に関し 9 桁の報告すべき番号を受け取る。

- 重要な助言者は，この番号を重要な援助または助言を与える全ての納税者に与えなければならない。

第 2 のアプローチは，英国およびアイルランドによって採用されたアプローチであり，「プロモーターベース・アプローチ」と言うことができる。一般に，このアプローチは，タックス・プランニング・スキームのプロモーターの果たす役割に焦点を合わせるが，プロモーターおよび納税者がどんな種類の報告すべきスキームの開示を要求されたかが考慮される。

ユーザーは，スキームが社内で考案され，プロモーターがオフショアにおり，または法的な自由職業の特権が適用される場合に開示しなければならない。

- 「プロモーター」は，関連事業の過程で，スキームの設計，マーケティング，組織または管理を担当する者あるいはスキームを他の者による実施のために利用する者として定義される。

- 開示対象は，租税上の利点を主なベネフィットとして与えると期待される一定の記述（ホールマーク）に該当するアレンジメントである。

- 「現在のホールマーク」は，租税回避を示す特徴を把握するための 3 つの一般的ホールマーク（①秘密性，②プレミアム・フィー，③標準化租税商品）と，4 つの個別的ホールマーク（例えば，損失，リース，雇用所得，住宅，年金）

である。

- プロモーターは，通常，スキームが顧客に利用可能となるときから5日以内に英国課税当局に当該スキームを開示する。

(2) タックス・ヘイブンの合法的な利用と違法な利用

米国では，多様な合法的な事業上の理由のためにタックス・ヘイブンを利用することは認められている。米国納税者はIRSがタックス・ヘイブンと認定する国で事業を行うことにつき合法的な理由があるとされる場合がある。

米国納税者のタックス・ヘイブン利用の主たる動機が課税上有利な取扱いであるとしても，その利用の動機として租税目的以外の次のような理由があることとしている。

① 事業取引の秘密
② 外国の通貨管理からの自由
③ 銀行管理（準備金要件等）からの自由
④ 銀行預金の高い金利
⑤ 借入金の低い金利
⑥ 政治的安定

米国納税者は，タックス・ヘイブンを通じた取引により，米国税法の規定に完全に該当する範囲で有利な課税上の取扱いが認められる。

このような是認されるタックス・プランニングの事例として，次のことが挙げられる。

① 海運業を行うためタックス・ヘイブンに子会社を設立すること。
② 銀行業を行うためタックス・ヘイブンに子会社を設立すること。

このような事例が是認されるのは，タックス・ヘイブンに設立した事業体が，タックス・ヘイブンでその全ての機能を遂行する場合に限られる。

タックス・プランニングでは，タックス・ヘイブンの利用のため，米国税法のループホールと税務行政上のループホールを利用し，事業体については投資会社やファクタリング会社，取引についてはタックス・ヘイブンの事業体を通じて，サービス業や建設業を組み合わせたり，多国籍企業の移転価格によりタックス・ヘイブンの関連会社に所得移転を行っている。

このようなアグレッシブなタックス・プランニングについては，IRSは重点的な税務調査を実施するが，この場合IRSの外国情報収集の困難性と取引の不必要な複雑化に対する追跡の困難性を見越して米国税法の回避または支払いの繰延

を狙うものが少なくない。これに対処するため，米国税法は，CFC税制を通じタックス・ヘイブンの濫用を防止する規定を定めている（IRC482）。この規定に基づき，IRSは適正に所得を反映するよう関連者間で所得を再配分する権限を付与されている。

一方，米国では，タックス・ヘイブンの違法な利用として，米国納税者が，次のような多様な詐欺的手法で納税を免れるためにタックス・ヘイブンを利用する傾向があるとしている。

① 実際には関連者との取引であるが，非関連者のみの取引であるかのようにみせかけるために設立された販売会社を利用すること。

② 実際には通常の商業を行っているが，銀行であるかのようにみせかける外国法人を利用すること。

③ タックス・ヘイブンで活動する法人の真実の受益者（true beneficial ownership）を秘匿すること。

④ 法人の収入および法人の買収資金を隠すためにタックス・ヘイブンを利用すること。

⑤ 資金洗浄（マネーロンダリング）のためにタックス・ヘイブンを利用すること。

⑥ 米国証券取引法および米国税法に違反する濫用的タックス・シェルターのためにタックス・ヘイブンを利用すること。

(3) 濫用的租税回避取引への対抗措置の強化

米国では，合法的な事業としてのタックス・プランニングを妨げる考えがないことを再三にわたり明言しているが，「議会の意図しないタックス・ベネフィット」を得るために税法規定の複雑さを利用する「濫用的租税回避取引」，「濫用的税務慣行」を抑止しなければならないとしている。

この目的を達成するために採用した原則として，次の2つを挙げている。

① 透明性：疑問のある取引をIRS（内国歳入庁）に開示させ，そのレビューの対象にすること。

② 確実性：納税者とプロモーターが開示し，登録し，投資家リストを保存すべき取引を明瞭に識別するルールを適用して明示することを回避することができないようにし，適切にペナルティが科されるようにすること。

米国財務省の提案は，透明性と確実性を備えている。この提案により，疑問のある取引は，取引に参加する納税者とプロモーターの双方にIRSに対する「情

報申告書」の提出を要求することによって，相互に補強する情報提供の対象となる。これにより，IRS は，納税者の開示によってプロモーターを把握し，プロモーターの開示によって，さらに他の納税者を把握することが可能になる。

第|28|章

タックス・ヘイブンによる課税逃れ規制の改革提案

―進出企業状況報告制度と国際租税スキーム開示申告制度の創設―

1　タックス・ヘイブンの利用による不当な課税逃れへの効果的な対抗措置の緊要性

　グローバル大企業や富裕層が高価な税務顧問を利用して巧みに税を免れるようにみえることは，税制における公平の理念を根底から危うくする。不当な方法で高度に技術的で複雑な税法の規定を操作する異常なタックス・デバイスを識別して的確に対応するには，新しいイニシアチブが必要となる。

　課税当局がタックス・デバイスを明確に評価するためには，合法的で適正な取引と不当に税法を操作する違法で異常な取引を区別する必要があり，実態把握のためには「情報の開示制度」を徹底することにより，誠実な一般納税者に不当にして余分な負担をかけずに，効果的に濫用的な課税逃れに対抗することが可能となる。

　タックス・ヘイブンによる課税逃れを規制するための税制措置は，改正のたびに税法を複雑化させ，そのことが一部の者に抜け道を作っている。多くの納税者と企業は税法の規定とその精神を遵守するために誠実な納税をすることに最善を尽くしているが，「国会が意図しないタックス・ベネフィット」を生ずるように仕組まれた取引を積極的に推進している不心得な者も決して少なくない。

　このような異常な取引や経理操作は，国会の意図に反するものであり，国庫にとっては，税収減を招き有害である。それは，多くの誠実な納税者の公正の意識を侵害するもので，抑止しなければならない。課税当局は税制の，より明瞭なルールにより厳しい規制を整備し，滅多に税務調査がないと考えて税法の遵守を怠る不心得な納税者に「不認リスク」とその報いを思い知らせる必要がある。

2　国際的租税スキームの義務的開示制度の設計における狙いと配慮

　国際的租税スキームについての義務的開示制度の設計においては，次のことに

対処するように考慮することが適当であると考える。

① タイミングのよい方法で，国際的租税スキームと当該スキームのユーザーおよびプロモーターを特定すること。

② 開示を求めるスキームとは何か，その定義と範囲を明確に決定する必要があること。

③ 義務的開示は，最大の「租税リスク」を生ずると認められる租税回避およびアグレッシブ・タックス・プランニング（ATP）の分野に標的が置かれるべきであること。

④ 義務的開示は，租税回避スキームのプロモーションと利用を減らすための抑止力として利用することができるように努めること。

⑤ 開示ルールは，顧客リストを課税当局に提出することをプロモーターに要求することができることも考慮すること。

⑥ 開示するスキームについて，どのような情報を開示する必要があるかを明確に決定して，情報が明瞭かつ有用であることを確保すること。納税者に不当なコンプライアンス負担をかけることを回避することとのバランスをとる必要があること。

⑦ 課税当局は，納税者により開示された情報を最大限に利用する効果的手続を実施し，課税の公正化と税収確保のための施策の迅速化と効率化を図ること。

3　国際的租税スキームの義務的開示は「租税回避の経済学」を変え「租税回避市場」に圧力をかけるのに有効

　タックス・ヘイブンの濫用により不当な課税逃れを追放しようとして，これまでタックス・ヘイブン規制税制は創設以来，数次にわたり改正して法制度を整備してきたが，率直に言って，殆どが試行錯誤であり，制度の複雑化と混迷化を増幅するものであり，必ずしも十分なる成果を上げることができたとは言い難い。

　このことは，具体的にはグローバル大企業が国に税金を払わずに，「納税したがらない存在」として跳梁していることである。実効税率を低くしているのは租税特別措置による政策減税が大きな要因となっているが，この政策減税措置による税収減よりも，はるかに大きな税収減になっており，その要因はタックス・ヘイブンの利用を中心とする国際課税の分野における課税漏れであると思考されている。

　このことは，租税特別措置による政策減税による減税相当額の試算が2兆6,745億円（2014年度分）であるのに，政策減税を含めた法人税制に存在する欠陥の

格差是正による推定増収想定額が9兆4,065億円に及んでいることにより論証される。この差額の6兆7,320億円は税制の欠陥によるタックス・イロージョンとタックス・シェルターに加え，税務執行の不十分性によるタックス・ギャップにより招来されているものと想定できるからである。

よって，このような深刻な事態を打開しタックス・ヘイブンの濫用的利用による課税逃れを防止するためには，規制税制について工夫をこらした技術的な手法による整備は「追いつけないが追いかける苦悩」ではあるが，法体系の整備としては有効である。

しかし，これまでの経緯と経験からしても，制度がますます複雑になりデリケートな判断事項が多く非常に難解な税制になるだけで，必ずしも十分な成果を上げていないのである。

それは，税制上の法体系が，いかに立派であり美しくても，税務執行の現場における効果的対応と納税者によるタックス・コンプライアンスが十分でないことによるものと思われる。

そこで，タックス・ヘイブンに対抗するための施策として，発想の転換による新しい制度的仕組みとして，次の制度を創設することを提案したい。
① タックス・ヘイブン進出企業の状況報告制度
② タックス・プランニング・スキームの開示申告制度
③ タックス・ギャップを除去するための税務行政支援税制の整備

4 タックス・ヘイブン進出企業状況報告制度の創設の提案

タックス・ヘイブン規制税制であるCFC税制の補強措置として，タックス・ヘイブン国または地域に進出している全企業について，その概要，進出理由，事業の状況等所定の事項についての報告制度を創設する。

既に，富裕層の課税逃れに対抗して張りめぐらされた網となる制度として国外転出時課税制度である「出国税」の創設とともに，国外財産に係る所得税や相続税の課税逃れを把握するための情報申告制度として，「国外送金等調書」，「国外財産調書」，「財産債務調書」，「国外証券移転等調書」の制度が設けられている。

さらに，多国籍企業情報の報告制度，いわゆる文書化制度については，移転価格税制の整備の一環として2016年度の税制改正で制度が整備され，次の4つの書類の提供または作成・保存が義務づけられている。
① 独立企業間価格の算定に必要と認められる書類，いわゆるローカルファイル
② 最終親会社等届出事項

③ 国別報告事項，いわゆる Country-by-Country（CbC）レポート
④ 事業概況報告事項，いわゆるマスターファイル

　これらとのバランスからしても，タックス・ヘイブン国または地域に進出している海外子会社についての情報申告制度を設けることは適当であるといえる。
　タックス・ヘイブン進出企業状況報告制度の概要は，次のようである。

⑴　提出義務者

　日本側親企業（出資比率 25％以上を投資しているタックス・ヘイブンに進出している海外子会社の親会社），ただし，後述の「タックス・プランニング・スキーム開示報告書」を提出している場合は，この報告を省略することができる。

⑵　現地企業の状況

　現地投資先企業名，代表者名，創業年月，資本金，日本側親会社の出資比率，業種，事業内容，年間売上高，年間生産高，従業員数（派遣社員），所在地（電話番号）。

⑶　現地進出理由

　何故にタックス・ヘイブン国または地域に海外子会社を設立したのかの理由（できるだけ明確に詳細に記載する）。

⑷　インセンティブ措置

　加算税の加減算によるインセンティブ措置として，法人税の申告洩れがあった場合に，進出企業状況報告が完全に記載されているときは，過少申告加算税を 5％軽減し，不提出・記載不備のときは過少申告加算税を 5％加重する。

⑸　課税当局の措置

　課税当局は，タックス・ヘイブン進出企業状況報告書の提出を要するとするタックス・ヘイブン国または地域をガイドラインとして告示により示すものとする。

5　タックス・プランニング・スキームの開示申告制度の創設の提案

　国際的租税スキームは，一般的に複雑で特異なメカニズムによることが多く，課税当局が利用可能な情報からスキームを特定化することが困難であり，スキームが特定化されて課税逃れによる税収減を防止するまでには多くの時間と手数が

第28章 タックス・ヘイブンによる課税逃れ規制の改革提案 ◆ *453*

かかる。

　そこで，スキームについての義務的開示を求めることにより課税当局がよりよいデータの効果的な収集をし，その分析を通じて税務調査の効率を向上させることが可能となるものと考える。

　義務的開示は，個別スキームの情報を課税当局に直接報告することをプロモーターおよび納税者に義務づけるので，税務申告情報の分析や調査に頼ることに比べれば，タックス・プランニングに係る包括的な情報を取得する方法として，より効率的であり効果的である。

　義務的開示制度は，課税当局にタックス・プランニング行動に係る内面情報を提供することであり，これにより課税当局は，法令の改正と税務執行の運営の改善を通じ，租税政策や税収リスクに迅速かつ有効に対応することができるようになる。

　よって，タックス・ヘイブンによる課税逃れを防止するための有効な施策として，規制法制の整備とともに，税務執行面の抜本的刷新を主眼としてタックス・プランニング・スキームについての義務的開示申告の制度化の創設を提案する。

　タックス・プランニング・スキーム開示申告制度の概要は，次のようである。

⑴ 申告義務者

　日本側企業（出資比率25％以上を投資しているタックス・ヘイブンに進出している海外子会社の親会社）と現地子会社（両者の連名にて申告書を提出する）。

⑵ 現地企業の状況

　現地投資先企業名，代表者名，創業年月，資本金，日本側親会社の出資比率，業種，事業内容，年間売上高，年間生産高，従業員数（派遣社員），所在地（電話番号）。

⑶ スキームの構築者

　タックス・プランニング・スキームの構築者・構築状況は，次のいずれであるか。
- 親会社と現地会社を含めて自社内にて構築
- 顧問税理士のアイデアまたはアドバイス
- タックス・コンサルタント（コンサルタント会社等を含む）からの購入またはアドバイス

454 ◆ 第9編　タックス・ヘイブン規制の革新的改革

- その他のプロモーターからのアドバイス

⑷　スキームの総括的状況

　企業の国際租税戦略としてのタックス・プランニング・スキームの総括的状況は，次の区分による手法のいずれによっているのか。

- 「租税目的以外の事業目的」（non-tax business purpose）または「経済実体」（economic substance）を欠如した取引（節税のみを理由に取引を構成していたり経理処理をしていること）
- 「租税目的以外の事業目的」が存在する取引（節税のみを理由とするものではなく，事業目的プロパーの目的により構成された取引である場合には，その純粋な事業目的の内容と実態，例えば金融規制を合法的に回避するため等について具体的に詳細に記載する）
- 「租税目的以外の財務会計目的」により行っている経理処理（節税のみを理由とするものでなく，純粋に財務会計目的により処理された経理である場合には，その純粋な財務会計目的の内容を，例えば，支出の会計基準に準拠する等，具体的に詳細を記載する）

⑸　スキームの個別的状況

　企業の国際租税戦略としてのタックス・プランニング・スキームのうち，特に次のような個別的手法が用いられている場合には，その具体的内容を詳細に記載することを求める。

- 導管国（OECD の源泉地国の課税制限のルールと EU をはじめとする「税の競争」で進む国内法における居住地国の課税の制限と結合し，租税条約の特典も許容することによって，投資および投資リターンのステッピング・ストーンとなることをオファーする国）に中間持株会社（統括持株会社）を設立し本国の親会社とタックス・ヘイブンに設けられている現地子会社とのパイプの役割を果たせるようなスキームを構築する「導管会社の利用」を手法として用いているか否かについての説明（この場合には，導管国名，導管会社である中間持株会社の状況につき詳細な説明を記載する）
- タックス・ヘイブンに設立した新しい現地子会社が企業グループの最終的な親会社に逆転する組織再編をし，本国にある実際の本社が保有する資産（外国子会社株式や特許権等知的財産である無形資産）を現地会社（形式上の親会社）に移転することによって，本社の所得をタックス・ヘイブンに移転す

第28章　タックス・ヘイブンによる課税逃れ規制の改革提案　◆　*455*

る「コーポレイト・インバージョンの利用」を手法として用いているか否か
についての具体的に詳細な説明
● 製品開発の特許やデザインなどの知的財産権をタックス・ヘイブンにある現
地子会社に移転したり，コスト・シェアリングの方法を用いて共同開発の形
をとって開発にかかる費用を配分し現地子会社に譲渡し，その現地子会社は
所有する知的財産権を別の子会社にライセンス供与し，その対価としてロイ
ヤリティー（使用料）やライセンス料を受け取ることにより，タックス・ヘ
イブンに利益を集中するスキームである「知的財産の移転」を手法として用
いているか否かについての具体的に詳細な説明
● 企業の組織再編やM＆A（合併・分割）のスキームについては，その組織再
編，合併，分割，株式交換，株式移転等については，適格合併，適格分割型
分割，適格会社型分割，適格現物出資，適格現物分配，適格株式交換，適格
株式移転に該当するスキームである「税制適格要件を充足」する手法を用い
ているかについての具体的に詳細な説明
● クロスボーダー・タックス・プランニング・スキームは，企業買収，資金調
達元の変更または事業再編成等のように広い商取引に組み込まれ，納税者と
取引を特定化して構築するが，このようなスキームである「クロスボーダー
の活用」を手法として用いているか否かについての典型的に詳細な説明
● ダブル・アイリッシュ・ウィズ・ダッチ・サンドウィッチなどタックス・ヘ
イブンの利用，外国の優遇税制と租税条約の特典と移転価格操作を組み合わ
せて構築するスキームである「グローバルな次元での複合な組み合わせ」を
手法として用いているか否かについての具体的に詳細な説明
● 資本や資金の提供等を行うが重要な経済活動等を行わない，いわゆるキャッ
シュボックス（Cash box）と言われる関連会社をタックス・ヘイブンに置き，
他の関連企業に資金提供を行って，その対価として多額の超過利潤を得るス
キームである「キャッシュボックスの媒介」を手法として用いているか否か
についての具体的に詳細な説明
● 関連会社の資金調達において，資本の調達方法の自由選択を活用し資本
（equity）による調達よりも有利な負債（debt）による調達を選ぶスキーム
である「負債バイアス（debt bias）の利用」を手法として用いているか否
かについて具体的に詳細な説明
● その他の企業の国際的租税戦略としてのタックス・プランニングの個別的手
法については，そこで用いられるスキームの構成と実態について詳細に記載

し申告することを要するものとする。

⑹ プロモーターの義務

申告すべきスキームの構築者または助言者として記載されているプロモーター（この制度において「プロモーター」とは，伝統的な意味で，タックス・シェルターまたは租税回避スキームを促進する者と国際税務に関するアドバイスを専門とする税理士，公認会計士，弁護士をはじめとしてコンサルタント，アドバイザー等と称して申告すべきスキームの実施を助言する者の双方を広く含むように適用する）および重要な助言者（この制度において「重要な助言者」とは，申告すべきスキームを組織し，管理し，促進し，販売し，実行することにつき，重要な援助，補助または助言を行い，申告すべきスキームの租税上で有利な要素を提供し，納税者の種類および申告すべき取引の種類に応じて，相当額を顧問料やスキーム構築料として取得している者をいう）は，次の事項を申告しなければならない。

- この申告すべきスキームの構築にどのように係わり，いかなる助言を行ったかについての詳細な説明
- この申告すべきスキームのほかに，同様なアドバイスをしている顧客リストを課税当局に報告する

〔付記〕米国課税当局のタックス・プロモーター対策

タックス・プロモーターをみる米国の目は厳しい。「重要な助言者」となる会計事務所・法律事務所には課税当局は集中的な調査を実施している。

IRS の内局に第三者通報制度により一般国民からのタックス・シェルターやプロモーター情報を収集する部局（Whistleblower Office）を設置し，通報者には報奨金（award）を出し通報者情報を収集している。

また，財務省サーキュラー 230（IRS 税務代理業務規制）によりタックス・シェルターに係る税務専門家（弁護士・公認会計士・税理士・保険計理士・退職プランナー・鑑定人を含む）に対する規制および基準を定め，その違反に対し，差止命令，業務停止および資格剥奪などの制裁を強化している。

納税者に大きな影響力をもつ租税専門家との協力関係を促進する一方で，そのノンコンプライアンス・リスク・マネジメントのため，IRS の内局に租税専門家を管理する部局（Office of Professional Responsibility：OPR）を設置してサーキュラー 230 の遵守状況を監視している。

第28章　タックス・ヘイブンによる課税逃れ規制の改革提案　◆　*457*

⑺　インセンティブ措置

　スキームの開示申告内容は納税者のタックス・コンプライアンスでの協力度を表現するものであるから，スキームの開示申告内容が完全なものであるか，不申告・不完全であるかの区別に応じ，税務調査の実施面で，実地調査の対象選定における配慮とともに，法人税の申告漏れ・過少申告により更正処分を要するときの加算税の加減によるインセンティブ措置を次により行う。

- スキームの開示申告が包括的で具体的にそのスキームの特徴を明確に表現していると認められるときは，申告内容として開示されたスキームの書面調査を中心として行い，実地調査を省略するか，後順位にするなど配慮する。
- これに反し，スキームの開示申告を怠ったり，開示内容が不完全な納税者に対しては，連年において実地調査の対象として優先的に選定し集中的に実施することとする。
- 加算税の加減によるインセンティブ措置は，前述の進出企業報告制度と同じく，法人税の申告漏れ・過少申告により更正処分を行う場合に，スキームの開示申告内容が完全であると認められるときは過少申告加算税を5％軽減する。
- 一方，スキームの開示申告が不申告・開示内容が不完全・不透明であるときは，過少申告加算税を5％加重する。

⑻　課税当局の措置

　課税当局は，納税者により開示されたスキームの情報を最大限に利用する効果的な処置を実施する必要があり，タックス・ヘイブン規制税制の整備充実と税務執行の効率化のために，次の措置を行う。

- スキームの開示内容を再点検し，グローバル企業の国際的タックス・プランニングに用いられているスキームとテクニックの動向を把握し，これに対処する税法規定の的確な整備に努め，租税政策と税収確保の効率化に活用する。
- 税務執行の現場においては，スキームの義務的開示により，納税者より提供されたタックス・プランニングのスキーム内容を十分に調査点検し，その適法性と妥当性につき審理するために，税務調査組織の中に特別な部門を創設し，国際税務に精通したエキスパートを配置する。
- スキームの分析担当者は，スキーム情報につき徹底して解析してスキームの真否を判定し実地調査の省略の可否を判断するなど，当該納税者の申告に対する処理方針を決定する。それとともに，開示申告されたスキームのパター

ン別分類整理と，新規および特異なスキームを解析して新しい国際税務戦略のテクニックの発展動向を分析し，特殊重要情報として課税当局の限定された関係部署に通信し，グローバル企業の税務調査の効率化に役立つように努める。

- スキームの分析担当部門を新設することは，このための追加要員が必要となるが，このコストは，その成果として出現する租税立法の整備強化と税務調査における効率化による税収増と要員の節約によって，相殺して十分に余りある効果が期待できることにより，成果を獲得できるであろう。

第|29|章

グローバル大企業の暴走を克服し租税国家の復権への果敢な挑戦

—グローバル vs ナショナルの文化の衝突を克服して調和の論理を求めるための英知の発揮を—

1 巨大企業の繁栄の中で平成の現代版『貧乏物語』の登場
—「働く貧困化」と「貧困高齢者」が急増して「貧困の社会化」現象が進行

「驚くべきは,現代の文明国における多人数の貧乏である」。

この書き出しで,社会に衝撃を与えた河上肇の『貧乏物語』が書かれたのは1917 年(大正 6 年)。それから 100 年の今日,現在の日本では巨大企業は経済のグローバル化の進行のもとで大きな繁栄をしている中で,多くの国民は,貧困と格差の拡大で深刻な状況におかれている。

河上肇は,「国は著しく富めるも,民は甚しく貧し,げに驚くべきは,これら文明国における多人数の貧乏である」と述べている。

今の日本では,グローバルに活動する大企業優先のアベノミクスの結果,企業の業績はおおむね好調で,「内部留保」が 2016 年度末は 406 兆円と 5 年間で 40%増えている。

しかし,国は国際状勢の複雑化のもと緊迫の度が高まっている安全保障への対応を迫られながら,経済の低迷から脱却することができないで,税収不足による財源難と歳出の膨大化による巨額の財政赤字の累積に苦悩している。

特に懸念される事態は,財源不足を根源として国民に厳しい施策が登場し,社会保障施策の後退と抑制が進行し「社会の貧困化」を増幅していることである。

勤労者が実際にどれだけの商品やサービスを購入できるかを算定した「実質賃金」は低下し,高齢者の年金給付額も切り下げられている。多くの国民が直面している「貧困」問題は,子どもから青年,働き盛りの中年,そして高齢者へと老若男女を問わず,国民全体に影を落としている。しかもこの「貧困」はそう遠くない将来に,持続可能な経済社会の土台そのものを破壊し,国の近い未来を危うくするような深刻な性格をもっていると危惧される。

貧困の深刻さは，ワーキング・プアと言われるように，「働く貧困」層と，下流老人などと言われる「貧困高齢者」の急増にある。

昔は雇用の世界では正規雇用が普通であったが，労働法制の改悪化を契機に，雇用状況は一段と悪化し，非正規労働者が増え，正規労働者が減少するとともに，「働く貧困」層が増加している。

非正規雇用は，労働法制改悪の直前の 1997 年の 1,654 万人から，2012 年の 2,408 万人へと 754 万人も増加し，逆に正規雇用者が 544 万人も減少している。非正規雇用の割合は 4 割を超えている。その中で，「働く貧困」層が雇用者全体に占める割合は，46.3％から 55.1％へと 8.8 ポイントも増加している。

2　多国籍企業の一人勝ちで格差と貧困を世界に蔓延させたグローバリゼーションによる害悪
一万能の主役が退場し「反グローバリズム」で国家主義が台頭

国境を越えヒト，モノ，カネが自由に往来し，世界経済の成長と繁栄を促したはずのグローバリゼーションは，多国籍企業などグローバル企業は強欲資本主義の経済哲学によるオペレーションでの巨大な利益を蓄積させてきた。

これに反し，世界経済には構造的な景気低迷と需要減退をもたらし，経済成長は鈍化し，貿易は停滞し，生産性は伸び悩み，格差と貧困を蔓延させ，中間層は衰退により貧困層への転落を招いている。

このため大衆の怒りがポピュリズムを爆発させ，やがて各国とも国家主権を復権させるだけでなく，自国利益最優先主義の閉鎖的なナショナリズムを高揚させている。

これまで対立や相剋を乗り越えて，相連携して世界の一体化に向けてきていたグローバリゼーションの潮流は，いまや「風とともに去りぬ（gone with the wind）」の運命を辿ろうとする兆候が強まっている。

グローバル化の停滞から「反グローバリズム」の風潮は，2016 年 6 月のイギリスの国民投票による EU 離脱（ブレグジット：Brexit）に続き，2016 年 11 月には「暴言王」であり「好戦的で無知な人物」とまで言われるドナルド・トランプ氏が世界最大の軍事大国にして経済大国の最高権力者である大統領に選出されたという衝撃的事象が印象的である。

イギリスとアメリカで起きた 2 つの「ショック」の底流には，「グローバル資本主義」の矛盾，既存の政治体制への不満による反抗があると思われる。

3　多国籍化した大企業は高収益を上げながらも下げ続けている労働者への配分
一国の内外で巨額の利益留保など社会的責任を忘却している経営哲学

　1960年代の日本は奇跡と称される経済成長を成し遂げるとともに，誰もが中流階級程度の意識を持つ社会を実現した。1976年のOECDによる所得格差の国際比較では，日本は最も平等な国という結果が示され，経済成長のみでなく平等も実現した国となった。

　しかし，1990年代に入りバブル経済が終わり長期の経済停滞期に入り，日本でも経済格差が目立つようになった。2008年のリーマン・ショックの頃からは格差とともに貧困が問題視されてきた。

　問題の根源には，企業社会である日本において「稼ぎ頭」である大企業がグローバル化して無国籍企業化したことがある。長期の経済停滞による国内需要の衰退に伴い新たな需要のあるマーケットと，低賃金をはじめとする生産コストの削減を求めて海外展開にシフトし，国内産業の空洞化を招来せしめた。

　企業はグローバリゼーションの進展する中で，低賃金の途上国に対抗するため，国内でも「安上がり」の非正規雇用を増やしてきた。総務省の労働力調査によると2016年平均で，2,016万人と7年連続して増加し，雇用者全体の37.5%を占めている。非正規雇用の増加は労働者の賃金水準の低迷につながり，社会の不安を増幅している。

　安倍首相は経済の好循環を実現するためとして，労働者の所得を増やす必要性を強調し，経営側へ賃上げの要請を繰り返している。しかし，経済の先行きは不安が漂よい，決断力に欠け果敢な経済戦略に踏み切れない多くの経営者は，「笛吹けども踊らず」に，ひたすら非正規雇用の拡大で総労働コストの引き下げを図り，内部留保を積み上げている。

4　大企業は労働分配率を下げながら巨額の内部留保を蓄積

　財務省の法人企業統計によると，金融・保険業を除いた企業が貯め込んだ内部留保総額（現・預金，有価証券，土地，設備等）は，2016年度末で406億円と過去最高を記録した。内部留保のうち現・預金額は211兆円である。

　一方，労働生産性は高まっていても，これが賃金に反映されていない。労働者1人当たりの実質労働生産性は，日本・欧州（ユーロ圏）・アメリカで高まっている。欧州やアメリカでは生産性の上昇に応じ，雇用者への給与も増加してきている。しかし日本だけが，非正規労働者の増加などを受け，生産性が上昇しても，

履用者給与は上昇しないで低迷している。

　日本の実質賃金は，リーマン・ショック以前の 2007 年の水準に戻っていない。先進国では，リーマン・ショックを受けても，ドイツ・アメリカをはじめ北欧諸国などでの実質賃金は上昇してきた。韓国も 2012 年以降，実質賃金は上向いている。ところが，日本，イタリア，イギリスは実質賃金が下がったままである。

　企業の社内留保が急速に累増しているのに反し，企業利益の労働者への分配状況を示す労働配分率は，1977 年は 76.1％であった。これが 1997 年には 66.3％からひたすら低下の一途を辿り，2011 年には 60.6％に下がり，2015 年には 58.7％まで下落している。

5　多国籍企業の課税逃れを厳しく規制し税制公正化により租税国家の復権を達成すべきである
―それにより失われている巨額の税源を回復し「社会の貧困化」を是正

　経済のグローバル化のもとで一人勝ちして格差と貧困を世界に蔓延させている多国籍企業は，納税の場面においても主権国家の併存状況を前提とする現在の租税制度が，企業活動や投資のグローバル化に十分に対応できない弱点に最大限に便乗して「税金を払いたがらない存在」となっている。

　グローバルにビジネスを展開する多国籍化した巨大企業は，各国間の税制格差や租税法規の曖昧さとともにタックス・ヘイブンをタックス・プランニングの組成のための「戦略的武器」(strategic weapon) として活用し，課税逃れに狂奔している。

　まさに，「グローバル」による「ナショナル」の抑圧であり，新しい「租税国家の危機」(Die Krise des Steuerstaats) である。

　しかし，租税正義のため，納税者に法令遵守のタックス・コンプライアンス（tax compliance）を求めるとともに，課税当局は，いかなる企業や個人であっても，そのような課税逃れは断固として許さないという租税立法と税務行政の体制を英知をもって一段と整備し，グローバリゼーションと調和しながらナショナリスティックな租税国家の復権を実現しなければならない。

　租税国家の復権により「失われている巨額の財源」を回復し，経済的格差の解消と社会保障の充実による「社会の貧困化」を是正するとともに，財政健全化を図ることで，国家の破滅を防止することができる。

第3部

企業課税を崩壊させている政権政策の検証
税制構造の大衆収奪化への改悪の根源

序　章　税制構造を改悪化している政治手法の検証
第１編　企業課税を崩壊に導く税財政政策
第２編　巨大企業が税金を払わない税制を構築
第３編　消費税増税と法人税減税のセット論の誤謬
第４編　税制を極悪化する政権の政策運営
第５編　世界税金戦争で危機にある企業課税
第６編　税制公正化を目指す闘いのすすめ

序章　税制構造を改悪化している政治手法の検証

1

　税制はまさに政治の顔であり，社会の公正さの鏡である。その国の政治が公正で国民によって信頼され，尊敬されているかどうかは，その国の税制が真に公平にして公正なものであると，国民により認められているかどうかにかかっている。政治の安定は，ゆるぎなき税制の尊厳と権威が不動のものとして確立していることによって，はじめて期待できるのである。

　しからば，現在の我が国の税制の姿はどうであろうか。資本主義最後の税金であり，究極の収奪装置のタックスマシンで低所得者である庶民には割り高で，高所得者である富裕者には割り安である逆進性の強い消費税を最大の税収源としており，税制構造の改悪化を拡大している。

　これに反し，担税能力に応じて徴税できる仕組であり，最大のメイン・タックスとなるべき所得課税が，個人も法人も共に空洞化と崩壊が促進され，税における公正と正義が衰弱しきっている。

　個人の所得課税である所得税は，2018年度税制改正により働き方の多様化に対応するねらいとして，特定の収入にのみ適用される給与所得控除や公的年金控除から，どのような所得にでも適用される基礎控除へ控除額をシフトし，年収850万円超の中高所得の会社員や公務員の「勤労所得」には増税が実施された。にもかかわらず，かねてより最大の欠陥税制である株式の譲渡益や利子配当などの金融所得には分離課税や軽減税率が適用され軽い課税で済まされている。

　元来，所得税は，年収の多い人ほど適用される税率が高くなる「累進課税」となっており，税率は最高で45％（住民税を含め55％）なのに，金融所得は一律20％で他の所得とは切り離して税額が計算される。高所得者ほど収入に占める金融所得の割合は多い傾向にあり，年収が1億円を超えると逆に下り始める，という奇怪な負担構造である。「不労所得」の税率はそのままで超富裕層の超優遇は放置されたままである。

　労働所得である勤労所得には高い所得税が課されているのに，不労所得である金融所得には極端に軽い課税であることが，現行の個人所得税制の構造的欠陥である。所得税の改革は4年ぶりであり，これらについての改善が期待されたが，金融所得課税の是正については議論の対象にさえもされてこなかった。

　時代遅れとなり多くの問題を抱えている所得税制については，将来的な所得税

のあり方についての姿を示さずに，一部の勤労者に負担をしわ寄せするやり方は，とても抜本改革などとは言えない。

勤労者の労働所得には相対的に重課し，富裕者の不労所得には絶対的に軽課している現行所得税の姿は，富裕者や大企業を特別に優遇しているのに，これに反し，一般の労働者や庶民を冷遇して経済的格差を拡大させている現在の政治の姿を如実に映し出している。

給与所得控除の圧縮，公的年金控除の圧縮，基礎控除の改正を主要な改正とする所得税改革は，働き盛りの階層にも高齢者にも大増税になり，給与や年金に対する大衆増税のはじまりで，来るべき消費税増税と共に所得税においても大衆増税時代の到来の予兆が懸念される。

2

最大の問題は，法人の所得課税である法人税による企業課税である。法人税改革では，2014年度までに34.62％まで引き下げられていた国税と地方税を合計した法定総合税率を2015年度に32.11％に，2016年度には一挙に29.97％に引き下げ，2018年には29.74％まで先行して引き下げてきた。

法人税率の急速なる引き下げは，グローバル経済の深化のもと多国籍企業の国際競争力の強化と，自国のマーケットの拡大化を狙う各国間の「法人税引き下げ競争」の反映によるものでもあるが，何といっても政権政府が成長戦略の有力な手段として大企業が働きやすい環境を作る経済政策を基調としていることである。

それは，「稼ぐ力」のある企業の税負担を軽減することにより，企業に対して，収益力拡大に向けた前向きの投資や，継続的・積極的な賃上げが可能な体質への転換を促す「成長志向の法人税改革」に主力を注ぎ，法人税減税を強行してきていることによるものである。

特に問題なのは，税率が適用される課税ベースが特定大企業の優遇税制である租税特別措置の政策減税をはじめ，税制の欠陥による収益の課税除外，複雑な税務会計のメカニズムに内在している経理自由による弾力性，損金控除の拡大，さらに，各国間の税制格差や課税権の抜け穴，タックス・ヘイブンの存在など制度的な要因と，多国籍企業の国際租税戦略による租税極小化のスキームによる課税逃れが深刻化していることにより浸蝕化し縮小化していることである。

このように課税ベースがタックス・イロージョン（課税の浸蝕化），タックス・シェルター（課税の隠れ場），それにタックス・ギャップ（税務執行の不徹底性）

により縮小化していることにより，実際の税負担である「実効税負担」は，法定総合税率に比して著しく低くなっており，全有所得法人を平均してみても実効税負担率は法定総合税率の60ポイント程度にとどまっているのが実態であり，2018年度では，平均して18％程度になるものと推定される。

注目すべきは，この実効税負担が企業規模別に著しく格差があり，資本金100億円超の巨大企業と巨大企業が該当することが多いと思われる連結法人の総合平均実効税負担率が著しく低く，最低は法定総合税率の僅か23ポイント程度に過ぎず，2018年度では7％程度にとどまるものと推定される。これに対し，総合平均実効税負担率が最も高いのは資本金1億円超で5億円以下の中堅企業で，法定総合税率に限りなく近い税負担が課されている。

日本の法人税の実態は平均的にみても決して高くなく，特に巨大企業は極端に優遇され，業績が良く巨額な利益をあげながら割安の税負担で済まされ，しかも事業も海外戦略にシフトし税金を海外に流出させ，国民経済と国の財政に役立たない「国に税金を払わない存在」となっている。

3

政権与党の政治政略がストレートに企業税制を政権政策の手段とし，税制の理念と論理を逸脱して政治ベースの次元で駆使している。その最近の典型として，「生産性革命」の目玉政策として法人税減税の政治的濫用により所得拡大促進税制を拡張的に見直した2018年度の法人税改正があげられる。

政府は，少子高齢化への対応の新しい経済政策パッケージとして，人づくり革命と生産性革命を掲げているが，生産性向上のための施策として本命となる政策手段を打ち出せず，その主要な手段として企業税制を用いている。生産性向上には経営学的にも，もっと深度のある専門技術的な広汎な手法が必要であるが，政府の施策はスローガンだけで甚だ踏み込み不足であり，この政策手段の貧困を安易に政策税制の恣意的利用により補っているのである。

我が国の企業収益が過去最高を更新し続ける中，企業が自己の収益を生産性向上や人材投資に振り向け，持続的な賃上げが可能となる環境を作り出すことが，成長と分配の好循環を生み出すためには重要であるとしている。このため十分な賃上げや国内設備投資を行った企業について，賃上げの一定割合の税額控除ができる措置を講じている。これに反し，所得が増加しているにもかかわらず，賃上げや設備投資を積極的に行っていない大企業については，ペナルティとして研究開発税制や生産性の向上に関連する税制の一定の税額控除の適用を認めないこと

としている。

　高い水準の賃上げなどに踏み切る企業を対象に法人税を「２段階」構えで減税する。まず，３％以上の賃上げと設備投資を増やす企業に法人税の実質的な負担を 25％程度まで軽減する。次いで，あらゆるモノをインターネットにつなぐ「IoT」を実現するソフトウェアなどの先進技術に投資して生産性を向上させる場合に実質的な税負担を 20％程度まで引き下げる。

　法人企業の法定総合税率は 2018 年度から 29.74％に下がるが，この２段階の減税は，法定総合税率を変えないで，特定の条件を満たした企業に対し税額を差し引くという手法で減税を行う。政府与党によれば，税負担の軽減措置の適用を受けられるハードルは高くなるが，その分だけ税負担が少なくなるのが特徴だとしている。

　企業が稼いだ利益の蓄積にあたる利益剰余金である内部留保を，賃上げや設備投資に回すよう促すのが狙いで，「アメ」と「ムチ」を露骨に使い分けて政権当局による経済の「成長と分配の好循環」を生み出す政策手段の目玉としている。

　しかし，この減税には減税限度額として最大で法人税額の 20％（IoT 投資減税では 15％）の制約があり，赤字企業や納税額の少ない企業は利用できない。要するに大稼ぎをしている黒字経営に手厚く赤字経営に冷たい安倍政権の「弱肉強食」型税制の面目躍如であり，その結果，格差を増幅することになる。

<h2 style="text-align:center">4</h2>

　政権与党の経済政策の基調は，財界と結託して「大企業が最も稼ぎやすい国」を作ろうとし，税財政政策をはじめ働き方改革の労働政策など，全ての施策が財界ペースで大企業支援にシフトしている。このため税制では，企業課税の負担を軽くすることを内実とし，巨大企業が税金を払わないシステムである「成長志向の法人税改革」が構造的に構築されてきている。

　成長志向の法人税改革は，グローバル化の中において法人課税への依存から脱却する方向性に整合的に議論を進め，法人税とは違う他の税で，きちんと税収が確保されるようにすべきであるとしている。このため全体の負担構造でみると，法人課税から個人課税や資産課税へとシフトしていくという発想である。

　これまでもアベノミクスの息切れを防ぐ「苦肉の策」として，法人税率の引き下げを行ってきている。しかも，これが首相官邸主導で税制の政治利用の露骨な跳梁として行われ，あらゆる施策が大企業優遇に徹底して傾斜している。

　税制改革の本筋を外して場当たり的に大企業の減税をし，無定見な代替財源漁

りで課税ベースを不当に拡大するなど理念喪失の法人税改革が進行している。しかも最大の不公平税制である租税特別措置の見直しには全く熱意がなく，大企業優遇税制は肥大するばかりである。

政権与党の政治政略として税制を混迷させながら大企業減税にシフトしている改革論議は，経済成長で増収か，消費税など他の税の増税で税収中立か，で財源確保で意見の対立などがあり，デリケートな要素が介在し，減税の代替財源探しに四苦八苦し迷走している。

法人税減税の代替財源探しに狂奔する政府税調は，課税ベースの無定見な変則的拡大による危険性を高めながら醜態を露呈している。大企業擁護で「政治権力追随型」の政府税調は，税制の本来的なあり方を明示して，税制決定の当事者である政治家に税制改革のメルクマールを呈示すべき本来の役割を忘却し，安倍首相からの至上命令である法人税率の引き下げの理屈づけを請わされ，政権与党の下請機関に成り下がり堕落している。

何よりも重大なことは，何がなんでも消費税の増税を強行し，これとセットで大企業減税を実現しようとする恐るべき発想である。新規財源の獲得における議論において，あたかも税金といえば消費税しかなく，その増税の可否をめぐる議論のみであり，他に重要なメイン・タックスが存在していないかのようである。

企業課税こそ最大のメイン・タックスであり，巨額の財源の発掘源である。消費税増税と大企業減税のセット論などは重大な誤りで，欺瞞的謀略であり，税体系の根幹を歪める危険な動向である。

5

政治家が専門家の意見を聞かずに税の理念と論理を無視して政治ベースの政権政策運営の次元で税制を好き勝手に改変し極悪化させていることは，まことに恐ろしいことである。歪んだ政治により国のバックボーンである税制を歪めることは，国の秩序を崩壊させ将来を危うくする。

大企業の収益拡大を頼りにする成長戦略は破綻しており，掛け声どおりに進んでいない。苦しまぎれに打ち出した「1億総活躍社会」プランは，在職老齢年金の見直し，認知症対策法の検討などの程度で施策の内容は乏しく実現は至難であり，大風呂敷の中身は空洞化している。

景気回復を悲願とする安倍政権のシナリオは現実とのギャップにより行き詰まり，大企業減税で狙った成長による「好循環」は現われず，トリクルダウンは幻想に終り，格差社会への転落の危機に直面している。牽引役の企業が動かず，ア

ベノミクスは事実上挫折している。

大企業が海外で空前の利益を上げても，これに反し依然として冷えているのが国内の景気実感である。株高で恩恵を受けるのは外国人投資家とひと握りの富裕層である。

財界との癒着を深めた大企業優先の安倍政権の政治姿勢は，露骨な「財界直結」型で，ひたすらグローバル・ビジネスの支援に力を注いでいる。日本経団連は政権の司令塔に入り込み政策決定に介入している。同時に，自民党への政治献金を「通信簿方式」で復活させている。

財界に都合のよい政策か否かを判定し，それに応じて政治献金をする露骨なやり方である。それは，あたかも政権与党が財界に有利になる政策を政治献金との引き換えに売り渡しているとも言えるであろう。

6

世界税金戦争の激化で企業課税の危機は一段と高まっている。反グローバリズムによる「一国利益最優先主義」の新たな発想の高揚で有害な「税の競争」(tax competition) は一段と激化し，世界税金戦争の炎は燃え上がっている。

いまや，世界税金戦争の基本構図は，複雑怪奇でハイブリッドでマトリックス的な錯綜した態様を呈している。国際課税をめぐり国家主権の課税権の行使での多国籍企業の課税逃れへの逃避との闘いと併行して，各国主権間の税源争奪の闘いが多面的複合的に展開している。

巨大企業と政府は課税逃れの捕捉追求では相反対決しながら，他面では，一体となって相連提携し国際競争力を強化する国家間の経済戦争としての「税の競争」を展開し，政府による大企業擁護の，いわば「新重商主義」と称すべき発想が目立っている。他方，世界経済の闇の根源であるタックス・ヘイブンを悪用した課税逃れを防止する国際連携が進行しつつある。これらは，相反対決しながら連携一体化の二律背反の二断面である。

一方で，BEPS（税源浸食と利益移転）プロジェクトの実施段階への移行に対して，各国政府の税制対応による国内法の整備と執行当局の課税体制の刷新強化が行われている。この国際課税強化による企業包囲網の強化に対処するため，企業では税務戦略策を立てるタックス・プランニングの更新が進められている。

いま各国とも，税制の国際的連帯による企業税制の整備の推進と，自国の大企業優遇税制の温存による企業支援策の推進との二律背反のジレンマに直面している。

序章　税制構造を改悪している政治手法の検証　◆　*471*

　租税国家は，グローバリゼーションの深化による課税権の限界のもと，租税主権の黄昏に呻吟（しんぎん）している。それは，国家主権が闘う正面の相手は課税逃れに狂奔している自国の無国籍化した多国籍企業であり，他面において闘う相手は税源の奪い合いをする他国の国家主権である。租税国家はまさに，ハイブリッドな二正面の両戦線で複合的な闘いに苦脳している。

　ボーダレスワールドにおける経済のグローバル化の深化は，多国籍企業の過当競争を背景とし，他国からの投資や企業誘致を狙いとした「税の競争」を各国・各地区で激化させている。それは，法人税率の引き下げ競争のほか，外資導入のための租税優遇措置，持株会社・統括会社の誘致や技術導入，金融サービスを誘致するための「租税誘因措置」（tax incentive）として非課税所得や免税所得による課税益金からの除外，各種の所得控除の拡大による課税ベースの極小化政策等による「魅力ある税制」の導入といった施策が行われている。

　企業課税の引き下げ競争は，巨大企業と政府が一体となって企業の国際競争力を強化する，国家間の経済侵略戦争の手段であり武器である。

　税の競争は，企業課税の軽減化で国にとっての稼ぎ頭から税を取らず，財源喪失と税制構造の悪化を招いている。されど，他国の法人税率の引き下げ状況を観察しながら，国家間の経済戦争における勝負をかけて「痩せ我慢」での法人税の引き下げを余儀なくしている。

　世界税金戦争は，各国とも最大のメイン・タックスである企業課税の崩壊と空洞化の危機を増幅し，租税理念と論理を破壊し，健全な財源を喪失させ国家財政を破綻に陥し入れる“Race to the Bottom”と言われる「地獄への途」であり，国民経済の衰退と世界秩序を混乱に陥れる。

7

　現在の日本にとって最も大事なことは，国のバックボーンである税制の公正化を目指す闘いの進めである。大儲けをしている巨大企業の減税財源に低所得者には割り高の庶民いじめの消費税増税を充当するという誤ったやり方では国民の納得は得られない。

　政府による生産性革命は，賃上げや設備投資に積極的な企業，革新的技術による生産性向上を目指す企業への税負担軽減策を盛り込んでいる。財源には人づくり革命とともに政策パッケージとして消費税10％への引き上げ分から約2兆円の予算を充てることにしているが，全くの筋違いである。

　消費税増税と企業減税のセット論は，税制のあり方としては根本的な誤りであ

り，企業優遇税制を撤廃し欠陥税制の是正による公正な法人課税の再建こそが急務である。企業課税の欠陥を是正して，企業にそれ相当の応分の負担をしてもらうことで格差是正による社会の矛盾を解消しながら，消費税増税による税収増以上の安定的な財源の確保が可能である。

企業課税に現存する欠陥の是正による「増収想定額」は，マクロ的な分析によると9兆4,065億円の税収調達力を見込むことができる。

日本経済が抱える最大の問題は国内消費の低迷である。物が売れないから，経済が伸びていかない。今，断行すべきは，直接に消費を喚起し景気回復に経済的効果をもたらす消費税率の引き下げによる消費税減税と，企業課税の欠陥是正による法人税制の再建により，企業にそれなりの応分の負担を求める企業課税の増収策である。

豊かで栄えている大企業・経営者と，これと対極的な存在である貧困化し，困窮している勤労者・庶民の間に存する余りにも大きい格差は，国家秩序と安寧社会を破壊する危険がある。所得課税において発揮される所得と富の再配分機能の発揮は，この不条理を是正し，国家と社会の健全な姿を実現させる特効薬である。

8

このため本書の第3部では，企業税制を手段として政権政略を独断的に遂行する権力主義的な政治行動を財界と共謀して強行し企業課税を崩壊させている政権政策を検証する。総選挙で連勝した政権与党に更なる法人税減税を要求している強欲な財界と，これに反応する政権与党の姿勢，政策パッケージによる生産性革命の主力手段として法人税減税を政治的に濫用している事実を取り上げ，企業減税による経済成長への期待は困難であり，専門家の意見を無視した政治ベースの税制改悪の弊害を明らかにする（第1編）。

巨大企業が税金を払わない税制構造を策定してしまっている政権与党の税財政政策は，官邸主導の独断的な場当たり的な財源なしでの大企業減税の実行により，税制混迷を深めている事情を検証する（第2編）。

次いで，これまで行われてきた消費税増税と大企業減税のセット論が欺瞞的謀略であり重大な誤りであることを論証し，税体系の構造の根幹を歪める危険性を警告する（第3編）。

政権与党による政権政策運営により行われてきている税財政政策は，その副作用として経済格差と貧困を誘発し，大企業の収益拡大頼りの成長戦略は，掛け声どおり進まず破綻していることを明らかにする（第4編）。

序章　税制構造を改悪している政治手法の検証　◆　*473*

　世界税金戦争による法人税の引下げ競争は，企業課税の崩壊の危機をますます促進している。いまや，この世界税金戦争は，課税逃れとそれを追求する「企業と国家」の闘いと，「国家と国家」の税源の奪い合いで，ハイブリッドでマトリックス的な複雑に錯綜した基本構図をもって燃え上がっている。トランプ大統領の登場で，アメリカが「タックス・ヘイブン化」を宣言し，反グローバリズムの思想の台頭をも背景に，世界税金戦争は一段と激化し企業課税を崩壊させている事態を論述する（第5編）。

　最後に，いま，我が国に求められているのは，国のありようを正し，政治に対する信頼を回復することである。そのために不可欠なことは，税制公正化を目指す国民的な闘いの進めである。何としても国家秩序と社会安寧を破壊するグローバル企業の暴走を阻止して，企業が納税義務者としての社会的責任を果たし国家財政に貢献する「企業貢献国家」を構築し，庶民・貧困層いじめにならない税収調達力を確保して，国の安全保障と国民への社会保障を支えることが緊要である。消費税増税は誤った政策であり，危険な途である。正しくは，消費税減税と企業課税の欠陥是正による「増収」（増税ではない）策が急務であることを強調している（第6編）。

9

　安倍政権の発足から5年間，企業が引っ張る形で表向きの好況が続くが，個人消費は依然として力強さを欠いたままである。財務省の法人企業統計によると，2016年度の企業の利益剰余金である内部留保は，約406兆円と過去最高を示している。しかし，厚生労働省の毎月勤労統計調査の2017年の実質賃金指数は前年を0.2％下回り，2年ぶりに低下している。この5年間で，家計が実質的に使えるお金（実質可処分所得）は0.5％減少しているとする分析もある。社会保険料の値上げなどの影響で給料の増加分が相殺されているためである。

　個人消費を増やす消費税減税と，まともな税収調達力を発掘する企業課税の欠陥是正による改革での恒久財源の「増収」こそが求められている。

　最後に，崩壊の危機にある企業課税の再建の必要性を強調してきたこの序章を閉じるにあたり，企業課税としての法人税の存在価値について改めて鮮明にしておこう。

　法人税は，他の租税にみられない価値を消費，貯蓄および投資，所得と富の分配，雇用と国民所得に及ぼす経済的効果のうちに見出すことができることは，すでにリチャード・グード（Richard Goode）が，その名著 "The Corporation

Income Tax" (John Wiley & Sons, Inc., 1951) で経済理論の観点と租税理論の立場から明言している。

　法人税は，会社と株主に帰着して，投資を減少することになる。このことは，他の歳入調達手段である消費税や社会保障税に比べれば，消費を有利に取り扱う効果をもっている。この消費を抑制しないことが結局は投資減少の効果を緩和し，投資と消費とを含む総需要の増大をもたらす。この法人税の経済的効果こそが財政政策（Fiscal Policy）の諸目的に最もよく適合するものであって，消費税のような投資奨励，消費抑制という租税政策による完全雇用の到達の方法は，過剰投資を招いてすぐ崩れるおそれがあり，たとえそれによって高い国民所得をもたらしても，その安定度は低いという欠陥がある。

　しかも，企業利潤の景気変動に対する敏感さは消費税などに比べて法人税が収縮性を与えるため，かえって景気変動を調節し，経済の安定を助ける。また，租税理論からみて，所得と富の分配の合理的平等を図る点については，累進的個人所得税には劣るけれども，法人税は現在の所得と富の集中の最も大きな要素をなしている配当と株式所有の根源である企業利潤を削減することによって分配の平等に貢献する。

　以上に述べたように，法人税は，消費税や公債等の他の歳入調達手段に比べて優れた長所を数多く持つ，いわば現実に即した有効な租税であって，歳入制度のなかで極めて重要な財源調達手段である。したがって，企業課税の役割を重視し，それが政治により歪められ崩壊の危機にある現状を是正するとともに，企業の経営実態にマッチした法人税制のフレームワークの構築を想定する「大小企業区分税制の改革構想提案」（拙著『税務会計学原理』（中央大学出版部，2003 年，1623 〜 1692 頁）による資本開放性法人と資本閉鎖性法人を性格別に区分して別個の法人税制を適用する抜本的改革を含めて，本来の姿への「企業課税再建」を図り，企業課税を強い国家と安定した社会を確固として支え，豊かな社会福祉の充実と財政再建に貢献する存在としなければならない。

第1編

企業課税を崩壊に導く税財政政策

第1章 更なる法人税減税を要求する財界の強欲な横暴：総選挙で圧勝した安倍政権と財界の共同謀略

1 実効税負担の低い大企業の更なる減税を求める経団連：限りなき低税負担を貪る大企業集団の身勝手さ

2 大企業の現在の法人税の実効税負担は既に極小に到達：マクロとミクロの両面からの分析の検証で明確

3 巨大企業の税負担が低いのは課税ベースの空洞化が要因：消費税の4％相当の国家財政の財源が消失

4 崩壊の危機にある法人税制を分析する「税制検証論」を展開：理不尽な税制構造の改悪との闘い

第2章 「生産性革命」の政策手段としての法人税減税の政治的濫用：税制を利権化し政権浮揚の目玉政策として活用

1 次々と政策の看板を掛け替えていく「スローガン政治」を手法とする安倍政権の策略的政策：政策結果の検証をすることなく次の看板に乗り換える無責任な政権戦略

2 経済政策パッケージの「生産性革命」の主力手段としての法人税減税の政治的濫用：本来的な政策手段を欠き苦肉の策として税制を活用

3 政府が賃上げを要請する「官製春闘」への疑問と黒字企業に手厚く赤字企業に冷たい「弱肉強食」型の安倍法人税改革への懸念：政府・与党は「3％の賃上げ」を求めているがその成果は如何

第3章 企業減税には経済成長への期待は不可能：専門家の意見を無視した税制改悪の弊害

1 「需要がなければ企業は投資しない」ので企業減税には「経済成長への効果はない」との論評：米国の法人税減税を酷評する Financial Times の所論

2 専門家の意見を無視した税制改革は大企業と富裕層だけに恩恵をもたらす悪い減税で国民の多くは支持していないとの所見：New York Times, NBC, ウォール・ストリート・ジャーナルの論評

3 税制改正も首相官邸が仕切り政権の政治政略によって租税理念を破壊：政権の政治戦略の専横により決定されている税制改正の凋落

第 | 1 | 章

更なる法人税減税を要求する財界の
強欲な横暴
―総選挙で圧勝した安倍政権と財界の共同謀略―

1 実効税負担の低い大企業の更なる減税を求める経団連
―限りなき低税負担を貪る大企業集団の身勝手さ―

⑴ 衆議院総選挙での大勝利祝の政治献金を見返りに素早いアクション

　2017年衆議院総選挙は，無定見な野党の分裂と拙劣な選挙戦術により政権与党の自由民主党が想定外の圧勝をした。経団連は産業界を代表して，投開票の翌日の10月23日，早々に「国民の負託を受けた安定的な政権基盤を得た安倍政権は，自信を持って改革に取り組んでもらいたい」と激励した。

　そして，「政策評価」を公表し，法人税改革では，2014（平成26）年度までに34.62％まで引き下げられてきていた法定総合税率を2015（平成27）年度に32.11％に，2016（平成28）年度には一挙に29.97％に引き下げ，2018（平成30）年度には29.74％まで先行して引き下げ，産業界の長年の要望であった「30％未満」を実現したことを実績にあげ「与党の政策は成果をあげており高く評価できる」とした。

　経団連は，これとともに，全会員企業（現在は約1,300社）に，与党自民党に対する政治献金を呼びかけ，これの見返りに，あつかましくも，これまで控えていた更なる法人税率の引き下げを言い出し，「25％まで引き下げる」ことを要求した。

　これまで経団連などの要請で安倍政権は，法人企業の所得課税の税率を引き下げ続けてきた。政府は，財界に対し内部留保を賃上げや設備投資に回すように求めてきたが，企業側の反応は鈍く，2016（平成28）年度における内部留保にあたる利益剰余金は前年より28兆円増の406兆円に膨らみ，5年連続で過去最高となっている。

　同時に経団連は2019（平成31）年10月に消費税率を10％に引き上げることと，社会保障の抑制による歳出改革の徹底をも提案し，政権は「国民の痛みを伴う改

第1章　更なる法人税減税を要求する財界の強欲な横暴　◆　*477*

革にも取り組んでもらいたい」とも言い放っている。消費税増税と社会保障の抑制で法人税減税の財源を確保しようとし，その「ツケ」を国民に押しつけようとしている。

(2)　財界の法人税減税要求に直ちに反応した安倍政権

　これに対し安倍晋三首相は，10月26日の経済財政諮問会議で，「賃上げは企業への社会的要請だ。3％の賃上げが実現するよう期待する」と述べ，翌年の春闘での賃上げを産業界に要請した。そして，賃上げの裾野拡大に向け政府も環境を整えるとし，平成30年度税制改正で法人税の法定総合税率をさらに引き下げる方向での姿勢を示した。現在29.74％まで下げられている税率を段階的に最大で「3％程度下げ27％台前半」にする案などを検討し始めていた。

　政治献金の効能か，空前の内部留保にもかかわらず，法人税の減税は，まだこれからも続いていく。しかも，その「ツケ」は，国民に回されていくのである。

2　大企業の現在の法人税の実効税負担は既に極小に到達
　―マクロとミクロの両面からの分析の検証で明確―

(1)　法人税の実効税負担は全体的にみても低く法定総合税率の6割弱程度

　経済界や大企業，マスコミ，経済産業省等は，日本の法人税は高いと声高に宣伝しているが，私のこれまでの研究で明確になったことは，高いのは「法定総合税率」であり，「実効税負担率」は極めて低いのである。

　有所得の全法人をトータルにならしたマクロ的に分析してみると，総合平均実効税負担率（2014年3月期・外国税額を含む）は「22.72％」であり，法定税率の6割弱の59.77ポイント相当に過ぎず，既に今回の経団連のあつかましい要求よりもはるかに低いのである。

　特に注目すべきは，巨大法人の実効税負担が極めて低いことである。資本金100億円超の巨大企業の総合平均実効税負担率は，実に17.29％（2014年3月期・外国税額を含む）という驚くべき低い税負担水準になっていることである。

　これでも日本の法人税は高いと言えるのか。既に低すぎるくらい低いのであり，政府当局は真実の実態をよく認識し真剣に考えるべきである。

　表面的な法定税率と，経済的実質的な実効税負担率の間には著しい差異が存するのである。政府や関係者は，いずれの企業も現実には，その法定税率どおり税金を払っていない名目的で「架空な高い法定税率」を振りまわすのではなく，検証税務会計学が立証した実際の「真実な実効税負担率」の実態を直視すべきであ

り，経団連の尻馬に乗って国民を欺瞞し，一段と法人税制の不公正を拡大するような有害な法人税減税は速やかに中止すべきである。

⑵　企業の規模が大きくなるほど税負担は低い「逆進構造」が特徴

　日本の法人税制における実効税負担状況の著しい特徴は，巨大企業・大企業・中堅企業・中小企業・小規模企業というような企業規模の階層間に著しい格差が存在していることである。

　注目すべきは，資本金100億円超の巨大企業と，巨大企業が該当することが多いと思われる連結法人の総合平均実効税負担率が著しく低いことである。

　連結法人は，外国税額を含めても僅かに「10.94％」（2014年3月期）で法定総合税率の3割弱の28.78ポイント相当と驚くべき低水準である。資本金100億円超の巨大企業は，外国税額を含めても「20.28％」で法定総合税率の53.35ポイント相当に過ぎない。

　これに対し，総合平均実効税負担率が最も高いのは，資本金1億円超で5億円以下の中堅企業の階層である。外国税額を含めて「35.75％」（2014年3月期）である。

　資本金1億円以下の法人には中小企業に対する軽減税率があるので，低くなければならないのであるが，実際は資本金1億円以下で「29.90％」，資本金5,000万円以下で「36.60％」，資本金1,000万円以下で「25.60％」（いずれも2014年3月期・外国税額を含む）である。

　問題なのは，資本金100億円超の巨大企業と連結法人の総合平均実効税負担が企業規模別に区分した全ての階層の中で最も低いことである。巨大企業（20.28％）は，最高レベルの中堅企業（35.75％）の実に半分近くの56.72ポイント相当と低くなっており，小規模企業（25.60％）よりもはるかに低く，その79.21ポイント相当にとどまっている。

　日本の法人税の実効税負担の構造は，中堅中小企業が最も重く，それより順次に企業の規模が大きくなるに従い軽くなり，巨大企業の実効税負担が最も軽く，しかも極端に低水準である「極小の税負担」となっている逆傾斜であり，まさに，「逆累進構造」である。

⑶　業績の良い名門企業で税負担が極端に軽い企業が多数存在

　日本の経済界をリードする名だたる有力企業で，業績が良く大稼ぎをしながら「実効税負担率」が著しく低く軽い税負担しかしていないことも明らかになって

いる。

　法人税の実際の負担状況がどのようになっているかにつき，その真相を明らかにするためには，全有所得法人をトータルにみたマクロ的分析による平均値の検証にとどまらないで，ミクロ的に個々の企業が実際に如何なる税負担になっているかを具体的に分析し検証する必要がある。

　例えば，第一三共は税引前純利益が3,570億6,900万円なのに法人税等の納税額は21億3,000万円で実効税負担率は僅かに0.596％である。三菱地所は税引前純利益が686億6,500万円なのに法人税等の納税額は7億100万円で実効税負担率は1.02％である。東京電力は実効税負担率が1.66％，住友電気工業が1.76％，新生銀行が3.36％，新日鐵住金が3.52％，東北電力が4.41％，日本航空が8.62％である（以上，いずれも2015年3月期の事業会社）。

　巨大な持株会社には，実効税負担率が1％にも達しない企業が4社もあるが，持株会社は収益構造が異なるから別に考えてもよいが，これと別に事業会社が1社ある。

　実効税負担率が1％台の企業が4社あり，うち1社が持株会社であるが，3社は事業会社である。

　実効税負担率が3％から4％の企業が3社あるが，全てが事業会社であり，8％から9％が2社あるが，これも全て事業会社である。

　実効税負担率が11％から14％までの企業が8社あり，このうち持株会社が4社で，事業会社が4社である。

　実効税負担率が15％から19％までの企業が11社あるが，持株会社は1社で，他は全て事業会社である。

　このように，業績が良いのに「実効税負担率」が著しく低く，調査対象事業年度（2015年3月期）の法定総合税率が35.64％であるにもかかわらず，10％台以下の著名企業が33社もあることが明らかになり，その企業の実名を税引前純利益と法人税等の納付額，それによる個別の実効税負担率とともに公表している。

　次いで，実効税負担が20％台前半である20％から25％までの企業が19社あり，このうち持株会社は1社で，他は全て事業会社である。20％後半である26％から29％までの企業が12社あり，このうち持株会社は4社で，他の8社は事業会社である。

　最後に，実効税負担率が30％の企業が3社あり，全てが事業会社である。

480 ◆ 第 1 編 企業課税を崩壊に導く税財政政策

3 巨大企業の税負担が低いのは課税ベースの空洞化が要因
―消費税の 4 ％相当の国家財政の財源が消失―

⑴ 巨大企業の税負担が低いのはタックス・イロージョンによる課税ベースの欠落が原因

　法人税の実効税負担が著しく低くなっている原因は，課税ベースがタックス・イロージョン，タックス・シェルター，タックス・ギャップによって歪み，さらに，租税特別措置による優遇税制により縮小化されているからである。

　有所得申告法人の全体をトータルでみた場合，2014 年 3 月期の企業利益相当額は 62 兆 5,309 億円であるが，実にその 20.37 ポイント相当の 12 兆 7,384 億円が欠落して課税所得の金額が縮小化され，49 兆 7,925 億円となっている。

　注目すべきは，この課税所得金額の縮小状況を企業規模別にみると縮小率が 40.19 ％（2014 年 3 月期）と抜群に高く，縮小額も 5 兆 7,429 億円にも及んでいる連結法人である。次いで，目立っているのが縮小率が 21.88 ％で，縮小額が 4 兆 1,756 億円に達している資本金 100 億円超の巨大企業である。

　これに反し，課税所得金額の縮小率が最も低いのは資本金 1 億円超 5 億円以下の中堅企業であり，縮小率は 3.95 ％で縮小額は 1,615 億円にとどまっている。

　タックス・イロージョンによる縮小化現象は，日本の法人税制に存在している最大の欠陥である。税制改革の議論において，いつもその対象となっているのは，表面的な法定税率の高低についてであるが，法人税制のような所得課税において，税率の適用対象となる課税ベースである課税所得の捉え方こそが最大に重要な課題である。

⑵ 大企業優遇の政策減税は日本税制の伏魔殿

　租税特別措置は，一般に租税の公平性の原則や租税の中立性を阻害し，租税の基本理念を破壊し，国民に税制の尊厳に対する疑念を誘発し納税モラルに悪影響を及ぼしている。特に，租税特別措置による政策減税は，これを決定する政治家と執行の衝にあたる官僚には最大の権限となり，業界の既得権と化し，政官業の癒着の権化となる。

　政策減税は，一般減税と異なる傾斜減税であり「隠れた補助金」として，特定産業や特定業種の大企業に集中的に異常に巨額な恩恵を与える特権的優遇税制化し，課税の空洞化を招来し国の財源を喪失せしめている。

　さらに，租税特別措置は税法規定を複雑膨大化せしめて，まさに日本税制の伏魔殿と化し税制を厚いベールで隠し，ますます混迷化させている。

第 1 章　更なる法人税減税を要求する財界の強欲な横暴　◆　*481*

　安倍政権は，大企業の法人税減税をアベノミクスの成長戦略の柱とし，税制を利権化し，集票と集金の手段としている。このため安倍政権となり政策減税による減税相当額は，民主党政権の最後の1兆3,218億円（2012年度）の2倍を超える2兆6,745億円の巨額に急増している。

　しかも，その適用状況を企業規模別にみると，減税の恩恵は資本金100億円超の巨大企業と連結法人の1,776社に集中し，50.7％の7,698億円を占めている。政策減税適用のトップ企業は，1社で1,242億円の巨額な減税である。

⑶　巨額の課税優遇を受けている企業群が存在

　巨額の課税上の優遇を受けている企業は，特権的優遇税制化している租税特別措置による政策減税の恩恵を集中的に享受している企業群である。

　政策減税とともに，課税上優遇されている受取配当金の多い企業が税負担を軽くする恩恵に浴している。内国法人が受け入れる剰余金の配当等のうち，これまで一般株式等に係る配当金等の50％相当と，連結法人株式等および関係法人株式等に係る配当等の全額が課税対象から除外されてきた。

　これでは，あまりに大きな欠陥税制であり，平成27年度税制改正で，企業支配株式と資産運用株式を区別する発想のもと部分的な改善があったが，不徹底であり未だ大きな企業優遇税制として存在しており，さらなる改革を要する。

　課税上優遇されている受取配当収益の多い企業の2008年3月期以降，7事業年度について調査し，その合計が1,000億円以上の71社をリストアップした。

　受取配当収益が3兆円を超える企業が2社，2兆円を超える企業が3社，1兆円を超える企業が9社もある。さらに，5,000万円を超える企業が7社，4,000万円を超える企業が6社，3,000万円を超える企業が9社，1,000万円を超える企業は28社に達している。

⑷　法人税制の欠陥是正で消費税の4％相当分の9兆4,065億円の財源発掘を想定

　現行の法人税制には多くの欠陥があり，実効税負担率は法定税率より著しく低くなっていることは歴然たる事実である。世上，一般に取り上げられている法定税率は欠陥税制の存在で名目化し，真実の税負担である実効税負担率との間には大きな開差がある。

　マクロ的分析であるが，両者の間に存する開差を是正し，全ての企業が法定税率どおり納税した場合を想定し，開差の是正による増収想定額を試算すると，

9兆4,065億円が見込まれる。これだけ巨額の財源が喪失していることになる。

この法人税制の欠陥是正による推定増収額を企業規模別にみると，連結法人の3兆8,858億円と資本金100億円超の巨大法人の3兆1,967億円が断トツである。大規模企業の税負担にこそ大きな欠落があり，速やかなる是正が求められる。

4 崩壊の危機にある法人税制を分析する「税制検証論」を展開
—理不尽な税制構造の改悪との闘い—

(1) 政治権力のアカウンタビリティを検証する「闘う税務会計学」による検証

成長志向の法人税改革を進めてグローバル企業が経営をしやすい環境を作ることを基調としている安倍政権の大企業擁護の経済政策により，法人税制の混迷化は一段と深まっている。

税務会計学は，政治権力のアカウンタビリティを検証する政治会計学の最先端として研究を進展させ〝闘う姿勢〟を強めなければならない。

この税務会計学の研究の新しい地平における進展である実証研究としての「税制検証論」（検証税務会計学）が，いまやマクロとミクロの方法論を駆使することにより雄大に展開している。

マクロ的アプローチにより「巨大企業の階層の法人税平均実効税負担率が極小の事実」，ミクロ的アプローチにより「業績が良いのに実効税負担率が著しく低い大企業の実名リスト」が検証されている。

日本の法人税は高くなく，肥大化した租税特別措置の政策減税やタックス・イロージョンやタックス・シェルターにより巨大企業の税負担は中小規模企業より軽く「逆累進構造」になっていることが特徴である。

(2) 企業国家である日本では法人税は基本的な財源

国を捨て無国籍化して「国に税金を払わない存在」となっている巨大企業の減税要求の実現のために，庶民いじめの消費税増税や業況低迷に苦しむ中小企業への新規増税を代替財源とする理不尽さが強行されれば，不公正な社会は一段と深刻化し日本の将来は危うくなる。

法人税制は，非常にテクニカルで課税逃れが容易であるので，国家財政におけるその地位は低下しているとの敗退論や限界論が台頭しているが，企業国家である日本では，「稼ぎ頭」である法人企業への所得課税である企業課税は基本的なメイン・タックスであり最大の財源の源である。

第 | 2 | 章

「生産性革命」の政策手段としての
法人税減税の政治的濫用
―税制を利権化し政権浮揚の目玉政策として活用―

1　次々と政策の看板を掛け替えていく「スローガン政治」を手法とする安倍政権の策略的政策
―政策結果の検証をすることなく次の看板に乗り換える無責任な政権戦略―

⑴　耳目をひく目新しい政策を打ち出し，取り組む姿勢を強調し実行力を演出して国民を幻想で欺き政策結果の総括も検証もしない欺瞞政策

　安倍政権の特徴は，次から次へと政策の看板を掛け替えていく「スローガン政治」を手法としてきたことである。

　国民の耳目をひく目新しい政策を打ち出し，政権がこれに取り組む姿勢を強調して指導力と実行力を演出して，その政策効果の魅力に対する幻想を与えてきた。

　最初は，アベノミクスの「3本の矢」であった。次に「女性活躍」を掲げ，地方の衰退が問題になると「地方創生」をうたい上げた。

　次いで，「一億総活躍」を訴えて「新3本の矢」を打ち出した。

　2017年の総選挙後において，安倍政権は，「生産性革命」と「人づくり革命」を2本柱とする「新たな経済政策パッケージ」を決定した。

　これまでの安倍政権の政策の推移をみると，1つの政策を着実に実行し，結果を虚心に検証しつつ，工夫を重ねていく，本来あるべき手順を十分に踏むことなく，政策はスローガンだけに終わり，次の新しい看板に乗り換えるという安易で無責任な姿勢が「経済政策優先」の実像である。

　国民は，それでも政権に圧倒的多数の議席を与えてきた。野党の稀にみる弱さや選挙制度の特性もあるであろうが，長期政権を支えるのは，経済を前面に掲げての国政選挙に連勝して獲得した「数の力」である。

　安倍政権は選挙で正面から問わなかったばかりか，人権侵害の懸念や憲法違反の疑いがある特定秘密保護法や安全保障関連法，「共謀罪」法など，国の骨格を

変える法律を押し通してきた。

　政権与党が国会における議席の数を頼みに力ずくで既成事実をつくり，国民も，その危険性や不公正に納得せず，初めは抗議し抵抗するが間もなくあきらめ事案についても忘却し，権力に迎合し，大勢に順応してしまう。多くの国民が不満をうっ積させながらも日常生活に埋没し，私利私欲に走り，目先の利益にとらわれて，こざかしく動き回り，国のあり方を考え，社会や世の中を良くしようとする意欲を喪失し，公正と正義への意識が滅び去ってしまっている。

　その典型は，古くはまさに「消費税」の強行導入と，その後の実施状況で，特に税率アップの策略であるが，安倍政権による国政運営をみると，文字どおり，そのような国民の意識の衰弱を悪用しての傲慢な強行政治の姿が生き写しである。

　選挙で公約に掲げて国民に問わなかった国是にかかわる重要法案の強行で陥った政権不信，森友学園への国有地売却疑惑や加計学園の獣医学部新設で首相や関係者の関与が問題化しても国会で責任ある明確な答弁をせず，関係する掌にある政治家や行政機関の官僚たちも忖度して「あいまい」な答弁を繰り返し，資料の提出を拒み問題の焦点を明確にしないで疑惑に「けじめ」をつけていない。このように国民の政権不信が高まれば，下落した内閣支持率を取り戻すために，政策スローガンを掛け替えてきたのが実相である。

⑵　少子高齢化への対応として「生産性革命」と「人づくり革命」を車の両輪とする政策パッケージが登場

　政府は持続的な経済成長を成し遂げる鍵として，「生産性革命」と「人づくり革命」を車の両輪として，2020 年に向けて取り組むとしている。

　人づくり革命を断行し，子育て世代と子供たちに大胆に政策資源を投入し，社会保障制度をお年寄りも若者も安心できる全世代型へと改革するとしている。

　生産性革命を実施し，人工知能（Artificial Intelligence：AI），ロボットなどのイノベーションを実現することを目指すとしている。また，人手不足に悩む中小・小規模事業者も含め，企業の設備や人材への投資を促進するとしている。

　まず，「人づくり革命」としては，幼児教育の無償化，待機児童の解消，高等教育の無償化，私立高校授業料の実質無償化，介護人材の処遇改善，財政健全化，2018 年夏に向けた検討継続事項，規制制度改革等がスローガン的に羅列されている。

　何故に，「革命」というラジカルな表現にしているのか，単に当面に解決を迫

られている政策事項を寄せ集めたに過ぎない。財政再建は不可避の課題であるが，ここに掲げるのには疑問がある。消費税の引き上げ分の使い道の見直しを述べているが，これはむしろ財政再建に逆行しているのではないか，甚だ問題である。

次いで，「生産性革命」については，2020年までの3年間を「生産性革命・集中投資期間」として，大胆な税制，予算，規制改革などを総動員するとしている。これにより，設備投資額を2020年度までに対2016年度比で10％増加，2018年度以降3％以上の賃上げなどを目指すとしている。この生産性革命の内容としては，中小企業・小規模事業者の生産性革命，大企業の収益性向上・投資促進，イノベーションだけがスローガン的に挙げられている。

生産性革命についても，何故に「革命」とまで呼称するのか，生産性改革でよいのではないか。それにしても生産性向上とは，経営学的にももっと深度のある広汎な手法が必要であり，政府の掲げているのは踏み込み不足で甚だ不十分であり，もっと充実した政策が工夫されるべきである。

折角「イノベーション」を掲げているが，その内容は貧弱であり，場当たり的な思いつきのいくつかを挙げているに過ぎない。

規制改革で電波行政の岩盤に切り込み，電波の割り当てに価格競争の要素をも盛り込む方針のようである。

明確な政策として導入されているのは税制措置だけであり，芸のない限りである。今の政権にはこれ以上の施策を考え出す知恵が欠如しているのか，余りにも粗雑であり政権与党の見識を疑い失望を禁じ得ない。

(3) 景気回復は続いても生産性は低迷し実質経済成長率とは乖離

経済政策パッケージの目玉は生産性革命であり，企業の活力を引き出す狙いで，賃上げと革新的投資を条件とした法人税の実質負担の引き下げや，電波割り当てを見直す規制緩和策などを盛っている。

問題は，景気回復はスピードに難点を抱えながらもなだらかに続いているが，生産性は，これとは逆に低下してきていることである。つまり，全要素生産性が実質経済成長率に準拠していないことである（［図表3－1－1］を参照）。

日本の経済成長率が近年著しく低下していることは，遺憾ながら事実である。高度成長時代の年率で約8％の成長率が，1970年代後半からは3～4％に低下し，90年代半ば以降は1％程度に落ちてしまった。

多くの企業には，日本経済の先行きへの悲観論が依然として目立っている。背景には，日本経済の将来への企業の成長期待が低下している事情がある。

〔図表３－１－１〕景気回復は続いても生産性は逆に低下
―全要素生産性は実質経済成長率とリンクしていない―

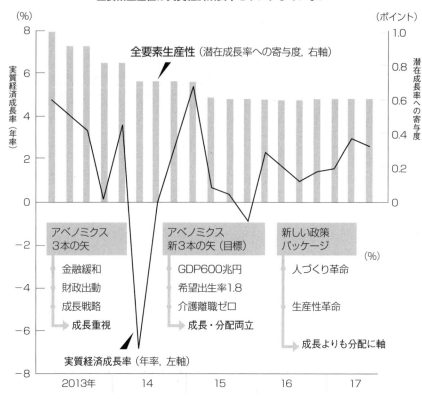

(注)
1. 新しい政策パッケージの「人づくり革命」は当面の緊急政策の網羅的羅列に過ぎない。
2. 「生産性革命」は踏み込み不足が著しく，内容的には甚だ不十分であり，根本的な刷新による内容の充実が不可欠である。
3. 新しい政策パッケージは，政府により「成長よりも分配に軸」を置くことが強調されているが，それには疑問が大きい。

〔出所〕日本経済新聞社，2017年12月9日付が掲載している内閣府資料を基に一部修正整理して作成した。

　経済の実力を示す潜在成長率は１％未満にとどまり，アベノミクス始動から上昇していない。内閣府によると，上場企業による今後５年間の実質経済成長率予測は年１％と過去最低とみられている。
　デフレ脱却の兆しもみえてはいると言われながらも，景気回復は６年目に入り，

戦後平均（3年超）の2倍近い長さになっている。

効果的な規制改革など，アクセルを踏み込んだ潜在成長率の底上げへの施策などに課題を残している。

いま，少子高齢化が問題となり成長を妨げるネックとなっているが，人口が減っても高い経済成長を実現するのは生産性の上昇である。生産性を継続的に上昇させるような効果的な経済改革を推進することにより，日本経済を活性化させることが急務である。

2　経済政策パッケージの「生産性革命」の主力手段としての法人税減税の政治的濫用
─本来的な政策手段を欠き苦肉の策として税制を活用─
⑴　デフレ脱却と経済再生を目指す「賃上げ・生産性向上のための税制」を創設し政権当局の政略的政策がストレートに税制に介入

政権当局の政略的政策がストレートに税制を政策遂行の手段とし，租税の理念を逸脱して駆使している典型として，所得拡大促進税制を拡張的に見直した2018年度の法人税改正が挙げられる。

我が国の企業収益が過去最高を更新し続ける中，企業が自己の収益を生産性向上や人材投資に振り向け，持続的な賃上げが可能となる環境を作り出すことが，成長と分配の好循環を生み出すためには重要であるとしている。このため十分な賃上げや国内設備投資を積極的に行った企業については，賃上げの一定割合の税額控除ができる措置を講じ，税負担を「国際競争で十分に戦える程度まで軽減する」としている。

これに反し，所得が増加しているにもかかわらず，賃上げや設備投資をほとんど行っていない大企業についてはペナルティとして，研究開発税制や生産性の向上に関連する税制による一定の税額控除の適用を認めないこととしている。

安倍政権は経済界に2018年度の春闘で3％程度の賃上げを要請し，このための強硬手段として法人課税を活用し，「アメ」と「ムチ」による税制操作策で賃上げや設備投資を加速させようと目論んでいるのである。

⑵　法定税率は変えないで「2段階」構えにより実質的な税負担を引き下げる「賃上げ・生産性向上のための税制」による法人税の減税措置

高い水準の賃上げなどに踏み切る企業を対象に法人税を「2段階」構えで減税する。

まず，３％以上の賃上げと設備投資を増やす企業に法人税の実質的税負担を「25％程度」まで軽減する。

次いで，あらゆるモノをインターネットにつなぐ「IoT」を実現するソフトウェアや AI などの先進技術に投資して生産性を向上させる場合，実質的税負担を「20％程度」まで引き下げる。

法人企業の法定総合税率は，2018 年度から 29.74％に下がるが，この２段階の減税は法定総合税率を変えないで，特定の条件を満たした企業に対して税額を差し引くという手法で行う。政府与党によれば，税負担の軽減措置の適用を受けられるハードルは高くなるが，その分だけ税負担が少なくなるのが特徴だとしている（[図表３－１－２]を参照）。

⑶　賃上げ・生産性向上のための一連の税制措置の構造

2018 年度税制改正で措置された賃上げ・生産性向上のための税制は，次の３つから構成される。

①　所得拡大促進税制の拡大的改組

所得拡大促進税制を改組し，①平均給与等支給額が対前年度比３％以上増加，②国内設備投資額が減価償却費の総額の 90％以上等の要件を満たす場合に，給与等支給増加額について税額控除ができる制度とする。

(注)　中小企業については，平均給与等支給額が対前年比 1.5％以上増加等の要件を満たす場合に，給与等支給増加額について税額控除ができる制度に改組している。

②　情報連携投資等税制の創設

情報連携投資等の促進に係る税制を創設し，革新的事業活動による生産性の向上の実現のための臨時措置法（仮称）に基づく設備投資に対して特別償却または税額控除を可能とする。

③　業績が好調でも賃上げや投資に踏み込ない企業へのペナルティ

租税特別措置の適用要件の見直しを行い，大企業について，所得が前期の所得以下の一定の事業年度を除き，①平均給与等支給額が前年度を超えること，②国内設備投資額が減価償却費の総額の 10％を超えること，の要件のいずれにも該当しない場合には，研究開発税制その他（地域未来投資促進税制など，生産性向上に関する税制）の一定の税額控除を適用できないこととする。

これらの改正事項について，制度の概要と適用時期の詳細を示すと [図表３－１－３] のようになる。

〔図表3－1－2〕賃上げ・生産性向上を狙う「2段階」構えの法人税の減税措置
　　　　　　　—実質的な税負担を25％程度と20％程度へ引き下げ—

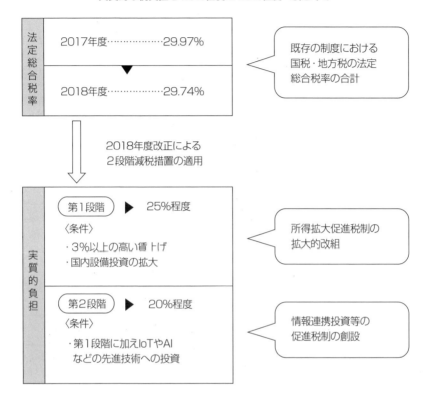

(注)
1．労働分配率に対する配慮としての賃上げ・生産性向のための税制は，税率引き下げの手法でなく，特例制度の適用によって実効税負担を20％台にしようとする施策である。
2．生産性向上のための国内設備投資，持続的な賃上げを促す観点から，3年間の措置として一定の税額控除を行う。
3．企業に賃上げを促す所得拡大促進税制について，適用する賃上げの条件を「2％以上」から「3％以上」に厳しくし，さらに国内工場への設備投資の拡大の条件を加える。
4．さらに，ソフトウェアやAIの先端技術に投資を行った企業向けに，税負担を軽減する新たな優遇措置を創設する。
5．中小企業については，「1.5％以上」の賃上げをした場合に，給与等の支給増加額について税額控除ができる。

490 ◆ 第1編 企業課税を崩壊に導く税財政政策

〔図表３−１−３〕賃上げ・生産性向上のための税制措置の概要と適用時期
　　　　　　　　　―大幅な賃上げ・国内設備への投資・先端設備への投資による減税条件―

改正項目	制度の概要		適用時期
所得拡大促進税制の改組	〈大企業〉 要件を，①平均給与等支給額が前年度比３％以上増加，②国内設備投資額が当期の減価償却費の90％以上とし，税額控除を，給与等支給増加額の1.5％とする。なお，教育訓練費増加要件を満たす場合は税額控除を20％とする。 〈中小企業〉 要件を，平均給与等支給額が前年度比1.5％以上増加とし，税額控除を，給与等支給増加額の15％とする。なお，平均給与等支給額が前年度比2.5％以上増加し，かつ，教育訓練費増加等の要件を満たす場合は税額控除を25％とする。	設立事業年度は対象外。教育訓練費とは，国内雇用者の職務に必要な技術または知識を習得させ，または向上させるための費用で，①その法人が教育訓練等（教育，訓練，研修，講習等）を自ら行う場合の外部講師謝金，外部施設等使用料等の費用，②他の者に委託して教育訓練等を行わせる場合のその委託費，③他の者が行う教育訓練等に参加させる場合のその参加に要する費用。	平成30年4月1日から平成33年3月31日までの間に開始する各事業年度について3年間の措置として適用。
情報連携投資等の促進に係る税制の創設	生産性向上の実現のための臨時措置法（仮称）の革新的データ活用計画（仮称）の認定を受けた青色申告法人が，同計画に従ってソフトウェアを新設等した場合で一定の場合に，情報連携利活用設備の取得等をしてその事業の用に供したときは，その取得価格の30％の特別償却またはその取得価額の5％（平均給与等支給額が前年度比3％以上増加を満たさない場合は3％）の税額控除を選択適用できる。		生産性向上の実現のための臨時措置法（仮称）の施行日から平成33年3月31日までの間に取得等し，その事業の用に供したときについて適用。
租税特別措置の適用要件の見直し	大企業が平成30年4月1日から平成33年3月31日までの間に開始する各事業年度に，①平均給与等支給額が比較平均給与等支給額を超えること，②国内設備投資額が減価償却費の総額の10％を超えること，のいずれにも該当しない場合は，研究開発税制，地域未来投資促進税制，情報連携投資等の促進に係る税制の税額控除を適用できないこととする。ただし，その所得の金額が前期の所得の金額以下の一定の事業年度は対象外とする。		平成30年4月1日から平成33年3月31日までの間に開始する各事業年度に要件を満たさない場合，その事業年度について3年間の措置として適用。

3 政府が賃上げを要請する「官製春闘」への疑問と黒字企業に手厚く赤字企業に冷たい「弱肉強食」型の安倍法人税改革への懸念
　　一政府・与党は「３％の賃上げ」を求めているがその成果は如何一

⑴ 企業の内部留保を賃上げや設備投資に回すよう税制措置の仕組みを露骨に行使している安倍税制戦略には多くの疑念

　企業が稼いだ利益の蓄積にあたる利益剰余金である内部留保を賃上げや設備投資に回すよう促すのが狙いで税制措置を活用し，「アメ」と「ムチ」の仕組みをインプットしてこれを露骨に使い分けて，政権当局による経済の「成長と分配の好循環」を生み出す政策手段の目玉としている。

　しかし，減税限度額として最大で法人税額の20％（IoT投資減税では15％）の制約があり，赤字企業や納税額の少ない企業は利用できない。要するに，大稼ぎをしている黒字経営に手厚く赤字経営に冷たい，安倍政権の「弱肉強食」型税制の面目躍如であり，格差を増幅し「分断社会」への転落を促進することになる懸念がある。

　安倍政権の政略的政策の基調は，「弱きを助ける」という本来の政治理念からは完全に遊離し，全くこれに逆行して「強きを助け手厚く」，一方で，「弱きには冷たい扱い」というのが実相である。これが最も典型的に現れているのが，これまでの安倍政権により行われてきた税制改革の流れである。

　国の稼ぎ頭である強力な巨大企業と富裕な資産家に対しては，いわゆる「巨大企業と超富裕層への厚遇」であり，財政赤字による苦境にもかかわらず法人税率の数次にわたる大幅な無定見の引き下げや大企業優遇税制の拡大と金融所得の著しい軽課にみるとおりである。

　これに反し，力の弱い中小企業や小規模企業と多くの国民に対しては，いわゆる「中小零細企業と一般庶民への冷遇」であり，弱い者いじめの消費税の増税策謀がその典型である。

　引き続き行われてきて，これからも企てられるであろう「法人税減税と消費税増税」が安倍路線による悪政の象徴である。2018年度税制改正でも個人の所得税制には増税基調のスタートを切っているが，企業の法人課税には極めてラジカルな減税が断行されたのである。

⑵ 政府による「官製春闘」には企業経営者も労組側も沸き上がる懸念と不満

　政府は，賃上げ，生産性向上を促進する措置を含めた2018年税制改正を17年12月22日に閣議決定し，安倍首相は26日経団連の審議会に出席し，「３％の賃

上げ」を実施するよう改めて要請した。

政権政府が賃上げの旗を振る「官製春闘」は 2014 年春闘から始まったが，賃上げもままならず，デフレからの完全なる脱却には至っていない。物価上昇を加味した実質賃金は，マクロ的にみる限り，逆に引き下げられているのである。

今回，安倍首相が「３％」と明示しているのは，企業の積極的な賃上げにより，個人消費を活発にすることがデフレ脱却のカギになると考えているためである。

財界からの強い要請に応えて安倍政権は，数次にわたり法人税率を大幅に引き下げてきた。東証１部上場企業の 2018 年３月期決算の最終利益が過去最高を更新するなど，企業の業績は好調である。にもかかわらず，政府は，業績に対して賃上げが不十分であるとして不満を強めている。

政府は 2018 年度税制改正で，賃上げなどを拡大すれば企業の法人税を減税するとする一方で，不十分なら税制上の優遇措置を停止する措置が盛り込まれ，「アメ」と「ムチ」の税制操作措置を駆使して，企業に賃上げと設備への投資を迫っている。

ただ，企業全体に３％の賃上げが広がるのは厳しいとの見方が少なくない。

経団連の調査では，ベアや定期昇給などを合わせた賃上げ率が３％を超えるのは 1994 年春闘（3.13％）が最後である。官製春闘でも大手企業の平均で賃上げ率が 2015 年春闘で 2.52％になったのが最大で，あとは２％台にとどまっている。

経済同友会の小林喜光代表幹事は「３％」について，「かなり高い目標だ。２％ぐらいなら企業は対応できる」と話している[1]。

経済界には「個人消費が増えないのは賃上げ不足が根強いからだ」（財界首脳）と官製春闘への不満もくすぶっている。労組側にも「首相から経済界への賃上げ要請で，かえって経営者の反感を招き，悪影響も出る」（高倉明・自動車総連会長）と懸念する声が出ている[2]。

(3) 賃上げ優遇税制は中小企業の３分の２は利用が不可能であることが実相

所得拡大促進税制では，大企業の場合，３％以上の高い賃上げと国内設備投資の拡大を要件としているが，中小企業には要件が緩和され 1.5％以上の賃上げとなっているとともに，設備投資などの条件はついていない。さらに，2.5％以上の賃上げと人材投資の要件を満たせば大企業を上回る 25％分相当の税額控除を

---

1) 読売新聞，2017 年 12 月 27 日付，「春闘３％賃上げ焦点」，「『官製』に不満くすぶる」。

2) 同上記事。

受けられる。

法人税について，マスメディアの一般紙などでは「中小に手厚い優遇策」[3]，などの報道がなされているが，果たしてそうであろうか。

2017年3月国税庁が発表した「会社標本調査」によると，資本金1億円以下の中小企業が全体の99％を占めており，そのうち赤字企業は64.3％に上っている。3社に2社が赤字企業であり，それらは賃上げ優遇税制に盛り込まれた減税策を利用できない。

このほか，東京23区内の企業が地方に管理部門や研究開発拠点を移した場合に活用できる「地方拠点強化税制」や，複数の企業が連携して省エネ設備を導入した場合に優遇する新しい仕組みが盛り込まれたが，これらも税額控除による法人税の減税であり，利用できるのは黒字企業だけである。

---

3) 日本経済新聞，2017年12月12日付，「法人減税・中小に手厚く」「1.5％賃上げで対象」。

第|3|章

企業減税には経済成長への期待は不可能
―専門家の意見を無視した税制改悪の弊害―

1 「需要がなければ企業は投資しない」ので企業減税には「経済成長への効果はない」との論評
―米国の法人税減税を酷評する Financial Times の所論―

(1) 米国連邦法人税率を 35％から 21％に引き下げ，10 年間で 1 兆 5,000 億ドルの大型減税のトランプ税制改革法が成立

　米国下院は，2017 年 12 月 20 日，連邦法人税率を 35％から 21％に引き下げる税制改革法案を再採決し，賛成多数で可決した。上院では可決済みで，10 年間に 1 兆 5,000 億ドル（約 170 兆円）という巨額減税が議会を通過した。レーガン政権であった 1986 年以来，約 30 年ぶりの税制の抜本改革である。

　トランプ米国大統領は，2017 年 12 月 22 日，税制改革法案に署名し，「大型減税は国民へのクリスマスプレゼントだ」と得意満面である。大統領にとって，大型減税法案の成立は政権として初めてで最大の成果となる。2020 年の大統領選における再選をにらみ，2018 年の中間選挙に向けて政権浮揚の追い風となることを期待している。

　ただ，野党・民主党は，税制改革が格差拡大を助長すると批判を強めている。政権の支持基盤とも重なる中低所得層に，どれだけ恩恵を広げられるかが決め手である。

　税制改革法では，連邦法人税を大幅に引き下げ，地方税と合わせて法人税の総合税率は 25％程度となり，日本やドイツ，フランスよりも低くなる。企業の海外子会社からの配当課税も廃止する。

　米国の企業は，海外に 2 兆 5,000 億ドルもの資金をため込んでいるが，トランプ政権は配当課税の廃止で米国に投資マネーを戻したいとしている。

　企業の米国内投資も後押しをし，新税制では 5 年間の時限措置で，設備投資の全額を課税所得から差し引ける「即時償却」が広く使えるようになる。企業減税の全体の規模は 10 年間で 6,500 億ドルに達する。

　個人税制でも所得の最高税率を 39.6％から 37％に引き下げ，遺産税なども軽

減する。個人税制の全体の減税規模は 10 年間で 1 兆ドルを超える。

米ゴールドマン・サックスは,「税制改革は 2018 〜 19 年の米国の成長率を 0.3% ずつ押し上げる」と試算し 2018 年の成長見通しを 2.3% から 2.6% に引き上げた。

米財務省は,大型減税で経済を活性化し税収が 10 年で 1 兆 8,000 億ドル増えるとも分析し, 1 兆 5,000 億ドルの減税は「お釣りがくる」などと主張する。しかし,そのような見方は極めて少数で,米議会の合同租税委員会は税収増は 10 年間で 4,000 億ドルにとどまるとみている。減税によって財政赤字は 10 年間で 1 兆ドル悪化する計算である。

現在の米国は,リーマン・ショック後の景気刺激策と高齢化による社会保障給付の拡大で,財政赤字に歯止めがかからず,米連邦政府債務は 20 兆ドルを超え,過去最悪である。米連邦準備理事会（FRB）のイエレン議長は,「個人的には財政悪化を懸念している」と語っている。

⑵ 米大型減税策に経済成長効果なしと断定し税制改革法は「悪党のビザロ」のようだと酷評する Financial Times での批判的論調

グローバル・ビジネス・コラムニストのラナ・フォルバーは,Financial Times で大幅減税を織り込んだトランプ大統領の税制改革を厳しく批判し,まず,次のように述べている [1]。

「かつてのレーガノミクスがスーパーマンであるとすれば,今回の共和党の減税法はスーパーマンにそっくりな悪党の『ビザロ』のようなものだ。財政赤字の拡大という負の側面は全く同じものの,レーガノミクスがもたらした経済成長は一切見込めないからである。実際,議会両院税制合同委員会（JCT）を含め,あらゆる機関が財政赤字の大幅な悪化を予想している。

米国では過去 20 年,民主党政権であれ共和党政権であれ,減税政策が実質的な経済成長をもたらしたことはない。むしろ格差の拡大が進むのである。というのも,この税制改革法で最も大きな恩恵を受ける大企業は,減税により手にする資金をそのまま自社株買いに投じるのは明白だからである。」

大型減税が実施されると米多国籍企業は,浮いた資金を自社株買いに費やすというのは,歴史が証明している。2004 年米企業が海外に留保した利益を本国に送金するにあたり減税を実施した際も,多額の資金が米国に還流したが,それら

---

1) 日本経済新聞,2017 年 12 月 7 日付,Financial Times「米減税案に成長効果なし」「需要増なければ企業は投資せず」。

は自社株買いに投じられただけであった。

そして,「需要の増加がなければ企業は設備投資などしない」として,次のように指摘している[2]。

「企業が投資するかどうかは,米国の需要次第であるが,需要は現在,拡大していない。そんな時に彼等が自社株買い以外のことをする理由があるであろうか。そもそも米国の賃金上昇率は低いどころか,平均的な米国人の賃金はこの20年間,どの政権下でもほぼ上昇していない。ここにきて変わるとは考えにくい。生産性も人口もほぼ伸びていないし,今回の法人税減税には,投資を促進させるインセンティブはなく,むしろ様々な市場にさらなるインフレをもたらす可能性の方が高い。」

要するに,今回のトランプ税制改革による大型減税は,企業の賃上げも設備投資の増加をも招来しないで,経済成長には役立たないことを断定的に表明しているのである。

この記事を長々と引用したのは,この批判が,日本での安倍政権による2018年度導入の「賃上げ・生産性向上のための税制」の経済効果の判定に,そのまま「あてはまる」からである。

まさに,成長も雇用も生み出さないで減税で浮いた資金は,米国では,一握りの企業の自社株買いに,日本でも一部の巨大企業の社内留保に回っているだけであり,副作用として格差の拡大による社会的な弊害を生ずることになるのである。

(3) 税制改革法による大型減税策が実質的な成長と雇用を生み出すと信じるのは「聖母マリアの処女懐胎」を信ずるに似ており「論理」でなく「信仰」であると酷評

このFinancial Timesの記事は,減税策に痛快にも次のような極言的批判を展開している[3]。

「共和党の減税法が実質的な成長と雇用を生み出すと信じるのは,いわば聖母マリアの処女懐胎を信ずるに似ている。証明できる根拠がないので,信仰のように信じるしかないということである。」

税制改革法による減税が経済成長と雇用を生み出すということは「神話」であり,このことを論証することは出来ないことであり,到底あり得ないことが言葉

---

2)　前掲注1)記事。

3)　前掲注1)記事。

を極めて強調されている。

　日本では，政府が財界の要求に応えて財政赤字にもかかわらず無理して消費税の増税までをしながら，法人税率の引き下げを数次にわたり実施して大幅な企業減税を続行してきたが，経済成長を実現することができず，未だデフレ脱却の宣言をするに至っていない。この歴史的事実が政府の施策が雇用や経済成長をもたらす効果がないことを雄弁に立証している。

2　専門家の意見を無視した税制改革は大企業と富裕層だけに恩恵をもたらす悪い減税で国民の多くは支持していないとの所見
　　―New York Times, NBC, ウォール・ストリート・ジャーナルの論評―

⑴　税制改革法は専門家の見立てを平然と無視し資産家や金融大手が儲かる施策であるとの疑念を提起した New York Times の批判

　「税制改革は専門家の見立てを平然と無視」と題する記事で New York Times は，「もしトランプ政権のもくろみが正しいと証明されたなら，歴史上の経験のみではなく，大半の専門家たちの見識が否定されることになる」[4] とまで論評している。

　これまでの 35％の法人税率を 21％に引き下げることを柱とする減税策には，財政赤字がさらに増える危険が指摘されている。これに対し米財務省は，減税効果で成長率 3％程度で推移すれば 10 年間の税収総額は従来予想より 1 兆 8,000 億ドル増え，減税規模を上回ると試算している。

　しかし，New York Times は「減税というロケット燃料が効く期間は短く，見通しは甘すぎる」[5] と手厳しい。

　さらに，New York Times は，政権にはトランプ氏を筆頭に資産家や金融大手出身者など富豪ぞろいであることに着目し，「要は自分たちが儲かる税制改革」ではないかと疑念を提起している。

　特に，国家経済会議のコーン委員長の「減税効果で 2018 年の経済成長率は楽に 4％に達する」という見解と，ムニューシン財務長官が「減税が生む経済成長は 1 兆 5,000 億ドルを補填するに余りある」[6] との説明したことを批判した。

　2 人とも大手金融グループ「ゴールドマン・サックス」の出身だが，New

---

4)　産業経済新聞 2018 年 1 月 1 日付，New York Times「甘すぎる減税効果への期待」。

5)　前掲注 4) 記事。

6)　前掲注 4) 記事。

York Times は「ゴールドマン・サックスによる 2018 年成長予測は 2.5％で，うち減税による押し上げ効果は 0.3％程度，19 年には成長率は 1.8％に下がるとしている。（同じ出身者でありながら）こんなにも予測が異なるのは説明がつかない」[7]と皮肉っている。

⑵ 税制改革法は金持ち優遇でトリクルダウンは機能せず不支持が圧倒的に多数との批判

　トランプ税制改革では，個人所得税の最高税率を 39.6％から 37％に引き下げるなど，所得税も幅広く減税する。トランプ大統領は自身の熱狂的支持層である白人労働者を意識し，「中間層向けに，とてつもない減税をやる」と訴えてきた。

　だが，野党の民主党は，「金持ち優遇だ」，「富がしたたり落ちるトリクルダウンは機能しない」などと批判を強めている。さらに，経済成長による税収増を加味しても，財政赤字は今後 10 年間で 1 兆ドル（113 兆円）増えるとみられている[8]。

　米キャラップ社が 2017 年 12 月に行った世論調査では，税制改革法を支持すると考える人は 29％しかなく，不支持は 56％にのぼっている。共和党支持層では支持が 70％であるが，民主党支持層では僅か 7％にとどまることが報じられている[9]。

⑶ 税制改革の恩恵はもっぱら企業と富裕層で，悪い減税だとの所見を明らかにしている NBC とウォール・ストリート・ジャーナルの世論調査

　NBC とウォール・ストリート・ジャーナルの世論調査では，米国民の 63％が「税制改革の恩恵は，もっぱら企業と富裕層」と答え，41％が減税案を「悪い案だ」と答えたことを明らかにしている[10]。

　米政治サイドがまとめた各種世論調査の平均は，2017 年 12 月 20 日時点で民主党支持が 49％と，共和党支持の 36％を上回る。支持率の開きは，税制改革の実現性が高まった 12 月に入り広がった。税制改革がむしろ共和党に逆風となっている様子がうかがえる。そして，選挙が近づいても政権や共和党の支持率が高まらないままだと，政権が焦って安全保障や外交，通商分野で強硬姿勢をみせ，

7）　前掲注 4）記事。
8）　朝日新聞，2017 年 12 月 21 日付，「トランプ減税成立へ」「重要公約・低い支持」。
9）　前掲注 8）記事。
10）　日本経済新聞，2018 年 1 月 1 日付，「米税制改革・中間選挙を左右」。

世界に混乱を呼ぶリスクもある，とみている[11]。

　米国では，トランプ税制改革法は成立したが，トラブルメーカーとしてのリスクがあるようである。同じく，日本でも安倍政権による「大企業優遇で減税・庶民冷遇で増税」の露骨な税制改革には大きなリスクが潜んでいる。

⑷　中間層に痛みを与え，赤字を膨らませ，富裕層に恩恵を与え，税金逃れの新しい地平を切り開く「うそで固めた税制案」だとのクルーグマン教授の批判

　「経済成長にほとんど貢献しない一方で，何千万もの中間層に直接に痛みを与え，赤字を膨らませ，富裕層に惜しみなく恩恵を与え，税金逃れの新たな地平を開くことになる。」

　これは，日本の安倍政権による 2018 年度税制改革の評価として，まことに適切な表現である。しかし実際は日本のことではなく，2008 年ノーベル経済賞受賞の米ニューヨーク市立大学教授パウル・クルーグマン（Paul Krugman）が，トランプ税制改革案を批判した米連邦議会の公式記録員である両院税制合同委員会（JCT）でのあらゆる理にかなった調査結果と同様，上院の税制改革案の評価を紹介した叙述である。

　日米とも，同様な構造的特徴をもった税制改革が進められていることは，まことに奇妙なことであるが注目に値する。

　クルーグマン教授は，コラムの冒頭において，「ムニューシン財務長官が，共和党の税制改革改正案に関して何か月もの間ずっとうそをついてきたと NY タイムズが報じた。ムニューシン氏は，税制改革は採算に合うとする財務省の報告書があると繰り返し主張してきた。経済が成長し歳入が増えるので，赤字は拡大しないというのである。だが，報告書は存在しないし，財務省職員がこの点を検討するように言われたことさえないのだ。」[12] と明らかにしている。

　米上院の税制改革案の審議の仕方を批判し，クルーグマン教授は，「上院の指導者たちは，一度も公聴会を開かず，専門家の証言を求めることもなく，あわててこの法案を本会議に送ったのである（税制は，経済学者だけでなく，弁護士や会計士といった専門家から話を聞くべきである）。」と意見を述べ，「何しろ，こんなにあわてて，誰もその中身や影響が分からないうちに重要な法案を通過させ

---

11)　前掲注 10) 記事。
12)　Paul Krugman, Colum, The New York Times, 2017.12.1. 朝日新聞, 2017 年 12 月 8 日付, クルーグマン・コラム，「うそで固めた税制案／共和党の腐敗・深く広く」。

るなど，前例がない。」[13] と批判している。

そして，「うそで固めた税制案」と酷評し，次の事実を挙げて「久しく米国の政治で見られなかったレベルの不誠実さが漂っている。」[14] と述べている。

① ムニューシン財務長官は，財務省の調査で成長に大きな効果が示されたと話したが，うそだった。

② トランプ大統領は，この法案が「私に良いことはない」と言ったが，うそだった。

③ ジョン・コーニン上院議員は「富裕層と大企業が得をすることを第一に考えた法案ではない」と言ったが，うそだった。

税制改革法案の審議に関連した，共和党のモラルの腐敗をめぐって，さらに指摘しておくべきことが2点あるとしている[15]。

第1に，トランプ氏がひどい人物であるとはいえ，根本的には個人の問題ではなく，腐敗は共和党全体に広がっているということである。

第2に，腐敗は根深いだけでなく，幅広く広がっているということである。税制論議では，政治家らの動機に関するあらゆる幻想を一掃する必要はあるが，連邦議会の共和党議員は，ほぼ皆，信条よりも党への忠誠心を優先させようとしており，お粗末で無責任な法案だと分かっているのに賛成票を投じようとしている。

最後に，「腐敗の一掃には，基本的に選挙での惨敗が必要である。それを抜きには，あるいは，それが起こるまでは，共和党がどこまで堕ちるか分からない。」[16] とまで論評している。

3 税制改正も首相官邸が仕切り政権の政治政略によって租税理念を破壊 ─政権の政治戦略の専横により決定されている税制改正の凋落─

(1) 国政選挙での4連勝で強化された政権基盤を背景に首相官邸が独裁的に税制改正を支配

安倍政権が政権復帰の2012年の衆議院選から数えて，衆参合わせて4回の国政選挙で大勝し，いわゆる「安倍一強」の地盤は強化された。この強固な政権基盤を背景に，経済と外交安全保障を車の両輪に政権運営が進められてきた。

---

13) 前掲注12) 記事。

14) 前掲注12) 記事。

15) 前掲注12) 記事。

16) 前掲注12) 記事。

いま，安倍政権に求められているのは，デフレ脱却を含む経済の持続的成長や社会保障制の抜本的改革とともに，持続的構造による財政健全化など長期的課題に道筋をつけることである。

このような状況の中で目立っているのは，税制改正が専ら官邸主導のもと独裁的に決められていることである。それは最近では2018年度の与党の税制改正大綱の決定過程を見れば明らかである。

最大の焦点であった会社員の給与所得控除をめぐる自民党税制調査会と財務省の調整で年収800万円超の会社員を増税の対象にしたが，土壇場で850万円超に修正された。もともと800万円超は早い段階で自公の間で話がついていた。ところが官邸が公明党を利用する形で850万円超にした。公明党が都市の中間層への配慮を求めた結果であるとされているが，この50万円の修正に合理的な根拠はない。

公明党が自らの存在感を高めるために税制改正案に横槍を入れたのに対し，政権が選挙での借りを意識するとともに，これからの政権運営への協力をも配慮し，公明党の顔を立てたのである。問題は，「安倍一強」のもとチェック機能が働かず，官邸独走で好き勝手に税制を政治戦略に利用していることである。

⑵　税制も全て官邸が仕切るという政権の政治的メッセージで政治戦略により破壊されていく租税理念

これまでの長い期間，税制改正大綱の策定は，財務省と党税調の間でキャッチボールをしながら議論を収斂させてきた。党税調の権威は絶大で，時の首相といえどもこれに介入することはできず容認するしかなかった。

それも，今は昔，往時の話である。その構図を変えたのが消費税の軽減税率の導入をめぐり起こった2014年の党税調と官邸の攻防である。最終的には菅義偉官房長官が強引に消費税を10％に引き上げる際に食料品や新聞などに軽減税率を適用することで党側をねじ伏せた。税制の論理から軽減税率の導入に抵抗した税制のプロであった当時の野田毅自民税調会長は，官邸により2015年10月に更迭され，宮沢洋一現会長に代わった。

これも公明党が消費税率アップに同調するために，その支持団体を説得する手段として提案した，食料品など生活必需品への軽減税率の適用という公約を履行するための政略に基づくものであった。

軽減税率の導入に反対した野田党税調と財務省の連合軍は，官邸主導のもと完全にその軍門に下ったのである。

小選挙区制で自民党もイエスマンばかりになり，官僚も人事権を握られた官邸にものが言えない。その結果が森友・加計問題で，長期政権の影の部分が出てきている。野党やメディアも，政権に対しまともな批判をしていない。

官庁の中の官庁と言われ，「最強官庁」として行政機関の代表のようにみられて，これまで強大な力を持っていた財務省までが官邸の前では手も足も出なくなった次第である。そればかりでなく，財務省の代表が国会答弁とつじつまを合わせるため公文書の改竄や廃棄までを行ったことで厳しい批判を受け，権威を失墜させている。

これとともに，自民党税制調査会も首相官邸と財務省の狭間で存在感を発揮できないでいる。27年ぶりの新税となる観光促進税（出国税）の創設や法人税減税は官邸主導で進んだためである。かつて政府や財務省ににらみを利かせた自民税調であったが，今では「追認機関」との汚名は払拭できない。党税調の古参幹部から「宮沢党税調会長は官邸のいいなりだ」との不満も出ている状態である。

首相官邸では，経済産業省出身の今井尚哉首席秘書官と前経済産業事務次官の菅原郁郎内閣官房参与が，彼らの古巣である経産省トップの嶋田隆次官との気脈を通じて前面に出てきており，「経産省支配」と言われるほど経産省ペースで政略が進められている。

2018年度税制改正の目玉であるラジカルな賃上げ・生産性向上のための税制や，相続税の基本構造を崩壊させる危険をも抱えることになると懸念される，寛大に過ぎるとさえ思われる中小企業への事業承継税制の大幅拡充も，全て政治戦略の専横によるものであり，租税のあるべき理念が破壊されつつある。

⑶ 官邸主導の裏で自己の業界が有利になる税制を求めていろいろな形で走りまわる業界団体と政治家の繋がりで税制改正が進行

最近は税制でも官邸主導が目立っているが，その裏では，いまも業界団体が自己の業界にとって有利な税制を作らせようと，与党の政治家との繋がりを求めて「あの手」「この手」で関与しようと走りまわっている。

2018年度税制改正の議論が山場を迎えた2017年12月6日，例により自民党本部9階は，自民党税調が開かれている会議室を前に業界団体関係者でごった返し，「森林環境税の早期実現」「ゴルフ場利用税，今年こそ廃止」などと大書したプラカードや紙を掲げ，大声を張り上げていた。

自民党税調のこの会合は，要望の諾否を決める節目である。この時が業界団体には「最後のお願い」であるが，実は，勝負はもっと早くから始まっている。

中小企業の代替わりを円滑に進めるために，贈与税や相続税の負担を軽減する事業承継税制の大幅な見直しは，2018年度税制改正の目玉である。中小企業にとっては軽減策が寛大であるほど望ましいのである。

2017年11月21日，参議院議員会館へ，全国中小企業団体中央会の大村功会長が宮沢洋一自民党税調会長を訪ねた。同行したのは広島県中小企業団体中央会の伊藤学人会長である。実は，伊藤会長は自民党の岸田文雄政調会長の後援会長である。岸田氏と宮沢氏は従兄弟である。そんな伊藤氏を連れてきた大村氏に宮沢氏は，「抜本的に改革する」と前向きに答えたという。人脈頼みによる税制改正への強力な要望運動である。同じ頃，中小企業が多く所属する商工会議所の全国組織，日本商工会議所も動いていた。2017年11月16日，都内で「事業承継税制の抜本拡充推進大会」と銘打った決起大会を開催し，この大会に招待した宮沢党税制調査会長を前に，三村明夫会頭ら約350人が気勢を上げた。

これは，2017年10月衆議院選挙の自民党の公約で「中小企業の円滑な世代交代に資するよう税制を含め徹底した支援をする」と掲げたため，今年こそチャンスと踏んで急遽開催したのである。流れを読んで直ちに動く政治力により税制改正が左右されると言うのが実相である[17]。

中小企業の事業承継税制は，このように各団体の要望が満額近く受け入れられた。注目すべきは，与党自民党が2017年の衆議院選の公約で支援を明記した後の関係団体の攻勢である。要望を通すチャンスとみるや決起大会を開いたり，議員らに個別訪問を重ねたりしている。選挙という政府・与党が確実に力を入れるデリケートな時機に集中的に動くことが効果的だとしているようである。

⑷　政権による人気浮揚策として安易に強行されてきた法人税減税は経済活性化には役立たず巨額の財源を喪失し財政赤字の元凶となり租税の理念を破壊

いまや，この国の政権与党は，政権の人気浮揚のため場当たり的な思いつきの政策手段の目玉として税制を安易な道具として恣意的に，しかも，没論理的に駆使している。このため現在の税制は歪められ，ズタズタに破壊され理念も尊厳も失われている。

もとより税制は，財源調達の機能とともに，経済の安定成長を図るための公共政策への配慮という役回りがあり，社会経済の健全なる発展に資することは否定

---

17)　日本経済新聞，2018年1月5日付，夕刊，「税制改正で走る業界団体／官邸主導の裏で人脈頼み」。

504 ◆ 第1編　企業課税を崩壊に導く税財政政策

されるべきではない。大事なことは，公共政策のためとはいえ租税負担の公平性を阻害することになるのであるから，その政策効果を十分に検証して，租税の基本理念を超える高いレベルでの社会への貢献が立証されなければならない。

　安倍政権は財界と連携して企業課税である法人税の減税を法定税率の連続的な引き下げとともに，租税特別措置による政策減税により大幅に実施してきた。このため租税負担公平の基本理念は大きく傷つけられるとともに，巨額の財源を喪失してきた。国民所得に占める税収の割合（租税負担率）は，1989（平成元）年には27.7％であったのに対し，2017（平成29）年の見通しは25.0％にとどまり財源調達機能は大きく低下し，財政赤字による債務残高は増え続け，GDPの2.5倍に達している。国と地方の債務は1,107兆円（2018年度末）と，第2次安倍政権発足後の12年度末から175兆円も増える見通しである。

　しかも，最大のメイン・タックスである法人税の2017（平成29）年の税収は，12兆3,910億円で，税収総額61兆4,240億円の僅か20.2％にとどまり，首位の所得税17兆9,480億円（29.2％）と，2位の消費税17兆1,380億円（27.9％）に，はるかに及ばない。ちなみに，1993（平成5）年の法人税収は25兆9,955億円で税収総額の41.4％を占めており，この時点と比較すれば現在の法人税収の地位は半分以下に下落している。しかし，これまでの法人税減税は経済活性化による税収増に結びつかず，景気回復にも役立ってこなかったことは否定し難い歴然たる事実である。需要がなければ企業は投資しないのであり，経済について将来の見通しが立たなければベースアップによる賃上げなど到底できることではない。企業減税が経済成長に効果がないことは，これまで述べたとおりである。

　日本経済が抱えている最大の問題は国内消費が低迷していることである。物が売れないから，経済は伸びていかない。こんな状況で生産性を向上させても，企業間のシェア争いを激化させるだけである。需要が増えないかぎり経済全体の活動レベルが拡大するはずはない。消費が低迷したままで生産性が向上すれば，人手はいらなくなる。それでは賃上げに結びつくはずもない。人も余り，賃金も下がれば，ますます消費は低迷し悪循環に陥る。

　要は，健全な形で需要を喚起することである。消費税の再増税や軽減税率制度を導入するための「安定的な恒久財源の確保」（2018年税制改正大綱の表現）を名目とする庶民増税は，これに逆行する政策であり行ってはならない。

　まずもって速やかに断行すべきは，企業課税である法人税の欠陥是正による税制公正化で「増収」を図り，消費税は速やかに「減税」を実施することである。

第2編

巨大企業が税金を払わない税制を構築

第4章　巨大企業が税金を払わない税制構造を策定している税財政政策：極悪非道な「弱肉強食」型税制への偏向

1　巨大企業が税金を払わない税制構造を作ってきている安倍政権の税財政運営：財界と結託し「大企業が最も稼ぎやすい国」にする政策の税制版

2　「成長志向の法人税改革」や「法人課税の負担構造の改革」：その正体と本質は何か

3　アベノミクスの息切れを防ぐ「苦肉の策」として法人税率引き下げの前倒しをした平成28年度税制改正の実像：税制措置として「大企業優遇税制」増幅の法人税改革

第5章　官邸主導で独断的に進められてきた法人税減税：政府税調はもとより財務省や自民税調をも無視

1　首相官邸主導で進められた法人税改革は税制の政治利用の露骨な跳梁で大企業優遇税制が進行

2　大企業優遇ばかりが目立ち消費税増税で低迷が続く個人消費を刺激するような家計への支援策は乏しい税制改革

第6章　改革の本筋を外し場当たり的な大企業減税の代替財源探し：新たな課税ベースを求め税制混迷を増幅

1　場当たり的な代替財源漁りで混迷を増幅している理念喪失の法人税改革：誤った財源捻出のため課税ベースの不当な拡大による「妖怪化」が一段と進行

2　最大の欠陥税制である租税特別措置の見直しには全く熱意がなく「税制改正大綱」で述べている建前との大きな隔絶：「雀の涙」にもならない名目だけの見直しにあきれるばかりで怒りが爆発

3　今回は増税の難を逃れた増税志向の抜本的改革のターゲットとなり累卵の危うさが迫っている中小企業：万年赤字の企業が多く意外に優遇されており改革により課税強化の到来が予測

4　巨大企業が税金を払わない税制を作っている安倍政権の税財政運営の帰結として著しく低い巨大企業の実効税負担：既に巨大企業の総合平均実効税負担は20.28％の低位にある

第 4 章

巨大企業が税金を払わない税制構造を策定している税財政政策
―極悪非道な「弱肉強食」型税制への偏向―

1 巨大企業が税金を払わない税制構造を作ってきている安倍政権の税財政運営
―財界と結託し「大企業が最も稼ぎやすい国」にする政策の税制版―

⑴ 法定総合税率「20%台」の実現を目指す「成長志向の法人税改革」の進め方の検討の経緯と論述の視点

安倍晋三首相が最も力を入れて掲げている「希望を生み出す強い経済」の実現を目指す手段の一環としての「平成28年度税制改正大綱」の冒頭で，高らかに謳い上げている次の表現に着目する。

「経済の『好循環』を確実なものにするため，税制においても，企業が収益力を高め，前向きな国内投資や賃金引き上げにより積極的に取り組んでいくよう促していく必要がある。こうした観点から，成長志向の法人税改革をさらに大胆に推進し，制度改正を通じた課税ベースの拡大等により財源をしっかりと確保しつつ，法人実効税率の「20%台」への引き下げを実現する。」

⑵ 安倍政権の政策遂行の理屈づけを請け負わされて首相に従属する下請機関になり下がった現在の政府税制調査会の変質

私も政府税制調査会の特別委員として政府の税制改革案の審議に参画した経験を有するが，そもそも，政府税制調査会は内閣総理大臣の諮問機関として，特定の政権や政党はもとよりあらゆる関係団体，集団，関係者等の利害とは全く無関係に不偏不党にて，真に学理的見地から原理・原則に即して「理念としてのあるべき税制」の理想の姿を公正中立の立場から審議検討し，所定の税制課題について答申する任務を果たし，その成果を社会に公表して，税制のあり方を明示する役割を担った神聖にして権威ある機関であると信じてきた。政党に属する党の税制調査会が，現実の政策決定のため政治的配慮をした「妥協の税制」を構想する

機関であるのとは根本的に役割分担が異なるべきものである。

ところが，現在の政府税制調査会は，率直にいって一内閣である安倍首相の独自の政策遂行のための「理屈づけ」による「もっともらしい」論理構築を請け負わされた，いわば「安倍首相の下請機関」「御用専門家機関」になり下がってしまっている。その証拠は，現政府税制調査会が，自身からの答申の中に記述した次の文章により明らかである。

法人税改革の趣旨として，「本年1月，安倍総理大臣はダボス会議において，『法人にかかる税金の体系も，国際相場に照らして競争的なものにしなければなりません』と述べられた。今般，政府税制調査会においては，この総理の発言を端緒として国・地方の法人税の改革に着手した。」としている。

政府税制調査会は，「総理の発言を端緒として」と叙述しているが，その趣旨に沿って企業をグローバル経済において競争力あるものにする「成長志向の法人税改革」がアプリオリに与えられたわけであり，審議の目的や方向性は最初から決定づけられ路線が敷かれていたのであり，その理屈づけの理論構築を請け負わされていたに過ぎないことを露呈したのである。

しかも，この「成長志向の法人税改革」については政府税制調査会の所見発表よりも先立って政権与党の税制調査会が，「成長につながる法人税の構造改革」として既に次のように記述しているのである（「法人税改革に当たっての基本認識と論点）（平成26年6月5日，自民党税制調査会・公明党税制調査会）。

(1) 我が国は急速な少子化・高齢化，経済のグローバル化に直面しており，産業構造もこれに対応していくことが求められる。法人課税についても，産業構造の変革に合わせ，構造的な改革を行っていく必要がある。

(2) 長らくの間，法人税を納付している企業は，全体の3割に過ぎないという状況が続いている。換言すれば，一部の黒字企業に税負担が偏っているということである。より広く課税を行いつつ，稼ぐ力のある企業や企業所得の計上に前向きな企業の税負担を軽減することで，企業の収益力の改善に向けた取り組み，新たな技術の開発や新産業などへの挑戦がより積極的になり，それが成長につながるような法人税改革を行う必要がある。

(3) このためには，欧米各国が行ってきた「課税ベースを拡大しつつ税率を引き下げる」という法人税の構造改革を行うことが求められる。

よって，ここにおいては，「安倍政権の税財政運営」の最新の具体的な結晶物とみてよいであろう「平成28年度税制改正大綱」をケース・スタディとして取り上げ，詳細に検討し分析することにする。したがって，これは安倍政権の税財

508 ◆ 第2編　巨大企業が税金を払わない税制を構築

政の政策運営の検証についての各論に相当する部分である。

　そこで，この各論的吟味に先立ち，総論として，まず，より本源的にその根底となっている思想的レベルにおける考え方を明らかにするために，当時の政府税制調査会の所見（「法人税改革について（案）」税制調査会，平成26年6月25日）を主たる検討素材として，「巨大企業が税金を払わない税制」を作っている政治の表徴である安倍政権の税財政運営を点検することとする。

2　「成長志向の法人税改革」や「法人課税の負担構造の改革」
―その正体と本質は何か―

　法人税改革についての政府税制調査会の意見（「法人税の改革について（案）」税制調査会，平成26年6月25日）によれば，その趣旨は以下のように説明されている。

　「グローバル経済の中で，日本が強い競争力を持って成長していくためには，法人税もまた成長志向型の構造に改革していく必要がある。」とし，改革の主な目的は，次の2つであるとしている。

⑴　第1は，立地競争力を高めるとともに，我が国企業の競争力を強化するために税率を引き下げることである。

⑵　第2は，法人税の負担構造を改革することである。

　ここで注目を要するのは，「法人税の負担構造を改革する」としている点であるが，このことにつき政府税制調査会は，次のように説明している。

　「課税ベースを拡大し，税率を引き下げることで，法人課税を"広く薄く"負担を求める構造にすることにより，利益を上げている企業の再投資余力を増大させるとともに，収益力改善に向けた企業の取り組みを後押しするという成長志向の構造に変革していくことである。こうした構造改革は，一部の企業だけではなく，広く税率引き下げの効果が及ぶことから，新しい産業や新規開業が行われやすい環境を作ることにもなる。」

　このような意見の意図することを関係者の所見等を参考に整理すれば，次のようなことが挙げられる。

⑴　日本の税制全体の構造を，法人税減税とうまく見合うように調和を図っていき，向かうべき方向を改めていくべきではないか。

⑵　我が国がグローバル化の中において法人課税の依存から脱却する方向性を，もっと整合的に議論を進めたほうがよいのではないか。

⑶　法人税とは違う税で，きちんと税収が確保できるようにすべきであり，景気

に対し不安定な税収であり，地域的な偏在も大きいような法人課税に，引き続き我が国が依存し続けていては財政健全化もままならないのではないか。

(4) 成長志向の法人税制に変えるには，法人税の枠内においては"広く薄く"の負担構造に変えていく必要がある。全体の負担構造でみると，法人課税から個人課税，資産課税へとシフトしていく必要がある。

(5) 国際競争を行っている競争力の高い大企業の法人税負担を軽減して，国際競争力を高めるという観点に立って改革を進めることが，今回の改革の趣旨に合致するのではないか。

要するに，「法人税の負担構造の改革」とか，「成長志向の構造に改革」などと，もっともらしい表現をしているが，グローバル企業の税負担をできるだけ軽くしたいということである。つまり，グローバルに稼ぎまわる巨大企業が，できるだけ税金を払わない税制を構築するのだということに過ぎないのである。

安倍首相からの至上命令である法人税率の引き下げの理屈づけの論理形成だけを請け負わされた政府税制調査会が，法人税減税のための代替財源探しに行き詰まり苦しまぎれに案出した，御用学者集団と経済界の代表が結託して捏造を試みた「政治権力追随型」で，「政権従属偏向スタイル」の便宜的な堕落した奇怪な所見であるとみざるを得ない。

3 アベノミクスの息切れを防ぐ「苦肉の策」として法人税率引き下げの前倒しをした平成28年度税制改正の実像
―税制措置として「大企業優遇税制」増幅の法人税改革―
(1) 稼ぐ大企業優遇と赤字企業への課税強化を決めたが，冷え込んでいる家計への支援は行われない税制改正の全体像

平成28年度の税制改正において消費税の軽減税率制度とともに焦点となったのが法人税率の引き下げである。企業収益を底上げし賃上げや設備投資増を呼び込む「アベノミクス」の息切れを防ぐことを狙いとし，かねてよりの安倍首相の肝入りで現在の32.11％の法人税の法定総合税率を平成28年度に29.97％にし，一気に「20％台」への引き下げ目標を前倒しで実現させた。

目立つ特徴は，業績を良くするほど大きな恩恵が受けられるようにし，法人税にメリハリをつけて企業活動の活性化を図ることを狙いとし，「稼ぐ企業」をけん引役に経済の底上げと税を通じての経済の新陳代謝を促す仕組みを作ろうとする意図がうかがえる。一方では，赤字の大企業への課税は強化され，業績低迷の企業には厳しいこととなる。

法人税の法定総合税率の引き下げで2016年度は1年間限定で約2,000億円の先行減税となるが、その後は赤字企業への増税などで財源を獲得し、2017年度からは法人税収が減らない「税収中立型」とすることとしていた。

平成28年度の税制改正は、デフレ脱却・日本経済再生に向けた税制措置として、前述のような「成長志向の法人税改革」を掲げているが、他の課題である「少子化対策・女性活躍の推進・教育再生等に向けた取り組み」、「地方創生の推進・特区に係る税制上の支援措置」については構想不足で歩みが鈍く、目玉になる施策がなかった。平成28年度改革の本命であった所得税改革は、消費税の軽減税率（正確には据置税率）の適用範囲の決定などをめぐる与党内の長期間にわたる醜悪にして低次元の政略争いの煽りを受けて審議時間がなくなったことと、同年夏の参議院選挙への影響を懸念して先送りをした。一億総活躍社会の実現にも斬新な施策がなく政権の力量不足が感じられる。

⑵ デフレ脱却・日本経済再生に向けた税制措置としての「成長志向の法人税改革」の推進

与党である自由民主党と公明党の「平成28年度税制改正大綱」（2015年12月16日決定）は、デフレ脱却・日本経済再生に向けた税制措置として、「成長志向の法人税改革」につき、まずその考え方を次のように叙述している。

「『課税ベースを拡大しつつ税率を引き下げる』という考え方の下、平成27年度に着手した成長志向の法人税改革を、更に大胆に推進する。法人課税をより広く負担を分かち合う構造へと改革し、「稼ぐ力」のある企業等の税負担を軽減することにより、企業に対して、収益力拡大に向けた前向きな投資や、継続的・積極的な賃上げが可能な体質への転換を促す。」

次いで、法人税改革の初年度である平成27年度改正と平成28年度改正について詳述している。

「改革初年度の平成27年度税制改正においては、欠損金繰越控除の段階的見直し、受取配当等益金不算入の見直し、法人事業税の外形標準課税の段階的拡大及び租税特別措置の見直しにより財源を確保しつつ、税率を引き下げ、法人実効税率（従前34.62％）を平成27年度に32.11％とした。

平成28年度税制改正においても、引き続き租税特別措置の見直しに取り組む。特に、生産性向上設備投資促進税制については、予定どおりの縮減を行うとともに、企業の投資判断の前倒しを促すよう、平成28年度末の適用期限をもって廃止するものとする。また、減価償却について、建物と一体的に整備される建物附

属設備や，建物と同様に長期安定的に使用される構築物について，償却方法を定額法へと一本化する。

更に，平成27年度税制改正で決定した欠損金繰越控除の見直しについて，改革に伴う企業経営への影響を平準化する観点からの更なる見直しを行う。これらの制度改正により財源を確保して，法人税率（平成27年度23.9％）を，平成28年度に23.4％，平成30年度に23.2％に引き下げる。

地方法人課税においては，大企業向けの法人事業税の外形標準課税について，平成27年度税制改正において平成28年度に8分の4とすることとしたが，地域で雇用を支える中堅企業への影響に十分配慮しつつ，平成28年度に8分の5へと拡大する。これとあわせて，所得割（地方法人特別税を含む。）の標準税率（平成27年度6.0％）を，平成28年度に3.6％に引き下げる。」

アベノミクスによる円安などを追い風に，大企業の収益は順調である。安倍政権はこうした稼ぎが賃上げや設備投資に向かい，経済が好循環することを狙ったが，思惑は外れ，企業の内部留保は過去最高水準に達した。その打開に向けた切り札としたのが法人税率の引き下げである。

日本企業の国際競争力を強化するため，「数年で20％台」を目指すと安倍首相が訴えてきた目標を実現し，財界の要望をかなえた見返りとして賃上げと設備投資を行うことを迫っている。

(3) 経済界に対して「経済の好循環」の定着に向けて一層の貢献をするよう強く求める大企業頼みの政府の姿勢

法人税改革で政府は，恩恵を受ける「稼ぐ企業」を起点として日本経済の底上げを目指すこととしている。減税分を企業が賃上げや設備投資に回すことで，個人消費や生産活動が活性化し，日本経済の底上げにつなげることを狙っているのである。これは，安倍首相の経済政策「アベノミクス」の「新3本の矢」が掲げている「国内総生産（GDP）600兆円」の実現を税制面からも後押しする考えである。

しかし，これまで連続的に行われてきた法人税率の引き下げの経緯をみても，法人税減税が日本経済の活性化に寄与してこなかったことは事実が証明している。

経済官庁の幹部でさえも「本年度の税制改正で法人税率を下げても，企業はまた，内部にお金をためこむだけではないのか」などと，疑問視する声は根強い。

このため「税制改正大綱」には，「経済界に対して「経済の好循環」の定着に

512 ◆ 第2編 巨大企業が税金を払わない税制を構築

貢献するよう強く求める」との文言が盛り込まれ次のように表明しているが，これは政府の施策としては異例のことである。

「経済界には，法人実効税率「20％台」の実現を受けて，改革の趣旨を踏まえ，経済の『好循環』の定着に向けて一層貢献するよう，強く求める。現在，企業の内部留保は350兆円を超え，手元資金も増えている一方で，大企業の設備投資は伸び悩んでいる。足下では賃上げに向けた動きも見えてきているものの，労働分配率は低下している。企業経営者がマインドを変え，内部留保（手元資金）を活用して，投資拡大や賃上げ，更には取引先企業への支払単価の改善などに積極的に取り組むことが，何よりも重要な局面となっている。今後，こうした経済界の取組状況等を見極めつつ，企業の意識や行動を変革していくための方策等についても検討を行う。」

かようにして，設備投資の増加，賃上げを迫る首相に対し，経団連の榊原定征会長（当時）は「収益が拡大した企業に対し，前年を上回る賃金引き上げを期待し検討を呼びかける」とあくまで「お願いベース」で返答をしている。

⑷　平成28年度税制改正による今後の法定税率の推移の見通し

法人課税について「平成28年度改正大綱」（2015年12月24日，閣議決定）によれば，平成29年3月期以降の税率引き下げの方向性が示されており，これにより税目別の今後の税率の見込みを示すと［図表3-2-1］のようになる。

この結果，国・地方を通じて法定総合税率は，平成28年度に29.97％，更に，平成30年度には29.74％となる。

今後の法定総合税率の見込みを示すと［図表3-2-2］のようになる。

⑸　法人課税をめぐる改革における諸課題についての考え方の網羅的提示

ところで「平成28年度税制改正大綱」は，法人課税において改革を要する諸課題について，それぞれ以下のように，その方向性を表現している。

①　租税特別措置

租税特別措置については，特定の政策目的を実現するために有効な政策手法となりうる一方で，税負担の歪みを生じさせる面があることから，真に必要なものに限定していくことが重要である。このため，毎年度，期限が到来するものを中心に各措置の利用状況等を踏まえつつ，必要性や政策効果をよく見極めた上で廃止を含めてゼロベースで見直しを行う。また，租税特別措置の創設・拡充を行う場合は，財源の確保や全体の項目数をいたずらに増加させないことに配意する。

第4章　巨大企業が税金を払わない税制構造を策定している税財政政策　◆　*513*

（図表3−2−1）平成28年度税制改正による税目別の今後の税率

税目の区分	H28/3期 (注1)	H29/3期 (改正前)(注2)	H29/3期 (改正後)	H30/3期	H31/3期
法人税率	23.9%	23.9%	23.4%	23.4%	23.2%
地方法人税率	4.4%	4.4%	4.4%	10.3%	10.3%
住民税法人税割税率 (注3)	12.9%	12.9%	12.9%	7.0%	7.0%
事業税所得割税率	3.1%	1.9%	0.7%	3.6%	3.6%
地方法人特別税率	93.5%	152.6%	414.2%	—	—

（注）
1．会計年度が3月31日決算の会社を前提
2．平成28年度税制改正前の税率（平成27年度税制改正による改正後の税率）を参考までに示している。
3．道府県民税と市町村民税を合計した税率を示している。

（図表3−2−2）平成28年度税制改正による法定総合税率の推移

税率の区分	H28/3期	H29/3期 (改正前)	H29/3期 (改正後)	H30/3期	H31/3期
法定総合税率	32.11%	31.33%	29.97%	29.97%	29.74%

②　地方法人課税

　地方法人課税については，大企業向けの法人事業税の外形標準課税の拡大も踏まえ，分割基準や資本割の課税標準のあり方等について検討する。あわせて，外形標準課税の適用対象企業のあり方についても，地域経済・企業経営への影響も踏まえながら引き続き慎重に検討を行う。

③　中小企業課税

　中小企業課税については，実態を丁寧に検証しつつ，資本金1億円以下の企業に対して一律に同一の制度を適用していることの妥当性について検討を行う。資本金以外の指標を組み合わせること等により，企業の規模や活動実態等を的確に表す基準に見直すことについて検討する。

　その上で，中小企業のうち7割が赤字企業であって一部の黒字企業に税負担が偏っていることや，大企業と中小企業の制度格差が拡大しており，中小企業が大企業へと成長していく意欲を損ないかねないことを踏まえ，中小企業向けの制度の全般にわたり，各制度の趣旨や経緯も勘案しながら，引き続き幅広い観点から検討を行う。

514 ◆ 第2編 巨大企業が税金を払わない税制を構築

④ 協同組合課税

協同組合等課税については，組合によって事業規模や事業内容が区々であるが，同一の制度が適用されている。そうした実態を丁寧に検証しつつ，組合制度の趣旨も踏まえながら検討を行う。その上で，特に軽減税率のあり方について，事業分量配当の損金算入制度が適用される中で過剰な支援となっていないかといった点も勘案しつつ，平成27年度税制改正における受取配当等益金不算入の見直しの影響も考慮しながら，今般の法人税改革の趣旨に沿って，引き続き検討を行う。

⑤ 公益法人等課税

公益法人等課税については，非収益事業について民間競合が生じているのではないかとの指摘がある一方で，関連制度の見直しの動きも見られており，実効的な対応となるかどうか，動向をよく注視する。あわせて，収益事業への課税において，軽減税率とみなし寄附金制度がともに適用されることが過剰な支援となっていないかといった点について実態を丁寧に検証しつつ，課税のあり方について引き続き検討を行う。

第 5 章

官邸主導で独断的に進められてきた
法人税減税
—政府税調はもとより財務省や自民税調をも無視—

1　首相官邸主導で進められた法人税改革は税制の政治利用の露骨な跳梁で大企業優遇税制が進行

(1)　法人税改革も消費税の軽減税率の議論と同じく財界と二人三脚の首相官邸主導の政治ベースで強行

　平成28年度の税制改正大綱に盛り込まれた法人税改革は，消費税の軽減税率の議論と同じく首相官邸の主導で進んだ。その官邸は財界と二人三脚の連携を深めていた。

　当初，財務省などは，法定総合税率32.11％を20％台にするのは平成29年と想定していたが，1年前倒しされた。平成28年度の法定総合税率の引き下げは31％弱にする方向で経済界との調整が進んでいたが，流れが変わったのは安倍首相が2015年11月の初めに法人税減税の拡大を目指す方針を表明してからである。

　2015年11月26日の官民対話で経団連の榊原会長（当時）は，次のような「決意表明」を行った。

(1)　設備投資は経営側の努力で80兆円（今後3年間で10兆円増）を見込む

(2)　賃金については来年度の春季労働交渉で「今年を上回る水準を期待する」という意見付きとする

　経団連は，上記の2点について決意を示す代わりに，「来年度の法定総合税率の20％台の実現をぜひお願いしたい」という要求であった。これとともに，経団連が減税財源として，これまで絶対反対としていた外形標準課税の強化にも同意する方向に傾いたのである。

　例年と異なるのは，財務省や経産省も「はしご」を外され，自民党税制調査会も蚊帳の外となり事後報告のみとなったことであった。法定総合税率を平成28年度から「20％台」にするという税制改正の方向は，官邸と経済界主導で進められたのである。

516 ◆ 第2編 巨大企業が税金を払わない税制を構築

　経団連の榊原会長（当時）は，マスコミの新春インタビューで，経済界と政権
の連携は欠かせないということを強調し，賃上げや設備投資を積極的に促してい
く考えを示した。政権と「近すぎる」との指摘に対して「極めて不本位だ，国内
総生産（GDP）が1円も増えない時代が20年も続き，墜落しようとする飛行機
のような日本経済を安倍機長が立て直そうとしている。それを批判してよいのか。
政府から賃上げや設備投資の要請があった場合，無責任にできない，できるはず
はないと伝えることが，本当に国のためになるのか。今は平時ではなく戦時だ。
当然，政治と経済が一緒になって危機から立ち直る時期だ」と語っている[1]。

⑵　財界首脳は法人税減税の見返りに設備投資の増加や賃上げを促すことを表明しているが実効性には大きな懸念

　政府が企業に対し，法人税減税と引き換えに設備投資や賃上げを求め，財界団
体の代表が「進めようと促す努力をする」と決意表明し，大儲けをしている大企
業だけを優遇する法人課税の改正をしているが，いかがなものか。

　財界首脳は年初から設備投資や賃上げを呼びかけている。2016年1月5日，
都内で開かれた経済3団体の新年祝賀会であいさつに立った経済同友会の小林喜
光代表幹事は「民間企業は，賃上げや設備投資に積極的に取り組むべきだ」と，
出席した1,100人の企業経営者らに呼びかけた。

　経団連の榊原定征会長（当時）も，この日の記者会見で「デフレ脱却や経済再
生に向けた正念場の年になる。業績拡大している企業は前年を上回る年収の引き
上げを求めたい」と賃上げの重要性を訴えた。

　背景にあるのは，2015年11月の官民会議で安倍首相からの要請をうけて「昨
年を超えた賃上げ」を榊原会長が表明したことである。それから3年間で企業の
設備投資も70兆円から80兆円に増やす見通しを示し，見返りとして政府から法
人税減税の前倒しを引き出した。

　政権との蜜月ぶりをアピールする財界首脳だが，肝心の安倍首相は第二次安倍
政権の発足以降初めて祝賀会に欠席した。伊勢神宮参拝が欠席の理由となったこ
とから「（経済界より）神様を優先したのではないか」と小林代表幹事は残念そ
うに語ったことが報じられている[2]。

　いくら政府が設備投資をすることを求め，財界首脳が旗振りをしても，投資の

---

1)　日本経済新聞，2016年1月1日付。

2)　東京新聞，2016年1月1日付。

第 5 章　官邸主導で独断的に進められてきた法人税減税　◆　*517*

判断は個々の企業の経営者がマーケットの需要の動向や採算を勘案した中長期の経営計画に基づき利益が上がる見通しが立ち，銀行が支援しない限り投資は出来ないのである。

　もとより経団連の会長に民間企業に設備投資を命ずるような権限があるわけではなく「政府の要望に沿うようにしたい」と，お愛想を言っているのではないであろうか。安倍政権もそのような事情は理解していると思うが，劣化した財界と，それに身をゆだねて政策を進めている政権のあり方に大きな懸念を禁じえない。

　財界首脳は，景気回復のカギを握る賃上げの必要性を訴えるが，慎重な企業も少なくないのが実態のようである。たとえ賃上げには積極的であっても，賃金水準を一律に引き上げ将来的な人件費負担につながるベースアップ（ベア）には消極的な声が目立っている。景気の先行きへの懸念もにじんでいる。まさに，個別企業の対応は一律ではない。

　東京五輪関連の需要で設備投資意欲が旺盛な不動産業では，「ベアを検討する」との考えを示す企業もある。原油価格の下落に見舞われている石油業界では「石油業界は，厳しさから脱しきれないのが現状，収益の良い会社のようにはいかない」とベアの実施は難しいと語っている企業もあった。

　正社員の賃金体系では，ベアを実施すると夏冬のボーナスの支給額も連動して増えることが多く，企業の社会保障関連の支出も増える。このため企業の実際の人件費負担は基本給増加分の 1.6 ～ 1.7 倍かかる。製造業の幹部の中には「政府の掛け声一つで賃上げをする風潮はもう終わりだ」との冷ややかな声も出ていた。

　日本商工会議所の三村明夫会頭は「消費者の消費行動も経営者の投資行動もデフレマインドから脱出していない」と語っている[3]。

　カギとなるのは消費税増税などで落ち込んだ個人消費である。2014 年 4 月に消費税が引き上げられた時，「消費停滞が経済成長の足を引っ張ることになる」との懸念を示していた大手百貨店の経営者の中に，賃上げに慎重な姿勢が出ていた。

　法人税減税で浮いたお金の使い道は，「株主を含めたステークホルダー（利害関係者）のことも考えて決めることになる」と語る経営者も多い。

---

3)　日本経済新聞，2016 年 1 月 6 日付。

518 ◆ 第2編　巨大企業が税金を払わない税制を構築

(3) 稼いでいる黒字企業には減税の恩恵が及ぶが赤字企業は課税強化で事業整理の前倒しが迫られ「税を通じて経済の新陳代謝」を促すフレームワークを形成

　法人税改革では，空前の巨額の利益をあげている輸出依存型大企業で多国籍化している自動車や電機などの業界，原発関連や軍需関連大企業，情報通信関係大企業，それに大金融業界等に対する減税の恩恵が大きくなる。これら企業の代表が財界を占め，そして財界の要求を進めてきたのである。経団連の榊原会長は，2015年12月16日の声明で「国内投資の拡大や外国企業の誘致に向けた大きな一歩を踏み出した」として評価していた。

　しかし，一方，外形標準課税などの増税が組み込まれたことで赤字や利益の少ない中堅・大企業の負担が重くなる。資本金1億円超の企業は約2万3,000社あるが，この3割の約6,500社が赤字である。稼ぐ企業には恩恵が大きく有利であるが，業績不振の企業には厳しい"信賞必罰"の仕組みが作られてきている。

　法人税減税のための代替財源として甚だ物足りないのではあるが，設備投資減税の縮小・廃止の影響を受ける企業もでてくる。

　設備投資減税などは，大手通信企業などの利用が多いとみられる。平成28年度に減税の仕組みを縮小することで約700億円の増税に，29年度には制度自体を廃止することで約2,400億円の増税見込になり，かなりの影響を受けることになる。

　企業業績を良くするほど法人税減税の大きな恩恵が受けられ，法人税にメリハリをつけて企業活動の活性化を図る装置がインプットされており，まさに税システムを通じて経済の新陳代謝を促そうとしているのである。

　これらの発想は，「成長につながる法人課税の構造改革」から進発するものと考えるが，大いに検討を要する基本課題である。

2　大企業優遇ばかりが目立ち消費税増税で低迷が続く個人消費を刺激するような家計への支援策は乏しい税制改革

　税制改正では，稼いでいる企業への優遇ばかりが目立ち，2014年4月の消費税増税で低迷が続く個人消費を直接に喚起し刺激するような「家計への支援策」にはみるべきものが乏しい内容となっている。

　少子化対策・女性活躍の推進・教育再生等に向けた取り組みを掲げ，「少子化への対応，働き方の選択に対する中立性の確保等の観点からの個人所得課税の見直しに向けた検討」として，次のような課題を提起している。

(1) 若年層・低所得層に配慮する観点から，所得再分配機能を高めるための人的

控除等の見直しを行う中で，働きたい女性が就業調整を行うことを意識しなくて済むような仕組みを構築する方向で検討を進める。

(2) 子どもを産み育てやすい環境を整備する観点から，子ども・子育て支援新制度の実施状況など，現物給付も含めた歳出面での対応との関係を整理しつつ，子育て支援に係る税制のあり方について検討する。

(3) 雇用の流動化や，労働者に近い形態で働く自営業主の割合の増加など，働き方が多様化していることを踏まえ，所得の種類に応じた控除と人的な事情に配慮した控除の役割分担を含め，各種控除のあり方を検討する。

(4) 老後の生活など各種のリスクに備える自助努力を支援するための企業年金，個人年金，貯蓄・投資，保険等に関連する諸制度のあり方について，社会保障制度を補完する観点や働き方の違い等によって有利・不利が生じないようにするなど公平な制度を構築する観点から幅広い検討を行う。

これらは，すべて速やかに適切な対応をすることが求められるもっともな諸事項であるが，「税制改正大綱」では「検討する」と言っているだけで実際の改正案は，なんら示されていない。

個人所得課税では，住宅・土地統制において，(1)空き家に係る譲渡所得の特別控除の特例の創設，(2)住宅の三世帯同居改修工事等に係る特例の創設をしたのみで，そのほかは金融・証券税制，復興支援のための税制措置，租税特別措置等である。

人口減少で国内需要は見込めず，法人課税を下げても設備投資の増加や本格的な賃上げにはつながらないことは大方の見方であり，冷え込んでいる家計への直接的な支援策としての税制改正が求められたのである。

政治ベースの舞台において難航を極めた軽減税率騒動のあおりを受けて，本来，取り組むべきであった抜本的な税制改革が先送りになってしまった。

第|6|章

改革の本筋を外し場当たり的な
大企業減税の代替財源探し
―新たな課税ベースを求め税制混迷を増幅―

1 場当たり的な代替財源漁りで混迷を増幅している理念喪失の法人税改革 ―誤った財源捻出のため課税ベースの不当な拡大による「妖怪化」が一段と進行―

⑴ 法人税減税に必要な代替財源を赤字企業への外形標準課税の拡大や欠損金の繰越控除の制限など「的はずれ」の改革が横行

　法人課税の税率は2段階で下げるとともに，厳しい財政状況のもとで減税と同等の財源を確保する「税収中立」を堅持することを目指すものとして，いわゆる代替財源探しをしているが，その進め方には大いに疑問があり検討を要する。

　法人課税において法定総合税率を1％下げると約4,000億円の税収減になる。代替財源の大半は外形標準課税の拡大適用で賄うこととしている。資本金1億円超の企業に対し業績は赤字でも従業員の給与や資本金に応じて課税する仕組みである。この外形標準課税の拡大適用で好業績の企業は減税になるが，赤字や利益の少ない企業では税負担が重くなる。

　代替財源として租税特別措置の見直しにも取り組み，生産性向上設備促進税制については縮減を行うこととしているが，僅かに700億円に過ぎない小規模で，まったくの腰くだけであり，巨大な欠陥税制である租税特別措置の見直しとしては，「雀の涙」にもならなく驚きのほかはない。

　課税ベースの計算ルールにかかわる問題として減価償却の方法にも手をつけて，建物と一体に整備される建物附属設備や構築物について償却方法を定額法への一本化をすることとして700億円の財源を捻出しているが，これは期間損益の問題に過ぎず，さらに企業の健全なる会計慣行にも干渉するものであり，いかがなものかと思われる。

　欠損金の繰越控除制度についても，平成27年度の改正に続き，「改革に伴う企業経営への影響を平準化する視点から更なる見直しを行う」として800億円の財

第6章　改革の本筋を外し場当たり的な大企業減税の代替財源探し　◆　*521*

〔図表３−２−３〕税率引き下げによる減税と代替財源の見通し

（単位・億円）

法人課税の改正による増減税の適用項目		増減の金額
国税	法人税の税率の引き下げ	▲ 2,400
	生産性向上設備投資減税の縮小	700
	建物附属設備・構築物の減価償却方法の見直し	700
	大企業の欠損金の繰越控除精度の見直し	800
	その他の租税特別措置の見直し	200
地方税	所得に対する適用税率の引き下げ	▲ 3,900
	法人事業税の外形標準課税の拡大適用	3,900

（注）平成 28 年度の単年度ベース。平成 27 年度と 28 年度の税制改正を比較した増減税額を示している。

源を捻出している。

　欠損金については，過去の損失を補填しない限り原理的には所得は生じないのであるから，間違った財源漁りであり，租税負担能力への課税への配慮を破壊するものであることについては，かねてから指摘してきているが，適当でないことを改めて強調しておきたい。

　以上のような多くの問題を含んでいる税率引き下げの減収を賄うとしている政府提案の代替財源の構想を示すと〔図表３−２−３〕のようになる。

⑵　給与総額などに応じて課税する外形標準課税を拡大適用することは雇用や賃上げを抑制することになり政府の政策と逆行することを懸念

　地方法人課税の見直しとして，かねてより，「多数の法人が法人事業税を負担していないという状況の是正を図るとともに，法人所得に対する税負担を軽減する一方，付加価値等に対して課税するものであり，応益性の観点から，将来的には外形標準課税の割合や対象法人を拡大していく方向で検討すべきである」（「抜本的な税制改革に向けた基本的考え方」平成 19 年・政府税制調査会）とする考え方が押し進められてきた。

　その後，「付加価値割の比重を高め，法人所得に対する税負担を軽減していくことが望ましい」とし，「外形標準課税が全法人の１％未満である資本金１億円超の企業のみを対象とすることは，行政サービスの受益者が広くその費用を負担するという地方税の趣旨に反する」とし，その趣旨に沿って，「資本金１億円以下の法人についても付加価値割を導入することが望ましい」（「法人税の改革につ

（図表３－２－４）法人事業税の標準税率の改正

区分		現行	改正案
		平成27年度	平成28年度～
付加価値割		0.72%	1.2%
資本割		0.3%	0.5%
所得割	年400万円以下の所得	3.1%（1.6%）	1.9%（0.3%）
	年400万円超800万円	4.6%（2.3%）	2.7%（0.5%）
	年800万円超の所得	6.0%（3.1%）	3.6%（0.7%）

（注）
1. 所得割の税率下段のカッコ内の率は，地方法人特別税等に関する暫定措置法
　適用後の税率であり，当該税率の制限税率を標準税率の２倍（現行：1.2倍）に
　引き上げる。
2. ３以上の都道府県に事務所または事業所を設けて事業を行う法人の所得割に係
　る税率については，軽減税率の適用はない。

いて（案）」平成26年６月25日・政府税制調査会）と，一段と課税強化の方向
にエスカレートしてきていた。

　そして，「平成28年度税制改正大綱」では，大企業向けの法人事業税の外形標
準課税について，平成27年度税制改正において平成28年度に「８分の４」とす
ることとしたが，地域で雇用を支える中堅企業への影響に十分に配慮しつつ，平
成28年度に「８分の５」へと拡大した。

　資本金１億円超の普通法人の法人事業税の標準税率は，[**図表３－２－４**] のと
おりである。

　この法人事業税の付加価値割は，法人の付加価値額によって課税するものであ
り，付加価値額は次により算定される。

$$付加価値額 = \left[\frac{収益配分額}{（報酬給与額＋純支払利子＋純支払賃借料）} \right] + \boxed{単年度損益}$$

　このように外形標準課税は，報酬給与額などに応じて課税が決まるために，企
業は課税額を減らすために雇用や賃金を抑制しようとする作用が働くことが懸念
される。これは，財界に設備投資の増加とともに賃上げを求めている政府の施策
と矛盾することになるのではないか。まさに，場当たり的な代替財源漁りである
と言わなければならない。

　何よりも問題なのは，法人課税において所得課税に対する表面的な法定税率を
下げるために，「所得」以外の事象である「付加価値」までを課税ベースとして

第6章　改革の本筋を外し場当たり的な大企業減税の代替財源探し　◆　523

取り入れ，しかもこれを益々拡大適用していることである。

　財源漁りの一環として赤字企業にも新たに税負担を求める魂胆から「応益課税論」などという，あいまいな議論を振り回し，「税収の安定化」という本音を背景に，何でも取れるものから取り立てようという強欲な徴税者本位の発想が露骨に表れており，暴走の危険を感じる。

　消費税の定着と再度の増税に味をしめた政治家と官僚達は，経済界とスクラムを組んで「課税ベースの拡大」という呪文を唱えて，場当たり的に課税所得の範囲を際限なく膨大化させ，その無軌道な拡大による「妖怪化」にとどまらないで，遂には「所得の概念の枠」を乗り越えて，例えば，法人事業税の外形標準課税における「付加価値額」や「資本金等の額」のように新しい課税標準をつくり出そうと躍起になっているのである。

　特に，「事業活動規模に対して課す税」などという税源の無軌道な拡大には，何としても早いうちに歯止めをかけるため「小さい芽」のうちに刈り取ってしまわなければならない。

2　最大の欠陥税制である租税特別措置の見直しには全く熱意がなく「税制改正大綱」で述べている建前との大きな隔絶
―「雀の涙」にもならない名目だけの見直しにあきれるばかりで怒りが爆発―
⑴　代替財源として租税特別措置の見直しとして900億円を計上しているが平成25年度の減税相当額は1兆8,867億円の巨額であり「雀の涙」にもならず是正の姿勢が欠如

　これまでの法人税改革の議論においては，法人課税の構造改革により，企業活動や業種に対して中立的なものとすることとともに，租税特別措置はゼロベースで見直すべきであるとしてきた。

　しかし，租税特別措置の整理縮小化は掛け声だけであり，現実には逆に，租税特別措置はますます拡大化され増殖しているのが実情である。

　崩壊の危機に瀕している法人課税を正常なものに改善再建するためには，その前提として，日本税制の伏魔殿である租税特別措置による大企業優遇税制のベールをはがし，その深層と牙城を徹底的に攻撃して分析し検証しなければならない。

　財源確保には相変らず及び腰であり，法人課税に存在している巨大な不公正税制の是正には全く視点が及んでいない。租税特別措置の見直しについて「税制改正大綱」では，「必要性や政策効果をよく見極めた上で，廃止を含めてゼロベー

スで見直しを行う」と当然のことであるが勇ましいことを言っているが，改正では生産性向上設備投資減税の縮小で700億円，その他の租税特別措置の見直しで200億円，合計しても僅かに900億円の見込みにとどまっている。

大企業優遇税制の最大の元凶である租税特別措置の見直しにみる姿勢は財界と結託している安倍政権の「巨大企業が税金を払わない税制」を作っている実態が面目躍如として現出している。

ちなみに，「平成28年度税制改大綱」では租税特別措置について，どのように表明しているかをみると，次のようである。

「租税特別措置については，特定の政策目的を実現するために有効な政策手法となりうる一方で，税負担の歪みを生じさせる面があることから，真に必要なものに限定していくことが重要である。このため，毎年度，期限が到来するものを中心に，各措置の利用状況等を踏まえつつ，必要性や政策効果をよく見極めた上で，廃止を含めてゼロベースで見直しを行う。また，租税特別措置の創設・拡充を行う場合は，財源の確保や，全体の項目数をいたずらに増加させないことに配意する。」

しからば，租税特別措置の適用により，現実に，どのくらいの税収が欠落しているかの事実と比較してみるときは，「税制改正大綱」で記述している建前と実際に整理・縮小化される規模の小ささにみる本音との隔絶はあまりにも大きくあきれるばかりである。

租特透明化法により2015年2月に内閣が国会に提出した「租税特別措置の適用実態調査の結果に関する報告書」（平成25年度分）に基づき，私が試算した法人税関係の租税特別措置の適用による「減税相当額」は1兆8,867億円になるので，この時の税制改正による租税特別措置の見直しは，実にその4.77％に過ぎないのである。これでゼロベースで見直しを行ったと言えるであろうか。

法人課税においては，名目的な法定税率を引き下げることだけに目を奪われ，日本の法人課税の抱えている最大の問題である「欠陥税制の是正」，つまり課税理念に即した「法人課税の改革再建」への熱意が欠如している惨状をみるとき，税制公正化の魂の躍動と怒りの爆発を禁じ得ない。

⑵ 政策課税の恩恵は巨大企業に圧倒的に集中し「大企業優遇税制」の元凶となっている実態とその真相を露呈し巨額の財源が潜在していることを指摘

租税特別措置による政策減税の適用実態を法人税関係について，減税適用の分布状況と巨大企業への集中度の分析に焦点をあてみることにしよう。

政策減税適用の分布状況を明らかにするため資本金階級別による企業規模ごと

の適用減税相当額を分析してみると，資本金100億円超の巨大企業の適用区分が圧倒的に大きな金額となっており，構成割合も大部分を占めていることが明らかである。

　次いで，政策減税の企業規模別の適用状況を明らかにするため企業の1社当たりの平均減税相当額を分析してみると，資本金100億円超の巨大企業が他の規模の企業に比べて断トツに非常な巨額に達していることが判明している。

　政策減税の適用企業は，これを資本金階級別にみるときは，その区分に属する法人数の多寡に相応することは当然であるが，これは1社当たりの平均適用減税相当額は低位の金額ではあるが，資本金1,000万円以下の小規模法人が圧倒的に多数であることと，中小法人への軽減税率の特例があることによる。

3　今回は増税の難を逃れた増税志向の抜本的改革のターゲットとなり累卵の危うさが迫っている中小企業
―万年赤字の企業が多く意外に優遇されており改革により課税強化の到来が予測 ―
⑴　中小法人課税には適用範囲・軽減税率・租税特別措置，いわゆる「法人成り」による課税の歪みの是正など多くの改革課題が提起

　2016年度の税制改正においては，中小企業課税への改革は，全て先送りになり「増税の難を逃れた」というのが真相である。

　中小企業課税については，税制全体との関連の視野からしても根本的に検討すべき多くの課題がある。しかし，中小企業が地域での雇用を生み出しているなど，地域社会を支える基盤となっている事情などからして，改革することにより課税強化に移行することが多分に予想されるため関係業界や関連団体等との調整を含めて難題を抱えていることへの政治的配慮で改革への着手が実行されていないのではないかとも思われている。

　今回の「平成28年度税制改正大綱」でも前述のように「法人税制をめぐる諸課題」として見直しを要する基本的事項につき考え方の提示が行われている。

　この中小企業課税の見直しとしての改革課題については，かねてより政府税制調査会において，やや詳細に問題提起を表明しているので，以下これを掲げておこう（「法人税の改革について（案）」平成26年6月25日・政府税制調査会）。

　まず，現状について，次のように指摘している。

　「法人税法上，中小法人は資本金1億円以下の企業と定義され，様々な税制支援の適用を受けることが可能となる。基本税率は25.5％であるが，中小法人には

800万円以下の所得に軽減税率が適用される。具体的には，法人税法で19％に軽減され，さらにリーマンショック後の対応として租税特別措置法で15％に軽減されている。現在の資本金基準の下で，税制上は全法人の99％が中小法人に分類されている。」

次いで，「改革の方向性」として，見直しを要する各項目につき，その論点と改革の方向につき，以下のように所見を明らかにしている。

① 中小法人の範囲の問題

企業規模を見る上での資本金の意義は低下してきており，資本金基準が妥当であるか見直すべきである。仮に資本金基準を継続する場合でも，中小法人に対する優遇措置の趣旨に鑑みれば，真に支援が必要な企業に対象を絞り込むべきであり，1億円という水準の引き下げや，段階的基準の設置などを検討する必要がある。特に会計検査院からの「多額の所得を得ながら中小企業向け優遇税制を受けている企業が存在する」との指摘への対応は必要である。

② 軽減税率の問題

同じ所得金額には同じ税率を適用するべきであり，特に基本税率を引き下げることを踏まえれば，所得金額のうち800万円以下の金額に適用される法人税法による19％の軽減税率は厳しく見直す必要がある。また，リーマン・ショック後の対応として設けられた時限的な軽減税率（15％）はその役割を終えている。

③ その他の課税特例措置の問題

税率以外の特例措置については，前述の租税特別措置の見直しの方向性に沿って見直しを行う必要がある。

④ いわゆる「法人成り」の問題

個人事業主か法人形態かの選択に税制が歪みを与えるべきではない。個人・法人間の税制の違いによって法人形態を選択する「法人成り」の問題は，その歪みを是正する必要がある。「法人成り」の実態を踏まえ，給与所得控除など個人所得課税を含めた検討を行う必要がある。

法人税率引き下げによって個人所得課税との差が拡大すれば，「法人成り」のメリットがさらに拡大するため，この観点からも軽減税率など中小法人に対する優遇措置を見直す必要がある。

また，個人所得課税の税率と法人税率の差が拡大した場合，配当を恣意的に抑制して利益を企業内に留保し，個人所得課税を繰り延べる誘因が大きくなる。特定同族会社の内部留保に対する留保金課税は，中小企業については適用除外とされているが，法人税率引き下げにあわせて適用を検討する必要がある。

第6章　改革の本筋を外し場当たり的な大企業減税の代替財源探し　◆　*527*

⑵　法人企業全体の99％を占め軽減税率の適用の恩恵を受けながら万年赤字を続ける企業が多い中小企業は改革による課税強化が迫っているが今回は難を回避

　2016年度の改正では，法人企業の全体の99％を占め多くの改革課題のターゲットになっている資本金1億円以下の中小企業向けの税制改革は，先送りとなり中小企業は見直しによる増税からの難を逃れることができた。

　万年赤字が続く企業が多いが，赤字でも課税による外形標準課税の適用対象とされることが見送られ当面は外れている。

　こうした優遇措置の適用を求めて，「中小企業になろう」とする大企業が後を絶たず話題を提供している。吉本興業は2015年9月に資本金を125億円から1億円に減資をした。

　資本金1億円超の一般法人の中だけにおいて代替財源の捻出対象になるなど痛みの配分をすすめる場面においても，法人課税における歪みの是正は中途半端に終わり多くの課題を残している。

⑶　中小企業は外形標準課税の適用対象となることから免れるとともに他に時限措置で設備に対する固定資産税を半減する措置を創設

　今回の税制改正は，中小企業に若干ではあるが配慮する内容となり，赤字企業にも課税する外形標準課税の中小企業への適用が見送られた。

　さらに，平成30年度までの時限措置で，中小企業の設備投資に対する新たな減税が導入される。それは，資本金が1億円以下の中小企業が新たに160万円以上の機械や装置を購入した場合，それにかかる固定資産税を半減するという措置である。

　これを詳しく示すと，次のようである。

　中小企業の生産性向上に関する法律（仮称）の制定を前提に，中小企業者等が，同法の施行の日から平成31年3月31日までの間において，同法に規定する認定生産性向上計画（仮称）に記載された生産性向上設備（仮称）のうち一定の機械および装置の取得をした場合には，当該機械および装置に係る固定資産税について，課税標準を最初の3年間その価格の2分の1とする措置を講ずる。

　（注1）　上記の「中小企業者等」とは，次の法人または個人をいう。
　　　　①　資本金の額または出資金の額が1億円以下の法人
　　　　②　資本若しくは出資を有しない法人の場合，常時使用する従業員の数が1,000人以下の法人
　　　　③　常時使用する従業員の数が1,000人以下の個人

528 ◆ 第2編　巨大企業が税金を払わない税制を構築

　　(注2)　上記の「一定の機械および装置」とは次の①から③までのいずれにも該当するもの
　　　　　とする。
　　　　　①　販売開始から10年以内のもの
　　　　　②　旧モデル比で生産性（単位時間当たりの生産量，精度，エネルギー効率等）が
　　　　　　　年平均1％以上向上するもの
　　　　　③　1台または1基の取得金額が160万円以上のもの

　対象となる設備投資については，金額の制限のほか，販売開始から10年以内
の比較的新しい機械や装置を購入することや，生産性が1％以上，向上すること
などが要件となっている。

　日本経済が活力を喪失し生産性が伸び悩んでいるのは，中小企業が古い設備を
使い続けているためであるとの見方がある。政府は地方税である固定資産税につい
ての投資減税を創設し，設備の買い替えによる更新を促す政策を実施したのである。

4　巨大企業が税金を払わない税制を作っている安倍政権の税財政運営の帰結として著しく低い巨大企業の実効税負担
―既に巨大企業の総合平均実効税負担は20.28％の低位にある―
(1)　全法人企業でみた総合平均実効税負担状況は法定総合税率の65％〜55％相当の低水準

　巨大企業が税金を払わない税制を作っている安倍政権の税財政運営の帰結とし
て，日本の法人課税の実効税負担状況の検証結果の一端を公表することにする。

　現在の日本の法人課税の「法人所得総合平均実効税負担率」は，有所得申告の
全法人企業を対象として全体をならして一本化しての合計についてみるときは，
21.17％から24.74％というように著しく低いことである。これは法定総合税率
（38.01％）の55.69ポイントから65.08ポイント相当の低水準である。

　経済界は政府に対し，可及的速やかに法人3税の法定総合税負担率を20％台
にすることを強く求めてきていたのであるが，法人税率の引き下げを実施する前
のこの調査時点において，実効税負担率は，全法人企業の全体をトータルで全国
平均でみても，既に25％を大きく割っており，要求しているレベルよりも大き
く下回っているのである。

(2)　巨大企業がその儲けにふさわしい「まともな税金」を払うように法人課税の欠陥を是正し公正な仕組みにし財政健全化を図ることが急務

　巨大企業が，その儲けにふさわしいまともな税金を払うよう，法人課税の仕組

みや欠陥を速やかに是正し，法人課税を改革再建することが急務である。

　法人課税の欠陥を是正し，崩壊している法人課税を改革再建することにより，9兆4,065億円もの増収による新規財源が発掘できる。これにより，現在8％の消費税を増税前の5％に引き下げる「消費税減税」の断行が可能である。

　大儲けをしている巨大企業の法人課税を減税し，庶民いじめの消費税増税を続けようとしているような「弱肉強食」型税制を強行しているのが安倍政権の「税財政運営」の特色である。その根本的な誤りを断固として糾弾しなければならない。

第3編
消費税増税と法人税減税のセット論の誤謬

第7章　混迷を深めながら大企業減税にシフトする改革論議の深層：減税の代替財源探しに四苦八苦する迷走

　1　呉越同舟で混迷を深めていた法人税改革をめぐる動静の経緯：税収減対策の思惑の相違による意見対立

　2　法人税減税の代替財源探しに奔走する政府税調の醜態：課税ベースの無定見な拡大による危険

　3　大企業の税負担の軽減を策動する税制改悪化への偏向：安倍政権の「成長戦略」の奇怪な亡霊の柱

　4　中小企業を増税標的とする逆転の税制動向の危険性：大企業減税の代替財源に中小企業に対する無謀な増税案

　5　大企業擁護で「政治権力追随型」の政府税調の暴走的意見：ひたすらグローバル大企業の集中的税軽減策の提案

第8章　消費税増税と法人税減税のセット論の欺瞞的謀略：租税体系構造の根幹を歪める危険な動向

　1　消費税増税と法人税減税のセット論の風潮の恣意的な跳梁：税金は消費税中心でいくのが当然だという誤った思想が蔓延している

　2　法人税の法定税率の引き下げの大合唱の経済界とマスコミ：実効税負担の実態をみないで表向きの法定税率だけみて高いと騒いでいる

　3　法人税率の引き下げの布石として租税特別措置を検証する騒動：「税率引き下げの代替財源の原資派」と「政治権力の源泉死守派」の闘いの始まり

　4　法人税制改革の狙いと進め方を誤らないことを望む：巨大企業は驚くほど軽い税金しか払っていない実態の究明からスタートせよ

第9章　法人税減税は経済活性化に役立たずセット論は重大な誤り：消費税減税と法人税「増収」のセット策が賢明

　1　法人税減税が日本経済の活性化に役立たなかったことは歴史的事実から明らかである：欺瞞に満ちた政治謀略にだまされるな

　2　消費税増税と企業減税セット論は誤った政策である

　3　消費税減税と法人税「増収」これが賢明な政策

第|7|章

混迷を深めながら大企業減税に
シフトする改革論議の深層
―減税の代替財源探しに四苦八苦する迷走―

1 呉越同舟で混迷を深めていた法人税改革をめぐる動静の経緯
　　―税収減対策の思惑の相違による意見対立―

⑴ 法人税率の引き下げに異常な執念を燃やした安倍政権のシナリオ

　2014 年度の税制改正のうち,「先送り」された難題は,「消費税における軽減税率の適用」と「法人税率引き下げ」であった。

　このうち法人税の法定総合税率（マスコミでは「法人税の実効税率」と誤用している）の引き下げについて 2014 年 1 月,世界経済フォーラム年次総会（ダボス会議）で安倍首相は,次のように述べ,国際公約をしている。

　　「法人税にかかる税金の体系も国際相場に照らして競争的なものにしなければならない。企業が貯めたキャッシュ（現金）を設備投資や研究開発,賃金引き上げへ振り向かせるため,異次元の税制措置を断行する。本年,さらなる法人税改革に着手する。」

　安倍政権は,その経済政策アベノミクスの柱である金融緩和,財政出動に続く成長戦略を着実に進めるために,2014 年 6 月にまとめた「骨太の方針」（経済財政改革の基本方針）に法人税率引き下げについて,2015 年度から段階的に引き下げることを盛り込み,年末の法人税制改革に道筋をつけるというシナリオであった。安倍首相は,日本企業の競争力を底上げするため法人税率の重ねての引き下げ策を示していた。

　これより先に菅義偉官房長官は,2014 年 3 月 19 日.首相官邸で開いた経済財政諮問会議で,法人税の税率引き下げについて,「安倍首相は法人税率を下げることを明言している。来年度から実施できるよう取り組んでほしい」と述べ,2015 年度から引き下げるべきであるとの考えを表明してきていた。

　菅官房長官は,「何年の間に,何％下げていくかを明らかにすることで,企業が見通しを立てやすくすることが大事である」とも指摘している。2015 年度か

第7章 混迷を深めながら大企業減税にシフトする改革論議の深層 ◆ *533*

ら段階的に税率を下げることを念頭に置いた発言であった。

甘利明経済再生担当相（当時）も，3月20日の閣議後の記者会見で，「どのくらい先をめどに，どれくらいまで，ということを極力具体化できればいい」と述べ，骨太の方針に税率の引き下げ時期や，下げ幅を極力明記することを明らかにしていた。

安倍政権は，復興特別法人税を1年前倒しをして2013年度末に打ち切ることを決めており，法人税の法定総合税率は2014年度から2.37％引き下げて，35.62％になっている。それでも25～30％程度が多いアジア諸国などに比べると高く，産業界からは一層の引き下げを求める声が根強いとしていた。

経済財政諮問会議の民間議員は，同日の会議で，経済成長による増収を財源にあてるべきだとの考えを示していた。しかし，これに対し，一方で，財務省などは租税特別措置（政策税制）の廃止・縮小などによる税収中立を保つべきであると主張し，意見が大きく対立している。

(2) 経済成長で増収か，増税で税収中立か，財源確保での意見対立

法人税の法定総合税率の引き下げによる減収の補塡の財源確保をめぐる考え方の相違により，政府関係者の間でも激しい意見の対立があり，法人税改革は混迷の度を深めていた。

この意見の対立は，法人税率をめぐる関係者の立ち位置の相違をも反映しており，次のように大きく2つに分かれていた。

① 税収中立にこだわらず税率を直ちに引き下げることを主張する立場

経済界や民間議員は税収中立にこだわらないで，法定総合税率を直ちに引き下げるべきだと考えている。

伊藤元重東京大学教授ら民間議員がまとめた提言では，持続的な経済成長のためには「法人税の法定総合税率（マスコミ用語に従い「法人実効税率」と誤用している）の25％程度への引き下げが極めて重要である」と強調している。アベノミクスで潜在成長率が高まり，企業設備の稼働率の向上や赤字企業の減少などで「構造的な税収の拡大」が期待されると指摘していた。

2013年度の法人税収の見込みである10兆650億円を実際の税収が上回った場合，構造的な税収増の効果が現れたとして，税率引き下げの原資にするよう主張しているわけである。

この民間議員による提案に似た案を経団連が前年末に財務省に提出していた。税収が10兆円を上回っている間は，年2％ずつ税率を下げて，10兆円を切った

ら引き下げを止めるという案のようである。

要するに，法人税減税をすれば経済成長が達成されて，それにより税収も増えるから，それを原資とすればよいと主張する立場である。

② 減税分は増税により賄うべきだと税収中立を主張する立場

財務省や自民党税制調査会は，減税分は増税により賄うべきであるとして税収中立の立場をとっており，政策減税を廃止，縮小して法人税の課税ベースを拡大したり，所得税や地方税など，ほかの税目の税率引き上げにより税収減を補うべきだと主張していた。

内閣府は，2013年度は43兆円を見込む国の税収が経済成長で2020年度に69兆円に増えたとしても，国際公約の財政再建目標を達成できないと試算している。

麻生太郎財務相は，「（代替財源を確保しないと）2020年の財政健全化の目標が吹き飛んでしまう」と懸念を示している。

そして，財務省は財政健全化の観点から，税率引き下げによって短期的に減る法人税収を，どうやって補うのか明確にすることを求めているのである。3月20日の記者会見でも「（諮問会議の）民間議員に寄りすぎた話は公平性を欠く」と，税率引き下げだけに偏ることに警戒を示していた。

要するに，法人税率の引き下げによる減税効果での経済成長による増収などというのは，あてにできないから，法人税減税をやるならば，その減収分の穴埋めをする何かの増税をして，原資を獲得して税収中立を堅持すべきであると主張する立場であった。

⑶ 「はじめに税率引き下げありき」で審議をスタートとした政府税調の変質

安倍政権は，法人税率の引き下げをメインとする法人税改革の具体的な検討に着手していた。

政府税制調査会の法人課税ディスカッショングループ（DG. 大田弘子座長）は2014年3月12日，法人税改革に向け検討を開始した。

注目すべきは，この初会合で大田弘子座長が，「法人税の税率引き下げが必要である」と宣言したことである。その減税による財源は，「単年度ではなく中期的に税収中立を図る」として，経済界と財務省の見解の中間の立場をとり，減税を先行させる考えを打ち出していた。

政府税調はDGで，「はじめに税率引き下げありき」で議論を進めることに議員からも「引き下げが必要という出発点には抵抗がある」（沼尾波子日本大学教授）との声もあったようである。

〔図表3-3-1〕法人税率をめぐる2014年当時の関係者の立ち位置
　　　　　　―成長で増収か，増税で税収中立か，減税財源の確保についての駆け引き―

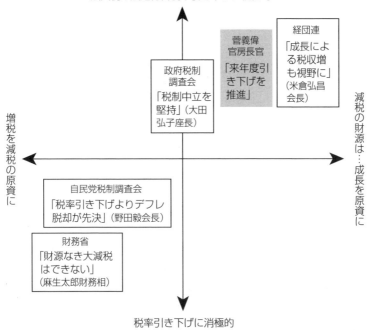

　しかし，大田座長は，税率引き下げは安倍首相の意向である，として譲らなかった姿勢を示したことが報道されている。
　これでは，何のために政府税調が存在するのか，その本来の使命と真価が問われるべきである。

⑷　政府税調DGでの法人税改革を進めるための論点となる4原則
　政府税調のDGの会合で大田座長は，過去の政府税調での議論をもとに作成した法人税改革の論点として，次のことを提示していた。
⑴　法人税改革の目的を明確にして取り組むべきであり，法人税率の引き下げが必要であること。
⑵　単年度の法人税の枠内だけでなく中期的に幅広い税目により税収中立を図ること。

⑶　法人税改革には，課税ベースの拡大が不可欠であり，そのために，次のこと
を検討し，中立で簡素な法人税制に改め，産業の新陳代謝を促すこと。
　①　租税特別措置のゼロベースでの見直し
　②　減価償却制度や繰越欠損金の見直し
　③　一部の黒字法人に負担が集中する要因の検証と，構造に歪みがあるようで
あれば，その是正
⑷　地方法人課税のあり方につき基本的な問題から検討し改革をすすめる必要が
あること。
　DG の委員からは，「最初から方向性が出すぎている」との批判などのほか，
次のような意見があったようである。
　「財政健全化との整合性をどのようにとるのか」，「消費税が上がろうとしてい
るのに，法人税の減税を行うなら，国民への説明責任をしっかり果たさなければ
ならない」。

⑤　**財政健全化目標の堅持を訴え，法人税率の早期引き下げに歯止めをかけたい
自民党税調**

　自民党税制調査会（野田毅会長）は，2014 年 4 月 17 日，幹部会合を開き，安
倍首相が意欲を示す法人税率の引き下げを中心とする法人税改革の検討に着手し
た。例年は秋になってから始める議論を大幅に前倒ししたのである。
　それは，政府の経済財政諮問会議が 6 月にまとめる経済財政運営の基本方針（骨
太の方針）に先んじて党の方針を打ち出し，改革をめぐる議論への関与を強める
ことを狙っていたのである。
　自民党税調幹部からは，財政健全化の観点で法人税率の引き下げへの慎重論が
相次いだ。法人税率の早期の引き下げに積極的な諮問会議や政府税調との温度差
が浮き彫りとなり，どう着地点を探るかが焦点となってきていた。
　会合では，経済財政諮問会議で民間議員を務める伊藤元重東京大学教授と佐々
木則夫東芝副会長を招き意見交換をしている。
　伊藤氏は「景気回復による税収増を法人税率引き下げにあてるべきだ」，佐々
木氏は「税率を下げないと韓国のサムスン電子などに勝てない」と主張し，現在
の 35.62％の法定総合税率をアジアの各国並みの 25％程度まで早期に引き下げる
よう改めて提言していた。
　自民党税調側からは「税率引き下げが税収増につながるとの理論はおかしい」
など批判が噴出した。野田毅会長も，「高齢化が進む 2020 年に向けてもう一段と

消費税率を上げる必要がある状況だ」と述べ，厳しい財政を踏まえて骨太の方針をまとめるよう牽制し，諮問会議側も「2020年までに基礎的財政収支（プライマリーバランス）を黒字化する」との財政健全化目標を堅持する方針を改めて受け入れたとしていた。

自民党税調は，骨太の方針の策定の前に諮問会議に財政健全化目標の堅持をのませれば財政状態を無視した減税は避けられる，として早期の引き下げに歯止めをかけるように動いた。法人税率の引き下げが政府主導で進むことに，危機感を強めている自民党税調の思惑があった。

⑹　危険な方向に行ってしまう恐れのある法人税改革を懸念

法人税率を引き下げる代わりに所得税や地方税を増税すれば，企業優遇だとの批判が強まるのは当然のことである。

政府税調は，今後，税率引き下げが経済に与える影響などを議論するとともに，税率引き下げで短期的に減る法人税収を補うために「課税ベースの拡大」について集中的に議論するとしていた。具体的には，特定の目的のために法人税を軽くしている租税特別措置の廃止・縮小などの検討が焦点であった。

課税ベースの再検討は，本来的には課税ベースの歪みの是正による正常化であり，まず，タックス・イロージョンやタックス・シェルターをなくすことを目指すべきである。

財源漁りのために課税ベースを場当たり的に膨らませ，ますます歪めて，その「妖怪化」を招き法人税制を崩壊させてしまってはならない。

政府税調が税率引き下げが必要だとしているのは，「日本の法人税率が国際相場より高いためである」とする認識を前提としているが，それ自体が根本的に間違っているのである。

日本の法人税の真の実態について，本格的に詳細な分析をした結果として真実な実相を踏まえたものでなく，表面的な観察だけで漫然と核心を衝かない「的はずれ」の議論が進められているのである。

私が常々明言しているように，日本の法人税で高いのは表面的な法定税率であって，既得権化している企業の優遇措置をはじめ多くの欠陥税制により実際の大企業の「実効税負担率」は驚くほど低いのであり，「国に税金を払わない大企業」の一群が存在しているのである。

まことに，法人税改革については，関係者の立ち位置の違いにより減税による代替財源の確保をめぐり考え方や意見の激しい対立があり，まさに呉越同舟で，

さらに複雑な利害もからみ議論は混迷の度を深めながら危険な方向に行ってしまう恐れが感じられていた。

すべからく問題の核心を衝いた「的」をはずさない正しい議論が行われることを強く望みたいのである。

2 法人税減税の代替財源探しに奔走する政府税調の醜態
―課税ベースの無定見な拡大による危険―
⑴ 財源探しに場当たり的な課税ベースの膨らましに狂奔

政府は，2014年6月にまとめた骨太方針に法人税の税率引き下げを明記することにしていた。ただ，財務省の試算によると，税率を1％引き下げると，国と地方で約5,000億円の税収減になる。10％では5兆円程の財源が必要である。

当時の自民党税調や財務省は，法人税率の引き下げと財政健全化の両立には代替財源の確保が欠かせないとの立場であった。この代替財源探しについて，政府税調が本格的に議論を進めていたのである。

政府税調の法人課税DGは，2014年3月12日の第1回に続き，3月31日の第2回には欠損金の繰越控除制度の見直しにつき検討し，4月14日の第3回には租税特別措置と減価償却制度のあり方を中心に議論し，資本金を基準に適用範囲が決まっている中小企業向け税制特例について，適用範囲を見直すことなどについて検討した。

⑵ 過去の赤字の繰越控除制度の縮小による財源捻出の危険な議論

これまでの欠損金の繰越控除制度は，大企業の控除限度額は所得の80％で，控除期間は最長9年，中小企業は全額を最長9年繰り越すことができる。

これについて，控除限度額を縮小し，国際的にみて短い控除期間を延長する意見が多くを占めたようである。

委員からは「初期投資の大きい企業や再生を考えている企業にとってインセンティブになる制度」であるとし，一方で，「税制対策として赤字にしている企業などへの対応をどうしていくかが重要で，こうした企業に控除制限を強めていくことと，控除期間の延長を一体化して議論すべき」との意見があったとしていた。

この制度の見直しが浮上した背景には，会社更生法の適用を申請した日本航空などが制度を利用しているとされ，「儲かっている企業が税金を払わないのはおかしい」という批判が起こっていることがある。

制度を縮小すれば，企業間の競争上の不公平という問題を解消しつつ，税収を

増やすこともできるとしているようである。

　しかし，この見直しには大きな問題がある。期間損益計算により生じた欠損金は，それが次期以降の利益によって補塡されるべき性質のものである。過去の損失を補塡しない限り原理的には租税負担能力のある所得は生じないのである。

　控除限度額を欠損金額控除前の所得金額の80％に制限していること，それ自体が誤りであり，間違った財源漁りであると言うべきで，このような誤りを拡大してはならない。

⑶　政策減税である租税特別措置のゼロベースでの見直しによる縮小

　政策減税である租税特別措置については，ゼロベースで見直すこととし，次のような基本方針が検討されてきた（[**図表3-3-2**]）。

⑴　期限の定めのある租税特別措置は，期限の到来時に原則として廃止する。

⑵　期限の定めのない租税特別措置は，効果を検証し，期限の設定，対象の重点化を行う。

⑶　研究開発税制は，促進すべき分野に集中させる仕組みを設ける。

⑷　中小企業向け税制特例は，多額の所得のある企業も適用を受けている実態を考慮し，適用範囲の見直しをする。

　この政策減税は，化学や医薬品などの製造業が研究開発減税で優遇される一方，サービス業の恩恵は小さく，業界間の偏りを是正することが妥当であると判断している。

　財務省の試算によれば，政策減税による法人税の減収分は約1兆円としている。見直しの柱となるのは，そのうちの40％程度を占める研究開発減税の改正である。これまでは，投資を増やした企業を網羅的に減税をしているが，政府の成長戦略に合致した分野での投資に限って減税するなどの見直しを含めて，減税の対象企業を縮小する方向で検討するとしていた。

　また，政策減税には2〜3年の期限が設けられており，終了後も業界の要望で繰り返し延長，継続されているケースが後を絶たない。期限通り制度を終えるように仕組みを見直すことで，措置延長に伴う税収の目減りを防ぐことにしようと検討している。

540 ◆ 第3編 消費税増税と法人税減税のセット論の誤謬

(図表3-3-2) 政策減税の見直しの方針
―租税特別措置は「ゼロベース」で点検し「原則廃止」する―

基本方針
▽特定の産業を支援する減税は見直し
▽期限が来た租税特別措置は原則廃止
▽利用に偏りがある租税特別措置は縮小・廃止
(例)・研究開発費が売上高に占める割合が10%超の企業への減税（製薬） 　　　・原子力発電施設の解体準備金の損金算入（電力） 　　　・新幹線の大規模改修準備金の損金算入（鉄道）
研究開発減税（減税額　約4,000億円）
▽適用業種を限定し縮小して恒久化を検討
中小向け軽減税率（減税額　約3,000億円）
▽対象となる企業の規模を限定
▽企業の規模を区分する「資本金基準」を見直す

(注)　2014年における政府税制調査会の法人課税ディスカッショングループの法人税率の引き下げによる減税の代替財源の捻出作業の状況を整理した。

(4) 減価償却制度は定額法への一本化に統一し財源捻出を模索

　減価償却制度は，定率法と定額法とが企業の節税効果によって選択される場合が少なくなく，こうした状況を是正する観点から，定額法に統一することが論点として浮上していた。

　財務省の資料によれば，それにより5,000億円程度の増収を見込んでいるようであるが，会計制度の基本にかかわる問題であり，安易な制度いじりによる財源捻出は危険極まりないことである。

(5) 課税対象の場当たり的な拡大化に狂奔しつづける政府税調の審議

　安倍政権の経済政策アベノミクスの本命となるべき「成長戦略」には，決め手と目玉がなく難渋している。そこで，異次元の税制改革として安倍官邸は，数回の引き下げで当時の法人税の法定総合税率35.62%を何としても20%台に引き下げようと意気込んでいた。

　政府税制調査会は，この安倍首相の意向を丸のみにして，「はじめに法人税率の引き下げありき」という姿勢で，それを実現させるための代替財源探しに専念し，法人課税DGを設け，検討を続けてきた。

　4月24日の第4回では，法人地方税が議題となった。法人税の法定総合税率

を下げるには，法人所得に対する課税の約３割を占める地方税部分の見直しが欠かせないためであった。

５月９日の第５回では，中小企業や公益法人の法人税率が特例的に低く抑えられている現在の優遇措置を見直す方向が示され，改革に向け検討を進めることが確認されていた。

５月16日の第６回では，法定総合税率の引き下げに向けた提言の原案をまとめようとした。税率の引き下げが必要であるとの考えでは，ほぼ一致したが，税収減を補う代替財源をめぐっては意見が対立し，最終的な報告書のとりまとめは，次の会合に持ち越した。

原案は「財政再建との両立」をも掲げている。減税した分の代わりの財源は，減税実施後に複数年をかけて確保すればよいとの考えを示したが，一時的な措置ではないため，「恒久減税である以上，恒久財源を用意することが鉄則」と，クギを刺し，確実な財源確保が欠かせないとしていた。

⑹　赤字企業にも課税する外形標準課税の拡大による課税強化を提案

法人税率の引き下げの代替財源として，地方税である法人事業税をどうするかの議論が急浮上してきていた。

赤字企業にも一定の税負担を求める法人事業税の外形標準課税の適用範囲を広げれば，法人税率を引き下げても，兆円単位の財源の捻出ができると見込んだのである。

代替財源探しに四苦八苦している政府税調の「課税ベースの拡大」を策謀する作業は，遂に，課税対象として「所得金額」の垣根を乗り越えて，付加価値額や資本金等の額など事業規模を基準とする税目の発掘にまで到達し，暴走して何でもありの財源漁りをしようとする恐るべき発想に辿り着いたのである。

外形標準課税は，従業員への給与や支払利子，支払賃借料など付加価値額や資本金等の額に応じて税金を払う仕組みである。黒字企業だけが負担している法人税と異なり，赤字企業にも納税義務が課される。

政府は，2004年に資本金１億円超の大企業に限って外形標準課税を導入してきた。法人事業税のうち，所得にかかる税率を従来の9.6％から7.2％に下げ，減った税収を外形標準課税に切り替えたのである。法人事業税の４分の１を外形標準課税に置き換えたわけである。

これまで，資本金１億円超の普通法人には付加価値額の0.48％，資本金等の額の0.2％と，所得のうち年400万円以下の金額が3.8％，年400万円を超え年800

万円以下の金額が5.5％，年800万円を超える金額が7.2％の課税である。

外形標準課税を導入する趣旨としては，これまで，(1)欠損法人も含めた課税を行うことで，事業規模に応じて薄く広く課税することにより，税負担の公平性を確保すること，(2)応益に応じた負担を求めることにより，応益課税としての税の性格を明確にできるようになること，(3)外形標準化することにより法人事業税が安定的な行政サービスの提供のための地方分権を支える基幹税として安定化するようになること，(4)所得への課税を緩和することにより，努力した企業が報われる税制となり，経済の活性化，経済構造の改革の促進へとつながるようになること等を挙げて説明されてきている。

税収を減らさないで法人所得に対する税率を下げることを検討し，法人事業税の半分を外形標準課税にすれば，企業が負担する所得課税の法定総合税率35.62％を1.5％程度下げることが可能になるとしている。課税標準の外形標準化をすすめ，付加価値額を基準とし，税収中立でも所得部分の法定総合税率は下がるという立法「マジック」が潜んでいるのである。

問題なのは，現在の外形標準課税が，企業が支払う給与が増えるほど，税負担も増える仕組みになっていることである。人件費に対する課税なので，企業は正規雇用を増やさないで非正規雇用で対応することになり，給与の支払額を抑制することになるであろう。これでは，法人税減税が目指す経済活性化に逆行するとともに，安倍政権のもとで進めてきた賃上げ政策と矛盾してしまうことになると批判されている。

(7)　政府税調が模索してきた法人税率引き下げの代替財源候補のターゲット

法人税率の引き下げを既定事実として，その減収補塡の代替財源探しを請け負わされた政府税調の法人課税DGは，四苦八苦して場当たり的な財源捻出策の模索に狂奔したが難渋したようである。

代替財源候補のターゲットとして挙げられた主要事項につき，項目別に，その内容，財源探求案，論点と課題の概要を示すと［図表3-3-3］のようである。

法人税率の引き下げと関連して，「課税ベースの拡大」を措置したことは，1998年の改正以来常道となり，課税ベースは政策的に拡大化する改正を続け，その姿は益々歪められ異常なものとなってしまっている。

法人税制の中核である課税ベースを財源漁りを目的として恣意的に拡大させることは課税の基本原理に反するものであり，法人税制を混迷化させる欠陥要因となっており甚だ遺憾なことである。

第7章　混迷を深めながら大企業減税にシフトする改革論議の深層　◆　*543*

（図表3-3-3）政府税調が模索している法人税率引き下げの代替財源候補
　　　　　　―税率引き下げだけを視点に四苦八苦して場当たり的に探ってきた財源
　　　　　　捻出策―

事項	内容	財源探求	論点・課題
租税特別措置 （政策減税）	研究開発や設備投資した場合，環境やエネルギー対策等を促進するための減税	効果が明確でなく，利用が特定業種や特定企業に集中し弊害の大きいものについて廃止・縮小	優遇税制の恩恵を受けている経済界と与党の族議員などの猛反発が予想され実現を懸念
欠損金の繰越控除	過去の赤字を翌年以降の年度に繰り越して黒字と相殺して課税を軽減する措置	赤字の繰越期間を現行の9年から延長し，相殺できる限度額を当期の所得の80％へ縮小	期間延長と控除の限度額の縮小がセットで行われるが，本来の企業所得課税の原理に逆行
減価償却制度	機械等の資産を取得した後，複数年かけて逐次に経費に計上し課税を削減する会計処理	前倒しで経費計上できる定率法を廃止し，償却額が均等の定額法に一本化し初期財源を確保	企業会計制度に混迷を誘発しながら，中長期では確保できる財源は不変であり実効性に疑問
受取配当金の益金不算入措置	投資先株式や子会社から受け取った配当金を課税対象から除外し税負担を縮減	資産運用目的の株式や持株比率の低い子会社からの配当金は益金不算入を廃止し課税対象化	二重課税の排除を名目とする欠陥制度であり，是正は当然であるが経済界の反発が予想
中小企業に対する支援税制	中小企業に対する法人税率を年所得800万円までの部分につき低くしている特例等で課税を緩和	低くしている税率を見直すとともに，軽減税率の適用所得範囲を縮小し増収を計画	中小企業の経営特性に対応する成長戦略の緊要性を忘却し，理不尽極まる財源漁りに警告
公益法人に対する課税の特例	課税対象の範囲を限定するとともに税率を低くしている特例による優遇	限定的に課税対象にしている収益事業の枠の拡大のほか，軽減税率の廃止などの見直し	金融資産の運用益に課税するなど，公益法人税制に是正の案があり約7年ぶりでの改革は有用
法人事業税の外形標準課税	所得金額ではなく付加価値額・資本金等の額を基準として事業規模に応じて課税	対象企業と適用範囲を拡大し赤字企業にも課税し，所得課税以外の課税により税収規模を拡大	法人税改革に悪乗りして新しい地方税収の源泉を発掘しようとする危険な妄想で厳重に要警戒

（注）　2014年に政府税制調査会が法人税率の引き下げによる減収を補填する代替財源獲得のために「課税ベースを拡大化」するターゲットとして摘出していた事項の内容と，その財源探求策の動向および課題を整理して表示した。

当時の政府税調の法人課税 DG の審議状況においても，ひたすら課税ベースを場当たり的に拡大化して，無理やりに代替財源を捻出しようとしており，法人税制の正常な姿を大きく破壊する危険が大きいのである。

3　大企業の税負担の軽減を策動する税制改悪化への偏向
　　―安倍政権の「成長戦略」の奇怪な亡霊の柱―

(1)　大企業支援と株価対策にシフトし国民の暮らしを軽視するアベノミクスの「成長戦略」の特徴

安倍政権の新たな成長戦略は，法人税率の引き下げや株価上昇につなげる年金資金の運用改革，医療や雇用の規制緩和など，大企業や外国人投資家が喜びそうな政策が並んでいる。

その反面，暮らしや働き手への配慮，中小企業への血の通った施策は，あまりみえてこない（[図表3-3-4]を参照）。

2014 年 6 月に政府による「経済財政運営の基本方針（骨太の方針)」の素案は，次のとおりである。

［1］　デフレ脱却・日本経済再生についての今後の課題
　　1．消費税率の引き上げに伴う駆け込み需要の反動減への対応
　　2．経済の好循環のさらなる拡大と企業の主体的行動
　　3．人口の急減・超高齢化の流れを 2020 年をめどに変える改革
　　4．経済再生と両立する財政健全化
［2］　経済再生の進展と中長期の発展に向けた重点課題
　　1．女性の活躍をはじめとする人材の充実・発掘
　　2．イノベーションの促進等による民需主導の成長軌道への移行に向けた経済構造の改革
　　3．魅力ある地域づくり，農林水産業・中小企業等の再生
［3］　経済再生と財政健全化の好循環
　　1．経済再生と財政健全化の両立に向けた基本的考え方
　　2．主な歳出分野における重点化・効率化の考え方
　　3．公的部門改革の推進

相変わらず総花的な政策の希望的なスローガンの羅列であり，これでは「成長戦略」は看板倒れで失望の限りである。

企業の業績が上向き，賃金の上昇につながるような「好循環」は，まだ一部の大企業だけに限られている。厚生労働省によると，消費税が 8 ％に上がった

第 7 章　混迷を深めながら大企業減税にシフトする改革論議の深層　◆　*545*

〔図表 3-3-4〕安倍政権の新たな成長戦略の全体像
―大企業優先で中小企業や国民の暮らしは軽視―

		政策の現在までの決定方向	秋以降の焦点と課題
法人税率の引き下げ		来年度から数年間で 20％台に引き下げることを目指す。財源は恒久財源の確保をすることとしているが明示できていない	・基本的な引き下げ幅や代替財源は年末の税制改正で決着を見込むことを想定 ・課税ベースの拡大等による財源確保は難航が予想
働き方と労働時間の緩和		最低でも年収 1,000 万円以上の専門職で時間ではなく「成果」で評価する働き方の導入を目指すものとする	・今後決める年収要件によっては対象範囲が絞られる懸念もある ・「残業代ゼロ」制度として労働側からの批判が多発している
混合診療の拡大と医療改革		患者の申し出で先端医療などを混合診療して使える仕組みを新設するとともに 2 年に 1 度の薬価改訂を見直す	・対象となる病院が狭められれば骨抜きの可能性もある ・地域ごとに病院を統廃合して医療を効率よく提供する
農業の再生による活性化		JA 全農を株式会社化するなど農協改革をするとともに農業生産法人へのさらなる出資規制の一部を緩和する	・攻めの農林水産業を展開し成長産業にし輸出拡大・食の安全確保を進める ・企業の農業生産法人へのさらなる出資規制見直しは 5 年後に先送り
人口急減・超高齢化の変革		人口急減・超高齢化を克服し、50 年後にも 1 億人程度の安定的な人口構造を確保することを見込む	・希望通りに働き、結婚・出産・子育てを実現できる環境を整える ・人口急減・超高齢化の流れを 2020 年をめどに変える改革をする
財政健全化目標の堅持		基礎的財政収支を 2015 年度までに 2010 年度に比べ赤字の GDP 比を半減，2020 年度までに黒字化する目標を確認する	・その後の債務残高 GDP 比の安定的な引き下げを目指す ・収支改善が可能なときはできる限りの改善を図る

（注）　2014 年 6 月にまとめた政府の経済財政諮問会議が中期的な経済政策と財政運営の方向性を示す「経済財政運営の基本方針（骨太の方針）」の素案を要約して作成した。

2014 年 4 月，物価上昇の影響を除いた「実質賃金」は前年同月より 3.1％も減っている。個人の家庭で暮らしが豊かになったと実感できるかは，新成長戦略でも見通せないようである。

雇用，医療，農業の 3 分野の「岩盤規制」の見直しも族議員や関係団体の抵抗で中途半端になり，腰砕けで期待はずれである。

(2)　政府・自民党の大企業優先政策と経団連の政界への接近行動

政府・自民党は対外的には関税や非関税障壁を使ってモノや資本の流れを管理し，国内では規制などを通じ，特定の産業や企業を優先的に伸ばす政策をとっている。税制も，その大企業優遇政策の代表的なものであることは指摘するまでもない。

安倍首相の外遊時には，財界幹部が同行し，政府と一体となって日本の売り込みをするオールジャパンの取り組みであるが，政財界の癒着を象徴する珍現象として違和感を否定し難い。

ところで，日本経済団体連合会（経団連）が 2014 年 9 月 11 日に公表した「政治との連携強化に関する見解」は，加盟 1,300 社に促す献金先を「日本再生に向けた政策を進める政党」としている。これが「日本を取り戻す」と訴える安倍晋三首相が率いる自民党を指すことは，経団連の榊原定征会長（当時）が 9 月 9 日に自民党の谷垣禎一幹事長を訪ね，内容を説明したことからも明らかである。

出す方も貰う方も，「民主主義のコスト」「健全な民主主義のため」と，ことさら強調しているが，紋切り型の言葉の繰り返しには，“欺瞞”がにじむ。政治献金の呼びかけを 5 年ぶりに再開することを決めた経団連と，献金を受ける自民党が発した正当化の理屈だが，まことにしらじらしい。

しかも，この時の政治献金再開の決定にはタイミングの問題もある。政府は 6 月に「経済財政運営と改革の基本方針 2014」で，法人税の法定税率を 20％まで引き下げていくと決めたばかりである。消費税の税率を上げて法人税の税率を下げ，そこで企業の政治献金ときては，「減税分を献金するのか」，「政策をカネで買っている」という反発が出ることも自然である。財界の「公然贈賄」が政策を歪める疑念が大きい。

(3)　法人税改革は「あいまい」な決着をし，代替財源先送りで残る大きな火種

安倍首相が「アベノミクス」の成長戦略の柱になると強調し，意欲を示してきた法人税改革は，2015 年度から法定総合税率を数年で 20％台に引き下げることで決着した。しかし，具体的な税率や税収減を補う代替財源の確保など重要な課題は積み残したままであった。

経済成長を最も重視する首相は，アベノミクスを推進するエンジンとして「骨太の方針」に法人税減税を盛り込むことにこだわり，6 月の先進 7 カ国首脳会議（G7 サミット）でも表明していた。法人税減税は「既定路線」となり，「骨太の方針」に，どこまで具体的に踏み込むかが焦点であった。

素案では「数年で20％台まで引き下げる」という表現にとどまった。積極派と慎重派の双方が都合良く解釈できるためである。具体的に何％ずつ引き下げるのか，穴の開く税収をどう埋めるか，という議論は，年末の税制改革の場に譲っているのである。素案は「引き下げは来年度から開始する」という方向性を示しただけであった。

20％台に税率を引き下げる期限である「数年」の受け止め方では，政府内でも隔たりがある。首相周辺が３年以内を想定するのに対し，財務省などは少なくとも５年程度を見込んでいる。

法人減税の財源にはアベノミクスの効果による増収をも含めて，法人税の課税ベースの拡大等による恒久財源を確保することにしているが，消費税や所得税など他の税目の増税論議にも影響を与える可能性があるとみている。

ところで，いま法人税を納めている企業は全体の約３割に過ぎない。赤字企業は所得に課税されないほか，赤字額を翌期以降の黒字額と相殺して，課税対象となる所得を少なくできる「欠損金の繰越控除」という制度もあるためである。

こうした企業にも納税をしてもらう「課税ベースの拡大」が議論されているが，政府が想定する５％程度の引き下げだと２兆〜３兆円の減収になり，全額をカバーするのは極めて困難である。素案では，減税に伴う税収の穴を埋める財源については「恒久財源の確保」との表現にとどまり，財源確保に向けた具体策の結論は，事実上，年末に先送りされたのである。

財源確保策のめどなき"見切り発車減税"であり，経済成長と財政再建の両立を図りながら税率20％台の実現に向けた道筋をどう描くかが問われている。財源先送りで「残る火種」には大きな危険が潜んでいた。

⑷　法人税率さえ下げれば「あとはどうでもよく」代替財源はあらゆる分野に切り込む増税暴走

法人税率の引き下げに向けた安倍政権の突進には，まことに凄まじいものがある。アベノミクスの第３の矢「民間投資を喚起する成長戦略」の核心部分として，特に財界からの期待は高いのであるが，その反面で，減税分の代替財源探しのために，場当たり的に「あらゆる分野」にタブーなく増税候補として切り込んでいく姿勢には，「法人税率さえ下げれば，あとはどうでもいいのか」と不安になってくる。

安倍首相は，法人税率を下げれば企業利益が増え，株主の配当増にもつながるため株式市場は歓迎ムードで株価が上昇し，賃金をはじめ国民の所得が増大し

経済が活性化するという「好循環」の上昇機運を描いているようであるが，果たしてどうであろうか。

問題なのは，「国を棄て税金を払わない」グローバル大企業に，このような論理は通用しないということである。

全企業の99.7％を占める中小企業の存在を軽視しては日本経済の発展は期待できないのである。

この時勢において中小企業経営に破壊的ダメージを与えるような「中小企業増税の妄想」は絶対にやめてもらわなくてはならない。

4　中小企業を増税標的とする逆転の税制動向の危険性
―大企業減税の代替財源に中小企業に対する無謀な増税案―

⑴　欠損法人が多い中小企業の特例措置を圧縮する恐るべき課税強化案が浮上

国内の法人である約267万社のうち法人税を納税しているのは，その4分の1，約70万社であり，残りの4分の3は，その期が赤字か，繰越欠損金を抱えていて，税を負担していない。赤字企業も，その大半が中小企業である。

中小企業向けの優遇税制が資本金1億円以下を基準として，法人税の軽減税率や中小企業投資促進税制などの措置が講じられている。資本金1億円以下という基準では，全法人の99％が中小企業に分類されることになることから，「公平の観点から，この基準を数段階にするか，または引き下げるべきではないか。高所得の中小企業が特例措置を受けているという会計検査院の指摘に鑑み，特例措置の適用に際して他の基準を用いることが合理的ではないか」との案も出されていた。

これを受けて2017年度の税制改正で中小企業向けの租税特別措置の適用要件の見直しをし，過去3年の平均課税所得が15億円以下であることを条件に，2019年4月より適用を開始する。

課税所得のうち，年800万円以下の部分については法人税法により基本税率を25.5％から19％に軽減され，租税特別措置法で15％まで軽減されている。

軽減税率や中小企業に限定した政策減税は，「軽減税率を含め中小企業の優遇措置が講じられた結果，収益力の低い企業が存続し，産業の新陳代謝が阻害されている」として見直しが求められているのである。

政府は，外形標準課税を拡大しながら黒字企業への法人事業税の負担を少なくできれば，法定総合税率を下げる効果が大きいとみているが，黒字企業への税率軽減のしわ寄せが，赤字中小企業を直撃することになる恐れがある。

日本の中小企業は，優れた技術の伝承や雇用を確保し，社会保険料も負担している。赤字である中小企業にも税金を課税する外形標準課税の適用範囲を広げ，税金を負担できない中小企業を退場させ新陳代謝を促すべきだ，などの議論は暴論であり，甚だ遺憾だと言わなければならない。

⑵　中小企業経営を破壊する危険のある大企業中心の安倍税制改革の混迷による暴走

全ての中小企業が消費税５％から８％へ引き上げの対応に苦悩している最中に，中小企業向けの増税策が目立った論議として登場していた。しかも，それが大企業の法人減税のための代替財源として浮上してきたことは，何としても理不尽極まる「逆転」の発想で，驚愕のかぎりである。

安倍首相の意向を受けた政府税制調査会は，2014年5月16日に，法人課税DGの審議結果の報告書案を発表した。報告書案は，法人税改革は「我が国企業の競争力を強化するため」に税率を引き下げることが目的であることを，「はじめに税率引き下げありき」で，あからさまに主張している。しかも「負担が一部の黒字企業に偏っている現在の負担構造を見直す」のだともしており，中小企業に多い赤字企業などにも課税して"広く薄い"法人税を目指すとしている。

もともと法人税は，企業の所得に対して課税するものであるから儲かっている企業が負担する税金である。黒字大企業の減税財源を赤字中小企業の増税に求めるなど，とんでもない大間違いである。そもそも，「広く薄い法人税」とは，果たして何物なのか，そのような論理の立て方は大間違いである。

そのうえ，報告書案は「法人税の枠内でのみ税収中立を図るのではなく，関連する他の税目について見直す必要がある」と法人税引き下げの財源に所得税，消費税，地方税の増税の可能性を示唆している。

法人税減税を「恒久減税」にするため，その代替財源も「恒久財源」を鉄則にするとしており，さらなる消費税増税で穴埋めされる危険性さえあるのである。

ここで最大の問題は，中小企業を増税の標的とした次のような税制改革の危険な動向である。

①　法人事業税の外形標準課税の拡大による増税策

赤字企業にも一定の税負担を求める法人事業税の外形標準課税を広げようとしている。政府税調では地方税の応益負担性を強調し，企業の儲けとは無関係に賃金総額や資本金額などで課税額が決まる外形標準課税に狙いを定めた根拠には「負担が一部の黒字企業に偏っている」という理由を挙げている。

資本金１億円以下の中小企業を外形標準課税の対象とすると従業員への給与総額や資本金額が新たな課税対象となる。中小企業にとっては地域での雇用維持は難しくなり，負担は増し，厳しいことになる。

納税している企業が３割にも満たないのは，全企業の99.7％を占める中小企業への支援を怠り，さらには消費税増税で負担を増加させるなど，露骨な"中小企業イジメ"の結果にほかならない。政府の成長戦略をみても「中堅，中小企業，小規模事業者の躍進」と，タイトルだけで中身はほとんどないのである。

政府税調の御用学者達は，新しい課税を提起する根拠として「応益負担論」なる論理をふりかざしているが，その前に，租税の基本原理である「応能負担」の原則からすれば，儲かっている大企業がその負担能力に応じて適切な納税をすることは当然の道理である。

② 中小企業の軽減税率の見直しによる増税策

資本金１億円以下の中小企業には軽減税率が適用され，年所得800万円以下の部分には15％が適用されているが，これを廃止・縮小して大企業と同じ25.5％に引き上げ，または，それに近づけようと議論をしている。

もともとこの軽減税率は，中小企業の租税負担能力への配慮として，法人税法の本法により基本税率25.5％を19％に切り下げ，さらに租税特別措置で４％を切り下げて15％としているものである。この軽減税率を廃止・縮小することは，負担能力に応じた税率の設定を否定するもので，中小企業イジメの増幅であり深刻な害悪を生じる。

③ 法人住民税の均等割の増額案による増税策

地方税である法人住民税は，均等割と法人税額を基準として課される法人税割からなっている。法人住民税の納税義務者は，都道府県および市町村に事務所または事業所を有する法人である。課税方式は申告納付方式である。

課税標準は法人税割について，連結申告法人以外の企業は法人税額，連結申告法人については個別帰属法人税額である。

税率は，均等割については資本金等の額により，道府県民税については２万～80万円，市町村民税については５万～300万円である。法人税割については，道府県民税が５％，市町村民税が12.3％となっている。２つ以上の道府県・市町村に事務所または事業所を有する法人については，課税標準を各事業所の従業員数に分割して，それぞれの地方公共団体へ納付する。

政府税調は，この法人住民税の均等割をも増税ターゲットにして法人減税の代替財源として狙っているのである。

〔図表3-3-5〕赤字の中小企業にも課される法人事業税の課税構想
　　　　　　―報酬給与・支払利子・支払賃借料が課税対象となる―

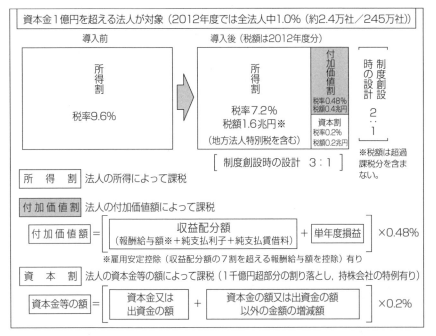

(3) 赤字決算の中小企業にも外形標準課税を拡大して適用しようとする増税意見

　地方税である法人事業税においては，2004年度より資本金1億円超の法人（全法人の1％）を対象として，法人事業税の4分の1の部分に外形標準課税が導入されている。この外形標準課税の課税ベースは「付加価値額」と「資本金等の額」の2つである。

　その概要とイメージは［図表3-3-5］であり，実績は［図表3-3-6］である。

　法人課税の改革において政府税調は，新たな財源獲得を目指して外形標準課税の適用範囲を拡大して，赤字決算の中小企業にも課税しようとすることを中心に地方法人課税の見直しについて「改革の方向性」を表明している。

　外形標準課税について，2017年の政府税制調査会では，次のように答申されている。

　「外形標準課税は，多数の法人が法人事業税を負担していないという状況の是

〔図表3-3-6〕外形標準課税の実績（2012年度）
―資本金１億円超の法人に課税されている状況―

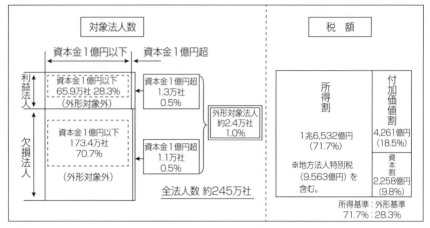

（注）
1．法人数は2012年2月1日から2013年1月31日までの間に決算を行った普通法人についての計数であり、「2010年度道府県税の課税状況等に関する調べ」による。なお、全法人数に収入金額課税法人（2,220社）は含まれていない。
2．税額は、2012年度の外形標準課税対象法人（2,419社）の調定額を集計した値であり、超過課税分を含む。また所得割は地方法人特別税（9,563億円）を含む。

正を図るとともに、法人所得に対する税負担を軽減する一方、付加価値等に対して課税するものであり、応益性の観点から、将来的には外形標準課税の割合や対象法人を拡大していく方向で検討すべきである」（『抜本的な税制改革に向けた基本的考え方』）
　これを受けて政府税調は、地方法人課税の見直しについて、次の意見を提示している。
(1)　この方向に沿って、現在の付加価値割の比重を高め、法人所得に対する税負担を軽減していくことが望ましい。あわせて、事業活動規模をより適切に反映し、税の簡素化を図る観点から、資本割を付加価値割に振り替えることが望ましい。
(2)　また、外形標準課税が全法人の1％未満である資本金1億円超の企業のみを対象にすることは、行政サービスの受益者が広くその費用を負担するという地方税の趣旨に反するため、外形標準課税の趣旨に沿って資本金1億円以下の法人についても付加価値割を導入すべきとの意見が多く出された。

第7章　混迷を深めながら大企業減税にシフトする改革論議の深層　◆　*553*

(3)　このため，法人事業税における付加価値割の拡大，対象法人の拡大を行うべきである。その際は，創業会社や中小企業への配慮などを検討すべきである。

(4)　資本金等の額と従業者数に基づいた区分に応じ課税されている法人住民税均等割についても増額し，法人所得に対する税負担を軽減することが望ましい。また，資本金等の額や従業者数は，いずれも企業規模をみる指標としては意味が薄れている。このため，法人住民税均等割の増額について，新たな指標の作成や区分の再検討を含めて検討すべきである。

(5)　また，行政サービスの受益を広く負担し合う地方税の趣旨に鑑みれば，法人所得に過度に依存することなく，住民税や固定資産税等のあり方も含めて検討していくことが必要である。

5　大企業擁護で「政治権力追随型」の政府税調の暴走的意見　―ひたすらグローバル大企業の集中的税軽減策の提案―

⑴　「法人税の負担構造改革論」の真意は何か

　政府は法人税改革の目的として，「法人税の負担構造の改革」を掲げ，収益力改革に向けた企業の取り組みを後押しする「成長志向の構造」に変革し，「産業の新陳代謝が行われやすい環境」を作ろうとしている。

　そのような考え方の基本的な背景として，中小企業には赤字決算が多く，法人課税がないことについて，次のような所見がみられている。

(1)　赤字決算の中小企業の法人事業税に外形標準課税を適用することは「赤字法人課税」の面もあり，収益力の低い企業の税額が多くなるが，しかし，全体としてみると，国際競争を行っている競争力の高い大企業の法人税負担を軽減して，国際競争力を高めることが改革に合致するのではないか。

(2)　経済活性化，新陳代謝という観点から，赤字決算の中小企業に対しても，広く薄く課税していく，つまり，低い税負担で生き残らせるのではなく，新陳代謝の観点から，しっかりと課税すべきではないか。

(3)　収益力の低い赤字中小企業の法人を倒産させないで存続させてきたから，日本経済がいつまでたっても活性化しなかったのではなかったか。

(4)　赤字を意図的に創出している中小企業が存在するという問題については本当のところわれわれ（学者）はその実態がよくわからない。

　このような意見や発言が，政府税調の議事録や委員による論文，関係する官僚達の発表している記述等に何回も出てくるのである。

　地域経済を支え，雇用を守り，懸命に経営活動を継続し，生活をしている多く

の中小零細企業などを，日本経済にとって邪魔な存在としてしかみていないのであろうか。

まことに，驚き，あきれて何とも言いようのない理不尽極まる発言である。赤字決算の中小企業に対しても報酬給与額，純支払利子額，純支払賃借料額等を課税対象とする外形標準課税の付加価値額を対象として，法人事業税を課税しようとすることなどは，まさに「狂暴増税」の妄想であり，断じて容認できない。

地方法人課税の見直しには，そのほかに法人住民税の均等割の増額とともに住民税や固定資産税の増税も示唆されており，油断なく警戒する必要がある。

また，別の問題ではあるが，法人税の課税所得の計算上，地方税である法人事業税や固定資産税等の損金算入についても，是正することを検討すべきであるとしている。その影響は意外に大きく，企業にとっては負担増になる。

何でも手当たり次第に増税の対象にしようとする。まさに狂暴の限りを尽くした政府税調の意見であり，大いに疑問が残る。

(2)　驚くべき「法人税終焉論」が登場しているが，それは謬論である

注目すべきは，ここにきて，消えゆく租税として法人税を挙げている「法人税終焉論」が登場し，法人税改革による再建ではなく法人税の「敗退論」が台頭していることである。

論者によれば，20世紀後半は法人税の時代であったと言ってもよいが，いまやその圧倒的な優位は揺らぎつつあるとする。法人税は非常にテクニカルな税金であるので課税逃れがしやすいとまで言っている。

国際的租税回避スキームなどを使って税金逃れが横行して，法人税の位置づけは難しくなっている。表面税率を高くしていても結局は逃げられてしまうから税収もどんどん落ちていく。法人税というのは，そのうちなくなるのではないか。あるいは，その地位を低下させるのではないか，との所論が紹介されている。

経済の競争力を高めるために法人税の税率を下げているのか，取れなくなっているから税率を下げざるを得ないのか，微妙なことかもしれないとも論じている。

法人税が厳しい状況に置かれている原因については「通信技術の発達と金融技術の発展」を挙げている。それは，要するに，法人税においては課税逃れが容易になっていると言う。

そこで論者は，「課税逃れがしにくい税金」として固定資産税，消費税，賃金所得税の3種類を挙げている。いずれも逃げられない税金だからだとしている。

固定資産税については，土地や建物を外国に持ち出すわけにはいかないことか

ら税金が取れると言う。消費税は日本国内で行われる消費に対して課税されるから，日本国民が存在する限り税収が確保できると言う。外国に逃げ出す恐れのない人に対する賃金に係る所得税（勤労所得税）は取れると説明している。

　逃げ足の遅い，つまり租税回避行動のしにくい納税者に対する税金は今後も取られ続けることとなるために，「暗い将来」だとまで予想している。

　一方で，逃げ足の速い人は逃げてしまう。法人税はその最たるものではないか，とまで言う。

　そして，次のように断定している。

(1)　逃げ足の速い人は逃げてしまうから，逃げ足の速い人が日本から外に逃げないようにするためには税率を下げるというのが，法人税や所得税についてもある程度仕方がないのかもしれない。

(2)　所得税や法人税について税率が高いだけではなくて，税務執行ががんじがらめだと，余計に外国に逃げ出してしまうことも起こってくるかもしれない。

(3)　企業の競争力を確保するために法人税の税率を下げているのではなく，どうせ下げないとどうにもならなくなるから下げている面もあるわけである。

(4)　OECD の BEPS（Base Erosion and Profit Shifting）の課税逃れ対策の議論も「果たしてどこまで対応できるか」ということかもしれない。

　このような「法人税終焉論」は，グローバル企業の課税逃れを追及すべきであるとする租税の公平原理からの理念を放棄することである。それは，結果的に「課税逃れの逃げ得」を容認することにもなり，事は重大であり，断じて賛同することはできない。

　ましてや，税制における欠陥を是正する努力を放棄して公平性を破壊するだけではなく，税務行政の執行に関してもその的確にして公正な運営に逆行するような所説まで展開されており，遺憾極まりないことである。

　法人税が非常にテクニカルで課税逃れが容易であるので，その地位が低下しているとの「法人税敗退論」は，税の世界に重大な混乱と堕落を招来する謬説であると批判しなければならない。

　グローバル企業の法人税を軽くしたいという偽りの構造改革論の究極の姿の表明であると思われるが，企業国家である日本では稼ぎ頭である法人への所得課税は極めて重要なメイン・タックスであることには変化がないのである。

　すべからく企業には活力ある経済活動を展開し，大きな経営成果を獲得し，それをもってしっかりと納税をして納税義務者としての社会的責任を果たし国民経済の発展に重要な役割を果たすことが期待されている。

第|8|章

消費税増税と法人税減税のセット論の欺瞞的謀略
—租税体系構造の根幹を歪める危険な動向—

1 消費税増税と法人税減税のセット論の風潮の恣意的な跳梁
一税金は消費税中心でいくのが当然だという誤った思想が蔓延している—

⑴ 菅義偉官房長官による「消費税を引き上げるには，法人税を引き下げることを絶対に必要とする」安倍政権の方針を明言

安倍政権の菅義偉官房長官は，安倍政権の 2014 年における基本政策である中韓外交，秘密保護法，TPP，消費税対策につき所見を表明し，「消費税対策」については，以下のように表明している[1]。

「消費税率の引き上げ自体は，民主党政権下の 2012 年 6 月の民主，自民，公明の 3 党合意に基づいて決められたものです。当時の経済状況は，GDP の年換算でマイナス 3.2％で，「引き上げ」を決めたはいいもの，それを実行に移すことができる経済状況を作り出す手法は，3 党合意では全くの白紙でした。」

消費税率の引き上げの法律は成立しているが，その実施のための経済状況の要件が全くなかったことを指摘して，それがアベノミクスによって，15 年ぶりのデフレ脱却に向けて，景気回復は順調に進んでいることを誇らしげに強調していた。

しかし，安倍政権として消費税率の 2014 年 4 月からの 5％から 8％への引き上げの実施は決定しておきながらも，この消費税増税が，「景気を腰折させてはいけない，という激しい葛藤があった」と告白している。

そこで，「だからこそ，経済再生と財政再建を両立させるための施策を用意する必要がありました」として，以下のような論述を進めている。

---

1) 菅義偉官房長官「安倍政権は 2014 年，日本をこう変える」『文藝春秋』第 92 巻第 3 号，2014 年 2 月号，112 頁。

第8章　消費税増税と法人税減税のセット論の欺瞞的謀略　◆　557

「消費税率の引き上げに合わせて，法人税減税や補正予算など5兆円を超える経済対策パッケージを組んだのはそのためでした。復興特別法人税を1年前倒しで終了することに反対意見もありましたが，総理を含めて関係大臣一同が消費税を引き上げるには，法人税を引き下げるという決断は絶対に必要だと判断していました。デフレ脱却と財政再建の両立が極めて難しいことはもちろん承知しています。しかし，"二兎"を追うだけではなく，その2つを実現することを目指したのです。」

　この所見は，租税体系の構造的なあり方について少なくとも安倍政権の基本的な姿勢を示すものとして，重大であり見過ごすことはできない。

　租税学的見地からすれば，そもそも消費税の増税自体が甚だ問題であるのに，その好ましくない消費税率の引き上げをするための必要要件として，一段と著しく問題を含み，現状の課税実態からすれば課税の空洞化の是正こそが必要である歪んだ法人税制のままでの法定税率だけの引き下げは，絶対に不可であり行われてはならない。

　このような「消費税増税と法人税減税のセット論」が租税体系の新しい構造的な仕組みのように大手を振って堂々と登場し，政府の方針として宣伝されているとは，租税理念の正しいあり方から重大であり，その誤りを徹底して批判しておかなければならない。

　何よりも重要なことは，そのような「セット論」が登場するに至った事情を冷静に分析検討することであろう。

(2)　安倍政権の「新成長戦略」の柱としての法人税の法定税率の引き下げ構想

　安倍政権が2014年6月にまとめた成長戦略の検討の柱の1つとして，企業の国際競争力強化のための法人税の法定税率の引き下げに向け，法人税を納める企業を増やす課税ベースの拡大などを検討することとしていた。

　国税と地方税を合わせた法人税の法定総合税率は，2014年度から2.37％下がり35.62％になるが，他の主要国の25～30％より高いので，安倍首相は，「グローバルな経済の中での競争力は大切だ」と引き下げに意欲を示している。

　新成長戦略に向けての検討では，「企業が活動しやすくする」ことを目的に，法人税の法定総合税率を一段と引き下げることとし，役割を終えた政策減税の見直しをも掲げている。

558 ◆ 第3編 消費税増税と法人税減税のセット論の誤謬

⑶ 驚くべき消費税増税と法人税減税のセット論の論理とその謬説

税には多くのものがあるが，何故に，消費税ばかり上がるのか，につき，次のような驚くべき論述がある[2]。

「歳入を増やす手段として消費税にばかり注目が集まるのは，グローバル化にともなって金融所得や法人所得に高率の税を課すことが難しくなってきたからだ。香港やシンガポールなど，アジアにも金融所得に課税しないタックス・ヘイヴン国はいくつもある。法人税率の世界的な引き下げ競争が続くのは，多国籍企業がどの国で税金を納めるかを自由に決められるようになってきたからだ。」

そして，消費税増税と法人税減税のセット論につき，次のような恐るべき所見を公言している。

「法人税を減税して消費税を引き上げても，理論的には家計に与える影響は変わらない。じゅうぶんに競争的な市場であれば，企業は，法人税が上がればそれを価格に転嫁し，法人税が引き下げられれば，それを原資に（ライバル企業に勝つために）商品価格を下げようとするからだ。

このような理屈で，消費税増税は法人税減税とたいていはセットになっている。安倍政権が，消費税率引き上げにともなって法人税率の引き下げを検討するのは，その意味で理にかなっている。」

セット論についての論理を述べていると称えているようであるが，このような筋道が通用するためには幾つかの仮設が前提として必要である。少なくとも，これまで法人税の法定税率は数次にわたり引き下げられてきたが，これがデフレ解消による景気回復に役立ってはこなかったり，従業員への給与アップにより家計の所得増加に波及した事実はほとんどなく，逆に従業員の給与所得は連年著しく低下してきているのは周知の事実である。

経済のグローバル化を理由に資産性所得や企業所得に対する所得課税を安易に断念するような所論は，まことに理不尽な暴論であり，租税の基本理念のあり方からして甚だ危険極まる謬論である。その誤りにつき厳重に警告しておかなければならない。

---

2) 橘 玲「消費税増税の論理と日本の未来」『文藝春秋オピニオン・2014年の論点100』2014年1月，20頁。

第8章　消費税増税と法人税減税のセット論の欺瞞的謀略　◆　*559*

2　法人税の法定税率の引き下げの大合唱の経済界とマスコミ
　　―実効税負担の実態をみないで表向きの法定税率だけみて高いと騒い
　　でいる―

⑴　企業の収益増を賃上げにつなげてデフレ脱却のため法人税率の引き下げで国際競争力を高めるとの討論

　日本経済新聞社と日本経済研究センターは，2013年1月17日，都内で景気討論会を開いたが，2014年の日本経済は4月の消費税増税後に一時，落ち込むものの，年後半には内需主導で緩やかな回復軌道を取り戻せるとの見方で出席者は一致したとしている。その際，デフレ脱却の実現に向け，法人税の引き下げをはじめとする成長戦略の強化を求める声も相次いだ旨が報じられている[3]。

　日本経済の成長力を高めるには，アベノミクスの第3の矢である成長戦略の実行が重要であることが強調された。企業の収益増を賃上げにつなげてデフレから抜け出すため，法人税率の引き下げで国際競争力を高めるように求める意見が多かったとしている。

⑵　モルガン・スタンレーMUFG証券のロバート・フェルドマンチーフエコノミストの主張

　「法人税率を大きく下げ，エネルギーへの課税を増やしてはどうか」とロバート・フェルドマンチーフエコノミストは討論会でこう提案した。

　成長に必要なのはイノベーションであり，その1つが発想の転換であると主張し，「自己資本（ROE）が高い企業ほど法人税を下げる」という案も披露した。

⑶　新日鉄住金の宗岡正二会長兼最高経営責任者の主張

　増税を越えて成長を続けるには，企業が収益を改善して投資や賃上げに動き，それが消費を支える好循環を実現する必要がある。

　宗岡正二会長兼最高経営責任者（CEO）は，「国際的に見て高い法人税やエネルギー価格，厳しすぎる雇用の規制を見直し，貿易の自由化を進めて立地競争力を高めてほしい」と訴えた。

⑷　日本経済研究センターの岩田一政理事長の主張

　岩田一政理事長も「法人税は10％程度下げる方針を打ち出してもよい」と主

---

　3)　『日本経済新聞』2014年1月18日付，「景気，増税越え回復続く，法人税下げ提言相次ぐ」。

560 ◆ 第3編 消費税増税と法人税減税のセット論の誤謬

張している。

⑸ 「高い法人税率の引き下げが成長戦略の課題」だと強調する読売新聞の社説

読売新聞は社説において，「日本経済再生」をとりあげ，その中で「欧州やアジアの主要国よりも高い法人税実効税率（「法定総合税率」の意味・著者注）の引き下げも，成長戦略の課題である。早期に実現して，日本企業の競争力強化を図るとともに，外資の参入促進による日本市場の活性化を目指すべきだ。」と強調している[4]。

⑹ 経団連では「法人税率の引き下げ」が次期榊原定征会長の試金石との論調

経済界の顔となる経団連会長に榊原定征東レ会長が就任することが内定した時，人口減と産業構造の変化が進むなか，経団連の役割は複雑になっている。安倍政権との関係改善をテコに企業復活をどう支援するかが課題となるとみていた。

グローバル化と産業構造の変化で榊原経団連の目指す針路を定めるのは難しいと指摘しながら「法人税が試金石」になるとし，次のように言われていた[5]。

「当面の焦点は法人実効税率（「法定総合税率」の意味・著者注）の引き下げを通じ，日本の立地競争力を高められるか。経団連は『近隣諸国並みの20％台への引き下げ』を掲げる。そのためには，特定の業界の税を優遇する租税特別措置の縮小を迫られるのは間違いない。それぞれの業界が抱える既得権益に切り込むような難しい調整を担う役割を果たせるか榊原経団連の試金石になりそうだ。」

⑺ 前経団連会長の御手洗富士夫会長兼最高経営責任者の主張

御手洗会長兼最高経営責任者（CEO）が2014年1月10日，読売新聞のインタビューに応じ，日本経済の再生に向け規制緩和や法人税の引き下げを早期に実現するよう，政府に求めていた[6]。

「『第1の矢』（金融緩和）と『第2の矢』（財政政策）は成功し，景況感が良くなり株価も戻ってきた。この流れを加速し根付かせることが重要だ。規制緩和を

---

4) 『読売新聞』2014年1月14日付，社説，「日本経済再生，効果的な成長戦略に練り直せ」。

5) 『日本経済新聞』2014年1月10日付，「経団連，企業復活に活力・会長に榊原氏内定，法人税が試金石に」。

6) 『読売新聞』2014年1月11日付，「規制緩和，法人税下げを・御手洗氏経済再生を注文」。

第8章 消費税増税と法人税減税のセット論の欺瞞的謀略 ◆ *561*

どんどんやって新しい実験市場を作ってもらいたい。もう1つは，法人税を世界標準にできるだけ近づけ，引き下げることだ。環境整備が進めば，日本企業はまだまだ技術力があるし，デフレ脱却にもつながる。」

3 法人税率の引き下げの布石として租税特別措置を検証する騒動
―「税率引き下げの代替財源の原資派」と「政治権力の源泉死守派」の闘いの始まり―

⑴ 政府の経済財政諮問会議と産業競争力会議で法人税率の引き下げを審議

安倍首相が前向きな「法人税率の引き下げ」をめぐる議論が，政府の経済財政諮問会議と産業競争力会議の共通の政策課題として行われた。

首相は，各業界向けの政策減税の見直しをしてでも税率の引き下げを実現させたい構えであるが，毎年度の税制改正を仕切る当時の自民党税制調査会（野田毅会長）は慎重な姿勢を変えていなかった。

甘利明・経済財政相（当時）は2014年1月10日の会見で，法人税率の引き下げや，各業界の事情に配慮した特別な政策減税である「租税特別措置」の見直しを諮問会議で議論する考えを明らかにした。

諮問会議では，法人税負担の業種ごとの偏りなどを洗い出し，首相が意欲を示す法定税率の引き下げに向けて，代替財源を確保する布石にしようとしているとみられていた。

経済財政諮同会議と産業競争力会議の共通の政策課題は［図表3−3−7］のようであった。

（図表3−3−7）経済財政諮問会議と産業競争力会議の共通の政策課題
―新しい成長戦略の柱となる諸施策のあらまし

産業構造の調整の加速	○業種別の企業の税負担の分析 ○企業統治の強化
対日直接投資の促進	○外資系企業への優遇策
雇用改革	○多様な働き方の推進
社会保障改革	○医療・介護のIT化
地域経済の改革	○コンパクトシティー推進
日本社会のグローバル化	○外国人の受け入れ環境の改善

(2) 法人税の租税特別措置をめぐる駆け引きの権力闘争

　安倍首相は,「大胆な法人税の減税を断行する」と繰り返している。首相の肝いりの法人税改革を,諮問会議主導で進めようとの思惑であった。

　法人税率を1％下げると毎年4,000億円の税収が減るため,租税特別措置を縮小・廃止することで税収を穴埋めることを検討していたのである。

　しかし果たして,諮問会議主導で議論が進むかどうか疑わしい状況であった。それは,税制改正の実権は,当時,自民党税制調査会が握っていたからである。

　もともと租税特別措置は,党税調が各業界の要望にこたえる形で実現したものが多く,党税調の「権力の源泉」とされている。これまで税制改正は政治家の利権と化し,業界の既得権となり,権力闘争の手段として使われてきたのである。

　租税特別措置による政策減税は,族議員にとっても,業界にとっても,侵すことを許さない「聖域」なのである。諮問会議が切り込もうとすれば,党側の反発は避けられなかった。

　かつて,小泉政権の時代に諮問会議が法人税率の引き下げを実現させようとしたが,党税調の反発で頓挫した。それ以来,諮問会議で税制を議論すること自体がタブーになっていたのである。

　甘利経済財政相(当時)は「多少のフリクション(摩擦)を起こそうとも,諮問会議は必要な提言をしていく」と強気であった。

　これに対し,党税調幹部は早くも,「租税特別措置の見直しは机上の空論で,簡単ではない」と予防線を張っていた。

　政府内には,首相の諮問機関で,中長期的な税のあり方を議論する政府税制調査会があるがその存在と機能がさだかでなくなっていた。政府税制調査会の役割は,このように租税理念が蹂躙され税制秩序が破壊されつつある時にこそ,格調高く国家百年のあるべき公正な税制の向かうべき方策を明示することが求められているのである。

　ただ,安倍政権の権力に追随し,その税財政策の下請機関になり下がってしまっている政府税調も法人税率の引き下げには前向きのようである。

　当時,「成長重視」の首相や政府税調と,「業界重視」の党税調とが,せめぎ合う構図になりそうだとみられていたのである。

第8章　消費税増税と法人税減税のセット論の欺瞞的謀略 ◆ *563*

4　法人税制改革の狙いと進め方を誤らないことを望む
　―巨大企業は驚くほど軽い税金しか払っていない実態の究明からスタートせよ―

(1)　政府は経済活性化に役立てるために法人税減税を計画しているがその発想は誤りである

消費税増税の実施を決断した安倍政権は，消費税増税でデフレと景気停滞に逆戻りしてしまうのではないかと懸念し，増税による景気の腰折れを防ごうと，「何でもありの経済対策」に狂奔し，その大きな柱に，法人税の減税による企業活動の活性化を据えている。消費税増税で家計からお金を吸い上げる一方で，手厚い企業支援を打ち出している。

2013年10月1日に決定された「民間投資活性化等のための税制改正大綱」は，「法人実効税率のあり方について，今後，速やかに検討を開始する」ことを明記していた。

その際の検討事項として，(1)実効税率の引き下げが雇用や国内投資に確実につながっていくのか，その政策効果の検証，(2)政策減税の大幅な見直しなどによる課税ベースの拡大，(3)他の税目での増収策による財源確保，の3点を挙げていた。

(2)　日本の法人税の負担が高いという誤った認識を前提としての改革論議は危険千万である

日本の法人税の実効税率が高いという認識を前提に，どのような対応をしなければならないかという発想に立っているようであるが，果たして，「法人税の実態」を論理的な専門技術的に十分な分析をしてきているのであろうか。その上，改革の狙いは「的」をはずしているのではないか。

特に，税制の生命である公正性の確保への基本的視点が欠落しているのではないか。

日本の法人税において高いのは，法定総合税率であって法人税の負担そのものではない。最大の基幹税である法人税が課税ベースの空洞化で崩壊状態にあり，財源調達機能を喪失し，財政赤字の元凶となっているのである。

(3)　巨大企業が驚くほど軽い税金しか払っていない実態が厳存している

経済界や世間，特にマスコミは，日本の法人税は高いと言っているが，高いのは表向きの「法定総合税率」であり，実際に企業が払っている税金の負担である「実効税負担率」は驚くほど低いのである。

何よりも大事なことは，法人税改革においては，この客観的事実を厳正に受けとめて，このことを前提として進められるべきである。

第|9|章

法人税減税は経済活性化に役立たず
セット論は重大な誤り
―消費税減税と法人税「増収」のセット策が賢明―

1　法人税減税が日本経済の活性化に役立たなかったことは歴史的事実から明らかである
―欺瞞に満ちた政府謀略にだまされるな

　政府は，容易に回復しない日本経済の再生とともに，消費税増税の激震に耐える環境整備としての経済活性化のために法人税減税を実施してきたが，果たして効果があるのであろうか。

　そのことは，これまでここ数年にわたり法人税減税は数次に及び再考実施され法人税率は半減以下の低水準にまで下げられてきているのである。にもかかわらず，日本経済は依然として長期停滞から回復することができていないのである。

　まさに，このような歴史的事実こそが，法人税減税がストレートに経済活性化に役立たなかったことを立証しているのである。

　それは，深化したグローバル経済のもと多国籍化した巨大企業の稼ぎは，日本の国民経済や国民生活にも日本の財政健全化にも役立たないメカニズムが出来上がってしまっているからである。

　財政赤字の累積で厳しい財政状況のもと，経済活性化を求めて苦境の中で法人税減税をしても十分な効果は期待できないことを認識すべきである。

2　消費税増税と企業減税セット論は誤った政策である

　かようにして，経済活性化と財政健全化を目指す「消費税増税と企業減税のセット論」は，間違った政策であり欺瞞に満ちた悪質な政治謀略である。

　そのような消費税を重視し企業課税を軽視する根本的に誤った発想を前提としながら税制改革を進めると，租税体系の根幹を歪めてしまうことになり，禍根を将来に残すだけではなく，国の姿や社会構造の仕組みにも著しく好ましくない影響を及ぼす危険があることを警告しておかなければならない。

3 消費税減税と法人税「増収」こそが賢明な政策

　税収増を目指し消費税の増税をしたら経済状況が悪化し見込んだ税収が得られないばかりか不況を招き打撃が深刻であることは，５％から８％にアップさせた前回の経験で立証済である。

　消費税の税率を上げれば税収が増えると考えるのは，経済の実態を知らない誤った発想である。

　消費税の増税で経済は冷え込み，見込んだ税収が得られず，さらに税率を上げようとする「負のスパイラル」に陥いる愚策をしてはならない。

　この国で，今，断行すべき賢明な良策は，消費税は増税ではなく，逆に減税をすることである。現在の８％を元の５％へ，さらにその先の３％へと「引き下げる」と，世の中は明るくなり経済は活性化して税収も増えてくる。

　それとともに，法人税は減税ではなく，欠陥の是正による「増収」（増税ではない）策の断行である。

　消費税減税と法人税「増収」のセット策こそ最良の政策である。これにより財源を確保し，国家財政は健全化し経済は繁栄し福祉国家へと発展する。

第4編

税制を極悪化する政権の政策運営

第10章　格差社会への転落を招く安倍政権の税財政政策：成長志向から「安定社会」への価値転換が緊要

　1　景気回復の安倍政権のシナリオと現実のギャップによる行き詰まり：大企業優遇で狙った経済成長による「好循環」の恩恵は現われてこない

　2　財界との癒着を深め大企業優先の安倍政権の政治姿勢：露骨な「財界直結」型でグローバル・ビジネス支援に力を傾注

　3　成長志向から脱却し「安定社会」への価値転換を：格差と貧困を排除し人間性を回復する社会の構築が賢明

第11章　政策の行き詰まりを偽装する新アベノミクスの幻想：破綻の危機に直面しており政策運営は正念場

　1　安倍政権は専守防衛に徹し非戦を国是として貫いてきた日本を変質させ憲法違反が濃厚な安全保障関連法の性急な成立を強行：数の力による強行政治への懸念

　2　集団的自衛権の行使を容認した安全保障関連法の内実は全て米国からの要望どおり：外交的努力を怠っている政府の弱腰姿勢

　3　多くの国民の猛反発を誘発し内閣支持率が低落し政策実行の体力を消耗したので目先を変えて経済再生重視にシフトチェンジ：あつかましい安倍政権の変身

　4　参議院選挙をにらみ政権の求心力回復を狙い看板を書き替えアベノミクスの第2ステージと称して「強い経済」「子育て支援」「社会保障」の「新3本の矢」を提示：政策の手段か目標かが不明確

　5　「旧3本の矢」の検証と総括もないままで実現への具体策と財源的裏付けを示さず幻想をふりまく「新3本の矢」への懸念：あまりにも無責任な「猫の目政策」の偽装

第12章　大企業の収益拡大頼りの成長戦略は破綻：掛け声どおりに進まないアベノミクス

　1　夢物語のような「一億総活躍社会」プランの実現性は至難であることについての懸念：大風呂敷で中身は空洞化

　2　アベノミクスが描いた大企業の収益拡大を頼りにした「好循環」のシナリオは，肝心の「成長戦略」の空洞化で破綻し副作用で格差拡大だけを増幅：行き詰まり事実上破綻した政策運営

　3　景気の先行きに不安で景況感が悪化し「お金が回らず目詰まり」を起こして破綻の危機に瀕しているアベノミクス：長期大不況の到来を懸念

第|10|章

格差社会への転落を招く安倍政権の税財政政策
―成長志向から「安定社会」への価値転換が緊要―

1 景気回復の安倍政権のシナリオと現実のギャップによる行き詰まり
―大企業優遇で狙った経済成長による「好循環」の恩恵は現われてこない―

(1) 描いた夢のトリクルダウンとその幻想

　グラスがピラミッドのように積み上げられた「シャンパンタワー」が結婚式やパーティーを彩る豪華な飾りとして装置されているのがみられる。

　てっぺんのグラスにシャンパンを注ぐと，あふれ出た滴が下のグラスに流れ落ち，そのグラスが満杯になると，さらにその下のグラスに滴が落ちる。その繰り返しによって底辺を支える多数のグラスにようやく酒が注がれる。

　安倍晋三政権の経済政策「アベノミクス」は，言ってみればこんなイメージである。「トリクルダウン（徐々に流れ落ちる）」効果と言われ，大企業や富裕層がさらに豊かになれば，経済活動が活発化し，その恩恵が庶民にまで広く行き渡るという考えである。

　市場を重視する「新自由主義」の代表的な経済理論の1つで，過去には米国のレーガン政権や英国のサッチャー政権，日本では小泉純一郎政権が採用した。

　安倍首相が描くシナリオは，こうである。

　「大企業の収益回復→従業員の賃金の引き上げや設備投資→家計や中小企業の収入が増加→個人消費が伸び→企業収益がさらに増える。」

　この「景気の好循環」によって，日本経済を長年にわたり苦しめてきたデフレから脱却できる，という読みである。

　たしかに安倍政権下の大胆な金融政策と事実上の円安誘導で，企業は業績を急回復させた。東証一部上場企業の 2014 年 9 月中間決算の純利益は 14 兆円と，過去最高を記録した。

　シナリオ通りなら，ここから企業の儲けたお金が賃上げや設備投資を通じて，

庶民の懐に回るはずであるが，今のところそうなっていない。厚生労働省によると，1人当たりの現金給与総額は2014年10月に前年同月比0.5％増にとどまっている。

賃金が伸び悩む中で，円安の副作用として海外から輸入する小麦，大豆，肉などの食料品が値上がりし，2014年4月の消費税増税とのダブルパンチで家計の負担は増している。

厚生労働省の調査では，賃金から物価上昇分を差し引いた実質賃金指数は2014年10月に2.8％減となり，16か月連続のマイナスである。このため消費も伸びていない。

スーパーの売り上げや家計の消費支出などを組み合わせた内閣府の消費総合指数は，消費税増税前の駆け込み需要の反動で落ち込んだ4月以降も足踏み状態が続いていた。

(2) 牽引役の企業が動かず行き詰まったアベノミクス

安倍政権は，当初に「第1の矢」である金融緩和を背景に，円安を目指すことで企業の利益を増やし，国内工場の生産増や設備投資につなげる構図を描いていた。

しかし，このシナリオは誤算となる。2008年のリーマン・ショック以降，過度な円高に振り回された企業は，円高でも円安でも収益に影響しない経営を目指してきた。その結果が海外への工場移転と現地生産であった。

この動きは今もさらに加速しており，為替が円安になっても現地生産の動きは変わっていない。

日本自動車工業会（自工会）がまとめた自動車輸出実績によると，2014年4～9月期は約223万台で，前年の同期に比べて4.9％減った。円安は進んだが輸出は減少している。残ったのは輸入物価の上昇という円安の副作用だけであった。

次いで，「第2の矢」にも誤算が生じている。2014年12月8日発表の2014年7～9月期の実質国内総生産(GDP)の改訂値では，公共投資が1.4％増（速報2.2％増）に下方修正された。

人材不足や資材高で事業の採算がとれず工事が思うように進まない。今は民間工事の方が単価がいい。公共事業は民間に比べて受けると赤字になる場合がある，との声が多い。鉄筋工や型枠工らの人材不足は相変らずで，足場のような資材もリースできない，との嘆きが聴こえる。

公共事業が景気対策に直結する構図は，もはや機能不全に陥っていた。

570 ◆ 第4編 税制を極悪化する政権の政策運営

為替差益による増収という恩恵を受ける企業と，円安に伴う原材料高によって利益が圧迫される企業の格差の拡大が目立っている。円安による輸出増や，大型公共事業で景気回復を目指したアベノミクスの行き詰まりを裏付けていた。

(3) 消費税増税後の景気失速が続き GDP の下方修正幅拡大

内閣府が 2014 年 12 月 8 日に発表した 2014 年 7 〜 9 月期の国内総生産（GDP，季節調整済み）の改定値は，物価変動の影響を除いた実質で前期比 0.5％減，このペースが 1 年間続くとした年換算で 1.9％減となり，11 月 17 日発表の速報値の年率 1.6％減から 0.3 ポイント下方修正された。マイナス成長は 2 四半期連続となり，2014 年 4 月に消費税率を引き上げた後の景気の失速が改めて鮮明になった。

設備投資や公共事業も「想定外」の下方修正となり，個人消費ばかりでなく，安倍政権が景気の牽引役として期待した企業にも政策の効果が波及していない結果となっている。

改定値には速報値の発表後に公表された 7 〜 9 月期の法人企業統計などの結果が反映され，設備投資は速報値の前期比 0.2％減から 0.4％減と悪化した。

民間エコノミストは，設備投資の上方修正を予想していた。法人企業統計で設備投資が前期より増えていたからである。それを内閣府は速報段階で，それよりもっと高い設備投資を予測し数字に織り込んでいた。このために改定値で下方修正することになった。しかも，法人企業統計は資本金 1,000 万円以上の企業だけが対象であるため，改定値で追加された「個人企業経済調査」統計で，資本金 1,000 万円未満の企業の設備投資が減少していたことも響いた。政府やエコノミストは中小や零細企業に景気回復が波及していないことを予測できなかった。

公共投資も速報値の 2.2％増から 1.4％増へと引き下げられた。人手不足や資材価格の高騰で工事の進捗が遅れ，十分な景気下支え効果を発揮できていないのである。速報値は国の発注実績から推計していたが，改定値では実際の工事の進み具合が反映された。人手不足などで実際は工事がこなせていない状況が予測できなかった。

設備投資や公共事業が増えないのは，アベノミクスが十分に機能していないからであった。

景気実感に近いとされる名目 GDP も 0.9％減（速報値は 0.8％減），年換算で 3.5％（同 3.0％減）に下方修正された（[図表 3 − 4 − 1］および［図表 3 − 4 − 2］を参照）。

〔図表３−４−１〕安倍政権発足後のGDP成長率と内外需実質寄与率

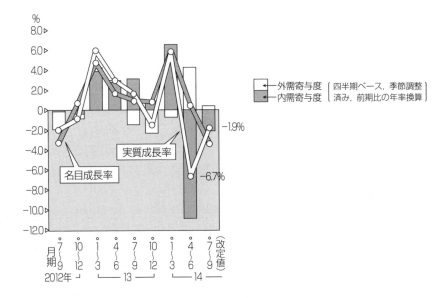

〔図表３−４−２〕2014年７〜９期のGDPの変化

区分 項目	速報値 11月17日発表	改定値 12月８日発表
実質GDP	▲0.4 (▲1.6)	▲0.5 (▲1.9)
個人消費	0.4	0.4
住宅投資	▲6.7	▲6.8
設備投資	▲0.2	▲0.4
公共投資	2.2	1.4
内需寄与度	▲0.5	▲0.5
輸出	1.3	1.3
輸入	0.8	0.7
外需寄与度	0.1	0.1
名目GDP	▲0.8 (▲3.0)	▲0.9 (▲3.5)

（注）季節調整済みの前期比増減率％，かっこ内は年率換算，▲はマイナス

572 ◆ 第4編　税制を極悪化する政権の政策運営

⑷　大企業が海外で空前の利益を上げても冷える国内の景気実感

　大企業の利益が大きく伸びても，中小企業や働き手に景気回復の実感が広がりにくいのは，大企業の「稼ぎ方」が変わったからである。

　財務省が発表した 2014 年 10 月の国際収支では，日本と海外の資金の出入りを示す経常収支は 8,334 億円の黒字であり，黒字は 7 月から 4 か月連続している。輸出入の差を示す貿易収支は赤字でも経常黒字を保てるのは，日本企業の海外での稼ぎがあるからである。

　海外子会社から本社に戻す利益などを反映する「第 1 次所得収支」の黒字は，10 月としては過去最大の 2 兆 186 億円であった。自動車などの製造業が生産拠点を海外に移し外で稼ぐ流れが強まれば，投資先も海外が中心になり，国内でモノをつくる中小企業にはその恩恵が及びにくい。

　大企業の設備投資に頼ったり，円安で輸出増を目指すといった旧来型の政策だけでは，グローバル経済を背景として多様化，複雑化した現在の日本経済の構造に対応できない。外国人観光客を増やしたり，介護産業でロボット導入を目指すなど，産業政策の重点を根本から転換することの必要性などが課題となっている。

　景気の底上げを狙った公共事業も，建設業界が人手不足でこなせる工事の量が限られ，かつてのように成長率を押し上げる「即効薬」の効果は期待できない。公共工事を受注したが完成に至っていない手持ち（未消化）工事高は，2014 年 9 月末，過去最高の 17.6 兆円に達している。

⑸　株高で恩恵を受けるのは外国人投資家と極少の富裕層

　日経平均株価は 2014 年 11 月の時点で安倍政権発足時と比べ，8,000 円近く上昇した。

　円安が進んで輸出企業の収益力が高まることに加えて，日本銀行が株式市場に直接に資金を流し込むことが買いを誘った。2014 年 10 月末の追加緩和によって，日経平均株価は，この約 1 か月だけで 2,000 円超も上がっている（[**図表 3-4-3**]を参照）。

　株高で恩恵を受けやすいのは外国人投資家である。東京証券取引所などの調べでは，2014 年 3 月末のすべての国内株式のうち外国人の保有比率（時価総額ベース）は 30.8％であり，初めて 3 割を超えた。

　円安で海外の通貨が強くなり，日本株の買い増しをしやすくなっていることも背景にある。国内の個人投資家は 18.7％で，6 年ぶりに 2 割を割り込んでいた。

　海外ファンドなどは，アベノミクスに注目した「日本株買い」を続けてきてい

〔図表3-4-3〕株価の変動と円相場の推移

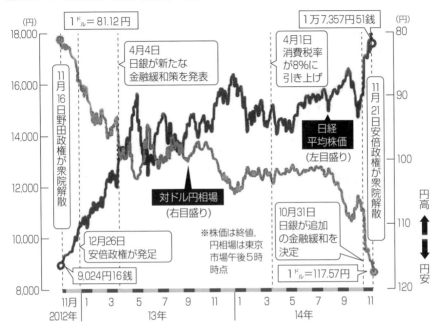

る。財務省の統計でも、海外在住者の2014年11月の日本株投資は2兆6,471億円の買越しで2013年4月以来の大きさで、追加緩和をきっかけに買いを加速させている。

個人で株を持っているのは、余裕のある一部の富裕層に限られている。野村総合研究所の推計では、2013年8～9月時点で株式を持っている人は約11％、投資信託は約9％である。投資家の裾野を広げようとすると2014年に始まった小額投資非課税制度（NISA）では、専用口座をつくって実際に利用した人は2014年10月末で4割弱で、大半は以前から株を持っている人である。依然として「貯蓄から投資」は本格化していない。

株価上昇は景気回復に向けた心理的効果はあり、株高で懐が温かくなれば消費も伸びそうであるが実態は厳しい。年金運用がうまくいくなど恩恵は確かにあるが、多くの人には広がりにくい。

株高で儲けているのは外国人投資家と極めて一部の富裕層に限られており、大多数の庶民が恩恵を受けているわけではない。

(6) 増える非正規雇用と広がる格差と貧困

　安倍首相は会見などで「政権発足以来，雇用は100万人以上増えた」と，2014年11月の時点でアベノミクスの成果を強調する。

　しかし，総務省の労働力調査でその内訳をみると，アルバイトや派遣社員など給与が安く身分が不安定な非正規社員が約123万人増え，逆に正社員が約22万人減っている。増えた100万人は全て非正規で，低賃金の雇用が拡大しているに過ぎないと批判されている。（[図表３－４－４]を参照）

　富の偏在は社会に格差を生みやすい。非正規雇用をめぐっては，2008年のリーマン・ショック後の企業のリストラで派遣切りや雇い止めなどが続出し，若者を中心に大量の失業者があふれ貧困が拡大し，大きな社会問題となってきていた。

〔図表３－４－４〕正社員と非正規社員の雇用者数

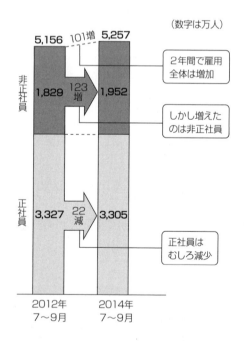

第 10 章　格差社会への転落を招く安倍政権の税財政政策　◆　*575*

2　財界との癒着を深め大企業優先の安倍政権の政治姿勢
―露骨な「財界直結」型でグローバル・ビジネス支援に力を傾注
(1)　政権の司令塔に入り込み政策介入する日本経団連

　財界の政策介入を許した「財界直結型」政治が安倍政権の著しい特徴である。それは第二次安倍政権が成立してから，財界総本山ともいわれる日本経団連との癒着を一段と深め，財界の求める政策を官邸のトップダウンで実行する体制を深めていることに表れている。

　政権の司令塔である「経済財政諮問会議」と「産業競争力会議」に財界代表が入り込み，政策形成の過程に直接にかかわっている。

　安倍政権の政策決定の特徴は，日本経団連の要望する産業政策を軸としながら，税制，社会保障，労働政策，農業政策，行政改革など，すべての省庁を視野に入れた横断的なものとなっていることである。

(2)　日本経団連は自民党への政治献金を「通信簿方式」で復活

　財界は，企業・団体献金を強めることによって自民党・安倍政権にいっそう強い影響力を行使しようとしている。

　日本経団連は，「国益・国民本位の質の高い政治の実現に向けて」（2013 年 1 月 15 日）のなかで，企業の政治献金について，次のように述べている。

　「企業が果たす社会的役割を鑑みれば，企業の政治寄付は企業の社会貢献の一環として重要性を有する。」

　そのために，「経団連の主張と主要政党の政策や活動との比較・評価を実施する。」としている。

　2014 年 6 月に日本経団連の新会長に就任した榊原定征・東レ会長は，「政治との連携強化」と称して「通信簿方式」による政治献金を検討すると明言している。巨額の企業献金を束ねて影響力を強めようとしている。

　日本経団連は，自分たちが行う政策評価をもとに大企業に献金を促す方式を検討するとし，自民党への巨額の献金によって「ひも」をつけ，財界・大企業にいっそう奉仕する政策を実行させようと利益誘導の狡猾な手段によって政権に圧力を加えている。

　私の著書『税金を払わない巨大企業』（文春新書）で詳述したように，国に払う税金を「コスト」と考え，できるだけ「税金コスト」を少なくしようと，あらゆる手段を行使することに英知を傾けている大企業群を擁する財界団体が，企業の政治献金を「社会貢献」の一環と称していることは，まことに奇妙であり，"違

576 ◆ 第4編 税制を極悪化する政権の政策運営

和感"を感ぜざるを得ない。

　企業の社会貢献は，出来るだけ多くの税金を払うことであり，納税により国民経済と国家財政に貢献することが企業の社会的使命である。

　政治献金により政策を買収し，政策減税による大企業優遇税制を利権として確保することに狂奔することなどは，反社会的行動であり許されてはならない。

(3) 企業団体献金47%増で自民党収入がトップに回帰

　総務省が発表した2013年分政治資金収支報告書（総務相所管の中央分）によると，政党と政党が献金の受け皿とする政治資金団体が1年間に受け取った企業・団体献金の総額は，2012年に比べて43.4%増の24億8,000万円である。2012年12月の衆議院選挙で勝利し与党に復帰した自民党が大幅に増やし，党本部の総収入は233億円で2008年以来5年ぶりにトップとなった。政権交代を反映し，自民党に資金が集中する状況が浮き彫りとなっている。

　自民党が政権復帰した2013年の政治資金収支報告書をみると，自動車や鉄鋼，ゼネコン，商社，不動産などの大企業や業界団体が，自民党への献金を2012年より軒並み増やしていた。自民党側への企業・団体献金は総務省に届け出ただけでも47%増の約22億円である。2009年の野党転落前の水準に戻したところが多く，政治とカネの面でも「自民回帰」がいっそう鮮明になっている。

　自民党の政治資金団体である国民政治協会への企業・団体献金で最も多かったのは，自動車メーカーでつくる日本自動車工業会（自工会）の8,040万円で前年より2,010万円増えた。自工会は「民主党政権時に減らしたものを戻した」と説明している。

　トヨタ自動車（6,440万円，1.3倍）や，日産自動車（2,900万円，1.4倍）などのメーカーも以前の水準に増やしている。

　業界団体では石油連盟が前年の5,000万円から8,000万円に増額した。日本電機工業会（7,700万円），日本鉄工連盟（6,000万円）も前年より増やしている。（[**図表3-4-5**] を参照）

　安倍政権の経済政策で好況の証券業界は，野村ホールディングスが5.6倍の2,800万円，大和証券グループ本社が3.6倍の2,500万円と大幅にアップしている。

　国土強靱化や震災復興で受注が増えたゼネコン業界は，鹿島，大成建設などの大手5社が800万円から1,200万円と以前の水準に戻している。

　安倍政権は原発の再稼動や海外輸出を目指しており，原発メーカーの三菱重工業（3,000万円）や東芝（2,850万円），日立製作所（2,850万円）も前年の2～3

（図表3-4-5） 2,000万円超の政治献金をした上位15の企業・団体

（単位：万円）

企業・団体	2013年献金額	2012年献金額
日本自動車工業会	8,040	6,030
石油連盟	8,000	5,000
日本電機工業会	7,700	5,000
トヨタ自動車	6,440	5,140
日本鉄鋼連盟	6,000	4,000
キヤノン	4,000	2,500
不動産協会	4,000	1,500
住友化学	3,600	2,500
新日鉄住金	3,500	1,600
三菱重工業	3,000	1,000
日産自動車	2,900	2,050
東芝	2,850	1,400
日立製作所	2,850	1,400
野村ホールディングス	2,800	500
大和証券グループ本社	2,500	700

（注）献金先は全て自民党の政治資金団体「国民政治協会」である。

倍に増額している。

　企業献金は政治資金規正法において，政治家個人や後援会などの政治団体は受け取りが禁止されている。そのために自民党は政治資金の受け入れ団体である国民政治協会という "隠れ蓑" を通しているのであるが欺瞞というべきである。

⑷　グローバル大企業の競争力強化への施策の要求

　日本経団連が安倍政権の政策決定に関与し，露骨にまで政策介入を強めている要因とし，巨大化した日本の大企業の多国籍化の進展が挙げられる。

　日本の巨大企業は，この20年ほどの間に急速に多国籍化して，アジアをはじめ海外に生産拠点を大規模に移転させ，グローバル経済の深化の中で国際的に厳しい競争にエネルギーを注いでいる。

　アベノミクスは，トリクルダウン効果による景気回復の「好循環」をシナリオとし「3本の矢」が「デフレ脱却」につながるとし，「企業収益の拡大」を優先

させ「拡大した企業収益を賃金上昇につなげていく」と言い，まず「企業収益」ありきで大企業優先の施策に傾斜している。

そのための具体的な方策としては，法人税減税，国家戦略特区の活用，世界で一番ビジネスのやりやすい環境の整備等である。

安倍政権の「新成長戦略」は，日本の「稼ぐ力」を取り戻すことが強調され，「経営者のマインドを変革し，グローバル水準のROE（株主資本利益率）の達成等を目安に，グローバル競争に打ち勝つ攻めの経営判断を後押しする仕組みを強化していくとしている。

ROEとは，株主の資金が企業利益にどれだけかかわっているかを示す指標である。そこでは，「企業収益のさらなる拡大」が最大の目標であり，「株主至上主義」ともいうべき発想が背景にある。

これが果たして国の政策なのかと疑わしく，まさに企業の経営方針のような言い方である。そのような発想が政権の政策の基調となっているのは，財界・大企業の利益を代弁する日本経団連の要求による政策介入の存するためであることは明白である。

⑸　外国資本とカストディアンの支配下にある財界・大企業

日本経団連が政治に介入するさらなる要因としては，同団体の役員企業を支配する株主構成が大きく変化していることがある。

大企業の株主構成を分析すると，日本特有の株式の持ち合い構造が再編し解消しはじめ，その間隔を埋めるように，外国資本とともに三井住友トラスト・ホールディング系の「日本トラスティ・サービス信託銀行」，三菱UFJ信託銀行系の「日本マスタートラスト信託銀行」，みずほフィナンシャルグループ系の「資産管理サービス信託銀行」は，投資家に代わって有価証券の管理業務を行う金融機関で「カストディアン」と呼ばれ，大きな支配力を持つようになっている。

この資産管理業務に特化した信託銀行が，ある会社の発行済み株式の5％以上を持っていると「大量保有報告書」を提出することになる。しかし，そこには名義人として信託銀行の名前しか出しておらず，その株式を実際に所有している所有者がわからないことが多い。信託銀行が真の保有者の隠れ蓑となっているのである。

カストディアンの支配力は格段に強力になっており，2014年3月期の調査では，日本経団連の役員企業36社の上位の大株主のうち3.3社（平均）を占めている。上位3位以内に占める比率は63.9％である。

注目すべきは，ステート・ストリート（米国最大の投資信託カストディアン），バンク・オブ・ニューヨーク・メロン，JPモルガン・チェース，シティグループのような「グローバル・カストディアン」を中心とする外国資本が，上位10社のうち2.2社（平均）を占めていることである。

「グローバル・カストディアン」（複数国の有価証券保管業務を統括する金融）に対して日本のカストディアンは「サブ・カストディアン」と位置づけられている，このため日本経団連の役員企業の大株主上位10社のなかで，日米合わせて実に6割近い比率をカストディアンが占めるに至っている。

さらに，日本の銀行・保険会社が上位10社のうち3.3社（平均）を占めているが，その大株主もまた日米のカストディアンが大きな支配力を持っているのである。

かようにして，日本経団連の役員企業は，日米のカストディアンの圧倒的な支配のもとに置かれてしまっている。これが，この10年間における財界事情の劇的な変化なのである。

カストディアンは，機関投資家から株式資産等の管理・運用を受託しているが，その最大の目的は保有資産の収益極大化を目指すことに置かれるとともに，議決権の行使をすることの意義は大きい。

安倍政権が財界の要望に応えて，ROEの達成率を目標にし，配当など投資家の利益になる体制づくりを強調しているのは，このような変化を反映しているのである。この結果，株主に優先的に配当するために，労働者の賃金を抑え，下請け中小企業を収奪し，内部留保を増やす仕組みが出来上がっている。

このことは，米国政府の指令である「年次改革要望書」を契機として2005年に制定された会社法は，赤字企業であっても一定の範囲内において剰余金を原資として株主に配当できるよう従前の「利益の配当」を「剰余金の配当」に変更し，"利益がなくても株主に配当することができる"という驚くべき理不尽な制度への改変をももたらしている。

まさに，なり振りかまわぬ株主資本中心主義の発想であり，社会の混乱を誘発するとともに安易な経営姿勢を許し企業経営者の堕落を招来している。

3 成長志向から脱却し「安定社会」への価値転換を
―格差と貧困を排除し人間性を回復する社会の構築が賢明―

⑴ 貧困や格差が拡大し強欲資本の跳梁により危機が深まるグローバル時代

　日本の巨大企業は急速に多国籍化して海外に生産拠点を大規模に移転し，世界的スケールで経営活動を展開するグローバル企業化している。このため国内産業は“空洞化”を現出し，国民の雇用の機会を喪失させ，国内経済の衰退を著しくし，格差や貧困を拡大してきている。

　深化しつつあるグローバル経済の時代の特色は，大国の経済と金融部門は富と力を拡大して，規制から逃れるために自国の政治システムや政府と大学を堕落させた。そして規制緩和が進むにつれて，ますます非倫理的な産業になり，やがて大規模な金融危機を内包させる“強欲資本”として跳梁し，巨大な利益をむさぼっている。

　その一方で，長期にわたるデフレによる経済の低迷時代の継続により，貧富の格差が歴然として拡大し，多くの貧困層を生み出している。

　グローバル経済の深化が労働配分率を低下させ，強欲資本家の利潤を独占させるシステムであるとしたら，社会における不平等はますます拡大し，まさに現在は新経済帝国主義と貧困者の多発時代だといえるであろう。

⑵ 各国間の法人税の引き下げ競争は企業帝国主義による経済侵略戦争の武器

　20世紀は帝国主義と戦争の時代であり，武力で人類が殺しあった世紀であった。兵力と暴力，あらゆる殺戮の手段を用いて，最後は原子爆弾まで使って人類が戦ってきた。それに対して21世紀は，いわば「産業帝国主義」の時代である。

　その21世紀の戦争では，法人税の引き下げによる「税の競争」こそが最大の武器となっている。かつて，米ソが核兵器の保有数を競い合ったと同じ構図で，先進各国は法人税率の引き下げ競争をすることで，より多くの産業，商業，そして，これらを動かす資本を自分の国に誘致しようとしている。

　言うなれば，「企業植民地政策」であり，「企業帝国主義」と言ってもよいであろう。武器こそ持っていないが，企業と国家は“闘い”をしていて，その手段が法人税の引き下げになっている。

　法人税率は限りなく「ゼロ」に近づき，下げても下げても他の国も下げるのであるから，やがては「ゼロ」では終わらないかもしれない。

　すべての国の法人税が「ゼロ」になれば，今度は，企業に対し，どの国がいくらまでの補助金を出せるかの競争が始まるであろう。

限りなく終末に近づいて走っている。人間とは，まことに愚かな生きものであり，動物以下である。猛獣であっても共食いはしないのに，人間は人間どうしが闘っているのである。このままでは，人類は限りなく壊滅に近づくだけであると思われる。

そうは言っても，現実には，ただ今，グローバル企業として世界を相手に競争をしているのであるから，国際競争力を強化しなければならない。そのためには，いろいろな障害を排除することを必要とし，法人税もその１つである。

現実として法人税を下げなければ，グローバル企業は競争ができないと言うから，政府も財源難の中ではあるが無理をして企業を優遇している。

しかし，問題は政府が無理をして企業を援護し，それによりグローバル大企業が大儲けしたところで，企業の稼ぎが国民の生活向上にもつながらないし，国家財政にも貢献しない点である。企業は海外に行っているのであるから，日本の企業は外国で外国人に雇用の場を提供して，外国の政府に税金を払っている。

要するに，グローバル企業はもはや「多国籍企業」ではなくして，「無国籍企業」であり，国を棄て，国に税金を払わない，国籍不明の者たちの群なのである。

したがって，安倍政権が大企業を頼りにアベノミクスで成長戦略を立てていることは完全に誤りである。

⑶　行き詰まり正念場を迎えているアベノミクスの危機

2014 年の国内景気は 2014 年 4 月の消費税増税後のもたつきが予想外に長引き，足踏みが続いている。日銀は追加の金融緩和に踏み切ったが，2 ％の物価上昇の早期達成はみえてこない。

アベノミクスの第一の矢である金融の異次元緩和は円安をもたらし，輸入品の価格上昇率を高めた。ところが，輸出は伸びず，国内経済へのプラス効果はあまり出なかった。

企業収益の拡大を背景に雇用状勢は順調に改善したものの，賃金の本格的上昇には至らなかった。増税に円安による物価上昇が追い打ちをかけ，消費者の心理を冷え込ませている。

第二の矢である財政出動にも誤算があった。2013 年 10 月の増税決定を受けて 5.5 兆円の経済対策をまとめたが，人手不足や資材高から，公共事業は有効な下支え役を果せなかった。政権交代直後の大規模な経済対策によって景気をわかしすぎ，大事な時期に息切れを招いた戦略のちぐはぐさも否めない。

アベノミクスの 2 年目こそ，第三の矢の成長戦略を前進させる年であり，年初

582 ◆ 第4編 税制を極悪化する政権の政策運営

には期待もあった。政府は「日本再興戦略」の改訂版をまとめ，法人税改革や農協改革などを打ち出したが，めざましく前進した分野は殆んどなかった。

そんななかでも成果といえるのは，女性活用への前向きな機運が強まったことである。人口が減るなかで潜在成長力を高めるには，女性がもっと働きやすい環境を整える必要がある。

第一，第二の矢には限界がみえる。異次元緩和には円安の負の側面が目立っている。消費税増税を1年半延期したなかで，財政悪化に拍車をかける大規模な財政出動にも頼りにくい。「第三の矢は期待はずれ」などと言っていられない。アベノミクスはまさに正念場を迎えている。むしろ，最早"挫折"したと，みるのが正しいかも知れない。

⑷ 人間性を回復する「平安な社会」への価値転換が緊要

経済や資本や企業，特に，グローバル経済の深化を背景とした"強欲資本"の跳梁による横暴から，「人間中心の社会」を取り戻さなければならない。

経済学者や物理学者からは，「定常型社会」が提唱され始めている。無理な成長を求めない「ゼロ成長」の社会である。人口減と高齢化，エネルギー資源や環境の制約の中ではゼロ成長も容易ではない。

成長よりも「社会の安定」に価値転換をすることが賢明である。これからは「成長を超える」，そして「人間中心」の新しいタイプの「安定社会」の実現を指向すべきであると考える。

安倍政権による税財政施策が，あまりにも大企業優遇，富裕者尊重の「財界直結型」に偏向しているのをみるとき，その背景となっている根本的価値観の源泉を追求し，"諸悪の根源"を徹底して批判的に究明しなければならない。

⑸ 税制公正化への魂の覚醒を求めて

国の稼ぎ頭である大企業からあまり多くの税金を徴収しないような仕組みを構築し優遇する結果として，多くの国民に過重な負担をかける税制が実現することは危険な動向にある。そんな税制になったならば，日本の将来を危うくすると私は懸念している。

財界の圧力に屈した安倍首相が財界の要求どおり，法定総合税率を10％引き下げるためには，年間5兆円程度の財源が必要だとされてきた。財務省は代替財源探しに頭を悩ませ四苦八苦しているが，政府税調も知恵を出すことなく，結局は消費税のさらなる増税に加えて，国民にいろいろな負担を強いるような増収

策しかないと説明している。

　このままでは，国と国民を豊かにし幸せにするはずの富は海外のタックス・ヘイブンに流出し，大企業や大富豪に吸い上げられる一方である。

　そんな理不尽なことが許されてよいであろうか。民主国家の税制のあり方としては到底許されてはならないことである。

　税制公正化への魂の覚醒を求め，課税ベースの「妖怪化」を防ぎ，真に平和で文化の香り高く，世界から尊敬される素晴らしい活力ある企業社会と国の姿を構築していきたいのである。

第|11|章

政策の行き詰まりを偽装する
新アベノミクスの幻想

―破綻の危機に直面しており政策運営は正念場―

1　安倍政権は専守防衛に徹し非戦を国是として貫いてきた日本を変質させ憲法違反が濃厚な安全保障関連法の性急な成立を強行

―数の力による強行政治への懸念―

　安倍政権は，自衛隊は必要最小限の実力組織として合憲であるが，海外で武力を行使することはできないとしてきた，これまでの憲法第9条の論理体系の根幹を与党の数の力によって切り崩した。多くの憲法学者により「憲法に違反する」と言われ，廃案を訴える人々の抗議をよそに，憲法解釈を変更して集団的自衛権の行使に道を開き，安全保障関連法の成立を採決強行までして突き進んだ。

　もとより国の安全保障は極めて重要であり，真剣に取り組まなければならないことであるが，何と言っても安倍政権のやり方は，あまりにも強引であった。特に，国会審議における見るに堪えない紛糾については大きな失望感を禁じ得ない。多くの国民からの猛反発を招いていることは，けだし当然である。

　これまで国会で政府が一貫して説明してきた憲法解釈であっても，直近の選挙で多数を取れば「政策上の必要性」，「安全保障環境の変化」から変更できるとすれば，法規範としての国の最高法規である憲法の存在意義は失われてしまう。このようなことは，国民の権利や自由が国家権力によって恣意的に侵害され，立憲主義が破壊され，法定安定性の消滅の先例となり，危険極まりない。

　何よりも遺憾なことは，「日本の民主政治は，一体どうなってしまうのか」と，国民が政府に対し大きな不信感を持つことになる現象を招来してしまったことである。諸外国からも「日本は，どういう国になるのか」と警戒され，国際的信用を喪失する恐れもある。

　懸念される問題は，考えてもいなかった国を敵に回す危険性があることである。米国が「敵」とする相手は，全て日本の敵になり得る。テロの標的にもなりかねない。どこの国から経済制裁を受けても大変なことになる。それが，どうして日

本の安全と平和に役立つことになると言えるのであろうか。

これでは，むしろ日本の平和と安全に危機を呼び込む危険性を排除できない恐れがあるのではないか。過去にも国連平和維持活動（PKO）協力法を成立させた宮澤喜一政権が，2人の日本人の命がPKO活動中に奪われる事態を招来し，強い衝撃を受けたことがある。

安保関連法は成立の過程で，これまでにない各層の反対デモを生み出し，世論調査でも多数が早期成立に反対した。しかし，安倍首相は，「今はまだ国民の理解が進んでいないが，法案成立後，いずれ理解するようになる」と開き直っていた。

第2次安倍政権がスタートしてから，2013年は特定秘密保護法，2014年は解釈改憲閣議決定，2015年は安保法制とテーマを変えながら多くの反対を無視して強行政治が行われている。民意を納得させられない，いつまでも騒々しく安定しない政治に民心は嫌気が差している。

安保が済めば，「経済最優先」に転換する作戦をとり，「行き詰まったアベノミクス」を偽装するために目先を変えて国民の怒りを巧みに制してきている。

しかし，内実のない幻想と虚構の政策をスローガンだけを書き替え，看板の塗り替えをしただけでは成功することは期待できない。

2　集団的自衛権の行使を容認した安全保障関連法の内実は全て米国からの要望どおり

―外交的努力を怠っている政府の弱腰姿勢―

安倍首相は，この法律をつくることで「日米同盟を強化」したことになり"宿願"を果たしたと自画自賛している。たしかに，この法律は，米国の要望どおりに法制化したというのが真相である。

集団的自衛権の行使容認を含む安全保障関連法の内容は，この時より既に3年前に予想できていた。それは，米国の超党派の日本専門家が2012年にまとめた「アーミテージ・ナイ報告書」である。アーミテージ元国務副長官，ナイ元国務次官補らが共同執筆し，日本に安全保障関連法の制定を求めていた。

報告書は，日本に米国との同盟強化を迫り，日本が集団的自衛権を行使できないことを「日米同盟の障害」と明言していた。自衛隊の活動範囲の拡大を求め，中東・ホルムズ海峡での機雷掃海をはじめ，南シナ海での警戒監視活動の実施も要求し，国連平和維持活動（PKO）でも，離れた場所で襲撃された他国部隊などを武器を使って助ける「駆け付け警護」の任務追加の必要性を強調していた。

これらの要求事項の主要な方向性は，ほぼ今回の安全保障関連法に網羅され，米国の要望どおり全て法制化されたのである。

報告書はこのほかに，情報保全の向上や武器輸出三原則の見直し，原発の再稼働にも言及し，特定秘密保護法の制定，武器輸出の原則解禁，原発再稼働方針をも要求していた。安倍政権は 2012 年の発足以来，これらの多くの政策を実施してきたのである。

日米防衛協力のための指針（ガイドライン）の 18 年ぶりの改訂も行われ，安保法と「両輪」となった。ガイドラインは米国と自衛隊との関係を強め，米軍への支援を地球規模に拡大させた。安全保障関連法の成立によって，それを実行可能とした。

3 多くの国民の猛反発を誘発し内閣支持率が低落し政策実行の体力を消耗したので目先を変えて経済再生重視にシフトチェンジ
―あつかましい安倍政権の変身―

安倍政権は，理不尽で強引な政治手法により安全保障関連法の成立に突き進んだ結果，多くの国民の政権不信を増幅し，猛反発を招き内閣支持率を低落させ，政策実行の体力を相当程度に奪われた。

そこで，怒れる国民の目をそらすことを狙い，空気を変えて景気回復を最優先とする経済優先路線に回帰して，経済再生対策に精力を注入することとした。あたかも 60 年安保闘争後の高度成長の池田ドクトリンを再現することを夢見ているかのようであった。

総裁続投を機に，安倍首相周辺から「岸の孫は自ら池田首相の役割をも果たす」との虫のいい掛け声が上がっている

しかし，消費税の軽減税率の適用範囲の決定，中小企業の経理対応の難題など，増税時の低所得者への負担緩和策の導入の可否をめぐり，関係者の複雑な利害の対立がからみ，容易に解決策を捻出できない税制技術上の難題を抱えている。より根本的には，雲行きが怪しくなり懸念が深まっている時期に，景気に痛烈な打撃を与える消費税の再増税を可能とするまでに経済基盤を強化することができるか否かの問題に直面していたのである。

4 参議院選挙をにらみ政権の求心力回復を狙い看板を書き替えアベノミクスの第２ステージと称して「強い経済」「子育て支援」「社会保障」の「新３本の矢」を提示
―政策の手段か目標かが不明確―

　安倍晋三首相は，2015年9月24日，自民党総裁の再選を受けて党本部で記者会見をし，「アベノミクスは第２ステージ」に移り経済最優先の政権運営を進める考えを表明し，2020年に向けた経済成長の推進力となる「新３本の矢」を目標に掲げていることを発表した。

　この「新３本の矢」は，(1)希望を生み出す強い経済，(2)夢を紡ぐ子育て支援，(3)安心につながる社会保障，の３項目を挙げ，目指すは「一億総活躍社会」の実現であると大風呂敷を広げている。

　第１の強い経済については，「国内総生産（GDP）600兆円の達成を明確な目標として掲げたい」と表明している。達成時期は示さなかったが，2014年度に490兆円であった名目GDPを２割増やすために「生産性革命を大胆に進める」としている。大きな経済圏を世界に広げながら「投資や人材を日本に呼び込む」としている。

　第２の子育て支援では，これまでの1.4程度の出生率を「希望出生率1.8」まで回復させる目標を掲げた。子育てにかかる経済的負担を軽くするための幼児教育の無償化，結婚支援や不妊治療支援に取り組むとともに，多様な価値観に対応するために「教育制度の複雑化は不可欠だ」と指摘し，奨学金の拡充や，ひとり親家庭を支援し，子どもの貧困の問題に取り組むとしている。

　第３の社会保障については，制度の改革と充実を進めていくとし，「仕事と介護の両立は大きな課題だ」とし，家族らの介護のために退職せざるを得ない事態を改めて「介護離職ゼロ」にしたいとの目標を示している。生涯現役社会の構築を目指し，予防に重点化した医療制度へと改革を進める。

　働く意欲がある高齢者に多様な就業機会を提供するとし「豊富な経験や知恵を持つ人材が増えると捉えればチャンスだ」との考えを明らかにし，年金も含めた所得全体の底上げを図ることで，高齢者世帯の自立を支援していくとしている。

　安倍首相は，長年手つかずであった日本社会の構造的課題である「少子高齢化の問題に正面から挑戦したい」として，これから2020年に向けた「日本１億総活躍プラン」としてまとめ，「2050年度も人口１億人を維持する国家としての意思を明確にしたい」と語っている。

　憲法改正に関しては「現行憲法の基本的な考え方を維持するのは当然の前提と

588 ◆ 第4編 税制を極悪化する政権の政策運営

して，必要な改正は行うべきだ」と強調。当然，来年の参議院選挙でも公約に掲げる考え方を示しつつ，「大切なのは国民の理解が深まることだ」とも語った。

5 「旧3本の矢」の検証と総括もないままで実現への具体策と財源的裏付けを示さず幻想をふりまく「新3本の矢」への懸念
―あまりにも無責任な「猫の目政策」の偽装―

安倍首相が表明した「新3本の矢」は，実現のための具体策が全く示されていない。政権発足時に掲げた旧3本の矢の検証も総括もないままである。旧3本の矢が行き詰まるなかで，新しい矢で目先を変えた無責任な政策の恣意的な提示である。

まず，新第1の矢の「強い経済」の国内総生産（GDP）を600兆円にする目標は，具体的にどのようにして実現するかを示していない。首相が「経済最優先」を掲げるならば，高い目標を裏付ける成長戦略の中身を示す必要がある。しかし，新3本の矢には成長戦略という言葉はない。しいて言えば，1本目の「希望を生み出す強い経済」の説明にある「生産性革命」と「投資や人材を日本に呼び込む」と語ったことが，そこに入るのであろうが，それ以上の説明はない。

安倍首相は「強い経済」の象徴として，2014年度で名目490兆円であったGDPを2020年度に600兆円にすることを目標に掲げた。財政健全化のために，これまで示してきた経済成長シナリオのGDP値でもある。政権が掲げる「名目3％，実質2％以上の高成長率」の楽観的ケースが続けば，2020年度に594兆円，21年度に616兆円に達する，という内閣府の試算に基づくものである（［図表3－4－6］を参照）。

ところが，第2次安倍政権の発足後，2013年度の実質成長率は2.1％，2014年度は4月からの5％から8％へのアップの消費税増税による駆け込み需要の反動で1.2％押し下げられてマイナス0.9％，2015年度は1.5％の見通しであった。しかし，消費低迷で2015年4～6月期の実質GDPが3期ぶりに減少し，年換算でマイナス1.5％が見込まれ，7～9月期もマイナスで，2四半期続けてマイナスになっている。こんな事態で旧プランの行き詰まりが鮮明となるなか，突如として打ち出されたのが「新3本の矢」である。

高成長を前提としているが，肝心の経済政策の具体的手法について説明は乏しく，実現の可能性は低いものとみざるを得ない。アベノミクスが描いているのは，企業が儲かれば従業員の賃金が上がり，消費も増え，また企業が儲かるという「好循環」の輪を大きくするというシナリオであったが実現したとは言えず，逆に副

〔図表3-4-6〕 当時の名目 GDP の状況と新3本の矢の目標
　　　　　　—2014年度の490兆円を2020年度に600兆円にも—

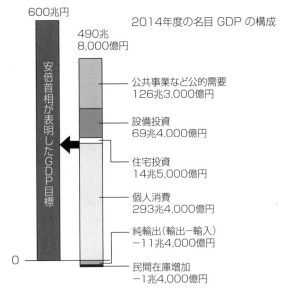

（注）1. 内閣府の試算に基づき作図している。
　　　2. 100億円単位で四捨五入している。

作用ばかりが目立っている。

　具体的な目標として打ち出した「子育て支援」「介護支援」などは，真に経済成長の起爆剤となるかは未知数であった。海外景気も中国経済の変調などで不透明感が増しており，GDP600兆円目標は羊頭狗肉の危うさを孕んでいる。

　新第2の矢の「子育て支援」では，保育園に入れない待機児童をゼロにすることや，幼児教育の無償化の拡大，3世代同居や多子世帯への重点的支援などを表明し「子育てに優しい社会を作り上げていく」「少子化の流れに終止符を打つことができる」と謳い上げている。

　これらの実施には継続的な財源が要る。しかし，どのくらい必要で，どこから捻出するか全く説明がない。財源が確保できないなら希望出生率を1.8まで回復できるとした根拠が揺らぐことになる。

　新第3の矢の「社会保障」に掲げた「介護離職ゼロ」にも生煮えの感が強い。介護施設の整備を進める方針を示したのであるが，やはり財源が必要である。

訪問介護を増やすにも人手が足りない。厚生労働省の試算では2025年に38万人の介護職員不足が見込まれる。仕事と介護が両立できるよう，働く時間や場所を限定する「限定正社員」など，働き方の改革を後押しする政策の強化が欠かせない。

岩盤規制の改革など旧第3の矢の成長戦略への市場関係者の期待は大きいのであるが，これまで，さっぱり実効性がみられず期待はずれになっており，新3本の矢からは消えてしまっている。

問題は，旧3本の矢について総括と検証が不十分なままで，新3本の矢を持ち出して「幻想をふりまく」だけでは全く説得力がないことである。これでは，これまでの政策の行き詰まりに対する国民の批判の目をそらすための絵空ごとだと断じざるを得ない。

第|12|章

大企業の収益拡大頼りの成長戦略は破綻
―掛け声どおりに進まないアベノミクス―

1 夢物語のような「一億総活躍社会」プランの実現性は至難であることについて懸念
―大風呂敷で中身は空洞化―

安倍首相は，2015年9月25日の記者会見で「一億総活躍社会」の実現に向けて担当閣僚の新設を表明し，「政治主導で働き方を変えることで少子化を食い止め，人口減による労働力不足を補って，国の活力を維持する」ことを強調した。政府関係者は「誰もが家庭や職場で活躍できる社会が目標だ」と指摘し，省庁にまたがる政策を総動員する構えであった。

2014年，日本の人口は前年に比べ27万人減少した。このままでは2040年以降は，毎年100万人が消えていくとみられている。日本の人口は現在，1億2,600万人であるが，いまの1.42程度の出生率がこのまま続くと，今世紀末には5,000万人に縮小する。それは100年前の規模とほぼ等しい。しかも，それが明治時代のように若者が満ち溢れていた国ではなく，高齢化率が40％にも達する，世界で最も老いた国となる。

しかも，このまま人口が減り続け，生産性も向上しない場合，2040年以降，年平均マイナス0.1％程度の低成長に陥るとの試算もある。

日本再建イニシアティブの調査・報告書『人口蒸発「5,000万人国家」日本の衝撃』（新潮社）は，このような深刻な状態になりつつある日本の人口問題を「日本史上最大の危機」と位置づけている。同報告書は，「緩和」と「適応」の両面から思い切った手を打つことで，最低8,000万人の人口を維持すべきであると主張し，海外から年間15万人の人材の取り込みを含む，多岐にわたる政策提言を行っている。

やはり人口は国力であり国勢なのである。たしかに，日本がこのまま急激な人口減少を放置した場合には日本の世界における地位とパワーを低減させていく恐

れは強いであろう。このことにつき，次のように論じられている[1]。

　第1に，日本は「1億人国家」の地位から降りることになるであろう。1950年，「1億人国家」は中国，インド，米国，ソ連の4か国であった。現在，それは日本を含む11か国である。2050年には，それは18か国に増えるであろうが，日本はそれから外れる。

　第2に，日本がアジアの中での人口7大国に留まることができるかどうか怪しくなる。おそらく，このアジアで人口G7のテーブルを囲むのは，インド，中国，インドネシア，パキスタン，バングラデシュ，フィリピン，ベトナムであり，日本はこのパーティに招かれない可能性が強い。

　第3に，少子高齢化社会は，社会保障面での既得権を保持することに関心が向かうと同時に，戦死・戦傷と戦争への忌避感が強くなるため，その国のパワー投影にはマイナスに働く。中国の海洋での挑戦にもかかわらず，日本の安保法制に対する世論の強い反発には，安全保障より社会保障を求める高齢者の抵抗がその芯にあるとみることもできるかもしれない。

　そして，最後に，このような「少子高齢平和主義」の日本は，米国にとって魅力のある同盟国とみなされなくなるリスクがある，とまでも指摘されている。

　安倍首相が意欲的に志向する「一億総活躍社会」は，その前提として，欲しい子どもの数をもとに算出する「希望出生率1.8」の実現を掲げている。問題は首相が言及した幼児教育の無償化の拡充が，自民党が2014年12月の衆議院選挙の選挙公約でも掲げたが財源の見通しが立たず，2015年度からの実施が見送られた経緯があったことである。たしかに50年後も「人口1億人国家」であることは望ましいことではあるが，人口問題の深刻な実態を考察する限り，余程の施策を講じない限り至難なことであり「夢物語」であると言わなければならない。

2　アベノミクスが描いた大企業の収益拡大を頼りにした「好循環」のシナリオは，肝心の「成長戦略」の空洞化で破綻し副作用で格差拡大だけを増幅
―行き詰まり事実上破綻した政策運営―

　安倍政権の経済政策アベノミクスが描いたのは，企業が儲かれば従業員の賃金が上がり，消費も増え，また企業が儲かるという「好循環」のシナリオであった。

---

1)　船橋洋一「新世界地政学―少子高齢平和主義」月刊『文藝春秋』第93巻第10号，2015年9月号，228-229頁。

「旧第1の矢」で日銀が大量のお金を準備し，「旧第2の矢」で政府が公共事業などを発注して民間の仕事を増やすのである。「旧第3の矢」は，規制緩和で企業がいろいろな仕事に手を出しやすいようにし，資金需要が増えてお金の流れが活発になる。これにより「好循環」を実現させようとしてきた。

しかし，目指す「好循環」シナリオは実現したとは言えずに，逆に副作用ばかりが目立っている。

まず，「旧第1の矢」で日銀が世の中により多くのお金を流そうとした。ところが，企業は製造拠点を海外に移すなどしていたため，必要とする資金需要は伸びないで銀行の貸し出しは増えていない。ところが，一方で円安と株高は，海外に子会社のある大企業の利益をかさ上げし，株式などを持つ富裕層の資産を増やし，持てる者をさらに富ませた。

次いで，「旧第2の矢」で「10年間で200兆円」とぶち上げた目玉の目標は，財政難のため看板倒れになった。円安と相まって資材価格の高騰を招き公共事業の入札が不調に終わるケースも相次いだ。有効求人倍率など雇用環境に一定の改善はあったが，労働環境は悪化し低賃金の非正規雇用の割合が増加してしまっている。

最後の「旧第3の矢」では，成長戦略の名のもとに労働者派遣法の改正を断行したが，非正規雇用を増やしかねない労働条件の悪化を招来している「改悪」だとの指摘もある。

円安で輸入品価格が上昇したが，賃金は追いついていない。逆に，体力のある大企業や富裕層がさらに富み，持たざる非正規雇用者は増えるばかりという格差拡大がもたらされている。

3　景気の先行きに不安で景況感が悪化し「お金が回らず目詰まり」を起こして破綻の危機に瀕しているアベノミクス
―長期大不況の到来を懸念―

これまで安倍政権は，過去最高水準の企業収益を背景に，設備投資を内需拡大の"切り札"として期待をかけて経済界に要請してきた。しかし，経済界の動きは慎重である

もともと設備投資は，民間同士の取引で成り立ち，企業の経営において中長期的視野に立った重要な戦略的判断を要するものであり，政府が介入するのは異例のことである。巨額の内部留保を蓄積しながら好業績にもかかわらず設備投資が低調なのは，需要の拡大が期待できないとともに，経済の先行きが不透明で景気

594 ◆ 第4編 税制を極悪化する政権の政策運営

〔図表3－4－7〕2015年9月短観の大企業の景況感
―大企業も景気の先行きに不安を感じている―

主要な項目	前回		今 回		先行き
汎用機械（産業用モーターなど）	23	↘	14	↘	12
生産用機械（建設用ショベルなど）	37	↘	32	↘	17
業務用機械（測量器具など）	22	↘	16	↘	14
電気機械（家電製品など）	19	↘	12	↘	9
中国などからの訪日客で好調					
小売り（百貨店など）	22	↗	25	↘	19
宿泊・飲食サービス	26	↗	31	↘	15
資源安が業績に悪影響					
化学（プラスチックなど）	15	↘	14	↘	11
石油・石炭製品	0	↘	−11	↗	0
景 況 感	大企業・製造業の指数はプラス12と3四半期ぶりに悪化。大企業・非製造業は4四半期連続で改善して1991年11月以来の高水準。中小企業は製造業が横ばい，非製造業が小幅に悪化				
設備投資	大企業・製造業の2015年度計画は前年度比18.7％増で高水準を維持。非製造業も2.4ポイント上方修正され7.2％増に				
価　格	原油安の影響を受け，大企業，中小企業ともに仕入れ価格判断で下落圧力が強まる。販売価格判断も下落方向				
雇　用	全規模・全産業ベースで人手不足感が強まる。先行きもさらに不足方向				

　の腰折れを警戒する懸念があるからである。

　2015年10月1日に発表された9月の全国企業短期観測調査（短観）は，大企業の汎用機械が9ポイント，電気機械が7ポイント悪化するなど，大企業製造業を中心に景気の先行きに対する企業の不安感を浮き彫りにした（[**図表3－3－7**]を参照）。夏場以降は景気の変調をうかがわせる経済指標も相次いでいる。

　2015年8月の全国消費者物価指数は，2年4か月ぶりに前年比で下落した。8月の鉱工業生産指数も，2か月連続で前月を下回った。2万円台で推移していた日経平均株価は8月下旬から下落傾向に歯止めがかからず，9月末には1万7,000円台を割り込む場面もあった。

　大企業・非製造業の業況判断が，約24年ぶりの高水準となったが，3か月後の先行きでは6ポイントの悪化の見通しであった。

　法人企業統計によると，企業が保有する現金や預金の額は安倍政権が発足した

第 12 章　大企業の収益拡大頼りの成長戦略は破綻　◆　*595*

2012 年 10 ～ 12 月期に比べ 2 割増えたが，人件費は 6 ％減少している。このまま企業がお金を使わなければ，安倍政権が描く好循環シナリオは破綻せざるを得ないことになる。

　日銀の大規模な金融緩和で円安が進み，輸出産業を中心に業績は大幅に回復した。しかし，輸入原材料費は膨張するとともに，身の回りの日用品や食料品は値上がりが目立つが，賃上げのスピードは依然として追いついていない。企業が，お金をため込む一方で，賃上げは実現しないため家計の負担は増えるばかりで生活防衛に追いやっている。

　お金が回らずに目詰まりを起こしているのがアベノミクスの実態である。家計や中小企業にその恩恵が達しないまま，安倍政権は新 3 本の矢を打ち出し第 2 ステージに逃げ込もうとしている。

　新 3 本の矢は具体性がなく，実行への手順も示されず，単なるスローガンではないか，との批判に対し，それらは「矢」ではなく「的」であり「目標」である，と説明の仕方を変えているが，実効性の乏しい幻想であることには変わりなく，政治的な欺瞞であると断じざるを得ない。

　特に，新 3 本の矢に盛られた GDP 600 兆円目標は，過去 20 年以上，実現したことのない 3 ％成長が前提となっている。これでは無理に成長率を引き上げようと景気対策が乱発され，金融緩和頼みが一層強まる恐れがある。財政再建などのつらい課題から目をそむけ，正常化を先送りにするばかりか，果てしない放漫財政に走り込む危険さえ予想される。

　最大の危惧は，何としても景気回復を図り経済を成長軌道に乗せなければならない安倍政権が，経済界からの圧力をも背景に，アイデアのない成長戦略のせめてもの目玉として，実効性がなく理不尽が極まる法人税率の再引き下げをさらに進めようとしていることである。

第5編

世界税金戦争で危機にある企業課税

第13章　燃え上がる世界税金戦争の炎：「企業と国家」の闘いと「国家と国家」の税の奪い合い

 1 多国籍企業の課税逃れと闘う国家の課税権の苦悩：国境をまたぐ逞ましい節税戦略から課税逃れにシフト

 2 日米税金戦争で米国に奪われる日本の税金：国家間での税の奪い合いの悲劇

第14章　トランプ大統領の登場で激化する世界税金戦争：アメリカの「タックス・ヘイブン化」宣言

 1 トランプ大統領の誕生で「反グローバリズム」の潮流が激化し閉鎖的なナショナリズムが台頭：「自国利益最優先主義」で世界は「経済侵略戦争」に突入

 2 トランプ税制改正で世界税金戦争が再燃し国際課税の潮流に新たな変化：米国の連邦法人所得税の大減税の衝撃

第15章　ハイブリッドでマトリックス的な世界税金戦争の基本構図：現在の世界が直面している深刻で複雑な難題

 1 グローバル経済における世界税金戦争の多面的複合的展開の構造分析：各国の国家主権とグローバル企業が入り乱れての世界大動乱

 2 国家主権の課税権の行使による無国籍化企業の課税逃れの取締り：「根なし草化」した企業の暴走との対決

 3 国家の本質と国家主権の最たる課税権の行使とその限界：租税高権の特質と課税管轄権

 4 国際課税システムを脅かす多国籍企業のグローバルな課税逃れの横行：限りなき「無国籍化」による国家主権への挑戦

 5 国家主権とグローバル企業の課税権の行使をめぐる闘い：強欲強力資本の租税極小化行動との相克

第16章　経済侵略戦争の武器としての「法人税率引き下げ競争」で企業課税の空洞化：政府が企業と一体となった反グローバリズムの「新重商主義」的動向が進行

 1 企業の国際競争力の強化と自国のマーケットの拡大化を目指す「有害な税の競争」による企業課税の弱体化：企業帝国主義による経済侵略戦争の展開

 2 世界各国が狂走する法人税率の引き下げ競争：このままでは限りなく「ゼロ」に近づくのではないか

 3 稼ぎ頭から税を取らないで財源喪失と税収構造の悪化を招く「地獄への途」

第13章
燃え上がる世界税金戦争の炎
―「企業と国家」の闘いと「国家と国家」の税の奪い合い―

1 多国籍企業の課税逃れと闘う国家の課税権の苦悩
―国境をまたぐ逞ましい節税戦略から課税逃れにシフト―

(1) 経済のグローバル化の加速に伴う企業の無国籍化

　いま，財政赤字にあえぐ各国政府は，課税強化に動き，無国籍化した多国籍企業の「課税逃れ」をどう防ぐか，グローバル経済を牽引する情報（IT）企業などが各国間の税制の相違によるギャップや複雑な税制の抜け穴を利用して巨額な税金を免れているのをどう追及するかに知恵をしぼっている。特に，金融危機以降，ますます拡大する財政赤字を抱えて税収確保に悩む各国にとって問題は深刻である。

　日本を含めて先進各国が税収確保が困難な状況に陥っているのは，一定水準のコンプライアンスと企業倫理を前提に組み立てられた税制において，無国籍化したグローバル巨大企業が，世界規模で追求する「ゼロタックス化」（租税極小化）戦略に対抗する適切な防御措置がないためである。

　問題の根源となる背景には，経済のグローバリゼーションの進展に伴い必然的に企業の本性と構造が変貌し，「無国籍化」していることがある。企業が成長すれば，国民に雇用の機会を与え，働く人たちの給与も上がり，国民の生活も豊かになり，国の税収も増えて国民経済が繁栄するという，少し前までは信じられてきた「論理」は，グローバル時代には通用しなくなっているということである。

(2) 英国下院決算委員会でグーグルの節税手法を「課税を逃れるためのまやかしだ」と追及

　英国の下院決算委員会で，米国グーグル社の欧州幹部に議員が詰め寄った。委員会は，内部告発を基に収入源のネット広告について「交渉から契約まで英国の子会社が行なっている」と指摘し，英国での売上げが2011年は41億ポンド（約6,300億円）に上がったのに，英国への納税額が僅か600万ポンドにとどまった理由を追及した。

幹部は「企業と契約する権限は，欧州などを管轄するアイルランドの事業会社にある」と説明し，英国の子会社は販売業務を代行しているに過ぎないと主張したが，委員長は，これに対し「非倫理的だ」と非難した。

からくりの舞台は，アイルランドにある。首都ダブリンの港湾に近いオフィス街にグーグルのグループ会社が僅か約500メートルの間に2つある。A社はカジュアルな服装の技術者が行き交ういつものグーグルであるが，もう1つの会社Bは登記だけで，登記上の住所には弁護士事務所があるだけである。

そのうえ，複雑な仕組みをとりアイルランドにつくった2つの関連会社の間に，実体のないオランダの関連会社を介在させてライセンスを譲渡する。対価である特許使用料の支払いも，直接でなくオランダの関連会社を迂回させている。それはアイルランドとオランダの取り決めで，支払いは非課税になっているからである。

さらに，関連会社を管理する会社をタックス・ヘイブン（租税回避地）である英領バミューダに置くことで，アイルランドの非居住者とみなされ法人税も免除される。

アイルランドの法人税率は12.5％で英国のほぼ半分で，経済協力開発機構（OECD）34か国では最も低い。グーグルの収入の大半は開発した技術の特許使用料であり，ネット広告がクリックされるごとに特許の使用料収入も増えてくる。

特許のライセンスをアイルランドに移したのが節税戦略のキーポイントである。しかも，収入を税率の低いアイルランドから，さらにタックス・ヘイブンに移転させ，グーグルは利益の一部を合法的にバミューダに逃しているのである（[図表3-5-1]を参照）。

(3) 米国上院国土安全保障政府活動委員会でアップル社の最高経営責任者が証言

もともと節税回路を考え出したのは米国のアップル社であるとされている。米国議会がまとめた報告書によると，iPhone の爆発的ヒットで稼いだ1,000億ドル（10兆円）以上の資金をアイルランドの子会社を利用して隠しているという。

議会証言に立ったアップル社のティム・クック最高経営責任者は「税金から逃れる小細工は一切していない」と語ったが，国外で稼いだ資金を米国に戻そうとすると税率が高すぎるとも主張していた。

〔図表3-5-1〕グーグルのゼロタックス・スキームのイメージ
―多様な節税手法を複合的に組み合わせた節税手法―

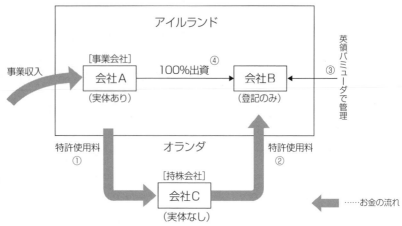

（注） グーグルが採用した「ゼロタックス・スキーム」のポイントは，次のようである。
1．アイルランド事業会社Aの支払利子や支払使用料による損金計上によって所在地国の法人税のゼロ化ができる（①で表示）。
2．「導管国」（オランダ）の中間持株会社Cの介在により，これらの受取段階の非課税化ができる（②で表示）。
3．無形資産保有会社・金融会社であるアイルランド第二会社B（本店所在地国ベースではアイルランド法人であるが，アイルランドの実質管理支配地基準ではバミューダ法人）等へ支払う段階でEU指令（EU Directives）や租税条約の特典の利用によりゼロタックス化ができる（③で表示）。
4．米国は会社A→会社Bのお金の流れを法人間ではなく，本店と支店のやりとりとみなして課税しない（④で表示）。
5．このスキームにおける各ステップ取引は，事業会社の所在地国，導管国，これを経由する支払先のEU加盟国やタックス・ヘイブンでは合法的なものとされる。しかし，これらの外国事業体が日本法人の関連会社である場合に，それぞれが是認されるかは現行法の解釈が明確ではない。
　このようなケースについて，たとえ各ステップ取引が現地法のもとで合法的であっても，全体としてみれば国際的租税回避スキームに当たるとして是認しない政策をとるのであれば，その運用を課税当局の判断に委ねることなく，立法により措置すべきである。

(4) ますます拡大する国境をまたぐ節税スキームの展開

　巨額の課税逃れが指摘された多国籍企業は，この2社にとどまらない。米国のマイクロソフトも同様の仕組みを利用しているといわれる。
　IT企業が目立つのは，ソフトをダウンロードしたりする際の知的財産権の使

用料をライセンスの譲渡などで低税率国の子会社に簡単に移し替えられるからである。現在のデジタル経済に税制が追いついていないといえる。

程度の差こそあれ，多くの企業が税率の低い国や地域に利益を集め，世界的スケールで税負担が軽くなるタックス・プランニングの巧拙を競っている。

例えば，利益への知的財産権の寄与度が高い製薬業についてみると，米国のファイザーや，スイスのノバルティスの実効税率は，ほぼ10％台である。

(5) 日本の大企業の実効税負担率も著しく低い

グローバル化とともに，企業は各国の税制における課税ベースの測定ルールや税率の差異を利用して，税負担を軽くすることに英知を傾けている。

日本企業では，前述のグーグルやアップルほどには，タックス・ヘイブンに資産を移す露骨な「課税逃れ」が本格的に行われていないともみられているが，それでも実効税負担率が20％台の企業が続出している。税率が低い国や地域への進出が増えているからである（[図表3-5-2]を参照）。

2　日米税金戦争で米国に奪われる日本の税金
―国家間での税の奪い合いの悲劇―
(1) クリントン大統領の誕生で日米税金摩擦は一段と激化

「燃え上がる世界税金戦争の炎」として前述のように企業と国家の争い，つまり国家の租税高権への企業の挑戦という場面とともに，他面においては多国籍企業をめぐり国家と国家，つまり各国間における税金の奪い合いという争いがある。

ここで取り上げるのは，米国の外国企業への課税の強化であり，しかも，その徴税ターゲットが日本である。主題は，1980年代後半の第一次日米税金戦争に続く，90年代前半の第二次税金戦争である。

米国は新たに立法措置や行政措置により在米外資系会社への増税と徴税強化を進めていた。そこで，私は，「日米租税摩擦の終息を願うクリントン大統領閣下への手紙」を公開論文として公表した[1]。

(2) 日米租税摩擦の終息を願うクリントン大統領閣下への手紙

太平洋を挟んだ2つの大国，日本と米国との間に経済摩擦が生じて久しく，貿

---

1)　Yukio Tomioka, Taxing Concerns, Unfair system for foreign firms in U.S. detrimental to international tax order. BY THE WAY,Vol.4 No.2 Mar./Apr.1994.pp32-36.

〔図表3-5-2〕海外・国内の主要企業の法人の実効税負担率
　　　　　　―日本企業の税負担は急速に低下している―

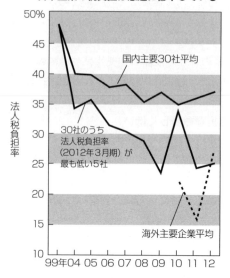

（注）
1．海外主要企業は，2010年が24社，2011年が23社，2012年が21社である。
2．法人の実効税負担率が最も低い国内企業5社は，日産自動車，京セラ，HOYA，住友金属鉱山，住友商事である。
3．著者が月刊『文藝春秋』2012年5月号に発表した「真実実効税率」が著しく低い企業は，次のとおりである（2008年3月期について試算）。

会社名	実効税負担率
HOYA	15.3%
トヨタ紡織	20.9
日本電産	24.7
パナソニック	26.3
デンソー	27.5
住友金属鉱山	28.5
アドバンテスト	29.3
コニカミノルタ	30.3
旭化成	33.2
日立建機	33.4
住友化学	34.4

易の不均衡に始まった摩擦は，金融，さらには租税の分野にまで及んでいた。

これは財政と貿易という双子の赤字を解消できない米国の苦悩の現れでもあった。慢性的な税収不足に対処するため，ブッシュ（父）前大統領は選挙時の公約を破ってまで増税に踏み切らざるを得なかった。

クリントン大統領は大統領選挙期間中から，在米外国企業の収入はこの 10 年間に急増したが納税額は逆に減っているとし，外国企業への課税強化で，今後の 4 年間で 450 億ドルの増収を見込める旨の発言をしていた。実は，その徴税強化のターゲットこそ日本企業なのであった。

「外資系企業の米国内における資産は 1988 年末で 1 兆 8,000 億ドルに達し，10 年間で 3 倍となった。ところが，米国内での外資系企業の納税額は，ほとんど変化していない」

日本の国税庁に当たる米国内国歳入庁（IRS）のゴールドバーク元長官が，長官時代（1990 年）に議会の公聴会でこのように証言していた。同氏は日本に対して強硬なスタンスを持っており，「日本企業は愛国心が旺盛で，自国である日本に税金を払いたがっている」といい，その反動として米国にはあまり払わないのだと非難してきた。

さらに，その後のピーターソン長官は，1992 年 4 月に下院歳入委員会で外国系企業の過少申告を，データを挙げて証言していた。

⑶　IRS の徴税攻勢に怯える在米日系企業の苦悩

日本企業への課税強化そのものは，その時に始まったことではない。1980 年代後半には"第一次日米税金戦争"が勃発している。1987 年にはトヨタ，日産が，日本の国と地方から 2 社合計で約 1,500 億円もの還付を受け，それを米国の IRS に納付するという事態が起きている。

その遠因は 1970 年代末に米国財務省が，トヨタ，日産，ホンダの自動車メーカーの在米現地法人にダンピング法の適用を図ったことにあった。

そこで，この 3 社は疑惑否定のために，しかるべき資料を財務省に提出し，やがてダンピングの疑いは晴れた。ところが，それらの資料は，いつの間にか財務省の関税局から IRS に回り，今度は内国歳入法（IRC）第 482 条が規定している移転価格税制の適用を受けることとなったのである。

つまり，在米日系法人の親会社からの仕入れ価格が不当に高すぎると論難され，トヨタ，日産は米国内の現地子会社に対して適正ではない割高価格で製品を卸し，在米法人の得べかりし利益を圧縮して米国での法人税の支払いを免れていると認

定したのである。

　そして，また，日本企業の在米現地子会社は，IRS の苛烈な徴税攻勢の嵐にさらされたのである。まさに，"第二次日米税金戦争"の炎が燃え盛り，自動車，家電，コンピューター，音響，機械メーカー，総合商社，都市銀行，信託銀行などが軒並みに攻勢を受けていた。

⑷　米国の徴税攻勢で奪われる日本の税金——被害を受けた日本企業群

　当時，米国 IRS の徴税攻勢のターゲットとなった日本企業は，前述のトヨタ，日産，ホンダをはじめ，ヤマハ発動機，富士通，東芝，日本電気，日立製作所，ソニー，パイオニアである。総合商社では，三井物産，丸紅，日商岩井，ニチメンである。

　徴税攻勢の洗礼を受けた銀行は，都市銀行では，第一勧業銀行，住友銀行，富士銀行，さくら銀行，三菱銀行，三和銀行，東海銀行，東京銀行，大和銀行，ほかに，日本興業銀行，日本長期信用銀行がある。信託銀行では，三菱信託銀行，住友信託銀行，三井信託銀行，安田信託銀行，中央信託銀行，東洋信託銀行など，名だたる日本の大銀行が軒並みずらりと標的にされていた。

　銀行のように在米支店の場合は，IRS により更正処分されても日本からの還付問題はないが，外国税額控除によってアメリカで支払った分だけ日本での納税額が少なくなり，当然ながら，その分だけ日本の税収が減ってしまう。

⑸　アメリカによる国際秩序を破壊する暴挙は止めてほしい

　私は，米国の最高責任者であるクリントン大統領に強く訴えたのである。

　クリントン政権は日本を真のパートナーとして，また日本人を尊敬する政策樹立の前提として，日本の市場開放の不十分さの問題点を指摘してきている。

　自由貿易を基調とし，自由経済を国是としている日本も，市場開放にはいっそうの努力を尽くさなければならない。まさに，日本と米国は，世界における大国として相互に信頼し尊敬し得るベストな関係を構築すべきである。

　そのためには，米国内にある日系企業に対する，いわれなき理不尽な徴税攻勢を直ちに止めるべきである。米国に進出している日系企業は，そのほとんどが日本の代表的な企業であり，日米経済の基盤を支えており，米国各地においての雇用創出にも大いに貢献している。

　これらの企業が，IRS の不当な徴税攻勢を受けたり，米国議会が租税条約に抵触し，蹂躙する立法政策をとろうとしていることを警戒し，米国への進出をため

らい, さらには撤退を考えざるを得ない事態を招くことは, まさに国際社会にとって重大事である。

(6) クリントン大統領と米国政府に要望したいこと

世界中で, 米国だけは自分の常識が世界の常識と考えているのではないかと思われてならないのである。そこで, 次のことをクリントン大統領および米国政府に対して要望したのである。

① 善意の納税者が, 外国間で税制上の統一基準ができないために理不尽な課税権の行使に苦悩していることは, 国際秩序の形成からもはなはだ重大であり, 民主的な税務行政という視点からも放置できない問題である。

② 租税条約の相手側の対応を全く無視して, 米国独自のやり方を強行することは, 国際的な二重課税の危険を生ぜしめることとなり, 企業は不当な課税の被害を受け, やがて自由経済社会を崩壊に導く恐れがある。

③ 政治的な配慮から安易な政策として, 米国内にある外資系企業, とくに日系子会社に対し集中的な徴税強化に出ているのであれば, いわれなき日本叩きであり, 実に遺憾なことである。

④ 世界のリーダー国である米国が在米外資系企業に対し, 国際課税のルールに反して国際課税原則を歪曲する独善的な立法と行政を強行し続けるならば, 先進国・開発途上国を含めて, 恣意的な課税権行使の競合や交錯が続出してしまうであろう。その結果, いま世界に築き上げられつつある国際課税の秩序を破壊してしまう危険性が生ずる。

⑤ 利益の有無にかかわらず認定課税をすることになる問題の多いCPM法の適用を強要することは国際課税秩序の崩壊を招く恐れがある。この際, 米国政府に自重を促し, CPM法を即刻撤廃することを求めたい。クリントン大統領は, ブッシュ前政権下での誤れる対日租税政策の徹底点検を為し, まさに新政権の政策の基調としている, いわゆる「変化」(チェンジ) をこそ実現されたい。

⑥ 国際社会秩序の円満な形成と国際経済の健全な発展, ひいては世界人類の平和と繁栄のためには国際的な税制の統一基準作りと, 相互に良識のある行政執行の前進こそが不可欠である。

⑦ いま最も求められているものは, 米国が自己の財政上の利益のみにとらわれて, このようにかたくなな自我の主張を強行することが, すでに国際社会で確かな潮流となっている国内税法の国際化や, その推進力である国際協調

にとって，最大の妨げになっているのだ，という現状認識を米国自身がすることである。

⑧　いまこそ日米間の文化的英知を傾け，企業国際化時代，ボーダレス・ワールドでのニュータイプの戦争である「日米税金争奪戦争」を終息させるため，その組織的対応を政府も企業も，政治家も学者も，一致協力して行うことである。

第|14|章

トランプ大統領の登場で激化する
世界税金戦争
―アメリカの「タックス・ヘイブン化」宣言―

1 トランプ大統領の誕生で「反グローバリズム」の潮流が激化し閉鎖的なナショナリズムが台頭
―「自国利益最優先主義」で世界は「経済侵略戦争」に突入―
⑴ 「米国第一主義」を掲げるトランプ大統領は米国外に移転した企業の製品には「高い『国境税』をかける」と威嚇

　米製造業の復活と雇用創出を掲げるトランプ大統領は，ツイッターを使って国内外の自動車メーカー大手に相次いで圧力をかけた。米国外の新工場の建設中止や，米国への新たな投資を引き出すことで，支持者からの人気を維持しようとの思惑がうかがえる。一国の大統領が個別企業を名指しで経営判断の介入をすることは極めて異例のことである。

　しかし，名指しで批判された企業は「新大統領の機嫌を損えば，どんな意趣返しをされるか分からない」と考えて速やかに対応をし，米国への貢献度合を訴えるアピール競争が企業の間で広がっている。まことに「自国利益優先主義」の露骨な狂気の暴走である。

　トヨタ自動車へのトランプ警告は，次のようである。

〔図表3-5-3〕トランプ氏のツイッターによるトヨタ自動に対する警告
―メキシコの新工場建設など「NO WAY!」だと脅している―

Donald J.Trump
Toyota Motor said will build a new plant in Baja, Mexico, to build Corolla cars for U.S, NO WAY! Build plant in U.S. or pay big border tax.
　トランプ氏のトヨタ自動車に対するツイッターでの投稿（1月5日・全文）
　「トヨタ自動車は米国向けのカローラを生産するため，メキシコ・バハ（原文ママ）に新工場を建設すると言っている。あり得ない！　米国に工場を建設しないなら，巨額の「国境税」を支払え」

608 ◆ 第5編 世界税金戦争で危機にある企業課税

　トヨタは，メキシコで進める新工場の建設をトランプ氏に，「とんでもない，米国に工場を造るか，「巨額の「国境税」（big border tax）」を払うかどちらかだ，と脅されたのである。

　トヨタ自動車の豊田章男社長は，1月9日，米デトロイトで開催された世界最大級の自動車展示会「北米国際自動車ショー」で，米国内で今後5年間で100億ドル（約1兆1,600億円）の投資をすることを表明した。それとともに「米国には13万6,000人の仲間（従業員）がいる」，「トヨタは米国で30年以上にわたり2,500万台以上の車を生産してきた」と，これまでの実績を身ぶりを交えて強調した。

　ホンダと日産自動車もトヨタに負けじと，米国での生産増加や，これまでの実績を訴えた。

　他方，トランプ氏に，いち早く批判の矛先を向けられたフォード・モーターやゼネラル・モーター（GM）の米大手は，新政権と協力して経営を進めていく考えを表明している。

(2)　個別企業の経営介入の威嚇による成果を「自画自賛」している傲慢なトランプ大統領の発言

　トランプ大統領は，1月11日，就任前に行われた初の記者会見の「冒頭発言」で，次のように高言していた。

　「この数週間に我々は多くの朗報をもたらした。今後数週間に中西部での工場建設など大きなニュースが発表される。すでに昨日はフィアット・クライスラー・オートモービルズが大規模な工場を米国内に建設すると発表した。フォードもメキシコの10億ドル（約1,150億円）規模の工場建設を取りやめ，ミシガンで既存工場を大幅に拡大する。ゼネラル・モーターズも追随すると期待している。多くの企業が同様な対応をすると思う。

　アリババ集団のジャック・マー氏が訪問してくれることになった。私が大統領選で勝たなかったら，こうした企業のトップが訪問することもなく，他の国でビジネスをすることになっていただろう。

　これまでなかったような熱気が今，経済にみなぎっている。雇用創出のための努力を惜しまない。私は最も多くの雇用を創出する大統領になる。そのためには幸運や他の要素も必要だが，本物の雇用創出のために努力する。今のところ私がやってきたことは上出来だと思う。」

　まことに自慢げに自信たっぷりに演説をしていた。米国には，異色な大統領が出現したことはたしかであるが，まさに反グローバリズムによる自国利益最優先

主義の独善的なナショナリズムの台頭の典型といえる。

⑶ 「反グローバリズム」のもとでの閉鎖的ナショナリズムによる国家主権の復権の反映としての「トランプ現象」は世界税金戦争の激化の起爆力

　トランプ大統領は「米国第一主義」を掲げ，連邦法人税率の35％から15％への引き下げや所得税減税と相続税の廃止を言明している。これは，レーガノミクスが採用した新自由主義の路線である。

　これでは，トランプ氏を支持した米国民の期待と願いに反し，大企業と富裕層の優遇政策となり矛盾が深まることになる。トランプ大統領は，また金融規制の棚上げやインフラ建設投資の拡大をも掲げている。このような「トランプノミクス」は，多国籍企業や国際金融資本の「グローバル資本主義」の新たな矛盾を拡大する懸念を高めている。

　特に指摘しなければならないのは，トランプ税制による連邦法人税の大幅引き下げは，大企業支援税制の拡大となる法人税率の引き下げ競争の急展開を促し，「税の競争」の激化を招き世界税金戦争の炎に油を注ぐことになる事態である。

2　トランプ税制改正で世界税金戦争が再燃し国際課税の潮流に新たな変化 ―米国の連邦法人所得税の大減税の衝撃―

⑴　連邦法人税率35％を一気に15％に引き下げることを公約

　「世界で最も税金が高かった米国を，低い国にしてみせる。信じてくれ」，ドナルド・トランプ大統領は選挙後の全米遊説で繰り返した。

　「米国企業が海外に出ていくのを食い止めなければならない」と，トランプ新大統領は，現在35％の連邦法人税率を15％にすると公約し，立地競争力を高めてグローバル企業の米国への誘致につなげる狙いもある。

　法人税率の引き下げで大きく出遅れて，主要国で最も高い水準にあった世界最大の経済大国が「法人税引き下げ競争」の先頭に立てば，他の先進国も新たな対応を迫られるのは必至である。

⑵　閉鎖的なナショナリズムのもと保護貿易主義を唱え「米国第一主義」を掲げるトランプ米大統領

　既存の国際秩序の維持よりも，自国の利益を追求する「行動」に重点をおくのであれば，国際政治はもとより国際経済の混迷が懸念される。各国が内向き志向を強め，利害対立が激しさを増すような好ましくない逆流には歯止めをかけなけ

610 ◆ 第5編 世界税金戦争で危機にある企業課税

ればならない。

　現在の世界経済には，幾つもの不安要因がありそうである。それは，大規模な世界戦争とインフレ，そして金融危機である。いずれも起る確率は極めて低いが，発生したら影響が甚大な「テルリスク」であり，世界経済の大きな下振れ要因である。世界に重大な影響を及ぼす金融危機は，ユーロ圏の崩壊と中国の危機である。さらに，地政学的なリスクは，英国が欧州連合（EU）から離脱し，米大統領に「好戦的で無知な人物」が選出されたことであるとみられている。この意見はFinancial Timesのマーティン・ウルフ（チーフ・エコノミクス・コメンテーター）による記事である。

　同記事は，さらに，次のようにも記述している。

　「世界で最も強大な権限を持つ政治家が，自分の発言が真実かどうかについて殆ど関心を持っていないことが，どんな影響をもたらすかは知る由もない。わかっているのは世界が危険になり，我々はそこで生きていかなければならないということだけである。」

　戦後世界の秩序は米国が作ってきた。そのもとで米国は他国と共存し，必要な時は自ら指導力を発揮してきた。しかし，そのあり方を露骨に罵倒するトランプ大統領の登場で，世界には今，「何でも起りうる」という緊張感が漂っている。

(3) 経済成長と国内投資の促進を意図し法人所得税と個人所得税の大幅な減税と相続税の廃止を提案するトランプ税制改正案

　トランプ税制改正案の基本構造は，連邦法人税率の大幅な引き下げにより，企業の国際競争力を高め，国内投資と雇用を促進するとともに，個人所得税率の引き下げ，特に中間層への恩恵を重視し，米国経済の活性化を目指すとしている。

　まず，連邦法人所得税の関連では，現行最高税率を35％から一律に15％へ引き下げ，代替ミニマム税（AMT）を廃止する。個人事業，パートナーシップ，Sコーポレーション，その他のパススルー事業体の所得者は，個人所得税率でなく，パススルー事業所得への15％の法人所得税率での課税を選択できる。米国内の製造設備投資の一括償却と支払利子の損金導入の選択，インフラ促進に対する優遇政策，研究開発費（R&D）の税額控除を除く特定の事業活動のみに恩典を与える殆んどの控除の廃止等が提案されている。

　国際課税の関連では，米国企業の海外の法人所得に10％で1回限りの「義務的みなし本国送金税」が課税される。当初の計画では，米企業の海外利益に対する課税繰延べの廃止を求めていたが，直近の計画には含まれていない。

第14章　トランプ大統領の登場で激化する世界税金戦争　◆　*611*

　トランプ新大統領の狙いは，米企業が海外にため込んだ2.5兆ドル（300兆円弱）もの資金を米国に還流させ，企業の国内投資を増やすことにある。

　米連邦法人税制は，日本などと異なり「全世界所得課税方式」をとっており，米企業は本来，海外利益にも課税される。ただ，配当などで資金を米国に還流するまでは，納税を猶予できる仕組みもある。そのためグローバル企業の多くは，アイルランドなどの低税率国に世界で稼いだ利益をため，米国での課税を回避してきているのが実態であった。

　トランプ新大統領は，どうやって資金を米国に還流させようとしているのか。まずは，連邦法人所得税率を，低税率国並みに15％に引き下げる。海外資金の納税猶予をなくして，米国外で稼いだ利益にも15％を直接に課税するとしていた。これで米企業は海外に資金をため込む動機がなくなり，米国内に戻しやすくする。

　商務長官に指名された著名な投資家のウイルバー・ロス氏らは，今ある海外資金を米国に還流させる場合，さらに税率を10％に下げる案も示した。念頭にあるのが，2005年のブッシュ政権の「本国投資法」である。同法は1年限りで海外資金を国内に戻したときの税率を5.2％に下げた。効果は絶大で当時6,000億ドルあった海外資金の半分が米国に戻ったと分析している。資金は自己株買いなどに充てられ，株価を押し上げた。

　トランプ政権の法人所得税減税は，国内の税率引き下げと海外資金の還流で二重の投資押し上げ効果を狙っている。保守系調査機関のタックス・ファンデーションは，トランプ大統領の法人税改革が実現すれば，米国内総生産（GDP）を10年間で4.5％押し上げると試算している。

　トランプ税制改革案の個人所得税の関連では，通常所得に対する税率は，現行の10％から最高税率39.6％までの7段階を15％，25％，33％の3段階に簡素化し，長期キャピタルゲインと適正配当の税率は20％を維持し，オバマ医療保険制度改革法（ACA）の廃止で，3.8％の純投資所得税の廃止を提案している。概算控除額を現行の約2倍に増額（夫妻合算申告では3万ドル，独身者は1万5,000ドル），項目別控除額には上限を設定（夫婦合算申告では20万ドル，独身者は10万ドル），そして，子育て支援および扶養高齢者の世話費に対する控除や恩典等を新設・拡充することを提案している。

　最後に，遺産贈与税の廃止および死亡時に1,000ドルを超える一定のキャピタルゲインに対する課税も提案している。

612 ◆ 第5編 世界税金戦争で危機にある企業課税

⑷ 下院共和党の税制改革案と上院での税制改革論議の動向

下院共和党が2016年6月に発表した税制改革案「ブループリント」は，トランプ税制改革案よりも詳細であり，抜本的な税制改革案となっている。

ブループリントの連邦法人所得税関連の改正案は，トランプ案と比較的類似しており，連邦法人所得税率は一律20％に引き下げ，AMTを廃止，土地以外の固定資産，無形資産取得額の一括償却，R＆Dの税額控除と棚卸資産のLIFO（後入先出法）以外の様々な特定事業活動に対する税務上の恩典を廃止，欠損金の繰越しを無期限とし繰戻しは廃止（繰越欠損金の使用は当期課税所得の90％を限度）すること等が含まれている。

国際課税の関連では，米国の国際課税方式を抜本的に改正する案となっており，全世界所得課税制度から属地主義配当免税制度に移行し，現行税制のもとで海外に留保している利益については，現金保有に8.75％，その他の資産保有に3.5％の「義務的みなし本国送金税」が提案されている。これには，8年間の分割納税措置が設けられている。

個人所得税の関連では，税率段階の変更等はトランプ案とほぼ同様である。ただ，項目別控除については住宅ローンの支払い利子と寄付金控除を残し，その他の控除は廃止としている。また，利子，配当，キャピタルゲインには50％の所得控除を適用し，実質税率は，それぞれ6％，12.5％，16.5％となる。パートナーシップ等のパススルーの事業体からの所得は25％で課税し，合理的報酬に関する規定を定めるなどを提案している。遺産税と世代間財産の譲渡税は廃止としている。

一方，上院においては，強固で適切な税源浸食の規制ルールと合わせて，配当免税制度への移行をサポートする意見がある。支払配当を損金算入し，源泉課税と合わせて利子と同様の取扱いとする提案もある。また，米国法人の国外利益の課税繰延べを廃止し，法人税率を24％に低減させる案等もあるほか，コーポレート・インバージョン，BEPS（税源浸食と利益移転）への対処にも取り組んでいる議員もいる。

⑸ 課題は大幅な税収減とインフラ投資による財政の急激な悪化の懸念

トランプ税制改革案の課題は大幅な税収減である。米ゴールドマン・サックスは，10年間で連邦法人所得税収が2.6兆ドル減ると分析し，減収規模はGDP比で1.1％分に相当し，財政は急激に悪化する。

米政府債務はもともと増加傾向にあり，米財政が急速に悪化するリスクをはら

第 14 章　トランプ大統領の登場で激化する世界税金戦争　◆　*613*

んでいる。トランプ減税の柱は，連邦法人税率を 35％から 15％に下げる企業税制改革である。米国税制の抜本改革は長年見送られ，オバマ政権下でも進まなかった。

　さらに，先行きを見えにくくしているのが，今後 10 年間で 1 兆ドル（110 兆円）を投じると唱えているインフラ投資計画である。空港や道路などのインフラの老朽化対策は急務ではあるが，具体的な手法には疑問点も多い。

　選挙中，トランプ陣営は民間資金を有効に活用するため，米財政には中立だと主張していた。民間の投資資金に対する税の控除を誘因に投資を引き出すという。しかし，通行料などが得られる一部の案件を除き，通常のインフラ投資は民間の投資対象にはなじまない。政府主導で整備を強力に進めようとすると，安定財源が必要になる。

　トランプ政策は，財政に大きな負担を伴う。トランプ大統領の出現がなくても，米政府債務は増加の一途をたどることが予想されていた。それは，高齢化による社会保障費の増大が要因である。

　米議会予算局（CBO）の予測によると，米連邦政府債務（民間保有分）は，2015 会計年度末の 13 兆ドル強から 2024 年末には 20 兆ドルを突破する。超党派の調査機関「責任ある連邦予算委員会」は，トランプ公約を実行に移すと，10 年間で米政府債務が 5 兆 3,000 億ドル（600 兆円超）膨らむと試算している。2026 年度末の国内総生産（GDP）比は CBO 予測が 86％なのに対し，トランプ政権下では 105％に高まるとしている。

　このような財政事情のもとでトランプ政策の公約が実現すると，米財政は急激に悪化することが懸念される。深刻なのは，トランプ政策は「精緻な財政計画」に欠けていることである。

　その情況は，［**図表 3 - 5 - 4**］にみるようである。

⑹　議会との調整で減税規模が縮小される可能性があり，最終的には 25％程度の水準で決着すると予測

　予算や税制は，立案から決定までの権限を米議会が持っている。税制改革のカギを握るのは議会共和党である。下院指導部は大統領選前に前述のような改革案をまとめており，トランプ政権と制度の擦り合わせが必要である。

　下院共和党案も連邦法人所得税率を 20％に下げると主張しているが，特徴は輸出で得た利益には課税しない「仕向地主義」の導入である。米国の輸出品には法人所得税がかからないことになり，海外生産よりも国内生産が有利になる。米

〔図表３-５-４〕トランプ政策が公約どおり実現すると米財政は急激に悪化
　　　　　　　—米GDPに対する民間保有の連邦政府債務比率の拡大—

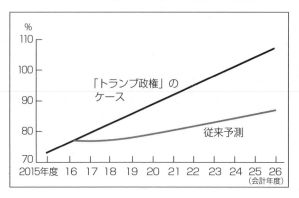

〔出所〕 米議会予算局の「責任ある連邦予算委員会」の資料と予測を基に作成する。

国製品の輸出競争力を高める効果もある。

　米議会は，共和・民主両党とも財政悪化を懸念しており，減税規模が縮小される可能性がある。米ゴールドマン・サックスは，年間の減税規模をトランプ提案の全てが実現した場合の4,240億ドルから，1,000億ドルに縮小すると予測している。財政健全化の面では好ましいが，景気刺激効果はそがれ，市場の失望を招く可能性がある。

　連邦法人所得税率の引き下げはトランプ案より小幅になり最終的には，「25％程度の水準」で決着するようであった。

　大統領選挙と同時に実施された連邦上院・下院の選挙では議席数は多少の減少はあったものの，共和党が上院・下院とも過半数を超える議席を維持した。この結果，2007年以降，初めて共和党がホワイトハウスと上下両院を支配することになり，いわゆる「ねじれ状態」が解消され法案が通りやすい状態となった。

(7) **反グローバリズムによる「一国利益最優先主義」の新たな発想の高揚で「有害な税の競争」の再燃により世界税金戦争が激化**

　問題は，連邦法人税率の大幅な引き下げとともに，海外資金を還流させる優遇制度や輸出利益に課税しないという新制度が議論されれば，超大国である米国が，法人税率の20％を17％に下げる方針である英国とともに，まさに，米英という

世界の大国が事実上のタックス・ヘイブン化し，世界の法人税制の潮流に激変を誘発する危険があるという点にある（[図表3-5-5]参照）。

これは，法人税率の引き下げ競争，課税ベースの縮小競争，税額控除や免税措置などを競争し，グローバル企業と政府が一体となって国際競争力を強化する国家間の"経済帝国主義戦争"であり，まさに「有害な税の競争」(harmful tax competition) の再燃である。

しかも，それは，「反グローバリズム」の波が世界でうねりを増し，排他的な主張で大衆を扇動するポピュリズムの広がりを背景として登場し，国際社会に「分断」と「亀裂」を深める危険を増幅させている。

反グローバリズムによる閉鎖的なナショナリズムとともに，いわば「新重商主義」と，敢えて名づけられる危険な発想に基づくものである。

今や，グローバル経済社会は，「有害な税の競争」を武器とする世界税金戦争の火勢が激化し，人類社会は深刻な恐ろしい「罠」におちいって行く危機に直面している。

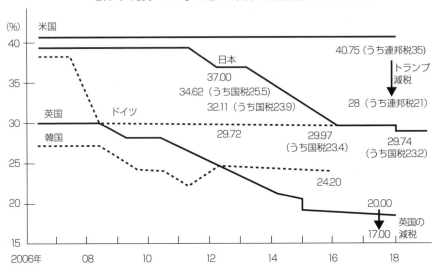

〔図表3-5-5〕主要国の法人所得課税の法定総合税率の推移
―限りなく税率「ゼロ」に近づく世界の企業課税の引き下げ競争―

（注）2017年12月20日，米国の連邦法人税率は2018年に35％から21％に引き下げることで決着した。連邦法人税と地方税を合せた法定総合税率は40.75％から28％まで下ることとなった。
〔出所〕財務省資料等に基づいて作成する。

第 |15| 章

ハイブリッドでマトリックス的な
世界税金戦争の基本構図
―現在の世界が直面している深刻で複雑な難題―

1　グローバル経済における世界税金戦争の多面的複合的展開の構造分析
―各国の国家主権とグローバル企業が入り乱れての世界大動乱

(1)　国際課税をめぐる国家主権と多国籍企業の闘いに併行して世界の国家主権間の税源争奪の進行の全体像

　国際課税をめぐる現在の国際社会は，極めて複雑な構造を呈している。それは，まず，国家主権と多国籍企業の課税逃れを舞台とするバトルがあり，それと併行して，各国の国家主権間の税源の争奪を目的としたバトルがハイブリッド的，かつマトリックス的に作動していると見ることができる。

　いま，このような二面的なステージが国際舞台において展開されている動乱の構図を俯瞰して，イメージを図解すると ［図表3-5-6］ のようになる。

(2)　国際社会における世界税金戦争の多面的展開の構造的分析による体系

　現在の世界税金戦争は，多面的ステージがおいて展開されている。そこにおける「動乱の構造」を分析して体系的に要約して整理すると，次のように分類することができるであろう。

　① 　ハイブリッド・マトリックス的世界バトルの複合的側面

　　ⅰ　国家主権とグローバル企業との闘い（国家の課税管轄権の行使による課税逃れの取締りと，これを回避しての大企業の課税逃れの横行）

　　ⅱ　国家間の税源の奪い合い（主権国家相互の税源の奪い合いによる国際的二重課税と移転価格課税の発動の乱用）

　② 　相反対決化しながら連携一体化の二律背反の二側面

　　ⅰ　巨大企業と政府は課税逃れと捕捉追求で相反対決しながら，他面では一体となって相連携し，国際競争力を強化する国家間の経済戦争としての「税の競争」を展開（反グローバリズムによる自国利益優先を志向する政府による

第15章 ハイブリッドでマトリックス的な世界税金戦争の基本構図 ◆ 617

〔図表3-5-6〕世界税金戦争のハイブリッド・マトリックス的動乱のイメージ
―国家主権とグローバル企業の闘いと癒着・国家間の税源の奪い合い―

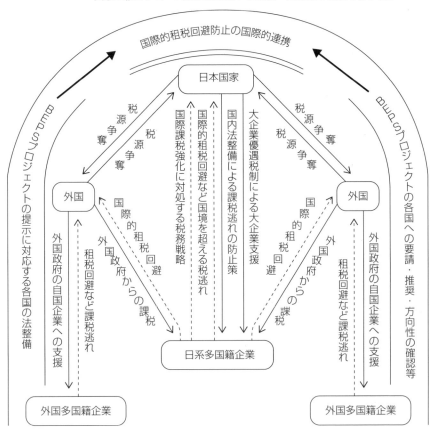

大企業擁護の「新重商主義」と称すべき新たな発想）
ⅱ　タックス・ヘイブンを悪用した課税逃れを防止する国際連携（多国籍企業が跳梁するグローバル経済に対処する新しい税制の体系的整備）

③ **BEPS（税源浸食と利益移転）プロジェクトの実施段階への各国の税制対応と，この新事態に対処する企業対策の二側面**
ⅰ　要請・推奨・方向性の確認等に対応する国内法の整備による国際課税の強化と整備（行動計画について示されている勧告を踏まえ，制度構築のため国内法の整備，執行当局の方針変更，租税条約の改定等を推進）

618 ◆ 第5編 世界税金戦争で危機にある企業課税

ⅱ 国際課税強化による企業包囲網の強化に対処する企業の税務戦略策の充実と展開（企業は課税強化の動向を先見的に注視して自社への影響を検討し，対策を立てて賢明なタックス・プランニングを構築）

④ 税制の国際的連帯による企業規制税制と自国の大企業優遇税制の温存の二律背反の二側面

ⅰ 税制の国際的ハーモナイゼーションに賛成と推進（BEPS プロジェクトの勧告の完全実施のための法制化とともに，改めてグローバル税制の構築）

ⅱ 自国の大企業優遇税制の廃止に反対と反発（大企業支援の不公正税制の是正の停滞による温存と，さらなる支援政策減税の増設拡充）

⑤ 租税国家の危機による苦闘と黄昏—国家主権の闘いは二正面作戦で苦戦中の複合的側面

ⅰ 国家主権が闘う相手は課税逃れに狂奔する自国の多国籍企業（東部戦線）

ⅱ 国家主権が闘う相手は税源の奪い合いをする他国の国家主権（西部戦線）

⑶ 現在の世界が直面している深刻で複雑な難題の存在で解決にはパラダイム転換による新次元の発想が緊要

各国の国家主権とグローバル巨大企業が相互に入り乱れての大動乱が現出している。

問題は深刻であり，国家間の税源争奪合戦とともに，いわゆる企業帝国主義による国際的な経済侵略戦争としての「税の競争」による法人税率の引き下げ競争は激化し，まさに，ハイブリッドで，かつマトリックス的，複合的，二律背反的に展開している。

このような事態が生じているのは，現在の国際社会が，企業活動とファンドマネーのグローバル化と，国家主権の行使のローカル化への固執によるギャップに全ての根源がある。

これは，国際課税の分野だけではなく，現在の世界が直面している地球環境問題，安全保障問題，貿易問題，移民や難民問題，その他多くの難題に共通する人類社会の基本的課題である。解決には，パラダイム転換による「新たな発想」が希求される。

以下，これらのテーマにつき，順次，解明していくことにする。

2 国家主権の課税権の行使による無国籍化企業の課税逃れの取締り
―「根なし草化」した企業の暴走との対決 ―

(1) グローバルな企業活動とローカルな国家の課税権行使のギャップ

課税権は，国家主権の最たるものであり，各国はそれぞれ自国にとって最適な税制を構築しようとする。その一方で，企業の活動は，自らの利益の極大化を目指して国境を越えてグローバルに展開する。

このため企業のグローバルな経済活動に対し，各国のローカルな課税権が行使される結果，必然的に単一の所得に対して「国際的二重課税」（international double taxation）が生ずることになる。

従来の国際課税の分野では，各国の税収確保のための政策から生ずる課税権の衝突によって発生する租税障害を排除し，国際間の投資交流の促進の観点から，この二重課税を排除するための適切なシステムの構築が進められてきた。例えば「恒久的施設（PE）がなければ課税なし」の原則は，源泉国による所得課税として，また，「独立企業間取引」の原則は，関連企業間取引から生じた所得に対する国際間の課税権配分として二重課税の排除のために大きな役割を果してきた。

しかし，2000年代に入り，こうした戦後一貫して続いてきた，いわゆる二重課税排除を中心とする国際課税分野の議論の潮流が変わり始めた。その背景として2008年9月のリーマンショックに端を発する世界経済危機が挙げられる。

(2) 「国際的二重課税」から「国際的二重非課税」の問題へ変転

およそ，サブプライムが世界的に伝播した背景には，いわゆるタックス・ヘイブンを経由した不透明な資金の流れがあったとみられるが，それに加えて世界的な景気低迷により各国とも財政状況が悪化する中で，必要な歳出を賄う税収を確保するため，より多くの国民負担を求めるに至ったことがある。

一方で，欧米を中心とする多国籍企業が各国間の税制と租税条約の隙間や抜け穴を利用したタックス・プランニングを行うことにより，その活動実態に比して著しく低い額の租税負担しかしておらず，しかも，世界のいずれの国にも税金を払わない「国際的二重非課税」（international double non-taxation）現象が発生し，大きな社会・政治問題となっている。

(3) アグレッシブ・タックス・プランニングに敗北した各国税制

巨大多国籍企業が奸知の限りを尽くしてタックス・ヘイブンのあらゆる機能を最大限に利用した，想像を絶するアグレッシブ・タックス・プランニング

（Aggressive Tax Planning：ATP）を展開している。これらは，単独の国のユニラテラルな対策では対処できない巧妙を極めた合法的な課税逃れを世界的スケールで行っている。

　合法的な課税逃れとしては，多国籍企業がアイルランドやオランダの税制と，タックス・ヘイブンを巧みに組み合わせて利用し，グローバルな次元での「税制の抜け穴」を見出して，スケールの大きな課税逃れスキームを案出し世界的に波紋したケースとして，ダブル・アイリッシュ・ウィズ・ダッチ・サンドウィッチ（Double Irish with a Dutch Sandwich：DIDS）というスキームが有名である。

　アップル社が開発し，グーグル，フェイスブック，マイクロソフトなど多くの多国籍企業が活用してきた。

　OECD は，ATP による国際的な課税の真空を「国際的二重非課税」として「税源浸食と利益移転」（Base Erosion and Profit Shifting：BEPS）の手法であるとしてとらえ，国際的に協調し包括的にして一貫した対処が必要であることを認識し，BEPS 対応プロジェクトを実施することになった。

⑷　巨大企業の課税逃れの反動として大衆課税の強化と経済格差の拡大

　多国籍企業など経済力の強い巨大企業がグローバル活動により世界で巨額な利益を計上しているにもかかわらず，その利益をタックス・ヘイブンなど海外に避難させ各国で事業を展開しながらも税金を払わず，各国が提供する公共サービスにタダ乗りをしている。

　日本の多国籍企業も，その稼ぎが日本国の税源とならないで国家財政にも国民経済にも貢献していない。このため財政悪化を招来し財政支出を賄うために，海外活動などをしていない大多数の納税者が，より多くの税負担を強いられている。特に，一般庶民をはじめ零細企業や中小企業に苛酷な税金となっている消費税の増税までが行われている。

　グローバル巨大企業である多国籍企業が巨額の課税逃れをし，その「ツケ」が一般の国民に廻され，余分な税負担を転嫁されていることは甚だもって理不尽であり，多くの国民の納得を得ることはできない。

　かつての日本は，分厚い健全な中間層が存在し，それが日本経済の強さと安定した社会構造の要因となっていた。ところが，いまや，その中間層は長引くデフレで疲弊し，やせ細っている。

　日本社会は現在，富裕層と貧困層とに二極化しつつある。多国籍企業である巨大企業のタックス・ヘイブンを舞台にした悪業など「国離れ現象」は，この傾向

第 15 章　ハイブリッドでマトリックス的な世界税金戦争の基本構図　◆　*621*

に拍車をかけている。富める者はますます富み，貧する者はいよいよ貧するという構造が生まれてきている。

3　国家の本質と国家主権の最たる課税権の行使とその限界
―租税高権の特質と課税管轄権―
⑴　国家と国家主権の概念および政府の役割は何か

　国家（state）とは，一般的に「国民により構成され一定の領土のもとで独立した主権を有し行政府と立法府と司法府の三権により組成するシステムである」と称してよいであろう。

　国家は，あることをさせる（例えば，納税，兵役），あるいはさせない（例えば，麻薬の販売）ことを合法的に強制しうる唯一の存在である。国家の構成員は国民であり，国家権力を行使する国家の管轄権は，領土内に住むかまたは同国の市民権を取得する全ての人々に及ぶのである。

　国家は強制力を持つ唯一の立場にあり，そのステークホルダーに契約の履行を強制できるが，逆に国家に契約の履行を強制し，あるいは政策を実行するというコミットメントを証明させる存在がない。国家は契約の履行義務を決めいくつかの義務を自らに課することはできるが，いかなる政府も交代して後に続く政府に義務を課することはできない。それどころか，自分が過去に行ったコミットメントを必ず守るという保証もできない。

　政府（government）は，万能な制度設計者であり資源配分の統制者である。さらに，善良にして公正な資源分配の裁定者として合理的にして中立的役割が期待されている。政府は，国家の構成員である国民の私的財産権を保護する強制力を持つことによって，市場を拡大する潜在的機能を持つとともに，その私的財産権の一部を，課税などを通じて自己に移転する強制力も持つという強大な権能を有する。

　このように，政府は私的財産権の保護と徴税権の行使という二重の権力を持つ組織であるが，それでは，政府はその力を利用して，私的財産権自体を侵害しないのか，という問題が生ずる。現在の政治システムは，政府の権力の濫用を阻止するための歯止めを順次生み出してきている。

　国家主権の概念は，17 世紀後半のイギリスの「名誉革命」により確立された。イギリスのスチュアート王朝のジェームズ 2 世の時代に，ホイッグ党とトーリー党の 2 つの政党が存在した。両者とも基本的には，地主勢力を代表する政治結社であったが，前者は自由貿易に利害を持ち，関税の軽減を主張し，後者は地代に

622 ◆ 第5編 世界税金戦争で危機にある企業課税

かかる税の軽減に利害を有した。

ジェームズ2世は，最初トーリー党と結託してホイッグ党の政治的影響力をそぎ，関税の強化によって私的利益を得ることに成功したが，次いで，その政治的攻撃の矛先をトーリー党に向けた。ここに至って，本来，利益の相容れなかった2政党の協調が成り立ち，王は追放されることになる。

2政党は王の娘であり，オランダ総督に嫁いでいたメアリーと，オランダ総督のウィリアムの二人を共同の王座に迎え入れたが，その際，許容され得ない王の私的財産権に対する侵害行為の抑止を「権利の宣言」に列挙し，それが遵守されない場合には，王権の契約そのものが破棄されうることを即位の条件とした。これが，いわゆる「名誉革命」であり，議会（parliament）の下院に終局的な権力のあることを示したものであった。

ウィリアムとメアリーは新大陸における植民地競争で優位に立つという目算のもと，「権利章典」を受け入れた。かくして，名誉革命によって議会の同意なしに課税はできないという「租税法律主義」が採用されたのみではなく，国が借金をするには，議会の承認を要するという原則も採用された。

30年戦争を終結させ，神聖ローマ帝国を解体し，それぞれの国家の君主や領主が主権を有する主体として，自らの支配地域において新教か旧教かを選択できるかたちで，法的にお互いに平等な主権国家の併存状態という，現在にまで至る国際法秩序が完成された。ローマ法のアナロジーのもと，法的に相互に平等な国家の関係を規律するのが一般国際法であり，国家間で締結されるのが条約である。

(2) 国家主権の最たる課税権の併存と国際法による課税管轄権の制限

国家主権の最たる権能は課税権であり，主権国家はその領土内で税制や規制を含め自国の制度を自由に設計できる。

主権国家は，租税高権を有し，その課税権を行使して，いかなる徴税政策を施行しようと自由である。課税権の行使は国内における施策であり，これに対しいかなる他国も干渉することはできない。

しかし，国による課税権の行使や規制は，国境を越えて執行できないのが原則である。このことを国際法の世界においては「公法は水際で止まる」（Public law stops at the water's edge.）という法諺で表現する。

課税管轄権も，その行使は国家主権の及ぶ範囲内に限定されている。この国際法による課税管轄権の制限は，特に，執行管轄権について厳格である。その結果，課税庁は，外国の領域において税務調査や徴収を行うことは許されない。

また，主権免税の原則が貫徹され，いかなる国家も他の国家を納税義務者として課税することはできない。同様に，外交特権に基づく非課税や，国際機関や国際機関職員に対しての非課税の扱いも認められており，いかなる制度のもとにおいても，非課税の人や組織が存在するのである。

その一方で，課税をめぐる主権国家間の利害の対立があり，国家間の財源の奪い合いが存在し，特に先進国と途上国の間における利害衝突は深刻である。

4　国際課税システムを脅かす多国籍企業のグローバルな課税逃れの横行 ─限りなき「無国籍化」による国家主権への挑戦

⑴　多国籍企業のグローバル・ビジネス・プラクティスと国家主権による課税権の行使における苦悩

経済のグローバル化の進展に伴い企業の経済活動は一国内で行われるビジネスと異なり，国境を越えて複数の国に所在する関連者間取引が各国の規制や税制のフレームワークを回避して行われている。

多国籍企業のグローバル・ビジネス・プラクティスは，各国の税制が規定する課税要件に該当しないスキームや非課税要件を充足する巧みなスキームを創り出すようになった。

多国籍企業が外国の優遇税制と租税条約の特典を活用しトランスファープライシングを組み合わせた租税極小化を狙う戦略は，まさに「根なし草で無国籍化」（Financial Times の報道）したグローバル巨大企業による各国の国家主権への最大の挑戦である。

タックス・ヘイブンを利用した多国籍企業の税務戦略は，近代租税国家による租税管轄権の行使と個別企業の資本との対抗関係を象徴する現象でもある。

経済社会の「金融化・情報化・サービス化・無体資産化」と，「グローバリゼーションの進展」によって，絶えずその限界を突きつけられ，他方に課税管轄権の行使の地政学的限界から，その「制度的隘路」をさまよい，いつまでも追いつけない「後追い競争」に苦悩する国家主権による課税権の衰退の悲哀は，まさにヨーゼフ・シュムペーターによる「租税国家の危機」（Dr.Joseph A.Schumpeter：Die Krise des Steuerstaates, Graz und Leipzig, 1918）の再来であり，国家の「財政的破綻」の招来の予兆である。

⑵　多国籍企業の概念とビジネス・プラクティスにおける発展形態の進展

多国籍企業（multinational enterprises：MNE）とは何か，その定義について，

経営学の領域では様々な議論があるが，最も簡潔に定義すれば，「２国以上で国境を越えて事業または所得を生ずる資産を支配し，グローバルに事業活動を展開している企業グループ」と言えるであろう。

多国籍企業という企業形態は，その発展段階の過程でそれぞれの基本的な属性をとらえて定義づける場合もある。それは，企業規模，ビジネスの範囲，国境を越える資源や技術の移動，組織形態，企業家精神，海外活動に関する戦略決定の権限，支配所有者などに着目して識別される。

一般に企業形態の発展過程は，①ローカル市場から全国市場へ国内企業として発展，そして，②国際事業部・独立海外子会社等グローバル構造の分権的事業部制への進展，やがて，③多国籍企業の形態へと発展していく組織構造の変化が挙げられる。

グローバル・ビジネス・プラクティスにおいて，多国籍企業グループの法人ストラクチャーは，次の２種類に分けられる。

①親会社（X国の内国法人）→子会社（外国A法人＝事業会社）という２国間関係

②究極の親会社（X国の内国法人）→子会社（外国A法人＝中間持株会社＝直接の親会社）→孫会社（外国B法人＝事業会社）という３国間関係

経済のグローバル化の進展に伴って世界経済における貿易量は増大を続けているが，その貿易量のうち３分の２を多国籍企業グループの内部取引で占めており，そのスケールの大きさと世界の政治経済への影響力の強大さがうかがえる。

グローバル化で租税回避の機会が急増する一方，各国が税率引下げ競争を繰り広げる中で，市場における公正な競争を維持しようとする政治家は，巨大多国籍企業やその下で手厚い資金をもらって活動するロビイストたちを相手に規制に乗り出すことには及び腰である（Financial Times の報道）。

いまや，巨大多国籍企業の各国での政治支配，世界の政治経済支配の動向がますます高まり，国際社会に重大な害悪をもたらしている。

⑶　アメリカ企業の多国籍化と世界政治経済への影響力の拡大

アメリカでは，19世紀後半から大量生産体制が整えられ，国内統一市場が確立していく中で，政府の積極的なオープンドア外交政策でアメリカ企業の海外進出が盛んになったうえ，販売・生産の拠点を海外に移転したため，アメリカは資本輸出国に変化した。

第二次大戦後は，いわゆる国際貿易というイメージを脱皮してアメリカ巨大企

業は，1960年以降，ヨーロッパへの製造業の投資を中心に，多数の海外子会社を有する多国籍企業としての事業展開を本格化していった。

アメリカ巨大企業は，①国内企業が海外事業を行い，販売市場を海外に拡大する企業から，②経営資源の国際的な有効利用のために現地生産・販売・輸出を行う企業を経て，③企業の存続には現地子会社の永続的支配が不可欠となる企業形態へ変化した。

1970年代以降，多国籍企業は本社所在地国への固執を捨て，ビジネスチャンスがあればどこにでも進出し，各地域拠点に経営資源（人材・資金・情報・技術など）の調達・分配を委ねる発想に基づくグローバル経営へと進展してきた。

このように，アメリカの多国籍企業は第二次大戦後のパクス・アメリカーナ（Pax Americana）の中で，世界の政治経済秩序がアメリカ主導のもとで再建されていく過程で顕著な発展を遂げた。その発展を支える国際課税ルールは，アメリカ多国籍企業にとって都合のよいものとして設計されていた。

戦時体制のもとで軍需産業を中心に戦略的に進められた大量生産システムと，これを支える技術力によって，多国籍企業やコングロマリットの戦後企業体制が寡占体制を確立し，その製品の販路を広く世界に求めてきた。

戦後のアメリカ主導の世界秩序は，ソ連・中国等の社会主義国の封じ込め政策，東西冷戦構造，ブレトンウッズ協定とそれに基づくIMFの創設によるドルを基軸通貨とする国際通貨体制，アメリカの海外市場となるヨーロッパの経済復興等を進める方向で確立された。この間，アメリカの覇権を背景に，アメリカが推進するグローバル・スタンダードとアメリカ多国籍企業の世界経済への影響力が拡大されてきたのである。

5　国家主権とグローバル企業の課税権の行使をめぐる闘い
―強欲強力資本の租税極小化行動との相克―
⑴　多国籍企業の課税逃れの横行と国家の課税管轄権の行使による取締り

グローバルな経済活動をしている多国籍企業が，各国の税制や租税条約の間に存する格差と隙間や抜け穴を利用し国境を越えるだけで，この弱点をフルに利用してグローバルなスケールでの税負担を限りなくゼロにする「租税極小化戦略」を進展させている。

その反面，財政危機に瀕する国々では，国境を越えられない個人や国内企業には，好ましからざる消費税の増税などという，負担能力に逆行する形での人々への重税シフトという深刻な事態が現出している。

このような事態が生じているのは、これまで長期間にわたって継承し遵守されてきた国際課税ルールの体制が、グローバル・ビジネス慣行の変化に追いついていけないこと、特に、合法的なアグレッシブ・タックス・プランニング（Aggressive Tax Planning：ATP）による税源浸食と利益移転（Base Erosion and Profit Shifting：BEPS）という現象を跳梁させてしまう弱点であるループホールを内包しているからである。

このため国家主権は、その課税管轄をフルに行使し、このような課税逃れを取り締まるため国内法による規制税制を整備し、租税条約のネットワークを充実させる等の「グローバル企業の課税逃れの防止策」を講じている。いわば、国家主権と国際的租税回避など、課税逃れを企てている多国籍企業との対決の構図である。

このような国家主権とグローバル企業との「相克」の場面を図示すると、[図表3-5-7]のようになる。

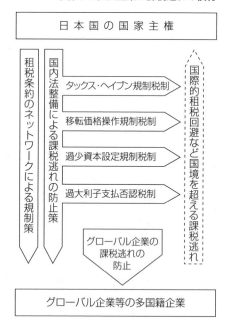

〔図表3-5-7〕国家主権とグローバル企業との闘い
―国家の課税管轄権の行使による課税逃れの
取締りと巨大企業の課税逃れの横行―

(2) 国内法の整備によるグローバル企業の課税逃れの防止策

国内法の整備による課税逃れの防止策としての施策は，次のようである。

① タックス・ヘイブンに子会社を設立し所得を留保することによる租税回避に対抗するためのタックス・ヘイブン規制税制

タックス・ヘイブン規制税制（正式には「特定外国子会社等の留保金額の益金算入」）は，内国法人，居住者および特殊関係非居住者がその発行済株式等の50％超を直接および間接に有する外国法人（外国関係会社）で，その本店または主たる事務所の所在する国または地域（本店所在地国）におけるその所得に対して課される税負担が我が国において課される税負担に比して著しく低いもの（特定外国子会社等）の所得に相当する金額（適用対象金額）のうち，当該特定外国子会社等の発行済株式等の10％以上を直接および間接に有する内国法人のその有する株式等に対応する部分として計算した金額（課税対象金額）を内国法人の収益の額とみなして，その所得の金額の計算上，益金の額に算入するものである（租税特別措置法66の2）。

この規定は，居住者の各年の所得に対する所得税および連結法人の各事業年度に対する法人税についても同様に規定されている。

ただし，特定外国子会社等が独立企業としての実体を備え，かつ，その本店所在地国において事業活動を行うことについて充分な経済合理性がある等の所定の甚準（以下「適用除外基準」という）の全てを満たす事業年度については，合算課税は行われない。

② トランスファー・プライシングによる所得の海外流出を防止するための移転価格税制

移転価格税制（正式には「国外関連者との取引に係る課税の特例」）は，国内の企業が国外にある関連企業（親会社，子会社等）と取引を行う際に設定する価格（移転価格）を，第三者との通常の取引価格（独立企業間価格）とは異なる価格に設定したことにより，その所得が減少している場合，法人税の課税上，その取引価格を独立企業間価格に置き直して課税所得を再計算する制度である。我が国では昭和61年度の税制改正において導入された。

企業が海外にある関連企業との移転価格を操作して通常の価格と異なる金額に設定すれば，一方の利益を他方に移転することが可能となる。

移転価格税制は，このような海外の関連企業との間の取引を通じて移転価格操作（transfer pricing）により所得の海外移転を防止するための制度である。

③ 資本の一定倍率を超える負債に対する支払利子を否認する過少資本税制

過少資本税制（正式には「国外支配株主等に係る負債の利子の課税の特例」）は，いわゆる過少資本を利用した国際的な租税回避行為を防止するための制度であり，我が国では平成4年4月に導入された。

企業が海外の関連企業から資金を調達するのに際し，出資（関連企業への配当は損金算入できない）を少なくし，貸付け（関連企業への支払利子は損金算入できる）を多くすれば，我が国での税負担を軽減することができる。そこで，過少資本税制では，海外の関連企業から過大な貸付けを受け入れることによる企業の租税回避行為を防止するため，出資と貸付けの比率が一定割合（原則として，外国親会社等の資本持分の3倍）を超える部分の支払利子について損金算入を認めないとする制度である。

④ 所得に比して過大な利子を関連者に支払うことによる租税回避を否認する過大支払利子税制

過大支払利子税制（正式には「関連者等に係る純支払利子等の課税の特例」）は，所得金額に比して過大な利子を関連者間で支払うことを通じた租税回避を防止する制度である。

過大支払利子税制は，所得に比して過大な利子を関連者間で支払うことによる租税回避を防止するため，関連者への純支払利子等の額のうち調整所得金額の50％を超える部分の損金算入を認めない制度である。

以上のように，国家主権は課税管轄権を行使して懸命にグローバル企業の課税逃れを防止するための包囲網を張りめぐらし規制措置を構築してきている。しかし，グローバル企業は激しい国際競争のもと，厳しい競争原理から税を反対給付のないコストとして企業利潤の極大化と租税負担の極小化を志向し，究極のゼロ・タックス・スキームを模索して，想像を絶する奸知を発揮し，新しい課税逃れの手法を開拓している。

まさに，国家主権と多国籍企業は国際課税を舞台として，相克と対決の様相を呈して，血みどろの「知恵くらべ」を展開している。

⑶ グローバリズムのもと強欲巨大資本の多国籍企業の世界市場からの収奪による収益の極大化と租税極小化の経営思想と資本主義のグローバル化の矛盾

多国籍企業はグローバル巨大企業であり，グローバリゼーションの生み出した落し子である。それは，強欲巨大資本の権化というべき存在であり，世界市場からの収奪を極大化させる活動を展開している。

第 15 章　ハイブリッドでマトリックス的な世界税金戦争の基本構図　◆　629

　グローバルに行動し，世界市場からの収奪による「収益」の極大化を目指しているが，それと同時に多国籍企業は，税金を企業経営における「コスト」として認識して，企業効率化の見地から「租税極小化」を目指すことを経営哲学とするビジネス・オペレーションを展開している。したがって，目指すゴールは，「税引後利益の極大化」である。

　したがって，多国籍企業は個別国家への帰属を拒絶し，国を棄て「根なし草」的に無国籍化している。まさに，無国籍企業に変質し自国の「良き企業市民」となっていないのである。

　このことは，トヨタ自動車がトランプ米大統領から「米国に工場を建設しないなら，巨額の『国境税』を支払え」と脅迫されて，豊田章男社長が即座に，「今後，わずか5年間に100億ドルを投資します」と答えている（2017年1月9日）ことからもうかがえる。そしてトヨタは，これまで米国で220億ドルを投資し，米国人を従業員として13万6,000人の雇用をしてきたことを強調している。トヨタは米国で投資をし，米国での雇用を創出し，米国に税金を払い「米国の良き企業市民となっている」とまで釈明している。このトヨタは，立派な日本企業であり本籍は日本にあるのである。

　長い経済停滞に苦しみ，何とかして景気低迷から脱却したい今の日本においてこそ，日本企業は日本に投資し，日本の雇用を創出し，日本に税金を払い，「日本の良き企業市民」となって，日本経済に貢献してほしいのである。

　メキシコでの小型車の生産をトランプ氏に批判された米ゼネラル・モーターズのメアリー・バーラCEOは，2017年1月9日，見直しは行わない方針を示した。バーラ氏は，「中国でも米国でも，販売する場所で生産することを原則としている。ビジネスを強くしたいし，米国も強くしたいが，自分たちはグローバル企業でもある」と語り，世界各地に生産拠点を持つ必要のあることを強調している。自社が「グローバル企業」であることを強く意識していることに注目する必要がある。

　メキシコの自動車業界の人件費は，米国の5分の1程度とされる。各社にとって欠かせない生産拠点なのである。

　グローバリズムの本質は，巨大資本の利益を追求することであって，広く一般市民・国民の利益を追求するものではない。グローバル大企業の繁栄とはかかわりなく，グローバル資本主義の矛盾は貧困と格差を生み，社会の衰退を招き，大衆の不満と怒りを誘発して，世界は，いまや「反グローバリズム」の台頭という流れになっている。

　見方によっては，グローバリゼーションが極限まで浄化したことにより，グロー

バル資本主義の矛盾は爆発し，それへの抵抗が反グローバリズムに変転してきているものといえるのである。

しかして，その「反グローバリズム」は，各国とも国家主権の復権のもと自己の利益を優先し，各国の連携と協調により世界一体化の方向を逆転させて「自国利益最優先主義」にシフトしてきていることに表れている。このことは各国とも経済帝国主義による経済戦争状態に入り，その抗争の中核として「税の競争」を手段とする「世界税金戦争」があることにみられる。

いまや，「反グローバリズム」の潮流は，多国籍企業に対する課税である「法人税率の引き下げ競争」を激化させ「世界税金戦争」の炎が拡大化している。

第|16|章

経済侵略戦争の武器としての
「法人税率引き下げ競争」で企業課税の空洞化
―政府が企業と一体となった反グローバリズムの「新重商主義」
　的動向が進行―

1　企業の国際競争力の強化と自国のマーケットの拡大化を目指す「有害な税の競争」による企業課税の弱体化
―企業帝国主義による経済侵略戦争の展開―
⑴　多国籍企業の過当競争のもと自国利益を最優先する反グローバリズムによる国家エゴイズムの進行

　ボーダレスワールドにおける経済のグローバル化の深化は，多国籍企業の過当競争を背景とし，他国からの投資や企業誘致を狙いとして「税の競争」（tax competition）が各国・各地域で激化している。それは，法人税率の引き下げ競争のほか，外資導入のための租税優遇措置，持株会社・統括会社等の誘致や技術導入，金融サービス活動を誘致するための「租税誘引措置」（tax incentive）として，非課税所得や免税所得による課税益金からの除外や，各種の所得控除による控除損金の拡大による課税ベースの極小化政策等により「魅力ある税制」を導入する施策として行われている。

　ピュア・タックス・ヘイブンをはじめ，低税制を標榜する軽課税国が増加し，現地で経済活動を行わない法的主体（legal entity）と，資本の呼び込みをしている。

　グローバル化経済の深化のもとにおいて法人税引き下げ競争は，「近隣窮乏化政策」であり，自国のマーケットの獲得と拡大を狙う「企業帝国主義による経済侵略戦争」の武器となっている。

　一方で，グローバル企業は，このような「税の競争」のメカニズムを巧みに活用し世界的スケールでゼロ・タックス・スキームを考案し，法的にタックス・ヘイブン法人を親会社とし，その傘下に高税国の事業会社（operating companies）を置く企業組織構造を形成し，事業会社の利益を配当としないで，コストとなる

利子・使用料の形態で軽課税国に吸い上げ，蓄積し，これを再投資または融資する資金循環構造を作り上げている。

このような租税立法と租税執行の当局の想定外である奇想天外ともいうべき想像を絶する新手のアグレッシブ・タックス・プランニング（Aggresive Tax Planning）スキームが次々と登場し編み出されているのである。

これらのタックス・スキームは，複雑な租税回避防止規定の裏をかく極めて技術的なものから，基本的な国際課税の原則に内在するループホールを利用するものまで，まことにさまざまである。

これは，巨大企業と政府が一体となって企業の国際競争力を強化するための国家間の経済戦争であるが，国際連携に逆らうもので，その意味で「反グローバリズム」を基調とする自国利益最優先主義の発想による個別国家のエゴイズムに思想的根源をもつ事態というべきである。

⑵　「税の競争」の本質と中核としての法人税率の引き下げと軽減競争

税の競争は，企業に対する所得課税を軽減し，自国企業の国外進出を防止するとともに，外国企業の誘致を目途に，法人税率の引き下げをはじめとする税負担の軽減などについて他国と競争をする事態である。

それは巨大企業と政府が一体となって，企業の国際競争力を強化する国家間の経済侵略戦争の手段である。

通常の「税の競争」（tax competition）と，「有害な税の競争」（harmful tax comperition）は，その概念と内容について範囲が区別されている。

OECD は，有害な税の競争を防止するための国際的な枠組みである「有害な税の慣行フォーラム」（Forum on Harmful Tax Practices）の設置を提案し，タックス・ヘイブンと有害な優遇税制を区別し，「有害な優遇税制とは歳入の相当額が所得課税によって調達される管轄で有害な税の競争を有するもの」をいうと定めた。

税の競争は，企業課税の軽減化であり，その手法は，⑴法人税率の引き下げ競争，⑵課税ベースの縮小競争，⑶税額控除・非課税措置，免税措置等の競争に分けられる。

2 世界各国が狂奔する法人税率の引き下げ競争
―このままでは限りなく「ゼロ」に近づくのではないか―
(1) 諸外国における法人税の引き下げ

法人税率の引き下げ競争は，特定事業体，特定地域開発，特定プロジェクト，特定事業所得などの優遇税制の競争が行われてきたが，そのような優遇税率は有害な税制とみられるので，一般税率を引き下げる方法で行われるようになった。

OECD のタックス・ヘイブン・リストが公表された 2000 年を基準に 2015 年現在までの各国の法人税率の変化の推移が詳細に記述されている[1]。

(2) 急速に引き下げてきている我が国の法人税率

我が国の法人税率は，2011 年の時点では，各国に比して極端に高いと言われていた。平成 23 年度改正で法人税率の引き下げを決めた。平成 23 年度改正前 39.54％（国税 27.99％，地方税 11.55％），平成 24 ～ 25 年度 37％（国税 26.17％，地方税 10.83％），平成 26 年度 34.62％（国税 23.79％，地方税 10.83％），平成 27 年度 32.11％，28 年度 31.33％（国税 22.81％，地方税 8.52％）と引き下げるとしていたが，さらに，平成 28 年度改正で平成 28 年度 29.97％，平成 29 年度 29.97％，平成 30 年度以降 29.74％と段階的に引き下げることが先行的に決定された。

さらに，法人税率の引き下げとともに，課税ベースのイロージョンを措置することにより法人税の実効負担の引き下げを模索する政府と財界の連携の動きも予想されている。

3 稼ぎ頭から税を取らないで財源喪失と税収構造の悪化を招く「地獄への途」
(1) 巨額な財源喪失で財政悪化を招きながら理不尽で苦肉の法人税率の引き下げ

法人税率の引き下げ競争は，各国とも政府と多国籍が一体となり，財政事情が厳しい中において，自国の税体系に混乱をもたらしながらも，他国の法人税率の引き下げ状況を観察しながら国家間の経済戦争において勝負を洞察し「やせ我慢」な引き下げを余儀なくしている。

財政事情の厳しさからして，一般国民に消費税として税の論理からして好まし

---

1) 本庄資・田井良夫・関口博久『国際租税法 概論（第 3 版）』2017 年, 大蔵財務協会，486 ～ 493 頁。

くない苛酷な収奪手段を導入し，国民の抵抗を排除してその負担を増大させながら国民経済における最大の「稼ぎ頭」である企業に対する税金を軽くすることは理不尽なことである。

　しかし，グローバル資本主義経済においては，世界を舞台として冷厳な環境のもと，グローバル企業の血みどろの激しい競争が行われ，国家のそのプライドと安泰を図り，国際的にも存在感を保つためには経済的繁栄がぜひとも必要である。

(2) 「税の競争」による企業課税の崩壊は「地獄への途」

　企業に対する税負担を軽減し，「企業が最も活躍しやすい国」にすることにより，国民経済の繁栄に貢献させようとする施策（安倍政権によるトリクルダウンの発想）が，強欲資本主義による企業の独善的な企業利益最優先主義のエゴイスティックな経営により，必ずしも成功していないことは明らかである。近隣諸国をはじめ世界における各国が法人税率を引き下げれば，グローバル経済のもとにおいてはこれを無視することができないのが実情である。

　したがって，現在，世界は法人税率の引き下げによる世界税金戦争に狂奔している。それは，"Race to the Bottom" と言われる「地獄への途」であるが，世界はその罠にはまっているのである。

第6編

税制公正化を目指す闘いのすすめ

第17章　国家秩序と安寧社会を破壊するグローバル企業の暴走：豊かな大企業・経営者と貧困化している勤労者・庶民

1　多国籍企業の一人勝ちで格差と貧困を世界に蔓延させたグローバリゼーションによる害悪：万能の主役から後退し「反グローバリズム」で国家主義が台頭

2　多国籍化した大企業は高収益を上げながらも下げ続けている労働者への分配分と急増している企業内蓄積：国の内外で巨額の利益を留保するなど社会的責任を忘却している経営哲学

3　急速に高騰している高額な経営者報酬と冷遇され低減している従業員給与：格差の拡大化の造出による深刻な「社会の貧困化」を招来

4　国家秩序を破壊するグローバル大企業の強欲な企業利益至上主義の経営哲学による横暴：格差社会を増幅する最大の要因である憂慮すべき現象

第18章　国の運命を危うくするマスメディアの煽動：かつては戦争を，今は企業減税と庶民増税を煽ってきたマスコミの罪状

1　ひたすら「増税先行」に狂奔してきた悪代官的政治家とマスメディアの煽動工作：権力の応援団的報道に堕落し「権力のチェック」機能を発揮しない「亡国のマスコミ」の醜態

2　陸海軍による国民の戦意昂揚の宣伝機関として働いた昭和戦争期のマスコミの煽動：戦勝報道と軍国美談のキャンペーンで国民世論を喚起し戦争拡大に勧誘し敗戦による亡国を招来

3　財務省の増税キャンペーンの宣伝機関として働いてきた平成期のマスコミの煽動：権力機構と一体化して行政目的達成の情報操作に利用され「亡国の消費税増税」の推進に加担

4　圧倒的な政治権力を行使する安倍政権に政治家や官僚とともにマスメディアも迎合しチェック機能が衰退

5　健全な民主主義を機能させるための「第四の権力」としてのマスメディアのあり方：政治権力の走狗とならずその横暴と怠慢を戒める「権力のチェック役」に専念し権威を確立

第19章　消費税減税と企業課税の増収の断行が急務：消費税再増税と法人税減税は誤った政策

1　消費税増税と企業減税のセット政策は根本的に誤り：国に税金を払わない大企業が多数存在

2　「消費税再増税」と「法人税減税」でなく「消費税減税」と「企業課税増税」の断行：的外れの改革で後世に禍根を残す危険を警告

第|17|章

国家秩序と安寧社会を破壊する
グローバル企業の暴走

―豊かな大企業・経営者と貧困化している勤労者・庶民―

1　多国籍企業の一人勝ちで格差と貧困を世界に蔓延させたグローバリ
ゼーションによる害悪
　　―万能の主役から後退し「反グローバリズム」で国家主義が台頭―

(1)　グローバル企業の暴走による害悪

　ボーダレスに国境を越えヒト，モノ，カネが自由に往来し，世界経済の成長と
繁栄を促したはずのグローバリゼーションは，多国籍企業などグローバル企業に
は強欲資本主義の経済哲学によるオペレーションで進出マーケットで巨大な収益
を収奪し，企業課税を空洞化して，いずこの国にも税金を払わないで空前に巨額
な利益を蓄積させてきた。

　これに反し，世界経済には構造的な景気低迷と需要減退をもたらし，経済成長
は鈍化し，貿易は停滞し，生産性は伸び悩み，格差と貧困を蔓延させ，中間層は
衰退により貧困層への転落を招いている。

(2)　反グローバリズムの風潮の台頭

　このため大衆の怒りがポピュリズムを爆発させ，やがて各国とも国家主権を復
権させるだけでなく，自国利益最優先主義の閉鎖的なナショナリズムを高揚させ
ている。

　これまで対立や相剋を乗り越えて，相連携して世界の一体化に向けてきていた
グローバリゼーションの潮流は，いまや「風とともに去りぬ（gone with the
wind)」の運命をたどろうとする兆候が強まっている。

　グローバル化の停滞から「反グローバリズム」の風潮は，2016年6月の英国
の国民投票による EU 離脱（ブレグジット，Brexit）に続き，2016年11月には「暴
言王」であり「好戦的で無知な人物」とまで言われるドナルド・トランプ氏が世
界最大の軍事大国にして経済大国の最高権力者である大統領に選出されるという

第 17 章　国家秩序と安寧社会を破壊するグローバル企業の暴走　◆　*637*

衝撃的事象は印象的である。

　英国と米国で起きた２つの「ショック」の底流には，「グローバル資本主義」の矛盾，既存の政治体制への不満による反抗があると思われる。

2　多国籍化した大企業は高収益を上げながらも下げ続けている労働者への分配分と急増している企業内蓄積
—国の内外で巨額の利益を留保するなど社会的責任を忘却している経営哲学—
(1)　グローバリゼーションのもと強欲資本主義の経営哲学で企業利益優先のオペレーション

　1960年代の日本は奇跡と称される経済成長を成し遂げるとともに，誰もが中流階級程度の意識を持つ社会を実現した。1976年のOECD（経済開発協力機構）による所得格差の国際比較では，日本は最も平等な国という結果が示され，経済成長のみでなく平等も実現した国となった。

　しかし，1990年代に入りバブル経済が終わり長期の経済停滞期に入り，日本でも経済格差が目立つようになった。2008年のリーマン・ショックの頃からは格差とともに貧困が問題視されてきた。

　根本的な問題の根源には，企業社会である日本において「稼ぎ頭」である大企業がグローバル化して多国籍企業化したことがある。長期の経済停滞による国内需要の衰退にともない新たな需要のあるマーケットと，低賃金をはじめとする生産コストの削減を求めて海外展開にシフトをし国内産業の空洞化を招来せしめてきた。

　企業はグローバリゼーションの進展するなかで，低賃金の途上国に対抗するため，国内でも「安上がり」の非正規雇用を増やしてきた。総務省の労働力調査によると2016年平均で，2016万人と7年連続して増加し，雇用者全体の37.5％を占めている。非正規雇用の増加は労働者の賃金水準の低迷につながり，社会の不安を増幅している。

　安倍政権が進めてきたアベノミクスは，退潮が色濃く，目指した"デフレからの脱却"に成功したとは，とてもいえない。デフレの真の原因である需要不足を解消することができないで破綻した，との評価が定着しつつある。

　首相は経済の好循環を実現するためとして，労働者の所得を増やす必要性を強調し，経営側へ賃上げの要請を繰り返している。しかし，経済の先行きは不安を招き，果敢な経営戦略に踏み切れない決断力に欠ける多くの経営者は，「笛吹け

638 ◆ 第6編 税制公正化を目指す闘いのすすめ

ど踊らず」，ひたすら非正規雇用の拡大で総労働コストの引き下げを図り，内部留保を積み上げている。

(2) 大企業は労働分配率を下げながら巨額な内部留保を蓄積

財務省の法人企業統計によると，金融・保険業を除いた企業が貯め込んだ内部留保総額（現・預金，有価証券，土地，設備等）は，2015年度で377兆8,689億円と4年連続で過去最高を記録している。内部留保のうち現・預金額は199兆9,000億円である。

一方，労働生産性は高まっていても，これが賃金に反映されていない。労働者1人当たりの実質労働生産性は，日本・欧州（ユーロ圏）・米国で高まっている。欧州や米国では生産性の上昇に応じ，雇用者への給与も増加してきている。しかし，日本だけが非正規労働者の増加などを受け，生産性が上昇しても，雇用者給与は上昇しないで低迷している。

日本の実質賃金は，リーマン・ショック以前の2007年の水準に戻っていない。先進国では，リーマン・ショックを受けても，ドイツ・米国をはじめ北欧諸国などでの実質賃金は上昇してきた。韓国も2012年以降，実質賃金は上向いている。ところが，日本，イタリア，英国は実質賃金が下がったままである。

企業の社内留保が急速に累増しているのに反し，企業利益の労働者への分配状況を示す労働分配率は，1977年は76.1％であった。これが1997年には66.3％からひたすら低下の一途をたどり，2011年には60.6％に下がり，2015年には58.7％まで低落している（[図表3-6-1]を参照）。

(3) 海外子会社の現地に蓄積している内部留保も急増

国内需要の縮小を背景に，日本企業は海外における投資を活発にしている。海外の消費地で生産する「地産地消」の流れが強まっているからである。

これにともない日本企業の海外子会社が，稼いだ利益による資産を現地にとどめておく動きが加速している。2016年の国際収支統計によると，海外子会社の内部留保額は3兆9,014億円で，前年より14.1％も増えている。比較可能な1996年以降で過去最高となった。現地での設備投資などに備えているほか，円高で国内に資金を戻す際の目減りを防ぐ狙いもある（[図表3-6-2]を参照）。

第17章 国家秩序と安寧社会を破壊するグローバル企業の暴走 ◆ *639*

〔図表3-6-1〕企業の利益配分における社内留保の現・預金額と労働者への分配率の推移
――企業は社内留保を蓄積し益々豊かになっているが労働者は貧しい
状態になる――

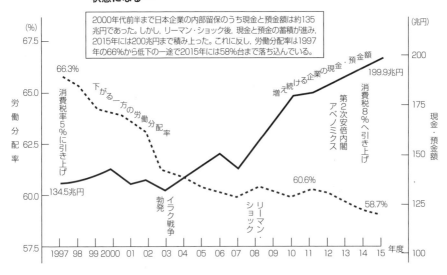

(注) 1. 企業の内部留保額のうち，現金・預金額（金融・保険業を除く）と労働分配率の推移を対比して示している。
2. 2016年度末における現金・預金額はさらに増加し，211兆円（内部留保総額は406兆円）に達している。

〔図表3-6-2〕海外子会社の内部留保額の増加の推移
――内部留保額は増加傾向の一途をたどっている――

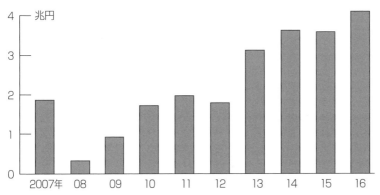

(注)　日本企業の海外子会社の内部留保額の増加状況を示している。
　　　　海外子会社の内部留保額は 3 兆 9,014 億円（2016 年）に達し過去最高となっている。海外の消費地での生産の高まりにより設備投資など海外での資金需要も強まっているとはいえ，直接投資収益の 7 兆 3,397 億円からすると内部留保額の割合は高率である。
［出所］　国際収支統計による。

　海外子会社からの配当金や内部留保などを含む 2016 年の直接投資収益は，前年比 9.6％減の 7 兆 3,397 億円である。円高による配当金の目減りが響いたためである。海外子会社の内部留保の割合は 53.2％で，前年に比して 11.1 ポイント上昇している。海外に進出している大手メーカーなどは，「円高で配当金を目減りさせるより，資金をとどめて現地で再投資する方が得策になる」との見方をしている。

3　急速に高騰している高額な経営者報酬と冷遇され低減している従業員給与
―格差の拡大化の造出による深刻な「社会の貧困化」を招来―
⑴　アメリカナイズして株主と経営者の利益を優先する経営姿勢に変質

　米国の指令により制定された会社法の施行以来，日本の大企業の経済スタイルは急速にアメリカナイズしてきている。それは米国型株主資本主義モデルを模倣する日本の経済界の追随路線の結果である。

　会社法における特徴的な発想は，「株主主権論」，「株主利益至上主義」である。会社は株主のものであり，経営者は株主の代理人として，株主資本の収益率を最大とする責任があるとしている。それは，株主利益を最優先とする企業統治としての発想である。

　金融市場の投資尺度は，企業財務のうち，株主の持分とされる「純資産」，すなわち株主資本に対する利益率である。株主資本に対する利益率を高める経営者にはストックオプションなどの経済的インセンティブとして高額な報酬が約束される。

　その半面で，一般の従業員は絶えずリストラの対象とされ，給与は低く抑えられる。そのような米国型株主中心の金融モデルが全産業を覆っており，日本の企業社会の構造を変質させてしまっている。

　米国では，最高経営責任者（CEO）と，平均的労働者の給与の比率は 1960 年代には 25 倍であったが，近年では 350 倍以上になっている。150 億円という天文学的な報酬を稼ぐ CEO もいる。経営者報酬の高騰こそが，米国での格差拡大

第 17 章　国家秩序と安寧社会を破壊するグローバル企業の暴走　◆　*641*

の最大の要因である。

　この米国型株主資本主義が会社法の制定とともに日本に輸入され，急速にこれが浸透しつつある。その代表的な現象形態として，日本企業においても著しく高額な役員報酬と，低水準に抑えられた従業員の給与の「収入格差」の拡大傾向が目立っている。

⑵　報酬額が 1 億円以上の高給の経営者は人数・報酬額とも急増

　1 億円以上の高額報酬を得た上場企業役員の数と報酬総額の開示が始まった2010 年の段階で，対象であった 289 人（3 月決算企業）の報酬総額は 480 億円であり，このうち業績に連動する賞与は 55 億円である。

　これが 2016 年には，報酬総額が 843 億円（役員数・414 人）に急速に増加し，賞与も 3.5 倍の 196 億円になっている。近時，日本でも報酬が高い外国人の役員を採用する企業が増え，これに引きずられる形で役員報酬の全体も上昇しているのが実態である。

⑶　貧窮状態で低迷している従業員給与は格差を拡大

　役員に比べると従業員の年収の増加率は極めて緩慢である。この調査によると，上場企業約 2,200 社（3 月期決算）の 2016 年の平均年収は 622 万円で，対 2010年比の増加率は 7.8 ％である。一方で，この間に 1 億以上を得た役員の 1 人当たりの報酬額は 22.6 ％も増えている。

　中小企業や非上場企業を含む給与所得者の年収の伸びは，さらに鈍い。国税庁のデータによると非正規を含む 2015 年の平均年収は 420 万円（正規 984 万円，非正規 170 万円）で 2010 年からの増加率は僅かに 2 ％である。この間に平均年収に近い収入層の人数は，ほぼ横ばいであったが，1,000 万円超を得た高収入の人は約 20 ％ほど，100 万円以下の低収入の人も約 14 ％増えている。「平均層」よりも高・低所得者層において，増加率が高い傾向にある。

⑷　企業規模の大・中小と正規・非正規で格差を拡大している従業員給与

　従業員の給与収入も大規模企業である上場企業と，事業規模が中小である非上場企業とでは異なり，両者の間には格差があるのが一般である。

　上場企業の社員の給与収入に比して，非正規雇用を含めた民間で働く人の全体の年収は著しく低い水準に停滞しているのが実態である。当然のことながら正規従業員と非正規従業員の間においても給与収入に大きな格差があるのが現状であ

642 ◆ 第6編　税制公正化を目指す闘いのすすめ

る。

4　国家秩序を破壊するグローバル大企業の強欲な企業利益至上主義の経営哲学による横暴
―格差社会を増幅する最大の要因である憂慮すべき現象―

⑴　企業利益優先の強欲経営で労働者はワーキング・プア

　安倍政権の政策である「世界で一番に企業が活躍しやすい国」の強化により，企業は収益力を向上させ投資家が重視する自己資本利益率（ROE）が 2016 年度は 8.5％と 3 年ぶりに上昇している。企業は利益増にともない株主への配当を高率化するとともに，自社株買いなどで株主への利益還元にシフトしている。労働分配率の低下とともに社内留保の蓄積に専念している。

　このため日本の労働者は，雇用形態・労働時間・賃金のトータルで劣化している。貧困化現象は，非正規雇用の増大が最大の要因である。ワーキング・プアと言われる「働く貧困層」が雇用者の半数を越えている。

⑵　グローバル大企業の暴走は「格差社会」を増幅し「社会の貧困化」を進行させ国家秩序と安寧社会を破壊

　グローバリゼーションを背景にグローバルにビジネスを展開する多国籍化した巨大企業は，各国間の税制の格差やタックス・ヘイブンなどを利用したり，国際課税の仕組みにおける欠陥や抜け穴を悪用して世界的スケールで課税逃れをし，税源を海外に流出させて日本の税負担を免れ国の財政に貢献していない。

　国籍不明の「根なし草化」したグローバル大企業は，企業利益至上主義の強欲経営で企業の社会的責任を自覚していない身勝手な経営姿勢で暴走を展開している。

　富める豊かな大企業とその株主と経営者，それに対して貧困化している勤労者の存在，経済的格差の造出による深刻な「格差社会」の増幅と「社会の貧困化」の進行は，国家秩序と安寧社会を破壊する憂慮すべき危険な現象である。

第|18|章

国の運命を危うくするマスメディアの煽動

―かつては戦争を，今は企業減税と庶民増税を煽ってきた マスコミの罪状―

1　ひたすら「増税先行」に狂奔してきた悪代官的政治家とマスメディアの煽動工作

―権力の応援団的報道に堕落し「権力のチェック」機能を発揮しない「亡国のマスコミ」の醜態―

(1)　税制の本義に逆らう国民だましの「社会保障と税の一体改革」の欺瞞

およそ，税制の本義は，あくまで，国の施策のためにあるわけであるから，まず，国としては，いかなることをなすべきかが明確でなければ税制を論ずる前提がないことになる。

要するに，妥当な政策を明確にして，はじめて，いかなる税制を構築すべきかが問題となるのである。

ところが，かつて登場した「社会保障と税の一体改革」は，年金・医療・介護，その他，殆どの主要事項について先送りされ，本丸はただの「消費税増税」だけであった。

これでは，全く税制の本義に逆らうことになり，理念なき「増税先行」の誤った税制改革と言うべきである。経済が低迷しデフレ不況に苦しんでいる時に，こんなに巨額な庶民増税をすれば経済は破綻の危機に陥り大変なことになる。

(2)　理不尽な背信の消費税増税へ猛進し失速し自滅した民主党野田政権

民主党は，2009年衆院選マニフェストに消費税増税ではなく行政の無駄削減による財源捻出を盛り込み，当時の鳩山由紀夫代表ら各候補が「消費税は増税しない」と公約して政権についた。民主党政権三代目の野田佳彦首相は，選挙戦で「書いてあることは命懸けで実行するが，書いていないことはやらない。それがマニフェストのルールだ」とまで言い切っていたのである。

644 ◆ 第6編　税制公正化を目指す闘いのすすめ

それが一転，消費税増税に政治生命を懸ける姿勢に「変節」した。財務省主導の洗脳によることは明らかである。

野田首相は，消費増税法の成立に猛進し，党内をまとめるより自民・公明両党の協力に活路を求めた。自公を引き込んだ言葉は「近いうちに国民に信を問う」であった。その代償として民主党は分裂し，多くの党が乱立する総選挙の引き金を引いた。その結果，総選挙では国民の怒りにより大敗し野田政権は自滅した。

(3)　消費税増税の推進力となった民主党政権・野党自民党・財界・官僚とマスコミの煽動

事の真相は，「不退転の覚悟で」とまで力を入れて，消費税増税法案の成立に臨んできた野田首相を担いできたのは，財界・官僚・マスメディアである。これらの絶大なる支援のもと，ともに財務大臣経験者で，財務省振り付けの「増税急進派」の野田首相と野党第一党の自民党の谷垣禎一総裁とのコンビによる陰謀的な密室談合による野合がなければ成立しなかったはずである。

彼らは，「ようやく手にした成果だ」，「今回できなければ向こう10年はできなかった」と，大歓迎をしていた。

マスメディアは，野田政権・財界・官僚の“提灯持ち”となり，異常なまでに消費税の増税必要論を垂れ流していた。

民主党政権が消費税増税法案を閣議決定した際には，「豹変して進むしかない」（『朝日新聞』2011年12月31日，社説）と援護を表明したうえ，消費増税に異論を唱える者に向かっては「反対なら代替案を示せ」（『毎日新聞』2012年1月7日，社説）とまで開き直っていた。

消費税増税関連法案が参院で可決成立した時には，某大新聞は，社説で「財政健全化への歴史的な第一歩」だと，消費税増税法の成立を称賛し，「国民に負担を求める改革は緒に就いたばかりだ」（『読売新聞』2012年8月11日，社説）とまで増税推進の狂気の論説を張っている始末であった。

この堕落ぶりから，マスメディアは，いざという時には大多数の民意の立場に立たないこと，政府権力・財界の代弁者となるということを肝に銘じておかなければならない。このことは，かつて戦争を煽った戦時中の新聞の罪状と同じなのである。

昭和前期の戦時中においては，満州事変後，マスメディア世論は事変前と変わって大転換し，戦勝報道を誇張し国民の戦意昂揚を煽り，ついに大東亜戦争への突入の動因となり敗戦を招き国を破滅に陥らせた。昔は戦争を，今は庶民増税

を煽動し，国の運命を危うくしてきているのがマスメディアである。

(4) 庶民の痛みによる苦しみをよそに財界とマスコミは消費税増税を歓迎

　消費税が予定どおり10％に引き上げられると，当初の見込みで年収500万円の40歳以上の夫婦と小学生2人の1人働き世帯で16万7,600円の負担増になる。これに復興増税（所得税，住民税），環境税，毎年の厚生年金保険料の引き上げ，東京電力の電気料金の値上げなどを加えると31万4,400円の負担増になる。ほぼ，賃金の1か月分にあたる。

　こうした庶民の痛みが判っている筈であろうが，増税推進勢力は「国益優先」，「国家の将来」を振りかざして，ひたすら国民にガマンを求めているのである。

　財界は消費税増税を「日本経済再生の条件」だとまで位置付けている。日本経団連の米倉弘昌会長（当時）は「国益を重視した3党党首の努力の結果，法案が成立したことを高く評価する」とのコメントを出しているほどであった。

　野田首相（当時）は，増税法案成立後の記者会見で，消費税について「2009年の衆議院選の民主党のマニフェストに記載がなかった。深く国民におわびしたい」と陳謝し，「増税分は全額を社会保障で還元されることを約束する」と述べている。しかし，首相は，増税で財政が健全化することによって，「（国民の）暮らしも安定」するなどと述べている。

　この野田首相（当時）の発言は，とんでもない見当違いの考えであり，まさに，盗人猛々しいというべきである。

(5) 権力と一体化して財務省の増税路線の援護射撃に傾斜しているマスコミ報道

　新聞は「歴史の証人」「社会の木鐸」として，「権力のチェック役」としての機能を有すべきものと考えられている。

　しかるに，長いことガラパゴス化の道をたどり，権力と一体化して既得権益を享受してきた日本のマスコミは，東日本大震災後は財務省の増税路線を一段と擁護し援護射撃的報道に傾斜してきた。

　福島第一原発事故については，まさに発表報道のオンパレードであり，戦時中の「大本営発表」のような真実を隠蔽する政府の「プレスリリース原稿」を乱発してきている。

　原発事故後，東京電力救済を決めるなか，政府は財務省のシナリオに乗って消費税増税路線へ傾斜し始めた。大震災の復興財源を確保するためには国民に負担してもらうしかないとの判断が働いたからであろう。これでは東電の株主と債権

646 ◆ 第6編　税制公正化を目指す闘いのすすめ

者の利益を守るために国民に負担を求めているだけである。

　政府権力と一体化してきた新聞マスメディアの"複合体的体質"は，昭和戦前期も，現在の平成期においても一貫して通ずる遺憾ながらの共通の悪弊である。異なるのは，その主導が戦前は陸海軍という軍部権力であり，現在は政府権力の権化である財務省である。

2　陸海軍による国民の戦意昂揚の宣伝機関として働いた昭和戦争期のマスコミの煽動
―戦勝報道と軍国美談のキャンペーンで国民世論を喚起し戦争拡大に勧誘し敗戦による亡国を招来―

(1)　満州事変を契機に陸海軍の宣伝工作はジャーナリズムにも強く浸透

　昭和恐慌のもとで，暗く沈滞した気分に包まれていた日本の社会は，満州事変が勃発し，関東軍の勝報が連日の新聞紙上をにぎわすようになると，その報道に活気づいたのである。

　満蒙の新天地が開けたことで，袋小路に入り込んだようであった社会に光がさしはじめたという思いが国民大衆の間にみなぎり始めたのである。

　それは，軍部や右翼団体によるキャンペーンの結果であり，ジャーナリズムが連日のように大見出しで関東軍の進出を報じ，「皇軍」の武勇伝を紙上に展開した[1]。

　ここに「皇軍」とは，天皇陛下の軍隊という意味であり，神格化されたイメージを漂わせた表現である。

　満州事変後，マスメディア（新聞）世論は，事変前とは変わって大旋回することになったのである[2]。

(2)　「皇軍」の武勇伝宣伝の代表例は「爆弾三勇士」の美談

　戦争キャンペーンの例は，数限りなく多いのであるが，上海事変の際の「爆弾三勇士」の例は著名である。

　上海の市街戦で戦死した3人の兵士があった。密集した建物と掘割に悩まされ，鉄条網に阻まれた廟行鎮の戦闘にあたり，爆弾を抱いた3名が鉄条網に突入し，

---

1)　中村隆英著『昭和史・上』東洋経済新報社，2012年8月，223頁。

2)　筒井清忠著『昭和戦前期の政党政治 ― 二大政党はなぜ挫折したのか』（ちくま新書）筑摩書房，2012年10月，215頁。

第18章　国の運命を危うくするマスメディアの煽動 ◆ *647*

一身を犠牲にして突破口を切り開いたのであるとしている。3名の戦死は事実で
あったが，爆弾を抱いて鉄条網を破壊したというのは全くの虚構であった。しか
し，戦場から「美談」が報道されるや，新聞雑誌は争ってその取材に狂奔し，尾
ひれをつけて紙面を賑わし，映画になり，ついには歌舞伎座の舞台にまでのぼっ
ていた[3]。

　現に，私自身は当時，小学生であったが，この「爆弾三勇士」が煙を発してい
る巨大な爆弾を抱えて敵陣に肉弾突入するカラーによる見事な勇姿の生々しい絵
が掲載された「少年倶楽部」を見て深い感動と緊張を覚えたことを今も鮮明に記
憶している。もとより当時，このことが軍部による戦意昂揚のキャンペーンであ
り「虚構」であったということなどを疑うような気持などは，いささかもなかっ
たことは言うまでもない。

(3)　軍のキャンペーンによる「忠君愛国」の虚像と右翼・革新思想の潮流

　歴史の記述によれば，「この種の忠君愛国」の虚像が，次々につくりあげられ
たのである。この例に限らず，軍国「美談」は一般大衆へのアピールを狙って，次々
にジャーナリズムを埋め尽くした。恤兵献金や軍用機献納のための愛国献金は，
各新聞社の競争で行われた。小学生の節約した小遣いから，売名をねらう企業の
大口献金にいたるまでの「浄財」，寄付者の芳名から，完成した「愛国号」の献
納式にいたるまでが華々しく記事になったのである。

　当時の新聞紙上には，もちろん時局を憂うる真剣な論説も掲載されていたのは
事実である。しかし一般読者の目を惹くのは，やはり満州・上海の戦況であり，ジュ
ネーヴにおける「名誉の孤立」の謳歌であり，近づく日ソ未来戦という陸軍のキャ
ンペーンであり，社会面では軍国美談とセンセーショナルなエロ・グロ事件であ
り，「凶悪」な共産党活動の当局による摘発であり，右翼テロ実行者の志士仁人
扱いであった。日本の大衆は，このような動向に比較的容易に追随していったの
である[4]。

(4)　満州事変の当時における新聞の軍の報道機関化したキャンペーンの状況

　満州事変を契機として「大旋回」するにいたった新聞報道の戦意昂揚キャンペー
ンの実態をみることとしよう。

---

　3)　中村隆英，前掲注1)，224頁。
　4)　中村隆英，前掲注1)，224～225頁。

648 ◆ 第6編 税制公正化を目指す闘いのすすめ

　朝日新聞は，1932年1月25日から「東西朝日満州事変展」を催しており，自社の満州事変報道を誇らしげに，次のように掲げている[5]。

〔朝日新聞〕

　それによると，事変勃発以来，事変関係「社説」は54回，特電は普通，月50〜100通であるものが，9月360通，11月525通等で結局，年末計3,785通（中国16か所で60人の特派員が打電）であったという。号外は1931年9月11日から1932年1月10日までの間に131回発行，連日・朝夕の日もあり，大部分は一頁大だった。特派員の報国演説会は東日本だけで70回，観客約60万人。ニュース映画上映会は1,501か所，4,002回，観客約1,000万人という。

　「社説」は，初期における以下のようなものが代表的なものである。

9.26　「朝鮮より数千名の増援隊を派遣…これも条約上の規定守備の兵員補充」（大阪朝日）

9.29　「自衛権の行使」（大阪朝日）

10.1　「満州に独立国の生れ出ることについては，歓迎こそすれ，反対すべき理由はない」（大阪朝日）

　「慰問金」に関してであるが，以下が代表的なものである。

10.16　第一面に大社告「満州駐屯軍の労苦は容易ならず」。慰問金10,000円，慰問袋20,000個支出。さらに慰問金を一般公募し，当初締め切り11月5日として30,000円，12月23日には30万円超

10.24　原田取締役ら訪満

10.27　本庄関東軍司令官，村山社長に感謝状

〔毎日新聞（東京日日新聞）〕

　毎日新聞（東京日日新聞）と満州事変に関しては「関東軍主催，毎日新聞後援，満州事変」という言い方で，その協力ぶりがよく知られている。ここでは主な記事を掲げると次のようである。

9.20　関東軍の行為に「満腔の謝意」

9.23　政府の不拡大方針に「日本は（中略）被害者」と抗議

9.25　政府の国際連盟からの申し出拒否を「最も適当なる処置」と擁護

9.27　政府の慎重姿勢はなお弱腰として「大声疾呼して国民的大努力の発動を力説」

───────────────

　5）　筒井清忠，前掲注2），216〜219頁。

10.1 「強硬あるのみ」

10.9 政府の不拡大方針に対して「進退を決せよ」

10.15 中国の言い分は「盗人たけだけしい」

10.24 「正義の国，日本」

10.26 「守れ満蒙＝帝国の生命線」

⑸ 新聞の戦争協力に対する陸軍大臣からの感謝顕賞

こうした新聞の協力ぶりに，事変が一段落ついた翌年春，各新聞は荒木貞夫陸相から感謝されることになった。

「今次の満州事変を観るに，各新聞が満蒙の重大性を経とし，皇道の精神を緯とし，能く，国民的世論を内に統制し外に顕揚したことは，日露戦争以来，稀に見る壮観であってわが国の新聞人の芳勲偉功は特筆に値する」（『新聞及新聞記者』1932年3月号）

3 財務省の増税キャンペーンの宣伝機関として働いてきた平成期のマスコミの煽動
―権力機構と一体化して行政目的達成の情報操作に利用され「亡国の消費税増税」の推進に加担―

⑴ 財務省の強大な権力を支える3つの権限と4つの装置

財務省（旧大蔵省）は，よく「リヴァイアサン」（Leviathan）にたとえられる。リヴァイアサンとは『旧約聖書』の「ヨブ記」第40章と第41章に出てくる強力な怪獣であり，17世紀の英国の政治哲学者，トマス・ホッブスの主著『リヴァイアサン』（Leviathan, or the Matter, Forme, and Power of a Common-wealth Ecclesiastical and Civile. 1651年出版）の題名となった。『リヴァイアサン』の中では，近代国家主権の全能性をあらわすために用いられている。

ホッブスは，この著書をイギリス市民革命の渦の中で書いた。国家の持つ絶対不可侵の自己保存権を強調することから出発しているが，結論的には，近代国家の国家主権の根拠を，国家を構成する国民各層の社会契約に求めている。この点，ホッブスはリヴァイアサンを肯定的な存在とみなしている。

善し悪しは別として，「官庁の中の官庁」として，大蔵省がリヴァイアサンにたとえられるのはもっともなことである。他省庁に比べて卓越した権限を持っているだけでなく，政界や民間経済界を抑え込む力ないし機能を備えているからである。1993年まで38年間，日本を長期支配した自民党は，実質的に大蔵省の主

計局や主税局にコントロールされてきていた。

経済界の総本山，経済団体連合会は，時に法人税などについて異を唱え注文をつけることはあるが，大蔵省の主張に追随するのが常である。大蔵省と戦うことによって得る利益より，迎合することによって得る利益のほうが大きい，という考え方である。長い経験から，そういう結論に達するのは無理からぬことによるのであろう。

財務省（旧大蔵省）の権力は，3つの権限に支えられていると言っていい。予算編成権，国税賦課徴収権と金融・証券業界の監督権である[6]。

第1の予算編成権とは，内閣と政権党の予算編成方針に従っているとはいうものの，具体的には，各省庁の要求を査定し，どの政策に，どれだけの予算をつけるか，最終的には大蔵省（財務省）が主導して決める権限である。

第2の国税賦課徴収権とは，主税局が税法をつくり，それに基づいて国税庁が強制力を持って税金を徴収する権限である。第二次世界大戦後は納税者の申告が基本ルールとはなっているが，実際には，国税庁—国税局—税務署の徴税側が実質的に決定している場合が多い。

第3の金融・証券業界の監督権は，金融機関と証券会社がともに免許制になっているため非常に強い権限を伴っている。銀行法や証券業法の違反に対して営業停止などの処分ができるほか，経営トップの辞任を実質的に命じることさえできる。

この3つの権限は，1つひとつをとっても強力なものである。しかし，3つを組み合わせた場合は，その何倍もの力を発揮する可能性がある。一部の政治家が「大蔵省（財務省）の政策に反対したら，国税庁から税金について，やんわり脅かされた」と漏らすことがあるが，そんなことが事実としてあるかどうかはともかくとしても，政治家などが予算編成権と国税徴収権を併せ持つ大蔵省（財務省）に，一種の恐怖心を抱いていることは事実である。

これらの3つの権限のほかにも大蔵省（財務省）の力を強めているものが4つある[7]。

まず，第1が金融，証券，保険など民間業界への「天下り」である。その数が多いだけに，大蔵行政に協力する巨大，強力な人的ネットワークが構成されている。

---

6) 早房長治著『大蔵省改造計画—これが「霞が関改革」の始りである』ダイヤモンド社，1996
　　年7月，103 ～ 104頁。

7) 早房長治，前掲注6），144頁。

第18章　国の運命を危うくするマスメディアの煽動　◆　*651*

　第2は，他省庁や衆参両院に対する出向者が非常に多く，彼らは情報と共同作業のための強力なネットワークをつくっていることが挙げられる。

　第3に，出身政治家の多さである。ごく稀な例外は存在するが，大部分は大蔵省（財務省）と持ちつ持たれつの関係にある。

　第4は，マスコミとの距離の近さである。

(2)　財務省はマスコミ懐柔による情報操作活用の筆頭省庁

　明治以来の行政は，「民は，これを由らしむべし，これを知らしむべからず」という徳川政治の伝統をそのまま引き継いでいる。政府は，行政や治安のためにおびただしい情報を集めているが，都合の悪い情報はほとんど国民の目から隠し，都合のいい情報だけに基づいて政策を組み立てている。

　第二次世界大戦後，新憲法の下で，国会は形式的にはかなり強い国政調査権を持つようになった。国民は行政府の持つ，ほとんどすべての情報を知る権利を得たのである。だが，実際は，守秘義務などの分厚い壁に阻まれ，また，各省庁の巧妙な隠蔽工作で，国民が知りうる重要情報はそれほど増えたわけではない。かつての薬害エイズ事件は，多数の人命にかかわる情報すら秘密にしてきた官庁の体質を象徴的に示している。

　東電の福島第一原発事故においても政府の行政能力の拙劣さという事情もあったが，情報開示が極めて不徹底で場当たり的であり，被災者は的確な情報さえあれば被らなくてもよい被害を受けている。拡散予測データは中央官僚の判断で公開されなかったのである。「責任を取らされたくない」「批判されたくない」といった官僚文化が背景にある。

　とはいっても，戦前と違って，民主政治の下では，統治する側が都合の悪い情報を隠してさえいれば，国民が疑問を抱くことなく，従順についていくことにはならない。時が経つにつれて，情報は多様化し，量的には過多と思われる水準に達しているので，政府が意図しても，消極的な方法では情報を効果的にコントロールできないからである。そこで，各省庁は大蔵省（財務省）を筆頭に，情報操作の積極戦法に転じたというわけである。

(3)　財務省が行ってきたマスコミの情報操作の巧妙な手法

　財務省（旧大蔵省）が行ってきた情報操作には，大別して3つの種類がある[8]。

---

8)　早房長治，前掲注6)，170〜174頁。

652 ◆ 第6編 税制公正化を目指す闘いのすすめ

　情報操作の第1は，新聞記者やテレビ記者のエリート意識をくすぐって，大蔵行政のペースに巻き込むことである。大手の新聞社，通信社やNHKは4人から11人くらいの記者を，役所が場所も情報も提供している大蔵省記者クラブである「財政研究会」室に常駐させている。

　記者クラブ詰めの新聞記者は，役人と四六時中接している。現場では記者と役人がよしみを通じ，馴れ合いになりやすい。親しくなれば，どうしても，役所に批判的な記事や役所に不利になる記事は書きにくくなる。記者クラブは，そこに所属しないマスコミを排除した，大マスコミの既得権になっている。

　財務省の幹部や広報担当者は常駐記者，とりわけ各社のキャップに対して，「あなた方は日本のジャーナリズムのエリートだ。世論をリードしていく人なのだから，批判ばかりされていては困る。われわれといっしょに，日本の将来，日本の財政をどうしたらいいかを真剣に考えてほしい」といった調子で持ち上げる由である。

　こうしたやり方に日本のジャーナリストは概して弱いのである。新聞記者たちは，官僚とは社会における機能が違うことを忘れて，自らを財務省幹部と同じ「天下人」と錯覚しがちになる。一線の記者だけではない。各社の編集幹部にも大蔵省（現財務省）の幹部たちと親密につき合ってきた人が多いようである。

　霞が関官僚，とりわけ財務官僚とマスコミとの距離が異常なほど近いのは事実であろう。こういう状況が生じたのは両方に原因があるが，仕掛けたのは大蔵省（現財務省）側であることは間違いない。

　情報操作の第2の手法は，審議会へのマスコミの取り込みである。第二次世界大戦後，各省庁は主要な政策を決める場合，事前に審議会に諮るのが通例である。官僚の独断を排し，民間の意見を広く取り入れるというのが建前だが，多くの場合，官僚の「隠れミノ」として使われている。

　税制調査会の討議の対象となる税制は，国民の生活に直結していて，最も激しいタイプの批判に結びつきかねない。だから，税調という「大きな隠れミノ」なしの税行政は考えられない。

　民主党への政権交代前の自公政権時代の税調にはマスコミからの7人の委員が入っていた。朝日，毎日，読売，日本経済などの大手新聞社が顔を揃えているだけでなく，過半数が論説・編集の幹部かそのOBである。これにNHKからの委員が加われば，マスコミ大手の勢揃いということになる。財務省所管であれ，他省庁の所管であれ，審議会には必ず数名のマスコミ出身の委員がいるが，マスコミ大手が顔を並べる審議会は税調だけである。

第18章　国の運命を危うくするマスメディアの煽動　◆　*653*

　審議会にマスコミ各社を取り込む効用は，行政に対する批判を封じるということである。例えば，ある新聞社の論説トップが税調委員に名を連ねているとする。税調委員の選考は主税局の手の内で行われているから，主税局が増税を打ち出した時に，税調も同じ趣旨の答申を出すことはほぼ間違いない。この際，その新聞社は増税反対を主張することができないわけではないが，論説トップが税調に属していることで，筆勢が鈍る可能性はかなりあるであろう。絶対反対を主張するなら，論説トップが税調委員を辞任するのが当然で，そういう行動をとらない限り，多少とも税調の結論に妥協的な論調を張らざるをえない。財務省が狙っていることは，このあたりである。

　情報操作の第3の手法は，財務省に都合のいい情報は，特ダネという形で積極的に出すやり方である。日本のマスコミは取材対象の「特ダネ攻勢」にはからっきし弱いから，財務省の新しい政策や方針を競って書くことになってしまう。

　ここに述べたような財務省の3つの手法による情報操作は，もとより望ましいものではない。行政官庁には説明責任（accountability）があり，それに反する行動を意図的にとることは民主国家にあるまじきことだからである。

⑷　政府権力によるマスコミ活用の情報操作の淵源

　政府権力によるマスコミ操作は政治の常道であり，珍しいことではない。しかし，政治権力によるマスコミ操作がいつ頃から行われたかは興味あることである。

　米国政府がマスコミ操作を本格的に開始したのは，ケネディ政権下（1961～63年）だと言われている。

　日本で初めてマスコミ操作に本腰を入れて取り組んだのは，1960年代の大蔵省（現財務省）ではないかとみられている。このことは大衆課税の安定財源である付加価値税（現在の消費税）導入を展望しての深遠なる政略であると分析することができる。

4　圧倒的な政治権力を行使する安倍政権に政治家や官僚とともにマスメディアも迎合しチェック機能が衰退

⑴　森友学園問題で「交渉記録は破棄した」などと答弁し安倍政権を護り通した財務省理財局長

　学校法人「森友学園」へ国有地が当初の評価額より8億円以上も安い価格で売却されていた「国有地不当廉価売却疑惑問題」の担当責任者が財務省理財局長時代に，「売買契約締結をもって事案が終了しているので森友学園との交渉記録は

654 ◆ 第6編 税制公正化を目指す闘いのすすめ

すべて廃棄し残っていません」「パソコン上のデータも自動的に消去され，修復不可能です」などと国会で平然と答弁し，疑惑解明に最大の障害になっていた。

しかし，契約は10年の分割払い，買い戻し特約付きの条件もあった。大阪府の私立学校審議会では森友学園の財務状況の不安が指摘されていた。とても事案が終了したとは言えない。

本当に交渉記録を破棄したのであれば，それは行政機関の意思決定を検証できるよう，文書を保存することを定めた公文書管理法に違反する行為である。

核心をつく質問には，「記憶にありません」と逃げ回った。超格安で国有地が売却された疑惑について政治家や行政官僚がどのように関わっていたかを明らかにしようとせず，国民が納得できない答弁を繰り返していた。

⑵　ごみ撤去費「3.8億円過大」見積もりの鑑定

森友学園に国有地が約8億円も値引きして売却された問題で，財務省近畿財務局長らを背任容疑で告発した弁護士グループが2017年9月1日，値引きの根拠となった地中ごみの撤去費が約3億8,400万円も過大であったとする平野憲司一級建築士の鑑定書を大阪地検特捜部に提出した。「国がごみの撤去費を意図的に水増しをした可能性がある」ということである。

この鑑定は，国が算定したとおりの1万9,520トンのごみがあったとの前提に立ち，国土交通省の「公共建築工事積算基準」などに基づき，ごみ撤去にかかった工事費を計算した。

鑑定結果によると「直接工事費」の1つの汚染土の処分費は，市場単価では1トン当たり13,932円であったのに対し，国は約1.6倍の22,500円で積算していた。直接工事費に，さまざまな比率をかけて計上する「間接工事費」では全ての項目で比率が高く設定されており，中でも「現場管理費」は，鑑定の4.1倍に拡大されていたとしている。

全体で，ごみの撤去費は約4億3,500万円となり，約8億1,900万円とする国の積算を大きく下回っているのである。

⑶　会計検査院は値引き理由となったごみ撤去費用について「根拠が不十分」と指摘

ごみの撤去費は，財務省の依頼で国土交通省大阪航空局が計算し，地中に占めるごみの混入率を推計し，ごみの総量を1万9,520トンと見積り，8億2,000万円が必要であるとした。その結果，不動産鑑定で9億5,600万円と値がついた土

第18章　国の運命を危うくするマスメディアの煽動　◆　*655*

地は，この撤去費を差し引き，1億3,400万円の売却価格となった。

　政府の撤去費用と検査院の試算ではごみの深さと混入率が違うのである。航空局の場合ごみが1万9,520トンであったのに対し検査院の試算は，6,196トンと3割ほどにしかならない。検査院はさまざまなデータを取り込んで，より丁寧に試算しており，値引き額が過大であったことになる。

(4)　政府は録音内容を認めるが「価格交渉ではない」と開き直り誠実に対応していない

　森友学園への国有地売却で会計検査院が「根拠不十分」と指摘した直後の衆院予算委員会で政府は2017年11月27日，音声データと同様の森友学園とのやりとりがあったことを一転して認める一方で，「価格交渉ではない」と強調した。

　音声データには，職員が「ゼロに近い金額で努力する」と発言したり，「マックス10年であとの8割を返すやり方もある」，「劇的に月額の負担料が安くなる」などと，異例の分割払いを職員側から提案したりする様子も記録されている。まさに，公務員による最高権力者である安倍首相への"壮大なる忖度"である。政府からはこの日，この部分について明確な説明がなかった。

　真相の解明への姿勢にも疑問が残る。野党は，11月27日，安倍首相の妻昭恵氏や佐川宣寿前理財局長らの招致を要求したが与党側は拒否した。

　森友学園問題は，関与する政治家と官僚の安倍首相の強大な権力に対する"忖度"によるものであるが，このような事態を招いているのは，事実上の首相の「職権濫用」，「地位利用」であり，国会における追及だけにとどまらず，マスメディアこそ，その真相を究明し，安倍首相を糾弾すべきであるが一部を除いては静観し，その機能を発揮していない。

(5)　安倍首相は「丁寧な説明」と言明しているが，多くの疑惑事件が解明されないままになっており政治に対する不信が増幅

　森友・加計両学園疑惑，防衛省の南スーダンPKOの「日報」隠蔽事件等で，支持率が低下した安倍政権は態度を改めたことを装い，モリ・カケ・日報問題で安倍首相は，「丁寧な説明をする」と国会で言明したが，実際，これ以外の疑惑や事件を含めて，すべて現在まで「説明責任」は全く果たされていない。

　何よりも問題なのは，時の経過によりウヤムヤにし，「けじめ」がつけられていない。「丁寧な説明」ではなく，事の真相を解明し，それなりの処分なり責任を果すなり，その事件の「けじめ」をつけることである。

① 甘利明経済再生担当相の都市再生機構（UR）口利き事件

　甘利明経済再生担当相の口利き疑惑は，2016年1月に発覚した。道路工事の補償をめぐり，URともめていた建設会社が甘利担当相側に600万円を渡し，口利きを依頼したとされる。その後，経済再生担当相を辞任した。あっせん利得処罰法違反は不起訴となった。

② 下村博文自民党幹事長代行のヤミ献金疑惑

　下村氏は，当時自民党幹事長代行で，同氏の政治団体が2013～14年に，パーティー券の代金200万円を加計学園の秘書室長から受け取りながら，政治資金収支報告書に記載していなかった疑惑である。下村氏は，加計学園からの献金ではなく，1人10万円未満になる21名分の献金を秘書室長がまとめて集めてくれたのだと奇怪な強弁をしていた。

③ 稲田防衛相の公務員地位利用事件

　稲田防衛相が，2017年6月，都議選の応援演説で，「防衛省・自衛隊，防衛相，自民党としてもお願いしたい」と発言した事件である。公職選挙法，自衛隊法に抵触するのではないか問題となっていた。

④ 麻生太郎副総理兼財務相のナチス発言事件

　麻生副総理兼財務相の問題発言が，2017年8月29日，自身の派閥の講演で「何百万人を殺したヒトラーは，いくら動機が正しくても駄目だ」などと述べたことである。同相は，2013年7月には，ナチスに言及し，「ドイツのワイマール憲法は，いつの間にか変った。あの手口を学んだらどうか」などとも発言し，物議をかもした。

　以上のような疑惑や事件は，政治家，特に政権与党のトップの政治家による乱脈であり，国民の政治に対する「怒り」を誘発し「不信」を増幅している。

　ところが，日本人はすぐに政治に対する怒りを忘れて，日常生活に埋没する傾向にある。そこで，そのような人間心理をよく心得ている老獪な政治家は，「ほとぼりを冷ます」手法にたけており，選挙のときは，政治に対する怒りを忘れさせているのである。

　そのためにこそ，マスメディアが政治権力の横暴や逸脱を厳しくチェックする役割を果すべきである。にもかかわらず権力を監視して世論を正常化する働きが緩慢であり物足りない。

5 健全な民主主義を機能させるための「第四の権力」としてのマスメディアのあり方
―政治権力の走狗とならずその横暴と怠慢を戒める「権力のチェック役」に専念し権威を確立―

⑴ 報道機関が「言論の自由」を武器に政治権力をチェックすることで民主主義は機能

　健全な民主主義を機能させるためには「第四の権力」が欠かせない―。

　アメリカ第三代大統領トマス・ジェファーソンは，こう判断し，世界に先駆けて言論の自由を権利として保障した 1791 年「アメリカ合衆国憲法修正第 1 条（ファースト・アメンドメント）」の生みの親となった。

　報道機関が言論の自由を武器として政治権力をチェックしてこそ，はじめて民主主義は機能するものと考えたのである。

　黙っていれば権力は，「秘密主義」に走る。このことは，歴史の今昔を問わず，古今東西変わらないことである，

　情報の独占は，権力側の力の源泉である。国民が無知であればあるほど好都合である。国民の前にすべてを洗いざらい出してしまったら，好き勝手に行動することができなくなる。一般に「権力対国民」という形で見た場合に，情報で圧倒的に有利なのは権力側である。

　そこで，「第四の権力」である報道の出番になる。「第四の権力」は，行政，立法，司法の三権が，何をやっているかを調べて，世の中に向けて広く伝える役割を担うのである。こうすることで，権力と国民の間の情報格差を埋めていくのである。

⑵ 権力が隠したがっている秘密を明らかにする「権力監視型報道」こそがジャーナリズムの本義

　感情や意見を交えずに事実を「ありのまま」に報道しているからといって「ニュースを正確に伝えている」とは言えない。記者クラブ中心の報道は「権力の動きを正確に伝える」という意味で正確であるに過ぎない。「ニュース＝権力の動き」を前提にした報道は，"権力癒着型報道" と紙一重であり，むしろ問題含みだとみられている[9]。

　「ウォッチドッグ・ジャーナリズム（権力監視型報道）」こそが本来の報道機関

---
9)　牧野洋著『官報複合体―権力と一体化する新聞の大罪』講談社，2012 年 1 月，37 頁。

658 ◆ 第6編 税制公正化を目指す闘いのすすめ

の姿である。直訳すれば「番犬」を意味するウォッチドッグ・ジャーナリズムは，「権力が発表したがっているニュース」を報ずるのではなく，「権力が隠したがっている秘密」を明らかにするのが特徴であり，本義である。こうすることで，権力と国民の間の情報格差を埋めるものと考えられている[10]。

⑶ 「第四の権力」による政治権力の横暴と怠慢を厳重にチェックすることが緊要

政治権力は自分たちに都合のよい情報をリークし，マスコミに報道させ，既成事実にして政策を意図する方向に誘導していく——これは霞が関の常套手段である。特に，日本の官僚機構と報道機関は一体化し，実質的に"複合的連合体"を形成しているものとみられることからしてこの傾向は顕著である。

このため東日本大震災がらみの報道では，政府や東京電力の言い分が増幅して伝えられるということである。しわ寄せは，放射能汚染や大規模増税という形で一般国民に回ってきている。

税制改革においては，赤字財政を理由に庶民増税である消費税増税にシフトし煽動しているが，我々が常々，重ね重ねに主張している「税金の無駄づかい」をなくし，「歳出削減」を徹底すること，国に税金を払わない特定大企業や資産家に対する「特権的優遇税制」を廃止するとともに，欠陥税制である「不公正税制の是正」を徹底し，増税によらない「増収」の提案などを真剣にとり上げようとしていない。

税金の無駄づかいについての踏み込んだ調査報道も全く見られず，巨大な不公正税制の実像と真相を解明しようとする報道姿勢も全く見られない。ひたすら財務省ペースの消費税増税キャンペーンに協力し傾斜している。

歳出削減の努力も，それに関連する情報開示をも怠っていること，不公正税制の是正の努力も，それに関連する情報開示をも怠っていることは，まさに政府の「意図的怠慢」であるが，マスメディアも同罪である。

昭和前期には戦争を煽り，平成の現代では消費税増税を煽っている。主役は「軍部」から「財務省」に代わっても，ともに国を危うくするマスコミの危険体質に共通の軸が存在することを指摘し渾身の警告を発したい。

---

10)　牧野洋，前掲注9)，38頁。

第|19|章

消費税減税と企業課税の増収の断行が急務
―消費税再増税と法人税減税は誤った政策―

1　消費税増税と企業減税のセット政策は根本的に誤り
―国に税金を払わない大企業が多数存在―

⑴　大儲けしている巨大企業の減税財源に庶民いじめの消費税増税では納得できない

　税制は，政治のバックボーンであり，社会の公正さの鑑である。欠陥をなくし公正な法人税制を再建すれば，政治が国民から信頼されるとともに，健全な企業国家としての発展が期待できると信ずる。

　庶民の生活を直撃する逆進性の強い酷税である消費税が大幅に増税されているのに，大きく儲けていながら税金を払わない大企業の税金である法人税を減税することなどは，税の論理から大きく矛盾しており，国民も納得し難いことである。

　これまで私が多くの機会に詳しく明示してきているように，日本では「法定税率」が高いのであり，大企業が現実に納税している実際の税額に基づき算出した「実効税負担率」は驚くほど低く，「国に税金を払わない大企業」の巨大な一群が存在している。

　その主たる要因は，巨大な企業優遇税制となっている租税特別措置による政策減税の増設，受取配当金の課税除外などの欠陥税制の拡大とともに，グローバル展開する大企業の巧妙なワールド・タックス・プランニングによる地球的スケールによる大掛りで巧みな節税，特に租税回避による避税と言うべきグレーゾーンの活用による課税逃れに対抗する有効な対策を租税当局が講じてこなかったことにある。

　グローバル巨大企業は，海外子会社を駆使する移転価格操作やタックス・ヘイブンの濫用等を含めた「アグレッシブ・タックス・プランニング」（Aggressive Tax Planning：ATP）と呼ばれる税源浸食と利益移転を積極的に縦横無尽に展開している。

660 ◆ 第6編　税制公正化を目指す闘いのすすめ

⑵　企業優遇税制を撤廃し欠陥税制の是正による公正な法人税制の再建が急務である

　法人税制には巨大なタックス・イロージョンとタックス・シェルターが存在するとともに，場当たり的な改正の集積により，「課税ベースの変貌化」＝課税ベースの「不当な縮小化」と「不当な拡大化」による歪みの混淆による「妖怪化」（お化けのような姿になること）が現出している。

　このため法人税制は崩壊の危殆に瀕し，財源調達機能を完全に喪失し，財政赤字の元凶となっている。

　法人税改革において必要なことは，国を棄て税金を払わない大企業をさらに優遇し，欠陥税制を放置したまま減税などをすることではない。速かに優遇税制を撤廃し，多くの欠陥を是正し，グローバル企業の租税回避を徹底的に規制するよう法整備を行うことにより，税制を公正な姿に再建するとともに，税務行政の執行を的確に充実化してタックス・ギャップを解消し，財源調達機能を回復し，財政健全化に貢献させることである。

⑶　消費税増税を繰り返しても財政健全化は困難で所得課税の再生が緊要である

　国の債務残高が1,000兆円を超える中で，政府は財政の健全性を示す国と地方の基礎的財政収支（プライマリーバランス）の赤字を2015年度は2010年度に比べ半減させ，2020年度に黒字化する目標を国際公約している。

　政府が2014年7月25日に示した中長期試算では，来年度は目標を達しても，2020年度には11兆円という巨額の赤字が残り，黒字化は達成できないとする。経済成長を重視して財政健全化が後回しになり，財政の立て直しに失敗したと国際社会からみなされれば，金利が上昇（国債価格は下落）し，日本経済の安定を大きく損なう恐れもつきまとう。

　大企業の稼ぎである巨大な利益からすれば，現在の法定総合税率で納税しても，企業の屋台骨は揺らぐことはない。いまのままの税制のもとで，大企業の法人税を減税するなどということは，なんとしても納得し難いことである。

　いま，最大限に求められているのは，メイン・タックスである法人税と所得税の所得課税の根本的な再構築による再建である。

⑷　法人税制の欠陥を是正すれば，消費税増税による税収増額以上の財源の確保が可能である

　これまで各種データにより詳細に検証してきたように現行の法人税制には多く

第19章　消費税減税と企業課税の増収の断行が急務　◆　*661*

の欠陥があり，実効税負担率は法定税率から著しく乖離し低くなっていることは歴然たる事実である。

これらの不公正税制を是正することにより，「是正による法人税の増収想定額」を試算し，さらに，法人税，法人住民税および法人事業税を含めた「法人所得総合税負担の増収想定額」を試算することで，国および地方公共団体における法人税の増収想定額を算出することができる。

法人税制に現存する欠陥の是正による「増収想定額」9兆4,065億円が見込めることは詳述してきたとおりである。

現行の法人税制においては，その欠陥によりこれだけ巨額の財源を喪失しているわけである。

2　「消費税再増税」と「法人税減税」でなく「消費税減税」と「企業課税増税」の断行
―的外れの改革で後世に禍根を残す危険を警告―
⑴　消費税は税の本質に反する大衆収奪のタックス・マシーン

人間は生きるために，常に物やサービスを消費する。この消費に税をかける消費税は，いわば人間の生存それ自体が課税の対象となり絶対に逃れることのできない「悪魔の仕組み」であり大衆収奪の足かせである。

一方，税を徴収する政府からみれば，消費税は徴税業務のために手間のかからないタックス・マシーン（＝自動収税装置）となる。まさに財政当局にとっては「打出の小槌」であり，「金の成る木」なのである。

税は本来，応能負担原理に即して課税すべきものであるから消費税は本質的に税としての性格を具備することなく，単なる国民からの収奪の道具に過ぎず諸悪の根源である。

これに加えて，消費税は導入時の経緯，増税時の経過を含めて常に政権を担当している政治家による公約違反の強行にみるような悪質極まる政治的詐術による背信の謀略の積み重ねにより作り上げられてきており，国民による怨嗟の標であり，嫌悪の的である。

タックス・マシーンである消費税のような安易な収奪装置の存在を許容し，その拡大化を容認することは，タックス・イーターである政治家と官僚に安易な財源を与えることになり財政放漫化と国民負担の肥大化を招く危険があり国家の将来を危うくする。

662 ◆ 第6編 税制公正化を目指す闘いのすすめ

⑵ 消費税増税はデフレ要因であり経済低迷の元凶

　消費税は，内需の停滞，物価の上昇，便乗値上げを招き経済政策に逆行し，構造的な不況を招く経済の低迷の元凶であり，国民経済の衰退と中小企業や庶民生活の破壊をもたらす。

　消費税が導入された1989年12月の大納会では，日経平均は3万3,915円という最高値をつけていた。しかし，その後，株価はジリジリと下げて，バブルの崩壊が国民に深刻な影響を与えたのは1993年からだと言われている。それからの"失われた10年"とも"失われた20年"とも言われる経済の暗黒時代において，消費税が経済の悪化を加速させたことは誰の目にも明らかである。

　安倍政権は，2014年4月1日，消費税を5％から8％に増税した。さらに，2019年10月には10％への引き上げを予定している。2019年の再増税が実現すればわずか5年の間に，消費税率は5％から10％へと倍増することになる。

　これは，我が国の税制改革史上，例のない大型増税であり，家計や中小企業へのダメージは大きく，その被害について懸念が深まっている。特に，アベノミクスによる物価の上昇と消費増税によるダブル負担増には厳しいものがあり，低所得者や年金生活者たちの苦しみが心配される。

⑶ 消費税の軽減税率が抱えている幾つもの難題と苦悩

　消費税制の設計において，食料品など生活必需品に軽減税率を適用することは，消費税の宿命として内包している逆進性対策として，政治的・心理的には有効であるかも知れない。しかし一般的には，次のような問題がある。

① 　軽減税率の適用によりかなりの規模で消費税収が減少することになり，所定の税収をあげるには，さらなる税率アップが必要になる。

② 　食料品などは高所得者も購入し，しかも低所得者より購入額は大きいとみられるから，必ずしも低所得者のみの負担軽減策とはなり得ない。

　　食料品など生活必需品に軽減税率を適用することにより，高所得者の負担も軽減され，低所得者の税負担が相対的に重く，逆累進的であるという消費税の抱えている逆進性が大幅になくなるわけではない。

③ 　軽減税率の適用対象の区分とその範囲をどのように決定するかの最大の難問があり，実務的にも政治的にも「やっかい」な問題が誘発される。

　さらに，重要なことは，食料品以外の軽減税率の範囲と，その対象をどこまでに限定するかである。どこの国でも政治力などを使い，陰に陽に税務当局に働きかけ，ロビー活動が展開され軽減税率の対象に加えようとして強い圧力がかかっ

てきて税制を大きく歪めてしまうことになっている。

　おそらく，各国の例をみると，新聞，書籍，雑誌，旅客輸送，宿泊施設などがボーダーに位置する品目であろう。

⑷　軽減税率が適用される「食料品」とは何か—その区別と範囲をめぐるドタバタ騒ぎ

　EUでは，逆進性対策として，軽減税率を適用してきているが，これには歴史的経緯があり，取引高税の時代からの品目を引き継いだものもある。VATに替ったのは，1960年代後半であり，「サービス」が発達していない「もの」中心の世の中で，軽減税率は，それなりに機能していた。

　しかし，マクドナルドのように，「もの」と「サービス」が一体となった業態が多く出てくると，どこまでが「もの」の取引で，どこからが「サービス」か，わからなくなってくる。そこで，軽減税率の適用の区分が難しくなり，うまく機能しなくなってきたのである。

　イギリスでは，持ち帰ると食料品でゼロ税率，そこで食べるとレストランサービスで標準税率の適用になる。そこで，みんながテイクアウェイと言って買って，そこで食べる。これは，おかしいということで，その後，「温度」で区別することにした。ホットフード，温かいものは基本的にレストランサービスとして課税する。外形的に判断するということである。しかし，有名なドミノピザ事件など多くの訴訟が出てきたように，「温度」での区分も必ずしもうまくいっていない。

　フランスでは，キャビアが贅沢品で標準税率，フォアグラがそうでなく軽減税率とされている。マーガリンが標準税率で，バターは軽減税率である。

　カナダでは，アドホックドーナツを個数で分け，6個以上買う場合は，そこで食べる人はいないだろうということで食料品として扱い軽減税率，5個以下の場合は，そこで食べる可能性が高いからレストランサービスで標準税率となっている。そこで誰も6個になるまで買わないで，見ず知らずの人と6個になるまで待って買い，その後，精算する。これをアドホックドーナツクラブと言っているようである。

　チョコレートも難しい。フランスでは，カカオの含有量で税率が決まっているので，見ただけではわからない。

　日本への導入を考えると，マグロにもトロと赤身がある。トロのような贅沢品を軽減税率にするのはおかしい，という議論になりそうである。また，デパ地下のように，サービスと食品が一体となっている場合，切り分けるのは難しいこと

664 ◆ 第6編 税制公正化を目指す闘いのすすめ

になるであろう。

　新しく消費税を導入した国は，VATではなくGSTと称している。グッズ・アンド・サービス・タックスと言い，サービスへの課税を意識した名称となっている。この名称の消費税の特徴は，軽減税率や非課税の「もの」と「サービス」が基本的にないことである。

　ニュージーランドがその典型であるが，軽減税率を設けない。その代わり，逆進性対策としてGSTクレジット（給付付き税額控除）で，還付で対応している。カナダもGSTクレジットという給付付き税額控除をしている。

(5)　諸悪の根源は消費税率をアップしようとすることにある

　食料品など生活必需品への軽減税率の適用をめぐる悩ましさについて詳述してきた。それは，まさに，ハムレットの心境である。やはり消費税は「悪魔の仕組み」である。

　問題の論点は，次のようである。

①　消費税率の引き上げの「実施」にあたっては，政治的には，逆進的負担の緩和への措置の検討が必要になり，避けて通れないであろう。

②　そこで，逆進性対策の措置として軽減税率と給付付き税額控除との優劣についての比較が問題として登場することになる。

③　理論的には，給付付き税額控除の方が軽減税率よりも，低所得者の負担軽減のみを対象にできるので有効であると考えられる。

④　しかしながら，現状において低所得者の所得把握が容易でなく，かりに将来，共通番号制が創設されるとしても，自営業を含め所得把握は十分とは言えない。このため給付の支払が正しく行われる保証がない。

⑤　消費税増税の負担を軽減する措置として，食料品などの購入に毎日利用できる軽減税率の適用は国民にアピールする度合が，年1回の税還付となる給付付き税額控除よりも，はるかに大きいであろう。

⑥　そうなると，税率10％の段階でも，国民から税率アップの「実施」の支持を取り付けるために，軽減税率の設定について「政治的判断」が下されることになってしまう。

⑦　しかし，軽減税率の創設による複数税率制の導入は，EUにみるように消費税制に混乱をもたらし，税制混迷を誘発する。EUの経験を参考にして誤りのない賢明な選択をすべきである。

⑧　要するに，消費税率を高くすれば，低所得者への配慮による逆進性対策が

第19章　消費税減税と企業課税の増収の断行が急務 ◆ *665*

不可避的に求められ，それへの措置を講ずれば，消費税制それ自体が混迷し，多くの不都合なことが連発する。やはり，消費税という税金は救い難い「悪魔の仕組み」であることが，ここにきて，一段と激しく厳しく露呈するに到った。

⑨　問題の根本的な解決策は，現在の消費税の税率アップによる増税の「実施」を行わないことである。軽減税率の導入が求められるような高い消費税率にしてはならない。もともと，消費税は政治家や官僚が勝手に税率を安易に高くして，庶民から，より多くの税金を収奪しようとする税金なのである。

消費税などは，本来，ないのが理想であるが，やむを得ずあるとすれば，広く，薄く，簡素で，重くない税制であることが正しいのである。

(6)　国の財政の改善にも国民の生活や福祉にも役立たない大企業の巨額な稼ぎ高

政府は消費税の税率アップをするとともに，一方で，法人税率を引き下げ企業減税をして経済の活性化を実現させようとしている。しかし，これが誤りであることは既に述べてきた。

企業が成長すれば，国民に雇用の機会を与え，賃金も上がり国民の生活も豊かになり，税収も増えて安全保障や国民福祉の財源が提供され国民経済は繁栄するということが，少し前までは信じられてきていた経済の論理であった。

しかし，グローバル経済が進化した現在においては，このような「これまでの通念」は通用しないのである。企業は，資本の論理と経営の論理に導かれて行動する。このため，少子高齢化で国内市場が縮み，需要が衰退する中でコストの軽減や製品の需要などの点で，個別企業は，世界的スケールで自社にとって経営環境がベターな国や地域を求めて移転し，海外展開で生き残りを目指すことが避けられない事態に追い込まれている。

国を出て海外進出に狂奔している力のある日本企業は無国籍化し，国内経済は空洞化し，国境を越えられない中小企業や庶民は益々衰弱化してしまい，そのうえ，消費増税の負担に苦しむことになる。

国を棄てた巨大企業の経営行動は，国に税金を納めることがなく，国内において雇用を提供することもなく，国民経済への貢献から遠ざかる存在と化している。

(7)　消費税減税と企業課税の公正化による増収策を提案

消費税の再増税については，消極的な「延期」や「中止」ではなく，本書の冒頭（第1章）において「緊急提言」として表明したように，実施されるべきは，

より積極的な施策である「減税」の断行である。

　それは，安倍政権が2014年4月に消費税率を5％から8％へとアップし，そのため安倍首相ご自身も認めているように日本経済に大きなダメージを与え停滞に転落させた反省をも含めてこの際，「消費税サプライズ減税」を実施し，増税前の元の5％へ戻すことが当面の最善の施策であることを重ねて提案したいのである。

　一方，企業課税については，巨大企業が税金を払わない税制のもと，さらに，巨大企業を優遇する根本的に誤った政策運営を転換し，法人税制の欠陥是正の改正による公正化での増収策を実施することである。

　国を棄てて世界に飛躍し大儲けしているグローバル大企業が税を払わないで法人税制を崩壊させ重要な財源を喪失し財政悪化の元凶となっている。

　経済界やマスコミでは「日本の法人税は高い」と，大合唱しているので，日本の産業界を代表する有力な主要企業のうち好業績の企業が，実際にどの程度の税金を払っているかにつき調査をしてみると，その結果として「税金を払わない巨大企業」の驚くべき実態が明らかになっているのである。

　よって，企業課税については，「減税」ではなく，企業課税の欠陥是正での公正化による「増収」の実施を進めることが是非とも必要である。

　政府や財界，マスコミが推進し，世間一般も，そのような気風に流されている傾向にある「消費税再増税と法人税再減税」という構想は全く誤った発想である。いま，日本の税財政政策で真に求められるべきことは，租税理念に基づく租税原則と税務会計学原理である税務会計原則をメルクマールとし「税制公正化への魂」を覚醒させる改革の断行である。それは具体的には，「消費税減税と企業課税の公正化による増収策」の実施である。

　企業課税について「増税」といわないで，あえて「増収」といっているのは，「増税」は積極的に税金を増やし重くすることであるが，ここで「増収」というのは，本来，納めるべきである税金が払われていない不正常な状態，つまり税制上の欠陥を是正して，正常な姿に戻すことにより税収が増えることを意味するからである。現行の法人税制には，まさに異常といえる多くの欠陥が存するのである。

　大きく稼いでいる企業がその儲けにふさわしい税金を払うことは，世の中の常識としても自然に通用しやすい考え方である。そのために法人税制に存在する欠陥を是正し公正化することは，政府や税の専門家のなすべき当然の責任である。しかも，その結果として巨額の増収財源が調達できる。それは，いまこの国の税制における弱点である財源調達機能の喪失を是正することに貢献することにな

る。

　法人税制の欠陥是正による増収財源は，庶民いじめで国民経済に害悪をもたらす「疫病神」である消費税の減税財源とすることができるのである。

　世にいう「消費税増税と法人税減税」が２つとも"税制改悪"で害悪であるのに対し，本書の提案する「消費税減税と法人税増収」は，２つとも"税制改善"で有益であり，まさに「一石二鳥」の賢明な施策である。

あとがき―国と社会への恩返しに書いた本

　この本は，政治権力や財界権力の陣営にいる偉い人々と，これら権力側に接近しているエリート層の人達には「嫌われる」であろうと思われることを書いている。不思議なことに，このようなことは，この国では誰も言っていないようであるが，著者は国と社会への恩返しとして「言いにくいこと」を歯に衣を着せずに表現し，世直しをする「日本改革」を目指したのである。

　家の大黒柱である親父さんは，健康で体力も強く，そのうえ高学歴で頭脳も明晰で働き盛りであり人並みはずれた稼ぎをしている。仕事は専ら外で大掛りである。ところが，稼いだお金は家庭に持ってこないで外のどこかに隠したり，外の旦那に上納したりしているようである。

　家では親父さんが稼いだお金を入れてくれないので生活に困り家賃の支払いもあるので，やむなく病弱の奥さんがパートで夜おそくまで働き，まだ中学生である子供までがバイトで稼ぎ家計を助け，何とかしのいでいるが，どうしてもローンに頼らなければならなくなっており，これまでの借金はかなりの金額に積み上がっている。

　親父さんは稼ぎまくり大きな収入がありながら，家族のいる家の糧にならず家計は火の車で悲惨な経済事情になっており，苦しく辛い思いの生活である。しかも，お上は，この親父さん達を支援しているが，日常生活に困って苦しんでいる家庭は助けてくれない。

　説明するまでもなく，「親父さん」とは，世界を渡り歩いてグローバルなオペレーションを厳しい国際競争をしながら展開し大きな収益を上げている日本の巨大企業である。「家庭」とは，日本の国内経済であり，「家の糧」とは，国に納める税金であり，「お上」とは，日本の政権政府のことである。

　要は，親父さんは大稼ぎして，しっかり貯め込んでいるのであるから少なくとも稼ぎによる儲けの一部，例えば儲けの30％相当（企業の実効税負担の実績は全法人を平均して法定総合税率の59％程度であるのでこれから推定すれば現在の法定総合税率が29.74％であるから僅かに17.5％にすぎない。法定総合税率どおり納税する仕組みにすればよい）ぐらいは，親父さんからの仕送りがなく赤字家計で苦しみ大借金をしている自分の家庭に入れてほしいのである。

　この本では，親父さんの家庭への仕送りは当然の義務であるのに勝手な行動を

して家庭に送金していない理不尽さを徹底して暴き，お上にも親父さんだけ甘やかさないで家庭にはしっかりと送金をし家族を養うべきであることを諭すよう強く求めている。

今の日本は，人口減少と少子高齢化社会を迎え，財政危機を理由に消費税の再増税と社会保障費の支出抑制による福祉の切り下げが迫っていると予測される。問題の焦点は，次のようである。
(1) 政府の政策が大企業の支援を優先し，弱い者いじめの政治で格差と貧困が拡大し，「働く貧困者」と「貧困高齢者」が急増し国民の中間層が消滅して「社会の貧困化」が進行している。
(2) 多国籍化した大企業は，高収益を上げながら国に税金を払わず，株主と経営者中心主義で従業員に対する労働分配率は下げ続け，国の内外で巨額の利益を留保するなど，経済社会を歪めている。
(3) 金融資産の20%近くを僅か2%の富裕層が保有し，著しい「富の集中」により経済格差はますます拡大し，不安定で混迷している「分断化社会」への矛盾が増幅している。
(4) 財源不足を理由として社会保障施策の後退と抑制が続き，年金カットとともに高齢者医療で保険料軽減特例の縮小，医療費自己負担の上限引き上げ，介護保険利用者の自己負担の上限引き上げが行われた。
(5) 平成30年度の予算では，診療報酬の改訂で医師に支払う報酬を引き下げ，介護報酬の改訂等が行われているが，今後，一段と厳しい社会福祉の抑制が現実化するであろう。

「驚くべきは現代の文明国における多人数の貧乏である」
この書き出しで，社会に大きな衝撃を与えた河上肇の『貧乏物語』が書かれたのは1917（大正6）年である。それから100年後の今日，日本では巨大企業は経済のグローバル化の進行のもとで大きな繁栄をしている中で，多くの国民は経済格差と貧困化の増幅で生活に困窮し深刻な状況におかれている。
河上肇は，「国は著しく富めるも，民は甚しく貧し，げに驚くべきは，これら文明国における多人数の貧乏である」と述べていたのである。
今の日本では，グローバルに活動する大企業が稼ぎやすいように優遇している政府の政策の結果もあり，企業の業績はおおむね好調で，利益剰余金である「内部留保」は406兆円（2016年度末の実績）に達している。これに反し，国の借

金である「公的債務」は赤字国債の濫発の結果，GNP の 2.5 倍のスケールである 1,107 兆円（2018 年度末の予測）の巨額に及び財政破綻の危機が迫っている。

　100 年前の河上肇の時代は，富めるのは国であったが，現在は巨大企業に代わっていて，貧乏で苦しんでいるのは同じ国民である。国に税金を払わない巨大企業の繁栄の中で，まさに平成の『貧乏物語』の登場である。

　本書が主題として考究している税財政の状況についての論点をあげれば，次のようである。
(1)　現在の日本の企業課税としての法人課税の実効税負担率は，過去の実績では有所得企業全体で平均して法定総合税率の 6 割弱（59.7％程度）に過ぎず，これから推定すれば最新年度では 17.5％程度であり著しく軽い。
(2)　日本経済をリードする名だたる有力企業が大稼ぎをしながら僅か数％の軽い税金しか払っていない。そのような企業の実名と「実効税負担率」の状況を本書では 67 社について具体的な数値を明らかにしている。
(3)　大企業の税金が安いのは，政策減税である大企業優遇税制，タックス・ヘイブン，国家間の税制格差，欠陥税制での抜け穴等を利用した巧妙なタックス・プランニングのスキームの実行による。
(4)　大企業は政権政府の支援と国や社会のインフラを利用しながらグローバルなスケールで大稼ぎをしながら国に税金を払わないで，労働分配率を引き下げて利益剰余金である内部留保を 406 兆円（2016 年度末の実績）まで蓄積している。
(5)　国は政権政府によるバラマキ支出による放漫財政と企業課税の空洞化を始めとする欠陥税制で税源調達機能の喪失による財政崩壊で赤字国債に頼り借金を積み上げ，公的債務は 1,107 兆円（2018 年度末の予測）に達している。

　企業課税の空洞化による税制崩壊と逆進性が強く庶民と中小企業いじめの酷税である消費税の増税による不公正税制の拡大が目立っているが，これは歪んだ政治によりもたらされた帰結である。税財政問題に限定してみても，今の政権政府の政治政略には多くの懸念がある。このこともこの本を書いた動機である。
　政権政府の政治姿勢・経済財政・税制政策に関する施策については，次のような懸念がある。

〈政治・行政〉
(1)　長期政権維持に執着し支持率の低下を防ぐため次々と政策を打ち出すが，結

果の総括や検証をすることなく新しい政策へと看板の塗り替えをし目先を変えて国民に幻想を与える堕落したポピュリズム政治

(2) 政策決定に財界の意向が介入して大企業・富裕層支援にシフトした施策により大企業から税金を取らない「成長志向の法人税改革」などを推進する国民不在の偏向政治

(3) 政権与党の国会での圧倒的多数の議席支配と分裂弱体化野党のもとで，与党や野党の意見を無視した政権の官邸主導による一人勝手で国民無視の独裁的な専制政治

(4) 官邸権力の異状な強化に対する与党議員の迎合姿勢への傾斜での政治家の劣化と，国民の代表としての議員の自覚と本来の使命を忘却し沈滞し低迷している議会政治

(5) 政権与党の独断で自民党候補者の救済目的のため人口減少なのに参議院の特別枠・比例増という逆行した公職選挙法改正の党利党略による議員お手盛りの横暴な国会運営

(6) 安倍一強体制の強化を畏敬し政権官邸に迎合し保身と省益擁護のため官僚の使命と誇りを放棄して過剰なゴマスリによる忖度傾向での統治の歪みによる弛緩行政

〈経済・財政〉

(7) 異次元金融緩和でのマネー増大によるバブル現象の放置による社会の分断とともに経済的格差の拡大と深刻な貧困化の増幅が誘発され激動を続けている低迷経済

(8) 経済成長の達成目標と計画についての工程表だけが肥大化しながら結果の検証もなく目標達成率は低下し実現困難なのに政権の政策目標の建前とし空しい期待をし幻想を追いながら続けている成長戦略

(9) 低滞している国内需要に被害を与え景気に冷水を浴せる逆進性が強く庶民いじめの酷税である消費税増税により経済が沈滞化することは経験ずみなのに再度の愚計を企て招かれる危険のある停滞経済

(10) 機動的財政出動と僭称して歳出削減努力による財政健全化に逆行する財政規律を放棄した大盤振舞のバラマキ政策による無責任な歳出拡大を続けている放漫財政

(11) 歳入の3割強を赤字国債に依存している慢性的借金体質で累積する巨大な公的債務である国債は日銀に財政ファイナンスをさせており国債暴落の危険を抱

えた財政破壊

⑿　最大の稼ぎ頭である企業の法人税収は 20 年前のバブル期は所得税収とともにメインタックスとして首位にあったが，現在は消費税収よりもはるかに少なく最下位に転落し財政赤字の元凶

⒀　来年度予算の概算要求基準は 6 年続けて歳出上限を定めない「青天井」で形骸化するとともに，新たに成長分野に重点配分する特別枠を設けるなど，当初予算として過去最大で 100 兆円を超えることが確実な膨張予算

⒁　来年度予算編成では，社会保障費は高齢化に伴う伸びである自然増を抑える具体的な数値目標の設定を見送るとともに来年 10 月に予定する消費税増税による経済変動対策に予想外の大型支出も加わり拡大する歳出規模

⒂　概算要求基準では，公共事業など採量的経費の要求額を前年度に比べ一律 1 割減とするよう各省に求める一方で，成長分野で 4.4 兆円の特別枠を設けたため事実上削った要求額の復活枠となり緩んだ歳出規律

〈税　制〉

⒃　税制の歪みの拡大と税収構造の変質での税の財源調達機能の喪失により国民所得に対する租税負担率が下落し，所得税と法人税の減税による経済活性化による増収効果がなく歳入欠落により財政赤字を増やしている欠陥税制

⒄　税制改革といえば，ひたすら消費税増税をターゲットにしながら，これに反し財政赤字にもかかわらず更なる法人税減税をしようとしている誤った発想により拡大化している不公正税制

⒅　消費税は税率を上げても人口減少社会で低調な内需に更なる消費を減らし経済が大きな打撃を受け沈滞し税収は増えないことが明らかなのに，対策に巨額な歳出までを計上する愚劣な税制政策

　この本の成り立ちについて述べると，今より 4 年ほど前に『税金を払わない巨大企業』（文春新書）を刊行し，「巨大企業は国に税金を払っていない」「巨大企業が正しく納税すれば消費税増税など必要はない」との趣旨で，納税額の少ない有名企業の実名リストを公開し問題提起し，税制公正化への闘いの「のろし」をあげ，国民に税のあり方について考える端緒を作った。幸いに多くの方から歓迎を受け，刷りを重ねることができたことは感謝の限りであり，議論も沸騰し世論も沸いた。極く一部で誤読によるものであろうが，批判的見解もネット上に散見された。そこで，今の企業課税に関しては理論的にも検証的にも更なる検討を要

することが多く残されているため，より踏み込んだ研究をすることにし，この間，多くの論攷を発表しながら追究を進めてきた。

第1部の「大企業優遇税制の肥大化による暴走の検証」は，日本の法人税は高くなく拡大化した租税特別措置の政策減税やタックス・イロージョンやタックス・シェルター，それにタックス・ギャップにより巨大企業の実効税負担は中小・小規模企業より軽く純利益の大きさに対応しない「逆累進構造」が特徴であることを解明している。企業課税の空洞化で巨額の財源を喪失している現実を検証し立証する。検証税務会計学研究の成果を総括し，大企業が国に税金を払わない税制構造の学理的分析の検証を展開した本書の中核的部分であり，財政再建のための巨額な財源の発掘に貢献しようとしている。

第2部の「タックス・ヘイブンによる租税回避の検証」は，グローバル経済の闇に消えていく巨額な税金逃れの実態を究明し，タックス・ヘイブンの真の正体と租税回避の本質的構造に迫り，失われた世界中の税金の測定をめぐる世界の多くの論者の所見を考察し論評を試みている。今，世界で本当のタックス・ヘイブンはカリブ海に浮ぶ椰子の葉の茂る小島にあるのではなく，イギリスのシティー，アメリカのウォールストリートこそ世界最大にして最強のタックス・ヘイブンであることを論証している。特に，タックス・ヘイブンを悪用しての課税逃れを退治する規制について発想の転換による施策の改革に挑戦した構想を提案している。

第3部の「企業課税を崩壊させている政権政策の検証」は，政治家が税制改革を利権化し集票と集金の手段として税制を恣意的に操作し，歪んだ政治が税制を歪めている深層を究明している。政権与党が「成長志向の法人税改革」と呼称する美名のもとその内実は，「巨大企業が税金を払わない税制構造」を作りあげている経緯と真相を徹底的に分析し検証する。政治権力により左右され税制が変容していることを分析する政治税務会計学（税務政治論）への新たな挑戦への試みを展開し，最後に税制公正化を目指した闘いのすすめで締めくくっている。

本書を『検証企業課税論』と命名したことと著述理念についても述べておこう。税制の姿を税法の条文により「書かれている税制」ではなく，現実の経済社会において「行われている税制」の実相を分析し，理念としてのあるべき税制のよるべき規範であるメルクマールに照らし，その歪みによる開差を露呈させていくのが「検証」という用語によって意味しようとしている真意である。

また，「企業課税」は，事業体である企業に対する課税であり，本書では法人

あとがき ◆ 675

企業の所得課税である国税の法人税，地方税の法人住民税と法人事業税を意味する。企業には個人企業もあるが，議論を純粋化するために家業に近い企業は議論の対象から除き法人企業に限定している。その意味では本書は大法人企業課税に焦点を集中しており，敢えて言えば「検証大企業課税論」である。

　行われている税制の実態分析において，その欠陥や歪みを判断するメルクマールは，数世紀前より多くの経済学者により論究された先行研究である財政学・公共経済学における「租税原則」がある。

　経済社会の拡大的進展と経済・経営情報の科学的測定の開示伝達についての社会的要請に寄与する会計学研究の発展は，租税研究の分野に税務会計学研究を生成させてきた。租税研究の新しい社会科学的展開である税務会計学の根幹は理論的税務会計学であるが，その研究成果として構築された「税務会計原則」が課税所得の概念構成と計測原理として租税理念のメルクマールとして機能している。

　租税研究は，財政学・公共経済学的研究や租税法学・税法学的研究とともに税務会計学研究が形成されている。税務会計学は一段と進展を進め「理論税務会計学」を根幹としながら「検証税務会計学」が分科して多くの事績を明らかにしているが，さらに，本書では，税制を政治とのかかわりを究明し研究する新しいアプローチとして「政治税務会計学」（税制政治論）と称すべき分野の開拓を展望し，敢えてチャレンジを進めてきている。

　本書の形成の経緯は，前著の『文春新書』の刊行の前後の歳月から数年間にわたり，『商学論纂』（中央大学商学研究会・中央大学出版部）10編，『税務弘報』（中央経済社）5編，『税経通信』（税務経理協会）4編，『税制研究』（谷山治雄記念財団・税制経営研究所）10編，『表現者』（西部邁事務所・MX エンターテイメント）30編，に発表した拙稿を素材の一端としながら全面的に書き下した原稿により全体を構成した。

　年ごとに膨大な量に達している税制改正があり，非常なるスピードで激変をしている税制の態様に対応し，その改変をも含めて論評を展開する税制研究であるため時間の経過した論攷の活用には慎重な扱いをし多くの修正や補正をするなどの措置に努めてきている。

　全体を一貫した思考と論理のもと体系的に記述することに努めたものであるが，長期間にわたり執筆したため，その主張を強調するためとはいいながら随所に同趣旨が重複していることも散見してしまっていることを告白しなければならない。この点，読者の皆さんに寛容を願いたい。

企業課税の実証分析を通じ学問的にも新しい研究手法の開拓として幾多の挑戦を推進しているが，著者が創築した税務会計学研究においては，その基幹領域である「理論税務会計学」研究においても，更なる精細な理論的整備が必要であることは言うまでもないが，本書において集中的に展開している「検証税務会計学」については，未だ創成期であり，格段の充実強化が求められていることは当然である。ましてや，今回，本書において初登場した「政治税務会計学」については，方法論の構築とともにも，その論理体系の形成はこれからである。

税務会計学研究が，それ自身において多様な研究分野の派生により研究体系の拡大化と精細化による充実に努めるとともに，やがて壮大な総合社会科学としての「総合租税学」への進展を視野に入れながら，一段の研鑽を深めなければならないと念じている。

最後になったが，本書の出版にあたり，株式会社中央経済社の山本継代表取締役社長，秋山宗一取締役常務の格別なるご高配とご尽力を頂いた。秋山常務には，15年前に刊行の『税務会計学講義』以来のご担当として親身を超えるご交誼を頂き平素から貴重なるご助言を頂いてきた。今回の本書の出版は，秋山常務の卓越なる見識による構想と勇断により可能となったものであり，記述についても好意を込めた警告と助力により完成することができた。出版事情が厳しいこの時期に，やや大著に及ぶ本書を刊行し，著者の日本の税制の公正化への篤い思いをこめた魂の燃焼の一端を世の人々に訴えることができたのは山本社長と秋山常務のご支援によるのであり満腔の謝意を表したい。

本書の進行，校正，装幀等によせられた同社の多くの皆さんのご尽力に深く感謝を申し上げる。

2018 年 7 月 18 日

富　岡　幸　雄

索　引

英数

1社当たり平均減税相当額・145
2段階構えの法人税の減税措置・489
3本の矢・101
3％の賃上げ・199
BEPS（Base Erosion and Profit
　Shifting）・215, 293, 555, 617
BEPS プロジェクト・391, 392, 393
BEPS プロジェクトの理念・394
CFC 税制・406, 409, 410, 411, 424, 428
CFC 税制の変遷・410
CFC 税制の見直し・411, 422
CFC ルール・366
Financial Times・494, 495, 496
New York Times・497
OECD 租税委員会・354, 355, 391, 392,
　394
OECD グローバル・フォーラム・278

あ行

赤字決算・551
赤字決算の中小企業・213
悪代官的政治家・643
アカウンタビリティ・62
アグレッシブ・タックス・プランニング
　・218, 293, 384, 619
朝日新聞・159
安倍政権・93, 95, 100, 101, 114, 148, 528,
　533, 544, 545, 556, 557, 569, 575, 579,
　584, 586, 637, 653
アベノミクス・101, 205, 509, 559, 581,
　587, 592, 593
アベノミクス税制・95
安定社会・580

一国利益最優先主義・614
一億総活躍社会・591
移転価格税制・310, 311, 627
イノベーション推進・96
インカム・アプローチ・430
インバージョン・165
インフラ投資・612
一般減税・164
ウォール・ストリート・ジャーナル・497,
　498
受取配当収益の多い会社・182, 183, 186
受取配当等の益金不算入・70, 102, 180,
　181, 183, 191, 192, 510, 543
英王室属領ジャージー島・254
英領バミューダ諸島・254
益金不算入項目・72
エンティティ・アプローチ・430
オフショア金融センター・249, 357

か行

カーター政権・443
ガーンジー島・275
海外子会社・638, 639
改革後の理想の法人税制・228
会計検査院・654
会計検査院の監査・168
会計制度依存の公準・52
外形標準課税・202, 520, 521, 527, 541,
　542, 543, 549, 551, 552
外国関係会社の判定方法・406
外国関係会社の判定方法の見直し・413
外国口座税務コンプライアンス法・378
外国子会社受取配当益金不算入額・70
外国子会社合算税制・400, 406, 408
外国税額・75

外国税額控除・71
会社単位の合算課税制度・407, 414
会社標本調査・70, 92
会社法・13, 18, 373
下院共和党・612
格差社会・642
過少資本税制・312, 628
カストディアン・578, 579
課税管轄権・296, 621, 622, 625, 626
課税強化・541
課税権行使・292
課税所得金額の縮小化・84, 87, 91
課税所得金額の縮小額・28, 84, 85, 88
課税所得金額の縮小率・84, 88
課税所得金額の推定予想増加率・236
課税所得縮小額・28, 87, 92
課税所得縮小率・27, 28, 87, 92, 226
課税の隠れ場・26
課税逃れ・342, 449, 598, 620, 625
課税逃れがしにくい税金・214
課税逃れ防止・294
課税の空洞化・26
課税の浸蝕化・26
課税ベース・26, 28, 29, 31, 47, 538
課税ベースの拡大・104
課税ベースの拡張化現象・30
課税ベースの縮小化・29, 223
課税ベースの浸蝕化現象・30
課税ベースの変貌現象・29, 31, 222, 224
課税ベースの空洞化・222, 480
課税ベース変貌論・59
過大支払利子税制・313, 628
価値転換・582
合算課税の対象となる受動的所得・419
株式配当金・18
株式比率基準・190
株主主権論・640
株主利益至上主義・640

ガブリエル・ズックマン・344, 347, 350
環境関連投資促進税制・96
官製春闘・491
官邸主導・501, 502, 515
簡便法の見直し・191
管理会計論・45
企業課税・634, 665, 666
企業課税の改革・102
企業課税の空洞化・631
企業課税の構造改革・163
企業規模別の企業利益相当額・80, 87
企業規模別の算出税額・89
企業規模別の税負担格差・114
企業規模別の総合平均実効税負担状況・
　77
企業減税・201, 494, 565, 659
企業国家・482
企業自主計算の原則・56
企業支配株式・189
企業種別の区分・66
企業団体献金・576
企業帝国主義・580, 631
企業内蓄積・637
企業の無国籍化・598
企業優遇税制・218
企業利益相当額・69, 70, 71, 72, 73, 80,
　82, 83, 84, 87, 91
企業利益相当額の概念・69
企業利益相当額の計算・82
企業利益相当額の推定計算方法・71
企業利益優先の強欲経営・642
企業リストの公表・182
機動的な財政政策・101
義務的開示制度・444, 449
義務的開示ルール・441
逆進構造・478
旧3本の矢・588
業績の良い名門企業・478

索　引 ◆ *679*

共通報告基準・379
協同組合課税・514
巨額の利益留保・461
巨大裏金脈・332
巨大企業・17, 24, 147, 440, 459, 528
巨大企業が税金を払わない税制・163
巨大企業の税負担・151
金融会社部分免除制度・367
金融資産・344
金融・証券業界の監督権・650
勤労所得税・555
グーグルの節税手法・598
クリスチアン・シャヴァニュー・333,
　334, 336, 342
繰延税額・67
クリントン大統領・601, 605
クルーグマン・499
グローバリズム・628
グローバリゼーション・12, 636, 637
グローバル経済・268, 286, 408, 616
グローバル大企業・263, 292, 391, 459,
　553, 577, 642
経営学・45
経営者報酬・640
軽課税国指定制度・435
軽減税率・107, 526, 663
軽減税率適用特例対象所得金額・122
経済学・45
経済財政諮問会議・196, 561
経済侵略戦争・293, 580, 607, 631
経済政策パッケージ・487
経済成長・533
経済帝国主義戦争・615
計算簡便性の原則・56
計算恣意排除の原則・54
計算明確性の原則・55
傾斜減税・164
継続保有要件・190

ケイマン諸島・254, 275
欠陥法人税制・231, 235, 236
決算調整・69
欠損金の繰越控除・510, 511, 543
欠損金の繰越控除制度・520
減価償却制度・543
研究開発税制・96, 98
研究開発税制による減税額・174, 175
研究開発税制の仕組み・170
検証税務会計学・37, 59, 61, 62, 482
減税相当額・109, 101, 144, 146, 147, 148
減税相当額の利用実態・115, 116
原則法の見直し・191
現代版『貧乏物語』・459
権力監視型報道・657
言論の自由・657
公益法人等課税・514
恒久的施設・292
公共監査・168
公共政策配慮の原則・57
公共政策配慮の公準・53
公共政策への配慮・167
公共投資・570
鉱工業生産指数・594
交際費等の損金不算入制度・104
控除負債利子制度・190
公明党税制調査会・507
強欲強力資本・625
強欲資本・580
強欲資本主義・637
国際課税システム・297, 623
国際課税のあり方・425, 426
国際課税の潮流・609
国際課税方式・612
国際協調策・354
国際租税戦略・441
国際調査報道ジャーナリスト連合・250,
　262

国際的節税戦略スキーム・387
国際的租税回避スキーム・303
国際的租税スキーム・444, 449, 450
国際的二重課税・292, 387, 619
国際的二重非課税・293, 387, 619
国際法の世界・622
国税賦課徴収権・650
国家・621
国家主義・460, 636
国家主権・294, 295, 619, 621, 622, 625, 626
国家主権の概念・621
国家財政・480
国家戦略特別区域・104
固定資産税・527, 554
個別企業・152
個別的否認規定・385
コンツェルン・67

さ行

財源喪失・633
財源なき無定見な減税・205
財源の消失・480
財源発掘・481
財産税務会計・41
財政赤字・201, 503
財政学・43
財政健全化・219, 660
財務会計・14
財務会計論・45
財務省・651
参議院選挙・587
産業競争力会議・561
算定基礎数値の開示・233
事業会社・13, 66
事業再編促進税制・98
事業持株会社・18
史上最大のリーク・246

実効税負担・477
実効税負担率・13, 15, 17, 19, 20, 21, 22, 35, 66, 67, 74, 198, 477, 563, 601
実質課税主義の原則・54
実質経済成長率・485, 486, 571
実質支配概念・414
実質労働生産性・638
私的財産権・295, 621
資本運用株式・189
資本概念・69
資本開放性の公開大企業・180
資本剰余除外の原則・55
資本割・551
自民党税制調査会・97, 507, 515, 536
自民党税調会長・503
ジャージー島・275
ジャーナリズムの本義・657
社会的責任・555
社会の貧困化・640, 642
社会保障のための財源・202
社会公共的情報・168
収益状況の開示・186
衆議院総選挙・476
主権国家・281, 622
首相官邸・500
首相官邸主導・515
受動的所得・432
受動的所得の合算課税制度・407
受動的所得の部分合算課税制度・417
種類別個別措置・130
純粋持株会社・18
準備金等のうち損金算入限度額・125, 137
少子高齢化・484
消費税減税・529, 566, 665
消費税再増税・661
消費税収入・202
消費税増税・219, 220, 518, 556, 558, 565,

索　引　◆　*681*

643, 644, 649, 659, 660
消費税の軽減税率・662
消費税務会計・41
情報連携投資等税制・488
情報連携投資の税制・490
所得拡大促進税制・98, 488, 490
所得拡大促進税制の拡大的改組・200
所得課税・219
所得税額控除・71
所得税務会計・41
所得割・551
庶民いじめの消費税増税・201
ジョン・コーニン上院議員・500
人工知能・484
申告所得金額・70, 87, 91
申告調整・69
申告方式の区分・66
新3本の矢・483, 587
新重商主義・631
推定増収想定額・231, 232, 233, 235
推定増収想定額算定・235
税金等調整前当期純利益・67
税金を払わない巨大企業・151, 666
税効果会計・14
政策減税・111, 159, 171, 539
政策減税の適用状況・171
政策減税の利用状況・159
生産性革命・483, 484, 485
生産性向上設備促進税制・520
生産性向上設備投資促進税制・98, 103, 510
生産等設備投資促進税制・96
政治会計学・62
政治献金・199, 575
政治権力追随型・553
税収中立・533, 534
税制改悪・667
税制改革法・500

税制改善・667
税制検証論・482
税制公正化・582, 583
税制公正化への魂・666
税制のグローバル化・165
税制の国際的連帯・618
税制の抜け穴・327
成長志向の法人税改革・506, 507, 508, 510
成長戦略・197, 592
成長による富の創出・96
税の競争・165, 293, 365, 632, 634
税引前当期純利益・67
政府・621
政府税制調査会・97, 506, 507, 534, 535, 542, 549
政府税調の議事録・213
政府の役割・295
税法学・43
税務会計・40, 41, 42
税務会計学・37, 43, 44, 45, 46, 47, 62, 482
税務会計原則・49, 50, 53, 58, 229
税務会計原理論・49
税務会計公準・49, 50, 51
税務会計手続・50
税務会計の意義・40
税務会計の機能・41
税務検証論・37
税務調整逆算金額・82
税務調整計算・70
世界税金戦争・382, 614, 616, 617, 630
節税・386
全国企業短期観測調査・594
全国中小企業団体中央会・503
全要素生産性・485, 486
総合平均実効税・528
総合平均実効税負担状況・74

総合平均実効税負担率・22, 75, 76
増税キャンペーン・649
贈与税・327
租税委員会・354
租税運営配慮の公準・52
租税回避・313, 330, 386
租税回避市場・450
租税回避スキーム・442
租税回避の経済学・450
租税管轄権・623
租税極小化・625, 629
租税減免の公示制度・168
租税国家の危機・462, 618
租税国家の黄昏・424
租税国家の復権・424, 462
租税高権・621
租税歳入減少額・167
租税節約・386
租税体系・557
租税特別措置・111, 480, 512, 520, 523,
　525, 539, 543, 562
租税特別措置による税額控除額・120
租税特別措置による政策減税・93, 101,
　105, 144, 151, 162, 170, 179
租税特別措置の個別措置・119
租税特別措置の種類別区分・131
租税特別措置の整理縮減・94
租税特別措置の適用法人・152, 153
租税特別措置の特例・70, 73
租税特別措置の見直し・103
租税負担公平の原則・144
租税負担公平の公準・51
租税負担能力・27, 164
租税負担能力の公準・51
租税逋脱・386
租税誘因措置・166, 167
租税理念・501, 557
租特透明化法・106, 152

損害保険会社の受取配当・128, 140
損金控除規制の原則・54
損金算入項目・72
損金不算入項目・72

た行

大企業優遇税制・509, 524
大企業優遇の政策減税・93, 480
大企業擁護政策・197
代替財源・104, 521, 523, 547
大胆な金融政策・101
第四の権力・658
多額な租税特別措置適用法人の減税相当
　額・153
多額な租税特別措置適用法人の適用
　額・153
多国籍企業・165, 282, 293, 298, 301, 334,
　354, 355, 367, 440, 460, 462, 598, 623,
　625, 628, 631, 636
タックス・イロージョン・26, 222, 223,
　225
タックス・シェルター・26, 223
タックス・ギャップ・223
タックス・プランニング・12, 27, 282,
　440
タックス・プランニング・スキーム・452
タックス・プロモーター・456
タックス・ヘイブン・163, 223, 253, 264,
　265, 268, 269, 271, 272, 277, 280, 281,
　282, 283, 284, 286, 289, 304, 306, 318,
　324, 325, 327, 332, 336, 337, 339, 344,
　348, 359, 360, 362, 363, 370, 371, 372,
　376, 389, 424, 439, 440, 443, 446, 447,
　449, 451, 627
タックス・ヘイブン化現象・288, 368
タックス・ヘイブン規制税制・397, 398,
　399, 401, 412, 423, 627
タックス・ヘイブン退治・356, 434

索　引 ◆ *683*

タックス・ヘイブンの多重構造・359

タックス・マシーン・661

脱税・386

闘う税務会計学・482

ダブル・アイリッシュ・ウィズ・ダッチ・
サンドウィッチ・314, 316, 620

地方法人課税・513

中堅企業・24, 85

中小企業・548

中小企業課税・513

中小企業投資促進税制・98

中小企業等の貸倒引当金繰入限度額・
126, 138

中小企業の軽減税率・550

中小企業の存在・213

中小法人の範囲・526

長期大不況・593

賃上げ優遇税制・492

通信簿方式・575

低税率・270

適用除外基準・403

デフレ脱却・559

デラウェア州・371

同族会社・326

特定の外国関係会社に係る会社単位の合
算課税制度・407

特別償却限度額・122

都市再開発法・103

土地税制による損金算入額・126, 138

特権的優遇税制・144

トランスファー・プライシング・165,
309, 311, 627

トランプ税制改正・609, 610

トランプ税制改革法・494

トランプ大統領・500, 607, 608

トリーティ・ショッピング・27

トリガー税率基準・414

トリクルダウン・568

な行

内閣支持率・586

内部留保・638, 639

ナショナリズム・609

ニコラス・シャクソン・332

二重課税の排除・180

日米税金戦争・601

日本経済再生・510

日本経済団体連合会・97, 196, 476, 546,
560, 575

日本自動車工業会・569

日本税制の伏魔殿・160, 480, 523

ニューヨーク・357

納税義務者・555

納税主体設定の公準・52

は行

パウル・クルーグマン・499

働く貧困化・459

パナマ・275

パナマ文書・166, 246, 249, 375

バハマ・275

バミューダ諸島・275

パラダイス文書・253, 259, 260

反グローバリズム・460, 607, 609, 614,
630, 631, 636

犯罪責任追及・252

非控除損金・72

非支配目的株式・190

非正規雇用・574

非正規社員・574

人づくり革命・483

秘密保持条項・270

貧困高齢者・459

貧困の社会化・459

付加価値割・551

不公正税制・26

不公正税制是正論・60
不公正是正の増収試算論・61
負債バイアス・307
負担態力主義の原則・55
プロモーター・445
米国型株主資本主義・640
ペーパーカンパニー・165, 415, 437, 439
偏向政治・95
ベンチャー投資促進税制・98
法学・45
法人課税の税率引き下げ競争・165
法人間配当無税・181
法人擬制説的な考え方・180
法人個人一体主義・180
法人事業税の課税構想・551
法人住民税の均等割・550
法人所得総合平均実効税負担額・82
法人所得総合平均実効税負担率・69, 80,
　81, 82
法人税改革・229, 515, 535, 537, 546
法人税減税・503, 516, 538, 556
法人税額縮小化・86, 89
法人税額縮小額・90, 92
法人税額縮小率・90, 92
法人税額相当額・73, 82
法人税額の欠落・91
法人税関係租税特別措置・120, 122, 125,
　126, 128, 132, 134, 140
法人税関係租税特別措置の減税相当
　額・109
法人税関係租税特別措置の適用額・109
法人税関係租税特別措置の適用件数・108
法人税関係の租税特別措置・107
法人税減税・202, 218, 504, 511, 520, 556,
　558, 563, 565
法人税減税の穴埋め・202
法人税終焉論・214, 215, 554
法人税再建・218

法人税収の欠落・91
法人税制改革のパラダイム転換・228
法人税制の基本的仕組み・192
法人税制の欠陥是正・235, 236, 481
法人税制のパラダイム転換・227
法人税制の不公正・197
法人税等調整額・67
法人税の負担構造改革論・211, 553
法人税平均実効税負担額・82
法人税平均実効税負担率・68
法人税法・13
法人税率の引き下げ・206, 207, 532
法定総合税率・16, 23, 26, 34, 74, 77, 79,
　89, 102, 199, 203, 209, 210, 342, 515,
　528, 533, 563, 615
法定総合税率の推移・209, 513
法定総合税率の引き下げ状況・210
報道機関・657
報道のあり方・162
ボーダレスワールド・631
保護貿易主義・609

ま行

マクロ的分析・74
マスメディア・493
マルタ・275
満州事変・646, 647
ミクロ的分析・66
南ドイツ新聞・249
民間投資の喚起・96
民間投資を喚起する成長戦略・101
民主政治の試金石・179
民主党政権・93, 95, 111, 114, 643
無国籍化企業・619
無税・270
ムニューシン財務長官・500
メイン・タックス・225
モサック・フォンセカ・250, 252

索　引　◆　*685*

持株会社・13, 18, 66
森友学園問題・653

や行

役員報酬・641
野党自民党・644
有害な税の競争・615
有価証券報告書・13
予算編成権・650

ら行

濫用的租税回避取引・447

リチャード・マーフィー・333, 334, 336, 342
理論税務会計学・46, 49, 61, 62
レーガン政権・443
連結納税申告制度・14
連結法人・87, 89, 132, 134, 137, 138, 140
連邦法人所得税率・612
ロナン・パラン・333, 334, 336, 342
ロンドン・357

わ行

ワールド・タックス・プランニング・218

著者紹介 ─────────────────────────────────

富岡　幸雄（とみおか　ゆきお）

【学歴・履歴】

1945 年　旧制横浜高等商業学校（現：横浜国立大学経済学部）卒業

1950 年　中央大学法学部卒業，引き続き同大学院商学研究科にて会計学を専攻

1946 年　東京財務局（後に組織変更で国税庁東京国税局）に勤務，大蔵事務官，国税実査官を経て，

1960 年　中央大学助教授

1965 年　中央大学教授

1967 〜 1968 年　欧米留学，この間約 1 年，米国カリフォルニア大学大学ロスアンゼルス校（UCLA）
　　　　　経営学大学院ビジネス・スクール客員教授。
　　　　　中央大学経理研究所長，放送大学客員教授，通産省中小企業承継税制問題研究会座長，政府
　　　　　税制調査会特別委員を歴任し，1995 年 3 月まで中央大学商学部教授。

　現在　中央大学名誉教授，中央大学名誉評議員，商学博士。富岡総研代表。
　　　　税務会計研究学会顧問，日本税法学会名誉会員，日本租税理論学会理事。

【受賞・叙勲】

1953 年　東京国税局長より模範職員として表彰を受ける。
　　　　　二階級特進する。

1964 年　日本会計研究学会賞を受賞する。受賞論文「税務会計と企業会計の調整」『会計』1963 年
　　　　　9 月号。

2004 年　天皇陛下より瑞宝中綬賞を授与される。

2004 年　日本会計研究学会 大田黒澤賞を受賞する。受賞著書『税務会計学原理』（中央大学出版部）

2016 年　日本経営分析学会永年賞を受賞する。

【国家試験】

1949 年　第 1 回公認会計士試験第 2 次試験に合格。

1951 年　第 1 回税理士試験に第 1 号で合格。

1953 年　公認会計士試験第 3 次試験に合格。

【主な著書】

『税務上の損益計算』岩崎書店，1951 年

『税務損益論』白桃書房，1955 年

『棚卸資産の税務会計』森山書店，1957 年

『租税節約の話』中央経済社，1959 年

『交際費の税務会計』森山書店，1960 年

『報酬賞与の税務会計』森山書店，1961 年

『貸倒償却の税務会計』森山書店，1963 年

『タックス・マネジメント入門』中央経済社，1964 年

『税務会計入門』日経文庫，日本経済新聞社，1967 年

『節税戦略』日本経済新社，1971 年

『経営人件費の税務会計』森山書店，1971 年

『販売促進費の税務会計』森山書店，1974 年

『会社決算の節税戦略』中央経済社，1976 年

『債権管理の節税戦略』中央経済社，1977 年

『税務会計学』森山書店，1978 年

『決算政策の税務管理』税務経理協会，1979 年

『個人企業課税の基本的課題』中央大学出版部，1980 年

『交際費を考える』税務研究会，1980 年

『税務用語辞典』日経文庫，日本経済新聞社，1981 年

『事業承継を考える』税務研究会，1982 年

『中小企業の相続税はこうなる』税務経理協会，1983 年

『税法による会社経理の実務』日経文庫，日本経済新聞社，1984 年

『税務会計体系』（全 7 巻の編集），ぎょうせい，1984 年

『税務会計―企業と会計』日本放送出版協会，1986 年

『税制改革と売上税』森山書店，1987 年

『マル査の博士　大いに怒る』文藝春秋，1987 年

『社長・相続税にはこの方法で勝ちなさい』中経出版，1987 年

『これが今度の消費税だ』中経出版，1988 年

『消費税への対応策』中央経済社，1989 年

『背信の税制』講談社，1992 年

『税務会計論講義』中央経済社，1993 年

『歪んだ「税」を斬る』徳間書店，1993 年

『税制再改革の基本構想』ぎょうせい，1994 年

『背信の税制』講談社文庫，講談社，1995 年

『事業推進型承継税制への転換』ぎょうせい，2001 年

『税務会計学講義』中央経済社，2003 年

『税務会計学原理』中央大学学術図書，中央大学出版部，2003 年

『税金を払わない巨大企業』文春新書，文藝春秋，2014 年

検証企業課税論

2018年9月15日　第1版第1刷発行

著　者　富　岡　幸　雄

発行者　山　本　　　継

発行所　㈱中　央　経　済　社

発売元　㈱中央経済グループ
　　　　パブリッシング

〒101-0051　東京都千代田区神田神保町1-31-2

電　話　03 (3293) 3371　（編集代表）

　　　　03 (3293) 3381　（営業代表）

http://www.chuokeizai.co.jp/

印刷／文唱堂印刷㈱

製本／誠　製　本　㈱

©2018

Printed in Japan

※頁の「欠落」や「順序違い」などがありましたらお取り替えいたしま
すので発売元までご送付ください。（送料小社負担）

ISBN978-4-502-27791-7　C3034

JCOPY〈出版者著作権管理機構委託出版物〉本書を無断で複写複製（コピー）することは，著
作権法上の例外を除き，禁じられています。本書をコピーされる場合は事前に出版者著作権管理
機構（JCOPY）の許諾をうけてください。

　JCOPY〈http://www.jcopy.or.jp　eメール：info@jcopy.or.jp　電話：03-3513-6969〉

●実務・受験に愛用されている読みやすく正確な内容のロングセラー！

定評ある税の法規・通達集シリーズ

所得税法規集
日本税理士会連合会
中央経済社 編

❶所得税法　❷同施行令・同施行規則・同関係告示　❸租税特別措置法（抄）　❹同施行令・同施行規則・同関係告示（抄）　❺震災特例法・同施行令・同施行規則（抄）　❻復興財源確保法（抄）　❼復興特別所得税に関する政令・同省令　❽災害減免法・同施行令（抄）　❾国外送金等調書提出法・同施行令・同施行規則・同関係告示

所得税取扱通達集
日本税理士会連合会
中央経済社 編

❶所得税取扱通達（基本通達／個別通達）　❷租税特別措置法関係通達　❸国外送金等調書提出法関係通達　❹災害減免法関係通達　❺震災特例法関係通達　❻索引

法人税法規集
日本税理士会連合会
中央経済社 編

❶法人税法　❷同施行令・同施行規則・法人税申告書一覧表　❸減価償却耐用年数省令　❹法人税法関係告示　❺地方法人税法・同施行令・同施行規則　❻租税特別措置法（抄）　❼同施行令・同施行規則・同関係告示　❽震災特例法・同施行令・同施行規則（抄）　❾復興財源確保法（抄）　❿復興特別法人税に関する政令・同省令　⓫租特透明化法・同施行令・同施行規則

法人税取扱通達集
日本税理士会連合会
中央経済社 編

❶法人税取扱通達（基本通達／個別通達）　❷租税特別措置法関係通達（法人税編）　❸連結納税基本通達　❹租税特別措置法関係通達（連結納税編）　❺減価償却耐用年数省令　❻機械装置の細目と個別年数　❼耐用年数の適用等に関する取扱通達　❽震災特例法関係通達　❾復興特別法人税関係通達　❿索引

相続税法規通達集
日本税理士会連合会
中央経済社 編

❶相続税法　❷同施行令・同施行規則・同関係告示　❸土地評価審議会令・同省令　❹相続税法基本通達　❺財産評価基本通達　❻相続税法関係個別通達　❼租税特別措置法（抄）　❽同施行令・同施行規則・同関係告示　❾租税特別措置法（相続税法の特例）関係通達　❿震災特例法・同施行令・同施行規則（抄）・同関係告示　⓫震災特例法関係通達　⓬災害減免法・同施行令（抄）　⓭国外送金等調書提出法・同施行令・同施行規則・同関係通達　⓮民法（抄）

国税通則・徴収法規集
日本税理士会連合会
中央経済社 編

❶国税通則法　❷同施行令・同施行規則・同関係告示　❸同関係通達　❹租税特別措置法・同施行令・同施行規則（抄）　❺国税徴収法　❻同施行令・同施行規則　❼滞調法・同施行令・同施行規則　❽税理士法・同施行令・同施行規則・同関係告示　❾電子帳簿保存法・同施行規則・同関係告示・同関係通達　❿行政手続オンライン化法・同国税関係法令に関する省令・同関係告示　⓫行政手続法　⓬行政不服審査法　⓭行政事件訴訟法（抄）　⓮組織的犯罪処罰法（抄）　⓯没収保全と滞納処分との調整令　⓰犯罪収益規則（抄）　⓱麻薬特例法（抄）

消費税法規通達集
日本税理士会連合会
中央経済社 編

❶消費税法　❷同別表第三等に関する法令　❸同施行令・同施行規則・同関係告示　❹消費税法基本通達　❺消費税申告書様式等　❻消費税法等関係取扱通達等　❼租税特別措置法（抄）　❽同施行令・同施行規則（抄）・同関係通達　❾消費税転嫁対策法・同ガイドライン　❿震災特例法・同施行令・同関係告示　⓫震災特例法関係通達　⓬税制改革法等　⓭地方税法（抄）・同施行令・同施行規則（抄）　⓮所得税・法人税政省令（抄）　⓯輸徴法令　⓰関税法令（抄）　⓱関税定率法令（抄）

登録免許税・印紙税法規集
日本税理士会連合会
中央経済社 編

❶登録免許税法　❷同施行令・同施行規則（抄）　❸租税特別措置法・同施行令・同施行規則（抄）　❹震災特例法・同施行令・同施行規則（抄）　❺印紙税法　❻同施行令・同施行規則　❼印紙税法基本通達　❽租税特別措置法・同施行令・同施行規則（抄）　❾印紙税額一覧表　❿震災特例法・同施行令・同施行規則（抄）　⓫震災特例法関係通達等

中央経済社